揭阳年鉴

JIEYANG YEARBOOK

2022

揭阳年鉴编纂委员会　编

方志出版社
Publishing House of Local Records

图书在版编目（CIP）数据

揭阳年鉴. 2022 / 揭阳年鉴编纂委员会编. —北京: 方志出版社, 2022.12

ISBN 978-7-5144-5641-7

Ⅰ. ①揭… Ⅱ. ①揭… Ⅲ. ①揭阳－2022－年鉴 Ⅳ. ①Z526.53

中国国家版本馆 CIP 数据核字(2023)第 075170 号

责任编辑：刘芳
责任校对：刘玉霞
责任印制：梅中英
出 版 者：方志出版社
地　　址：北京市朝阳区潘家园东里 9 号（国家方志馆 4 层）
邮　　编：100021
网　　址：http://www.zgfzcb.cn
发　　行：方志出版社图书营销中心（010-67110500）
印　　刷：揭阳市榕城区榕文印刷厂
开　　本：889 毫米×1194 毫米　1/16
印　　张：24.5
字　　数：930 千字
版　　次：2022 年 12 月第 1 版
印　　次：2022 年 12 月第 1 次印刷
定　　价：300.00 元

《揭阳年鉴》编纂委员会

《揭阳年鉴》编辑部

编辑说明

一、《揭阳年鉴（2022）》以马克思列宁主义、毛泽东思想、邓小平理论、“三个代表”重要思想、科学发展观、习近平新时代中国特色社会主义思想为指导，坚持辩证唯物主义和历史唯物主义的立场、观点和方法。

二、《揭阳年鉴》系中共揭阳市委、揭阳市人民政府组织编纂的一部地方性综合年鉴，具有政府年度公报的性质。旨在全面、系统、准确地反映揭阳市自然、政治、经济、文化、社会等方面的基本情况，为各级党委和政府制订发展规划提供依据，为海内外各界人士了解揭阳提供资料，为学术界研究揭阳提供新的史实。

三、《揭阳年鉴（2022）》采用分类编辑法。主体内容设篇目、类目、分目、条目4个层次结构，以条目为表现内容的基本形式。不同层次的标题，在字体、字号和版式设计上都有明显的区别，全书条目的标题统一用黑体加【 】表示，少数包含多方面资料的条目则在文内用楷体标题标明各段资料的主题。

四、《揭阳年鉴（2022）》所刊内容为2021年1月1日至12月31日揭阳市社会经济文化变化发展情况，在保持基本框架相对稳定的前提下，对部分内容进行更新、调整、充实。全书设年度关注、大事记、揭阳概况、党政机关、民主党派和工商联、群众团体、法治、军事、综合经济管理、财政·税务、金融业、农业和农村经济、工业、商贸、旅游、交通·邮政、信息产业、城乡建设·环保、教育、科学、文化艺术、传媒、卫生·体育、民政、人力资源·社会保障、民族·宗教、县（市、区）概况、人物、附录等29个篇目，共1016个条目，照片221张，图表44幅，93万字。

五、《揭阳年鉴（2022）》稿件由市直各有关单位、各县（市、区）提供，经年鉴编辑部进行编辑和初审，后呈年鉴编纂委员会领导终审定稿。文内统计数据为各单位提供，采用法定计量单位，主要统计数据均经撰稿单位与统计部门核对。某些对应指标数据在上年卷刊出后作了调整的，一般不予注明，而以本年卷刊出的市统计局提供的《统计资料》为准。

六、《揭阳年鉴（2022）》配备双重检索系统：书前刊有目录，书后配有索引。索引采用主题分析法，款目按汉语拼音字母顺序排列。

揭阳市行政区划图

揭阳市民政局　监制　　广东省地图院　编制

审图号：粤VS（2021）004号

数字揭阳 2021

土地面积 5266 平方千米
年末常住人口 561.68 万人
年末户籍人口 712.56 万人
地区生产总值（GDP） 2265.43 亿元
第一产业增加值 205.50 亿元
第二产业增加值 831.53 亿元
规模以上工业增加值 506.73 亿元
第三产业增加值 1228.41 亿元
人均地区生产总值 40470 元
社会消费品零售总额 1055.76 亿元
外贸进出口总额 188.39 亿元
实际利用外资 4214 万美元
港口货物吞吐量 2768 万吨
机场旅客吞吐量 573.4 万人次
邮电业务总量 306.06 亿元
移动电话用户 727.21 万户
全社会用电量 188.19 亿千瓦时
地方一般公共预算收入 79.31 亿元
地方一般公共预算支出 369.14 亿元
国内税收收入 134.89 亿元
金融机构本外币各项余额 2770.96 亿元
城镇常住居民人均可支配收入 29397 元
农村常住居民人均可支配收入 18016 元
城镇新增就业 2.48 万人
人口自然增长率 7.62‰
森林覆盖率 50.89%

2021 年是中国共产党成立 100 周年。揭阳市从党的百年奋斗重大成就和历史经验中汲取奋进力量，加强党的全面领导和党的建设，发挥党建引领示范作用，统筹疫情防控和经济社会发展，做好“六稳”“六保”工作，开启全面建设社会主义现代化新征程。中国共产党揭阳市第七次代表大会顺利召开，全市市、县、镇、村（社区）换届选举工作全面完成，聚焦揭阳老百姓“急难愁盼”问题，扎实抓好“我为群众办实事”实践活动。揭阳市市级、5 个县（市、区）、65 个乡镇领导班子和 1634 个村（社区）换届工作圆满完成，揭阳市 10 项“我为群众办实事”重点民生实事项目 28 件具体工作任务全部完成。

2021 年，揭阳市临江北路庆祝中国共产党成立 100 周年立面景观墙 （郑楚藩 摄）

2021 年 9 月，广东工业大学揭阳校区负责人向惠来学子讲授爱国人物故事（陈其泰 摄）

普宁国际服装商品城党建书吧（郑楚藩 摄）

2021年，揭阳市政务服务窗口设立共产党员文明服务示范岗，聚焦揭阳老百姓“急难愁盼”，开展“我为群众办实事”实践活动　（郑楚藩 摄）

2021年，揭阳市揭惠高速公路仙桥高速出入口防疫联合检查站临时党支部，组织街道干部党员联合公安、卫健等有关部门人员，对所有过往司乘人员开展防疫检查，把好外围关，严防疫情输入　（郑楚藩 摄）

2021 年 4 月 15 日，揭阳市启动“学党史 颂党恩 展风采”——庆祝建党 100 周年揭阳市红色主题摄影活动。图为揭阳市红色摄影小分队到红色革命老区村惠来县惠城镇五福田村采风

（方映辉 摄）

2021 年，广东省红色村党建工程示范点——普宁市大南山街道什石洋村开展党员党性教育大课堂 （郑楚藩 摄）

2021 年，揭阳市歌咏协会在揭西县大鹿农业公园举行“永远跟党走”红歌会，献礼中国共产党成立 100 周年（郑楚藩 摄）

古邑揭阳，见诸史载已有2200余年，是1991年公布的第一批广东历史文化名城之一。拥有揭阳学宫等4处全国重点文物保护单位、37处省级文物保护单位，以及随处可见的古民居建筑群和9项国家级非物质文化遗产。2021年，揭阳市推动榕城主城区旧城改造提升，重点保护历史建筑群及古村落等文化文物设施，传承古城历史文脉和民俗文化，提升城市品质，加快老城蝶变新城崛起。

2021年8月28日，全国重点文物保护单位——揭阳学宫举行2021年“儒学·开笔礼”活动。图为学童们在明伦堂端坐执笔学写“人”字（郑楚藩 摄）

2021年，揭阳学宫举行书画传承活动（郑楚藩 摄）

建于元代的揭阳县城内外城墙，至今只剩下长约300米的内城（禁城）城墙。2012年，揭阳禁城以“揭阳县署围墙”之名被公布为广东省第七批文物保护单位。图为城墙榕树融于一体的古城独特风景（郑楚藩 摄）

位于榕城区思贤路西段的魏启峰批局旧址　（郑楚藩 摄）

揭阳进贤门城楼是揭阳古城的标志性建筑，也是揭阳市现存唯一一座古城门。图为进贤门夜景 （郑力子 摄）

2021年2月9日，揭惠高速公路揭阳市区连接线——揭阳大桥建成通车。图为揭阳大桥串联起来的揭阳市区榕城夜景 （郑楚藩 摄）

2021 年，位于揭阳古城内的全国重点文物保护单位——揭阳城隍庙青石板路市民络绎不绝 （吴雁云 摄）

2021 年，经过改造，位于揭阳古城内的南滘水乡美景重现　　（林洁松 摄）

2021 年，全国重点文物保护单位——丁氏光禄宗祠古朴雅致、雄伟壮观，是典型的潮汕地区“百鸟朝凰”建筑形式　　（郑楚藩 摄）

西湖公园　　（林碧鸿 摄）

东湖公园　　（郑楚藩 摄）

近年来，揭阳市以加强万里碧道建设为抓手，推进河湖生态修复，推进水环境综合治理，生态日益改善。榕江南河空港段碧道被列入全省自然环境好、基础设施完善、亲水运动体验感好的20条碧道之一。截至2021年年底，全市完成万里碧道建设64千米。

近年来，揭阳市推进水环境综合治理，生态日益改善。图为2021年初冬季节，榕江北河榕城区段白鹭成群翻飞美景

（袁楚生 郑力子 摄）

2021年，揭阳全力建设揭阳滨海新区，依托中石油广东石化炼化一体化项目等一批重大项目建设，揭阳至惠来铁路、粤东新城城市社区人才安居项目等交通、市政、民生项目迅速推进，滨海新区粤东新城加快崛起。

2021年，揭阳市优化营商服务环境，推动“放管服”和“数字政府”改革建设，推行“一窗办”“一次办”“一码办”，简化办事流程。图为惠来县政务服务大厅办事窗口为企业提供服务，支持惠来临港产业园项目落地　　（林碧鸿 摄）

为服务中石油广东石化炼化一体化项目建设，大南海石化工业区埔洋村启动整村搬迁、异地安置工作。图为2021年，建设一新的配套设施完善的埔洋新村（郑楚藩 摄）

2021年，揭阳粤东新城推进“六片区十组团”产业空间布局规划和“3+4+5”产业发展体系，图为滨海新区粤东新城一景（郑楚藩 摄）

2021年8月，揭阳首所本科院校——广东工业大学揭阳校区落成启用　　　（陈其泰 摄）

惠来滨海海岸线　　（林碧鸿 摄）

神泉港　　（林碧鸿 摄）

2021年，位于粤东新城的汕汕高铁惠来站建设中　　（林碧鸿 摄）

揭惠高速公路惠来段美园枢纽互通立交　（郑楚藩 摄）

厦深高铁葵潭站　（林碧鸿 摄）

2021年，位于惠来临港产业园的国家电投近海浅水区90万千瓦海上风电项目加快建设，图为海上风电安装平台正在安装风力发电机
（揭阳前詹风电有限公司 供图）

2021年，揭阳市聚焦高质量发展，推进沿海经济带上的产业强市建设。加快培育发展绿色石化、新能源等战略性产业集群，大南海石化工业区产业链规划编制完成，中石油炼化一体化项目总体形象进度达到89.1%；吉林石化ABS项目总投资完成过半，总体设计和物资采购全部完成；中石油商业储备库项目进展顺利；广物巨正源等绿色石化产业链项目注册落地。国电投315兆瓦海上风电项目、广东能源葵潭农场光伏复合项目并网发电，GE海上风电机组总装基地竣工投产，天惠冷链物流中心等项目抓紧建设。揭东经济开发区升级为国家级经济技术开发区，揭阳高新区进入国家级高新区考察名单。

2021年，中石油广东石化炼化一体化项目六联合芳烃联合装置单塔体器4606吨抽余液塔一次精准吊装就位，刷新亚洲最重塔器整体吊装记录　　（郑楚藩 摄）

2021年，生产规模为2000万吨/年炼油+260万吨/年芳烃+120万吨/年乙烯的中石油广东石化炼化一体化项目建设基地全景　　（郑楚藩 摄）

2021年，揭阳市推动产业集群数字化转型、智能化改造、集群化发展，探索制造业产业集群数字化转型发展升级新路径。纺织服装业、金属行业、化工和矿物加工业、制鞋业、食品业、医药制造业、电气机械和设备制造业等揭阳市七大传统支柱产业加快优化升级。

2021年，疫情催生揭阳服装销售线上直播新业态　（郑楚藩 摄）

广东蒙泰高新纤维股份有限公司全自动化生产车间　（郑楚藩 摄）

广东巨轮机器人机械臂精准作业（郑楚藩 摄）

2021 年，线上直播拓宽揭阳玉器销售渠道　（林洁松 摄）

2021 年，揭阳市以塑胶行业转型升级为突破口，探索制造业产业集群数字化转型发展新路径。图为海兴智能工厂自动化生产车间　（涂英鹏 摄）

2021年，揭阳市以产业为纽带，探索建立“G+5+N”农业产业链“链长制”，建设首批10条市级（揭东竹笋、炒茶、油茶，揭西茶叶、生猪，普宁青梅、蕉柑，惠来凤梨、家禽、鲍鱼）、10条县级（揭东蛋鸡，普宁青榄、油甘、蛋鸡，揭西南药、苦笋、橄榄、蔬菜，惠来南药、荔枝）农业产业链，举办“惠来五宝”网络节+云展会等农产品产销对接活动，新增惠来凤梨、揭西苦笋2个省级现代农业产业园，普宁青梅产业园入选国家级现代农业产业园认定名单。

普宁青梅 （林碧鸿 摄）

揭东竹笋 （林碧鸿 摄）

惠来五宝：鱼丸、鲍鱼、凤梨、卤猪脚、荔枝

（吴秒衡 摄）

2021 年，户外露营成为本地游热点。图为游客到揭阳揭西大洋国际旅游度假区观光露营　　（林碧鸿 摄）

2021 年，揭阳市快递业务在全国城市排名第 6 位，聚集邮政、顺丰、中通、圆通、申通、韵达、京东等 9 个快递分拨中心　　（郑楚藩 摄）

2021年，揭阳市深入实施乡村振兴战略，全面巩固脱贫攻坚成果。91个工作队驻镇帮镇扶村，为全市1.83万户有劳动力脱贫户购买返贫救助责任保险。揭东区坪上村获评“全国一村一品示范村”。落实省乡村振兴“九大攻坚”行动，复耕复种撂荒地8.6万亩，垦造水田5064亩，建设高标准农田1.18万亩，“米袋子”“菜篮子”稳定保供。启动美丽圩镇创建工程，惠来县推行“农民工匠”建设模式被列为全国农村公共服务典型案例，揭东区和普宁市占陇镇、空港经济区砲台镇城乡融合发展省级试点工作扎实推进。顺利完成村（居）“两委”换届，落实村（居）基本经费保障。

榕城区砲台石牌村　　（郑力子 摄）

揭西县坪上镇曲湖村　　（林碧鸿 摄）

榕城区塘埔社区湿地公园（郑力子 摄）

牌边村儿童上学喜逐颜开（郑楚藩 摄）

揭东区埔田镇牌边村　　（郑楚藩 摄）

普宁市南溪水乡 （郑楚藩 摄）

揭西县东园月湄村　　（郑力子 摄）

惠来县神泉镇沃角村　　（林佳燕 摄）

2021年3月，广东省人民政府公布第二批37处广东省历史文化街区名单，揭阳榕城区西马路、中山路、石鼓里、东门直街东段及揭西县棉湖镇南门里5处历史文化街区榜上有名，揭阳市省级历史文化街区实现“零”的突破。

此次揭阳市入选的5处历史文化街区各具特色，其中4处位于揭阳榕城古城核心区域，1处位于揭西县棉湖古镇中心区域，街区内文物建筑和历史建筑遗存丰富，历史风貌和地方特色保存较好，历史建筑集中成片，历史文化底蕴深厚，能够较完整和真实地体现传统格局和历史风貌，并具有一定规模的区域，具有较高的历史文化价值。

【东门直街东段历史文化街区】位于揭阳榕城区中山街道东门社区，街区内最具有代表性的建筑群郭氏宗祠、金马玉堂、太史第均为揭阳先贤郭之奇于明崇祯二年（1629）创建，至今已有 380 多年的历史，现整体结构相当完整，为广东省文物保护单位。东门直街东段历史文化街区平面以典型潮汕民居的“抛狮”或“四点金”“五间过”作基本单元，并根据地盘大小稍做调整。立面特点为中轴对称，宾主分明，体型组合多样统一，体现了潮汕地区优秀的传统建筑文化。

（本版照片均由郑楚藩 摄）

【中山路历史文化街区】位于老揭阳县县衙前，南北走向，全长620多米，清乾隆四十四年（公元1779年）称宣化街，民国十五年（1926年）改称中山路。其建筑特点混合着东南亚与欧洲的建筑风格，骑楼下的人行步道，当地称之“五脚砌”，建筑模式是从东南亚国家仿来的，饰以潮汕传统手艺灰雕。中山路保存了清末民初时期流行的西洋风格装饰手法，如女儿墙、檐脚、窗、柱等的巴洛克式处理，还有墙面灰塑工艺纹样、铁花工艺、百叶窗等。中山路的骑楼式建筑与打铜街、西关路的骑楼建筑连成一线，总长约2000米，范围集中，规模壮观，是建筑主体原型保存较完好的骑楼街，是榕城发展史上的一个重要写照。

（本版照片均由郑楚藩 摄）

【石鼓里历史文化街区】位于揭阳榕城区进贤门北侧，是典型的潮汕特色民居群，是揭阳榕城古民居最集中且各具特色的居民区之一。街区内有揭阳学宫、石鼓里、祛记祠堂、破门楼郑、埔上里、大门楼内等明清古建筑，至今保存完好。主要建筑特点是将传统的建筑文化与潮汕特有的传统工艺美术如金漆木雕、工艺石雕、嵌瓷艺术、金属工艺以及书法、绘画艺术等的融合。街区至今保留每年正月十一至十五元宵夜的翁仔灯民俗活动，是省级非物质文化遗产。

破门楼郑正月十一“翁仔灯”

（本版照片均由郑楚藩 摄）

【西马路历史文化街区】位于榕城区西马街道，上居下铺的形式体现了近代榕城商业的繁荣。骑楼立面至今保留着清晰的各个时期商号甚至标语、宣传画的痕迹。沿路留存大量的明清私家宅院、近代建设的医院等。其传统建筑保存了清末民初时期流行的西洋风格装饰手法，如女儿墙、檐脚、窗、柱等的巴洛克式建筑风格，墙面灰塑工艺纹样、铁花工艺、百叶窗等的应用十分普遍。沿街立面柱体的建造技术十分独特，建筑的二三层天面排水都经混凝土柱中心管道直接排水至街道侧水道；柱、柱头及柱脚雕塑艺术造型都由模板浇注混凝土一次成型，柱表面不贴砖石等。街区内有全国重点文物保护单位——丁氏光禄公祠（丁日昌故居）。

许氏庶祖祠

（本版照片均由郑楚藩 摄）

【南门里历史文化街区】位于揭西县棉湖镇，街区内集中了各时期、大范围、多角度的文物信息，文物发掘、文化保护和文物发展的潜力大。其建筑布局密集、类型丰富，相关工程系统较为完整，保留了统一风貌的空间联系和历史街区肌理，与周边各时期民居连成“活”的有机整体。其上居下铺的住宅形式，体现了近代揭西县棉湖镇商业的繁荣。

棉湖兴道书院

棉湖兴道书院三乐堂

棉湖镇郭氏大楼

（本版照片均由郑楚藩 摄）

目 录
CONTENTS

年度关注
ANNUAL CONCERN

大事记
A CHRONICLE OF MAJOR EVENTS

揭阳概况
A GENERAL INTRODUCTION TO JIEYANG

党政机关

PARTY AND GOVERNMENT ORGANIZATIONS

民主党派和工商联
DEMOCRATIC PARTIES AND FEDERATIONS OF INDUSTRY

群众团体
SOCIAL GROUPS

法 治

RULE OF LAW

军 事

MILITARY AFFAIRS

综合经济管理

COMPREHENSIVE ECONOMIC MANAGEMENT

农业和农村经济
AGRICULTURE AND RURAL ECONOMY

工 业
INDUSTRY

商贸
COMMERCIAL CIRCULATION AND SERVICE TRADES

旅游
TOURISM

交通·邮政

TRANSPORTATION AND POSTAL SERVICE

信息产业

INFORMATION INDUSTRY

城乡建设·环保

URBAN-RURAL CONSTRUCTION AND REAL ESTATE

教 育
EDUCATION

科学
SCIENCE

文化艺术
CULTURE AND ART

传 媒
COMMUNICATIONS MEDIA

卫生 · 体育
HEALTH AND SPORTS

民 政
CIVIL AFFAIRS

人力资源·社会保障
HUMAN RESOURCES AND SOCIAL SECURITY

民族·宗教
ETHNIC GROUPS AND RELIGION

县（市、区）概况

COUNTIES AND DISTRICTS INTRODUCTION

人　物

FIGURES

附　录

APPENDIXES

揭阳市开展党史学习教育

2021年，按照中共中央和省委的统一部署，揭阳全市上下深入学习贯彻习近平总书记关于开展党史学习教育的重要讲话和“七一”重要讲话精神，认真贯彻党的十九届六中全会精神，全面落实“学党史、悟思想、办实事、开新局”要求，紧扣党史学习教育目标任务，把握方式方法，注重督促指导，推动全市党史学习教育深入开展。

高位推进，整体部署。揭阳市委切实履行党史学习教育主体责任，主要负责人带头履职尽责，充分彰显第一责任人职责。党史学习教育开展以来，揭阳市委以高度的政治自觉，以上率下、示范带动，推动党史学习教育开好局起好步。2月25日召开全市党史学习教育动员大会，部署全市党史学习教育。市委主要领导带头学党史、懂党史、讲党史、用党史，为全市党史学习教育作出表率。科学统筹绘好“责任图”“路线图”“作战图”等“三张图”，全面推进各项工作。全年召开领导小组会议6次，编印市委党史学习教育简报138期，形成报省专报84篇。

深学细悟，准确把握。深入学习贯彻习近平总书记关于党的历史的重要论述，尤其是总书记“七一”重要讲话以及在党的十九届六中全会上的重要讲话精神，切实增强政治自觉、思想自觉、行动自觉。引导全市广大党员干部把党中央指定的学习材料作为枕边书、案头卷，围绕重大主题，编印学习材料《揭阳宣传》4期以及党史学习教育《每周学习参考》38期。利用新媒体开展网络自学和理论宣传，开展网络有奖问答6轮，取得良好社会影响。充分发挥党委（党组）理论

2021年2月25日，揭阳市党史学习教育动员大会召开 （郑楚藩 摄）

学习中心组的学习牵引作用，市委理论学习中心组率先垂范，市委主要领导带领市四套班子成员到“红色村”揭西火炬村参观学习、交流研讨，并现场讲党课。在市委的带领下，截至12月上旬，揭阳市各级理论学习中心组组织学习12076次，开展专题理论研讨会2202场次。成立6个市委巡回指导组，全覆盖进驻全市6个县（市、区）和77个市直单位，督促各地各单位党委（党组）切实履行党史学习教育主体责任，真学真干，学出成效。

创新举措，多维学习。按照上级部署要求，以融合式学习、创新式学习为抓手，抓好不同群体的党史学习教育，推进习近平新时代中国特色社会主义思想落地生根、结出丰硕成果。组织各级各类媒体开设多个专栏，累计推出新闻报道约2200篇，新媒体平台及时转载推送约16000条次。扎实推进理论宣讲以及“永远跟党走”百姓宣讲工作，由“身边人”用“家乡话”讲“家门口”的党史故事，打造“榕树下的微课堂”“老兵讲党史”等各具特色宣讲品牌。推进《揭阳市红色资源保护传承条例》10月1日起施行，实现市级红色资源保护传承立法。依托“揭阳学宫”“普宁流沙教堂”“火炬村”等革命遗址遗迹，精选12个革命传统教育点开展现场教学，推出7条“重温红色历史、传承奋斗精神”红色主题旅游线路。推出《少儿讲革命故事》等影视节目，编印《揭阳红色故事》，创作主题MV《揭阳红》、大型现代潮剧《南山红英》《大山里的红旗》等艺术作品。为离退休党员、退役军人、流动党员等特定人群提供精准化服务。打造“共享式”老党员驿站，提升离退休干部党史学习教育“热度”。瞄准退役军人群体切实需要，让退役老兵“退役不褪色”。线上线下联动抓，着力打通流动党员党史学习教育“最后一公里”。做好流动党员的学习服务，摸清流动党员底数，建立完善流动党员专人联系机制，精准发放指定教材、有声笔记本等资料，搭建好流动党员学习交流平台。

坚守初心，办好实事。聚焦揭阳老百姓“急难愁盼”扎实抓好“我为群众办实事”实践活动。揭阳市10项“我为群众办实事”重点民生实事项目28件具体工作任务全部完成。市委、市政府主要领导带头开展调研，谋划、推动实施一批涉及教育、医疗、饮水、就业、交通出行、老旧小区改造等民生领域重点民生项目。出台《市委、市政府“我为群众办实事”重点民生项目清单》。11月1日开发上线揭阳“急难愁盼我来办”网上群众工作平台，服务群众。积极探索围绕特色塑造民生服务品牌，市公安部门“破小案”工作机制、“20条便民惠民措施”，市人社部门做大做强“隆江猪脚”产业，培育一大批技能过硬、温良贤淑的“揭阳巧手”，形成“埔田月嫂”等特色品牌，帮助群众掌握一技之长。紧扣“我为群众办实事”重点内容，着重解决群众反映集中的共性需求和存在的普遍性问题。完成引韩供水工程提前全线通水试运行、多途径增加公办幼儿园学位、改造马牙片区老旧小区、解决困扰“岭南明珠”小区429户回迁户10多年的“人户分离”等问题。

深入查摆，总结提升。组织全市各级党委（党组）、基层党组织扎扎实实开好专题民主生活会、专题组织生活会，确保党史学习教育有成果、有实效。全市6个县（市、区）和77个市直单位共9500多个基层党组织，分别以党支部或党小组的形式召开专题组织生活会。至11月份，全市9529个基层党组织全部严格按照标准召开生活会。2022年1月24日召开市委领导班子党史学习教育专题民主生活会，至2022年1月底，全市各级党委（党组）均召开专题民主生活会，逐步转入整改工作。充分发挥各级巡回指导组在督导指导方面的作用，督导全市所有党委（党组）专题民主生活会、基层党组织专题组织生活会召开情况，对方案不对标、剖析不到位、记录不规范的，督促指导其限期整改或延期召开。同时，对标“学史明理、学史增信、学史崇德、学史力行”进行查摆，全面深入检视剖析存在问题，明确整改清单台账，建立问题、整改、责任“三个清单”，做到整改目标、内容、标准、时限“四个明确”，确保整改不漏项、不打折、不落空。

（市委宣传部）

2021年，揭阳市惠来县潮剧传承中心创作演出的庆祝中国共产党成立100周年大型现代潮剧《南山红英》剧照　（市文化广电旅游体育局　供图）

中共广东省委副书记、省长马兴瑞到揭阳调研

2021年，中共广东省委副书记、省长马兴瑞3次到揭阳，分别就决战攻坚国考断面水质稳定达标、完善现代综合交通运输网络促进粤东地区一体化发展、全力以赴做好粤东抗旱应急供水工作加快推进水资源优化配置工程建设等问题开展调研。

决战攻坚国考断面水质稳定达标 2021年4月25日下午，省长马兴瑞赴揭阳练江青洋山桥国考断面调研，强调要坚决有力落实污染防治攻坚措施，实现练江流域水质达标攻坚任务。

马兴瑞现场检查该断面水质，听取普宁市练江流域综合整治攻坚进展情况汇报。强调要坚持系统治理、科学治理、源头治理，紧抓重点、破解难点，坚决有力落实污染防治攻坚措施，确保国考断面水质稳定达标、练江流域水质实现根本性改善。要保障资金投入，全力推动污水处理基础设施、配套管网和雨污分流工程加快建设、有效运转，切实提高污水处理能力。要加强环境监管，加大执法力度，依法依规严厉打击违法排污行为，切实保障环境安全、维护群众权益。

马兴瑞还在揭阳潮汕国际机场，调研新建粤东城际铁路潮汕机场站、航站区交通中心综合体等工程项目建设情况。

完善现代综合交通运输网络促进粤东地区一体化发展 2021年7月21日至22日，广东省省长马兴瑞赴汕头、潮州、揭阳三市，就深入学习贯彻习近平总书记在庆祝中国共产党成立100周年大会上的重要讲话和关于党史学习教育重要论述精神，扎实开展“我为群众办实事”实践活动，科学谋划、系统推进城际铁路规划建设工作进行调研。

按照国家发展改革委批复的《海峡西岸城市群粤东地区城际铁路网规划》，粤东地区将建成连接汕潮揭三市中心城区，以及潮汕机场、汕头、潮汕、揭阳高铁站等多个综合交通枢纽的城际铁路网络。粤东城际铁路将采用“小编组、高频次、公交化”运营模式，承担以三市为主要节点的城际客运服务，为粤东地区提供公交化的快捷城际旅客运输服务，并与广汕汕高铁、厦深高铁、梅汕客专相关站点并站设置，实现汕潮揭中心城市“半小时通勤圈”和粤东地区“一小时交通圈”。

在揭阳，马兴瑞先后到粤东城际规划潮汕机场站、揭阳南站实地考察，深入了解项目规划进展和投资、运营管理模式，强调要坚持科学决策、实事求是，结合粤东地区经济社会发展实际，综合土地开发、人口密度、产业发展等情况，创新投融资综合开发模式，提高线路运营效益，全力推进项目前期工作，争取粤东城际项目尽早开工。

马兴瑞强调，粤东城际铁路建设是广东践行以人民为中心的发展思想、促进粤东地区一体化发展的重要举措，对于增强粤东地区与粤港澳大湾区、海西经济区连接，加快构建广东“一核一带一区”区域发展格局具有重要意义。要充分发挥交通引导效应，加快完善粤东地区综合交通运输网络，推动粤东片区形成区域经济新增长极。汕头、潮州、揭阳市要紧紧把握当前推进重大项目建设的政策机遇，进一步落实主体责任，及时协调解决项目

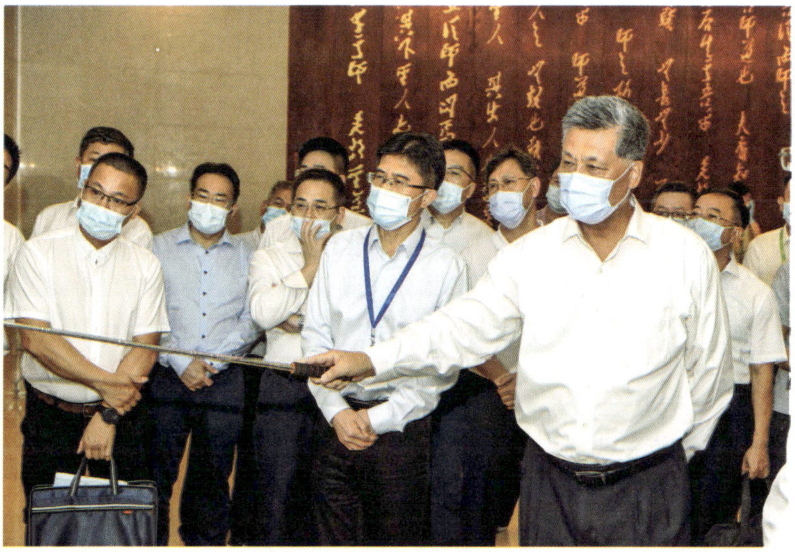

2021年7月21日至22日，中共广东省委副书记、省长马兴瑞到汕潮揭三市调研。图为马兴瑞（前排右）在揭阳潮汕国际机场考察了解粤东城轨项目规划进展和投资、运营管理模式 （郑楚藩 摄）

规划建设中遇到的问题，推动项目尽快建设；积极探索对具备开发价值的站点进行TOD综合开发，促进沿线资源集约利用，为项目可持续发展注入活力。省有关部门和设计单位、建设单位要统筹研究投资建设运营有关问题，进一步优化工程设计方案，更好满足旅客运输多元化需求，确保粤东城际铁路高质量建设、可持续经营。

省领导林克庆、陈良贤参加调研。

全力以赴做好粤东抗旱应急供水工作加快推进水资源优化配置工程建设 2021年10月26日至27日，省长马兴瑞先后赴揭阳、潮州、汕头，就深入贯彻落实习近平总书记对广东重要讲话和重要指示批示精神，扎实开展“我为群众办实事”实践活动，落实全省水利高质量发展大会工作部署，全面提升抗旱应急供水保障能力，科学谋划、系统推进粤东水资源优化配置工程建设进行调研。

马兴瑞先后深入普宁市麒麟镇蔡口水库、普宁市赤岗镇埔上村农村集中供水工程、揭西县五经富镇龙颈水库、引韩工程半洋泵站，潮州市韩江鹿湖隧道古巷分水口，汕头市潮南区秋风岭水库等实地考察，详细了解当前粤东地区旱情和群众用水安全情况，部署下一步防旱抗旱保供水工作，并对粤东水资源优化配置工程的总体布局、调水规模、输水线路等进行调研。

马兴瑞强调，要始终坚持以人民为中心的发展思想，针对粤东地区气候干旱、降水少、水库蓄水大幅减少的水源保障问题，牢牢守住保障供水安全底线，扎实做好今冬明春粤东抗旱应急供水工作，切实解决粤东地区人民群众城乡生活和生产用水问题。要推进水资源节约集约高效利用，坚持流域区域统筹、开源节流并重、短期长期兼顾，加强精细调度，强化用水管理，为区域经济社会发展提供坚实保障。

马兴瑞强调，粤东水资源优化配置工程是省委、省政府从粤东地区未来发展的全局高度谋划建设的重大民生工程，对支撑粤东地区经济社会高质量发展、加快构建“一核一带一区”区域发展格局具有重要意义。要坚定践行习近平总书记“节水优先、空间均衡、系统治理、两手发力”治水思路，贯彻落实习近平总书记在推进南水北调后续工程高质量发展座谈会上的重要讲话精神，完整、准确、全面贯彻新发展理念，强化系统性、前瞻性、战略性思维，加快谋划实施粤东水资源优化配置工程，从根本上解决粤东地区水资源短缺问题。揭阳、潮州、汕头等市要落实属地责任，积极协助解决好工程设计规划、建设施工过程中遇到的困难和问题。省水利厅等有关部门要强化指导协调，不断优化设计方案，全面提升供水保障能力。项目实施单位要提高政治站位，坚持高标准、严要求，加快推进工程规划建设，全力打造精品水利工程。

副省长孙志洋参加调研。

（市政府办公室）

中国共产党揭阳市第七次代表大会召开

2021年12月28日至31日，中国共产党揭阳市第七次代表大会在市区召开。会议的主题是：高举习近平新时代中国特色社会主义思想伟大旗帜，深入贯彻落实习近平总书记重要讲话和重要指示批示精神，动员全市上下从百年党史中汲取奋进力量，凝心聚力、砥砺前行，推动高质量发展，创造高品质生活，加快建设宜居宜业宜游的活力古城、滨海新城和沿海经济带上的产业强市，奋力谱写揭阳现代化建设新篇章。出席开幕大会代表467名（应到代表495名，请假28名），列席人员139名。列席开幕大会的有：不是代表的六届市委委员、候补委员和六届市纪委委员；不是代表的七届市委委员、候补委员和七届市纪委委员候选人预备人选；不是代表的市委、市人大常委会、市政府、市政协党员副秘书长；不是代表的市直及中央、省驻揭副处级以上单位党员主要负责人；不是代表的乡镇（街道）党（工）委主要负责人；不是代表的曾任揭阳市领导职务且在揭阳退休的正厅级党员；担任市级领导职务的民主党派、无党派人士，市各民主党派主要负责人，市工商联主席应邀参加党代会的开幕大会和闭幕大会。大会审议通过王胜代表中共揭阳市第六届委员会向大会所作题为《推动高质量发展 创造高品质生活 加快建设活力古城滨海新城产业强市》的报告。

大会高度评价六届市委的工作。大会指出，市第六次党代会后的五年，是揭阳市委坚持以习近平新时代中国特色社会主义思

2021年12月28日，中国共产党揭阳市第七次代表大会在揭阳市区开幕
（郑楚藩 摄）

想为引领，全面贯彻落实习近平总书记重要讲话和重要指示批示精神，在省委的坚强领导下，团结带领全市干部群众，认真落实省委“1+1+9”工作部署和省委对揭阳发展的定位要求，积极抢抓机遇、应对挑战，推动各项事业取得新进步，党的建设全面加强，经济发展稳中有进，城乡面貌深刻改变，治理能力显著提升，民生福祉持续改善，如期全面建成小康社会，为开启揭阳现代化建设新征程奠定坚实基础。

大会深刻总结五年的奋斗经验：必须旗帜鲜明讲政治，坚定不移以习近平新时代中国特色社会主义思想凝心铸魂；必须不忘初心为人民，坚定不移把群众利益放在第一位；必须笃定心志抓发展，坚定不移贯彻落实新发展理念；必须固本培元强党建，坚定不移推进全面从严治党。大会指出全市工作存在的不足和问题，强调要勇于直面、敢于斗争，采取有力措施切实予以解决。大会指出今后五年要深入学习贯彻总书记对广东重要讲话和重要指示批示精神，紧扣省委对揭阳发展的定位要求，把握形势，抓住机遇，立足新起点，锚定目标，奋力推动揭阳在现代化建设新征程上行稳致远。

大会明确此后五年全市工作的指导思想：坚持以习近平新时代中国特色社会主义思想为指导，全面贯彻党的十九大和十九届历次全会精神，深入学习贯彻习近平总书记对广东重要讲话和重要指示批示精神，把握新发展阶段，贯彻新发展理念，服务构建新发展格局，坚持稳中求进工作总基调，深化落实省委“1+1+9”工作部署，深度融入“一核一带一区”区域发展格局，坚决落实省委对揭阳发展的定位要求，推动高质量发展、创造高品质生活，加快建设宜居宜业宜游的活力古城、滨海新城和沿海经济带上的产业强市。

大会指出，今后五年揭阳经济社会发展的主要目标是：经济实力迈上新台阶，城乡建设展现新面貌，改革开放迈出新步伐，民生福祉再上新水平，治理能力实现新跨越。要把建设宜居宜业宜游的活力古城、滨海新城，打造沿海经济带上的产业强市作为统领揭阳全局的发展目标，保持平稳健康的经济环境、国泰民安的社会环境、风清气正的政治环境，埋头苦干、勇毅前行，全力推动揭阳高质量发展、创造高品质生活，在现代化建设新征程上跑出加速度、干出新气象。要壮大实体经济，加快打造产业强市；提升城市品质，加快老城蝶变新城崛起；推进乡村振兴，加快农业农村现代化建设；深化改革开放，激发高质量发展动力活力；加强和改善民生，努力创造高品质生活；创新社会治理，建设更高水平的平安揭阳。

大会强调，要坚定不移加强党的全面领导和党的建设，持续深入学习贯彻习近平新时代中国特色社会主义思想，把党的政治建设摆在首要位置抓实抓好，完善上下贯通、执行有力的组织体系，建设德才兼备的高素质干部人才队伍，持之以恒正风肃纪反腐，为揭阳现代化建设新征程提供根本保证。大会号召全市更加紧密地团结在以习近平同志为核心的党中央周围，在省委的坚强领导下，以一往无前的奋斗姿态、风雨无阻的精神状态，推动高质量发展、创造高品质生活，全力建设宜居宜业宜游的活力古城、滨海新城，努力打造沿海经济带上的产业强市，奋力谱写揭阳现代化建设新篇章！

大会按照有关规定审查通过中国共产党揭阳市第六届纪律检查委员会工作报告。选举产生由69名委员、14名候补委员组成的中共揭阳市第七届委员会，选举产生由35名委员组成的中共揭阳市纪律检查委员会。

（市委办公室）

揭阳市市、县、镇、村（社区）换届选举工作全面完成

2021年，揭阳市市、县、镇、村（社区）自下而上全面进行换届。市委高度重视此次换届工作，明确将其作为一项重大政治任务来抓，坚决落实好中共中央、省委关于换届工作的部署要求，准确把握换届政策，树立正确选人用人导向，选好干部配强领导班子，严肃换届工作纪律，确保揭阳市市级、5个县（市、区）、65个乡镇领导班子和1634个村（社区）换届工作圆满完成，换届工作风清气正。

在此次换届工作中，市委准确把握换届工作的指导思想和总体要求，把加强党的领导贯穿全过程，落实全面从严治党要求，发挥市委总揽全局、协调各方的作用，市委书记王胜担任市换届工作领导小组组长，市委常委会先后多次专题学习中央、省委有关换届工作精神，多次专题研究换届工作，确保换届工作的正确方向。全市各级党委迅速贯彻落实换届工作精神，统一认识，周密部署，精心组织。各级纪检监察机关、组织、宣传、统战、政法等部门按照各自分工和任务要求，加强协作，密切配合，形成工作合力。同时，坚持发扬民主，贯彻民主集中制，尊重和保障民主权利，严格依法按章办事，保证换届工作健康平稳进行。

在代表、委员人选的产生方面，坚持把政治标准放在首位，党组织主导人选推荐提名全过程，严格组织把关，突出道德品行要求，严格人选资格条件，合理确定规模结构，适当提高基层代表特别是一线工人、农民、专业技术人员代表的比例，切实增强代表、委员的广泛性和代表性。成立工作专班对“两代表一委员”人选进行多轮次联审，撤换不符合规定要求的市级代表、委员人选。认真考察把关，广泛听取意见，在一定范围内进行公示，完善党代会代表产生办法，依法按章组织好人大代表选举和政协委员协商提名工作，确保程序不走样、不变通，切实提高代表委员履职能力。

为选好配强各级领导班子，全市各级党委从着眼于事业发展和领导班子长远建设需要出发，坚持新时期好干部标准，大力选拔具有相应专业素养、领导现代化建设能力强的干部，进一步优化领导班子结构，增强整体功能。坚持好中选优、优中选强，突出选配好党政正职。进一步扩大视野，从“五方面人员”（指乡镇事业编制人员、优秀村党组织书记、到村任职过的选调生、第一书记、驻村工作队员）中选拔65名进入乡镇班子，选出新一届村（社区）“两委”班子成员9899人。坚持老中青相结合的梯次配备，统筹把握各级领导班子中不同年龄层次干部配备比例。通盘考虑优秀年轻干部、女干部和党外干部的选拔使用，在保证质量的前提下做到应配尽配。着力改善各级领导班子专业、知识结构，切实提高各级领导班子专业化水平。认真执行干部交流回避有关规定，从有利于加强领导班子建设的实际出发，稳妥有序推进干部交流。

改进干部考察工作，强化政治素质把关，真正把干部考实选准。坚持提前谋划，探索实施选人用人“三案”精细管理，换届前对县镇村进行专题调研和分析研判，根据分析研判结果，提出调整优化初步意见，为换届人事安排提供依据。认真组织深入考察，注重深入基层一线听取群众意见和乡语口碑。坚持“凡提四必”，切实做好“4+6”核查工作，明确《干部任用条例》七种不得列为考察对象的情形，对干部档案信息、个人有关事项、廉政、计生等方面存在影响提拔任用的，均不作为提名人选，坚决防止干部“带病提拔”“带病提名”。

全市各级党委从换届一开始就把纪律和规矩挺在前面，把有效监督贯穿换届始终。认真落实“六必谈”“三在先”要求，将学习中组部和省组部通报精神、观看《警钟长鸣》列为会前学习重要议程，教育引导党员干部以案为鉴、自警自重，自觉遵守换届纪律要求。市县两级成立换届风气巡回督查组，先后对5个县（市、区）、65个乡镇和1634个村（社区）开展多轮专项督查，梳理形成风险隐患清单，制定防范措施。坚持从严从快查处违规违纪违法问题，畅通“12380”电话、信访、网络、短信“四位一体”举报渠道，建立联查联办和快查快结机制，对发现的问题快查严办。严格落实换届“十严禁”纪律要求，深入开展警示教育，始终保持严肃换届纪律高压态势，确保换届风气清明清正清新。

（市委组织部）

揭阳重点项目建设提质增速

2021年，揭阳市认真贯彻落实国家、省关于抓项目稳投资有关工作部署，全力推进省、市重点项目建设，积极扩大有效投资，为揭阳“十四五”开好局起好步奠定坚实基础。全市43个省重点建设项目年度完成投资469.85亿元，投资完成率156.5%、列全省第1位。272个市级重点建设项目完成投资842.50亿元，投资完成率126%。

市主要领导带头研究协调，推动组建揭阳市重点项目推进工作专班，统筹做好要素保障、前期手续、建设推进、数据整理归集和检查督导各项工作，及时解决工作中存在的困难和问题。专班办公室制发《市领导同志分工推进省、市重点项目清单》，建立首席服务官工作制度，自上而下搭建政府和项目单位沟通联络的“绿色通道”，为项目顺利推进提供“保姆式”服务；各地各有关部门建立相应协调机制，全面形成纵横联动、通力合作的工作格局。全市上下聚焦项目所需，全面强化资金、用地、用海、能耗、环境容量等资源要素保障。市主要领导多次带队赴国家、省有关部门和部队沟通协调，围绕中石油炼化一体化、国电投海上风电等龙头项目建设需求，积极争取上级部门在环境容量及能耗保障上给予支持，顺利获得国电投神泉一项目军事支持意见，争取新增政府专项债券资金47亿元、中央预算内投资7478万元、省区域协调发展战略专项资金（重大项目前期工作经费）1820万元；拨付韩江粤东灌区续建配套与节水改造工程半洋隧洞引水工程（枫江—半洋段）、省道S505线祠堂村至砲台平交段改造工程、揭阳市第二实验小学建设项目等重点项目建设资金约20.44亿元，先后完成汕汕铁路、潮汕环线高速公路（含潮汕联络线）三期工程京灶大桥等一批项目用地报批，完成粤东城际4条铁路等一批项目用地预审。

2021年7月23日，国家电投揭阳神泉—海上风电项目首批风机并网发电仪式在惠来县举行 （郑楚藩　摄）

揭阳市全面加强重点项目谋划储备、督导推动，构建重点项目“谋划一批、开工一批、在建一批”的良好工作格局。按照“三贡献一高一强”标准（单位土地产值贡献和财税贡献、单位能耗产值贡献和财税贡献、单位环保容量产值贡献和财税贡献，项目科技含量高、产业带动能力强），积极谋划储备一批事关全市当前和长远发展的重大项目，编制形成《揭阳市“十四五”规划重大项目表》，列入项目347项、总投资10480.27亿元。组织举办2021年第一季度、第二季度省重点项目集中开工活动，全市集中开工重点项目121个，总投资1022亿元，全面掀起重大项目加快投资建设高潮；2021年全市新开工项目263个，估算总投资1619.97亿元。

2021年，全市重点项目建设推进顺利，京灶大桥、揭东东部水厂、普宁市北部中心水厂工程、揭阳市惠来县储备粮库等一批项目开工建设；中石油炼化一体化项目总体形象进度达89.1%，吉林石化ABS项目总投资完成过半，国电投315兆瓦海上风电项目并网发电，GE海上风电机组总装基地竣工投产，为揭阳加快建设宜居宜业宜游的活力古城、滨海新城，打造沿海经济带上的产业强市做出重要贡献。

（市发改局）

引韩供水工程建设通水惠及百万揭阳民众

2021年6月29日，广东省重点建设项目、揭阳市2021年“我为群众办实事”重大民生工程——揭阳引韩供水工程通水试运行。

该工程2018年10月29日开工建设，市委、市政府历年将其列为年度主要工作任务重点推进。工程由输水管道、加压泵站、调压塔等组成，概算投资12.53亿元，设计供水规模72.5万立方米/天，输水管线总长约32.6千米，半洋加压泵站总装机（含备用）5760千瓦。工程以揭东区半洋隧洞出口为起点，设置一座加压泵站，通过输水管道将原水输送到市区各水厂。揭阳引韩供水工程顺利实现全线通水，缓解揭阳市榕城区、空港经济区、揭东区曲溪、云路、玉滘、磐东等镇（街道）100余万人民群众用水紧张情况，解决揭阳市区水质性缺水问题，保障市区供水安全，提高人民群众生活质量。

（市水利局）

揭惠高速公路市区连接线——揭阳大桥建成通车

2021年2月9日，揭惠（揭阳至惠来）高速公路揭阳市区连接线——揭阳大桥正式通车。

揭惠高速揭阳市区连接线工程项目2017年5月开工建设，项目总投资估算15.68亿元，投资概算14.313万元。起点位于榕城区揭阳大道与进贤门大道交界处，设置榕东互通立交，对接揭阳大道（与进贤门大道平交），终点位于仙桥省道S234，对接揭惠高速公路，全长8.795千米。设特大桥2444.3米/1座（揭阳大桥长度2444.3米，主桥为138米+300米+138米钢-混组合梁斜拉桥）、大桥2961.4米/8座（含匝道桥4座），涵洞14道，路基挖方0.2万立方米，填方31万立方米，软基处理4.8千米，设榕东、何厝、仙桥互通立交共3处。项目主线采用设计速度为80千米/时的一级公路兼城市主干道，路基宽35.5米。辅道采用城市次干道标准，设计速度为40千米/时。

揭阳大桥是揭惠高速市区连接线的控制性工程，属于该工程第一标段项目，主桥横跨榕江南河，是串联起揭阳市区与揭惠高速的最短快速通道。桥梁最高建筑为120米高的南北岸桥塔，主塔两侧各布置12对斜拉索，为主跨300米的双塔双索面半漂浮体系钢混组合梁斜拉桥，是揭阳一个新的地标建筑。揭阳大桥的建成通车，提高榕江南河两岸居民的交通通达度，对揭阳市区和沿途潮阳惠来居民的高速出行带来极大的便利。对加快提升城市发展品质，建设宜居宜业宜游的活力古城、滨海新城、产业强市，更好地融入新发展格局，推动经济高质量发展，起到积极的促进作用。

（市国资委）

2021年2月9日，揭惠高速公路市区连接线——揭阳大桥建成通车

（郑楚藩　摄）

揭阳市扎实推进乡村振兴战略

2021年揭阳市坚持以习近平新时代中国特色社会主义思想为指导，深入贯彻习近平总书记“三农”工作重要论述和批示指示精神，紧紧围绕党中央实施乡村振兴战略的部署和省委、省政府的工作要求，市委、市政府主要领导亲抓亲管，分管领导靠前指挥，全市上下“一盘棋”系统谋划，组织实施一系列针对性措施，全面推进乡村振兴各项工作落到实处，不断取得新成效。

——促进农业高质高效。保障粮食和重要农产品供给，完成粮食种植面积195.88万亩（折1305.87平方千米），产量80.17万吨，粮食储备31万吨，食用植物油储备1500吨，年末生猪存栏65.48万头、增长16.8%，“菜篮子”市长负责制考核“优秀”。提升农田质量，完成高标准农田建设年度任务，2021年度市级验收项目8个，建设规模8.31万亩（55.4平方千米）；完成撂荒地复耕复种8.6万亩(57.3平方千米)。建设现代农业产业体系，投入约10亿元创建现代农业产业园26个（国家级1个、省级6个、市级19个），申报入库“一村一品、一镇一业”项目55个，基本形成“一县一园、一镇一业、一村一品”农业产业发展格局。开展云展会、电商云平台活动，惠来鲍鱼“网络节+云展会”模式获省推广。建设现代农业生产体系，大力培育10条市级农业产业链和10条县级农业产业链，成功培育市级以上农业龙头企业73家（新增17家），县级农业龙头企业28家。“链长制”工作经验获国家乡村振兴局《乡村振兴简报》刊文推介和省委书记李希批示肯定。建设现代农业经营体系，积极培育新型经营主体，新增市级以上示范家庭农场5个、专业合作社25个（省级2个）。完善农村物流体系，实施“2+2+2”冷链物流项目。完善提升5个县域助农服务综合平台和67个镇村助农服务中心。

——促进乡村宜居宜业。全面巩固提升人居环境整治成效，持续开展村庄清洁行动，创新美丽宜居村“挂摘牌”动态管理机制，推动美丽乡村长治长美。深入推进农村“厕所革命”，推进农村生活垃圾分类示范试点工作，村庄保洁覆盖面达到100%。完成40个自然村生活污水治理。深入推进美丽圩镇攻坚行动，基本完成圩镇人居环境整治任务，建立农村人居环境和基础设施长效运行管护工作制度。全面提升乡村风貌，加快建设美丽乡村风貌提升示范带12条（建成2条），打造农村“四小园”13183个。积极推进农房微改造，全市各县（市、区）沿线连片完成存量农房微改造3000户以上。推进基础设施提档升级，大力实施农村道路“单改双”，完成农村公路提档升级任务248.3千米；新增完成360个自然村村内道路建设，新增道路硬化667.75千米。基本实现全市集中供水全覆盖，农村人口自来水普及率99%、农村生活饮用水水质合格率90%以上。推进公共服务优化提升，新（改、扩）建17所乡镇公办幼儿园，建设22所乡镇义务教育中心学校。推进健康乡村建设，1245家村公建卫生站建成并投入使用。加强县域紧密医共体建设，成立县域医共体11个。实施“双百工程”提升兜底民生服务水平。

——促进乡风文明。建成新时代文明实践中心6个、实践所168个、实践站1497个，创建全国文明村镇9个、省文明村镇8个、市级文明村镇421个，全部行政村达到县级以上文明村创建标准。加强农民就业

2021年，揭阳市创建现代农业产业园26个。图为揭西县茶叶省级现代农业产业园产品发布中心和加工厂 （揭西县五经富镇 供图）

创业培训，“粤菜师傅”“南粤家政”培训12654人次，补贴性职业技能培训49368人次，农村电商培训2107人次，培育“乡村工匠”4300人、高素质农民1125人。深入推进移风易俗，推动1446个行政村制定《村规民约》，有效整治农村铺张浪费、大操大办、薄养厚葬等不良风气。

——促进乡村治理。深化乡镇（街道）体制改革，综合设置镇街党政机构，大幅精简“小散弱”事业单位，完善镇街“三个平台”运行规则，全面推进镇街综合行政执法改革，实现“一支队伍管执法”。全覆盖建成市、县、镇、村四级公共法律实体平台，创建“全国民主法治示范村（社区）”4个、“省级民主法治示范村（社区）”32个。推进平安乡村建设，建立防范和整治“村霸”等扫黑除恶长效机制，构建社会矛盾纠纷多元化解工作机制，建设市级社会治理创新平台（综治分平台），排查各类网格事件91193宗，办结率99.51%。

——促进农民富裕。巩固拓展脱贫攻坚成果，在落实好65个乡镇帮扶基础上，将26个涉农街道（场）列入帮扶范围，落实市县党政机关、企事业单位组团实施帮扶，打造“1+4+1”工作体系。建立健全防返贫致贫监测帮扶机制，持续加强扶贫资产管理及产业扶贫项目管理，至2021年底，全市有劳动能力稳定脱贫人口人均可支配收入17492元，牢牢守住不发生规模性返贫底线。发展新型农村集体经济，实施扶持壮大村级集体经济三年行动计划，从六个方面采取17项具体措施，提高农村集体经济收入，年收入10万元以下行政村从2021年年初的1187个减少到年底的633个。促进农民收入稳定增长，农村居民、城镇居民人均可支配收入，分别增长10.4%、8.6%，农村居民人均可支配收入增速比城镇居民人均可支配收入增速高1.8个百分点。

（市农业农村局）

揭阳首所本科院校广东工业大学揭阳校区建成开学

2021年9月18日，揭阳首所本科院校广东工业大学揭阳校区举行落成启用仪式暨2021级新生开学典礼。广东工业大学揭阳校区坐落于揭阳滨海新区粤东新城，校区“靠山、拥水、面海”，规划占地1.32平方千米，总建筑面积约63万平方米，远期办学规模为在校生2万人，首期工程可满足招生5000人的办学需要。2021年，广工揭阳校区正式办学招生，涵盖机械电子工程、计算机科学与技术、电子信息工程、电气工程及其自动化、化学工程与工艺、电子商务等6个专业，录取学生714人。

揭阳校区秉承广东工业大学“与广东崛起共成长，为广东发展作贡献”的办学理念，遵循“以学生为中心，产出导向，持续改进”的教育理念，推行小班式教学为主、班导师制、精准化培养、精细化管理的培养模式，在专业领域课程上设置多元化的课程模块；对实践教学模式和内容进行创新改革，构建“多层次能力培养、多类型实现形式、多渠道组织开展”的实践教学体系；以揭阳区域产业发展需求为牵引，深化产教融合，以多种培养模式，联合17家企业共同探索全过程协同育人；全面融入“一核一带一区”区域战略新格局，努力于新工科建设，致力于高水平工程技术人才培育，成为揭阳高素质人才培养的新基地、高层次人才汇聚的新高地和粤东高质量发展的新引擎。

（市教育局）

2021年9月18日，广东工业大学揭阳校区落成启用仪式暨2021级新生开学典礼在粤东新城举行（郑楚藩　摄）

揭阳出台地方性法规保护传承红色资源

在中国共产党迎来百年诞辰、党中央决定在全党开展党史学习教育的特殊背景下。2021年，揭阳市为加强红色资源的保护传承，根据《中华人民共和国文物保护法》《中华人民共和国英雄烈士保护法》等法律、法规，制定《揭阳市红色资源保护传承条例》。

为进一步加快立法进程、提高立法质量，揭阳市人大常委会主任会议根据工作需要，调整条例草案的起草模式，由主任会议向市人大常委会提出法规案。市人大常委会法工委会同教科文卫工委、市司法局、市文广旅游体育局、市退役军人事务局、市地方史志办、韩山师范学院，并邀请部分市人大常委会立法咨询顾问，共同组成条例草案起草工作专班，全脱产赴揭西县委党校开展条例草案的集中起草、论证研究和修改完善等工作。4月16日，揭阳市人大常委会对条例草案进行第一次审议，法工委会后根据常委会组成人员和各方的意见建议对条例草案作进一步修改完善，期间也委托广东省人大常委会法工委组织专家论证并征求省直有关部门的意见；经市委常委会会议研究同意；5月28日，揭阳市第六届人民代表大会常务委员会第四十七次会议对条例草案进行第二次审议并表决通过该条例；7月30日，广东省第十三届人民代表大会常务委员会第三十三次会议审查批准该条例；8月2日，揭阳市人民代表大会常务委员会发布公告，向社会全文公布该条例，并于2021年10月1日起施行。

《揭阳市红色资源保护条例》内容不分章节共31条，对红色资源的含义，对政府及其部门职责、联席会议机制、专家咨询委员会、专项资金、红色资源的普查和认定、保护名录制度、保护责任人制度、禁止性行为、合理利用、法律责任等方面的内容作出明确规定。

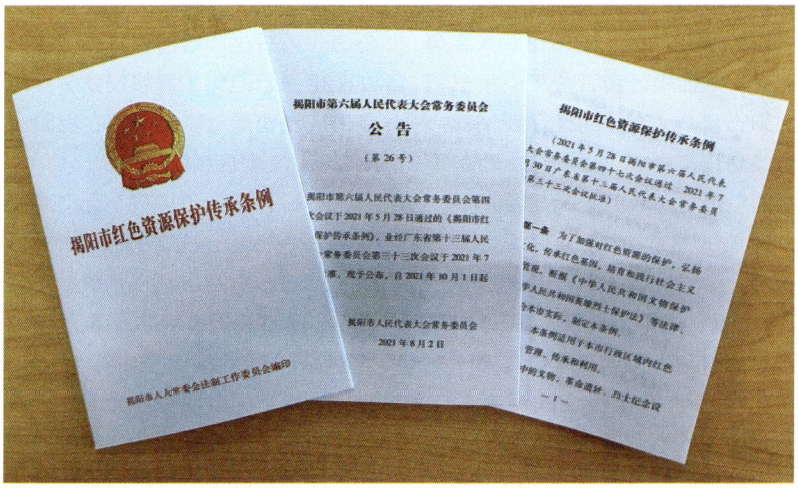

2021年10月1日起，《揭阳市红色资源保护传承条例》施行

（林夏倩　摄）

近年来，揭阳市在保护红色资源、加强爱国主义和革命传统教育、发展红色旅游等方面做了大量工作，取得一定成效，但红色资源保护传承方面仍存在保护意识不够强、保护措施不够实、资金投入不够多、保护规划有待加强等问题和短板，很大程度制约着揭阳市红色资源价值功能的有效发挥。

而红色资源保护方面的相关上位法规定比较原则，难以有效解决揭阳市红色资源保护工作中的存在问题，因此亟须采取更加有效的措施，在遵循不抵触的原则下，充分发挥地方立法的引领和推动作用，结合地方具体实际对上位法进行细化补充和制度创设，切实以地方立法的具体实践和成果，不断提高全市红色资源保护传承工作的规范化和法治化水平。《揭阳市红色资源保护条例》的出台为揭阳市加强红色资源的保护传承提供了坚实的法治保障，更好发挥红色资源在见证革命历史、弘扬革命精神上的重要作用，助力揭阳走出一条革命老区高质量发展的新路子。

（市人大常委会办公室、市文广旅游体育局）

大事记

1月

1日，《揭阳市市容管理条例》正式施行，是揭阳市自行使地方立法权以来，获省人大常委会审查批准的第六部地方性法规。《条例》主要规定立法目的及依据、适用范围、基本原则、宣传教育、投诉举报制度、奖励激励措施等一般性条款，涵盖市容责任区责任人制度、建（构）筑物及设施的容貌管理、城市道路和公共场地容貌管理、临街商铺和经营摊点容貌管理、法律责任等主要内容。

5日，市委、市政府召开全市优化营商环境和加强招商引资工作大会。

6日，全国爱国卫生运动委员会公布《关于命名2018—2020周期国家卫生城市（区）的决定》，揭阳市被公布为“国家卫生城市”。

6—7日，以省政协原副主席、省港澳办首任主任唐豪为顾问，省粤港澳合作促进会执行会长林迪夫为团长的省粤港澳合作促进会考察团，组织“粤港澳大湾区央企联盟”企业到揭阳市考察。

6—8日，粤东城际铁路潮汕机场至揭阳南段、潮州东至潮汕机场段、汕头至潮汕机场段可行性研究及汕头至潮州东段预可行性研究审查会在北京召开。粤东城际铁路潮汕机场至揭阳南段、潮州东至潮汕机场段、汕头至潮汕机场段3个项目总投资约353.29亿元。其中，潮汕机场至揭阳南段：全线均位于揭阳市境内，项目途经砲台、渔湖，终至揭阳南站，线路全长15.78千米，全线设车站3座；汕头至潮汕机场段：项目位于汕头市和揭阳市境内，线路全长45.28千米，设车站8座，其中揭阳市境内21.18千米；潮州东至潮汕机场段：位于潮州市和揭阳市境内，线路东起潮州东站，途经潮州市中心、潮汕站，西止于潮汕机场站，线路全长24.05千米，设车站5座，其中揭阳境内5.98千米。

8日，揭阳市政府六届87次常务会议召开，讨论研究市直部门下属三类事业单位转企改制有关工作，审议并原则通过《揭阳市粤东新城城市配套基础设施建设工程项目建设方案》。

上旬，揭阳市政府办公室印发《揭阳市优化金融生态环境三年行动计划（2021—2023年）》，是粤东地区首个优化金融生态环境三年行动计划，分“强治理、化风险、建信用、优供给”四个重点领域开展主要行动。

13—14日，揭阳海警局联合揭阳海关缉私分局、市公安局、市烟草专卖局，在惠来海域破获一起海上涉嫌走私香烟案，查扣涉案船舶3艘、货车2辆，当场查获香烟近2500箱，涉案金额约1800万元。

15日，揭阳港口岸惠来沿海港区广东粤电靖海发电公司专用码头通过国家验收，正式对外开放。

同日，中国石油工程建设有限公司广东石化项目部获“全国青年安全生产示范岗”揭牌仪式暨青年突击队创建活动启动仪式在揭阳大南海石化工业区举行。

16日，揭阳市区首个大型商业综合体——揭阳天虹购物中心开业。

18日，揭阳市潮州木雕展示馆开馆，免费向公众开放。展示馆位于榕城区思贤路思贤中学大门左侧，为原揭阳县商民协会旧址。展馆展出包括明代、清代和民国时期的木雕构件以及全市各地木雕艺人创作的木雕工艺精品上百件，展示揭阳潮州木雕的历史渊源和传承发展情况。

20日，揭阳市政府六届88次常务会议召开，听取招商引资和信访工作汇报，会议审议并原则通过《揭阳市促进高校毕业生返乡就业创业扶持措施》等有关事项。

25日，中德金属集团有限公司驻德国柏林办事处工作成效通过复评，再获“中国中小企业中心（德国）”称号。

27日，揭阳市召开市委常委会（扩大）会议，会议审议并原则通过《政府工作报告（稿）》《揭阳市国民经济和社会发展第十四个五年规划和二〇三五年远景目标纲要》《揭阳市2020年国民经济和社会发展计划执行情况与2021年计划草案的报告》《揭阳市2020年预算执行情况和2021年预算报告》。

28日，揭阳市人民政府与华为技术有限公司签订合作框架协议，推动在“数字政府”、智慧新警务、智慧应急、远程医疗等领域合作。

29日，中国共产党揭阳市第六届委员会第十一次全体会议在市区召开。市委书记蔡朝林代表市委常委会向全会作工作报告。市委副书记、市长张科就经济工作作专题讲话。

31日，政协第六届揭阳市委员会第五次会议开幕。会议审议政协第六届揭阳市委员会常务委员会提案工作报告（书面）；听取并讨论揭阳市人民政府工作报告；选举政协第六届揭阳市委员会常务委员会部分组成人员；审议通过政协第六届揭阳市委员会第五次会议决议。

是月，广东省文联、广东省民间文艺家协会发布第七批“广东省古村落”名单，榕城区仙桥街道永东社区、揭东区埔田镇车田村、揭东区新亨镇硕和村、空港经济区凤美街道塘埔村、空港经济区京冈村、普宁市流沙北街道西陇村6个村（社区）入选。揭阳市“广东省古村落”数量增至30个。

是月，中央文明办通报：揭阳市继续保留全国文明城市提名城市资格。

是月，农业农村部农产品质量安全中心公布2020年第三批全国名特优新农产品名录，揭阳“揭东玉湖炒茶”入选。

是月，揭阳青狮文化旅游景区经升级改造后向游客开放。青狮文化旅游景区位于古城南门南滘桥，是国家级非物质文化遗产青狮的发源地，拥有青狮展馆、青狮文化遗址、孙振高故居、古井、圣旨牌、百年老铺等潮汕古建筑。

2月

1日，揭阳市第六届人民代表大会第七次会议在市区开幕。会议听取《揭阳市人民政府工作报告》《揭阳市人民代表大会常务委员会工作报告》《揭阳市中级人民法院工作报告》《揭阳市人民检察院工作报告》，审查《揭阳市国民经济和社会发展第十四个五年规划和二〇三五年远景目标纲要（草案）》，表决通过《揭阳市第六届人民代表大会第七次会议选举办法》和《市人民代表大会法制委员会主任委员人选办法》。

同日，中国人民政治协商会议第六届揭阳市委员会第五次会议审议通过政协第六届揭阳市委员会常务委员会工作报告和提案工作报告，增选曾瑞如为政协第六届揭阳市委员会副主席，增选杜光亮、林海辉、洪少伟3名同志为政协第六届揭阳市委员会常务委员。

5日，揭阳市政策性森林保险首单在普宁市落地承保——普宁市林业局为普宁市范围内所有公益林购买第一份保险，为4万多公顷公益林提供近7.25亿元的风险保障。

同日，揭阳市区老北河大桥恢复通车。此次维修加固工程于2020年8月20日动工建设，主要对北河大桥水下基础加固，主拱圈压浆、拆除重做桥面板、桥面铺装、人行道板和中央绿化带。

9日，揭惠高速揭阳市区连接线（揭阳大道）正式通车。

22日，普宁市永定职业培训学校董事长黄永定被省精神文明建设委员会办公室授予2020年第三季度“广东好人”称号。

24日，揭阳市举行揭籍大学生“回家行动”宣传动员大会暨大学生专业技能奖项颁奖仪式。

25日，全国脱贫攻坚总结表彰大会在北京人民大会堂隆重举行，东莞市第三人民法院派驻揭阳市揭东区龙尾镇新丰村驻村第一书记、扶贫工作队队长罗永辉和惠来县葵潭镇政府经济发展服务中心主任陈楚卿2人获评“全国脱贫攻坚先进个人”，广东省交通集团有限公司驻揭阳市揭西县金和镇山湖村扶贫工作队和华南理工大学驻揭阳市惠来县隆江镇孔美村扶贫工作队获评“全国脱贫攻坚先进集体”。

同日，新疆生产建设兵团第三师党政代表团到揭阳市考察。

26日，《揭阳市制定涉及专利地方标准工作指引》出台。

3月

5日，揭阳市召开国土空间规划委员会第三次会议，审议通过有关土地征收整合储备和供应计划、土地供应使用权出让方案、三旧改造等事项。

8日，广东省税务系统首个“广东省三八红旗工作室——木槿花工作室”在揭阳市税务局揭牌成立。

11日，中央电视台4套播出大型纪录片《记住乡愁》揭阳古城专题《粤东名城　古韵新风》。

17日，国务院发展研究中心副主任隆国强率调研组到揭阳市调研经济总体运行、企业生产经营、“十四五”开局之年工作思路和重大项目考虑等情况。

18日，《揭阳市烟花爆竹燃放安全管理条例》经广东省第十三届人民代表大会常务委员会第三十次会议批准公布，自2021年6月1日起施行。

30日，副省长覃伟中莅临揭阳市调研练江、枫江流域污染防治工作。

同日，广东省人民政府公布第二批37处广东省历史文化街区名单，揭阳市榕城区的西马路、中山路、石鼓里、东门直街东段及揭西县棉湖镇南门里5处历史文化街区榜上有名，揭阳市省级历史文化街区实现“零”的突破。

同日，国家卫生健康委公布第二次全国三级公立医院“大考”成绩，揭阳市人民医院在全国1183家参评三级公立综合医院中列第282位，排名比2020年公布的首次“榜单”提升135位，国家监测指标等级从“B+”上升为“B++”。

同日，2021年广东省妇女儿童医院建设与发展高峰论坛（潮汕站）在揭阳市举办。

4月

6—7日，省政协党组成员、副主席袁宝成，省政协常委、经济委员会主任王珺等一行到揭阳市，围绕“加快产业集群数字化转型，推动先进制造业高质量发展”和“我省战略性产业集群发展中的问题及对策建议”开展专题调研。

7日，广东省第二届《乡村振兴大擂台》揭阳赛区海选暨第二届“揭阳美丽乡村”系列评选活动启动仪式在揭阳广播电视台举行。

13—14日，副省长孙志洋率省直有关部门负责人莅揭调研工业发展、能源建设、国企改革情况。

同日，湖北省政协常委、社会和法制委员会主任李刚，湖北省政协副秘书长罗昌兰一行到揭阳市考察医养相结合养老服务体系建设、养老社区发展、老年人社会组织培育与发展等情况。

25日，省长马兴瑞到揭阳练江青洋山桥国考断面调研，强调要坚决有力落实污染防治攻坚措施，实现练江流域水质达标攻坚任务；在揭阳潮汕国际机场，调研新建粤东城际铁路潮汕机场站、航站区交通中心综合体等工程项目建设情况。

27日，国家医疗保障信息平台揭阳上线启动仪式在市机关办公大院举行。

同日，揭阳市人民医院党委副书记、院长，主任医师徐名伟和普宁市永定职业培训学校机动车驾校员培训班分别被中华全国总工会授予全国五一劳动奖章和全国工人先锋号。

29日，揭阳市退役军人创业孵化基地揭牌暨退役军人创业培训班开班仪式在中德金属生态城省市共建创业孵化基地举行。

是月，揭阳市发起设立首支重点产业投资发展基金。揭阳市重点产业投资发展基金总规模100亿元人民币，首期规模10亿元人民币。

5月

6日，揭阳市人民政府与深圳能源集团股份有限公司签订战略合作框架协议，双方将在无废城市建设、分布式能源发电、可再生能源开发利用和综合智慧能源服务等方面开展合作。

10日，揭阳市出台金融服务实体经济政策措施15条，从提升金融服务质量、完善金融服务机制、加强配套措施保障等多方面，优化地方金融生态环境，引导金融资源流向实体经济，缓解实体经济融资难、融资贵等问题。

10—11日，中国残联、省残联联合督导组到揭阳市开展2021年残疾人家庭收入状况调查专项督导。

21日，揭阳市公布第二批市级非物质文化遗产生产性保护示范基地和第三批市级非物质文化遗产保护传承基地，以阳美翡翠玉雕等非遗项目为主的17家单位入选市级非遗生产性保护示范基地，以潮州音乐等非遗项目为主的30家单位入选市级非遗保护传承基地。至此，全市省级非遗生产性示范基地2家，省级非遗保护传承单位8家，市级非遗生产性示范基地33家，市级非遗保护传承基地87家。

30日，中石油广东石化炼化一体化项目220千伏总变电站完成中间交接。总变电站占地面积21976平方米，总建筑面积12025平方米，内设220千伏主变压器6台，单台容量240兆伏安，总容量1440兆伏安。220千伏总变电站2020年3月30日开工，建设周期历时14个月。

6月

3—4日，全国政协委员、广东省委原常委、省纪委原书记黄先耀率队到揭阳市开展乡村振兴调研。

5—11日，揭阳市文明办、市生态环境局联合举办“绿动揭阳”拾荒慢跑活动。

21日，揭阳市范围内各县（市、区）级婚姻登记机关婚姻登记工作实现通办，全市各级婚姻登记机关均可受理揭阳市户籍居民跨区申请办理结婚登记和离婚登记、补办结婚登记、现役军人婚姻登记。但补领婚姻登记证、婚姻登记档案查询、出具《（无）婚姻登记记录证明》等业务暂不实行跨区办理。

市民可通过广东民政微信公众号、广东省婚姻登记网上预约系统（网页版）、粤省事小程序提前预约办理登记。

10日，揭阳市召开市委常委会会议，听取第一轮中央生态环境保护督察第四督察组督察广东、中央生态环境保护督察“回头看”及固体废物专项督察第五督察组督察广东、省第二环境保护督察组督察揭阳反馈意见整改情况汇报，以及2021年生态环保重点工作汇报等。

同日，揭阳市乡村振兴局挂牌成立。

同日，南方电网广东揭阳供电局对中石油广东石化炼化一体化项目成功送电，标志着该项目接入系统工程首期全线投产。

19日，揭阳市第六届人民代表大会第八次会议在市区举行。经大会选举，王胜当选揭阳市第六届人民代表大会常务委员会主任，支光南当选揭阳市人民政府市长。

24日，揭阳军分区党委第一书记任职大会举行，王胜任中共揭阳军分区党委第一书记。

29日，揭阳引韩供水工程通水试运行。

是月，国务院批准揭东经济开发区等13个省级开发区升级为国家经济技术开发区。揭东经济开发区于1992年10月经省人民政府批准设立。

7月

1日，揭阳市召开市委常委会会议，专题学习习近平总书记在庆祝中国共产党成立100周年大会上的重要讲话精神。

同日，揭阳市2021年“我为群众办实事”重大民生工程——揭阳引韩供水工程顺利输水至市区各大水厂，工程设计供水规模72.5万立方米/天，输水管线总长约32.6千米，从韩江潮州供水枢纽上游鹿湖取水，经鹿湖、半洋隧洞，引水至揭东半洋，通过泵站加压后分别送水至揭东水厂、市第二水厂、市西湖水厂。

同日，揭阳市文化馆发布揭阳市庆祝中国共产党成立100周年原创音乐专辑，收录22首原创音乐。

5日，市委书记，市人大常委会党组书记、主任王胜主持召开市人大常委会党组（扩大）会议，专题传达学习习近平总书记在庆祝中国共产党成立100周年大会上的重要讲话精神，研究贯彻落实意见。

同日，“伟大征程，光辉粤迹——中国共产党广东历史100年”流动展览第一站在中共揭阳市委党校展出。

同日，“第十届中国创新创业大赛（广东揭阳赛区）暨第四届潮汕青年创新创业大赛”启动仪式在普宁市举行。

6—7日，省政协党组成员、副主席郑振涛带领调研组到揭阳市开展“加强中小学教师队伍建设，促进全省基础教育高质量发展”专题调研活动。

7日，揭阳市国土空间规划委员会第八次会议召开，审议通过《揭阳市榕城核心区东片区、梅云片区（MY-22、MY-23单元）局部控制性详细规划（潮东单元）》《惠来县土地利用总体规划（2010～2020年）修改方案（揭阳港大南海东岸公共码头一期工程）》等规划调整、土地供应、土地征收补偿工作方案、“三旧”改造有关事项。

8日，中共揭阳市委全面深化改革委员会第五次会议召开，审议并原则通过《揭阳市进一步深化供销合作社综合改革打造为农服务生力军行动计划》《关于印发城乡融合发展省级试点工作任务（问题）清单和重点项目清单的通知》等文件。

9—11日，省委常委、宣传部部长陈建文到揭阳调研文化场馆建设、新时代文明实践站建设、古城保护活化、广东工业大学揭阳校区建设等工作进展情况。

10日，“庆祝中国共产党成立100周年——百幅精品颂党恩美术作品展”在榕城区西湖美术馆举行，展出国画、水彩、油画、版画等百件美术作品。

同日，2021年中国“惠来五宝”（荔枝、凤梨、鲍鱼、隆江猪脚、鱼丸）国际网络节+云展会开幕式在惠来县举行。活动通过云直播、云展示、云连线、云贸易等云端形式，打造线上农产品交易会。同时发布《惠来县农业产业链“链长制”工作方案》《中国“惠来五宝”12221市场营销十二项》方案、创建数字农业示范县倡议书、“五彩惠来”红绿蓝3条旅游路线和2021年中国惠来五宝云展会等。

12日，副省长王曦率省直有关部门负责到揭阳市调研教育、科技、工信等工作。

同日，揭阳市召开对接东莞市乡村振兴驻镇帮镇扶村工作队进驻工作会议，东莞市共安排12个镇（街）和28个市直单位、市属企业，选派近100名帮扶工作队队员，对口帮扶揭阳市20个镇。

13日，副省长、省公安厅厅长王志忠调研揭阳警务综合改革试点相关工作。

14日，揭阳市社区矫正委员会第一次全体会议召开。会议宣读《中共揭阳市委办公室　揭阳市人民政府办公室关于成立揭阳市社区矫正委员会的通知》，审议通过《揭阳市社区矫正委员会成员单位职责》《揭阳市社区矫正委员会工作规则》《揭阳市社区矫正委员会办公室工作细则》。

同日，国家电投揭阳神泉海上风电项目——广东省单机容量最大的首台商业运行7兆瓦海上风机吊装成功，实现广东省商业化7兆瓦海上风机“零”的突破。

17日，揭阳潮汕妇女儿童医院营业开诊。医院坐落于空港经济区进贤门大道以南、渔二路西侧，建筑面积约7.2万平方米，规划病床超过800张，停车位1000个。

20日，中国农工民主党揭阳市第五次代表大会召开。会议审议通过农工党揭阳市第四届委员会工作报告，选举产生农工党揭阳市第五届委员会，卢灿辉当选中国农工民主党揭阳市第五届委员会主任委员。

同日，九三学社揭阳市第二次代表大会召开。会议听取审议通过九三学社揭阳市第一届委员会工作报告，选举产生九三学社揭阳市第二届委员会，吴少珍当选九三学社揭阳市第二届委员会主任委员。

21日，中国民主促进会揭阳市第五次代表大会召开。会议审议通过民进揭阳市第四届委员会工作报告，选举产生民进揭阳市第五届委员会，林正忠当选民进揭阳市第五届委员会主任委员。

21—22日，省长马兴瑞到汕头、潮州、揭阳三市，就深入学习贯彻习近平总书记在庆祝中国共产党成立100周年大会上的重要讲话和关于党史学习教育重要论述精神，扎实开展“我为群众办实事”实践活动，科学谋划、系统推进城际铁路规划建设等工作进行调研。省领导林克庆、陈良贤参加调研。

22日，副省长陈良贤到惠来县前詹镇国家管网集团粤东液化天然气有限公司，调研LNG涉外码头疫情防控和安全生产工作情况。

23日，国家电投揭阳神泉——海上风电项目首批风机并网发电仪式在惠来县举行，5台5.5兆瓦的风机实现并网发电。

23日，中国民主同盟揭阳市第六次代表大会召开。会议审议通过中国民主同盟揭阳市第五届委员会工作报告，选举产生中国民主同盟揭阳市第六届委员会，柯东风当选中国民主同盟揭阳市第六届委员会主任委员。

29日，由团省委、省文化和旅游厅、揭阳市人民政府联合主办的2021年“创青春”广东青年文化和旅游创新创业大赛在揭西县大洋旅游度假区启动。

同日，揭阳市人民政府公布《揭阳市户外广告和招牌设置管理办法》，该办法2021年10月1日起施行，2018年12月18日市政府公布的《揭阳市户外广告和招牌设置管理办法》同时废止。

是月，普宁市入选农产品电商“百强县”名单，名列全国第25位。

是月，揭阳市全面启动12至17周岁人群新冠病毒疫苗接种工作。

8月

2日，《揭阳市红色资源保护传承条例》经广东省第十三届人民代表大会常务委员会第三十三次会议批准予以公布，2021年10月1日起施行。

3日，市委实施乡村振兴战略领导小组召开会议，传达贯彻《省委实施乡村振兴战略领导小组印发〈关于实施“三农”领域突出短板“九大攻坚”行动的指导意见〉的通知》精神，研究揭阳市贯彻落实措施。会议审议通过《关于扶持壮大村级集体经济三年行动计划（2021—2023年）》《关于全面推进乡村振兴加快农业农村现代化的实施方案》《关于实现巩固拓展脱贫攻坚成果同乡村振兴有效衔接的实施方案》。

7日，揭阳市人民医院心血管内二科成功开展潮汕首例心腔内超声引导下左心耳封堵手术。

13日，揭阳市政府六届101次常务会议审议并原则通过《揭阳中心城区一体化总体规划》《揭阳市药品安全事件应急预案（试行）》等有关事项。

20日，市委审计委员会第三次会议召开。会议听取2020至2021年度审计工作情况汇报，审议《揭阳市审计事业发展“十四五”规划》《揭阳市审计局2021至2022年度审计项目计划》等文件。

20日，揭阳市发布《塑料筛类制品》《塑料凳、墩》《塑料置物层架》《塑料碗柜》等4项团体标准，规范和提升揭阳市塑料家居等产品的质量和技术水平。

同日，2021南国书香节揭阳分会场活动启动。

21日，中国共产党揭阳市第六届委员会第十二次全体会议在市区召开。会议主要议题有：市委常委会向全会作工作报告；就对接支持服务两个合作区建设作专题讲话；就《中国共产党揭阳市第六届委员会第十二次全体会议关于召开中国共产党揭阳市第七次代表大会的决议（草案）》作说明；通过全会《决议（草案）》；通过关于召开市第七次党代会的《决议（草案）》。

26日，揭阳市第二实验小学举行揭牌仪式。该校招生规模30个教学班，提供1350个小学学位。

是月，2021年1至6月揭阳市快递业务总量累计完成16.22亿元，位列全国第6位，比2020年前进1名。

是月，揭阳市全面启动60周岁及以上老年人新冠疫苗接种工作。

是月，榕城区被国家信访局评为2020年信访工作“三无”县（区）。

是月，揭阳市投放首笔房产二次抵押贷款。

是月，揭阳市教育局出台《揭阳市教育局关于进一步做好义务教育校内课后服务工作的实施方案》，从2021年秋季学期开始，全市义务教育各级各类学校做到课后服务两个“全覆盖”，即义务教育学校全覆盖、有需求的学生全覆盖。

9月

1日，揭阳市大学生发展基金会2021年励志奖学金发放暨爱心捐赠仪式举行。2021年基金会筹款超过700万元，全市403名学生获得励志奖学金。

同日，《揭阳市促进工业企业优化升级若干措施》出台。

6日，揭阳市六届人大常委会召开第五十次会议，会议审议通过《揭阳市人民代表大会常务委员会关于揭阳市第七届人民代表大会代表名额分配和选举工作的决定》，市人大常委会代表资格审查委员会关于揭阳市第六届人民代表大会个别代表变动的代表资格审查报告。

8日，揭籍著名书画家、“幻象主义”绘画创始人刘佑局名誉院士就职典礼暨刘佑局米开朗基罗奖颁奖仪式在佛罗伦萨的意大利艺术研究院举行。刘佑局是首位同时获得世界顶级艺术研究院名誉院士和米开朗基罗奖两项殊荣的中国画家。

17日，揭阳市全市县（市、区）级国家综合档案馆实现“异地查询、跨馆服务”。市民持有效证件在所在辖区的档案馆，即可查询其他县（市、区）的档案信息。

18日，广东工业大学揭阳校区落成启用仪式暨2021级新生开学典礼在揭阳滨海新区粤东新城举行，标志着揭阳市与广东工业大学共建合作的本科校区正式启用。2021年，广工揭阳校区正式办学招生，涵盖机械电子工程、计算机科学与技术、电子信息工程、电气工程及其自动化、化学工程与工艺、电子商务等6个专业录取学生714人，全市高等教育实现历史性突破。

26日，省委常委、统战部部长黄宁生到揭阳市调研侨务工作，强调要加强华侨历史文化研究与宣传，讲好侨乡故事，促进中外人文交流，做好新时代“侨”的文章。

是月，揭阳市人民医院检验科获得中国合格评定国家认可委员会（CNAS）授予的实验室认可证书，是粤东地区首家通过ISO 15189认可的医院实验室。

10月

10日，揭阳市社区体育协会成立。

12日，揭阳市首家县域金融消费纠纷调解机构——揭阳市金融消费纠纷人民调解委员会驻普宁人民调解工作室在人民银行普宁支行挂牌成立。

13日，“请党放心 强国有我”——揭阳市庆祝中国少年先锋队建队72周年主题队日活动在揭东区青少年宫举行。

13—19日，揭阳市组织企业参与首次线上线下融合举办的第130届广交会。其中，153家企业线上参展，48家企业线下参展。

16日，2021年国家统一法律职业资格考试客观题考试开考，揭阳考区1002人报名参加考试，较2020年同比增加7.5%，创历史新高。

17日，农业农村部党组成员、副部长马有祥到揭阳市调研，强调要深入学习贯彻习近平总书记关于“三农”工作的重要论述，大力发展乡村特色产业，传承保护好农村优秀传统文化，推动农业全面升级、农村全面进步、农民全面发展。

19日，揭阳市红火蚁秋季集中“灭杀”行动启动仪式暨防控工作视频会在揭西县召开。

19—20日，省人大环境资源委副主任委员蒋斌一行到揭阳市调研水污染防治和万里碧道建设情况。

20日，市政府六届104次常务会议召开，听取揭阳市关于中央及国家专项督察情况汇报，传达贯彻省政府会议精神，审议并原则通过《揭阳市促进跨境电子商务高质量发展若干措施》《揭阳市人民政府关于贯彻实施省进一步完善被征地农民养老保障政策意见的通知》等有关事项。

20日，揭阳市举行“广东兜底民生服务社会工作双百工程”挂牌仪式，为全市新设立的78个乡镇（街道）社会工作服务站（点）集中挂牌。

23日，第32届潮汕星河奖暨第15届潮汕星河国瑞科技奖、第11届潮汕星河辉勇师表奖和第9届潮汕星河中青宝助学金云颁奖颁发大会在揭阳市举行。揭阳市61个人（集体）荣获潮汕星河奖，2人获潮汕星河国瑞科技奖，42人获潮汕星河辉勇师表奖，34人获中青宝助学金，4人获星河助学金。

26日，揭阳市首座智能变电站——110千伏时代变电站正式投运，标志着揭阳电网步入智能时代。110千伏时代变电站位于普宁市区供用电核心区，占地面积3696.74平方米，工程总投资7265.49万元，新建40兆伏安主变压器2台，110千伏出线3回，10千伏出线24回。

26—27日，省长马兴瑞先后到揭阳、潮州、汕头，就深入贯彻落实习近平总书记对广东重要讲话和重要指示批示精神，扎实开展“我为群众办实事”实践活动，落实全省水利高质量发展大会工作部署，全面提升抗旱应急供水保障能力，科学谋划、系统推进粤东水资源优化配置工程建设进行调研。副省长孙志洋参加调研。

27日，市政府六届105次常务会议召开，审议并原则通过《揭阳市创建美丽圩镇行动实施方案》等事项。

31日，普惠型补充医疗保险2021年“揭阳市民保”升级上线。在2020年基础上优化升级：一是纳入严重既往症；二是降低起付线，从2万元下降至1.4万元；三是将首次投保无既往症的自费药品费用和自费检测检验费用纳入理赔范围。

11月

1日，揭阳“急难愁盼我来办”领导留言板平台上线，加挂在“揭阳发布”小程序运行。留言板设市、县（市、区）党政主要领导等留言对象，市民可通过文字、图片等多种方式提交留言，解决教育、就业、社保、医疗、住房、环保、社会治安等问题。

1—2日，省政协党组成员、副主席邓海光率调研组到揭阳市开展“巩固拓展脱贫攻坚成果同乡村振兴有效衔接”民主监督专题调研。

2日，2021年绿色石化产业科技成果发布暨产学研合作对接会在揭阳市区举行。中山大学、天津大学、华南理工大学等省内外10所高校和中国科学院、广东科学院等科研院所的专家与揭阳市石油化工、新材料等领域相关企业开展交流合作。

5日，揭阳市2021年“保护野生动物宣传月”活动启动仪式在广东潮野动物园举行。

7日，中共揭阳市律师行业委员会成立。

9日，市六届人大常委会第五十二次会议召开。会议决定任命庄湃澍、罗毅、李晋龙为揭阳市人民政府副市长。任命黄伟东为揭阳市监察委员会副主任，决定为揭阳市监察委员会代理主任。任命曹利为揭阳市中级人民法院副院长、审判委员会委员、审判员，决定为揭阳市中级人民法院代理院长。任命胡克敏为揭阳市人民检察院副检察长、检察委员会委员、检察员，决定为揭阳市人民检察院代理检察长。决定接受马儒生等辞去揭阳市人民政府副市长职务的请求。决定接受肖文浩辞去揭阳市中级人民法院院长职务的请求。决定接受李学磊辞去揭阳市人民检察院检察长职务的请求。

9日，副省长陈良贤到揭阳市调研疫情防控、道路交通安全等工作，强调要筑牢“外防输入”防线和安全生产底线，确保人民群众生命财产安全。

10日，农业农村部公布第十一批全国“一村一品”示范村镇及2021年全国特色产业十亿元镇亿元村名单，揭阳市揭东区埔田镇入选2021年全国乡村特色产业十亿元镇，玉湖镇坪上村入选2021年全国乡村特色产业亿元村。

14日，潮汕国裕医院在揭阳市开业，该医院是一家集医疗、教学、科研、预防、保健、康复于一体的三级综合性医院。

16日，揭阳市残联和揭阳市财政局联合印发《揭阳市用人单位超比例安排残疾人就业奖励操作办法（试行）》，对安排残疾人就业超过本单位在职职工总数1.5%比例，且安排残疾人就业1人以上的用人单位，以实际每多安排1名残疾人就业，按每人每年3000元给予奖励。自2022年1月1日起施行，有效期为3年。

25日，揭阳市2021年“百名法学家百场报告会”法治宣讲活动首站在榕城区举行。

26—28日，第二十届中国（揭阳）玉文化节在阳美玉都广场举办，以“创新玉都，玉见未来”为主题，采取线上线下同步举办的方式进行。

28日，揭阳市第二座智能变电站——110千伏寒妈变电站投运，110千伏寒妈变电站位于普宁市云落镇下埔寮村北侧，项目总投资5015万元，新建50兆伏安主变压器1台、110千伏出线3回，新建架空线路总长约0.4千米。

30日，国家电投集团粤东粤西海上风电首期全容量并网集中投产仪式在北京市国家电投集团本部主会场和揭阳市惠来县和湛江市徐闻县2个分会场同步举行。国家电投揭阳神泉——315兆瓦海上风电项目提前一个月完成全容量并网目标。

30日，市六届人大常委会第五十三次会议召开。会议听取和审议市政府、市检察院关于市六届人大七次会议代表建议办理情况的报告，市政府关于2020年度国有自然资源资产管理情况的专项报告、关于全市文旅产业发展情况的报告，市监察委员会关于开展反腐败国际追逃追赃工作情况的报告；审议通过市政府关于2020年度国有资产管理情况的综合报告、关于增加市投资控股集团有限公司注册资本金的议案、市人大常委会代表资格审查委员会关于揭阳市第六届人民代表大会个别代表变动的代表资格审查报告，并作出相应决定。

12月

1日，市政府六届106次常务会议召开，讨论研究揭阳高新区科技创新、市区垃圾处理设施建设等工作，审议并原则通过《关于促进揭阳高新技术产业开发区科技创新的若干措施》《揭阳市区垃圾处理与资源利用厂（二期）PPP项目实施方案》《揭阳市区餐厨垃圾处理中心（一期）PPP实施方案》《揭阳市区垃圾应急填埋场特许经营实施方案》《揭阳市热电联产规划（2020～2030年）》等有关事项。

2日，揭阳市文学艺术界联合会第三次代表大会在市区召开。大会审议通过《市文联第二届委员会工作报告》的决议，选举产生市文联第三届委员会，李文胜当选为市文联主席。

3—4日，第九届省人工智能机器人编程展示交流活动在广东科学馆举办。揭阳市代表队3支代表队获一等奖，4支代表队获二等奖，6支代表队获三等奖。

3—5日，广东省第二届职业技能大赛在广州举办，揭阳市代表团在数控车、数控铣、工业机械、增材制造等比赛项目中获得1金4银2铜1优秀奖。

6日，《揭阳市潮剧保护传承条例》公布，该条例施行时间自2022年1月1日起。

10日，市政府六届107次常务会议召开，审议并原则通过关于实施大病保险工作有关事项、《揭阳市职工生育保险规定》《揭阳市农业农村现代化“十四五”规划》《揭阳市水利改革发展“十四五”规划》《揭阳市林业发展“十四五”规划》等有关事项。

15日，揭阳市各界青年学习贯彻党的十九届六中全会精神宣讲会暨市青联五届四次常委（扩大）会议召开，传达学习全国青联十三届二次常委（扩大）会议精神、省青联十一届五次常委（扩大）会议精神；改选市青联主席；听取、审议揭阳市青联第五届三次常委（扩大）会议以来工作报告；审议通过《揭阳市青联提案工作办法》等规章制度。

16日，市六届人大常委会第五十四次会议召开。会议决定揭阳市第七届人民代表大会第一次会议于2022年1月7日在市区举行，审议通过《揭阳市人民代表大会常务委员会关于召开揭阳市第七届人民代表大会第一次会议的决定》《揭阳市人民代表大会常务委员会关于列席和邀请列席揭阳市第七届人民代表大会第一次会议人员的决定》、关于接受高翔辞去市人大常委会秘书长职务的决定；听取和审议市人大常委会法工委关于2021年度规范性文件备案审查工作的报告，并作出相应决定，会议还通过有关人事任免事项。

17日，中国共产党揭阳市第六届委员会第十三次全体会议召开，全会审议并通过六届市委向市第七次党代表大会的报告；审查六届市纪委向市第七次党代表大会的工作报告；审议并通过全会关于召开中国共产党揭阳市第七次代表大会的决议（草案）；审议并通过市第七次党代表大会主席团常务委员会委员建议名单；审议并通过第七届市委委员、候补委员和市纪委委员候选人预备人选名单；审议并通过《中国共产党揭阳市第七次代表大会代表选举工作和代表资格初步审查情况的汇报》；审议并通过《关于全市党费收缴、使用和管理情况的报告》。全会决定，市第七次党代会定于12月底在市区召开，主要议程是听取和审查中共揭阳市第六届委员会的报告；审查中共揭阳市第六届纪律检查委员会的工作报告；选举中共揭阳市第七届委员会；选举中共揭阳市第七届纪律检查委员会。

17日，市政府六届108次常务会议召开，审议并原则通过《揭阳市医疗服务高质量发展三年行动计划（2021—2023年）》等有关事项。

22日，农业农村部农产品质量安全中心公布2021年第三批全国名特优新农产品名录，揭阳“揭东区埔田竹笋”入选。

23日，市政府全体（扩大）会议召开，审议并原则通过《政府工作报告（送审稿）》《2022年揭阳市民生实事候选项目（送审稿）》《揭阳市2021年国民经济和社会发展计划执行情况与2022年计划草案的报告（送审稿）》《揭阳市2021年预算执行情况和2022年预算草案的报告（送审稿）》。

同日，市政府六届109次常务会议召开，原则通过拟提交市七届人大一次会议审议的《政府工作报告》等有关文件，会议审议并原则通过《揭阳市应急管理“十四五”规划》《揭阳市先进制造业发展和信息化“十四五”规划》《揭阳市生态环境保护“十四五”规划》等事项。

28日，中国共产党揭阳市第七次代表大会在揭阳市区开幕。王胜代表中共揭阳市第六届委员会向大会做题为《推动高质量发展　创造高品质生活　加快建设活力古城滨海新城产业强市》的报告。

31日，中国共产党揭阳市第七届委员会第一次全体会议在市区举行。出席会议的市委委员69名，市委候补委员14名。会议选举王胜、支光南、陈小锋、刘端雄、姚丽璇、刘波、王俊、王绍乐、庄湃澍、黄伟东、蔡淡群为中国共产党揭阳市第七届委员会常务委员会委员，选举王胜为中共揭阳市委书记，支光南、陈小锋为中共揭阳市委副书记。全会表决通过市第七届纪律检查委员会第一次全会选举结果的报告，通过市委七届一次全会决议。

31日，中国共产党揭阳市第七届纪律检查委员会举行第一次全体会议，选举产生中国共产党揭阳市第七届纪律检查委员会常务委员会委员和书记、副书记。黄伟东当选市纪委书记。

是年，揭东区锡场镇潭王村、揭西县棉湖镇贡东村、惠来县神泉镇溪东村、空港经济区砲台镇荣获第六届“全国文明村镇”称号，揭阳市政务服务数据管理局和普宁市人民检察院荣获“全国文明单位”

称号，揭阳市实验小学荣获“全国文明校园”称号。

《2020年揭阳大事记》补录：

2020年11月18日，广东省文联遴选出从艺70周年文艺家和文艺工作者名单。揭阳市陈保国（工艺美术）、纪伟基（美术）、方少澄（曲艺）、刘天干（书法）等4位老文艺家榜上有名，被认定为“广东省从艺70周年文艺家和文艺工作者”。

2020年11月20日，中央文明委在北京召开全国精神文明建设表彰大会，揭西县棉湖镇贡东村、揭东区锡场镇潭王村、惠来县神泉镇溪东村荣获第六届“全国文明村镇”荣誉称号。

2020年12月6日，第十八届全国中小学信息技术创新与实践大赛（NOC）现场决赛在山东日照举行，揭阳市组织12名选手参赛，取得3组一等奖、3组二等奖的成绩。

2020年12月19日，第二届广东十大美丽乡村系列评选活动发布会在佛山市三水区举行，揭西县金和镇山湖村获评“广东十大美丽乡村”，普宁市南溪镇水乡游线路获评“广东美丽乡村精品线路”，揭西县南山镇火炬村获评“广东文化旅游名村”，榕城区仙桥街道西岐村获评“广东农房风貌提升名村”，普宁市大南山街道什石洋村获评广东省贫困村创建名村。

2020年12月14—30日，汕潮揭“粤菜师傅”创业大赛在揭阳市举行。

2020年12月31日，广东粤东区域现金处理中心揭牌仪式在揭阳市举行。

2020年，揭东区埔田镇、揭东区白塔镇、普宁市大坝镇，揭西县南山镇、惠来县前詹镇5个镇被评为“2020年广东省乡村治理示范镇”，榕城区仙桥街道山前村、揭东区云路镇新桃村、普宁市南径镇东岗寮、揭西县上砂镇联东村、惠来县惠城镇石古村等45个村被评为“2020年广东省乡村治理示范村”。

（市地方志办）

国家非物质文化遗产——揭阳乔林烟花火龙　　（郑力子　摄）

揭阳概况

市情概貌

【建置沿革】 揭阳是粤东古邑，史载已有2200多年历史，是广东省历史文化名城和广东最古老的县份之一。秦始皇三十三年（前214）设戍所于五岭之一的揭阳岭，揭阳县隶属南海郡。西汉元鼎六年（前111），汉平南越，揭阳县令史定归汉，被封为安道侯，仍任揭阳县令，揭阳县隶属南海郡。王莽篡汉后，改揭阳县为南海亭，隶属交州。东汉复称揭阳县，隶属南海郡。

东晋咸和六年（331），从南海郡分设东官郡，析揭阳县为海阳县、海宁县、潮阳县和绥安县，隶属东官郡。北宋宣和三年（1121），割海阳县之永宁、崇义二乡和延德乡之龙溪、鮀江、鳄浦、蓬州4都复置揭阳县。南宋绍兴二年（1132），新设立的揭阳县重新并入海阳县。南宋绍兴八年（1138），析海阳县复置揭阳县，隶属潮州。绍兴十年（1140），建县治于玉滘村（今榕城），揭阳县建制自此至1991年12月不变。明嘉靖三年（1524），析潮阳县惠来、西头、大坭三都，隆井都一半，与海丰县的龙溪都，设置惠来县，隶属潮州府。嘉靖四十二年（1563），析潮阳县西境洋乌、泷水、黄坑三都，设置普宁县，隶属潮州府。1958年12月21日，撤销惠来县建制，分属潮阳、普宁2县。1961年3月4日，恢复惠来县建制。1965年7月，揭阳县析出河婆、良田、坪上、龙潭、灰寨、凤江、东园、五经富、京溪园、钱坑、金和、塔头公社和棉湖镇，陆丰县划出上砂公社和五云公社，设置揭西县。

1991年12月7日，经国务院批准，撤销揭阳县建制，设立揭阳市（地级），辖榕城区、揭东县、普宁县、揭西县、惠来县。1992年8月25日，省政府批准在榕城区行政区划内，设立揭阳经济开发试验区。1993年4月6日，经国务院批准，撤销普宁县建制，设立普宁市（县级），由省直辖，揭阳市代管。1994年5月9日，揭阳市调整榕城区行政管理区域，将原榕城区划分为榕城区、东山区和揭阳经济开发试验区。1995年8月，经揭阳市委、市政府批准，普宁华侨农场改制设置普宁华侨管理区；大南山华侨农场改制设置大南山华侨管理区。2007年7月，经广东省政府批准设立揭阳大南海石化工业区。2012年12月17日，经国务院批准，将原揭东县的地都镇、砲台镇、登岗镇划归榕城区管辖；撤销揭东县，设立揭阳市揭东区，将揭阳市榕城区的磐东街道划归揭东区管辖，以原揭东县（不含地都镇、砲台镇、登岗镇）和榕城区磐东街道的行政区划为揭东区的行政区划。2013年2月，揭阳市委、市政府决定调整部分行政区划，在榕城区行政区划内设立揭阳空港经济区，在揭东区行政区划内设立揭阳市蓝城区。2016年12月，揭阳市委、市政府作出撤销蓝城区决定，其职责整合划入揭阳产业转移工业园管委会，原蓝城区管委会代管的磐东街道、月城镇、霖磐镇、桂岭镇、白塔镇、龙尾镇调整由揭阳产业转移工业园管委会代管。2019年，设立中国共产党揭阳市粤东新城工作委员会、揭阳市粤东新城管理委员会，分别为中共揭阳市委、揭阳市人民政府派出机构，实行合署办公。揭阳市普宁华侨管理区管理委员会、揭阳市大南山华侨管理区管理委员会由揭阳市政府派出机构（正处级），均调整为普宁市政府、惠来县政府派出机构

（正科级），其管辖范围、机构编制和在编在职人员成建制分别划转普宁市、惠来县实名制管理。2020年9月，揭阳产业转移工业园代管的磐东街道、月城镇、霖磐镇、桂岭镇、白塔镇、龙尾镇划归揭东区管辖。

2021年，揭阳市管辖榕城区、揭东区、揭西县、惠来县，代管普宁市（县级），另设揭阳产业转移工业园、揭阳空港经济区、揭阳大南海石化工业区、揭阳市粤东新城4个经济功能区。

【揭阳名片】 揭阳市是中国五金基地市、亚洲玉都、中国玉都、中国塑料时尚鞋之都、中国塑料家居用品出口基地；是中国蕉柑之乡、青梅之乡、青榄之乡、竹笋之乡、荔枝之乡。

（市地方志办）

【自然地理】 位置面积　揭阳市位于广东省东南部的潮汕平原，地处粤东地区中心，地跨北纬22°53′15″至23°46′30″，东经115°36′30″至116°37′45″，是广东省14个沿海地级市之一。东邻汕头、潮州，西接汕尾，南濒南海，北靠梅州，处于珠三角和海峡西岸经济带的重要连接点，历来是粤东、赣南、闽西南一带的重要交通枢纽。土地资源总面积5265.87平方千米。

地形地貌　揭阳市地势北高南低，由北至南依次分布着山地、丘陵、盆地、平原等基本地貌类型，中部、南部和东南部是广阔肥沃的榕江冲积平原和滨海沉积平原。山地多属莲花山系，海拔在500～600米左右，主峰李望嶂海拔1222米，为揭阳市第一高峰。

（市自然资源局）

气候　2021年，揭阳市天气气候总体特征：降水异常偏少、气温明显偏高、台风影响偏轻、灰霾日数减少。全市平均降雨量1317毫米，比历年平均偏少32%，其中，市区1320毫米、揭西1505毫米、普宁1183毫米、惠来1260毫米，普宁破历史最少纪录。全市平均气温23.2℃，比历年偏高1.1℃，为历史最高年份，其中，市区23.4℃，揭西22.9℃，普宁23.3℃，惠来23.0℃。2021年对揭阳市造成影响的台风有2109号台风“卢碧”和2118号台风“圆规”，两个台风都给全市带来暴雨和大风，没有给揭阳市造成直接经济损失。全市平均灰霾日数11天，其中，市区18天，揭西12天，普宁8天，惠来4天；与2020年相比，全市平均减少9天。

（市气象局）

【资源】 土地资源　揭阳市土地总面积52.66万公顷。农用地面积42.48万公顷，其中，耕地面积6.07万公顷，种植园地面积6.91万公顷，林地面积25.7万公顷。建设用地面积8.07万公顷，其中，城镇村及工矿用地面积7.12万公顷，交通运输用地面积0.81万公顷，水域或水利设施用地（水工建筑用地）面积0.14万公顷。未利用地面积2.07万公顷，其中，水域及水利设施用地0.93万公顷，草地面积1.01万公顷，湿地面积0.13万公顷。

水资源　揭阳市境内河流由榕江、练江、龙江三大水系和沿海水系组成，其中以榕江流域面积最大，是揭阳市的主要河流。三大水系中练江和龙江发源于市境内，榕江是过境河流，发源于汕尾市陆河凤凰山。全市境内集水面积在100平方千米以上的干、支流20条。

据中国年降雨、径流等要素综合分析划分，揭阳市属多水带。降雨是揭阳市地表径流的唯一来源，属雨水补给型，因此，地表径流量的变化与降雨量基本一致。全市多年平均水资源总量66.9亿立方米，水力理论蕴藏量44.87万千瓦，其中，可开发装机16.22万千瓦，约占理论蕴藏量36.1%。2021年全年水资源总量28.27亿立方米，比2020年减少38.6%。年平均降水量1403.4毫米，比2020年增加5.58%。

（市水利局）

野生植被资源　揭阳市光、热、水资源丰富，四季常青，生物资源种类多、数量大、分布广，主要集中分布在境内自然保护区、森林公园、各地主要山区和惠来、空

揭阳市境内发现的国家一级保护野生植物——紫纹兜兰　（萧徽文　摄）

港经济区的沿海地区。

据不完全统计，全市境内有蕨类植物门19科、51种，裸子植物亚门7科、21种，被子植物亚门155科、1012种。

野生动物资源 据2020—2021年揭阳市陆生野生动物资源本底调查结果，记录到陆生野生脊椎动物283种，其中，两栖类29种，爬行类53种，鸟类183种，兽类18种。记录到国家Ⅱ级保护动物31种，分别为潮汕蝾螈、香港瘰螈、虎纹蛙、平胸龟、乌龟、花龟、蟒、圆斑蝰、眼镜王蛇、三索锦蛇、白额山鹧鸪、白鹇、岩鹭、鹗、松雀鹰、蛇雕、黑鸢、黑翅鸢、普通鵟、褐翅鸦鹃、小鸦鹃、领角鸮、黄嘴角鸮、斑头鸺鹠、白胸翡翠、栗喉蜂虎、红隼、红嘴相思鸟、画眉、红喉歌鸲和豹猫。记录到揭阳角蟾、普宁角蟾和潮州湍蛙3个新物种，以及黑斑肥螈、刘氏掌突蟾、白刺湍蛙、福建后棱蛇、北部湾蜓蜥5个物种的粤东新分布记录。

（市林业局）

矿产资源 揭阳市已发现矿产18种，矿产地57处，其中，能源矿产2种，矿产地9处；金属矿产8种，矿产地11处；非金属矿产7种，矿产地34处；水气矿产1种，矿产地3处。储量规模达中、大型的矿产5种，矿产地8处。主要矿种有煤、地热、铁、钛、铜、铅、锌、锡、银、轻稀土（重稀土、独居石）、陶瓷土、长石、高岭土、建筑用花岗岩、饰面用花岗岩、建筑用安山岩、闪长岩、矿泉水。

海洋资源 揭阳市濒临南海，下辖惠来县、揭阳空港经济区两个沿海县（区），功能区划海域面积1338.20平方千米（其中，惠来1328.60平方千米、空港9.60平方千米），大陆海岸线长136.91千米（其中，惠来海岸线长111.53千米、榕江出海口海岸线长25.38千米），无居民海岛155个。

（市自然资源局）

【环境质量】 **大气环境质量** 2021年，揭阳市空气质量六项监测指标全面达标。从日均值情况看，全年有效监测天数365天，达标天数351天，AQI达标率96.2%。其中，优148天，占40.5%；良203天，占55.6%；轻度污染14天，占3.8%。从年均值情况看，全年全市优良天数比例（AQI达标率）排名全省第11位，连续五年六项监测指标全面达到二级标准。其中揭西县、惠来县AQI达标率在全省142个区县排名中保持前3名。

水环境质量 2021年，广东省下达考核断面7个，其中，龟山塔、地都、隆溪大道桥、新圩桥4个断面水质达到或优于Ⅲ类，水质优良率57.1%。地下水水质较好，优于或达到Ⅳ类水质；揭东区埔田街道办事处（区域）监测点水质最好，满足Ⅲ类水质；普宁市大南山街道（区域）、揭西县五经富镇中联村（区域）监测点满足Ⅳ类水质。近岸海域水质较好，全市15个监测点位，水质类别以一类海水为主，其中，一类海水水质点位比例60.0%，二类海水水质点位比例33.3%，三类海水水质点位比例6.7%，优良点位（一、二类）比例93.3%。城市集中式饮用水水源地水质达标率100%。

声环境质量 2021年，揭阳市区道路交通噪声（昼间）平均等效声级65.9分贝，下降0.7分贝，道路交通噪声强度为一级，声环境质量为好，与2020持平。市区区域环境噪声（昼间）平均等效声级55.2分贝，上升0.3分贝，区域环境噪声总体水平达到三级，声环境质量一般，下降一级。功能区噪声1类、2类、3类、4类区昼夜等效声级分别为51.4、54.4、56.0、64.4分贝，功能区噪声年度达标率91.4%，下降0.4%，其中，昼间达标率97.0%，夜间达标率80.3%。

（市生态环境局）

【人口】 2021年末揭阳市总人口7125649人，比2020年增加13736人，总人口增长率1.931‰。人数变化中，出生96613人，死亡30859人，相抵后增加65754人，自然增长率9.24‰。全市市外迁入65618人，迁往市外117636人，相抵后52018人，机械增长率-7.31‰。剔除非正常因素，相抵后减少50606人，机械增长率-7.109‰。总人口7125649人中，男3681832人，女3443817人，性别比106.9（女性为100）。17周岁（含）以下1916460人，占总人口26.895%；18周岁至34周岁（含）2225602人，占总人口31.234%；35周岁至59周岁（含）1961184人，占总人口27.523%；60周岁以上1022403人，占总人口14.348%。

2021年末全市城镇人口3472871人，占总人口48.74%，比2020年增加5135人，增长率0.72‰。

（市公安局）

【方言】 揭阳地处粤东潮汕平原，是潮客交融之地。揭阳境内潮、客先民来自中原汉族，因先后不同时间迁至潮汕，迁徙路线又不相同，受到各自所经地方土语的影响，形成潮汕方言和客家方言两种不同的语言。潮汕话和客家话均是古代中原汉语与当地土语互相渗透形成的方言。

潮汕方言 秦初，汉人因遣戍边疆或南迁至今福建一带，后又因逃避战乱，从闽南辗转进入潮汕，故称“福佬”。中原汉语与当地土语互相渗透，产生了新的方言，即“潮州话”或“潮汕话”。潮汕方言来源于中原古汉语，是历代南迁人口家乡话与当地语言结合而形成的。它是汉语方言体系闽方言中的一种次方言，与厦门、漳州、泉州、台湾及海南部分地区使用的闽方言，同属一个体系。揭阳使用的潮汕方言，是广东省三大方言（粤语、客语、潮语）之一，称为“揭阳话”，是潮汕方言的区域性代表之一。揭阳一地的潮汕方言主要分布在榕城区，惠来县，揭东区中部、东部和西部，揭西县东部，普宁市中部、北部、东部和南部等平原地带和半山区，约占全市总人口83.7%。潮汕方言包含18个声母，64个韵母，8个声调，保留着许多现代汉语所没有的古语音、古字音、古词汇和古声调。揭阳地区形成大量内容丰富，表现形式生动活泼，贴近生活的民间俗语。

客家方言　属汉语语族，与中原古汉语同出一源。客家方言的标准语言是梅州话。潮汕地区的客家人，多为明代从梅县、兴宁等地迁至潮汕，后经几百年的生活交往、生产交流、婚姻，语言不断互相渗透、转化，形成揭阳客家话。揭阳客家话与兴梅口音相比，有明显差异，俗称“半山客”。客家方言是揭阳市第二方言，主要分布在揭东区玉湖、白塔、龙尾镇，揭西县北部、西部和西南部，普宁市南阳山区等的半山区，约占全市总人口14.4%。客家方言包含21个声母，75个韵母，6个声调，保留着许多古汉语词汇、丰富多彩的熟语和特殊的语法特点、特殊词汇和单音节词。

此外，一些客家村庄，因与潮汕人接壤居住，往来密切，在日常交往中既说客家话，又说潮汕话，形成“三名福佬四句客”的“双语村”，人数较少，约占全市总人口1.8%。

【民族·宗教】　民族　秦汉时期，古揭阳土著居民属于史称“百越”的一个支派。此后汉人不断流入定居。元代、清代时期，蒙古族人、满族人到揭阳等地为官或经商，少数人定居下来，乾隆《揭阳县志》记载，揭阳县住过畲族。中华人民共和国成立后，揭阳人口民族成份以汉族为主，还有壮族、苗族、瑶族、侗族、土家族等39个少数民族；2021年年末，少数民族户籍人口11124人，呈城乡散居分布，主要来源于婚嫁、务工、经商，来源地较为集中的是广西、贵州、湖南等省。

宗教　揭阳市有佛教、道教、天主教、基督教。最早出现的是本土的道教，随后佛教、天主教、基督教逐渐传入。揭阳市境内道教活动始于隋朝霖田都（今属揭西县），三山祖庙（明贶庙）祀三山国王活动。佛教传入潮汕乃至揭阳，史载最早是唐贞观年间（627—649），时已有僧人在潮阳县莲塘坛后（今属普宁市）创建留迹院，唐贞元（785—805）至元和（806—820）年间，揭阳境内有僧人从事佛事活动。天主教传入境内最早是清康熙六十年（1721），西班牙籍多明我会传教士从澳门到惠来县葵潭石门坑村传教，继而到普宁县、揭西县、揭阳县传教。清咸丰十年（1860），基督教传入揭阳。1978年12月，各地相继恢复开放宗教活动场所。

2021年，全市经批准设立登记的宗教活动场所344处，其中，佛教156处、道教23处、天主教82处、基督教83处；宗教教职人员810人。

【历史文化】　揭阳为粤东古邑，史载已有2200多年历史，是潮汕文化的重要发祥地。榕城是揭阳市区中心的所在地，是揭阳市的政治、文化中心，是广东省历史文化名城，享有“水上莲花”“浮水葫芦”美誉。

揭阳市榕江和练江流域历史上是粤东地区经济较发达的地区之一。唐代，榕江砲台口岸及神泉港、靖海港就与东南亚各国通航，促进地方经济的发展。明清时代，手工业、商贸业较发达。民国初期，随着现代工业技术的输入，出现简单机械加工的小五金制品行业、服装加工行业和棉纺织业。1949年，现揭阳市区域内全境解放，进入社会主义革命和建设时期。改革开放特别是建市后，揭阳经济迅猛发展，社会和谐稳定。

揭阳地灵人杰，历代贤达志士辈出。北宋高士吴复古、明代“岭南第一名臣”翁万达、清代武状元林德镛、直隶总督郑大进等均系揭阳籍名臣重将；南昌起义军南下广东，周恩来、贺龙、叶挺、刘伯承、聂荣臻、郭沫若等率领部队转战潮汕，激战汾水，在普宁流沙教堂召开军事决策会议，做出重大决策。第二次国内革命战争时期的大南山八年游击战争，留下令人缅怀的史迹；社会主义革命和建设时期，涌现出方方、蔡诚、蔡翘、侯祥麟、杨遵仪、黄旭华、许宁生等英模人物。

揭阳境内居民主要是潮、客两众，民俗风情独特，潮汕文化特色鲜明，在风俗、饮食、戏剧、音乐、书画等方面别具特征。

揭阳菜属广东菜三大菜系中的潮州流派，极具岭南文化特色，刀工精巧，焖、炖、煎、炊、炒、清、淋、焗齐备；清而不淡，鲜而不腥，郁而不腻，色、香、味、美俱全。民间点心小食品种繁多，用料讲究，制作精细。特产主要有揭阳乒乓粿、揭阳酱油、新亨菜脯、咸菜、砲台南糖、棉湖瓜丁、河婆细粄、五经富姜糖、揭西擂茶、普宁面线、普宁油炸豆干、普宁豆酱、蚝烙、珍珠糯米丸、靖海鲍鱼、地都青屿蟹、东寮芋头、五房绿茶、石牌红番薯、埔田竹笋、邹堂梨脯、乌叶荔枝、古山二号龙眼等。

揭阳文化积淀深厚，城乡群众艺术创作十分活跃，民间艺术丰富多彩，素有“戏剧之乡”“小戏之乡”和“中国民间文化艺术之乡”之称，尤以石雕、木雕、玉雕、剪纸、嵌瓷、潮剧、潮乐、英歌舞和舞狮最为著名。

揭阳市有中国传统村落6个，洪阳镇为国家级历史文化名镇。不可移动文物1732处，其中揭阳学宫（孔庙）、古榕武庙（关帝庙）和丁氏光禄公祠（丁日昌旧居）、揭阳城隍庙4处为全国重点文物保护单位。普宁英歌、潮剧、潮州木雕、乔林烟花火龙、普宁嵌瓷、阳美翡翠玉雕、狮舞（青狮）、木偶戏（揭阳铁枝木偶戏）、竖灯杆升彩凤9项为国家级非物质文化遗产。

揭阳历史名胜古迹及主要旅游景点有位于榕城区的揭阳学宫（孔庙）、古榕武庙（关帝庙）、丁氏光禄公祠、揭阳城隍庙、双峰寺、进贤门、禁城、黄岐山森林公园、揭阳楼及其广场、桂竹园风景区、风门古径，位于揭东区的万竹园旅游景区、广东望天湖生态旅游度假区，位于普宁市的德安里古建筑

揭阳木雕——清金漆木通雕花卉戏剧人物纹六棱形三层馔盒

（揭阳市博物馆　供图）

群、盘龙阁寺、南岩古寺、培风塔，位于揭西县的霖田祖庙（三山国王庙）、广德庵、京明温泉度假村、大北山森林公园度假村、黄满寨瀑布风景区、石内河漂流、大洋国际生态旅游度假区，位于惠来县的客鸟尾石笋区、神泉海角甘泉、海市蜃楼、百花峰、铭湖岩等。

（市地方志办）

【行政区划】 2021年，揭阳市辖榕城区、揭东区、揭西县、惠来县4县（区），代管普宁市（县级）。全市共2乡、62个镇、21个街道，1446个行政村、191个社区。

2021年6月16日，《广东省民政厅关于揭阳市撤销榕城区渔湖镇设立渔湖街道办事处的函》，函复同意撤销渔湖镇，其行政区域改由榕城区政府直辖。2021年7月23日，《揭阳市人民政府关于撤销榕城区渔湖镇设立渔湖街道办事处的批复》，批复同意设立渔湖街道办事处，作为榕城区政府的派出机关，管辖原渔湖镇管辖的行政区域范围。

揭阳市行政区划情况表（2021年）

表1

县（市、区）	乡镇（街道）名称	数量
榕城区	仙桥街道、东升街道、东兴街道、东阳街道、梅云街道、榕华街道、新兴街道、中山街道、西马街道、榕东街道、渔湖街道、砲台镇、登岗镇、地都镇	11个街道、3个镇
揭东区	玉湖镇、新亨镇、锡场镇、埔田镇、云路镇、玉滘镇、曲溪街道、磐东街道、月城镇、霖磐镇、桂岭镇、白塔镇、龙尾镇	2个街道、11个镇
普宁市	流沙东街道、流沙南街道、流沙西街道、流沙北街道、池尾街道、燎原街道、大南山街道、赤岗镇、大坝镇、洪阳镇、南溪镇、广太镇、麒麟镇、南径镇、占陇镇、军埠镇、下架山镇、高埔镇、云落镇、大坪镇、船埔镇、梅林镇、里湖镇、梅塘镇、普侨镇、后溪乡	7个街道、18个镇、1个乡
揭西县	河婆街道、东园镇、五经富镇、灰寨镇、南山镇、金和镇、坪上镇、塔头镇、凤江镇、钱坑镇、龙潭镇、上砂镇、棉湖镇、五云镇、大溪镇、京溪园镇、良田乡	1个街道、15个镇、1个乡
惠来县	东陇镇、岐石镇、惠城镇、隆江镇、鳌江镇、仙庵镇、葵潭镇、前詹镇、神泉镇、周田镇、溪西镇、华湖镇、靖海镇、东港镇、侨园镇	15个镇

经济建设

【经济建设概况】 2021年，揭阳市实现地区生产总值2265.43亿元，比2020年增长（下同）6.1%，其中，第一产业增加值205.50亿元，增长4.4%；第二产业增加值831.53亿元，增长3.1%；第三产业增加值1228.41亿元，增长8.6%。三次产业结构比为9.1：36.7：54.2。规模以上工业增加值506.73亿元，增长2.1%。社会消费品零售总额1055.76亿元，增长10.5%。外贸进出口总额188.4亿元，下降3.0%。实际利用外资4214万美元，增长81.2%。地方一般公共预算收入79.31亿元，增长7.2%，其中税收收入46.71亿元，增长3.3%。全市居民人均可支配收入23780元，增长6.5%，其中，城镇居民人均可支配收入29397元，增长9.0%；农村居民人均可支配收入18016元，增长10.4%。

【产业建设】 2021年，揭阳市加快培育发展绿色石化、新能源等战略性产业集群。大南海石化工业区产业链规划编制完成，中石油炼化一体化项目总体形象进度89.1%；吉林石化ABS项目总投资完成过半，总体设计和物资采购全部完成；中石油商业储备库项目进展顺利；广物巨正源等绿色石化产业链项目注册落地，计划总投资289.25亿元。国电投315兆瓦海上风电项目、广东能源葵潭农场光伏复合项目并网发电，GE海上风电机组总装基地竣工投产，天惠冷链物流中心等项目抓紧建设。推进产业园区优化升级，揭东经济开发区升级为国家级经济技术开发区，揭阳高新区进入国家级高新区考察名单。出台“三贡献一高一强”招商选资标准，组织赴深圳等地开展招商选资，新引进落地产业项目64个。建成运营跨境电商产业园，普宁市获评国家电子商务进农村综合示范县优秀等次，“普宁内衣”获认定为国家外贸转型升级基地。全市快递业务量突破35亿件，稳居全国城市第6位。

【基础设施建设】 2021年，揭阳市基础设施加快推进。揭阳机场航站区扩建工程进展顺利；汕汕高铁、揭惠铁路建设有序推进，粤东城际铁路开工建设；中石油原油码头和成品油码头中期交工，前詹通用码头基本成型，大南海公共码头开工建设；揭惠高速公路市区连接线、揭阳大桥建成通车，进贤门大桥进入主拱施工，京灶大桥开工建设。引韩供水、半洋隧洞引水、揭东供水应急保障、揭阳学院供水工程建成通水，“三江连通”榕江关埠引水、普宁乌石水厂应急供水工程基本完工，揭东东部水厂厂区建成试通水，基本解决了长期制约揭阳市发展的水源性、水质性缺水问题。粤东LNG配套管线工程揭阳段建成通气，新建市政燃气管道26.41千米。

【乡村振兴战略】 2021年，揭阳市全面巩固脱贫攻坚成果，建立防止返贫监测帮扶工作机制，组织91个工作队驻镇帮镇扶村，为全市1.83万户有劳动力脱贫户购买返贫救助责任保险。探索建立“G+5+N”农业产业链“链长制”，建设首批10条市级、10条县级农业产业链，举办“惠来五宝”网络节+云展会等农产品产销对接活动，新增惠来凤梨、揭西苦笋2个省级现代农业产业园，普宁青梅产业园入选国家级现代农业产业园认定名单，揭东区坪上村获评“全国一村一品示范村”。认真落实省乡村振兴“九大攻坚”行动，复耕复种撂荒地57.33平方千米，垦造水田3.38平方千米，建设高标准农田7.87平方千米，“米袋子”“菜篮子”稳定保供。启动美丽圩镇创建工程，惠来县推行“农民工匠”建设模式被列为全国农村公共服务典型案例，揭东区和普宁市占陇镇、空港经济区砲台镇城乡融合发展省级试点工作扎实推进。完成村（居）“两委”换届，落实村（居）基本经费保障。

【重点工作攻坚】 2021年，揭阳市打好化解金融风险攻坚战，引资65亿元，实现康美药业重整重生；2家地方法人金融机构化险方案获省批准实施。深入开展水质达标攻坚，练江青洋山桥断面水质156天达到或优于Ⅴ类，实现根本好转，得到中央生态环境保护督察组肯定。保持“两违”整治攻坚战高压态势，整改违法图斑797宗4.69平方千米，拆除违法建设407.44万平方米，稳妥处置有关问题楼盘，城乡建设秩序进一步规范。推出“急难愁盼我来办”领导留言板，办结群众留言问题1872项，化解信访积案467宗，信访矛盾化解攻坚战取得扎实成效。深入开展安全生产隐患排查整治，全市安全生产形势总体稳定。

【民生实事】 2021年，揭阳市全年民生支出305.6亿元，占全市公共预算支出82.79%。办好省市十件民生实事，新增保障农村集中供水17.98万人。揭阳首所本科院校广东工业大学揭阳校区建成开学，成功创建揭阳技师学院，揭阳市第二实验小学竣工开学，全市总体实现学前教育“5080”目标。市文化中心配套升级，市文化馆新馆建成开馆。织密筑牢“外防输入、内防反弹”防线，累计完成新冠疫苗接种超950万剂次，免疫覆盖人群465万人，全程接种率77%以上。揭阳市人民医院、普宁市人民医院入选省高水平重点建设医院，改革市复退军人医院管理体制，基本医疗保险参保率98%。全市乡镇（街道）社会工作站实现全覆盖，设立村（居）社会工作服务点138个。

【政府治理能力】 2021年，揭阳市持续加强政府自身建设，坚持党对政府工作的领导，深入开展党史学习教育，严格落实意识形态工作责任制。办理市人大代表建议和政协委员提案122件，满意率100%。组建经济稳增长“五个工作专班”，切实改进政府服务企业工作。持续深化“放管服”改革，基本实现高频事项全域通办、网上办结。加强法治政府建设，完善乡镇（街道）综合行政执法体系。调整理顺揭阳产业园管理体制，理顺玉滘镇划归揭东区管辖问题，完成渔湖镇撤镇设街工作。推进警务综合改革，榕城区蝉联全国社会综合治理最高奖项“长安杯”。持续正风肃纪反腐，严格执行中央八项规定及其实施细则精神，深入推进审计监督全覆盖，坚决整治形式主义、官僚主义，切实加强政府服务工作，持续减轻基层负担。

（市政府办）

政治文明建设

【政治文明建设概况】 2021年，揭阳市委全面推进依法治市工作，坚持以习近平法治思想为指导，深入贯彻落实省委全面推进依法治省工作会议精神和市委六届十一次、十二次全会精神，围绕市委“加快建设宜居宜业宜游的活力古城、滨海新城，努力打造沿海经济带上的产业强市”部署，以建设“法治揭阳”为目标，以全面推进依法治市为主线，以建设法治政府为重点，以立法、执法、司法、普法、公共法律服务为业务抓手，以法治政府建设督察、法治揭阳评估、依法行政考核、考评督察问题整改为推动落实保障，推动各法治领域高质量贯通发展，为推动揭阳市经济社会高质量发展提供坚实法治保障。连续两年开展法治揭阳建设评估走在全省前列；市普法办获评“2016—2020年全国普法工作先进单位”；市司法局获司法部授予“2020年国家统一法律职业资格考试工作表现突出单位”称号。

【履行职责】 2021年3月23日召开市委全面依法治市工作会议暨市委全面依法治市委员会第三次会议，总结并部署年度依法治市工作，听取部分地区、单位党政主要负责人履行推进法治建设第一责任人职责述职报告；2021年市委常委会集体学习习近平总书记系列重要讲话重要指示批示精神38次，专题学习党中央文件和党内法规53次，传达学习和研究讨论法治建设工作6次；市长主持召开市政府党组2021年第11次会议，贯彻习近平法治思想，部署法治政府建设工作。印发党政主要负责人及其他领导班子成员年终述职报告法治建设内容抄报业务通知，部署领导干部及领导班子其他成员述法，应述尽述书面全覆盖。

【顶层设计】 2021年，揭阳市率先出台法治建设系列顶层设计文件。在省委依法治省办印发要点之前，印发揭阳市2021年全面依法治市、依法行政工作要点。印发《揭阳市行政复议体制改革实施方案》。及时传达学习贯彻“一规划两纲要”，市委常委会传达《法治社会建设实施纲要（2020—2025年）》《法治中国建设规划（2020—2025年）》《法治政府建设实施纲要（2021—2025年）》等精神；12月28日，市委依法治市委员会印发《法治揭阳建设实施方案（2021—2025年）》。

【法治考评】 2021年，揭阳市统筹部署迎接法治广东考评各重点环节任务高效推进。年底组织召开全市迎接考评部署动员会，以统筹开展法治政府建设督察、法治揭阳评估、依法行政考核、考评督察问题整改“四项法治统筹”为抓手，抓严督察促落实；抓好评估促提升；抓精考核促成效；抓实整改促完善。迎接法治广东考评方面，组织召开全市迎接考评动员暨法治揭阳评估、法治政府建设督察部署会、业务培训会；统筹协调迎接第三方评估；统筹开展考评异议复核，成功追回部分失分，对提升考评成绩排名起到关键作用；印发统筹开展

2021年11月26日，揭阳市组织召开迎接2021年度法治广东建设考评部署动员会

（市司法局　供图）

涉省考评细则项目落实情况督察实施方案、考评失分项目整改方案、迎接法治广东考评实施方案等工作方案；12月7日，向6个县区、12个单位点对点反馈落实考评失分整改情况，并提出意见建议，一对一通报各分管市领导，失分项目全部整改到位。法治揭阳建设评估方面，评估结果被市委纳入对各县区党政领导班子年终绩效考核的重要测评项目。印发实施方案，从2021年元旦开始起至3月底，全面铺开2020年度评估工作；向市委依法治市委员会呈报评估报告，并印发结果通报，向各县区反馈具体情况并统筹整改；9月6日印发2021年度法治揭阳建设评估办法和评估标准，并配套印发实施方案统筹开展评估工作，于2022年1月全面完成评估工作，评估结果经市委常委会（召开市委依法治市委员会会议）审议通过。

【法治督察】 2021年，揭阳市统筹部署法治政府建设督察高质量开展。印发督察实施方案，成立领导小组、5个督察组、执法案卷评审组，制定23项督察要点内容，采取听取汇报、座谈交流、实地检查、查阅执法案卷等督察方式，从2021年元旦开始至3月底，全面铺开督察各项工作，3月份向市委、市政府呈报督察报告。印发督察问题清单反馈及整改通知，21条问题清单均整改落实。

【法治考核】 2021年，揭阳市统筹开展依法治市工作绩效考核，印发考核方案，推动将党政主要负责人履行推进法治建设第一责任人职责情况列入政绩考核指标体系。统筹开展依法行政绩效考核。印发实施方案，成立8个考核小组，对市直政府系统42个考核对象进行考核，考核工作于2022年1月全面完成。

（王梓彬）

【政府信息管理】 2021年，揭阳市加强和规范政府信息管理，编制市级、县级主动公开目录，做好政策文件、组织机构、财政预决算、政府工作报告等重点政府信息公开。重点对市政府规章、市政府规范性文件、市政府部门规范性文件进行梳理，并提供规章在线查阅、检索、下载等服务。经梳理，现行有效市政府规章4部，市政府规范性文件35件，市政府部门规范性文件44件。

【政府信息主动公开】 2021年，揭阳市通过揭阳市人民政府门户网站、《揭阳市人民政府公报》、“揭阳市政府网”微信公众号等平台，发布政务动态信息23630条，其中，概况类信息52条，政务动态类信息21423条，信息公开平台931条，微信公众号1224条。打造权威、规范、便民的市政府公报，推广电子公报，2021年出版24期，刊登市政府规章2件，市政府及部门规范性文件19件，市政府、市政府办公室文件86件，人事任免文件36件。

【政府信息依申请公开】 2021年，揭阳市依法依规做好政府信息依申请公开工作，全年办理政府信息依申请公开件219宗，其中新收到215宗，2020年结转4宗。自然人申请件207宗，法人或其他组织申请件12宗，均在法定期限内予以答复。予以公开80宗，占36.53%；部分公开12件，占5.48%；不予公开28宗，占12.79%；无法提供73宗，占33.33%；不予处理12宗，占5.48%；其他处理1宗，占0.46%。政府信息公开类行政复议13宗，行政诉讼9宗。

【政务公开平台建设】 2021年，揭阳市圆满完成全市政府网站集约化建设工作，市、县两级政府门户网站和35个市政府直属部门频道在广东省集约化平台揭阳分平台上稳定运行；协调指导全市286个行政机关正式启用全省统一的政府信息依申请公开系统；加强政务新媒体运营及监管机制建设，强化日常监测，不断提升揭阳市政府系统90个政务新媒体的引导力、影响力和公信力。

（市政府办）

精神文明建设

【精神文明建设概况】 2021年，全市精神文明建设工作坚持以习近平新时代中国特色社会主义思想为指导，围绕中国共产党成立100周年这一主题主线，凝聚力量，针对性加强精神文明教育，深入实施公民道德建设工程，持续深化精神文明创建。结合疫情防控形势，以线上形式为主，开展“文明力量贺新春”“行彩桥・猜灯谜・迎福瑞”、龙舟竞赛游戏等“我们的节日”主题活动；开展“革命传统教育周”活动，发扬优秀革命传统；围绕讲文明、有公德、守秩序、树新风，倡导使用“公筷公勺”“杜绝浪费 厉行节约”“垃圾分类”“低碳出行”等“文明健康 绿色环保”生活方式。以“世界读书日”契机，推广全民阅读。开展道德模范（玉德人物）及身边好人学习宣传活动，发挥示范引领作用。以立德树人为根本，推进全市未成年人思想道德建设。以创建全国文明城市为重要抓手，推动揭西争创全国文明县城、普宁争创广东省文明城市、惠来争创广东省文明县城取得突破。推进文明单位、文明村镇、文明校园、文明家庭等群众性精神文明创建活动。开展文明村镇创建提质行动、乡村文明实践志愿服务提升行动等精神文明创建九大行动。全市有全国文明村镇9个、全国文明单位8个，省文明村镇8个、省级文明单位39个，市级文明村镇421个、市级文明单位165个。加强乡村学校少年宫建管用工作、未成年人心理健康辅导工作及抓好家长学校建设，建设6个“乡村复兴少年宫”试点，推动未成年人活动阵地建设工作深入开展。按照中央、省有关新时代文明实践中心（所、站）建设标准，延伸拓展文明实践阵地触角。

【社会主义核心价值观宣传】 2021年，揭阳市深入抓好社会主义核心价值观宣传工作，推动社会主义核心价值观融入社会生活、融入精神文明建设。市各级新闻媒体加强对社会主义核心价值观的宣传策划，揭阳广播电视台在广播、电视、网络、手机客户端“十大媒体”矩阵里循环播放文明创建相关宣传标语，突出宣传“践行社会主义核心价值观”，促使社会主义核心价值观在全社会形成广泛影响；揭阳日报在重要版面醒目位置，及时宣传揭阳践行社会主义核心价值观的动态、亮点及先进典型。在各主要公共场所、商场的大型显示屏播放“榜样的力量”公益视频，宣传黄旭华、麦贤得、彭士禄等12位典型人物及东深供水工程建设者、广东援雷神山医疗队等先进集体事迹；在市区重要路段交通显示屏播放社会主义核心价值观表述语，社会主义核心价值观公益广告、“梦娃”系列视频，在户外立柱广告牌、主要公共场所灯箱、市区主要路段候车亭宣传栏设置社会主义核心价值观宣传标识，推动社会主义核心价值观深入人心。

【全国文明城市创建】 2021年，揭阳市把创建全国文明城市工作同党史学习教育结合起来，同解决实际问题结合起来，同“我为群众办实事”实践活动结合起来，推进各项创文工作任务落到实处，市民素质和城市文明程度明显提升。成立揭阳市全面开展文明创建工作领导小组，设置市容环境、市场监督管理、交通秩序、社区（小区）建设管理、诚信建设、未成年人思想道德建设、窗口服务、文明旅游、志愿服务和督导等十个创文工作专班，并在领导小组下设办公室，协调推进工作，确保创建工作有组织、有领导、有督促，健康有序开展。市领导带头示范做表率，市直各牵头单位、挂钩单位密切配合，常态化指导挂钩镇（街）创建工作；从影响面大、普惠性高、群众需求强烈、与文明城市创建关系最直接领域抓起，以点带面狠抓基础设施建设；抓好市容环境整治，教育纠正占道经营24014宗、流动商贩乱摆卖21726宗，违规设置广告牌和招牌3414宗、违法停放25547宗，推进城市形象整洁有序；抓好督查考评，采取集中督查、专题督查、全面督查、交叉督查、明察暗访等方式，推进创文务实见效；制订创建细化指引，组织开展专题培训12场次，推进对标对表创建；抓好未成年人思想道德建设，实现文明校园创建活动100%覆盖，推进营造青少年健康成长的社会文化环境；抓好示范引领带动，全面实施文明力量领航行动，选树一批行业模范，11月5日，柯石磷获全国道德模范提名奖，徐名伟、许卫楷、张韩英、孙淑强4人获得广东好人称号。充分发挥报纸、电视、广播等传统媒介作用，用好用足“两微一端”等新媒体平台，以群众喜闻乐见的方式、听得懂的语言开展全方位、深层次、立体式宣传，及时宣传创建过程中先进典型、经验和做法，营造良好舆论氛围。

【公民思想道德建设】 2021年，揭阳市利用春节、元宵、清明、端午、国庆等重要节日，依托新时代文明实践中心（所、站）等阵地，广泛开展爱国主义教育、国防教育、公民素质教育、移风易俗教育，推进全市公民思想道德建设。深入开展“革命传统教育周”活动，发扬优秀革命传统。邀请老党

2021年，揭阳市深化社会主义核心价值观宣传，图为惠来县东陇镇花寨村文化广场 （郑楚藩 摄）

员、老干部、老战士举办“榕树下的微课堂”“凉亭下学党史”“小区里的微党课”等党史微宣讲。利用南山镇火炬村等红色资源，组织开展革命传统教育活动。利用公园、广场等公共场所展映《金刚川》等优秀影片，开展电影党课主题活动。各地各部门以线上线下相结合开展党史知识竞答、灯谜竞猜等活动，通过讲述党史故事、聆听初心声音，汲取奋进力量。广泛宣传践行《揭阳市民文明公约》《揭阳市民文明行为守则》“村规民约（居民公约）”，建立公民共同遵守的文明行为规范。开展“千场家庭教育进农村（社区）”活动，弘扬良好家风。围绕“文明健康、绿色环保”，通过制作宣传小视频，印制倡议书、宣传画、宣传海报，举行文艺巡演、趣味游园等群众性活动，提倡使用“公筷公勺”“杜绝浪费　厉行节约”“垃圾分类”“低碳出行”。以关爱他人、关爱社会、关爱自然为主要内容，开展疫情防控、春运暖程、邻里守望、美好生活、文明新风、“绿水青山”、共建平安等志愿服务关爱行动，向社会传递温暖。以春节、中秋等为节点走访慰问道德模范和身边好人。热心企业向市级及以上道德模范和身边好人赠送“揭阳市民保”。

【新时代文明实践中心试点建设】 2021年，揭阳市按照建设新时代文明实践中心“一个目标、四个定位、五项工作、三个到位、六种能力”工作总要求，从“试点破题”“深入解题”到“全面答题”，让新时代文明实践种子在揭阳落地生根。市文明办牵头组织“我为党旗添光彩”千场志愿服务进社区（村）活动，各县（市、区）新时代文明实践阵地坚持“一月一主题”“一周一活动”，打造“文明揭东·云课堂”“榕树下的微课堂”“文明实践在普宁——诵读经典”等活动品牌，结合“四史”学习教育，开展“我为群众办实事”活动、党史知识竞答、学史读书活动等，在推动社会文明中实现群众自我教育、自我提高。全市建成新时代文明实践中心6个，实践所168个，实践站1497个，其中榕城区、揭东区、普宁市全区100%覆盖；全市有文明实践志愿服务队伍超2200支、志愿者超11万人，开展各类文明实践活动近15000场（次），参与志愿者超15万人次。

【先进典型选树】 2021年初，揭阳市文明委印发《关于开展第五届揭阳市玉德人物选树活动的通知》，部署开展第五届揭阳市玉德人物评选宣传活动，选树10名新一届玉德人物（孙淑强、陈浩冰、李明月、郭大隆、陈婵芳、吴文狮、郑子江、罗永辉、覃超强、陈镇辉），涵盖“助人为乐”“见义勇为”“诚实守信”“敬业奉献”“孝老爱亲”等类别。9月24日，“初心向党·第五届揭阳市玉德人物事迹分享会”在揭阳广播电视台举行。在“玉德人物”学习宣传活动的影响下，各地各行业积极开展身边好人、“最美人物”等形式多样、覆盖广泛的先进典型选树活动，选树出一批群众身边的优秀教师、警队之星、最美律师、最美医护人员、最美环卫工人、最美志愿者、最美家庭、最美工匠、最美基层公务员、新时代好少年等。市文明办做好第八届全国道德模范、2021年中国好人、广东好人、广东省十大“最美家庭”、广东新时代好少年等推荐工作，其中，柯石磷获全国道德模范提名奖、中国好人称号；徐名伟、张韩英、孙淑强、许卫楷、蔡仕章、郑宏东等6人获广东好人称号；陈永鑫、李启鸿等2人获广东新时代好少年称号。

【志愿者服务】 2021年，揭阳市文明办牵头市文明委各成员单位开展“我为党旗添光彩”揭阳市2021年“千场志愿服务进社区（村）”活动，覆盖移风易俗、健康教育、厉行节约等25类别，发挥示范引领作用。各地各单位精心设计志愿服务项目，形成一批有成效、有影响、有特色、受到群众欢迎品牌。围绕主线，为民办事。榕城区精心设计制作“疫情防控”“移风易俗”“扫黄打非”“关爱未成年人”等八大主题展板用于志愿宣讲员培训会、志愿服务公益集市等活动中展示。揭东区开展“文明手牵手　志愿心连心”“节水抗旱”等为群众办实事主题月志愿服务活动，在“润物细无声”中传递温暖与力量。揭西县、惠来县则通过“美丽家园　人人参与”综合整治大行动、“水岸同治”“文明交通”“深化文明创建　聚力乡村振兴”等志愿服务活动、“文明创建志愿服务”“巾帼志愿服务”等主题日活动、“青春情暖”等系列慰问，为群众办实事、暖民心。守正创新，树立品牌。揭东区升级打造“百场微党课”“集结号”志愿服务活动以及“文明揭东·云课堂”等品牌活动。榕城区打造“榕树下的微课堂”“十个一百”下基层等品牌，宣传活力古城。普宁市打造“文明实践在普宁——诵读经典”等品牌，空港经济区以“筑梦空港·新城启航”文明实践在行动为主题，打造特色品牌。抓住节点，久久为功。依托新时代文明实践中心（所、站），坚持“一月一主题”“一周一活动”，常态开展各式主题实践活动。3月结合学雷锋日、妇女节、植树节等，策划“弘扬雷锋精神　办好民生实事”、妇女便民活动日等；4月围绕“清明节”“革命传统教育周”“世界读书日”“爱国卫生日”等，组织开展网上祭英烈、知识竞答、读书交流、健康卫生知识普及等活动；5月至12月，以“五一劳动节”“六一儿童节”“国际禁毒日”、建党节、建军节、消防宣传月等为契机，开展亲子阅读、儿童节慰问活动、禁毒宣传活动、党史国史教育、消防安全宣传等各类活动。

（市委宣传部）

社会建设

【教育事业发展】 2021年，揭阳市教育系统全面贯彻党的教育方针，推进教育事业改革发展，在推动各级各类学校均衡发展、教师队伍建设、教育教学领域改革、高等教育、校园疫情防控等方面取得新成绩。全市基础教育各级各类学校2847所，在校生126.6万人。其中，幼儿园1315所，在园幼儿27.9万人；小学1212所，在校生56.7万人；初中234所，在校生24.9万人；普通高中65所，在校生14.2万人；特殊教育学校6所，在校生629人；中职学校15所，在校生2.7万人。另有高职院校2所，在校生1.19万人。全市中小学校（含幼儿园、中职）教职工9.74万人，其中，专任教师7.92万人（幼儿园1.82万人，小学3.02万人，初中1.95万人，普通高中0.98万人，特殊教育164人，中职1461人）。中小学正高级教师（正教授级）6人，中小学高级教师（副教授级）5395人，中小学特级教师70人；省级名校长1人、名教师4人、名班主任13人；省级名校（园）长工作室3个、名教师工作室7个、名班主任工作室1个。

（市教育局）

【劳动就业和保障】 2021年，揭阳市全面贯彻中央和省、市“稳就业”决策部署，坚决稳住就业基本盘。全市城镇新增就业24842人，完成年度任务103.5%；城镇失业人员再就业12522人，完成年度任务125.22%；就业困难人员就业3947人，完成年度任务263.13%。开展补贴性职业技能培训49263人次，完成年度任务246.32%；落实技能提升补贴5643.12万元。组织参加技能评价人数38098人，合格人数32537人（其中，取得职业技能等级评价或职业资格证书人数7475人、专项能力25062人）。开展“粤菜师傅”培训6051人次，完成年度任务605.1%，带动8983人实现就业创业。开展“南粤家政”培训6603人次，完成年度任务132.06%，促进10762人次实现稳定和新增就业创业；推荐认定“南粤家政”省级家政服务龙头企业2家、“南粤家政”省级家政服务诚信示范企业1家；推荐认定省级家政服务培训示范基地1家，扶持建设市级家政服务培训示范基地4家、“南粤家政”基层服务示范站15家。受理劳动人事争议案件1281宗，涉案人数1829人，涉案金额7858.21万元，结案1274宗。劳动监察系统检查用人单位705家，涉及劳动者2.12万人；处理劳资纠纷投诉举报案件2302件，其中，协调处理2273件，立案29件，追发劳动者工资等待遇1224.36万元，涉及劳动者人数475人。结案率100%。

【社会保障】 2021年，揭阳市参加企业职工养老保险人数32.05万人，领取待遇人数15.33万人，平均养老金水平2188.02元，基金征缴收入304516万元；支付待遇389052万元，全市企业养老保险基金结余137280万元。全市城乡居民基本养老保险参保人数245.81万人，领取待遇人数84万人，平均养老金水平192.64元每人每月。全市参加失业保险18.63万人，基金征缴收入4717万元；参加工伤保险31.17万人，基金征缴收入3731万元。全市三大险种总参保358.23万人次（养老含离退休人数），基金总收入120.96亿元（其中，征缴总收入57.02亿元），总支出122.70亿元（待遇总支出87.32亿元）。三大险种均有不同程度增长，各项社保待遇均实现按时足额发放。

（市人社局）

【基层治理机制创新】 2021年，揭阳市全面完成全市1446个村委会、188个社区居委会换届选举工作，依法选举产生村（居）委会成员7294名，其中，村委会成员6318人、社区居委会成员976人，实现三个“一肩挑”比例98.6%，“两委”交叉任职比例99.1%。推进社区“万能章”治理行动，列出基层群众性自治组织出具证明事项正面清单2项、负面清单24项，为基层减负。加强城乡社区治理体制机制创新，揭东区锡场镇潭王村列入全国497个村级议事协商创新实验试点单位。

【基层社会组织培育管理】 2021年，揭阳市制订《揭阳市培育发展社区社会组织专项行动方案（2021—2023年）》，推动社区社会组织在创新基层社会治理中更好发挥作用。整合社区社会资源，激发乡贤企业家等报效家乡、投身建设热情，支持社区基础设施建设、社区环境卫生整治、创文创卫工作，协同村（居）两委会共建美好乡村、幸福家园。探索基层社区网格化服务管理新格局，鼓励村民参与社会公益事业、激发社区发展活力。对接社区社会组织和村调解委员会，发挥社区社会组织成员的威望、经验等优势，为村民调解家庭纠纷、化解邻里冲突、排解群众心结、融洽干群关系，将社区社会组织打造成为化解矛盾纠纷的常态化有效载体。同时，加强社区社会组织之间在扶贫助残、慈善救助、互助互益等方面的合作交流，整合社会资源，形成服务合力，为弱势群体提供支持与帮助，为基层稳定和谐作出贡献。2021年，全市城市社区社会组织备案总数743个，农村社区社会组织备案总数9333个。

（市民政局）

生态文明建设

【生态文明建设概况】 2021年，揭阳市委、市政府将生态文明建设和生态环境保护放在更加突出的战略位置。深入打好污染防治攻坚战，持续改善生态环境质量。划定并实施揭阳市生态保护红线、环境质量底线、资源利用上线、生态环境准入清单管理（“三线一单”）。全面优化治污组织模式，成立榕江、练江、枫江三个市级“一河一策一专班”，推动各支流成立“一河一策一专班”和“一厂（场）一网一专班”。强化落实河湖长制，全市四级河（湖）长1853名，实现河流河长全覆盖。全市5个国考断面水质均达标；环境空气质量AQI达标率96.2%；集中式饮用水水源地水质优良比例100%；城镇污水处理率97.01%；城镇生活垃圾无害化处理率100%；近岸海域水质优良比例99.8%；危险废物利用处置率100%。

（市生态环境局）

【林业生态建设】 2021年，揭阳市围绕国土绿化主业主责，以高质量水源林、沿海基干林带、乡村绿化美化等重点林业生态工程为抓手，广泛开展造林绿化，推动揭阳林业高质量发展，取得成效。全市完成高质量水源林工程建设2055公顷，沿海基干林带建设85公顷，乡村绿化美化示范村建设71个。

【义务植树】 2021年3月11日，揭阳市委、市政府以“推进三江连通 促进水清岸绿”为主题，在榕江北河北岸组织开展2021年度义务植树活动，市四套班子领导与党员干部、志愿者一起参加义务植树活动，带领广大干部群众积极参与义务植树，栽下包括火焰木、樟树、鸿运当头、桂花、风铃木等品种在内的800多棵苗木。全年全市累计参加义务植树人数270.29万人次，尽责率86.68%，植树753.66万株。

【森林资源保护管理】 2021年，揭阳市全面推行林长制，把森林资源保护摆在突出位置，开展毁林违建乱象清理整治、打击毁林、“绿盾2021”等专项行动，推进2018—2020年违建查处及森林督查违法案件“清零”，打击森林违法犯罪，加强森林资源管护工作。至2021年底，全市森林覆盖率50.89%，森林面积26.80万公顷，林地面积27.57万公顷，森林蓄积量1086.65万立方米。

（市林业局）

【节能降耗】 2021年，揭阳市认真贯彻落实绿色发展理念，以完成能耗“双控”目标为根本导向，统筹处理好经济社会和节能降耗的关系。确保关系国计民生的重点项目和合理用能，采取措施加强节能监管，将年度能耗总量和“强度”双控目标纳入揭阳市国民经济和社会发展年度计划，全力推进节能减排工作。做好节能目标责任考核工作，编写“十三五”期间市政府节能目标责任考核自查报告，做好揭阳市“十三五”节能目标完成情况和节能工作进展情况汇报。组织对全市7个县（市、区）“十三五”节能目标完成情况和节能工作进展情况实施考核，印发《揭阳市2021年能耗“双控”工作方案》，分解下达2021年度各县（市、区）人民政府（管委会）节能目标任务。将能耗总量和“强度”目标下达到相关企业，开展全市10家重点用能企业节能目标责任评价考核，推动企业实施年度节能技术改造。加强节能监察，对14家企业实施节能监察工作，完成省下达2021年度节能监察任务。

（市发改局）

党政机关

中国共产党揭阳市委员会

综　述

【市委机构概况】 2021年，中共揭阳市委员会设置纪检监察机关1个，计入机构限额的工作机关13个（设在相关部门的党委议事协调机构的办事机构不计入机构限额），分别为：纪律检查委员会监察委员会机关、办公室、组织部、宣传部、统一战线工作部、政法委员会、政策研究室、全面深化改革委员会办公室（设在政策研究室）、全面依法治市委员会办公室（设在司法局）、国家安全委员会办公室（设在办公室）、网络安全和信息化委员会办公室、外事工作委员会办公室、机构编制委员会办公室、军民融合发展委员会办公室、审计委员会办公室（设在市审计局）、教育工作领导小组办公室（设在市教育局）、农村工作办公室（设在市农业农村局）、直属机关工作委员会、巡察工作领导小组办公室、老干部局。其中，纪律检查委员会与监察委员会合署办公，实行一套工作机构、两个机关名称；办公室挂保密委员会办公室（市国家保密局）、机要局（市密码管理局）、市档案局牌子；组织部挂市公务员局牌子；宣传部挂市精神文明建设委员会办公室、市新闻出版局（市出版局）牌子；统一战线工作部挂台港澳工作办公室（市台港澳事务局）、市民族宗教事务局、市侨务局牌子；网络安全和信息化委员会办公室挂市互联网信息办公室牌子；军民融合发展委员会办公室挂市人民防空办公室牌子。

【中国共产党揭阳市第六届委员会第十一次全体会议】 2021年1月29日，中国共产党揭阳市第六届委员会第十一次全体会议召开。会议主要任务是：深入贯彻落实党的十九大和十九届二中、三中、四中、五中全会及中央经济工作会议精神，认真落实省委全会部署要求，总结2020年工作，研究部署2021年工作。

会议号召，全市各级党组织和广大党员干部要高举习近平新时代中国特色社会主义思想伟大旗帜，更加紧密地团结在以习近平同志为核心的党中央周围，不忘初心、牢记使命、接续奋斗，以一往无前的奋斗姿态、风雨无阻的精神状态，加快建设宜居宜业宜游的活力古城、滨海新城，努力打造沿海经济带上的产业强市，以优异成绩庆祝中国共产党成立100周年。市委书记代表市委常委会向全会作报告，市委副书记、市长就经济工作作专题讲话。全会审议市委常委会2020年政治要件贯彻落实情况和抓党建工作情况。

【中国共产党揭阳市第六届委员会第十二次全体会议】 2021年8月21日上午，中国共产党揭阳市第六届委员会第十二次全体会议召开。会议主要任务是：深入贯彻落实党的十九大和十九届二中、三中、四中、五中全会精神，深入学习贯彻习近平总书记“七一”重要讲话和对广东系列重要讲话、重要指示批示特别是关于横琴、前海开发开放的重要论述精神，认真落实省委十二届十四次全会精神，总结2021年来工作，就对接支持服务横琴粤澳深度合作区和前海深港现代服务业合作区建设、做好下一阶段工作作出部署。市委书记代表市委常委会向全会作报告，市委副书记、市长就对接支持服务两个合作区建设作专题讲话，市委常委、组织部部长就《中国共产党揭阳市第六届委员会第十二次全体会议关于召开中国共产党揭阳市第七次代表大会的决议（草案）》作说明。全会决定，市第七次党代会于2021年12月召开。

【中国共产党揭阳市第六届委员会第十三次全体会议】 2021年12月17日上午，中国共产党揭阳市第六届委员会第十三次全体会议召开。会议由市委常委会主持，市委书记就市第七次党代会报告起草情况向全会作说明。全会审议并通过六届市委向市第七次党代表大会的报告；审查六届市纪委向市第七次党代表大会的工作报告；审议并通过全会关于召开中国共产党揭阳市第七次代表大会的决议（草案）；审议并通过市第七次党代表大会主席团常务委员会委员建议名单；审议并通过七届市委委员、候补委员和七届市纪委委员候选人预备人选名单；审议并通过《中国共产党揭阳市第七次代表大会代表选举工作和代表资格初步审查情况的报告》；审议并通过《关于全市党费收缴、使用和管理情况的报告》。全会决定，市第七次党代会于2021年12月底在市区召开，主要议程是听取和审查中共揭阳市第六届委员会的报告；审查中共揭阳市第六届纪律检查委员会的工作报告；选举中共揭阳市第七届委员会；选举中共揭阳市第七届纪律检查委员会。

【中国共产党揭阳市第七次代表大会】 2021年12月28日至31日，中国共产党揭阳市第七次代表大会在市区举行。市委书记代表中国共产党揭阳市第六届委员会向大会做题为《推动高质量发展 创造高品质生活 加快建设活力古城滨海新城产业强市》的报告。大会的主要任务是：听取和审查中共揭阳市第六届委员会的报告；审查中共揭阳市第六届纪律检查委员会的工作报告；选举中共揭阳市第七届委员会和中共揭阳市第七届纪律检查委员会。大会高举习近平新时代中国特色社会主义思想伟大旗帜，深入贯彻落实习近平总书记重要讲话和重要指示批示精神，动员全市上下从百年党史中汲取奋进力量，凝心聚力、砥砺前行，推动高质量发展，创造高品质生活，加快建设宜居宜业宜游的活力古城、滨海新城和沿海经济带上的产业强市，奋力谱写揭阳现代化建设新篇章。大会选举产生新一届中共揭阳市委员会委员、候补委员和中共揭阳市纪律检查委员会委员，并通过关于六届市委报告和市纪委工作报告等决议。

【中国共产党揭阳市第七届委员会第一次全体会议】 2021年12月31日下午，中国共产党揭阳市第七届委员会第一次全体会议召开。王胜当选市委书记，支光南、陈小锋当选市委副书记，刘端雄、姚丽璇、刘波、王俊、王绍乐、庄湃澍、黄伟东、蔡淡群当选市委常委。全会通过市纪委七届一次全会选举产生的市纪委常委、书记、副书记名单。

（市委办公室）

【市委重要决策部署】 **生态环境损害赔偿制度改革** 2021年3月9日，市委办公室、市政府办公室印发《揭阳市生态环境损害赔偿制度改革实施方案》。在全市范围内推行生态环境损害赔偿制度，明确生态环境损害赔偿范围、责任主体、索赔主体、损害赔偿解决途径等，形成相应的鉴定评估管理和技术体系、资金保障和运行机制，在全市范围内构建责任明确、途径畅通、技术规范、保障有力、赔偿到位、修复有效、公开透明的生态环境损害赔偿制度，推动揭阳生态环境损害赔偿制度法治化。

“粤菜师傅”“南粤家政”“广东技工”工程高质量发展 2021年3月17日，市委办公室、市政府办公室印发《推动“粤菜师傅”工程高质量发展的实施方案》《推动“南粤家政”工程高质量发展的实施方案》。明确揭阳市“粤菜师傅”“南粤家政”工程高质量发展的总体要求，强调要加强组织领导、加大保障力度、强化宣传推广。2021年10月14日，市委办公室、市政府办公室印发《推动“广东技工”工程高

2021年12月31日，中国共产党揭阳市第七届委员会第一次全体会议在市区举行。图为中国共产党揭阳市第七届委员会常务委员会委员集体合照

（郑楚藩 摄）

质量发展的实施方案》。《实施方案》明确揭阳市“广东技工”工程高质量发展的总体要求，强调要做好强化组织领导、落实资金保障、加大宣传力度。

知识产权保护强化 2021年4月7日，市委办公室、市政府办公室印发《揭阳市强化知识产权保护实施方案》。明确揭阳市强化知识产权保护工作总体要求，提出坚持知识产权严保护政策导向、构建知识产权大保护工作格局、打通知识产权快保护关键环节、营造知识产权同保护良好环境、强化知识产权保护基础支撑能力、完善知识产权保护组织保障体系。

加强党的基层组织建设 2021年4月19日，市委办公室印发《揭阳市加强党的基层组织建设三年行动计划实施方案（2021—2023年）》。对加强全市党的基层组织建设作出具体部署，提出要坚持以习近平新时代中国特色社会主义思想为指导，深入贯彻习近平总书记对广东系列重要讲话和重要指示批示精神，认真贯彻新时代党的建设总要求和新时代党的组织路线，围绕把握新发展阶段、贯彻新发展理念、构建新发展格局，2021—2023年分别以“完善组织体系开启新征程”“提升党建引领基层治理效能”“高质量党建推动高质量发展”为主题，坚持强引领、补短板、打基础、提质量，实施基层党建“六大攻坚工程”，织密建强上下贯通、执行有力的组织体系，不断扩大基层党组织覆盖和工作覆盖，不断提升基层党组织建设制度化、规范化、科学化水平，不断增强基层党组织的政治领导力、思想引领力、群众组织力、社会号召力，为揭阳加快建设宜居宜业宜游的活力古城、滨海新城，打造沿海经济带上的产业强市提供坚强组织保证。

新时代拥军优属 2021年4月23日，市委、市政府、揭阳军分区印发《中共揭阳市委、揭阳市人民政府、揭阳军分区关于进一步做好新时代拥军优属工作的意见》。《意见》明确进一步巩固提升省级双拥模范城创建成果，争创全国双拥模范城，强调要加强双拥工作组织领导、提升拥军服务保障水平、完善军人荣誉体系建设、强化拥军优属政策落实、维护军人军属合法权益、做好烈士纪念设施管护、加大国防教育双拥宣传。

全国双拥模范城创建 2021年5月19日，市委办公室、市政府办公室印发《揭阳市创建全国双拥模范城总体工作方案》。强调要通过四年扎实有效的创建活动，全面提升全市拥军优属、拥政爱民工作水平，确保到2024年市级和普宁市、揭西县蝉联省级双拥模范城（县），榕城区、揭东区、惠来县创建省级双拥模范县（区）。在此基础上，市级争创全国双拥模范城，普宁市、揭西县争创全国双拥模范县（市）。

全国文明城市创建 2021年5月19日，市委办公室、市政府办公室印发《揭阳市创建全国文明城市三年行动计划（2021—2023年）》《2021年度揭阳市创建全国文明城市重点任务工作方案》。提出坚持以人民为中心的工作导向，以培育和践行社会主义核心价值观为根本，守正创新、德法并举、久久为功，以文明城市高质量创建，推动揭阳营商环境不断优化，推进建设宜居宜业宜游的活力古城、滨海新城，努力打造沿海经济带上的产业强市，把揭阳市建设成信仰坚定、崇德向善、文化厚重、和谐宜居、人民满意的文明城市。

全面从严治党责任落实 2021年5月27日，市委办公室印发《中共揭阳市委落实全面从严治党主体责任清单》。明确市委、市委书记、市委领导班子其他成员承担的全面从严治党责任，市委有关机构和部门的责任等。

推进贸易高质量发展 2021年7月30日，市委、市政府印发《关于推进贸易高质量发展实施方案》。明确推进贸易高质量发展的总体要求、工作措施和保障机制，强调到2022年，全市外贸进出口规模达到210亿元以上，社会消费品零售总额达到1100亿元以上；贸易结构持续优化、贸易功能持续完善、国内国际两个市场联通功能持续增强。到2025年，贸易发展质量显著提升，抗风险能力不断提高，新平台基本成型，贸易强市基本建成。

全面推进乡村振兴 2021年8月9日，市委、市政府印发《关于全面推进乡村振兴加快农业农村现代化的实施方案》。明确为实现巩固拓展脱贫攻坚成果同乡村振兴有效衔接、加快推进农业现代化、大力实施乡村建设行动、加快完善城乡融合发展的体制机制和制度体系、加强党对“三农”工作的全面领导，强调2021年，农业供给侧结构性改革深入推进，粮食播种面积只增不减，粮食总产量不低于80万吨，生猪产能恢复到正常年份水平，农产品质量和食品安全水平进一步提高；脱贫攻坚成果巩固拓展，农民就业创业持续改善，农民收入增长持续快于城镇居民；全面启动实施乡村建设行动，农村人居环境持续改善提升；农村改革重点任务深入推进，农村社会保持和谐稳定。提出到2025年，全市农业农村现代化取得重大进展。农业基础更加牢固，粮食和重要农产品供应保障更加有力，农业质量效益和竞争力明显提升；农业基础设施现代化迈上新台阶，农村生活设施便利化基本实现，城乡基本公共服务均等化水平明显提高，农村居民人均可支配收入达到2.4万元，城乡居民收入比降至2.3：1，力争所有县（市、

区）农村居民人均可支配收入高于全国平均水平，城乡发展协调性明显增强；乡村建设行动取得明显成效，党的领导和党的建设全面加强，农村基层基础不断加强，乡村振兴人才支撑更加有力，乡村文明程度不断提升，农村发展安全保障更加有力，农村生态环境明显改善，乡村面貌发生显著变化，农民获得感、幸福感、安全感明显提高。

2021年8月9日，市委、市政府印发《关于实现巩固拓展脱贫攻坚成果同乡村振兴有效衔接的实施方案》。明确将巩固拓展脱贫攻坚成果放在突出位置，建立农村低收入人口长效帮扶机制，健全乡村振兴领导体制和工作体系，加快推进脱贫地区乡村全面振兴，提出到2025年，脱贫攻坚成果巩固拓展，农村低收入人口分类帮扶机制逐步完善，乡村产业质量效益和竞争力明显提高，生态宜居美丽乡村建设取得重大进展，乡风文明水平显著提升，农村基层组织建设不断加强，脱贫地区农民收入增速高于全省农民平均水平，村集体经济年收入超过15万元。到2035年，镇村振兴目标基本实现，农村低收入人口生活水平显著提高，全市人民共同富裕取得更为明显的实质性进展。

对接支持服务两个合作区 2021年8月21日，中国共产党揭阳市第六届委员会第十二次全体会议审议通过《中共揭阳市委、揭阳市人民政府关于对接支持服务横琴、前海两个合作区建设推动揭阳高质量发展的行动方案》。11月30日，市委、市政府印发该《行动方案》，强调要坚持以习近平新时代中国特色社会主义思想为指导，深入学习贯彻习近平总书记关于横琴、前海开发开放的重要论述精神，全面落实中央、省关于横琴粤澳深度合作区和前海深港现代服务业合作区建设的决策部署，强化大局观念和机遇意识，借助两个合作区这一贯通东西、串珠成链的重要联结点，用好“双核+双副中心”动力机制、“湾+带”联动机制，主动对接、主动参与、主动支持、主动服务，承接产业辐射带动，借鉴合作区经验，学习经济特区精神，形成立足粤东、接轨深珠、面向粤港澳大湾区的新发展格局，把重大利好变为揭阳深化改革开放的共同机遇和推动高质量发展的共同优势，为加快建设宜居宜业宜游的活力古城、滨海新城，打造沿海经济带上的产业强市注入新动能。

供销合作社综合改革 2021年8月30日，市委办公室、市政府办公室印发《揭阳市进一步深化供销合作社综合改革打造为农服务生力军行动计划》。指出到2022年，建成县镇村各类联农基层合作组织250个以上，带动小农户12万户以上；服务土地面积20万亩以上，农产品购销额累计达20亿元以上；率先建成以密切与农民利益联结为核心，以产前、产中、产后全程农业社会化服务为重点，以生产、供销、信用“三位一体”综合合作为主线的公共型农业社会化服务体系。

全面推行林长制 2021年11月16日，市委办公室、市政府办公室印发《揭阳市全面推行林长制实施方案》。明确建立健全森林资源保护发展责任体系，构建党政同责、属地负责、部门协同、源头治理、全域覆盖的长效机制，强调要力争到2021年12月底，全市基本建立市、县、镇、村四级林长体系，建立全面推行林长制相关工作机制，配套林长制相关制度。到2025年，运行机制顺畅的市、县、镇、村四级林长制组织体系全面建成，全面建立责任明确、协调有序、监管严格、运行高效的森林资源保护发展机制，国土绿化水平不断提高，森林资源保护更加严格，森林质量大幅提升，森林生态文化更加丰富，林业治理能力明显提升。全市森林覆盖率达50.86%，森林蓄积量达1100万立方米，湿地保护率不低于31.46%，森林火灾受害率不超过0.9‰。到2035年，全面推行林长制成效更加显著，各级林长保护发展森林资源目标责任充分落实，森林生态功能稳定恢复，森林质量持续增强，森林固碳效能显著提升，森林生态文化持续发展，基本实现林业治理体系和治理能力现代化，建成绿色揭阳、美丽揭阳。

中国共产党揭阳市第七次代表大会精神学习宣传贯彻 2021年12月31日，市委印发《中共揭阳市委关于深入学习宣传贯彻市第七次党代会精神的通知》。指出要把学习贯彻党代会精神与学习贯彻习近平总书记对广东系列重要讲话和重要指示批示精神、学习党的十九届六中全会精神结合起来，与落实省委“1+1+9”工作部署结合起来，把大会确定的各项决策部署和工作要求落到实处。

（市委办公室）

【重要会议】 **优化营商环境** 2021年1月5日，揭阳市优化营商环境和加强招商引资工作大会召开，以电视电话会议形式开至各县（市、区）、管委会。会议总结部署有关工作。

新冠肺炎疫情防控、安全生产和三防工作 2021年，揭阳市高度重视新冠肺炎疫情防控、安全生产和三防工作，多次收看收听全国、全省电视电话会议，召开全市电视电话会议、视频会议，贯彻部署落实工作。1月14日，揭阳市组织收看收听全国、全省新冠肺炎疫情防控工作电视电话会议并召开贯彻会议。各县（市、区）在分会场收看收听会议。6月22日，全市疫情防控工作视频会议在市区召开。7月31

日，全市部署疫情防控、安全生产和三防工作电视电话会议召开。

党史学习教育 2021年，揭阳市深入学习贯彻习近平总书记关于开展党史学习教育的重要讲话，全面落实“学党史、悟思想、办实事、开新局”要求，紧扣党史学习教育目标任务，把握方式方法，注重督促指导，推动全市党史学习教育深入开展。2月25日，揭阳市党史学习教育动员大会召开。3月16日，揭阳市党史学习教育专题培训（《揭阳学习论坛》第七十六期报告会）举行。3月31日，市委理论学习中心组暨全市县处级主要领导干部党史学习教育专题研讨班开班。4月12日，党史学习教育省委宣讲团宣讲报告会（《揭阳学习论坛》第七十七期报告会）举行。5月31日，揭阳市开展党史学习教育工作汇报会召开。8月4日，揭阳市党史学习教育巡回指导组阶段性工作反馈会召开。

市领导班子和领导干部2020年度考核民主测评暨市委选人用人“一报告两评议”会议 2021年1月29日，揭阳市领导班子和领导干部2020年度考核民主测评暨市委选人用人“一报告两评议”会议召开。市委书记、市人大常委会党组书记主持并代表市领导班子做述职报告。

重大石化项目建设 2021年1月30日，揭阳市重大石化项目建设现场协调会暨项目建设指挥部第四次会议在大南海石化工业区召开。

政法队伍教育整顿 2021年，揭阳市开展政法队伍教育整顿。3月9日，揭阳市政法队伍教育整顿工作动员部署会召开。3月26日，全市政法队伍教育整顿主题党课报告会和全市政法干警党章党规党纪教育培训班暨警示教育大会召开。4月7日，全市政法队伍教育整顿查纠整改环节工作推进会召开。4月15日，全市政法队伍教育整顿工作汇报会召开。会议汇报揭阳市学习教育完成情况及查纠整改阶段安排部署开展情况。6月28日，政法队伍教育整顿工作反馈会召开，会议对揭阳市教育整顿工作作出评价、指出问题并提出整改要求。6月28日，全市政法队伍教育整顿工作总结会召开，会议就揭阳市政法队伍教育整顿工作作总结报告。

推进现代农业产业发展 2021年3月10日，揭阳市推进现代农业产业发展工作（揭西）现场会在揭西县召开。

全市传达贯彻习近平总书记重要讲话精神暨全国两会精神干部大会 2021年3月15日，全市传达贯彻习近平总书记重要讲话精神暨全国两会精神干部大会在市区召开。

全面依法治市 2021年3月23日，中共揭阳市委全面依法治市工作会议暨市委全面依法治市委员会第三次会议召开。

系统防范化解道路交通安全风险 2021年4月2日，揭阳市系统防范化解道路交通安全风险工作动员会召开，以视频会议形式开至各县（市、区）、管委会。会议作工作部署，就《揭阳市系统防范化解道路交通安全风险工作实施方案》作说明。

全市领导干部大会 2021年5月8日，全市领导干部大会在市区召开，省委常委、组织部部长张义珍莅会宣布省委决定并讲话。

换届工作 2021年，揭阳市高度重视换届工作，多次召开会议落实换届工作部署要求，严肃换届工作纪律。5月12日，全市县镇领导班子换届工作会议在市区召开。9月14日，市委常委会（扩大）会议召开，会议传达中央及省委有关精神，介绍换届工作有关政策、主要任务和工作安排，提出工作要求，强调换届纪律。

文明城市创建 2021年5月21日，2021年全市文明城市创建工作推进会在市区召开，以电视电话会议形式开至各县（市、区）、管委会。

基层党组织建设工作 2021年5月21日，揭阳市加强基层党组织建设工作会议召开，以电视电话会议形式开至各县（市、区）、管委会。会议就《揭阳市加强党的基层组织建设三年行动计划实施方案（2021—2023年）》作说明。

“三个规定”宣讲会 2021年6月1日，揭阳市领导干部严格执行“三个规定”宣讲会召开，会议宣讲“三个规定”。

科技创新 2021年6月23日，揭阳市科技创新大会召开，以电视电话会议形式开至各县（市、区）、管委会。会议通报2020年工作情况，分析存在问题并部署下一步工作。

推进贸易高质量发展 2021年6月23日，全市推进贸易高质量发展大会召开，以电视电话会议形式开至各县（市、区）、管委会。会议就《揭阳市推进贸易高质量发展实施方案（讨论稿）》作说明。

揭阳军分区党委第一书记任职大会 2021年6月24日，揭阳军分区党委第一书记任职大会在市区召开。市委书记、市人大常委会主任、揭阳军分区党委第一书记接受任职证书并作表态讲话。

全市脱贫攻坚总结大会暨实施乡村振兴战略工作推进会 2021年6月28日，全市脱贫攻坚总结大会暨实施乡村振兴战略工作推进会在市区召开，以电视电话会议形式开至各县（市、区）。会议通报2020年度揭阳市乡村振兴和扶贫开发工作成效考核情况，宣读《关于表扬全市脱贫攻坚先进集体和个人的通报》，对《关于全面推进乡村振兴加快农业农村现代化的实施方案（讨论稿）》和《关于实现巩固拓展脱贫攻坚成果同乡村振兴有效衔接的实施方案》（讨论稿）做起草说明，向受表扬先进个人和先进集体代表颁发证书。

全市“两优一先”表彰大会 2021年6月29日，全市“两优一先”表彰大会在市区召开，以电视电话会议形式开至各县（市、区）、管委会。会议宣读表彰决定并向市“两优一先”表彰对象颁发证书。

揭阳市学习贯彻习近平总书记在庆祝中国共产党成立100周年大会上的重要讲话精神 2021年7月2日，揭阳市学习贯彻习近平总书记在庆祝中国共产党成立100周年大会上的重要讲话精神干部动员大会召开，以电视电话会议形式开至各县（市、区）、管委会。7月8日，市委理论学习中心组专题学习会召开，专题学习习近平总书记在庆祝中国共产党成立100周年大会上的重要讲话精神。市领导围绕学习习近平总书记重要讲话精神，结合分管工作和揭阳实际开展研讨交流发言。9月7日，学习贯彻习近平总书记在庆祝中国共产党成立100周年大会上重要讲话精神省委宣讲团宣讲报告会（《揭阳学习论坛》第七十八期报告会）在市区举行。

中共揭阳市委审计委员会第三次会议 2021年8月20日，中共揭阳市委审计委员会第三次会议召开，传达学习习近平总书记关于审计工作的重要论述精神和上级有关会议精神，听取市审计工作情况汇报，审议相关文件稿。

揭阳市扫黑除恶专项斗争 2021年9月9日，揭阳市扫黑除恶专项斗争总结表彰大会暨平安建设（扫黑除恶专项斗争）工作会议召开，以电视电话会议形式开至各县（市、区）。会议宣读表彰揭阳市扫黑除恶专项斗争先进集体、先进工作者的决定，宣读嘉奖揭阳市扫黑除恶专项斗争乡科级干部的决定。

机关党的建设暨模范机关创建 2021年9月9日，揭阳市机关党的建设工作暨深化模范机关创建工作推进会在市区召开，以电视电话会议形式开至各县（市、区）、管委会。会议通报阶段来机关党建工作及模范机关创建工作情况。

市委常委会（扩大）会议和市委全体（扩大）会议 2021年5月8日，市委常委会（扩大）会议召开，会议宣布省委决定，王胜任揭阳市委委员、常委、书记。6月7日，市委常委会（扩大）会议召开，会议宣布省委决定，支光南任揭阳市委委员、常委、副书记；同意提名支光南为揭阳市市长候选人。7月30日，市委常委会（扩大）会议传达学习省委十二届十四次全会精神，研究部署揭阳市的贯彻落实工作。9月23日，市委全体（扩大）会议进行会议推荐。

揭阳市学习贯彻党的十九届六中全会精神 2021年，揭阳市多次召开会议，多层次全面学习贯彻党的十九届六中全会精神。11月15日，市委常委会（扩大）会议专题学习党的十九届六中全会精神，研究揭阳市的贯彻落实意见。11月16日，揭阳市学习贯彻党的十九届六中全会精神干部大会召开，会议传达党的十九届六中全会精神，以及省委常委会（扩大）会议、全省传达学习贯彻党的十九届六中全会精神干部大会精神。11月30日，中共揭阳市委理论学习中心组专题学习会召开，专题学习党的十九届六中全会精神。会议传达省委理论学习中心组专题学习会精神，市委理论学习中心组部分成员作交流发言。12月1日，揭阳市县处级主要领导干部学习贯彻党的十九届六中全会精神专题研讨班开班。12月10日，学习贯彻党的十九届六中全会精神省委宣讲团报告会（《揭阳学习论坛》第八十期）召开。

领导干部党章党规党纪教育培训 2021年11月25日，揭阳市领导干部党章党规党纪教育培训班暨《揭阳学习论坛》第七十九期报告会在市区召开，以电视电话会议形式开至各县（市、区）、管委会。

市委人才工作 2021年12月1日，中共揭阳市委人才工作会议召开，以电视电话会议形式开至各县（市、区）、管委会。会议就《中共揭阳市委关于加快新时代人才强市建设的若干措施（征求意见稿）》做起草说明。

信访维稳 2021年12月8日，揭阳市信访维稳工作会议暨全市信

2021年7月1日，揭阳市组织市四套班子领导集中收看收听中国共产党成立100周年大会 （郑楚藩　摄）

访工作联席会议召开，以视频会议形式开至各县（市、区）、管委会和各乡镇（街道）。会议传达省信访第二次联席会议（扩大）精神并就有关工作作部署。

中央生态环境保护督察反馈整改 2021年12月23日，揭阳市召开第二轮中央生态环境保护督察反馈问题整改工作动员会，以电视电话会议形式开至各县（市、区）、管委会，会议就揭阳市中央生态环境保护督察整改方案作说明并部署下一步工作。

（市委办公室）

【市委重要政务活动】 **深化与校企交流合作** 2021年，揭阳市深化与企业、学校交流合作，市委书记、市长等代表揭阳市参加签约仪式。1月28日，揭阳市人民政府与华为技术有限公司举行合作框架协议签约仪式。3月5日，广东工业大学揭阳校区签约仪式在广州举行。4月2日，揭阳市人民政府与广东金融学院举行《全面战略合作协议》签约仪式。5月27日，揭阳市举行农业产业链“链长制”合作平台签约仪式。

党史学习教育 2021年，揭阳市深入全面开展党史学习教育。3月7日至8日，市委书记、市人大常委会主任带队赴江西省赣州市开展党史学习教育，学习考察乡村振兴工作。5月25日，市委理论学习中心组成员、市委党史学习教育领导小组成员赴揭西县南山镇火炬村开展党史学习教育，召开学习研讨会。

重大项目仪式 2021年2月9日，揭阳市举行揭阳大道通车仪式。3月28日，省政府举行2021年第一季度全省重大项目集中开工活动，揭阳市设分会场并同步举行揭阳市2021年第一季度重点项目集中动工集中签约活动。11月30日，国家电投集团粤东粤西海上风电首期全容量并网集中投产仪式在惠来县举行。

（黄楚龙）

【市委理论学习中心组学习会】 2021年，揭阳市委理论学习中心组认真贯彻落实《中国共产党党委（党组）理论学习中心组学习规则》，坚持以政治学习为根本，严格落实“第一议题”制度，把学习习近平新时代中国特色社会主义思想作为首要内容，以掌握和运用马克思主义立场、观点、方法为目的，把学习成果转化为解决实际问题的本领，发挥示范带动作用。2021年，以学习贯彻习近平新时代中国特色社会主义思想和党的十九届六中全会精神、习近平总书记在庆祝中国共产党成立100周年大会上重要讲话精神等为重点，开展及时、全面、系统、深入的学习和研讨，提升学习的针对性和实效性，带动全市各级党委（党组）理论学习中心组开展理论学习，为开创揭阳改革发展新局面提供强大的理论支撑和智力支持。全年举行市委理论学习中心组专题学习研讨5次，举办“揭阳学习论坛”6场，邀请专家学者作专题辅导报告，全市副处级以上领导干部约2000人次参加学习。

（市委宣传部）

组织工作

【组织工作概况】 2021年，中共揭阳市委组织部坚持抓基层打基础、选干部配班子、建队伍育人才，积极构建基层党建“1+1+6”工作体系，全面完成市县镇村换届选举工作，深化模范机关创建，新建“两新”组织党组织41个，全年发展党员4050名，向27785名符合条件的老党员颁发“光荣在党50年”纪念章。

【领导班子建设】 2021年，中共揭阳市委组织部坚持党管干部原则，全面加强各级领导班子建设。聚焦市县镇领导班子换届，选人用人实施“三案”精细管理，选拔忠诚干净担当的高素质专业化干部。落实《党政领导班子建设规划纲要》要求，坚持全市“一盘棋”思维，优化县（市、区）整体功能，推动形成又博又专、搭配合理的领导班子专业结构。换届后，县镇领导班子中，大学以上学历比例分别提高6.31%和13.17%；县镇领导班子平均年龄分别下降3.11岁和3.16岁。

【基层党组织建设】 2021年，中共揭阳市委组织部坚持强引领、补短板、打基础、提质量的工作思路，构建揭阳基层党建“1+1+6”工作体系，实施“组织兴村”工程，推动农村基层党建提质增效。

组织建设 紧跟农村经济社会发展要求和农村生产生活变化，实施村级党组织规范提升、亮点提质、攻坚提速“三项行动”。优化规范村（社区）党组织设置，全市村（社区）完成党总支升格党委149个，完成党支部升格党总支197个，新设立村民小组（自然村）党支部492个。组织各县（市、区）探索推行村级议事决策“四议两公开”规范运行等16项试点工作，以点带面强化农村基层党组织建设。新排查软弱涣散村（社区）党组织17个，坚持“一村一策”开展整顿。

队伍建设 实施村（社区）“两委”干部头雁提升、群雁建强、雏雁培育“三项计划”，全面落实村（社区）党组织书记县级党委组织部门备案管理，选派301名驻村第一书记到乡村振兴任务重的村、集体经济薄弱村等重点村，轮训新一届9899名村（社区）“两委”干部，建立村（社区）“两委”后备干部的信息库。开展“一竿子插到底”常态

链接

揭阳市“3+3+10”红色党性教育矩阵

一、中央红色村组织振兴建设红色美丽乡村试点（3个）

1.揭东区玉湖镇汾水村

2.揭西县南山镇火炬村

3.揭西县京溪园镇粗坑村

二、省级“红色村”党建示范工程（3个）

1.揭西县南山镇火炬村

2.普宁市大南山街道什石洋村

3.惠来县惠城镇五福田村

三、市级党员教育基地（10个）

1.周恩来同志革命活动旧址（揭阳学宫）

2.“八一”南昌起义南下部队指挥部军事决策会议旧址（普宁流沙东街道）

3.揭阳市档案馆（市政府机关大院）

4.锡场镇潭王村蓝康中心学校革命史教育基地（揭东区锡场镇）

5.汾水战役烈士陵园（揭东区玉湖镇）

6.黄旭华故居（揭东区玉湖镇）

7.普宁市大南山街道什石洋村“红色村”

8.大北山革命历史纪念馆（揭西县南山镇大北山森林公园）

9.揭西县南山镇火炬村“红色村”

10.惠来大南山革命纪念馆（惠来县惠城镇）

化培训，利用党员干部现代远程教育平台，围绕“5+1+N”（“五大振兴”+“一月一主题”+“N个模块”）开设“揭阳乡村振兴远教大讲堂”，上线19场课，全年学习人数70多万人次。

基础保障　制订出台《揭阳市加强党的基层组织建设基础保障办法》，推动政策、资金向基层倾斜。2021—2023年，市县基层组织建设经费比上一轮三年行动计划增加投入5.06亿元，增幅53.2%。统一改建、扩建、重建199个村级党群服务中心，补齐村级活动场所短板。试点建设4个村民小组党群服务站，打造15个镇级党群服务中心示范点和4个“红色村”党建示范点。推进5个县级、43个镇级乡村振兴人才驿站建设，组织各类专业人才下沉基层一线，推进乡村振兴人才支撑。

【机关企事业党组织建设】　2021年，揭阳市深化模范机关创建，开展“揭岭先锋·基层党组织”创优行动、“灯下黑”“两张皮”专项整治、“三亮一创”活动，推进机关党的建设。设立市委教育工委，各县（市、区）教育局全面设立（直属）机关党委。以开展教育系统“三学”活动、“淬炼师德师能、担当育人先锋”活动为契机，在全市教育系统打造一批“百佳红色课堂”，把“红色课堂”作为党史学习教育的载体，评选优秀“红色课堂”143个。开展公立医院党建“四有”建设，选取3家医院创建省级示范点、6家医院创建市级示范点，卫生健康系统窗口单位开展“亮明身份、亮明职责，争创群众满意窗口、争当优秀服务标兵”创建活动。构建“国资委党委—投控集团党委—各子企业党组织”抓党建三级责任体系，在市属企业中全面推行党委书记、董事长“一肩挑”，完成28户全民所有制企业公司制改制和党建进章程修订工作。整顿软弱涣散基层党组织，各级党组织实现100%规范设置、按期换届和理顺隶属关系。推进国有企业退休人员社会化管理工作，全年移交252名退休人员至社区，完善市属国有企业基层党组织组织体系。

【“两新”组织建设】　2021年，揭阳市新建“两新”组织党组织41个（其中，非公企业党组织25个、社会组织党组织16个），单独建立党组织“五类企业”8个、从业人员30人以上社会组织4个，全市有党员的“两新”组织实现党的组织和党的工作全面覆盖，其中有3名以上党员的“两新”组织全部单独建立党组织。全年发展“两新”组织党员308名（非公企业124名、社会组织184名），选派469名党建指导员覆盖1376个“两新”组织，各级开展两新党建培训133场次、教育培训党员4687人次。推动成立律师、快递等2个市级行业党委，成立京东、极兔等快递企业党组织，试点建设“快递小哥党员驿站”“暖蜂驿站”。推行“党建+产业链”模式，通过构建“1+7+N”工作体系，建成玉都党群服务中心、党建联合办公室、人才驿站3个党建平台。强化商圈市场党群服务阵地建设，积极打造阳美玉都、普宁国际商品城等商圈楼宇党群服务中心。广泛开展“我是两新党员，我为党旗添彩”主题活动，设立“两新”组织“党员示范岗”“党员责任区”655个、开展志愿服务1247场次。推荐68名“两新”组织党组织负责人兼任“大工委”“大党委”委员。开展“百场党课进千家商会万家民企”理想信念教育活动、社会组织“进乡村　助振兴”

行动，各类商会协会先后投入资金3000多万元，举办活动290多场次。

【党员队伍建设】 2021年，揭阳市坚持控制总量、优化结构、提高质量、发挥作用，认真做好发展党员工作。全年完成发展党员总量4050名，100%完成省下达指导性计划。发展党员结构方面，完成产业工人119名、农牧渔民2014名（35岁左右1564名）、在校大学生249名，非公企业人员124名，社会组织人员184名。截至2021年底，全市党员236333名。在前期试点基础上，揭东区、揭西县、惠来县、空港经济区全面铺开农村发展党员违规违纪问题排查整顿工作。围绕“百年传承、红色引领”主题，系统集成上级关于庆祝中国共产党成立100周年系列要求，在全市部署开展10项庆祝活动，与党史学习教育相互衔接、一体推进落实。组织全市8958个党支部在“七一”前夕开展“学党史、悟思想、办实事、开新局”主题党日活动，落实以支部为单位组织广大党员学讲话学党史、开展交流研讨、办好民生实事等，提高广大党员政治判断力、政治领悟力、政治执行力。组织1043名组工干部深入基层开展“联支部访党员”活动，为1289名新转正的农村党员举行“共产党员家庭户”挂牌仪式，向27785名符合条件的老党员颁发“光荣在党50年”纪念章。

【干部培训管理】 2021年，中共揭阳市委组织部增强干部教育培训的时代性、针对性、有效性，为揭阳加快建设活力古城、滨海新城、产业强市提供坚强的思想政治保证和智力支持。

重大专题集中轮训 围绕党史学习教育和学习贯彻党的十九届六中全会精神举办10期专题研讨班，集中轮训全市市管干部和省驻揭单位处级干部900余名。

市委党校（市行政学院）主体班次 以县处级干部为重点，统筹安排科级干部、企事业单位领导人员以及乡镇（街道）、村（社区）基层干部等参加市委党校（市行政学院）主体班次学习，开展新时代基层干部主题培训行动计划，全年举办主体班次22期，培训各级干部2500余人次。

领导干部专业化能力培训 围绕市委、市政府中心工作，在国内著名高校、干部学院分专题举办6期领导干部专业化能力专题培训班，培训各级干部335人次。

党政干部赴东莞市跟班学习 着眼换届后领导班子建设，坚持统筹安排、对口跟班原则，综合采取“导师制”“隐形式”、参与专项工作、开展专题调研等方式，分批分期选派212名市政府有关部门正职、县镇党政正职赴东莞开展为期1个月的跟班学习，推动干部学习先进、拓宽思路、转变作风、增强本领，2021年选派2期64名干部。

干部教育培训评估 按照省委组织部统一部署，开展干部教育培训五年规划中期评估工作，全面掌握各地各单位干部教育培训工作情况。

干部调训和网络培训 以选优送强为原则精准选调近120名优秀干部参加中央和省级以上培训机构主体班次和专业能力提升学习。充分利用中国干部网络学院、广东省干部培训网络学院开展线上培训，实现干部教育培训全覆盖。

【干部监督】 严肃换届纪律加强换届风气监督 坚持教育在先、警示在先、预防在先，通过多层次组织学习、全方位开展宣传、多角度加强警示，将思想政治工作贯穿换届全过程，始终筑牢换届纪律思想防线。始终绷紧防范化解换届风险隐患这根弦，树牢底线思维，坚持排查在前、研判在前、预案在前、处置在前，实行换届风险隐患和防范措施台账管理，有的放矢制定化解举措，把风险隐患消除在未萌状态。坚持把换届工作全过程置于有效监督之下，组建换届风气巡回督查组，一竿子插到底对县镇两级换届进行多轮次、全覆盖督查。公开发布信访举报渠道，实时监测和了解换届风气状况，建立联查联办和快查快结机制，始终保持严肃换届纪律高压态势，确保换届工作健康平稳有序，换届风气清明清正清新。

领导干部报告个人有关事项制度 开展集中填报、重点查核、随

2021年2月20日，揭阳市召开全市组织部长会议暨老干部局长会议

（市委组织部 供稿）

机抽查、查核验证等工作，落实“凡提必核”要求，落实查核结果处理。通过压紧压实主体责任，分级分类开展培训，抓实抓细填报辅导，提升全市查核一致率。

选人用人监督检查 做好2020年度选人用人“一报告两评议”工作，强化评议结果运用，及时督促整改规范。结合市委巡察，派出专项检查组同步进驻被巡察单位，开展选人用人专项检查工作。强化巡视巡察发现问题整改监督，及时巩固整改成效，严防问题反弹。

【人才工作】 2021年，揭阳市实施人才强市战略，推进人才引育创新、项目示范、平台提升和精品服务“四大行动”，全年引进全日制博硕士205人，引进急需紧缺专业人才177人，新增专业技术人员12101人、技能人才7475人，认定高层次人才3145人，新增博士工作站9所。

2021年，揭阳市坚持优化人才政策，印发《揭阳市集聚人才创新发展若干措施》及其173条实施细则、《关于进一步加强我市事业单位引进招聘博（硕）士研究生工作的通知》等一系列政策文件，全力构建人才集聚“强磁场”。大力创新人才招引方式，组织实施建市以来首次博硕士专项招聘活动，招聘博士2名、硕士105名。落实高层次人才服务保障机制，加大宣传力度，定期组织慰问市管优秀专家和拔尖人才。

【干部人事制度改革】 2021年，中共揭阳市委组织部探索实施选人用人“三案”精细管理，健全干部基础信息档案，坚持全方位、多角度、立体式考察识别干部，强化信息联动和系统集成，以专项调研、分析研判、年度考核、干部考察、日常纪实等信息为基础，综合纪委监委、巡察、信访、审计等部门的监督信息，形成全面准确的干部基础信息档案。完善班子运行情况备案，围绕市委对各地各单位发展要求以及各级领导班子建设需要，深入了解领导班子和领导干部在市委市政府工作专班和“三重一线”（重点任务、重大项目、重要工作和基层一线）等表现情况，建立各地各单位领导班子运行状况和领导干部表现情况备案报告。优化干部调整配备预案，聚焦“优化班子结构、增强整体功能、丰富干部储备”，深化班子结构、岗位需求、专业要求分析，综合班子建设需要和干部德才表现、群众评价、个人意愿，研究提出优化干部调整配备预案，实行“一班子一预案”。树立重担当重实绩的导向，突出考准考实干部政治素质、担当作为的表现，注重听取主要负责人和服务对象对干部的评价意见，发挥干部考核“指挥棒”的作用。

【公务员管理】 2021年，揭阳市坚持全面落实中央“稳就业”决策部署及省委工作安排，坚持考试录用进人主渠道，总体“扩招”并加大应届生招录力度，促进高校毕业生就业。2021年度选调生、“四级联考”招录中，全市设置467个职位，计划招录781名公务员，其中限应届毕业生报考职位246个，占59.5%，县级以下机关招录职位408个，占87.4%。经笔试、面试、体检、考察合格，录用公务员748名。印发《关于进一步优化市直单位公务员入口管理的通知》，确定考试录用、公开遴选、公开选调、转任调任等进人方式的规模和比例，进一步规范市直公务员入口管理工作，促进公务员合理流动。2021年，集中遴选43名基层公务员到市直单位工作。

严格贯彻执行《公务员考核规定》，完成市直机关（含参照公务员法管理单位）公务员年度考核工作。对连续三年考核优秀的公务员记三等功，对不称职公务员发文通报并按规定落实处理。完善公务员登记并开展全市公务员信息采集统计工作，按照省组部新出台的《广东省公务员登记实施办法》，严把公务员登记审核关。

（市委组织部）

宣传工作

【宣传工作概况】 2021年，揭阳市坚持以习近平新时代中国特色社会主义思想为指导，深入学习宣传贯彻党的十九大和十九届历次全会精神，紧扣庆祝中国共产党成立100周年主题，围绕中心、服务大局。深化精神文明建设和意识形态工作，大力培育和践行社会主义核心价值观。强化理论武装，抓好理论宣传宣讲，挖掘和利用揭阳红色文化资源，推动党史学习教育走深走实。提升市民素质和城市文明程度，深化文明城市创建，组织开展系列揭阳特色的文艺创作和展演，策划线上线下重点群众性文化活动。加快推动媒体融合发展，稳妥做好新闻处置。为揭阳加快建设活力古城、滨海新城和产业强市提供思想保证和精神力量。2021年3月11日晚，“揭阳古城”专题纪录片在中央广播电视总台中文国际频道《记住乡愁》栏目播出。

【理论宣传】 2021年，揭阳市围绕中央、省委和市委的重大工作部署和要求，拓展理论宣传载体，提升理论宣传的针对性、广泛性、有效性。强化理论阵地建设，推动揭阳日报、揭阳广播电视台加强理论版（频道）建设；在“揭阳手机台”App开设“微宣讲”栏目，将“线下”宣讲搬到“线上”开展，扩大理论宣讲覆盖面和影响力；创新理论宣传形式，围绕学习贯彻党的十九届六中全会精神，依托“揭阳发布”“文明揭阳”“同心揭阳”等微信公众号开展“学习贯彻党的十九届五中全会精神网络有奖问答及宣传活动”和“让党的十九届六中全会精神走进千家万户”等活动，以网络有奖问答的形式学习宣传贯彻党的十九届六中全会精神，累计超过15万人次参与网络问答活动。围绕学习贯彻中央经济工作会议精神、党史学习教育、习近平总书记“七一”重要讲话精神以及党的十九届六中全会精神等重大主题编印《揭阳宣传》4期近2.5万册，发至全市基层党组织，帮助广大党员干部更好地学习领会党的理论和路线方针政策。成立市委宣讲团，围绕党史学习教育、习近平总书记在庆祝中国共产党成立100周年大会上重要讲话精神以及党的十九届六中全会精神等重大主题，在全市组织开展3轮深入城乡基层宣讲活动，推动党的理论和路线方针政策进企业、进农村、进机关、进校园、进社区、进军营。全年市县两级组织开展宣讲300多场次，受教育干部群众近5万人次。围绕“永远跟党走”主题，组建市、县、镇三级百姓宣讲团在全市开展宣讲。举办百姓宣讲比赛，选拔组建18人的市级百姓宣讲队伍。全年全市组织开展“永远跟党走”百姓宣讲活动300多场。

【文艺创作】 2021年，揭阳市围绕中国共产党成立100周年和疫情防控两大主题，统筹做好宣传文化各项工作，组织开展重点文艺创作和展演活动，举办丰富多彩的群众性文化活动。推动以基层党组织建设为题材创作的长篇小说《玉色》、以大南山革命根据地女烈士林月娥英雄事迹为原型创作的大型现代革命潮剧《南山红英》、以脱贫攻坚为题材的现代潮剧《大山里的红旗》和原创MV作品《揭阳红》、原创音乐专辑《星火百年》等的创作生产。组织举办“南粤之光”全国名家中国画作品邀请展、“百幅精品颂党恩美术作品展”。制订出台《关于做好2021年春节元宵期间宣传思想和群众性文化活动的通知》，春节前夕市直宣传文化系统各单位多形式开展100场次的送春联、送文化等文化志愿活动，送春联送“福”超过12万副；免费为市民拍摄送出“幸福照”2000多幅。春节期间，市直宣传文化系统策划开展近50场次的线上线下公共文化服务和群众性文化活动，全市7篇图文报道、49件活动视频被广东“学习强国”平台采用；3篇被全国“学习强国”平台采用。《人民日报》头版报道揭阳市开展全民健身云上运动会。中新网、人民网分别以《广东揭阳行彩桥首触“网”，海内外乡亲“云”行桥》《广东揭阳：云上“摸狮祈福”延续传统民俗》报道揭阳市开展的线上“行彩桥·猜灯谜·迎福瑞”活动。组织做好“永远跟党走 逐梦新时代——广东省第十四届‘百歌颂中华’歌咏活动”揭阳赛区选拔赛，全市参与活动团体150多个，参与活动群众15000多人次，13支合唱队伍、24名歌手进入揭阳市选拔赛。2名歌手、1支合唱队进入全省总决赛，取得二银一铜的成绩。

【对外宣传】 2021年，揭阳市以“活力古城、滨海新城、产业强市”、中石油炼化一体及海上风电项目建设、粤东新城加快建设等重大建设为契机，邀请中央、省级主流媒体莅揭采访报道。全年举行新闻发布会、媒体通气会14场次，在省级以上主流媒体刊发宣传稿件超1000条（篇），推出专题专版13个，南方+客户端揭阳频道推出首发原创报道1400多条。人民日报、新华社、中央广播电视总台，南方日报、羊城晚报、广东广播电视台、香港商报等中央、省级和境外主流媒体加大对揭阳正面宣传的力度，突出“亚洲最重塔器”新闻点，4月广东石化炼化一体化项目抽余液塔吊装仪式上，组织邀请新华网、中国新闻社、中国石油报、南方日报、羊城晚报、广东广播电视台等10多家主流媒体集中采访，推出《四千多吨塔器在广东就位 刷新亚洲最重塔器吊装纪录》等报道20多篇；第一季度、第二季度重点项目集中动工集中签约活动，新华网、央广网、中新社等中央、省级10多家主流媒体分别推出《广东揭阳市举办第一季度重点项目集中动工签约活动 项目总投资超2000亿元》《广东揭阳市重点项目集中开工总投资近315亿》等报道20多篇；突出“揭阳首所本科大学”“筹建最顺利、成效最显著、模式最典型”“山水校园”等新闻点，举办“走进广东工业大学揭阳校区”集中采访活动，10多家中央、省级媒体推出《广东揭阳有了第一所本科大学，首批本科生9月12日报到》等报道20多篇；紧扣中国共产党成立100周年主题主线，结合党史学习教育，分阶段、有重点地开展对外宣传，中央、省级主流媒体推出报道《党史宣讲声声入耳 揭阳多形式多层次推动党史学习教育走深走实》等百余篇。更新建强各地各单位新闻发言人及新闻助理队伍，组织指导协调各地强化新闻发布工作，妥善处置突发舆情，做好“问题钢材”“抗旱保供水”“榕江北河揭东段东寨渡头江面浮油污染”等舆情导控工作。

【爱国主义教育】 2021年，揭阳市结合党史学习教育，举办“伟大征程，光辉粤迹——中国共产党广东历史一百年”流动展览；开展“永远跟党走 奋斗新征程”网上知识竞答，35万多人次参加竞答活动；组织每周编印一期党史学习参考资料，编印41期；开展“追寻红色记忆——打卡揭阳爱国主义教育基地”网上打卡活动，让更多揭阳人认识揭阳本土的革命遗址革命故事。开展革命传统教育，重点围绕“阅读红色经典、瞻仰革命遗址、参观主题展览、观看红色影视、唱响红色赞歌、讲好红色故事、致敬英雄模范”等内容，重点推出周恩来同志革命活动旧址（揭阳学宫）、八一南昌起义南下部队指挥部军事决策会议旧址等12个重要革命遗址作为开展革命传统教育的现场教学点，深入推进革命传统教育各项工作。南昌起义领导人渡海处加固修缮项目、中国工农红军红二、四师野战医院旧址修缮项目获广东省红色革命遗址修缮维护资金300万元。

【新闻工作】 2021年，揭阳市加强新闻工作和正面舆论宣传。宣传习近平新时代中国特色社会主义思想，党的十九大和十九届五中、六中全会精神，宣传习近平总书记在全国宣传思想工作会议精神、庆祝中国共产党成立100周年“七一”重要讲话精神，宣传中央、省委、市委重要会议精神，宣传中共揭阳市委六届十一次、十二次全会精神。组织开展疫情防控、乡村振兴、文明创建、营商环境、重大项目建设等重大主题宣传报道，为全市各项重点工作营造良好舆论氛围。

庆祝中国共产党成立100周年宣传报道 2021年，揭阳市制订《揭阳市庆祝中国共产党成立100周年宣传报道方案》《揭阳市庆祝中国共产党成立100周年“七一”期间宣传报道方案》《关于庆祝中国共产党成立100周年4场重大活动宣传报道的通知》《庆祝中国共产党成立100周年“奋斗百年路 启航新征程”大型主题采访活动实施方案》等，组织揭阳日报、揭阳广播电视台及各地各媒体统一开设“奋斗百年路 启航新征程”总栏目，设计醒目标识，突出主题主线，策划组织报道。

党史学习教育宣传报道 2021年，揭阳市印发《揭阳市党史学习教育宣传工作方案》《揭阳市党史学习教育新媒体宣传专项工作方案》《关于进一步稳妥把握党史学习教育宣传引导的通知》，揭阳日报、揭阳广播电视台及各地各类媒体围绕主题，开设专栏，集中开展党史学习教育宣传报道，开展党史学习教育“一把手访谈”，报道各地各单位开展“我为群众办实事”的举措和成效，反映各地各单位开展党史学习教育的工作动态、工作亮点和经验做法。

学习贯彻习近平总书记“七一”重要讲话精神宣传报道 2021年，揭阳市印发《揭阳市学习贯彻习近平总书记“七一”重要讲话精神宣传工作方案》《揭阳市学习贯彻习近平总书记“七一”重要讲话精神宣传报道安排》。揭阳广播电视台、揭阳日报社开设《学习贯彻习近平总书记“七一”重要讲话精神》专栏，报道各地各单位学习贯彻习近平总书记“七一”重要讲话精神情况，刊播《市委常委会召开会议 深入学习领会习近平总书记在庆祝中国共产党成立100周年大会上的重要讲话精神》《王胜到所在党支部参加专题组织生活会 深入学习贯彻习近平总书记“七一”重要讲话精神 推动党史学习教育走深走实》等新闻报道55篇。在“揭阳手机台”“i揭阳”等新媒体矩阵发布转载学习贯彻习近平总书记“七一”重要讲话精神相关推文。7月中旬开始，揭阳广播电视台推出《学习贯彻习近平总书记“七一”重要讲话精神》系列访谈和“一把手”访谈两组系列报道，播出《揭阳：牢记初心使命　站稳人民立场》《揭阳：坚定理想信念　不负青春韶华》等新闻报道。7月20日，揭阳日报推出《发扬伟大建党精神　汇聚发展磅礴力量——我市社科理论专家学者学习贯彻习近平总书记“七一”重要讲话精神发言摘登》专版。

党的十九届六中全会精神宣传报道 2021年，揭阳市制订《党的十九届六中全会精神宣传工作方案》，统筹安排各级宣传部门和新闻单位做好党的十九届六中全会精神宣传报道。揭阳广播电视台、揭阳日报开设《学习贯彻党的十九届六中全会精神》等栏目，宣传报道解读党的十九届六中全会精神。

疫情防控宣传引导 2021年，揭阳市加强疫情防控的宣传报道和舆论引导。制订《关于深入做好新冠肺炎疫情防控宣传的通知》《关于做好就地过年宣传引导的通知》《关于进一步加强新冠疫苗接种引导工作的通知》等新冠肺炎疫情防控宣传指引，推动全市疫情防控常态化宣传工作。组织揭阳日报、揭阳广播电视台等平台就“疫苗及疫苗接种科普知识、疫苗接种注意事项和就地过节”进行宣传报道，推出《新冠病毒疫苗接种系列海报》《疫苗接种短视频》《60岁及以上老人接种新冠疫苗，需要注意什么?》《感染德尔塔1-3天就发病！钟南山：加快疫苗接种》等科普宣传知识，《我市开展新冠病毒疫苗接种工作》《接种新冠疫苗，全民免费!》《市疾病预防控制中心呼吁：60岁以上人群尽快接种新冠病毒疫苗》《揭阳：响应倡议　企业员工就地过年》《在揭阳工作的湖南籍人士邓建　留揭过年也挺好的》《揭东区多家企业纷纷响应号召　鼓励员工就地过节助力防疫》《让“就地过节”更有温度》等新闻稿件。

扫黑除恶专项斗争宣传报道 2021年，揭阳市组织揭阳广播电视台、揭阳日报社开设“扫黑除恶专项斗争中央督导在广东”“众剑行动 扫黑除恶”等专栏，推出扫黑除恶宣传报道。刊播《全市扫黑除恶专项斗争总结表彰大会暨平安建设（扫黑除恶专项斗争）工作会议召开 努力建设更高水平的平安揭阳》《榕城区以创建全省“维稳工作示范点”为抓手，深化平安建设 打好维稳组合拳，提升群众安全感》等相关新闻报道约70篇。“揭阳广电”微信公众号刊发《关于公开征集林某雄等人涉黑恶犯罪团伙违法犯罪线索和证据的通告（附悬赏通告）》《关于敦促何某美团伙成员投案自首并征集该团伙违法犯罪线索的通告》等相关推文，扩大宣传覆盖面，提高群众知晓率。

全面建成小康社会宣传报道 2021年，揭阳市组织揭阳日报、揭阳广播电视台等新闻媒体开设“奋斗百年路 启航新征程·同心奔小康”“乡村振兴开新局·乡村建设进行时”等栏目，讲述揭阳小康故事。揭阳广播电视台在《揭阳新闻》推出《榕城：戏曲进村办实事 惠民演出助振兴》《揭阳：“流动书香车”进乡镇 助力乡村文化振兴》等新闻20多篇；《民生热线》栏目推出《主播探村看小康》系列报道，围绕农业高质高效、乡村宜居宜业、农民富裕富足等方面进行挖掘采访，播出《普宁仙洞村：寸寸乡土皆风景 生态宜居村民乐》《空港塘埔村：秀美水乡成“网红”创富兴村强产业》等新闻；《广播节目中心》三个频率开设栏目，播出乡村振兴战略宣传稿件30多篇。揭阳日报社刊登《榕城区梅云街道：因地制宜走出乡村振兴特色路》《揭西县上砂镇上山村：茶树变成“摇钱树”》《揭东区玉湖镇坪上村：做强茶产业 拓宽致富路》等稿件72篇。

中央环保督察宣传舆论引导 2021年，揭阳市利用广播、电视、报纸、网站、新媒体、户外广告设施等载体和平台，推进环保督察期间宣传工作。组织各媒体及所属新媒体平台统一开设“中央生态环境保护督察在广东”专栏，推出环保督察相关信息。刊发中央督察组进驻信息公告公开案件举报办理情况，对典型案例进行报道。

（市委宣传部）

表2

揭阳市爱国主义教育基地名录

序号	基地名称	主管部门	级别	基地地址
1	“八一”南昌起义南下部队指挥部军事决策会议旧址（普宁“八一”纪念馆）	普宁市文广旅游体育局	国家级	普宁市流沙东街道
2	周恩来同志革命活动旧址（揭阳学宫）	揭阳市文广旅游体育局	省级	榕城区中山街道韩祠路
3	汾水战役烈士陵园	揭东区玉湖镇政府	省级	揭东区玉湖镇
4	大北山革命历史纪念馆	揭西县委宣传部	省级	揭西县南山镇大北山
5	揭西兴道书院	揭西县棉湖镇政府	市级	揭西县棉湖镇兴道中学
6	揭阳革命烈士纪念碑	榕城区住房和城乡建设局	市级	揭阳市榕城区榕华街道榕江公园内
7	丁日昌墓	揭阳市文广旅游体育局	市级	榕城区仙桥街道
8	普宁市文昌阁	普宁市洪阳镇政府	市级	普宁市洪阳镇
9	揭西南侨中学	揭西县教育局	市级	揭西县金和镇
10	大南山石刻革命标语	惠来县委宣传部	市级	惠来县惠城镇盐岭村
11	揭阳市黄岐山森林公园	榕城区人民政府	市级	揭阳市榕城区东升街道
12	揭阳市档案馆	中共揭阳市委员会	市级	揭阳市榕城区临江北路

续表2

序号	基地名称	主管部门	级别	基地地址
13	普宁方方纪念馆	普宁市洪阳镇政府	市级	普宁市洪阳镇
14	普宁大南山革命斗争历史文物陈列馆	普宁市大南山街道办事处	市级	普宁市大南山街道陂沟村
15	惠来县葵潭镇世铿院	惠来县葵潭镇政府	市级	惠来县葵潭镇玄武社区
15	杨石魂故居	普宁市南溪镇政府	市级	普宁市南溪镇钟堂村仁厚里
17	潮揭丰边人民行政委员会旧址（含五房革命烈士纪念碑）	揭东区新亨镇政府	市级	揭东区新亨镇五房村
18	砲台“三日红”旧址——关帝庙	空港经济区砲台镇政府	市级	空港经济区砲台镇区
19	揭阳市中小学德育基地	揭阳市教育局	市级	揭东区玉滘镇东径
20	紫陌广场	榕城区仙桥街道办事处	市级	榕城区仙桥街道紫陌山南坡
21	普宁烈士陵园	普宁市文广旅游体育局	市级	普宁市流沙西街道流沙人民公园内
22	普宁市洪阳镇培风塔	普宁市市场物业管理局	市级	普宁市洪阳镇东北后坑村
23	普宁县临时人民政府成立旧址	普宁市大坝镇政府	市级	普宁市大坝镇九江村
24	河婆象山革命烈士纪念碑亭	揭西县教育局	市级	揭西县河婆街道河婆中学校园内
25	蔡翘院士故居及其纪念馆	揭东区新亨镇政府	市级	揭东区新亨镇仙美村
26	揭东区华侨博览馆	揭东区文广旅游体育局	市级	揭东区曲溪街道揭东大道与金城路交会处
27	惠来县博物馆	惠来县文广旅游体育局	市级	惠来县惠城镇惠南路葵阳公园内
28	庄世平博物馆	普宁市教育局	市级	普宁市流沙广南路
29	黄旭华旧居	揭东区玉湖镇政府	市级	揭东区玉湖镇新寮村
30	蓝康中心学校旧址	揭东区锡场镇政府	市级	揭东区锡场镇潭王村
31	什石洋村人民革命斗争历史展览馆（普宁县苏维埃政府办公旧址——辉祖祠）	普宁市大南山街道办事处	市级	普宁市大南山街道什石洋村
32	南方人民银行纪念馆	揭西县良田乡政府	市级	揭西县良田乡下村
33	南侨二校旧址	揭东区白塔镇瑞联村民委员会	市级	揭东区白塔镇瑞联村
34	普宁县抗日救亡阵地和党组织革命活动据点旧址	普宁市燎原街道工作委员会	市级	普宁市燎原街道燎原中学
35	中国工农红军第二、四师野战医院旧址	普宁市大南山街道锡坑村委会	市级	普宁市大南山街道锡坑村
36	周鲁烈士旧居	揭阳空港经济区凤园爱国文化教育中心	市级	揭阳空港经济区地都镇华美村

统一战线

【统战工作概况】 2021年，中共揭阳市委统战部加强思想政治引领，服务中心大局，组织市各民主党派、知联会、新阶联开展推动揭阳高质量发展建言献策系列活动；认真落实《关于加强我市宗教和民间信仰工作的实施意见》及“两个清单”，提升宗教事务治理效能；促进全市非公有制经济健康发展和非公有制经济人士健康成长，引导民营企业参与乡村振兴工作，2021年广东扶贫济困日活动发动25家行业商协会、18家民营企业捐款8322.8万元；加强港澳台和海外统战工作，做好争取人心和壮大爱国力量工作；丰富统一战线宣传方式，编写信息103则，向上级报送信息89则，2篇调研文章获省级奖项。

【多党合作事业】 2021年，揭阳市制订实施《2021年市委同市各民主党派、无党派人士政治协商计划》。开展推动揭阳高质量发展建言献策系列活动，组织市各民主党派、知联会、新阶联围绕加强全市乡村医生队伍建设开展专题调研，通过实地调研、学习考察、问卷调查等，形成《提升村医能力 织牢健康网底》调研报告；发动市各民主党派、知联会、新阶联开展“我为揭阳高质量发展献一策”活动，择优选取其中8份调研报告上报供市委、市政府决策参考。引导党外人士通过人大、政协“两会”平台议政建言。2021年，党外人士提交提案127件，占全部提案的85.2%，立案83件，立案数量占全市立案数的83.8%。引导全市各民主党派、无党派人士对乡村振兴、脱贫攻坚、创文创卫开展民主监督，继续协助九三学社省委会开展助力揭阳乡村振兴工作。协助民盟、民进、农工党、九三学社4个市委会完成换届工作，选举产生新一届领导班子，顺利实现新老交替和政治交接。开展无党派人士认定登记工作，加强无党派代表人士队伍建设。

【民族宗教工作】 2021年，揭阳市以“铸牢中华民族共同体意识，构筑中华民族共有精神家园”为主题，开展民族团结进步宣传进社区、进校园、进企业、进机关、进宗教活动场所等系列活动10场次。将疫情防控工作作为首要任务抓紧抓实，实现全市宗教领域疫情防控“零输入”“零感染”目标。深入贯彻《宗教事务条例》《广东省宗教事务条例》和市委、市政府《关于加强我市宗教和民间信仰工作的实施意见》，指导市级宗教团体制定《揭阳市宗教界自我管理负面清单》。贯彻落实平安揭阳建设总要求，联合消防部门联合制定《揭阳市宗教活动场所消防安全达标工程实施方案》，确定佛教双峰寺和基督教东山堂作为揭阳市消防安全达标工程示范点，以示范带动全市宗教活动场所创建消防安全达标。深化平安创建工作，制订《2021年揭阳市民族宗教领域平安创建工作要点》《2021年揭阳市“平安宗教活动场所”创建内容及标准》，经严格审核，2021年评选出“揭阳市平安宗教活动场所”10处。坚持宗教中国化方向，宗教界广泛开展“爱党爱国爱社会主义”主题教育，积极参与社会公益事业，2021年全市宗教界为公益慈善事业捐款捐物500多万元。

【非公有制经济领域统战工作】 2021年，揭阳市建立《揭阳市民营经济统战工作协调机制》，加强揭阳民营经济统战工作的统筹协调。组织召开全市民营经济统战工作会议；市委统战部开展“不忘创业初心”为主题的理想信念教育实践活动，组织民营经济党员党的积极分子赴延安、西安开展“学党史、感党恩、听党话、跟党走”学习教育活动；联合组织召开“学党史、守初心，促进非公经济领域党建工作发展”重庆—吉安—潮汕四市—深圳潮汕商会非公组织党建工作联席会议；与市委组织部、市工商联联合办班，首次将民营企业家教育培训纳入揭阳市干部教育的主体班次，赴中山大学开展针对性的培训。开辟“揭商学堂”并开展活动12期次，举办揭商大讲坛4期、揭商沙龙15期。邀请暨南大学专家团队莅揭开展揭阳市民营经济专题调研。引导民营企业参与乡村振兴工作，在揭阳市2021年广东扶贫济困日活动中，发动25家行业商协会、18家民营企业捐款8322.8万元；发动210家民营企业、商协会参与乡村振兴“万企兴万村”行动。推荐非公经济人士参评第六届广东省非公经济人士优秀中国特色社会主义事业建设者。

【港澳台工作】 2021年，揭阳市推动组建香港揭阳同乡社团总会、揭阳市港澳人士联谊会等，促进交流。市委统战部组织港澳人士开展党史学习教育，开展支持香港国安立法和全国人大常委会决定宣传活动，联合市委国安办、市工商联等部门开展国家安全教育进企业活动。引导港澳同胞开展抗疫防疫工作，推动全市居住的港澳台人士新冠病毒疫苗应接尽接。规范全市国家工作人员因公临时赴港澳审批管理工作，审批办理因公临时赴港澳签证36证次。组织第八届台湾青年岭南行之潮汕文化寻根之旅揭阳活动；加强对台宣传，邀请揭阳作家创作《三山传奇录》网络小说，协同有关媒体拍摄揭阳景点、美食，采访在揭台企，制作视频开展宣传；全面落实惠台暖企措施，开展走访慰问台胞台商活动、台商座谈会等；组织台胞60多人自愿接种新冠疫苗；受理台胞来信来访，维护台胞合法权益。

【新的社会阶层人士工作】 2021年，揭阳市加强对新的社会阶层人士的政治引领和吸纳，举办培训班、座谈会、“新阶联大讲堂”、主题教育等特色活动，发挥新的社会阶层人士参政议政、服务创新创业、助力暖企行动、促进文明和谐、开展对外交流等作用。市委统战部打造新的社会阶层人士实践创新基地，增设读书分享会、艺术团、网红直播基地、城市驿站和红色宣传长廊等新平台。线上举办“留揭过年·用爱相守”网络文艺志愿服务系列活动；线上线下举办“同心向党·携手同行”“红头船上唱红歌”庆祝中国共产党成立100周年文艺会演系列专题活动。开展网络人士统战工作，与市委网信办联合推动成立市网络文化协会新媒体分会。

【侨务工作】 2021年，揭阳市建立《揭阳市海外统战工作协作机制》《涉港澳台侨事务信访办理制度》，规范全市港澳台侨信访件办理工作，进一步完善为侨服务的长效工作机制。市委统战部初步建立全市侨情资源库，挖掘揭阳侨文化和资源，做好对外宣传工作。做好涉侨疫情防控有关工作，为海外人士接种新冠病毒疫苗做好协调工作。指导支持普宁职校众创空间成功申报省级众创空间，进一步服务揭阳市引侨资聚侨力、推动揭阳打造产业强市。与市司法局等部门联合开展“侨法伴我行、爱侨护侨在身边”侨法宣传活动，全市发出涉侨政策和相关法律法规宣传资料200多份。开展华侨回国定居、三侨生证明办理等涉侨7项政务服务事项标准化梳理工作，制订服务事项的执行依据、需提供材料、办理流程和时限等，并进行公示。做好华侨回国定居、“三侨生”身份证明等行政许可、行政确认事项的办理，三侨生身份确认4人次。妥善解决涉侨信访案件2宗，维护侨胞侨眷合法权益。

【统战宣传调研】 2021年，中共揭阳市委统战部发挥门户网站和“同心揭阳”公众号阵地作用，丰富形式内容，增设栏目15个，发布信息747篇，公众号粉丝量增长超过一倍，统一战线领域工作受关注度大大提高。编写信息103则，编发简报88期，向上级报送信息89则，被市委采用12则，被省委统战部采用9则，被省委采用1则，被中央统战部采用1则，被学习强国广东平台采用22则。组织开展各类调研活动，形成调研文章18篇，上报省委统战部6篇，其中《打造三山国王“祖庙文化”扎实推进对台统战工作》和《创新开展新时代乡贤统战工作——以揭阳市为例》分别获得全省统战理论政策研究创新成果三等奖及优秀奖。组织开展党史学习教育专题辅导会、研讨会、分享会、知识竞赛、实践活动等各类活动45场次，发布信息150多篇，组织开展意识形态专题研判会2场次，严格信息发布审批制度，完成门户网站迁入揭阳政务云网站集约化管理，守护好意识形态阵地。

【党史学习教育】 2021年，揭阳市委统战部成立专门领导机构，研究制定党史学习教育《实施方案》《工作安排》和《学习计划》。开展专题研讨5场次，开设专题党课7场次，开展青年干部学党史“微课堂”分享会12场次，组织现场教学活动7次。举办“学党史 强信念 学条例 开新局”知识竞赛、“让党的十九届六中全会精神走进千家万户”线上有奖问答和“看电影 学党史”等主题活动。“同心揭阳”公众号全年推送党史知识近100篇、统战史知识130多篇、各级各地党史学习教育动态信息150多篇。编印一批党史学习教育笔记本。推动学习成果转化，解决好查摆出来的全市统一战线“我为群众办实事”10项。支持引导市各民主党派、宗教、非公有制经济等领域开展学习中共党史教育、“我为群众办实事”实践活

2021年7月23日，揭阳市组织在揭港澳人士开展“知史爱国·同心同行”主题活动
（市委统战部 供图）

动超过50场次。选送的朗诵作品《南湖·红船》被省委统战部评为“同心诵华诞 奋进新征程”——广东省统一战线庆祝中国共产党成立100周年朗诵比赛二等奖。

（市委统战部）

机构编制

【机构编制概况】 2021年，揭阳市调整优化党政机构职责关系，巩固深化全市党政机构改革成果，加强和创新机构编制管理工作，建立专项编制储备池，用好用活机构编制资源，不断提高机构编制工作围绕中心服务大局的能力水平。

【机构改革】 2021年，揭阳市扎实开展机构改革“回头看”工作。对市政府工作部门“三定”规定执行落实情况进行研判，调整优化市财政局、市交通运输局内设机构设置，推动部门的机构、职责等进一步有机融合。

【行政管理体制改革】 2021年，揭阳市巩固乡镇街道体制改革成果，深化综合行政执法改革，全面完成行政复议体制改革。

镇街管理服务职能 研究制定乡镇街道3个统一指挥协调平台运行规则，建立健全乡镇街道和上级机关之间、乡镇街道本级党政机构之间的协同配合机制，全市88个镇街健全完善264个工作平台运行规则，推动乡镇街道统筹各类资源，切实提升基层治理体系和治理能力现代化水平。

重点领域综合行政执法改革 将商务领域的56项执法事项调整由市场监管部门实施。全面推进镇街综合行政执法改革工作，会同综合行政执法统筹部门调研督导，推动镇街综合行政执法工作落地见效，全市各镇街3月15日起正式施行综合行政执法工作。

全市行政复议职责整合 明确各级司法局以本级人民政府行政复议办公室的名义依法办理本级人民政府行政复议事项。强化行政复议机构和力量配置，指导各县（市、区）合理设置行政复议管理机构，加强行政复议队伍建设，提高工作效率，切实增强人民群众的法治获得感。

【行政机构编制管理】 2021年，中共揭阳市委编办优化党的全面领导体制机制，调整市直工委和市委国安办领导职数设置，强化党对国家安全和机关党建工作的领导，完成省委巡视办指出的“市委巡察组长、副组长带编入职”问题的整改落实。调整优化全市市县两级乡村振兴机构设置，市、县扶贫开发办公室更名为市、县乡村振兴局，牌子加挂在农业农村局。调整优化市突发事件应急委员会设置，健全应急管理体系。推进开发区管理机构清理规范工作，按省要求明确大南海石化工业区和空港经济区管委会为正处级机构，核销大南海石化工业区和空港经济区两名副厅级领导职数。同步推进县（市、区）开发区管理机构清理规范工作，完成榕城区、揭东区、普宁市、揭西县和惠来县5个县（市、区）开发区清理规范工作。

【事业机构编制管理】 2021年，揭阳市持续优化事业单位布局，创新保障重点领域用编需求。完成县级生态环境监测管理权限调整，将原有4个县级监测机构上收市级管理，规范和加强生态环境监测机构建设。将市招商办调整回归市政府直属单位并独立运作，增设市投资促进服务中心，强化市级招商引资和投资促进服务机构建设。设立市乡村振兴服务中心，优化盘活系统内部人员编制资源，倾斜保障乡村振兴人才需求，推动同乡村振兴有效衔接。设立市第二实验小学，优化市区教育资源配置，加快补齐市区优质教育服务短板。设立市医疗保障事业管理中心，推动构建统一高效的医疗保障经办管理体系，提升医保经办业务便民化服务水平。创新编制管理方式，统筹调剂300名事业编制建立专项编制储备池，用于市直教育、卫生领域引进急需人才以及各领域引进高层次人才，强化事业编制引才和留才“蓄水池”功能，打造聚才“强磁场”。2021年通过下达市高级技工学校专项编制，及时引进急需紧缺专业人才，有效破解师资力量不达标的难题，顺利通过省专家组综合评审，揭阳市高级技工学校经省政府批准升格为揭阳技师学院。

【事业单位登记管理】 2021年，揭阳市优化事业单位登记管理。全年全市受理事业单位新设立登记34个，变更法人登记195个，注销登记51个，抽查公示15个事业单位法人信息。完成机关、群团统一社会信用代码换发证54个，其中初领2个、变更47个。

【绩效评估管理】 2021年，揭阳市结合市直政府系统“行政审批和政务服务效能”专项考核，对28个市直政府部门统筹开展机构编制执行情况和使用效益评估，以《中国共产党机构编制工作条例》贯彻落实情况、“三定”规定执行情况等为重点，坚持定性和定量相结合，按照单位自评、专项审核和单位复核等3个环节部署推进，评估结果客观反映评估对象的机构编制执行情况，为提升机构编制资源使用效益、推进机构职能优化协同高效发挥参谋作用。

【机构编制监督检查】 2021年，揭阳市坚持和加强党对机构编制工作的全面领导，突出政治监督，强化刚性约束，组织实施全市第二次机构编制核查。按照单位自查、公示监督、数据比对、实地核实、问题反馈、完善数据、分析研究和审核上报等8个环节部署推进，严实完成全市3981个机关事业单位的核查工作，同步整改政策性超编等问题42个，精准核实、系统分析全市机构编制资源的数量、结构、分布等实际配置情况，提升机构编制管理科学化、规范化、精细化水平。

（市委编办）

市直机关党建

【市直机关党建概况】 2021年，揭阳市直工委履行统一组织、规划、部署市直机关党的工作职责，坚持内强素质，外树形象，聚焦主业主责，牢牢把握揭阳基层党建“1+1+6”工作体系，认真落实好机关党建“提神振气”工程各项任务。全年，督促指导16个基层党组织按期进行换届选举，发展党员517名。

【机关政治建设】 2021年，揭阳市直工委研究制订《关于深化市直机关模范机关创建的通知》《关于印发〈市直机关加强党的基层组织建设三年行动计划（2021-2023年）实施方案〉的通知》等文件，明晰深化模范机关创建4个方面21项主要任务、机关党建7个方面27项重点内容，指导市直机关各级党组织结合部门职责任务。深化政治机关意识教育，将政治督查列为年度市直单位落实党建工作责任情况考核重要内容，发现和纠正基层党建工作中的政治偏差。

【机关思想建设】 2021年，揭阳市直工委坚持加强学习教育，深化理论武装。落实征订《中国共产党组织建设一百年》1037册、《党的十九届六中全会〈决议〉学习辅导百问》1500册、《南方》杂志2740册；开展市直机关党务干部学习贯彻十九届六中全会精神暨深化拓展党史学习教育专题培训班2期。在市直基层党组织中开展“四个一”红色教育活动。发动各级党组织深入革命红色旧址等，接受“红色”教育；召开“学党史、知党史、讲党史”党史读书分享会；组织集体观看《中国有了共产党——红船启航》等党史纪录片；1000多名党组织书记带头上好“学党史、颂党恩、跟党走”主题党课；927个党支部为党员过“五个一”“政治生日”；先后组织召开市直机关党组织书记党史学习教育座谈会、学习“七一”重要讲话精神座谈会，推动党史学习教育在市直单位贯彻落实，学习教育覆盖累计1.6万多人。

【机关组织建设】 2021年，揭阳市直工委坚持夯实基层基础，不断完善组织体系。督促指导16个基层党组织按期换届选举；加强机关党务干部队伍建设，开展党务工作者专题培训2批次，为机关党建高质量发展提供人才支撑；指导做好发展党员工作，市直机关全年发展党员517名，100%完成年度发展计划。

召开市直机关党代表会议，完成市直机关出席市委第七次党代会108名代表选举工作。制订落实党建工作责任情况考核办法，开展市直单位落实党建工作责任情况考核工作，做好基层党组织书记述职评议。研究制订《关于进一步加强和改进市直单位机关纪委建设的意见》，促进机关纪委充分履行监督、执纪、问责职能，增强机关党组织的凝聚力、战斗力；组织6个窗口部门和单位进行行风热线上线，服务群众，解决民生问题，树立机关良好形象。

【服务大局】 2021年，揭阳市直工委坚持围绕中心大局，推动党建引领机关服务效能更加务实。开展“揭岭先锋颂”主题系列活动，庆祝中国共产党成立100周年。“揭岭先锋颂·不忘初心跟党走”主题征文活动征集文稿143篇，选登16篇；联合市档案馆举办“筑梦新时代、翰墨颂党恩”市直机关书画作品展，展出作品118幅；举行“我心向党”——市直机关学习贯彻习近平总书记“七一”重要讲话精神诗文歌咏会。发动市直万名党员参与志愿服务进社区（村）——市区文明交通志愿服务活动，助力文明城市创建。征集各单位信息1466篇，在党建网站等刊登102篇，谋划编制《揭阳市直机关党建工作纪事（2021）》，及时掌握、反映、交流市直机关党建工作的动态和成果。评选表彰市直机关优秀共产党员50名、优秀党务工作者21名和先进基层党组织32个，推荐16名优秀共产党员、13名优秀党务工作者和13个先进基层党组织接受省、市委表彰。关怀帮扶老党员、困难党员，开展慰问活动。“七一”前夕，向符合条件的老党员颁发“光荣在党50年”纪念章764枚；组织走访慰问“两优”对象、困难党员等373名，慰问金额40多万元。

（市直工委）

巡察工作

【巡察工作概况】 2021年，中共揭阳市委巡察机构坚守政治巡察定位，突出人民立场，坚持问题导向，扎实推进巡察监督，推动全市巡察工作高质量发展。组织开展1轮常规巡察，对全市9个政法单位党组织开展“政治体检”，实现该届市委巡察全覆盖。采取上下联动提级交叉模式，对全市16个粮食主管部门和国有粮食购销企业党组织开展专项巡察，助推全市粮食购销领域腐败问题专项整治工作。聚焦民生领域和营商环境，对12个市直单位党组织开展第三轮巡察“回头看”，加强巡后整改监督。

【市直单位巡察】 2021年，揭阳市委巡察机构组织开展六届市委第九轮巡察暨上下联动提级交叉巡察，对市中级人民法院、市人民检察院、市公安局和6个县（市、区）公安（分）局等9个政法单位开展巡察监督，发现并推动解决管党治党宽松软等方面问题731个，移交问题线索185条，向市委提交专题报告10份。

【县（市、区）巡察】 2021年，全市5个县（市、区）统筹开展常规巡察、专项巡察和巡察“回头看”。榕城区组织开展1轮常规巡察，对9个区直单位党组织开展巡察监督，发现问题313个，移交问题线索21条。开展3轮巡察“回头看”，对29个区直单位党组织、2个街道党工委、26个社区党组织开展巡察监督，发现问题731个，移交问题线索16条。开展基层财务专项巡察，对2个镇（街）党（工）委、23个村（社区）党组织开展巡察监督，发现问题95个，移交问题线索12条。

揭东区组织开展3轮常规巡察，对16个区直单位党组织和镇党委开展巡察监督，发现问题462个，移交问题线索23条。

普宁市组织开展1轮巡察“回头看”，对8个市直单位党组织和镇（街）党（工）委开展巡察监督，发现问题221个，移交问题线索30条。开展涉农资金专项巡察，对13个市直单位党组织开展巡察监督，发现问题738个，移交问题线索41条。开展社区矫正机动式巡察，对1个市直单位党组织开展巡察监督，发现问题269个，移交问题线索27条。

揭西县组织开展1轮常规巡察，对17个县直单位党组织开展巡察监督，发现问题388个，移交问题线索53条。

惠来县统筹使用常规、专项等方式，组织开展2轮巡察，对19个县直单位党组织、5个镇（场）党组织、4个村党组织开展巡察监督，发现问题459个，移交问题线索98条。开展1轮巡察整改“回头看”，对6个县直单位党组织和2个镇党委开展巡察监督，发现问题67个。

【镇、村级巡察】 2021年，揭阳市县级巡察机构巡察镇级党组织17个，村级党组织53个（其中，村22个、社区31个），发现问题511个，移交问题线索77条。

（市委巡察办）

政策研究与改革创新

【政策研究与改革创新概况】 2021年，揭阳市委政研室（改革办）紧扣“建设宜居宜业宜游的活力古城、滨海新城，打造沿海经济带上的产业强市”发展定位，突出党建主业主责，聚焦参谋辅政，深化改革创新，推动党建、政研、改革工作深度融合。2021年市委政研室（改革办）起草政策文件、工作方案、调研报告、情况汇报、理论文章、信息简报等重要文稿60多篇，为市委决策提供参考。

【决策咨询】 2021年，揭阳市委政研室坚持围绕中心、服务大局，参与市委六届十一次、十二次全会和市第七次党代会报告起草及简报编写，在调查研究中推动有关工作顺利开展。组织起草《市领导同志调查研究工作方案》，紧紧围绕市各领域各关键环节存在问题和困难，谋划确定提升经济发展质量、打造有品质有活力有魅力的城市和乡村、不断增进民生福祉、提升社会治理效能、坚持生态优先绿色发展、加强党的全面领导和党的建设六大课题共23个专题，深入开展调研，形成《市领导同志调查研究成果汇编》送市领导交流参阅，为市第七次党代会提供决策参考。

【专题调查研究】 2021年，揭阳市委政研室围绕红色文化资源保护利用、加快市现代特色农业发展、发挥“第一书记”作用助推乡村振兴、推进老区苏区振兴发展、加快市中心城区公共交通发展、市小微企业和个体工商户支持政策落实情况等方面开展专题调研，形成《注重“链长制”创新引领 加快推进现代特色农业高质量发展》《关于加快揭阳市中心城区公共交通发展的调研报告》等调研报告并送市领导参阅。在开展红色文化资源保护利用调研活动中，市委政研室（改革办）注重学党史和促工作并举，把用好调研成果贯穿到深化党史学习教育全过程，形成《揭阳市红色文化资源保护利用研究情况报告》《五措并举抓好红色文化资源保护利用》等调研报告，并在《广东宣传》、学习强国平台等交流经验做法。

【深化改革创新】 2021年，揭阳市委政研室当好参谋助手，服务中心改革，开展改革督察考核和改革调研。落实省委深改委会议精神，筹备服务2次市委深改委会议和推进创造型引领型改革工作专题会议，制定并推动实施《市委全面深化改革委员会2021年重点改革工作安排》，谋划新发展阶段创造型引领型改革的实施项目，代拟《中共揭阳市委关于2020年度深化改革扩大开放工作情况的报告》。研究谋划优化中心城区发展和揭阳高新区建设体制机制工作，调研并撰写《关于优化揭阳中心城区发展体制机制的意见和建议》和《关于市级经济功能区管理体制调整以来运行的情况与建议》，谋划起草关于优化中心城区发展和揭阳高新区建设体制机制的意见和关于优化揭阳高新区（空港经济区）建设体制机制的实施方案等文件，为市委、市政府决策提供重要参考和依据。开展2021年度55项重点改革任务全面督察并进行工作通报，全力跟进、督察和服务全市一批改革试点工作。完成2020年度市直机关深化改革绩效考核。调研总结和撰写上报农业产业链“链长制”试点经验材料，由国家乡村振兴局《乡村振兴简报》编发为《广东揭阳探索乡村产业“链长制”促进产业融合发展　实现联农带农助农》简报。与市委办公室共同调研并形成《关于推动解决我市网约车合规率低等问题的报告》《关于提升与群众联系密切的政务服务质量的调研报告》。

（市委政研室）

党校工作

【党校工作概况】　2021年，中共揭阳市委党校贯彻落实《中国共产党党校（行政学院）工作条例》，对标全省党校（行政学院）办学质量评估标准要求，充分发挥干部培训、思想引领、理论建设、科研咨询的作用。全年举办主体培训班次43期，培训党员领导干部4295人次。全校教师参与各类课题29项，其中省级12项，课题结项24项。

【干部教育培训】　2021年，中共揭阳市委党校深化教学改革，严格教学管理，做好干部教育培训工作。全年举办主体培训班次43期，培训轮训干部4295人次，其中校外班次6期。服务市内外其他单位干部教育培训工作，全年承办对外培训班次20期，培训学员1801人次。

【教学管理】　2021年，中共揭阳市委党校坚持严以治校、严以治教、严以治学。严格教师队伍，制定《中共揭阳市委党校（行政学院、社会主义学院）教师管理办法》，突出加强教师队伍思想政治建设：严守教学、科研各项工作的政治纪律和政治规矩，抓牢意识形态和网络意识形态工作主导权，树立党校教师的良好形象。严格学员管理，严肃政治纪律，学员报到后需签订《学风建设学员承诺书》。严抓考勤制度，上课实行签到制度，建立临时党支部以及班主任双重管理，对请假时间超过总学时1/7的学员不予结业。完善教学评估，根据《干部教育培训项目质量和课程质量评估暂行办法》，开展办学质量评估和课程质量评估。推动领导干部上讲台制度化、常态化，全年邀请市党政班子成员和正处级以上领导干部49人57人次到党校作专题辅导报告，实现“干部教、教干部”的良性循环。严抓校园疫情防控工作，严格落实《市委党校主体班次教学疫情防控应急预案》。针对人数超过100人的班次，采取分班教学，严格控制教室人数，要求进校和进入课室前测量体温。针对外出学习培训的班次实行闭环管理。

【教学改革】　2021年，中共揭阳市委党校结合党史学习教育，创新教学方式方法，推进教学改革。构建“3+X+N”党史学习教育课程体系。精准设置“党的理论教育、党性教育、现实问题研究与能力素质提升”等3个单元，根据不同班次设置“习近平新时代中国特色社会主义思想、党的十九届五中六中全会精神、学习贯彻习近平总书记七一重要讲话精神”等X个模块，每个模块设置N个专题。开设“五个一”党史教育创新培训方式，即观看一部党史教育电影，诵读一本党史好书，开展一场地方党史论坛，举办一场《百年恰是风华正茂》文艺会演，组织一场党史学习小组讨论。开设“党史+”学员论坛，推出“微课堂”教学方式，将调研式教学融入课堂中。深挖整合“潮汕七日红”红色历史资源，编著出版《潮汕七日红》一书，开辟两条革命传统教育和党性锻炼现场教学线路。课程设置上，突出党的理论教育和党性教育的主课地位，确保党的理论教育和党性教育不低于总课时的70%，党性教育不低于总课时的20%。把习近平新时代中国特色社会主义思想作为中心内容贯穿教学各方面、各环节。突出党史学习教育。组织骨干教师开发系列党史学习教育课程，擦亮地方党史品牌，全方位提升党史课程占比，一个月以上班次的党性教育课占比超过40%，部分班次超过50%。

【理论研究】　2021年，中共揭阳市委党校坚持“用学术讲政治”，围绕中心、服务大局。全校教师参与各类课题29项，其中省级12项，课题结项24项。围绕服务市委、市政府中心工作的力度，制定落实“八大攻坚行动”和“四个专班”课题研究，形成咨政报告。全年编辑出版季刊《揭阳论丛》4期，刊载论文50多篇；编印《理论资讯》6期，摘录文章43篇。全校教师参加学术交流活动34项，其中国家级1项、省级13项，获奖10项。联合揭阳市党的建设研究会举办“庆祝中国共产党成立100周年”征文活动，收到文章69篇，选出优秀论文16篇，召开表彰大会暨庆祝建党100周年理论研讨会。在全市党校系统开展学习贯彻党的十九届六中全会精神征文活动，收到文章102篇。

（市委党校）

党史工作

【党史工作概况】 2021年，揭阳市党史部门重点深化党史研究，做好革命遗址普查后续工作，完善红色革命遗址资料；认真抓好党史资料征集，修订编纂《揭阳英烈传》《揭阳红色故事》等文献资料；开展党史专题研究，加强红色资源保护开发；深入开展党史学习教育，举办党史学习教育主题展览“百年恰是风华正茂——庆祝中国共产党成立100周年主题档案文献展”；深入开展党史宣传宣讲教育，开展宣讲活动11场次，努力推动地方党史事业发展。

【红色革命遗址普查】 2021年，揭阳市党史部门做好《揭阳市红色革命遗址》的编纂工作，校对补充相关历史资料，重新拍摄部分红色革命遗址照片，完善红色革命遗址情况介绍。据普查统计，全市红色革命旧址590个，其中，重要党史事件和重要机构旧址397个，重要历史事件发生地和人物活动纪念地94个，革命领导人故居、旧居25个，烈士墓49个，纪念设施25个。其中，省认定的揭阳市红色革命遗址216个。

【党史资料编纂】 2021年，揭阳市党史部门组织修订印制《揭阳英烈传》第四至六册。与市委宣传部、中国邮政揭阳分公司联合编印《揭阳印象——走进新时代》。组织撰写庆祝中国共产党成立100周年和脱贫攻坚口述史等文章10篇。中共普宁市委党史研究室组织编印《普宁市全面建成小康社会大事记（1949.7—2021.7）》《普宁市革命遗址通览》等，编纂《杨石魂传记》；揭西县史志办公室组织编印《揭西红色故事》《揭西英烈传》《揭西县革命遗址通览》；中共惠来县委党史研究室组织编印《铸魂大南山》，编辑整理《惠来革命遗址通览》书稿。

【党史专题研究】 2021年，揭阳市党史部门服务红色资源保护立法，加强地方红色文化宣传，制作党史视频宣传资料。参与红色资源保护地方性法规的制订工作，2021年5月，《揭阳市红色资源保护传承条例》经揭阳市第六届人民代表大会常务委员会第四十七次会议审议通过，并经广东省第十三届人民代表大会常务委员会第三十三次会议批准，2021年10月1日起实施。与揭阳电视台联合制作《红色金融路——南方人民银行》专题报送中央电视台，7月9日晚在中央电视台经济频道播出，在揭阳电视台综合频道等多个频道多次重播。接受广东电视台、汕头电视台、揭阳电视台的采访报道，讲述揭阳红色故事，推动党员干部群众学习揭阳地方党史，传承红色基因。制作《红色揭阳》系列h5，分期在“揭阳广电”微信公众号推送，浏览转发超过10余万人。组织县（市、区）党史部门制作短视频《八一南昌起义南下部队指挥部军事决策会议旧址》《走进大南山》《南侨中学——潮汕抗战教育的楷模》，制作《英雄洒热血 汾水留芳名——汾水战役》精品党课参加揭阳市委组织部百部精品党课百名优秀党史宣讲员评选活动。

【党史宣传教育】 2021年，揭阳市党史部门围绕党史学习教育，加强党史宣传教育。根据市委党史学习教育领导小组的部署，举办党史学习教育主题展览，负责“百年恰是风华正茂——庆祝中国共产党成立100周年主题档案文献展”揭阳分展馆的布展和参观接待工作。至12月底，共接待参观学习人员125批次3046人次。联合市直工委、市文联举办“筑梦新时代 瀚墨颂党恩”市直机关书画展。参与党史学习教育市委宣讲团，充分发挥党史工作部门的职能优势，多次赴县（市、区）和市直机关、驻揭单位开展学习百年党史、习近平总书记“七一”重要讲话精神和党的十九届六中全会等专题宣讲活动。全年开展宣讲报告会11场次、受众人数1000多人次。

（市委党史研究室）

2021年，揭阳市党史部门部分编研成果 （林洁漫 摄）

老干部工作

【老干部工作概况】 2021年，揭阳市老干部工作围绕中心、服务大局，履职尽责、担当作为，推动离退休干部党的建设、服务管理、发挥作用等各项工作，提升老干部工作质量水平。协调开通揭阳市老干部大学公交专线，开展防诈骗宣传、社保卡激活、公交卡办理进校园等活动20多场次，服务老同志1000多人次；成立夕阳红志愿者服务队，招募志愿者426名，创建志愿服务品牌。2021年，全市老干部工作部门为老同志办实事44件。市委老干部局获评“全省老干部工作先进集体”称号；普宁市老干部活动中心主任吴伟杰、揭西县委组织部老干部组组长黄春梅等2人获评“全省先进老干部工作者”称号。

【老干部政治待遇落实】 2021年，中共揭阳市委老干部局依托老干部活动中心、老干部大学、老党员驿站等主阵地，组织老同志深入学习贯彻习近平总书记“七一”重要讲话和党的十九届五中、六中全会精神。为老干部订阅《中国共产党简史》《学习参考》《老干部政治理论读本》《秋光》《南方日报》等学习资料和党报党刊。通过“揭阳老干部”微信公众号发布习近平总书记重要讲话精神推文和党史学习教育专题视频69篇次，组织离退休干部党员集中收听收看全国离退休干部网上专题报告会和庆祝中国共产党成立100周年大会实况81场次。进一步优化市老党员驿站功能布局，揭东区、普宁市、揭西县和空港经济区打造共享式老党员驿站。市、县两级老党员驿站充分发挥阵地作用，2021年接待各地各单位老同志开展主题活动70场次，服务老同志2000余人次。深化“心驿+”老干部工作品牌培育推广，推深做实“融合式”主题党日，打造“八个一”活动菜单，拓展主题党日的形式与内涵，为离退休干部党员开展党史学习教育提供“一站式”服务保障。

【老干部生活待遇落实】 2021年，揭阳市制订《关于完善市直离休干部“一人一策”精准服务工作机制的方案》，强化定点医院专人对接离休干部就医服务，协调组建医务服务团队开展上门巡诊，为离休干部提供亲情化、个性化、多元化的精准服务。及时落实中央、省委提高离休干部相关待遇的政策，全市6名抗战时期参加革命工作的离休干部提高享受按副省（部）长级标准报销医疗费待遇，307名解放战争时期参加革命工作的离休干部提高享受副厅（局）级医疗待遇。在春节、重阳节等重大节日前夕开展走访慰问老干部活动，倾听老干部心声和意见建议，送去党和政府的关怀和温暖。全市走访慰问老干部3300多人次。进一步加强离退休干部服务管理信息化建设，全市73个市直单位、7个县（市、区）完成32810名离退休干部的信息采集、录入工作。

【老干部学习活动阵地建设】 2021年，揭阳市老干部大学优化教学和管理水平，办学规模扩大到18个专业95个班级和6支校艺术团队，学员4000多人次，通过办好思政课、开展系列主题党日、搭建“揭阳市老干部大学网络学院”平台、优化教学结构、线上线下融合，形成多学制、多层次的办学特色。建立局领导班子成员挂钩督导制度，全市学习活动场所扩容提质，揭东区、普宁市老干部学习活动场所建成投入使用，惠来县项目竣工，揭西县自筹资金600多万元对老干部大学和老干部第一服务中心进行改建修缮。依托市老干部大学、市老干部活动中心创建平台，组织举办诗词书画摄影作品展、“党在我心中”征文、“辉煌一百年·颂歌献给党”文艺汇演、“庆祝中国共产党成立100周年书画笔会”等系列活动，创作展出作品200多件，演出节目17个，进一步展现老同志风采，抒发老同志爱党爱国情怀。

【发挥老干部优势】 2021年，揭阳

2021年7月8日，揭阳市老干部大学举行夕阳红志愿者服务队授旗仪式
（市老干部大学　供图）

市开展“辉煌百年·银耀揭岭”系列宣传教育活动，各地各单位积极开展“三个100”活动，组织老同志上“精品党课”73堂，寻找“最美老党员”32名，讲好“赞颂中国共产党的故事”52个。其中，被省委老干部局汇编选中“精品党课”稿5篇，“最美老党员”4名，“赞颂中国共产党的故事”稿3篇。组织离退休干部到惠来县和粤东新城开展“我看建党百年新成就”参观考察活动，召开“我看建党百年新成就”座谈会，引导老同志为揭阳经济社会发展建言献策。围绕“我看建党百年新成就”主题组织召开专题座谈会23场次，工作通报会18场次，实地考察38场次，个别走访119人次。依托市关工委组织“五老”宣讲队开展“弘扬庄老精神 争做时代新人”——庄世平先生爱国尽忠故事宣讲活动，联合摄制《红色记忆——揭阳市获得省、市党史国史教育基地展示》电视专题片，为青少年打造情景式党史课堂。

（市委老干部局）

揭阳市人民代表大会

【人大机构概况】 2021年，揭阳市有各级人民代表大会71个，其中市人民代表大会1个，县（市、区）人民代表大会5个，乡镇人民代表大会65个。各级人大代表共8833人，其中全国人大代表8人，省人大代表38人，市人大代表401人，县级人大代表1872人，乡镇人大代表6514人。市六届人大常委会组成人员37人，其中主任1人，副主任5人，秘书长1人，委员30人。市六届人大设有法制委员会、社会建设委员会。常委会下设1个综合办事机构：市人大常委会办公室；9个工作委员会：法制工作委员会、财政经济工作委员会、农村农业工作委员会、教育科学文化卫生工作委员会、选举人事任免工作委员会、城乡建设环境与资源保护工作委员会、代表联络工作委员会、华侨民族宗教工作委员会、监察和司法工作委员会。

2021年2月1日至2日，揭阳市第六届人民代表大会第七次会议在市区召开 （郑楚藩 摄）

【揭阳市第六届人民代表大会第七次会议】 2021年2月1日至2日，揭阳市第六届人民代表大会第七次会议在市区举行。会议听取和审议揭阳市人民政府工作报告，审查揭阳市国民经济和社会发展第十四个五年规划和二〇三五年远景目标纲要草案的报告、揭阳市2020年国民经济和社会发展计划执行情况与2021年计划草案的报告、揭阳市2020年预算执行情况和2021年预算草案的报告。听取和审议揭阳市人民代表大会常务委员会工作报告、揭阳市中级人民法院工作报告、揭阳市人民检察院工作报告。会议作出关于揭阳市人民政府工作报告的决议、关于揭阳市国民经济和社会发展第十四个五年规划和二〇三五年远景目标纲要的决议、关于揭阳市2020年国民经济和社会发展计划执行情况与2021年计划的决议、关于揭阳市2020年预算执行情况和2021年预算的决议、关于揭阳市人民代表大会常务委员会工作报告的决议、关于揭阳市中级人民法院工作报告的决议、关于揭阳市人民检察院工作报告的决议。决定批准上述报告及揭阳市2021年国民经济和社会发展计划、揭阳市2021年市级预算。会议依法选举蔡朝林为揭阳市第六届人民代表大会常务委员会主任，秦雯为揭阳市第六届人民代表大会常务委员会副主任，王伟标、陈鸿进为揭阳市第六届人民代表大会常务委员会委员。会议表决通过揭阳市第六届人民代表大会法制委员会主任委员人选名单。

会议收到代表提出的建议35件。

揭阳市第六届人民代表大会第七次会议会议期间代表建议目录

表3

序号	建议标题	领衔代表
1	关于抓紧抢救揭阳古城濒危历史建筑的建议	蔡岱旋
2	关于加强揭阳古城天际线保护的建议	郑少鸾
3	关于制定全市中小学校食堂健康标准推广学生营养餐的建议	许杰华
4	关于尽快推动试点建设立体智能停车库的建议	许杰华
5	关于加快紫峰山华阳道文化公园规划建设的建议	张信光
6	关于恢复揭阳学宫东路奎观阁等构建物的建议	蔡岱旋
7	关于加强居家养老服务工作的建议	郑少鸾
8	关于加强和规范乡镇街道综合行政执法、提高基层依法治理水平的建议	林杰坤
9	关于优化营商环境，提高企业科技实力和创新能力的建议	魏佳坤
10	关于加强在校学生身体健康安全保障的建议	孙馥秋
11	关于对揭阳市区榕江北路道路车道重新调整并对路面标线重新划分的建议	许杰华
12	关于加快建设“数字政府”进一步优化营商环境的建议	陈庆波
13	关于“加快解决江南新城问题楼盘”的建议	王静卿
14	关于科学合理设置建筑石料资源开采布局的建议	谢应明
15	关于规范农村宅基地建设，简化建房审批报建手续的建议	郑锦鸿
16	关于在揭阳楼大圆平交前设置简易红绿灯的建议	姚建安
17	关于优化外来务工人员服务的建议	陈桂生
18	关于统筹城市公共设施建设维护、减少交通拥堵的建议（参阅件）	李晓英
19	关于鼓励发展壮大农村集体经济的建议（参阅件）	王小辉
20	关于将无痛分娩纳入医保报销的建议	黄少彬
21	关于将制订《揭阳市电动自行车管理条例》列入立法计划的建议	林秀梅
22	关于加大力度对我市共享车辆进行有效管理的建议	林秀梅
23	关于建立检察院与法院电子卷宗随案移送机制的建议	林秀梅
24	关于加强青少年心理健康教育工作的建议	陈蔓瑛

续表3

序号	建 议 标 题	领衔代表
25	关于建设揭阳市人民医院分院区的建议	蔡幸生
26	关于要求建设揭西大洋抽水蓄能工程的建议	陈 峰
27	关于要求规划建设途经揭西并设站的梅州至汕尾铁路的建议	温文波
28	关于要求规划建设途经揭西的河源至揭阳铁路，并在揭西设站的建议	林佩荣
29	关于要求支持建设揭阳市区至揭西快速干线的建议	王晓童
30	关于加快启动惠来县生活垃圾焚烧项目一期及垃圾分类处理设施建设项目的建议	谢庆育
31	关于加快惠来县全域旅游发展的建议	黄裕兴
32	关于加快“数字政府”“互联网+政务服务”基础建设、提升政府治理能力的建议	陈雪慧
33	关于优化技能培训政策促进城乡劳动力就业的建议	方少辉
34	关于支持惠来县精神卫生基础设施建设的建议	方国宏
35	关于将揭阳技师职业学院选址在惠来“一城两园”内的建议	吴汉鹏

【揭阳市第六届人民代表大会第八次会议】 2021年6月19日，揭阳市第六届人民代表大会第八次会议在市区举行。经大会选举，王胜当选为揭阳市第六届人民代表大会常务委员会主任，支光南当选为揭阳市人民政府市长。

2021年6月19日，揭阳市第六届人民代表大会第八次会议在市区举行
（郑楚藩 摄）

【揭阳市人大常委会会议】 2021年，揭阳市六届人大常委会召开常委会会议16场次。

揭阳市六届人大常委会第四十一次会议 1月18日召开。会议决定接受叶牛平等辞去广东省第十三届人民代表大会代表职务。

揭阳市六届人大常委会第四十二次会议 1月28日召开。会议审议《市人大常委会工作报告（稿）》；听取和审议市政府关于揭阳市国民经济和社会发展第十四个五年规划和二〇三五年远景目标纲要草案的报告、关于揭阳市2020年国民经济和社会发展计划执行情况和2021年计划草案及报告、关于2020年预算执行情况和2021年预算草案及报告；审议通过市人大常委会代表资格审查委员会关于揭阳市第六届人民代表大会代表变动的代表资格审查报告、揭阳市第六届人民代表大会第七次会议主席团和秘书长名单（草案）、揭阳市第六届人民代表大会计划预算委员会组成人员调整名单（草案）、揭阳市第六届人民代表大会议案审查委员会组成人员调整名单（草案）；决定接受李文骥辞去揭阳市监察委员会主任职务的请求。

揭阳市六届人大常委会第四十三次会议 2月2日召开。会议决定接受曾瑞如辞去揭阳市人民政府副市长职务的请求；任命市人力资源和社会保障局局长、市住房和城乡建设局局长、市城市管理和综合执法局局长，通过其他人事任免事项。

揭阳市六届人大常委会第四十四次会议 2月10日召开。会议审议通过关于许可对揭阳市第六届人民代表大会个别代表采取法定的限制人身自由强制措施的决定。

揭阳市六届人大常委会第四十五次会议 3月29日召开。会议通报市人大常委会2021年工作要点和监督工作计划、代表工作计划；听取和审议市政府关于2019年度审计查出突出问题整改情况的报告；任命市科学技术局局长、市工业和信息化局局长、市商务局局长、市应急管理局局长、市统计局局长、市金融工作局局长，通过其他人事任免事项。

揭阳市六届人大常委会第四十六次会议 4月16日召开。会议审议《揭阳市红色资源保护条例（草案）》。

揭阳市六届人大常委会第四十七次会议 5月28日召开。会议审议通过《揭阳市红色资源保护传承条例》、市人大常委会代表资格审查委员会关于揭阳市第六届人民代表大会个别代表变动的代表资格审查报告；听取和审议市政府关于地方政府债务管理情况的报告、关于我市2020年环境状况和环境保护目标完成情况的报告、市法院关于司法惠民工作情况的报告。

揭阳市六届人大常委会第四十八次会议 6月11日召开。会议审议通过市人大常委会关于召开揭阳市第六届人民代表大会第八次会议的决定、市人大常委会代表资格审查委员会关于揭阳市第六届人民代表大会代表变动的代表资格审查报告、揭阳市第六届人民代表大会第八次会议主席团和秘书长名单（草案）；决定接受蔡朝林辞去市人大常委会主任职务的请求，接受张科辞去揭阳市人民政府市长职务的请求。

揭阳市六届人大常委会第四十九次会议 7月29日召开。会议审议《揭阳市潮剧保护传承条例（草案）》；听取和审议市政府关于2021年上半年计划执行情况的报告、关于2021年上半年预算执行情况的报告、关于推进乡村振兴工作情况的报告。

揭阳市六届人大常委会第五十次会议 9月6日召开。会议审议通过市人大常委会关于揭阳市第七届人民代表大会代表名额分配和选举工作的决定，市人大常委会代表资格审查委员会关于揭阳市第六届人民代表大会个别代表变动的代表资格审查报告；任命市人大常委会副秘书长。

揭阳市六届人大常委会第五十一次会议 9月29日召开。会议审议通过《揭阳市潮剧保护传承条例》；听取和审议市政府关于2020年市级决算草案的报告、关于调整2021年揭阳市地方政府新增债券资金收支预算的议案，并作出相应决议决定；听取和审议市政府关于2020年度市级预算执行和其他财政收支审计情况的报告；审议通过市人大常委会代表资格审查委员会关于揭阳市第六届人民代表大会个别代表变动的代表资格审查报告，通过有关人事任免事项。

揭阳市六届人大常委会第五十二次会议 11月9日召开。会议表决通过有关人事任免事项。决定任命庄湃澍、罗毅、李晋龙为揭阳市人民政府副市长；任命黄伟东为揭阳市监察委员会副主任，决定其为揭阳市监察委员会代理主任；任命曹利为揭阳市中级人民法院副院长、审判委员会委员、审判员，决定其为揭阳市中级人民法院代理院长；任命胡克敏为揭阳市人民检察院副检察长、检察委员会委员、检察员，决定其为揭阳市人民检察院代理检察长。决定接受揭阳市人民政府副市长辞去职务的请求，接受揭阳市中级人民法院院长辞去职务的请求，接受揭阳市人民检察院检察长辞去职务的请求。

揭阳市六届人大常委会第五十三次会议 11月30日召开。会议审议市政府关于增加市投资控股集团有限公司注册资本金的议案，并作出相应决定；听取和审议市政府、市检察院关于市六届人大七次会议代表建议办理情况的报告，市政府关于2020年度国有资产管理情况的综合报告（书面）、关于2020年度国有自然资源资产管理情况的专项报告、关于全市文旅产业发展情况的报告，市监察委员会关于开展反腐败国际追逃追赃工作情况的报告；审议通过市人大常委会代表资格审查委员会关于揭阳市第六届人民代表大会个别代表变动的代表资格审查报告，任命市信访局局长、市监察委员会副主任、市监察委员会委员，通过其他人事任免事项。

揭阳市六届人大常委会第五十四次会议 12月16日召开。会议审议通过市人大常委会关于召开揭阳市第七届人民代表大会第一次会议的决定、关于列席和邀请列席揭阳市第七届人民代表大会第一次会议人员的决定、关于许可对揭阳市第六届人民代表大会个别代表采取法定的限制人身自由强制措施的决定；听取和审议市人大常委会法工委关于2021年度规范性文件备案审查工作的报告；决定接受市人大常委会秘书长辞去职务的请求；任命市人力资源和社会保障局局长、市卫生健康局局长、市市场监督管理局局长。

揭阳市六届人大常委会第五十五次会议 12月21日召开。会议审议通过关于许可对揭阳市第六届人民代表大会个别代表采取法定的限制人身自由强制措施的决定。

揭阳市六届人大常委会第五十六次会议 12月24日召开。会议审议《市人大常委会工作报告（稿）》；听取市政府关于2022年度民生实事候选项目情况的报告；听取和审议市政府关于揭阳市2021年市级预算调整方案的议案，并作出相应决定；听取和审议市政府关于2021年预算执行情况和2022年预算草案及报告、关于揭阳市2021年国民经济和社会发展计划执行情况与2022年计划草案及报告；审议通过揭阳市第六届人民代表大会常务委员会代表资格审查委员会关于市第七届人民代表大会代表资格的审查报告，揭阳市第七届人民代表大会第一次会议主席团和秘书长名单（草案），揭阳市第七届人民代表大会计划预算委员会主任委员、副主任委员、委员名单（草案），揭阳市第七届人民代表大会议案审查委员会主任委员、副主任委员、委员名单（草案）。

【国家机关工作人员人事任免】 2021年，揭阳市人大常委会依法任免地方国家机关工作人员73人次。其中，市人大常委会任免3人次，市人民政府任免28人次，市监察委员会任免6人次，市中级人民法院任免11人次，市人民检察院任免25人次。接受市人大常委会主任辞职1名、秘书长辞职1名，决定市人大常委会代理主任1名。接受市人民政府市长辞职1名，副市长辞职3名。接受市监察委员会主任辞职1名，决定市监察委员会代理主任1名。接受市中级人民法院院长辞职1名，决定市中级人民法院代理院长1名。接受市人民检察院检察长辞职1名，决定市人民检察院代理检察长1名。全面落实宪法宣誓制度，组织宣誓仪式5场次、23人次。

【立法工作】 **揭阳市红色资源保护传承立法** 2021年4月16日，揭阳市六届人大常委会第四十六次会议专题对《揭阳市红色资源保护传承条例（草案）》进行初次审议。其后，经广泛征求意见修改完善后，市人大常委会党组报请市委研究同意，条例草案于5月28日经市六届人大常委会第四十七次会议审议通过，按程序报省人大常委会审查批准。7月30日经省第十三届人大常委会第三十三次会议审查批准，于2021年10月1日起正式施行。该条例是市人大常委会获得地方立法权以来，首次通过立法专班自主起草条例草案，首次由主任会议向市人大常委会提出法规案的立法实践，也是首次二审表决通过的地方性法规。

潮剧保护传承地方立法 根据省人大常委会关于推进区域协同立法的工作部署，通过加强与汕头、潮州协同合作，制定《揭阳市潮剧保护传承条例》。条例草案于2021年9月29日提请市六届人大常委会第五十一次会议审议通过，12月1日经省第十三届人大常委会第三十七次会议审查批准，于2022年1月1日起正式施行。该条例开创全省区域协同立法之先河，同时也是全国文化领域区域协同立法的首次实践，为保护好潮剧这项共有的非物质文化遗产，促进潮汕三市潮剧持续健康发展作出应有贡献。

规范性文件备案审查 坚持“有件必备、有备必审、有错必纠”工作要求，充分运用全省统一的备案审查信息平台，积极提高备案审查工作水平，切实保证中央令行禁止、保障宪法法律实施、维护法治统一和权威。2021年接到市政府报送备案的政府规章2件，规范性文件7件。经审查，尚没有发现报送备案的相关规范性文件，存在违法或者不适当的情形。

【人大监督】 2021年，揭阳市人大常委会听取和审议计划预算执行情况报告和审计工作报告7项、专项工作报告9项，开展执法检查4项、专题调研6项、视察检查3项。

表4

2021年揭阳市人大常委会监督工作表

类别	序号	项目名称	审议时间
计划和预决算监督	1	听取和审议市政府关于揭阳市国民经济和社会发展第十四个五年规划和二〇三五年远景目标纲要草案的报告	1月
	2	听取和审议市政府关于2020年计划执行情况和2021年计划草案的报告	1月
	3	听取和审议市政府关于2020年预算执行情况和2021年预算草案的报告	1月
	4	听取和审议市政府关于2021年上半年计划执行情况的报告	7月
	5	听取和审议市政府关于2021年上半年预算执行情况的报告	7月
	6	听取和审议市政府关于2020年市级决算草案的报告	9月
	7	听取和审议市政府关于2020年度市级预算执行和其他财政收支审计情况的报告	9月

续表4

类别	序号	项目名称	审议时间
听取和审议专项工作报告	1	听取和审议市政府关于2019年度审计查出突出问题整改情况的报告	3月
	2	听取和审议市政府关于地方政府债务管理情况的报告	5月
	3	听取和审议市政府关于我市2020年环境状况和环境保护目标完成情况的报告	5月
	4	听取和审议市法院关于司法惠民工作情况的报告	5月
	5	听取和审议市政府关于推进乡村振兴工作情况的报告	7月
	6	听取和审议市监察委员会关于开展反腐败国际追逃追赃工作情况的报告	11月
	7	听取和审议市政府关于2020年国有资产管理情况综合报告（书面）、2020年自然资源国有资产管理情况报告	11月
	8	听取和审议市政府关于全市文旅产业发展情况的报告	11月
	9	听取和审议市政府、市检察院关于市六届人大七次会议代表建议办理情况报告	11月
执法检查	1	检查《中华人民共和国农产品质量安全法》贯彻实施情况	5月
	2	检查《中华人民共和国教师法》贯彻实施情况	9月
	3	检查《揭阳古城保护条例》贯彻实施情况	9月
	4	检查《广东省养老服务条例》贯彻实施情况	11月
专题调研	1	调研促进3岁以下婴幼儿照护服务发展情况	3月
	2	调研我市退役军人服务保障体系建设情况	7月
	3	调研我市重点水利灌溉工程建设情况	7月
	4	调研全市卫生人才队伍建设情况	7月
	5	调研我市永久基本农田划定及保护情况	11月
	6	调研推进违法建设整治情况	11月
视察检查	1	检查食品安全责任落实情况	7月
	2	检查《广东省宗教事务条例》贯彻实施情况	9月
	3	组织人大代表专题视察全市禁毒工作情况	12月

【依法讨论决定重大事项】 2021年，揭阳市人大常委会作出关于揭阳市第七届人民代表大会代表名额分配和选举工作的决定。批准关于调整2021年揭阳市地方政府新增债券资金收支预算的议案，批准关于增加市投资控股集团有限公司注册资本金的议案，批准揭阳市2021年市级预算调整方案，并作出相应决定。

【人大代表工作】 “更好发挥人大代表作用”主题活动 2021年7月，揭阳市人大常委会组织全市各级人大代表围绕全面推进健康广东建设开展“更好发挥人大代表作用”主题活动。研究制定《揭阳市围绕全面推进健康广东建设开展“更好发挥人大代表作用”主题活动的实施方案》，提交常委会党组会议讨论通过。活动期间，全市各级人大常委会坚持规定动作和自选动作相结合，把深入开展“更好发挥人大代表作用”主题活动与“我为群众办实事”实践活动有机结合起来，精心组织全市4376名人大代表开展专题调研、到联络站接待选民群众、执法检查、约见国家机关负责人、建议督办、党史学习课堂等活动。

全国、省、市人大代表集中视察 2021年12月8日至9日，揭阳市人大常委会组织全市的省人大代表和部分市人大代表，邀请揭阳市的全国人大代表，对宜居宜业宜游活力古城和揭阳滨海新区“一城两园”建设、乡村振兴战略实施、民生实事项目推进等情况进行集中视察。代表们实地察看中石油广东石化炼化一体化项目、广东工业大学揭阳校区、揭西县坪上镇美丽乡村和供港蔬菜基地、活力古城规划建设及核心区改造提升和引韩供水工程等建设情况。

市人大代表集中视察 2021年11月至12月，揭阳市人大常委会委托各县（市、区）人大常委会组织本选举单位的市六届人大代表进行集中视察。榕城区人大常委会围绕揭阳古城保护活化、现代服务业和先进制造业发展、城市更新改造、生态文明建设、乡村振兴、基础设施建设等情况；揭东区人大常委会围绕全区文明城市创建工作，实地察看磐东街道浦东村公所、阳美肉菜市场、河中新时代文明实践站、白塔镇望天湖、新村村公所、白塔镇政府及周边环境，了解各创文点位的创建情况；普宁市人大常委会围绕城市交通通畅工程、重大基础设施建设、乡村振兴发展及禁毒工作等，实地察看河滨南路、普宁市北部中心水厂、赤岗镇西林村水田垦造项目、大坝镇社区戒毒社区康复（集中）管理工作站、乌石水厂应急供水工程、莲花山水厂、下架山镇葵岭村土地流转及耕地复耕项目情况；揭西县人大常委会围绕全县疫情防控建设、实施乡村振兴战略、打赢“三大攻坚战”等重点工作；惠来县人大常委会围绕“一城两园”重点项目审批“绿色通道”实施情况、全县优化农村公路建设，助推乡村振兴工作情况、县公安局反电信诈骗工作情况，组织市人大代表开展集中视察活动，助推揭阳市高质量发展。

督办代表议案和建议　2021年，揭阳市六届人大七次会议期间，代表们紧紧围绕全市经济社会发展和广大人民群众普遍关注的热点难点问题，向大会提交35件建议，其中交由市政府办理的33件、交由市人民检察院办理的1件、市人大常委会法制工作委员会办理的1件。截至年底，35件建议办理完毕并答复代表，代表满意率100%。

（市人大常委会办）

揭阳市人民政府

综　述

【市政府机构概况】　2021年，揭阳市人民政府设置工作部门31个，分别为：办公室、发展和改革局、教育局、科学技术局、工业和信息化局、公安局、民政局、司法局、财政局、人力资源和社会保障局、自然资源局、生态环境局、住房和城乡建设局、交通运输局、水利局、农业农村局、商务局、文化广电旅游体育局、卫生健康局、退役军人事务局、应急管理局、审计局、国有资产监督管理委员会、市场监督管理局、统计局、医疗保障局、金融工作局、城市管理和综合执法局、信访局、政务服务数据管理局、林业局。其中，发展和改革局加挂粮食和物资储备局牌子；农业农村局加挂乡村振兴局牌子；商务局加挂口岸局牌子；市场监督管理局加挂知识产权局牌子。外事局与市委外事工作委员会办公室合署办公，不计入机构限额；民族宗教事务局列入政府工作部门序列，不计入机构限额。

【市政府全体会议】　2021年，揭阳市人民政府召开2次全体（扩大）会议。1月27日上午，市政府全体（扩大）会议审议提交市六届人大七次会议审议的《政府工作报告（稿）》等四份文件，部署近期重点工作，强调2021年是中国共产党建党100周年，也是“十四五”的开局之年，做好2021年工作意义重大。市政府系统要按照市委“前两年强基础、后三年快发展”的总体安排，坚持啃骨头、打基础、促发展，扎实推进“八大攻坚行动”，慎终如始推进常态化疫情防控和经济社会发展“双统筹”，全力确保“双胜利”。会议就重点工作提出要求，强调要集中精力开好市委全会和市“两会”，听取代表委员的意见建议，回应老百姓的诉求呼声，做到事事有着落、件件有回音；要抓好年度重点工作分解管理工作，确保按时、保质、高效、平稳完成年度预期各项目标；要确保一季度“开门红”；要认真细致抓好春节前后各项工作。

12月23日下午，市政府全体（扩大）会议审议并原则通过《政府工作报告（送审稿）》等4份文件。强调要科学组织调度发电和供电有关工作，确保群众生产生活用电。要加强灾情监测和应急调度，保障今冬明春生产生活用水安全。要加强储备调节，确保春节期间重要民生商品供应充足、价格总体稳定。要密切关注疫情发展形势，加强中高风险地区来揭人员排查管理，科学完善疫情防控措施，坚决守住“外防输入、内防反弹”各关口各环节。要扎实开展欠薪排查治理，切实保障工资支付，维护农民工合法权益。要加大对违法违规房地产企业的处置力度，维护社会稳定。要做好平安春运和畅通春运工作，全面排查“三超一疲劳”等风险，坚决遏制重大交通事故发生。要加强消防安全、城镇燃气安全排查整治，确保安全生产形势持续稳定。要巩固提升扫黑除恶成果，严厉打击电信诈骗等犯罪活动，用好“急难愁盼我来办”平台，及时受理和依法处置节日期间群众信访投诉。要严格执行24小时专人值班和领导带班制度，全力抓好各项工作落实，确保2021年圆满收官、2022年开局良好，以优异成绩迎接党的二十大胜利召开。

【市政府常务会议】　2021年，市政府召开20次市政府常务会议，传达学习党的十九届六中全会精神等重要会议精神，专题学习生态环境政策法规以及《中华人民共和国民法典》《中华人民共和国安全生产法》《广东省消防工作若干规定》等法律法规，听取生态环境保护、城乡规划建设、土地管理、水利安全生产、教育医疗、交通运输、贸易发展等工作汇报，审议通过《揭阳市部分饮用水水源保护区调整方案》《关于解决浦洋新村建设遗留问题工作方案》《揭阳市创建全国文明城市三年行动计划（2021—2023）》《揭阳市关于传统古村落保护活化提升三年行动计划（2021—2023年）》《揭阳中心城区一体化发展总体规划》《揭阳市农村宅基地和住房建设管理办法》《揭阳市河道采砂规划（2021—2025年）》《揭阳市复退军人医院改革发展实施方案》《揭阳市医疗服务高质量发展三年行动计划（2021—2023年）》《关于完善广东工业大学揭阳校区办学配套的实施方案》《揭阳市网络预约出租汽车经营服务管理实施细则》《揭阳港总体规划修编》《揭阳市推进贸易高质量发展实施方案》等重要事项。

【市政府工作会议】 2021年，揭阳市政府召开85次工作会议，主要研究疫情防控、防旱保供水、污染防治攻坚战、中央生态环境保护督察问题交办信访案件办理、消防安全和安全生产、中石油炼化一体化项目建设、招商引资、土地管理、国土空间规划、农业产业链“链长制”，科技、教育、金融、审计等工作。

【重要政事和决策】 2021年1月5日，揭阳市委、市政府召开全市优化营商环境和加强招商引资工作大会，总结有关工作经验，部署下阶段任务。

1月8日，市政府六届87次常务会议召开，审议通过《揭阳市粤东新城城市配套基础设施建设工程项目建设方案》等有关事项。

1月9日，揭阳市召开全市新冠肺炎疫情防控工作电视电话会议，强调各地各部门要认真学习贯彻习近平总书记关于新冠肺炎疫情防控工作的重要指示精神，严格落实中央和省有关会议精神和工作部署要求，针对当前疫情防控形势，全力以赴做好冬春季特别是春节假期前后疫情防控工作，牢牢把住疫情防控关口。

1月10日，市政府召开榕江流域治污及河长制推进会议，分析研判榕江流域治污情况，研究部署下一阶段治污工作。

1月11日，市政府党组2021年第一次会议召开，强调要把思想和行动统一到习近平总书记和党中央的决策部署上来，深刻领会新发展阶段、新发展理念、新发展格局的内涵要求，贯彻融入《“十四五”规划纲要》和《政府工作报告》《国民经济和社会发展计划》，加强工作谋划和组织落实，提升政府执行力，为“十四五”开好局起好步。

1月20日，市政府六届88次常务会议召开，听取招商引资和信访工作汇报，审议通过《揭阳市关于全面推进农房管控和乡村风貌提升的实施方案》《揭阳市关于传统古村落保护活化提升三年行动计划（2021—2023年）》《揭阳市促进高校毕业生返乡就业创业扶持措施》等有关事项。

1月27日，市政府党组2021年第2次会议暨市政府六届89次常务会议召开，审议通过《政府工作报告（稿）》《揭阳市国民经济和社会发展第十四个五年规划和二〇三五年远景目标纲要》《揭阳市2020年国民经济和社会发展计划执行情况与2021年计划草案的报告》《揭阳市2020年预算执行情况和2021年预算报告》等有关事项。

1月28日，揭阳市人民政府与华为技术有限公司签订合作框架协议，推动在“数字政府”、智慧新警务、智慧应急、远程医疗等领域合作。

2月6日，市政府党组2020年度民主生活会召开，学习贯彻党的十九届五中全会精神和习近平总书记出席深圳经济特区建立40周年庆祝大会、视察广东重要讲话重要指示精神，全面进行对照检查、自我剖析，深入开展批评与自我批评，进一步加强政治建设，提高政治能力，坚守人民情怀，不断提高市政府党组凝聚力、战斗力，以新担当、新作为加快建设宜居宜业宜游的活力古城、滨海新城，打造沿海经济带上的产业强市。

2月7日，市政府六届90次常务会议召开，开展专题学法活动，讨论研究土地管理、农村宅基地和住房建设管理、2021年市政府主要工作任务分工等，审议通过《揭阳市工程建设项目建立“土地资源和技术控制指标清单”制度实施细则（试行）》《揭阳市农村宅基地和住房建设管理办法》《2021年市政府主要工作任务分工方案》等有关事项。

2月9日，揭惠高速揭阳市区连接线（揭阳大道）正式通车，串联起市区与揭惠高速的快速通道，将极大地方便市民出行。

2月24日，市政府召开专题会议，研究应对全市抗春旱保障供水工作。

2月25日，市政府六届91次常务会议召开，审议并原则通过《揭阳中职学校提质增效发展工作方案》《揭阳市技工学校整合提升工作方案》《揭阳职业技术学院提质扩容发展工作方案》《关于完善广东工业大学揭阳校区办学配套的实施方案》《揭阳市贯彻落实〈国企改革三年行动方案（2020—2022年）〉实施方案》等有关事项。

3月1日，国家管网集团粤东液化天然气一期工程配套外输管道互联互通段正式投产运行，标志着位于惠来的粤东LNG接收站将正式新增气化外输渠道。

3月4日，市政府党组2021年第4次召开会议，传达学习贯彻习近平总书记在党史学习教育动员大会上的重要讲话和全省、全市党史学习教育动员大会精神，研究部署市政府党组党史学习教育、巩固拓展脱贫攻坚成果同乡村振兴有效衔接等工作，讨论通过有关事项。

3月15日，市政府六届92次常务会议召开，传达学习贯彻习近平总书记在参加全国两会团组审议讨论时的重要讲话精神及中央、省有关会议精神，讨论研究安全生产、公安工作等内容，审议通过有关事项。

3月28日，揭阳市举行2021年第一季度重点项目集中签约和集中动工活动。参加此次签约活动的重点项目84个，计划总投资1371亿元，涵盖先进制造、现代服务、文化旅游、现代农业、绿色发展、基础设施、民生保障等领域。参加此次集中动工重点项目57项，估算总投资707.62亿元，为揭阳市建设宜居宜业宜游的活力古城、滨海新城，努力打造沿海经济带上的产业强市注入强大动力。

3月30日，市政府召开2021年全市审计工作会议，传达贯彻有关会议精神，总结“十三五”时期特别是2020年全市审计工作，研究部署2021年审计工作任务。

4月2日，揭阳市人民政府与广东金融学院举行全面战略合作框架协议签约仪式，推动双方共同构建地校合作长效机制，推动政产学研融合发展，促进金融更好服务地方发展。

4月8日，市政府党组2021年第5次会议召开，研究部署市政府系统党史学习教育、高质量发展、社会保障等工作。

4月8日，市政府六届93次常务会议召开，讨论研究“菜篮子”工作、规划建设、深化改革等内容，审议通过《揭阳港总体规划修编》《揭阳楼及广场、市文化中心功能使用及改造提升工程建设项目实施方案》《揭阳市招商项目引荐专项奖励办法》等有关事项。

4月22日，市政府六届94次常务会议召开，听取自然资源、食品安全、应急管理等工作汇报，研究部署有关工作，审议通过《揭阳市创建全国文明城市三年行动计划（2021—2023）》《揭阳市创建全国双拥模范城总体工作方案》等有关事项。

4月28日，市政府六届95次常务会议召开，讨论研究污染防治、重点项目、金融工作等内容，审议通过《国道G206线市区段揭阳楼前平交优化工程实施方案》《揭阳市金融服务实体经济若干措施》《揭阳市科技金融产业融合风险准备金管理办法》等有关事项。

5月11日，市政府党组2021年第6次会议召开，开展“新民主主义革命时期历史”专题学习教育。

同日，市政府六届96次常务会议召开，审议并原则通过《揭阳市巩固国家卫生城市工作方案》《揭阳市行政复议体制改革实施方案》《揭阳市河道采砂规划（2021-2025年）》等有关事项。

5月19日，市政府召开专题会议，研究抗旱保供水工作。

5月24日，揭阳市双拥工作领导小组全体（扩大）会议暨创建双拥模范城动员部署会召开，研究部署创建全国双拥模范城工作。

5月26日，市政府六届97次常务会议召开，研究部署疫情防控和疫苗接种、城市内涝治理、农业产业链“链长制”等工作，审议并原则通过《揭阳市区老年人、残疾人、军人和学生等特定人群免费或优惠乘坐公交车财政补贴实施方案》等有关事项。

7月2日，市政府党组2021年第7次会议召开，传达学习贯彻习近平总书记在庆祝中国共产党成立100周年大会上的重要讲话及中央有关会议精神，集中开展“社会主义革命和建设历史时期”专题学习教育。

同日，市政府六届98次常务会议召开，通报学习国务院2020年度督查激励广东省获激励情况，审议通过《2020年度安全生产责任制及消防工作考核结果》《揭阳市关于农村耕地三年灭荒行动计划（2021—2023年）》《揭阳市推进贸易高质量发展实施方案》等有关事项。

7月16日，市政府六届99次常务会议召开，研究讨论揭阳市潮剧保护传承工作，审议通过有关事项。

7月23日，市政府六届100次常务会议召开，贯彻落实省安全生产紧急视频会议精神，听取全市安全生产和食品安全工作情况汇报，审议并原则通过《关于全面推进乡村振兴加快农业农村现代化的实施方案》《揭阳市人民政府2021年制定规章计划（草案）》《揭阳市户外广告和招牌设置管理办法》等有关事项。

8月12日，市政府召开全市重点工作推进会，部署推进全市新冠疫苗接种、卫片执法、农村集中供水工作。

8月13日，市政府党组2021年第8次会议召开，研究部署有关工作。

同日，市政府六届101次常务会议召开，审议并原则通过《揭阳中心城区一体化总体规划》《揭阳市药品安全事件应急预案（试行）》等有关事项。

8月28日，揭阳市国土空间规划委员会第九次会议召开，审议通过《中德金属生态城控制性详细规划（修编）》《揭阳市临空产业区（空港核心区H-05单元）局部控制性详细规划修改》《揭阳大南海石化工业区公共码头单元控制性详细规划修改》等20个事项。

9月1日，市政府六届102次常

务会议召开，审议通过《揭阳市2020年度重大疾病防控和公共卫生综合检查结果通报》《关于落实“三贡献一高一强”推动重点产业园区高质量发展的意见》《揭阳市促进工业企业优化升级若干措施》《揭阳市乡村振兴驻镇帮镇扶村工作方案》等有关事项。

9月2日，揭阳市召开全市中央生态环境保护督察交办信访案件办理情况视频调度会议。

9月9日，揭阳市人民政府与中国电信广东公司签订“十四五”信息化战略合作框架协议，从工业互联网、企业数字化转型、“数字政府”、数字乡村、智慧揭阳等领域开展合作。

9月13日，揭阳市政府考察团到黑龙江省大兴安岭地区考察，实地考察林业种子园、电商产业园等项目，与大兴安岭地区行署举行对口合作工作座谈会。

9月15日，市政府党组2021年第9次会议召开，开展“改革开放史”专题党史学习教育。

同日，市政府六届103次常务会议召开，专题学习2021年新修改的《中华人民共和国安全生产法》，听取三防、安全生产、自然资源等重点工作情况汇报，审议通过《揭阳市商务发展“十四五”规划》等有关事项。

10月6日，揭阳市新冠肺炎疫情防控指挥部召开疫情防控专题工作会议，部署第130届广交会期间全市疫情防控及常态化疫情防控工作。

10月17日，揭阳市国土空间规划委员会第十次会议召开，审议通过《揭东经济开发区新型工业园控制性详细规划（E-04、E-12、E-13单元）局部修改》《揭阳市揭阳北站片区（H-02-06地块）控制性详细规划局部调整》《揭阳市临空产业区（D-29-01地块）控制性详细规划》《揭阳市揭东区东部水厂及配套管网工程项目供地方案》等21个事项。

10月20日，市政府党组2021年第10次会议召开，研究部署有关工作。

同日，市政府六届104次常务会议召开，听取揭阳市关于中央及国家专项督察情况汇报，传达贯彻省政府会议精神，审议通过《揭阳市促进跨境电子商务高质量发展若干措施》《揭阳市人民政府关于贯彻实施省进一步完善被征地农民养老保障政策意见的通知》等有关事项。

10月27日，市政府六届105次常务会议召开，传达贯彻全省推进撂荒耕地复耕复种现场会和红火蚁秋季防控现场会精神，审议通过《揭阳市创建美丽圩镇行动实施方案》等有关事项。

11月11日，市政府党组2021年第11次会议召开，部署有关工作。

11月15日，市国土空间规划委员会第十一次会议召开，审议通过《揭东区中心区（ZX19单元）控制性详细规划》《揭东区经济开发区（B-16单元）控制性详细规划》《揭阳市榕江新城渔湖新区（K-34-01单元）控制性详细规划局部修改》等15个事项。

11月16日，市政府党组2021年第12次会议召开，开展党史专题学习，研究部署市政府系统有关工作。

11月29日，揭阳市召开全市农业产业链“链长制”工作推进会议，盘点总结前阶段农业产业链“链长制”实施情况，对下一步打造农业全产业链进行再动员、再部署、再落实。

12月1日，市政府六届106次常务会议召开，讨论研究揭阳高新区科技创新、市区垃圾处理设施建设等工作，审议通过《关于促进揭阳高新技术产业开发区科技创新的若干措施》《揭阳市区垃圾处理与资源利用厂（二期）PPP项目实施方案》《揭阳市区餐厨垃圾处理中心（一期）PPP实施方案》《揭阳市区垃圾应急填埋场特许经营实施方案》《揭阳市热电联产规划（2020—2030年）》等有关事项。

12月6日，揭阳市召开汲取“11·30”火灾事故教训扎实推进消防安全工作暨全市岁末年初安全生产工作视频会议，部署开展消防安全和岁末年初安全生产隐患大排查大整治。

12月10日，市政府六届107次常务会议召开，审议并原则通过关于实施大病保险工作有关事项、《揭阳市职工生育保险规定》《揭阳市农业农村现代化“十四五”规划》《揭阳市水利改革发展“十四五”规划》《揭阳市林业发展“十四五”规划》等有关事项。

12月13日，揭阳市国土空间规划委员会第十二次会议召开，审议通过《榕城区潮东经联社（MY-22、MY-23单元）土地征收整合储备工作方案》《揭阳大南海石化工业区控规单元（NQ10-13）土地征收补偿工作方案》等8个事项。

12月14日，中石油广东石化炼化一体化项目建设协调会暨项目建设指挥部第五次会议召开。

12月15日，揭阳市人民政府与中华财险广东分公司签订战略合作框架协议，推动双方在构建平安金融体系、促进制造业转型升级、完善现代化基础设施及城市基础建设体系、全面推进乡村振兴、服务民生保障、支持构建绿色金融发展政策体系、推动揭阳积极融入“两个合作区”建设等领域开展合作。

12月17日，市政府党组2021年第13次会议召开，研究有关工作，通报“三重一大”有关事项。

同日，市政府六届108次常务会议召开，审议通过《揭阳市医疗服务高质量发展三年行动计划

（2021—2023年）》等有关事项。

12月23日，市政府六届109次常务会议召开，原则通过拟提交市七届人大一次会议审议的《政府工作报告（送审稿）》《2022年揭阳市民生实事候选项目（送审稿）》《揭阳市2021年国民经济和社会发展计划执行情况与2022年计划草案的报告（送审稿）》《揭阳市2021年预算执行情况和2022年预算草案的报告（送审稿）》等有关文件，讨论通过《揭阳市应急管理“十四五”规划》《揭阳市先进制造业发展和信息化“十四五”规划》《揭阳市生态环境保护“十四五”规划》等有关事项。

同日，市政府全体（扩大）会议召开，审议并原则通过《政府工作报告（送审稿）》《2022年揭阳市民生实事候选项目（送审稿）》《揭阳市2021年国民经济和社会发展计划执行情况与2022年计划草案的报告（送审稿）》《揭阳市2021年预算执行情况和2022年预算草案的报告（送审稿）》。

同日，揭阳市人民政府分别与广东移动、广东联通签订战略合作协议，推进地企战略合作，全方位建设智慧揭阳。

【办理建议提案】 2021年，揭阳市政府自觉接受市人大、政协和社会监督，完善政府与人大代表、政协委员联系沟通机制，积极协调、配合揭阳市人民代表大会办公室、政协揭阳市委员会办公室做好常委会例会、代表视察、专项调研、专题督办、意见反馈等各项工作，认真办理市人大常委会听取和审议市政府各项工作情况报告的有关工作，并落实市人大常委会各项工作意见。

全年，办理省人大代表建议12件，省政协提案4件，均为会办件，并按时将会办意见报主办单位，分别录入广东省人大代表议案建议系统和广东省数字政协系统。承办市人大代表建议、市政协提案和建议意见172件，其中，市人大代表建议33件，市政协提案89件、建议意见50件；交办市政协平时提案6件。市人大代表建议和市政协提案已全部办理完毕，并将办理结果答复人大代表和政协委员，办理满意率达到100%。认真协助做好本年度市人大常委会和市政协相关的各项日常工作，至12月底，办理建议提案有关文件124件。

【政府职能转变】 2021年，揭阳市政府统筹推进全市政府职能转变和“放管服”改革，以政府职能转变为核心，大力简政放权、放管结合，优化行政资源配置，全面提升政务服务水平。深入推进行政审批制度改革，进一步优化政务服务方式，全面完成1285项政务服务事项的承接和取消工作。先后印发《关于赋予揭阳产业转移工业园管委会相关市级管理权限的实施意见》《关于赋予粤东新城管委会相关管理权限（第三批）的通知》，按照“精简、效能、授权、创新”的基本原则，赋予粤东新城管委会、揭阳产业园管委会相关城市规划、土地管理和城市开发建设管理权限。梳理全市拟下放乡镇街道的建制县（市、区）县级行政许可118项、公共服务223项，功能区行政许可48项、公共服务107项，要求按照“实际需要、宜放则放”的原则，充分下放乡镇街道。

改进监管方式，营造公平环境，梳理各部门监管事项清单和监管事项检查实施清单，完成全市33个单位779项监管事项目录清单和所对应的检查实施清单梳理，事项清单梳理完成率达100%。深入推进综合行政执法体制改革，将335项县级行政执法权调整由乡镇人民政府和街道办事处行使，其中行政处罚权283项、行政强制措施权52项。

【政务督查】 2021年，揭阳市政府推进督查督办工作规范化、常态化，重点抓好2021年市政府主要工作任务落实，2021年省、市十件民生实事落实，国务院及省政府“互联网+督查”平台留言办理，建设活力古城、滨海新城、打造产业强市重点任务落实，2021年中央生态环境保护督察群众举报案件办理，国务院督查激励，省直部门支持协调解决事项等重大事项的跟踪督办，市“急难愁盼我来办”领导留言板案件办理。全年共督办涉政府重要工作事项、民生实事、疫情防控、中央生态环境保护督察案件办理、“一城二园”建设、市长热线和批示件处置、其他市领导及上级交办督查事项、重点项目建设、国债资金使用、审计问题整改、化解金融风险、群众“急难愁盼”事项、安全生产、环境保护、国土资源、交通公路、农业农村、卫生医疗、“小升规”、执法控违、教育、水利等方面问题119批次，具体事项217宗。其中：累计办理国务院、省政府“互联网+督查”平台转办案件（问题）168宗，办理市领导批示17件，受理“致市长的一封信”信访案件70宗；编发市政府督查专报11份，督查通报43份；印发督查、督办通知39份，省、市十件民生实事落实进展情况13份，市政府主要工作任务落实情况11份，推动中央和省、市重大决策部署落实到位。

【十件民生实事】 2021年，揭阳市列入《政府工作报告》的28项10件民生实事全部完成。全市新增公办和普惠性民办幼儿园学位68237个，评选出12所市级示范性幼儿园，拨付生均经费10925.3万元，生均标准为每生每年500元；开展“粤菜师傅”培训6051人，开展补贴性职业技能培训49368人，开展“南粤家政”培训6603人次；分别为91952

名、70329名、78189名孕妇免费开展地中海贫血筛查、唐氏综合征筛查和严重致死致残结构畸形筛查；为85135名新生儿进行遗传代谢性疾病（4种）筛查，84705名新生儿进行听力筛查；发放低保补贴57707.31万元、特困人员补贴19411.28万元、孤儿补贴6014万元、困难残疾人补贴22191.95万元，全市“双百工程”社工987人；全市开工改造小区43个；完成新增179818农村人口集中供水；“三江连通”工程完成投资46110万元，引韩供水工程、龙颈水库应急备用水源引水、惠来中东部供水、揭东东部水厂、中心城区供水一体化、普宁市北部中心水厂等重点项目均完成年度任务；全市公路桥梁安全隐患排查新发现的四、五类公路桥梁8座均按规定及时处置，处置率达100%；完成食品抽样30552批次，不合格食品全部100%落实核查处置，27家农贸市场共计快检食用农产品108437批次，全市生产的国家基本药物制剂品种抽检覆盖率达到100%；完成“三百工程”下基层展览70场、33场讲座、88场演出，完成5个“粤书吧”建设并于2021年9月底免费对外开放，完成33个具有岭南特色的文保单位保护利用和博物馆陈列展览，举办23场非物质文化宣传展示活动，举办20场（次）大型舞台艺术精品惠民展演；扩大农业保险覆盖面，市内种植的所有水果品种100%纳入承保范围，新增开办鲍鱼、番薯、竹笋3个创新地方特色农业保险品种，全市均按照“水稻1000元/亩（折1.5元/平方米），能繁母猪1500元/头，育肥猪1400元/头”的标准开展投保、承保和理赔，全市森林保险参保面积191.05万亩（折1274.30平方千米），均按照森林保险保额标准1200元/亩（折1.8元/平方米）投保。

（市政府办公室）

政务服务数据管理

【政务服务数据管理概况】 2021年，揭阳市政务服务数据管理局坚持“便民、高效、阳光、温馨”的服务宗旨，推动“放管服”和“数字政府”改革建设。揭阳市政务服务便民热线平台被评为“省三八红旗集体”，获得“揭阳市五一劳动奖状”。在“零点有数”和“D3方评估平台”组织的第三方评估中，《涉企服务掌上办，营商环境再优化》案例获得“2021政务服务优秀案例典范”之“数智决策典范”，政务服务便民热线获得“数智增效典范”热线平台。局直属机关党委被市委评为“揭阳市先进基层党组织”。

【政务服务管理】 2021年，揭阳市推行政务服务“一窗办”“一次办”“一码办”模式，提高线下服务效率。

“一窗办” 实行“前台综合受理、后台分类审批、综合窗口出件”的政务服务模式，设置“大一门”服务区，实行“一窗受理、集成服务”。对业务比较复杂的单位设置“小一门”服务，服务区分设专门窗口和“一窗通办”窗口，企业群众在“一窗通办”窗口能办本部门所有业务。2021年，市政务服务中心综合窗口“一窗通办”受理率96%。深化改革，推出“企业开办全流程网办”，实现“照、章、税、银、金、保”6个环节“一窗、一次、一网、半日”办结，一窗通取。

“一次办” 凡符合法定受理条件、申报材料齐全的政务服务事项，原则上一次办结；办理过程中需要现场踏勘、技术审查、听证论证的，实行马上响应、联合办理和限时办结制度。

“一码办” 将广东政务服务网揭阳版、“粤省事”“粤商通”“好差评”和投诉举报等网上政务板块的二维码归集起来、集中展示，方便群众选择网上服务功能。

【网上审批服务】 2021年，揭阳市45个市级单位进驻广东政务服务网，各类事项2225项，揭阳市政务服务数据管理局依托市一体化在线政务服务平台和“粤省事”平台，为群众提供快速便捷的网上审批服务。至12月底，网上受理各类审批、服务事项49036宗。市级行政许可事项网上零次跑动比率98.9%，市级实现1871个事项可调用电子证照，产生用证事项1725项，使用电子证照12万余次。

【揭阳市政府门户网站】 2021年，揭阳市政府门户网站（www.jieyang.gov.cn）根据信息公开、在线服务、公众参与三大政府网站功能定位，设置“新闻动态”“政务公开”“政务服务”“互动交流”“走进揭阳”等五大频道。新增“投资环境”频道，重点介绍揭阳市发展定位和经济发展概况，展示区位、交通、产业三大优势，推介重大项目及重点投资平台。

【服务平台建设】 2021年，揭阳市政务服务数据管理局做好揭阳市一体化在线政务服务平台集约化改造提升项目相关工作，截至12月底，揭阳市政务服务网个人实名用户口25298人，企业实名用户3326户。推进电子证照的建设和应用，截至12月底，全市电子证照完成297个部门（市级74个、区县级223个）进驻登记及实施工作，开通338种证照目录（市级148种，区县级190种），累计签发电子证照23943044张，启用用证事项8214项（市级1870项，区县级6344项）。全面制发和备案电子印章，截至12月底，揭阳市电子印章制发和备案数量

1751枚。全市政务服务网进驻单位实现全覆盖，榕城区、普宁市和揭西县实现电子印章100%覆盖到村。全面推进不动产登记“一网通办”，实现“跑一次、一窗办”。实现企业开办全流程网办，通过“开办企业一窗受理”系统，可实现单点登录、无缝对接和业务通办。全面提升用水用电用气便利度，建成工程建设项目审批管理平台，实现工程建设项目水电气报装并联申报、并联审批服务。

【电子政务平台建设】 *电子政务外网* 2021年，揭阳市以政务外网市级平台为枢纽，通过自建光缆和租赁运营商线路，形成上接省政府及省直有关部门、横连市直各单位、下达各县（市、区）及镇（街）、村（居）的基础网络。全市政务外网运行正常稳定，为各级领导科学决策以及各部门业务系统应用开展提供稳定高效的信息支持。

政务云平台 2021年，按照“整体规划，分步实施”原则，开展电子政务云平台建设工作。市电子政务云平台（一期）和省统一建设的欠发达地区电子政务云平台（二期）稳定运行，承载市政府门户网站、政务信息资源共享平台、电子证照库和部分单位共享交换前置机等业务系统。广东省“数字政府”政务云平台揭阳节点具备IaaS云资源、PaaS云服务、灾备服务及云平台安全服务，承载市不动产登记系统、揭阳市建筑领域实名制及分账制综合服务平台、农民工工资监控管理系统、全市美丽乡村建设数据管理平台等34个业务部门的58个业务系统，发放虚拟机数量420台。

【网站集约化建设】 2021年，揭阳市政务服务数据管理局贯彻落实省政府办公厅关于网站集约化的决策部署，适应新媒体时代发展要求，融合政务新媒体，创新政府网站建设管理，市、县两级门户网站（频道）在广东省集约化平台揭阳分平台上安全、稳定运行，按季度检查和通报全市政府网站（频道）落实网络意识形态、网络安全工作责任制及日常运维情况。组织开展政府网站与政务新媒体年度考评工作并挂钩政府绩效考核，推动全市政府网站（频道）规范统一管理和数据集中共享。不断完善、优化功能应用，推进个性化创新，打造本地网站特色应用。在统一规范的基础上，新增长者助手和无障碍版本功能应用，提升网站适老化和无障碍服务水平。利用集约化平台智能监控预警系统，对全市政府网站（频道）及政务新媒体进行“全流程”“全指标”“精细化”实时监控，通过“多途径”预警通知及“人工+智能”双保险，对存在问题进行实时警报和提前预警，确保网站（频道）及政务新媒体安全健康运行。

【资源整合共享】 2021年，揭阳市政务服务数据管理局推动省政务大数据中心揭阳节点一期项目建设和标准版部署。在全市开展数据普查行动，组织协调政务数据资源共享和开放，初步搭建起全市一体化的政务大数据资源体系。依托省政务大数据中心揭阳节点，推动政务数据跨地区、跨部门、跨层级共享，汇聚社会信用信息、回流医疗重点救助对象身份信息。推进部门间业务高效协同，建立健全涉税信息的供需对接机制。

【“数字政府”建设】 2021年，揭阳市加强“数字政府”建设，抓好“粤系列”产品推广应用。“粤省事”揭阳版接入服务898项和电子证照69类，实名注册用户突破554万，组织“公积金提取”（四个场景）、“中小学入学招生报名”“12345服务”“不动产登记资料查询（下载打印）”等与群众关系密切的特色事项上线，其中“不动产登记资料查询（下载打印）”在全省率先实现不动产登记资料查询、下载全程免跑动。建成“粤商通”揭阳专区，实现商事登记等涉企服务“一部手机、一次填报、一次跑动”，提供企业开办、年报申报等493项服务，注册使用企业超30万家，注册率100%。“粤政易”应用范围进一步扩大，安全管理加强，全市5.8万公职人员开通“粤政易”账号，“揭阳政务服务”“揭阳粤执法”“揭阳市集约化协同办公系统”等应用相继进驻工作台。

【12345政务服务便民热线】 2021年，揭阳市12345政务服务便民热线按照“整体并入、双号并行、设分中心”三种方式，对除110、119、120、122等紧急热线外的政务服务便民热线归并优化。建立知识库建设责任机制，统一答复口径，推动热线知识库开放共享，拓展自助查询服务。采取岗位匹配，职责优化，改进绩效指标和话务技能标准等手段，合理调配资源，提高话务效率，提升热线服务能力。开发承办单位办理热线业务的App小程序以及在“粤政易”App中开发热线业务办理模块，实现“互联网+政务服务”办公模式，突破办公场地限制，达到“接诉即办”的效果。与各部门积极联动，建立健全工作机制。如建立市“12345”政务服务便民热线平台与110接警服务台协同联动处置工作机制，进一步理顺警务和非警务诉求的流转机制；“12345”热线平台与“12315”平台对接，实现互联互通、信息共享和业务实时交互，进一步提高消费纠纷类业务的办理效率。截至12月

底，揭阳市“12345”政务服务便民热线纳入66个部门，话务座席27个、话务人员42名。热线平台话务量417069个，较2020年增长34.31%，其中即时回复300494个，转办业务单78853个，办结率91.28%，办结满意率93.97%。

【营商环境“放管服”】 2021年，揭阳市政务服务数据管理局推进“放管服”改革和“数字政府”建设，提升全市营商环境。开展行政审批制度改革，精简行政审批事项。收集汇总市发改局等12个单位计划取消、委托、下放、重心转移的事项，征求各县（市、区）政府（管委会）及涉及部门意见，进一步修改完善，形成《揭阳市2021年市级权责清单事项拟下放目录》进入市司法局合法性审查阶段。市政务服务中心推出企业开办全流程网办，实现办事“减表格、减材料、减流程、减时限、减跑腿”。实现“商事登记、公章刻制、税务登记、公积金缴存登记、企业社保缴存登记、银行开户”6个环节一窗、一次、一网、一日办妥。推行“免证办”（免证办是指政府部门核发的材料原则上免提交，政府部门形成的业务表单原则上免填写，可用电子印章的免用实物印章，可用电子签名的免用手写签名。），让企业群众少填信息、少报材料、少带材料。加快电子印章在电子证照签发过程中的应用，推动业务办理全流程电子化。全市一体化在线政务服务平台、电子证照系统、工程建设审批系统、公积金系统、不动产登记一窗受理等系统均完成电子印章对接。

【高频事项全域通办】 2021年，揭阳市贯彻落实国家、省的工作部署，运用“数字政府”改革成果，推进“放管服”改革，通过全流程网办、异地代收代办、“一体机”自助办、多地联办的形式，打破地域阻隔和部门壁垒，促进条块联通和上下联动，推进政务服务“全城通办”“跨城通办”，先后与广州、惠州等6地市签订“跨城通办”合作协议，推动300项高频服务事项“跨省通办、省内通办”，内容涉及婚姻登记、残疾证、出入境、户籍、社保、医保、税收、机动车登记等民生事项，企业商事登记、公积金转移、就业创业等惠企利企事项。自“跨城通办”窗口设立，受理业务80宗。省外、市外群众直接通过广东政务服务网等申办业务1088宗。

（市政务服务数据管理局）

应急管理

【应急管理概况】 2021年，揭阳市贯彻落实党中央国务院、省委、省政府、市委、市政府关于应急管理工作的决策部署，牢固树立“大安全、大应急、大减灾”工作理念，落实安全生产责任制，加强安全生产监督执法，推进应急管理工作改革发展，坚决打好打赢防范重大安全风险攻坚战，全市应急管理、安全生产形势持续稳定向好。2021年全市发生生产安全事故115起，比2020年减少5起，下降4.17%，全年全市没有发生重特大事故，没有发生因自然灾害或森林火灾造成人员伤亡的事件。

【应急管理能力建设】 *应急管理体制改革* 2021年，揭阳市调整优化市、县两级突发事件应急委员会，强化统筹协调和机制融合，将安全生产委员会、减灾委员会、消防安全委员会、森林防灭火指挥部、防汛防旱防风指挥部、抗震救灾指挥部、道路交通安全工作联席会议、大面积停电事件应急处置联席会议、防震减灾工作联席会议“三委三部三会”调整为突发事件应急委员会框架下的专项工作协调机制，建立健全信息互通、会商研判、协同工作等机制，并在较大以上突发事件发生后，纳入统一组织指挥体系。

安全生产工作职责理顺明确 2021年，揭阳市安委办联合市委编办推动出台《揭阳市党政部门及中央、省驻揭有关单位安全生产工作职责》，进一步建立健全“党政同责、一岗双责、齐抓共管、失职追责”安全生产责任体系，落实“管行业必须管安全、管业务必须管安全、管生产经营必须管安全”和“谁主管谁负责”“谁审批谁负责”的原则，明确55个部门和单位的安全生产工作职责和部分重点行业领域安全监管职责，实现各司其职、各负其责，共同推进安全生产工作。

基层应急管理体系建立健全 2021年，揭阳市88个镇街全部独立设置或者加挂应急管理办公室，按照“四个一”（一个健全的应急管理组织体系、一支应急救援队伍、一个应急指挥平台、一个应急救援物资仓库）标准，建立基层应急管理体系，打通与基层视频会商通道。推进村（社区）防灾减灾救灾能力“十个有”建设，全市1635个行政村（社区）全部开展建设，其中277个行政村（社区）完成建设。

优化配强应急值班值守 2021年，揭阳市应急管理局优化内设机构人员配置，组建专职值班员队伍，增加应急指挥中心人员配备，加强夜间值班力量，高标准执行24小时值班值守制度，确保信息报送及时准确。2021年报送突发事件信息133期；抽查县区、镇街值班值守情况243轮次，发出通报15份，确保全市应急指挥体系运转畅通高效。

【安全生产工作】 *安全生产排查整治* 2021年，揭阳市推进安全生产专项整治三年行动计划，组织开展全市城镇燃气、建筑施工、危险化学品、道路交通、消防、水上交通和渔业船舶等行业安全生产大排查大整治。全市出动检查组5038个，检查单位、场所17585个，排查各类安全隐患7328项，发出整改文书1190份，行政处罚501宗，责令停产整顿194家。

重点行业领域综合监管　2021年，揭阳市组织铁路、地下空间作业、水上交通和渔业船舶、岁末年初等专题会商研判会议，切实抓好省、市纪委监委交办的安全隐患整改任务以及海上风机安装、在建涉水地下工程、医学观察集中隔离点、大南海石化工业区建设工地等重点领域隐患排查整改工作。对17家危化品重大危险源100%实施在线监控和可视化管理，制作危化品企业突发事件应急处置“四张图”；组织开展非煤矿山“专家会诊”和风险分级管理工作，全覆盖检查全市16家非煤矿山，发现安全生产隐患91项，发出执法文书79份。组织开展金属冶炼、钢铁煤气、有限空间作业、粉尘涉爆、涉氨制冷等专项整治执法检查，检查工贸企业86家，发现隐患433项，整改率98%，立案13宗。加强对中石油广东石化2000万吨/年重油加工工程主项目及配套建设项目的安全审查、安全管理，保障重点项目建设有序推进；举办安全培训班28期，组织培训2000多人次。系统防范化解道路交通安全风险工作阶段性工作成效显著，全市道路交通事故死亡人数下降18.3%，列全省11位。成立城镇燃气整治工作专班强力推进燃气领域安全隐患排查，重点检查燃气场站、用气场所、施工点223个(处)，排查整治隐患问题486项。吸取“小火亡人”教训，全市排查出“三合一”场所52685家，落实“拆窗砌墙”措施。

企业安全生产主体责任　2021年，揭阳市运用工矿商贸行业安全生产基础信息和隐患排查信息系统，推动企业自主开展日常安全隐患自查自纠工作。推进安全生产责任保险实施工作，3916家生产经营单位购买安全生产责任保险，“八大高危行业”参保工作均达到省安委办要求的覆盖率。2021年市安委办约谈6家建筑施工企业，发函18次督促央企、国企及有关重点企业落实主体责任，自觉接受属地安全监管。市森防办持续督促各森林经营主体完善林业监控系统，配齐森林防灭火设备，加强火源管理。

安全生产科技保障　至2021年，揭阳市先后投入建设资金2700多万元，在全省率先建成市级标准化应急指挥平台，被列为全省三个地市建设示范试点之一。完成全市3家危险化学品生产企业的“一企一品一码”标识化管理应用工作，建成揭阳市危险化学品安全生产风险监测预警系统，完成全市6215台车辆安装“两客一危一重货”智能视频监控报警装置（完成率100%），完成3.9万家“三合一”场所推广安装联网式无线火灾报警器，保持林火远程视频系统80%以上时间在线。

【防灾减灾救灾】　防汛责任制　2021年，揭阳市应急管理局按照国家、省、市普查办的统一部署抓好自然灾害普查工作，全面摸清自然灾害风险隐患点，全市排查出水利工程隐患点30处、山洪灾害隐患点229个、地质灾害隐患点136处、削坡建房认定可能引发灾害点363处、内涝黑点325处。全市易发山洪、地质灾害等灾害点均落实安全防范措施，469座水库、243座水闸，36宗捍卫面积5千亩以上堤防和74宗水电站全部落实防汛责任人并签订责任书，750艘渔船和2687条“生计”船均建立台账进行管理。

自然灾害防范　2021年，揭阳市三防办发挥牵头抓总作用，组织有关单位加强极端天气研判，及时发布应急响应并采取预防措施。全市发布各类预警信号357站次；启动防冻Ⅳ级应急响应1次，防旱Ⅳ级、Ⅲ级应急响应各1次，防汛Ⅳ级应急响应4次，防风Ⅳ级应急响应2次；发布地质灾害3级预警16次、4级预警65次；发送地质灾害气象预警短信21664条。成功防御1个热带低压和7号台风“查帕卡”、9号台风“卢碧”、17号台风“狮子山”、18号台风“圆规”以及“龙舟水”和6场强降雨。

抗旱保供水　2021年，揭阳市平均降雨量1316毫米（比往年偏少32%），469座水库蓄水量36898万立方米（比往年偏少13.1%），占正常蓄水量的40%。2020年12月8日启动全市防旱Ⅳ级应急响应，2021年10月9日结束响应，持续10个月。按照“保生活、保重点”的工作要求，紧急实施揭东区应急调水工程、普宁市麒麟镇汤坑水厂供水工程、乌石水厂扩建工程等应急供水工程，配合应急调水、调控水库用水、分片供水、人工增雨、打井、宣传节水等措施，争取省级资金1720万元支持抗旱工作，完成农业生产任务，保障群众饮用水安全和经济社会稳定。

森林防灭火　2021年，揭阳市森防办加强对1841名镇级森林扑火队队员、7543名村级巡山护林队员的管理和培训工作；在元旦、春节、清明、冬至等森林防火期间，落实“包山头、守路口、盯重点、签责任、打早小”工作举措，全市802名专职护林员每天带装备加强巡山护林，各县（市、区）发布禁火令，镇、村两级在进山路口设立卡口3215个、出动检查人员4万多人次。

应急救援能力　2021年，揭阳市专业森林消防队6支、半专业森林消防队12支；成立第四届突发事件应急管理专家组，聘请应急管理专家136名；建立专业应急队伍12类133支、约4600人。扎实开展应急救援演练，全年全市举行安全生产类、自然灾害类应急演练2552场。2021年7月，揭阳市派出一支应急救援力量驰援河南水灾重灾区。2021年10月，揭阳市选派揭西县森林消防应急大队参加广东省第二届森林防灭火技能大比武竞赛活动，获得团体优秀奖和开设防火隔离带二等奖。

【应急处置救援和调查处理工作】 2021年，揭阳市严格按照事故调查和报告公布的有关规定和要求，认真组织开展普宁“4·5”和惠来“6·16”道路交通事故、普宁大南山“12·4”森林火灾的调查处理工作，严格按程序报备和向社会公开调查情况，严肃追究相关责任单位和责任人，全面组织落实事故防范措施，确保深刻吸取事故教训。

揭阳市普宁南溪镇X107线和X108线交叉路口“4·5”较大道路交通事故 2021年4月5日13时24分许，一辆粤VR4857号大型普通客车，实载11人（核载28人），按农村客运班线线路运行，由南溪玉山头村方向沿S255线往普宁市流沙市区方向行驶、途经S255线和X108线交叉路口（南溪镇平定桥）时，与一辆无号牌普通二轮摩托车发生碰撞，造成摩托车驾乘3人死亡。事故发生后，揭阳市党政领导作出批示指示；副市长带领市公安交警、应急管理、交通运输等部门主要负责人以及普宁市党政主要负责人赶赴现场开展调查处置工作。接到报警后，普宁市公安局交警大队领导带领民警赶赴现场处置，开展落水者抢救工作和现场勘查取证工作，同时向上级有关部门及领导报告。普宁市120急救中心及消防等相关部门迅速赶赴现场协助抢救工作。整个事故应急救援和处置善后工作未发生次生、衍生事故，舆情和社会面平稳。

沈海高速惠来路段“6·16”一般道路交通事故 2021年6月16日，一辆运载羊毛纱的重型厢式货车，在行经沈海高速西行2613千米+50米处时，因故障斜停在慢车道上，22时42分左右，故障车辆被运载塑料玩具的重型半挂牵引车追尾碰撞，随后两车又被空载重型罐式半挂车追尾碰撞。事故造成三车不同程度损坏，重型罐式半挂车驾驶员、押运员2人死亡，现场没有发生危险化学品泄漏或引发火灾，事故直接经济损失约283万元。事故发生后，揭阳市党政领导和相关职能部门对事故应急救援和善后处置工作高度重视，多次作出批示指示；市委常委、常务副市长第一时间带领交通运输、应急管理、公安交警和惠来县政府负责人，赶赴事故现场指导事故处置工作。公安部门在接报事故后立即启动危险物品运输车辆交通事故应急预案，采取疏导交通、现场警戒等应急处置措施，应急管理、交通运输、消防救援、医疗急救等部门接处警响应迅速，应急指挥协调有力，救援行动开展有序，受伤人员救治得力，现场处置措施得当，事故发生单位和相关人员及时、如实报告事故。至6月17日3时12分，事故现场清理完毕，道路交通恢复正常通行。应急处置过程未发生次生、衍生事故，舆情和社会面平稳。

普宁大南山“12·4”较大森林火灾 2021年12月4日14时40分，揭阳普宁市大南山街道田坪村附近大南山山系发生森林火灾。大南山山系山势连绵起伏，海拔368—862米，一般坡度25—40度，最大坡度达74.5度，地表植被为马尾松、阔叶林，林下可燃物干枯且丰富。火灾发生时，普宁市天气晴朗无降雨，气温10℃～22.2℃，东北风2级，相对湿度31%～90%，森林火险气象等级达到五级（最高级）。该宗森林火灾受害森林面积计69.10公顷，经济损失（林木直接经济损失）497703.72元。火灾发生后，在外参加公务活动的揭阳市委书记、市长迅速作出指示，要求确保人员安全，全力做好火灾扑灭工作。揭阳市森林防灭火指挥部办公室根据火场态势发展，先后启动森林火灾Ⅳ级、Ⅱ级应急响应，揭阳市委常委、常务副市长赴现场指挥扑救工作，揭阳市应急管理局、林业局以及普宁市委、市政府主要负责人迅速赶赴现场，成立前线指挥部指挥扑救工作。结合现场地势火势等因素，揭阳市前线指挥部研判后紧急向省森防办、省应急管理厅申请调派森防力量增援。福建森林消防总队广东肇庆驻防队伍100名指战员、河源市矿山救援队50名队员增援扑救工作，省航空护林站惠东基地2架K—32直升机、梅州基地1架M—26直升机参与灭火工作。整个火灾救援工作投入扑火力量约500人。12月5日15时23分，明火全部扑灭，火灾没有造成人员伤亡，火场周边没有居民点及重要实施受损。

【应急宣传教育】 2021年9月28日，揭阳市委理论学习中心组举行专题学习会，深入学习习近平总书记关于安全生产的重要论述和李克强总理关于做好防汛抢险救灾工作的讲话精神，集中观看《生命重于泰山——学习习近平总书记关于安全生产重要论述》电视专题片。2021年9月15日，揭阳市政府六届103次常务会议邀请安全法律专家，为市政府主要领导、市政府有关部门主要负责人和各县（市、区）人民政府（管委会）主要负责人等解读2021年新修改的《中华人民共和国安全生产法》。依托揭阳市主流媒体广泛开展宣传教育活动，在揭阳日报刊登“安全生产知识问答”“防灾减灾知识问答”，在揭阳广播电视台开展为期一个月的应急管理公益宣传和为期一周的防灾减灾公益宣传广告，提高市民安全法律意识和自救互救能力。2021年举办生产经营单位负责人、安全管理人员安全培训班28期，参加培训2000多人次；培训合格的特种作业人员8247名。

（市应急管理局）

机关事务管理

【机关事务管理概况】 2021年，揭阳市机关事务管理局围绕市委、市政府中心工作，立足实际，突出重点，积极作为，做好市机关大院日常卫生防疫和市党代会、市两会等大型会议期间封闭式管理，全力保障机关事务服务管理各项工作。全年食堂用餐人数44万人次，会议中心提供会议服务1600多场次，受理公房维修申报22宗、公车各项业务94宗。

【机关后勤服务】 2021年，揭阳市机关事务管理局做好就餐、会议、水电等方面服务工作。机关食堂做好近2000名干部职工的日常用餐，举办以海南美食为主题的美食节，丰富干部职工用餐体验。收集机关大院干部职工对食堂的意见建议，不断提升餐饮服务质量，全年用餐人数44万人次。会议中心全年提供会议服务1600多场次。加强市机关大院各项公共设施的维护维修、消防系统维保检测、空调系统维保等服务项目管理，保障大院消防、食品、安保和水电安全，全年提供3000多次的供电供水维修服务。2021年9月中旬，拆除7号楼19个中央空调排气窗口，加强隔音挡板和减震脚垫，减少噪声和热浪给居民带来的影响。

【机关后勤管理】 2021年，揭阳市推进机关事务管理服务社会化改革，华诚小区一期物业整体推向社会承包服务，市机关食堂顺利实现外包服务，承包过渡期间，职能科室妥善处理各项工作、人员安排；推动华诚小区一期19套周转房处置工作，为38套周转房办理房产证。制定《市机关大院厅级领导办公用房调配方案》，保障换届选举前后，厅级领导办公房间科学合理调配；承办市公安局、交通局、自然资源局、公路事务中心、财政局等单位办公用房的维修申报工作；依托全国数据库平台，组织全市各党政机关开展办公用房信息统计报告和填报工作。规范公务用车管理，全市纳入省公车定编系统与公车用车管理平台管理单位600家，公务车2300辆。全年受理公车各项业务94宗，数据核实市直单位数据信息242单，核实车辆信息805辆；完成全市2021年度全市党政机关公务用车统计工作。其中2021年度完成上报单位345家，车辆信息1256辆；做好公务用车管理信息平台监督工作，防治“车轮上的腐败”。

【机关后勤保障】 2021年，揭阳市机关事务管理局在疫情防控常态化管理背景下，做好大型活动各项服务保障工作。市党代会、市两会期间实施封闭式管理，会务、安保、后勤、食堂通力合作完成后勤保障工作。严格落实卫生防疫措施，进大院人员体温测试从未间断，全年累计测试79万人次。结合创文创卫活动，利用周末等非工作日时间开展爱国卫生运动，集中清理大院遗留装修废料及各种杂物等，营造整洁卫生的办公环境。到华诚小区和人家头小区住户开展防疫宣传，对疫区来揭人员严格登记造册管理，建立台账。

【公共机构节能减排】 2021年，揭阳市推进市机关大院节约型机关创建行动，制定《市机关事务管理局创建广东省节约型机关实施方案》，统筹推进节约型机关创建各项工作。推进绿色办公，从改进日常用能行为、加强节能节约管理抓起，严格执行节能环保产品采购，推广节电、节水改造，倡导各单位采购新能源汽车；坚决反食品浪费，深入贯彻落实习近平总书记关于制止餐饮浪费的重要指示精神，重点抓好机关食堂和公务接待用餐管理，用公务用餐文明引领社会消费文明；在机关大院和华诚一期小区设立垃圾分类桶，切实发挥市机关大院在公共机构节能减排、垃圾分类等工作中示范带头作用。

（市机关事务管理局）

信访工作

【信访工作概况】 2021年，揭阳市信访工作重点集中治理重复信访、化解信访积案专项工作，狠抓源头治理和信访基础业务建设，全力推进初信初访、国满件评价等重点工作，进一步健全基层信访工作机制，化解信访突出问题，切实维护群众合法权益。2021年，揭阳市信访局被人民网评为“2021年度人民网网上群众工作民心汇聚单位”。全市群众向国家、省、市三级信访总量（含来访、来信、网信三个渠道）6422件次，其中群众来访总量552批次，来信总量2011件，网上信访总量3859件次。

【来访接待】 2021年，揭阳市信访局坚持来访必接、来访必谈、网上留痕，严格规范办理上访事项。2021年接待群众到市上访237批695人次，办理上级转送的上访事项299件。2021年上访事项按期答复率100%，做到件件有着落，事事有回音。健全防疫期间可能发生的应急情形处置办法，为各地各部门做实信访保障指明方向，并加强办公场所常态化疫情防控和宣传工作，定期做好环境消杀、清扫卫生，并配置体温计、防护口罩和消毒液等，确保办公接访场所健康安全。

【治理重复信访、化解信访积案】 2021年，揭阳市专项工作成立领导小组，统筹推进重复信访、化解信访积案专项工作集中治理。按照“四个一”（一件信访事项、一名包案领导、一个化解工作专班、一套化解稳控方案）要求，逐一落实一名县处级领导包案，明确责任单位做好化解工作。至12月底，中央第一批治理重复信访、化解信访积案专项行动交办的486件信访案件，国家信访局认定化解467件，认定化解率96.09%。第二批交办的149宗重复信访事项向省申报办结58宗，超额完成省下达年底完成目标。

【初信初访办理】 2021年，揭阳市出台实施《关于进一步加强初信初访办理工作的意见》，进一步完善繁简分流、轻重分离、快慢分道的信访事项办理机制，提高初信初访的办理质效。全面落实信访干部全员包案，加强初信初访事项的督查督办力度，市、县两级信访干部通过电话督、短信督、发函督、派督导组督等形式，逐宗加强与责任领导、责任人的沟通联系，了解案件的化解进展情况，共商案件的化解方案，推动责任单位加快初信初访事项办理工作。至年底，全市市、县两级153人次信访干部包案3批1743件初信初访件，推动化解1736件初信初访件，化解率99.6%。

【国满件评价办理】 2021年，揭阳市多次召开专题会议推动国满件评价办理工作，市信访局落实局中层以上干部包案督办，每天跟进评价进度，通过电话、短信、实地督导等方式，加强督查督办，同时要求全市各地信访部门包案督办，做到每宗国满件都有人跟、都有人督，确保不漏一件，多途径多渠道压实责任领导和责任单位的责任。2021年度，全市国满件群众评价信访部门满意率65.32%，评价责任部门满意率57.64%，评价加权平均满意率60.2%。

【信访制度改革】 2021年，揭阳市探索新机制，完成全省三个试点之一的惠来县县级群众信访诉求综合服务中心（信访超市）试点建设并在全市推广。推动实现全市镇（街）信访工作联席会议制度全覆盖，进京信访事项办理“全流程闭环”管理机制，出台实施《关于建立信访问题突出乡镇（街道）和部门提醒通报挂牌督办制度》，促进各地各单位推进事要解决。

【揭阳“急难愁盼我来办”领导留言板平台】 2021年11月1日，揭阳“急难愁盼我来办”领导留言板平台试运行。揭阳市信访局抽调精干力量落实工作专班，立足“快、精、准”，将网友留言转由相关部门核查，及时作出回复、分析、通报等，推动各地各有关部门更好地解决好群众的急难愁盼诉求问题。各县（市、区）党政主要负责人和市直有关部门高度重视，推进网友留言的办理工作。截至12月底，该平台收到网友留言2198条，办结1872条，办结率85.17%。加强人民网网民留言的办理、回复、分析通报等工作，全年收到人民网“地方领导留言板”揭阳市委书记、市长版块总计留言528条，其中给书记留言385条，给市长留言143条；办理回复501条，办理中27条；感谢留言11条。

（市信访局）

外事工作

【外事工作概况】 2021年，中共揭阳市委外办加强党对外事工作的集中统一领导，胸怀“两个大局”服务国家对外战略，着力防范化解涉外领域重大风险，抓好常态化疫情防控，服务地方经济发展。2021年，中共揭阳市委外办被表彰为揭阳市脱贫攻坚先进集体；三人被外交部授予“资深地方外事工作者”称号；市友协办《挖潜地方外事资源，努力开创揭阳民间外交新局面》在全国对外友协《民间外交动态》期刊刊登。

【党管外事】 2021年，中共揭阳市委外办抓好学习宣传，落实第一议题制度，学习贯彻习近平新时代中国特色社会主义思想和习近平外交思想，在接待新加坡企业发展局、美国驻广州总领事馆等外事接待活动中宣介《习近平谈治国理政》，统筹相关部门围绕美丽乡村、非遗文化集萃等讲好揭阳故事。召开2021年全市外办主任会议，统筹谋划各地各部门重要外事活动安排对接、外事资源和外事信息整合利用，研提《揭阳市2021年对外工作要点》42项工作任务。成立外事检查监督工作组，采取现场查阅资料、听取汇报、座谈交流等形式，对市直相关单位、各县（市、区）外事工作委员会开展对外工作情况进行全面检查、督促和指导，形成检查报告及工作任务落实清单，呈报市委外事工作委员会。

【中共揭阳市委外事工作委员会第三次全体会议】 2021年4月13日上午，中共揭阳市委外事工作委员会第三次全体会议召开，传达学习2020年全国地方外办主任会议、省委外事工作委员会第三次会议和

2021年全省外事工作会议精神，听取市委外办、市文化广电旅游体育局、惠来县对外工作情况汇报，研究部署2021年对外工作任务，审议并原则通过《揭阳市2021年对外工作要点》等有关文件。

【交流合作】 2021年，揭阳市加强对外交流合作，推进中德（欧）合作。6月24日晚，揭阳市与德国下萨克森州威廉港市举行市长视频会议，两市市长分别就友好交流和务实合作等问题进行探讨。坚持疫情防控期间"往来中断、交往不断"，组织青少年深入参与线上国际文化交流一系列活动。邀请友好组织马来西亚雪隆潮州会馆参加"GD Youth Link羊城晚报手抄报创作大赛"，推选12幅作品参与评选，7幅作品获奖；组织揭阳市青少年参加2021年度日中青少年书画交流大赛，推选129幅作品参评，57幅作品获奖。加强学习交流。5月20至21日，中共揭阳市委外办到潮州学习考察。通过召开外事工作座谈会，实地考察广济桥、饶宗颐旧居、潮州市传统工艺精品展馆，观看中国共产党在广东图片展、广东省人文社会科学普及示范基地建设成果展，访问韩山师范学院等活动，学习借鉴先进的外事工作经验和做法，拓宽工作思路。利用海内外人脉资源信息库，挖掘招商引资线索，了解有关投资意向，结合有关县（市、区）的产业布局、交通位置等优势，牵线协调普宁市与广州医药集团有限公司、惠来县与中央储备粮揭阳直属库有限公司进行对接，全年提供有效招商引资项目线索2条，两个项目签订合作框架协议。

2021年6月24日晚，揭阳市与德国下萨克森州威廉港市举行市长视频会议，揭阳市市长支光南和威廉港市市长卡斯腾·菲斯特分别在所在地会场参加活动 （市委外办 供图）

【外事管理】 *企业复工复产* 2021年，中共揭阳市委外办助力贯彻"六稳""六保"，用好"快捷通道"政策，召开邀请外国人来华管理工作推进会，在确保防疫安全的前提下，优先保障确有必要来华复工人员办理邀请函，服务重点企业建设，做到保市场主体、保产业链供应链稳定，全年办理外国人来华邀请函15份26人。

因公出国审批管理 2021年，中共揭阳市委外办指导全市落实2021年广东省对外交往工作总体原则，以"严防疫情外部输入，确保人员安全"为前提，暂停审批因公临时出国团组，创新和巩固"云上外事"工作模式，保持疫情常态化背景下的地方交往，确保与党中央同频同向。

因公出国业务培训会 2021年11月12日，市委外办举办揭阳市2021年因公出国业务培训会，进一步规范全市因公临时出国业务，加强新形势下因公临时出国管理工作。加强外事业务学习，进一步提升政策水平、工作能力和服务意识，推动全市因公出国管理工作健康有序发展，助力高水平对外开放。市直有关单位、各县（市、区）委外办业务骨干参加会议。

签证管理 2021年，中共揭阳市委外办落实外交部签证专项工作文件精神，加强因公证件管理，制定出台《揭阳市因公护照管理实施细则》，及时清理和加强管理全市因公普通护照38本，注销因公普通护照19本，落实专人密柜保管护照，细化护照申领审核流程，杜绝违规出国事件的发生。

APEC商务旅行卡的服务与推介 2021年，中共揭阳市委外办为符合条件的企业人员申办APEC商务旅行卡，全面优化APEC商务旅行卡政府服务窗口的办理效率与服务质量。加强外事工作调研，深入行业协会和企业座谈交流，摸清外向型企业的对外诉求，建立重点推广企业名单，向企业和商务人员做好宣传推广，助力企业"走出去"。

【涉外安全】 *疫情防控和新冠病毒疫苗接种* 2021年，中共揭阳市委外办成立市新冠肺炎防控指挥办外事组，针对性梳理出"三个清单"，牵头各职能部门指导全市各地按照一视同仁、无差别对待原则，依法精准、科学有序做好常态化疫情防控涉外工作。落实各县（市、区）做好外事外语翻译人员储备，指导、配合社区3+1管理工作，做好入境人员闭环接转，贯彻上级要求，加强涉外突发应急事件信息报告和处置准备，及时处理因疫情政策引发的纷争，确保24小时内稳妥处置，防止发生影响较大的涉外事件。牵头制定《揭阳市外籍人士接种新冠病毒疫苗工作方案》，会同市公安局重点做好外籍新娘和“三非”人员的疫苗接种工作，确保扎实有序推进在揭外籍人士适龄人群疫苗接种工作。2021年揭阳市为外籍人士接种新冠病毒疫苗1328剂次。

领事保护 2021年春节前夕，中共揭阳市委外办转发外交部“非必要、非紧急、不出国”公益广告，不定期转发外交部领事司赴外安全提醒14篇和防范电信诈骗提醒4篇，加强领事保护宣传，提高海外安全意识。开展全市境外企业和项目情况摸查，指导企业做好海外安全和疫情防控工作。及时妥善做好领保案件的处置工作，2021年处理相关领保案件3起。

国际形势研判 2021年，中共揭阳市委外办组建国际新闻分享微信群，关注国内外敏感时事新闻，形成每日传阅机制，及时掌握国际形势动态，着力提升政治能力和公共外交能力，更好服务地方外事工作，2021年转发传阅新闻报道944篇。

维护海洋权益 2021年，中共揭阳市委外办严格贯彻落实全省涉外渔业综合管理专题部署会议、市委六届第189次常委会关于涉外渔业综合管理决策部署等精神，认真落实上级关于越南渔船越界非法捕捞的应对要求，进一步加强党对涉外渔业综合管理工作的集中统一领导，牵头组织推动各职能部门做好管理工作和平安揭阳建设考评工作。

国家安全宣传教育工作 通过单位政务公告栏、网站等平台，发布以《总体国家安全观》《反间谍法宣传手册》等为主要内容的宣传资料，做好有关国家安全法律法规的宣传。全民国家安全教育日当天在市国家安全教育基地发放海外安全文明、海外领事保护等宣传册，做好海外利益安全方面的宣传工作。

【友好协会】 2021年，揭阳市加强对外友好交往联系，重获友城泰国南邦市政府的联系方式（因友城泰国南邦市政府人事变动），两市市长相互致信，表达再续友好交往的愿望。2021年1月，美国安大略市清关接收2020年底揭阳市政府捐赠的医疗防疫物资。市友协挖掘合作潜力大、互补性强的城市作为友城发展对象，与德国萨尔兰州、德国威廉港市、法国碧西市、南非布法罗市四地建立书信往来，确定交流合作意向。在重要节日期间向66家驻穗总领事馆、27个国家及友协境外理事送出节日贺卡、分享抗疫文章，宣扬人类命运共同体理念，服务全球疫情防控。出台《关于进一步加强揭阳市民间外交工作的实施方案》，规划揭阳市“五色参访路线”，《多方挖潜地方外事资源 开创揭阳民间外交新局面》和《揭阳市向美国安大略市捐赠医疗防疫物资》两篇文章在全国友好协会《民间外交动态》期刊和《广东友协之声》刊登。

【外事基础工作】 2021年，中共揭阳市委外办推动党史学习教育开展，制订《市委外办开展党史学习教育实施方案》，编印《新中国外交史大事记（1949年10月—2021年5月）》《习近平总书记对外重要讲话（党的十八大以来）》供全市外事系统学习。举办“学党史 开新局”揭阳市外事系统英语演讲比赛，组织到梅州市大埔县三河坝战役革命根据地开展以“党性锤炼砥砺进，初心不改勇担当”为主题的系列现场学习教育活动。开展“学大国外交，悟百年风华，努力践行地方外事担当使命”主题党课。整合统筹全市外语翻译人才资源，招募揭阳市疫情防控外语翻译志愿者67名，配合相关部门开展防范境外新冠疫情输入相关的外事服务保障和社区3+1管理；成立全市外事系统英语学习小组（英语角），开设为期半年每周半天的培训班；在此基础上建立外语翻译人才资源库，收集全市各单位143份翻译人才信息资料，涵盖英、德、俄、日、西班牙、葡萄牙、越南语7种语言。筹建外宾接待室，通过多功能电子信息化展示和外宾礼品陈列，向来宾展示揭阳市外事事业发展状况，优化外事接待能力和水平，提升城市对外形象。

（市委外办）

侨务工作

【侨务工作概况】 2021年，揭阳市加强为侨服务工作，初步建立揭阳市侨情资源库，做好涉侨疫情防控有关工作，指导支持普宁职校众创空间成功申报省级众创空间，与市司法局等部门联合开展侨法宣传活动，做好华侨回国定居、“三侨生”身份证明等行政许可、行政确认事项的办理，三侨生身份确认4人次。妥善解决涉侨信访案件2宗。

【侨政工作】 2021年，揭阳市开展华侨回国定居、三侨生证明办理等涉侨7项政务服务事项标准化梳理工作，制订服务事项的执行依据、需提供材料、办理流程和时限等，并进行公示。2021年认真做好华侨回国定居、“三侨生”身份证明等行政许可、行政确认事项的办理，2021年三侨生身份确认4人次。妥善解决涉侨信访案件2宗，维护侨胞侨眷合法权益。

【交流宣传】 2021年，揭阳市组织部分在揭海外侨胞、归侨、侨眷、海归人士、侨文化专家代表召开

“侨心向党　喜迎中秋”座谈会；与市司法局等部门联合开展“侨法伴我行、爱侨护侨在身边”侨法宣传活动，现场解答咨询50多人次，发放《广东省华侨权益保护条例》《广东省归侨侨眷权益保护实施办法》《华侨华人、归侨侨眷身份》《华侨回国定居》《教育升学》等涉侨政策和相关法律法规宣传资料200多份；深化与海外侨胞联络，向仰光旅缅潮州会馆、新加坡揭阳会馆、菲律宾潮汕总商会、法国潮州会馆发出贺信4封，受邀参加各类线上庆典、论坛。服务支持新加坡潮州八邑会馆举办第三届潮州节线上活动、新加坡揭阳会馆举办会馆成立八十周年纪念典礼线上活动。

（市委统战部）

港澳事务

【港澳事务概况】　2021年，揭阳市建设涉港澳工作联络平台，组建香港揭阳同乡社团总会、揭阳市港澳人士联谊会等，促进交流。组织港澳人士开展党史学习教育，开展支持香港国安立法和全国人大常委会决定宣传活动，联合市委国安办、市工商联等部门开展国家安全教育进企业活动。引导港澳同胞开展抗疫防疫工作，推动居住揭阳市266名港澳台人士做到新冠病毒疫苗应接尽接。规范全市国家工作人员因公临时赴港澳审批管理工作，审批办理因公临时赴港澳签证36证次。

【平台建设】　2021年，揭阳市组建香港揭阳同乡社团总会，打造市级社团工作联络指挥平台；组建8个香港揭阳镇村级基层社团，延伸联络工作网络；组建揭阳市港澳人士联谊会，打造内地港澳人士之家；完善在香港11个爱国社团青委会架构建设，在传统爱国同乡社团中打造“青年之家”；推动澳门揭阳商会换届，优化社团人员结构。

【交流宣传】　2021年，中共揭阳市委统战部组织开展揭港澳青年创新创业交流对接活动，为港澳创业青年融入内地创业合作提供平台和信息，推动揭阳与澳门创业青年创业合作对接3宗。组织在揭港澳人士收看习近平总书记在庆祝中国共产党成立100周年大会上的重要讲话，组织开展“知史爱国·同心同行”主题活动，征集港澳代表人士对中国共产党成立100周年的心声并在“同心揭阳”公众号推送，推动港澳社团举办党史系列专题讲座；开展支持香港国安立法和全国人大常委会决定宣传活动，支持落实爱国者治港原则；联合市委国安办、市工商联等部门开展国家安全教育进企业活动，开展港澳工作人员国家安全业务检查和培训，增强防范化解各类安全风险的能力水平。

【港澳防疫抗疫】　2021年，中共揭阳市委统战部牵头履行市疫情防控指挥办港澳台组工作职责，制订《港澳台组工作任务清单》，细化具体工作内容，明确具体牵头部门和责任领导；通过发布通知、电话联系、组织集中接种疫苗等方式方法，推动居住揭阳市266名港澳台人士做到应接尽接；向各港澳台社团转发市疫情防控指挥办有关通知，明确返乡人员报备流程，提倡少流动，少出行，减少病毒感染传播风险。

【因公赴港澳审批】　2021年，中共揭阳市委统战部严格按照《关于进一步规范揭阳市国家工作人员因公临时赴港澳审批管理工作的意见》，规范全市国家工作人员因公临时赴港澳审批管理工作，举办办证专员业务指导和培训。审批办理因公临时赴港澳签证36证次。

（市委统战部）

对台事务

【台湾事务概况】　2021年，揭阳市组织第八届台湾青年岭南行之潮汕文化寻根之旅揭阳活动；加强对台宣传，邀请揭阳作家创作《三山传奇录》网络小说，协同广东两岸融媒中心拍摄揭阳景点、美食，采访在揭台企，制作视频入岛宣传；全面落实惠台暖企措施，开展走访慰问台胞台商活动、台商座谈会等；组织台胞60多人接种新冠疫苗；受理台胞信访3宗，维护台胞合法权益。

【文化交流】　2021年，揭阳市组织第八届台湾青年岭南行之潮汕文化寻根之旅揭阳活动。60名两岸青年参观广东省对台交流基地三山国王祖庙、揭阳学宫、进贤门等，体验揭阳极具特色的民俗文化和祖根文化，深化对“两岸一家亲”的认识，促进揭台两地的文化交流。邀请揭阳作家创作《三山传奇录》网络小说。协同广东两岸融媒中心，以台湾同胞讲台湾同胞在揭故事，实地拍摄揭阳景点、美食，采访在揭台企，制作视频，入岛宣传。

【惠台暖企】　2021年，揭阳市开展新春走访慰问台胞台商活动，表达市委、市政府的关心慰问，听取意见，解决问题；召开台商座谈会，组织集体学习习近平总书记“七一”重要讲话，解读“农林22条措施”“粤台农林34条”等惠台措施，听取意见建议；组织台商参加省“粤台农林合作交流活动”和“东莞台湾名品博览会”，促进交流；组织台胞60多人接种新冠疫苗；维护台胞合法权益，受理台胞信访3宗，均妥善调处。

（市委统战部）

政协揭阳市委员会

【市政协机构概况】 2021年，政协揭阳市委员会由常设机构常务委员会主持会务。常务委员会由政协揭阳市委员会主席、副主席、秘书长和常务委员组成，委员会下设办公室和提案委员会、经济委员会、人口资源环境委员会、教科文卫体委员会、文史资料委员会、社会与法制委员会、港澳台侨委员会、联络工作委员会、农业和农村委员会9个专门委员会，各专门委员会在常务委员会和主席会议领导下开展工作。

【揭阳市政协六届五次会议】 2021年1月31日至2月1日，揭阳市政协六届五次会议在市区召开。应出席委员372人，实到286人。会议审议六届市政协常务委员会工作报告和提案工作报告，选举产生六届市政协常务委员会部分组成人员。委员们列席市六届人大七次会议，听取并讨论揭阳市人民政府工作报告和其他报告。

【揭阳市政协常委会会议】 2021年，市政协常委会会议召开6次。

揭阳市政协六届二十一次常委会会议 2021年1月12日，市政协召开六届二十一次常委会会议。会议传达学习党的十九届五中全会精神，习近平总书记出席深圳经济特区建立40周年庆祝大会与视察广东重要讲话、重要指示精神。会议听取市纪委监委、市中级人民法院、市检察院工作情况通报；通过市政协六届五次会议议程（草案）；通过市政协六届五次会议日程；通过市政协六届五次会议秘书处机构设置及工作职责；原则通过市政协六届常委会工作报告和提案工作报告；审议通过《中国人民政治协商会议揭阳市委员会委员履职工作规则》《政协揭阳市委员会关于规范市政协委员参加会议活动的规定》《政协揭阳市委员会关于建立委员履行职责档案的暂行办法》；审议通过有关人事事项。

揭阳市政协六届二十二次常委会会议 2021年1月31日，市政协召开六届二十二次常委会会议。会议审议通过市政协六届五次会议选举办法（草案）；审议选举大会总监票人、监票人建议名单；听取中共揭阳市委关于政协第六届揭阳市委员会常务委员会部分组成人员候选人提名情况；酝酿协商政协第六届揭阳市委员会常务委员会部分组成人员候选人建议名单。

2021年1月31日，政协第六届揭阳市委员会第五次会议开幕
（郑楚藩　摄）

揭阳市政协六届二十三次常委会会议 2021年2月1日，市政协召开六届二十三次常委会会议。会议听取各组召集人汇报；审议通过市政协六届五次会议选举办法；审议通过选举大会总监票人、监票人建议名单；通过六届市政协常务委员会部分组成人员候选人名单；审议通过会议决议（草案）。

揭阳市政协六届二十四次常委会会议 2021年7月20日，市政协召开六届二十四次常委会会议。会议学习贯彻习近平总书记在庆祝中国共产党成立100周年大会上的重要讲话精神，听取市政府上半年经济社会发展情况的工作报告及下半年工作计划。审议通过有关人事事项。市委常委、常务副市长到会通报政府相关工作报告。

揭阳市政协六届二十五次常委会会议 2021年9月28日，市政协召开六届二十五次常委会会议。会议就“加快我市工业经济高质量发展”开展专题议政，副市长刘鹏应邀出席会议并通报了市工业经济高质量发展情况。会议审议通过相关人事任免。市政协主席陈澄民主持会议。

揭阳市政协六届二十六次常委会会议 2021年12月20日，市政协召开六届二十六次常委会会议。会议传达学习贯彻党的十九届六中全会精神；听取市纪委监委、市法院、市检察院工作情况通报；审议市政协七届一次会议议程（草案）、日程（草案）、主席团构成、秘书处机构设置及工作职责（草案）；原则通过市政协六届常委会工作报告和提案工作报告；通过关于授权主席会议审议本届常委会二十六次会议未尽事宜的决定；协商通过了347名七届市政协委员。市政协主席陈澄民主持会议。市政协党组书记崔建军参加会议。

【协商议政】 2021年，揭阳市政协贯彻落实市委决策部署，建言资政助推建设活力古城、滨海新城、产业强市。聚焦“一城两园”加快揭阳滨海新区开发建设、中石油炼化一体化项目规划建设，组织政协委员和专家学者开展专题视察，协商问策、把脉开方。围绕加快产业园区优化升级、工业经济高质量发展、物流业发展、高新技术企业培育、企业人才引进和培养等方面调研视察，为全面优化营商环境建言献策，助力产业布局科学化合理化、管理现代化规范化，推动“产业强市”建设。聚焦农业农村方面的重点难点问题，开展推进“一村一品、一镇一业”建设、农村承包土地流转、农产品质量安全监管、脱贫攻坚等系列调研，形成21条意见建议供市委、市政府决策参考。

【民主监督】 2021年，揭阳市政协加强民主监督力度。配合省政协，联动市、县三级政协委员参与民主监督调研，做好2021年度民主监督议题“脱贫攻坚与乡村振兴有效衔接”工作。参与助推揭阳市创文创卫和治理能力提升，市政协主要领导担任创文工作领导小组常务副组长，班子成员全部挂钩中心城区镇街，办公室与榕华街道结对，牵头各挂钩单位筹集资金近500万元支持基层镇街创文创卫工作，助力揭阳市成功创建国家卫生城市、广东省文明城市。市政协领导带头践行“一线工作法”，带队深入镇街，开展督导活动159次，督促落实整改问题407项，协调解决有关困难，改善镇街交通秩序和环境卫生。把城乡建设、法治建设、生态保护等作为民主监督的重要内容，选取“小产权房”清理、揭阳引韩供水工程及配套供水设施建设、黑臭水体治理、民办学校管理、紧密型县域“医共体”建设、市区殡仪殡葬服务设施规划建设、既有住宅增设电梯情况“回头看”等与群众生活息息相关的课题，组织精干力量深入调查研究，献计破解民生难题，促进民生改善，增强党政决策实施的执行力和有效性，推动构建共建共治共享的社会治理新格局。

【调研视察】 2021年，揭阳市政协各专委开展“加快揭阳市工业经济高质量发展”“揭阳引韩供水工程及配套供水设施建设”“关于揭阳市宗教活动场所管理情况”“关于加强揭阳市农产品质量安全监管工作”“揭阳市镇级污水处理厂建设情况”“揭阳院士旧居及事迹”“进一步优化营商环境”“揭阳市社会足球场管理及使用情况”“关于政协委员创新履职方式，提高履职水平”“揭阳市宗教活动场所管理情况”等调研视察活动，均形成调研报告，送市委、市政府及相关部门，为决策提供参考。

【提案工作】 2021年，揭阳市政协委员、政协各参加单位和各专门委员会围绕市委、市政府中心工作和人民群众反映强烈的热点难点问题，履行职责，建言献策，提出提案149件，经审查，立案99件（其中，市政协六届五次会议提案立案93件，平时提案立案6件），转为建议意见50件。立案的99件提案中，经济建设方面11件，占11.1%；城乡建设和管理方面43件，占43.4%；教科文卫体方面36件，占36.4%；政法、社会保障、组织人事方面4件，占4%；环保及其他方面5件，占5.1%。提案答复率和满意率均为100%。多数意见和建议被市委、市政府以及相关部门采纳。

【联络联谊】 2021年，揭阳市政协加强联络联谊工作。发挥新型政党制度优势，党组书记走访各民主党派机关，党组成员挂钩联系各民主党派，加强工作对接、创造履职机会，发挥党派团体参政议政的骨干作用。完善各民主党派参加政协的共同性事务情况交流机制，就年度协商监督计划的制定与实施等重大问题充分协商，就共同关注的课题开展联合调研、协商议政和提案督办，开展党派成员提案及信息撰写培训，推动政协协商与政党协商有效衔接。加强同港澳委员和爱国社团的联络联谊，做好形势政策和揭阳发展前景的宣传，引导港区委员坚定支持香港特别行政区政府和行政长官依法施政。组团赴深圳、澳门分别举办“港澳委员学习贯彻十九届六中全会精神和发挥‘双重积极作用’”专题宣讲学习座谈会，提升政协委员的履职能力和凝聚力，助推揭阳融入粤港澳大湾区的合作和发展。协调潮汕三市政协港澳委员联谊会捐款50万元支持揭阳市教育文化卫生事业。坚持宗教中国化方向，召开宗教工作座谈会，实地考察揭阳市宗教活动场所管理情况，助力宗教活动场所规范化发展，发挥宗教界代表人士作用，持续促进宗教领域和谐稳定。

【文史资料工作】 2021年，揭阳市政协征集从改革开放到建市之初揭阳企业的文史资料，收集揭阳先贤事迹、揭阳籍两院院士资料，编印《揭阳文史》，实地调查历史文化遗产、历史文化名城名镇名村、侨乡文化、揭阳院士旧居及事迹等，挖掘和弘扬文化精神财富，促进文化和旅游产业相融合，擦亮政协文史工作品牌，讲好揭阳故事，助推活力古城建设。

【揭阳市首个街道政协委员联络室】 2021年2月9日，在揭阳市政协和榕城区委的重视推动下，榕城区政协在仙桥街道设立揭阳市政协委员联系基层工作首个先行点——榕城区仙桥街道政协委员联络室，并制订工作制度。委员联络室的成立，是揭阳市政协贯彻落实《广东省政协委员联系服务群众实施办法》的重要举措，是市政协推进政治协商和基层协商有机结合、把政协工作延伸到基层的探索，为委员更好发挥主体作用、进一步对接好基层、及时反映社情民意、精准建言献策、传递正能量建立新的履职平台。

2021年2月9日，揭阳市首个街道政协委员联络室——榕城区仙桥街道委员联络室挂牌成立　　（榕城区仙桥街道　供图）

揭阳市政协六届五次会议提案立案表

（经市政协提案委员会审查确定，立案93件）

表5

类别	序号	案　题	提案者
(一)经济	1	关于疫情防控常态化下进一步促进揭阳旅游业发展的建议	许乐敏
	2	关于做优鲍鱼养殖产业，助推乡村振兴发展的建议	民革揭阳市支部
	3	关于推进工业企业技术改造，推动传统制造业做强做大的建议	林晓林
	4	关于加快我市物流业发展的建议	市政协经济委员会
	5	关于加快推进现代物流与农村电商融合发展的建议	林八弟
	6	加大力度实施“粤菜（潮菜）师傅”工程，发展富民兴村产业	陈晓鹏
	7	关于加快新基建建设及应用的提案	许耀顺
	8	关于设立揭阳市中小微企业应急转贷基金的建议	姚洪生
	9	关于扶持我市民办“双创”基地建设，进一步优化小微企业营商环境的建议	民盟揭阳市委会
	10	关于加快发展众创空间推进大众创新创业的提案	九三学社揭阳市委会
	11	关于大力发展富民兴村产业，激活农村发展内生动力的建议	潘家栋
(二)城乡建设和管理	12	关于推进全市房屋编码设立，进一步优化商事登记的建议	民盟揭阳市委会
	13	关于强化摩托车、小型电动车交通管理，提升城市交通文明水平的提案	彭淡松
	14	关于进一步加大市区学生驾驶机动车治理力度的提案	致公党揭阳市支部
	15	关于加强榕江流域水上快艇安全管理的提案	刘建锋等2人
	16	关于进一步推进我市城市社区治理建设的建议	市政协社会与法制委员会
	17	关于加强揭阳学宫周边环境整治的建议	林琼瑜
	18	关于规范我市物业管理的提案	民进揭阳市委会
	19	关于遏制和整治住宅小区私搭乱建现象的建议	民进揭阳市委会
	20	关于加快建立我市规划控制体系与强化土地整备清理的提案	刘建锋
	21	关于解决我市居民饮用水紧缺问题的建议	致公党揭阳市支部
	22	关于解决惠来东部地区用水短缺问题的建议	农工党揭阳市委会

续表5

类别	序号	案　题	提案者
(二)城乡建设和管理	23	关于在市区设置专门治丧活动场所的建议	民革揭阳市支部
	24	做活“水”字文章 建设活力古城	李国英等2人
	25	关于全面贯彻实施《揭阳古城保护条例》，建设活力古城的建议	民进揭阳市委会
	26	关于加快建设揭阳市区污水处理厂三期的建议	民进揭阳市委会
	27	关于加快建设市区污泥处理中心的建议	市政协人口资源环境委员会
	28	关于改善我市磐东堵车与接驳公交问题的建议	邢荣发
	29	关于整治从榕城西关路进入北环路路段违章现象的建议	黄志昂
	30	关于加快206国道改线的建议	农工党揭阳市委会
	31	关于尽快规划建设揭阳大道北延线的建议	江俩强等3人
	32	关于尽快完善潮汕机场路各十字路口设施的建议	民盟揭阳市委会
	33	关于加强市区道路沙井盖和路面维修的建议	农工党揭阳市委会
	34	关于优化空港经济区发展大道南段红绿灯设置的建议	民盟揭阳市委会
	35	关于西头乡路口加装行人交通信号灯的建议	民盟揭阳市委会
	36	关于在揭阳市第二实验小学四周路口设置减速带的建议	民进揭阳市委会
	37	关于整治临街商户占用公共停车位行为的建议	农工党揭阳市委会
	38	关于提高停车位资源利用率，缓解市区停车难的建议	民进揭阳市委会
	39	关于解决市区停车难问题的建议	揭阳市工商联 陈晓斌
	40	关于解决揭阳中心城区停车难问题的建议	民进揭阳市委会
	41	关于尽快建设立体停车场的建议	民进揭阳市委会
	42	关于增高236省道梅池路段中央隔离带的提案	侯文光
	43	关于加快建设环市北河大桥东侧桥头及附近交通微循环的建议	彭少沂
	44	关于尽快修缮临江北路西环市北河大桥下道路至锡场镇江景花园小区沿江路段的建议	吴少玉等10人
	45	关于修建新建隆江大桥至大南海石化大道道路，贯通启用新建隆江大桥的建议	林锦清等6人
	46	关于迁移设置在主要街道垃圾转运站的提案	马轶超
	47	关于推进引水工程解决揭东区饮水难的提案	九三学社揭阳市委会
	48	关于科学处理秸秆的提案	九三学社揭阳市委会
	49	关于加强我市地摊经济管理的提案	九三学社揭阳市委会
	50	关于建立共享单车考核机制的提案	九三学社揭阳市委会
(三)教科文卫体	51	关于抓紧抢修揭阳市古城濒危历史建筑的建议	民进揭阳市委会
	52	关于大力推进古城修复活化的提案	九三学社揭阳市委会
	53	关于将古城区规划打造成为揭阳历史文化“大观园”的提案	九三学社揭阳市委会
	54	关于打造文旅特色产品，推进“古城文化游”的建议	民盟揭阳市委会
	55	推进“古城文化游”项目 打造文旅结合精品路线	李国英等2人
	56	关于尽快解决国家级非遗“青狮”表演场地，进一步推动“活力古城文化游”发展的建议	孙淑强等2人
	57	关于修缮许涤新故居并建立纪念馆的提案	许志鸿
	58	关于加大五房村红色革命根据地保护力度的建议	民革揭阳市支部

续表5

类别	序号	案　题	提案者
(三)教科文卫体	59	关于加强地方戏曲的传承与发展的建议	民革揭阳市支部
	60	关于加强凉茶店监管的建议	农工党揭阳市委会
	61	关于在揭阳潮汕国际机场增设AED机的提案	民进揭阳市委会
	62	关于进一步简化揭阳市基本医疗保险门诊特定病种认定和报销手续的建议	民进揭阳市委会
	63	关于完善市县镇村四级医疗卫生协作联动体系，助力卫生服务水平提升的建议	朱翔
	64	关于在全市开展婴儿定期健康体检的建议	民盟揭阳市委会
	65	关于在榕东或空港地区划拨土地建设揭阳市人民医院分院区的建议	民盟揭阳市委会
	66	关于深化医教协同，推动我市医学教育发展的建议	农工党揭阳市委会
	67	关于充分激活和利用揭阳红色教育资源的建议	农工党揭阳市委会
	68	关于加强义务教育阶段民办学校管理的建议	民进揭阳市委会
	69	关于扎实推进撤并“麻雀”学校的建议	民革揭阳市支部
	70	关于加强教师网络教学能力培训的建议	民进揭阳市委会
	71	关于禁止学生携带手机进入校园的建议	农工党揭阳市委会
	72	关于在中小学生中定期开展心理健康测评的建议	民革揭阳市支部
	73	关于加强我市中小学生心理健康教育的建议	民盟揭阳市委会
	74	关于加强中小学生心理健康教育的建议	农工党揭阳市委会
	75	关于做好我市青少年心理健康教育的建议	黄炎潜
	76	关于加强学校心理健康教育的提案	致公党揭阳市支部
	77	关于培育良好家风家教，推进新时代青少年工作的提案	致公党揭阳市支部
	78	关于调整我市中小学上学放学时间的建议	民盟揭阳市委会
	79	关于延迟中小学校放学时间并开展课后服务的提案	九三学社揭阳市委会
	80	关于对榕城区北门小学校门及危楼进行改造重建的建议	九三学社揭阳市委会
	81	关于加快紧缺医学人才培养，增强应对重大公共卫生事件能力的建议	陈梦云等2人
	82	关于加强揭阳市红色旅游文化讲解员培训的提案	九三学社揭阳市委会
	83	关于开放庄世平博物馆进行爱国主义教育的建议	陈敦雄等2人
	84	关于打造苗海村仙井古岩爱国主义教育基地的建议	詹锦泉
(四)政法组织人事和劳动保障	85	关于在我市实施残疾人乘坐市内公共交通工具优惠政策的建议	柳丹虹
	86	关于进一步推行安全生产责任保险，保障人民生命财产安全的建议	魏乐珊等7人
	87	关于建立我市保险行业黑名单信息共享平台的提案	九三学社揭阳市委会
	88	关于加强养老机构综合监管的提案	九三学社揭阳市委会
(五)环保	89	关于加强我市海洋生态环境保护，推进美丽滨海新城建设的建议	周惠琴等4人
	90	关于加强榕江南北河湿地保护规划建设的建议	农工党揭阳市委会
(六)其他	91	关于公证机构业务智慧化的建议	民革揭阳市支部
	92	关于推进我市家政服务工作规范化发展的建议	市政协社会与法制委员会
	93	关于促进我市家政行业高品质升级的建议	黄芳淳

揭阳市政协六届五次会议提案转为建议意见表

表6

类别	序号	案题	提案者
(一)经济	1	关于进一步防控企业住所风险，优化市场环境的建议	民盟揭阳市委会
	2	关于重点投入、加强管理，推动我市旅游业发展的建议	民盟揭阳市委会
	3	关于促进我市旅游业发展的建议	农工党揭阳市委会
	4	关于加大推进揭阳旅游项目开发的建议	何宝元
	5	关于打造揭阳乡村民俗旅游新名片的建议	张仲哲
	6	关于要求在中德金属生态城设立现代五金产业园，加强产业转型升级集聚发展的建议	黄茂雄
	7	关于推进我市传统美食店品牌化的建议	邢荣发
	8	关于加强扶持中小企业发展的提案	九三学社揭阳市委会
(二)城乡建设和管理	9	关于加强我市各社区（村）乡贤咨询委员会、公益理事会运营监管的建议	民盟揭阳市委会
	10	关于在公共场所设置母婴室的建议	农工党揭阳市委会
	11	关于加强我市建筑垃圾管理的建议	农工党揭阳市委会
	12	关于加强旅游景区管理，提升景区服务质量的建议	民盟揭阳市委会
	13	关于把城区新建设项目雨污分流排水系统纳入城市规划管理的建议	农工党揭阳市委会
	14	关于加快推进大南海石化工业区化工污水处理项目建设的建议	民进揭阳市委会
	15	关于规范公交车管理，方便群众出行的建议	民盟揭阳市委会
	16	关于尽快编制装订市区临街两侧建筑物门牌号的提案	陈建方
	17	关于对市区部分桥梁重新命名的建议	民盟揭阳市委会
	18	关于把326省道仙桥大圆改建为红绿灯路口的建议	民进揭阳市委会
	19	关于完善仙桥锣鼓石环岛大圆交通设施的建议	民盟揭阳市委会
	20	关于解决仙桥环岛交通堵塞的提案	九三学社揭阳市委会
	21	关于梅东大桥设置潮汐车道的提案	民革揭阳市支部
	22	关于修建西湖公园西侧后门道路的建议	民革揭阳市支部
	23	关于在揭阳大道临江北路至新阳路路段增设人行天桥的建议	郭晓林
	24	关于科学设置临江南路T型交叉路口交通信号灯的提案	民革揭阳市支部
	25	关于提前谋划市第二小学周边道路及停车问题的建议	民盟揭阳市委会
	26	关于建设中山路文化风情街，加快古城建设步伐的建议	许小鸣
	27	关于提高普宁市麒麟镇城镇化水平的建议	赖宏
	28	关于进一步加强传统古村落保护的建议	九三学社揭阳市委会
	29	关于试点建设智慧灯杆的提案	黄建涛
(三)教科文卫体	30	关于恢复揭阳市学宫最东路奎观阁等构建物的建议	民进揭阳市委会
	31	关于做好新冠肺炎疫情防控宣传教育和舆论引导的建议	民进揭阳市委会
	32	关于在疫情防控背景下加强患者个人隐私保护的建议	农工党揭阳市委会
	33	关于提升我市基层医疗卫生服务水平的建议	民盟揭阳市委会
	34	关于提升村级卫生站医疗服务能力的建议	民革揭阳市支部

续表6

类别	序号	案　题	提案者
(三)教科文卫体	35	关于提升我市儿童疫苗接种服务水平的建议	民进揭阳市委会
	36	关于加强我市幼儿园中小学国学教育的建议	吴彩霞等4人
	37	关于对教师编制进行动态调整，实现教师队伍按需有序流动的建议	民盟揭阳市委会
	38	加大力度关注青少年心理健康的建议	民盟揭阳市委会
	39	关于加强我市幼儿园、小学多媒体触控一体机安装、使用管理的建议	农工党揭阳市委会
	40	关于幼儿园及小学放学时间要和机关企事业单位同步的建议	王一乾等4人
	41	关于定期对市直学校食堂、厕所进行卫生检查的建议	民盟揭阳市委会
	42	关于完善我市学前教育服务体系的建议	黄芳淳
	43	关于促进我市早教机构健康发展的提案	九三学社揭阳市委会
	44	关于加强我市高校涉农专业建设的建议	民革揭阳市支部
	45	关于加快推进我市人工智能人才培养的建议	邢荣发
	46	关于布局打造若干潮菜美食城，大力弘扬潮汕美食文化，促进我市文化旅游业跨越发展的建议	揭阳市工商联
(四)政法组织人事和劳动保障	47	关于建立健全对违法建（构）筑物及其他设施依法没收处置程序规定的建议	蔡庆春等2人
	48	关于加大力度推进居家养老服务的建议	郑玉林
	49	关于鼓励民资兴办居家养老服务的建议	民进揭阳市委会
	50	关于解决中石油广东石化公司员工退休后独生子女奖励金领取问题的提案	秦绪香

说明：（经市政协提案委员会审查确定，转为建议意见50件）

揭阳市政协2021年平时提案立案表

表7

类别	序号	案　题	提案者
(一)城乡建设和管理	1	关于调整揭阳大桥南北端路段交通信号设施的建议	九三学社揭阳市委会
	2	关于加强和规范我市电动自行车管理的建议	魏乐珊
	3	关于尽快出台《揭阳古城一般建筑物、构筑物维护修缮技术指引》的建议	民进揭阳市委会
	4	关于通过公开招标购买社会服务方式解决大中型客货车考场建设问题的建议	黄永定
(二)教科文卫体	5	关于进一步推进我市中小学生校内课后托管工作的提案	民进揭阳市委会
	6	关于把专业认知转为社会认知，推进新冠疫苗接种的建议	民进揭阳市委会

（谢昭忠）

纪检监察

【纪检监察概况】 2021年，揭阳市各级纪检监察机关坚持全面从严治党战略方针，坚定不移推进党风廉政建设和反腐败斗争，一体推进不敢腐、不能腐、不想腐，各项工作取得新进展新成效。全市各级纪检监察机关受理信访举报5561件次，立案2155件，处分2040人，留置2人，移送检察机关36人。开展六届市委第九轮常规巡察，对市县两级9个政法单位巡察监督，六届市委巡察覆盖率100%。

【市六届纪委向市第七次党代会作工作报告】 2021年12月28日，中国共产党揭阳市第六届纪律检查委员会以书面形式向市第七次党代会作题为《发扬斗争精神　勇于自我革命　在新征程上奋力开创揭阳全面从严治党新局面》的工作报告。市第七次党代会审议批准六届市纪委工作报告。

大会要求，全市纪检监察机关要坚持以习近平新时代中国特色社会主义思想为指导，增强“四个意识”、坚定“四个自信”、做到“两个维护”，坚持稳中求进工作总基调，立足新发展阶段、贯彻新发展理念、构建新发展格局，推动高质量发展，自觉运用党的百年奋斗历史经验，弘扬伟大建党精神，永葆自我革命精神，坚持全面从严治党战略方针，坚定不移将党风廉政建设和反腐败斗争进行到底。要坚定不移加强政治监督，为全面推进现代化建设提供坚强保障；坚定不移惩治腐败，不断实现“三不”一体推进战略目标；坚定不移纠“四风”树新风，以良好的党风政风带动社风民风向上向善；坚定不移深化基层正风肃纪反腐，让群众获得感成色更足、幸福感更可持续、安全感更有保障；坚定不移履行监督职责，不断提升监督的严肃性、协同性、精准性；坚定不移强化政治巡察，努力推动巡察工作高质量发展；坚定不移深化纪检监察体制改革，充分发挥监督治理效能；坚定不移加强自身建设，努力锻造政治过硬、本领高强、忠诚干净担当的纪检监察铁军。

【中国共产党揭阳市第七届纪律检查委员会第一次全体会议】 2021年12月31日，中国共产党揭阳市第七届纪律检查委员会举行第一次全体会议，35名委员出席。会议选举产生中国共产党揭阳市第七届纪律检查委员会常务委员会委员和书记、副书记。选举结果经中共揭阳市委七届一次全会表决通过。

【反腐倡廉警示教育基地建设】 2021年，揭阳市启动廉洁文化基地迁址改版工作。指导普宁、揭西、惠来廉洁文化基地建设工作，其中普宁市廉洁文化基地建成使用。至12月，揭阳市廉政教育基地4个，分别是周恩来同志革命活动旧址、方方纪念馆、揭东玉湖汾水战役纪念公园、揭西大北山革命历史纪念馆。

【党风廉政建设】 *专项政治监督* 2021年，揭阳市各级纪检监察机关深化政治监督，围绕疫情防控、严控“两高”项目、安全生产、生态环境、城市绿化改造等开展“室组地”联动监督56次。开展违建别墅和占用耕地建房清查整治专项监督，紧盯粮食购销领域腐败问题开展专项治理。围绕市委工作部署和重大民生项目开展专项督查，针对引韩供水工程项目和市人民医院综合大楼项目建设进度严重滞后等问题督促职能部门认真履职，推动项目顺利完工。

2021年12月31日，中国共产党揭阳市第七届纪律检查委员会举行第一次全体会议 （郑楚藩 摄）

党员干部教育监督 2021年，揭阳市各级纪检监察机关严明政治纪律和政治规矩，继续巩固深化肃清李嘉、万庆良恶劣影响成果，全市处分违反政治纪律的党员干部8人。加强换届风气监督，严格落实《关于进一步规范广东省纪检监察机关党风廉政意见回复工作的实施办法（试行）》，严把政治关和廉洁关，防止干部“带病提拔”“带病提名”，拦住“自带增量”。市纪委监委回复党风廉政意见1341人次，提出暂缓使用、不宜使用意见108人次。认真做好市县镇领导班子换届风气监督，严明“十严禁”换届纪律，会同组织部门做好换届风气巡回督查。成立问题线索处置领导小组，建立联查联办和快查快结机制，从严从快查处涉换届违纪违法问题。全市纪检监察机关受理的涉市县镇换届信访举报量，下降75%，其中涉市级换届信访举报量为零。加强对“一把手”和领导班子监督，充分运用谈话提醒、约谈函询、纪检监察建议、民主生活会督导等方式，督促各级党委（党组）落实全面从严治党主体责任，推动“两个责任”同向发力。认真贯彻《中共中央关于加强对“一把手”和领导班子监督的意见》，督促党组织“一把手”履行全面从严治党第一责任人责任。推进“一把手”开展谈话，督促履行对党员干部的教育管理监督责任，全市各级领导干部开展提醒谈话1685人次、警诫谈话414人次。加强对“一把手”的廉政提醒，向新任市管“一把手”发送提醒函，对新任县（市、区）领导干部进行任前集体廉政谈话，组织85名市管“一把手”向市委书面述责述廉。坚持失责必问、问责必严，全市问责党组织29个，问责党员领导干部296人。

基层正风肃纪反腐 2021年，

2021年11月25日，揭阳市领导干部党章党规党纪教育培训班举行
（市纪委 供图）

揭阳市制定《关于常态化推进基层正风肃纪反腐的实施意见》，实现对7个领域的常态化监督。加强对惠民利民、共同富裕政策措施落实情况的监督检查，助力脱贫攻坚与乡村振兴有效衔接，坚决查处发生在民生资金、“三资”管理、征地拆迁、教育医疗、生态环保等领域违纪违法行为。全市排查基层党员干部违纪违法线索3110件，立案1500人，处分1317人，移送检察机关27人。结合“我为群众办实事”实践活动，深入整治群众身边腐败和作风问题，查处有关问题893个，处理1550人，其中处分1009人。常态化推进“惩腐打伞”，坚持把“惩腐打伞”和政法队伍教育整顿结合起来，全市处置涉黑涉恶腐败和“保护伞”问题线索127件，立案51人，处分84人。协助开展政法队伍教育整顿工作，全面起底涉政法队伍问题线索，深挖彻查政法系统腐败特别是涉黑涉恶涉毒“保护伞”。全市纪检监察机关收到涉政法干警问题线索606件，立案268人，处理处分377人，移送检察机关5人。

“四风”问题纠治　2021年，揭阳市各级纪检监察机关坚决纠治形式主义、官僚主义，全市查处有关问题346个，处理758人，其中处分453人；整治享乐主义、奢靡之风，查处有关问题253个，处理407人，其中处分194人。加大落实中央八项规定及其实施细则精神力度，全市通报典型问题37个，涉及党员干部60人。开展公务接待中“吃公函”问题专项整治，严查严治不吃本级吃下级等隐形变异问题。紧盯重要节点、重点领域开展明察暗访，市纪委监委暗访组出动225次，发现问题95个，处理49人，其中处分7人，制作2期暗访片公开曝光。

其他监督　2021年，揭阳市出台《揭阳市政商交往行为规范》，推动构建亲清政商关系。开展政务服务效能服务质量专项作风监督，全市排查问题线索134件，立案91件，处分58人。围绕反腐败国际追逃追赃，配合市人大开展专题调研，首次向市人大常委会报告专项工作，认真落实市人大常委会审议意见。制定揭阳市各级监委首次向本级人大常委会报告专项工作总体方案和具体安排，指导县级监委稳妥有序完成向同级人大常委会报告专项工作。

【反腐一体化】　2021年，揭阳市各级纪检监察机关坚定不移惩治腐败，一体推进不敢腐、不能腐、不想腐。坚持严的主基调，全市纪检监察机关受理信访举报5561件次，其中检举控告类3673件次；立案2155件，其中处级干部30人、科级干部286人；处分2040人，留置2人，移送检察机关36人；市纪委监委立案147件，处分126人，移送检察机关6人。对普宁市原常委、市委政法委原书记黄某立案审查调查并移送检察机关审查起诉。对央视“3·15”晚会曝光揭阳“瘦身钢材”问题启动问责，立案11人，诫勉6人。持续开展追逃防逃追赃，追回涉嫌挪用公款、潜逃20年的揭阳市人民政府原驻汕头办事处副主任陈某，实现涉嫌职务犯罪外逃人员“清零”。运用“四种形态”（党内关系要正常化，批评和自我批评要经常开展，让咬耳扯袖、红脸出汗成为常态；党纪轻处分和组织处理要成为大多数；对严重违纪的重处分、作出重大职务调整应当是少数；而严重违纪涉嫌违法立案审查的只能是极少数。）批评教育帮助和处理7396人次。对省纪委监委交办的涉邬某、杜某、陈某、林某等案的278名党员干部综合考量、分类处置。全市纪检监察机关发出纪检监察建议书86份，开展信访举报分析5次。开展全市政治生态分析研判、职务犯罪案件退回补充调查专题调研、市纪委监委自办案件质量分析，常态化做好被问责和受处分干部跟踪回访工作。编印《党的十九大以来揭阳市违纪违法典型案件警示录》，发挥清风揭阳网站、微信公众号和廉政短信平台反腐舆论宣传阵地作用，加快揭阳市廉洁文化基地建设。举办全市领导干部党章党规党纪教育培训班，开展专题廉政辅导。

【政治巡察】　2021年，揭阳市突出政治巡察，开展市委第九轮常规巡察，完成对市县两级9个政法单位巡察监督，发现问题731个，发出立行立改通知19份，形成问题线索185件，实现六届市委巡察全覆盖。创新巡察方式方法，对全市36个问题村（社区）“两委”换届开展“机动式”巡察，发现问题317个，推动立行立改42项，助推村级换届顺利进行。开展涉粮问题专项巡察，发现问题183个，推动立行立改问题6个，形成问题线索27件。巩固巡察整改成果，组织对市委第九轮巡察、扫黑除恶十大行业领域巡察“回头看”和村（社区）“两委”换届“机动式”巡察反馈，反馈问题1284个。围绕市委重点工作，聚焦民生领域和营商环境，对市发改局等12个单位开展第三轮巡察“回头看”。紧盯市委书记点人点事点问题，市委巡察办会同市委办对第九轮巡察发现的公安系统存在问题整改情况等开展督查。组织对2020年度各地巡察工作开展分析评估，形成2020年度各县（市、区）党委巡察工作“画像”及县级巡察工作报备情况报告。完善巡察监督机制，探索构建市县巡察上下联动、提级交叉的新形式新机制，形成颇具特色的市县上下联动“揭阳实践”。建立市委巡察组分片对口挂钩联系各县（市、区）指导督导巡察工作制度，加强巡察与纪律、监察、派驻等监督协同联动，与组织、信访、政法、审计、财政等部门建立工作协调和信息共享机制，形成监督合力。妥善解决市委巡察组“带编入职”问题，配优配强巡察监督队伍。

2021年4月21日，揭阳市县两级纪检监察系统新进公务员培训班开班仪式（市纪委　供图）

【纪检监察队伍建设】 2021年，揭阳市纪检监察机关从严从实加强自身建设，打造规范化、法治化、正规化的纪检监察队伍。市纪委常委会落实“学习新思想、实现新作为”第一议题制度，跟进学习习近平总书记重要讲话和重要指示批示精神，召开32次市纪委常委会会议、理论学习中心组学习会专题学习，结合职能职责抓落实。市纪委监委领导人带头作专题党课报告，班子成员集体开展“回望历史、铭记初心”主题党性教育活动，围绕党史学习教育等不同主题开展研讨会5场，围绕全面从严治党形势、政治生态、贯通监督等课题深入开展调研。选派36名干部到国家纪检监察学院进行培训，组织县（市、区）纪检监察干部跟班学习，开展市县纪检监察系统新进公务员集中培训，举办全市纪检监察机关申诉复查工作专题研讨班。组织学习监察法及其配套规定专题线上培训班2期98人次，组织应知应会知识测试5场次1045人次。开展2020年度揭阳市纪检监察系统“亮点工作”“精品案件”“办案标兵”和“岗位标兵”评选活动。修订完善制度29项、文书模板49个。建立电子数据分析中心。开展“讲党性、严纪律、作表率”警示教育，对照省纪委通报的纪检监察干部违纪违法案例，开展自查自纠。完善更新271名纪检监察干部廉政档案，开展谈心谈话248人次。出台规范纪检监察领导干部和工作人员民间借贷、纪检监察干部“八小时之外”报告等规定，坚决防治“灯下黑”。全市纪检监察机关受理反映纪检监察干部信访举报92件，处置问题线索94件，处分3人。

（市纪委监委）

中国民主同盟揭阳市委员会

【民盟揭阳市委会概况】 2021年，民盟揭阳市委会内设部委会10个，下设支2个、部19个，盟员290人，平均年龄49.51岁，中、高级职称197人，占比67.93%；中上层人士256人，占比88.28%。任省政协委员1人、市人大代表3人，其中市人大常委会委员1人；任市政协委员11人，其中市政协常委5人。年内，民盟揭阳市委会履行参政党职能，顺利完成换届选举，制定《民盟揭阳市委会制度汇编》，全年完成各级选题、课题2个，撰写调研报告2篇。民盟揭阳市委会获"民盟广东省组织工作优秀集体"称号，民盟普宁市总支部、民盟揭阳职业技术学院支部被盟省委授予"优秀基层组织"荣誉称号。2名盟员被盟省委授予"脱贫攻坚先进个人"称号。

【组织建设】 2021年，民盟揭阳市委会注重人才队伍建设和基层组织建设工作。顺利完成市委会换届工作，选举产生民盟揭阳市第六届委员会，组成新一届市委会领导班子，实现新老交替、完成政治交接；市委会现有主委1名、副主委4名、市委委员15名。做好优秀盟员推荐和主界别盟员发展工作，全年发展新盟员10名，均为本科以上学历、中上层人士。举办庆祝中国民主同盟成立80周年多党合作专题美术展、民盟揭阳市委会羽毛球赛等活动，学习贯彻中共十九届六中全会精神研讨班暨2021年度总结大会。增强组织凝聚力、向心力和号召力。打造"盟员之家"基层平台，三洲抗战史料研究中心与霖磐中学共建爱国主义教育基地，为揭东区首个新时代文明实践点。

【参政议政】 2021年，民盟揭阳市委会参加市委、市政府、市政协各类协商会、座谈会，就全市经济社会发展问题提出意见和建议。紧扣揭阳"活力古城"发展定位，提出"打造文旅融合标杆，助推活力古城创建"的建议。推进提案工作，市委会向省政协提交提案1件；向市政协六届五次会议提交提案24件，被立案10件，转为建议13件，《关于在全市开展婴儿定期健康体检的建议》被评为优秀提案；盟员以政协委员名义向市政协提交并被采用的提案5件。牵头各民主党派、知联会、新阶联开展联合调研活动，市委会撰写《提升村医能力　织牢健康网底》调研报告呈报市委、市政府作

2021年7月23日，中国民主同盟揭阳市第六次代表大会召开
（林洁松　摄）

决策参考。《加强引导 统一部署 提高基层组织参政议政能力》一文入选民盟广东省委会《推动参政议政工作高质量发展专题研讨会论文集》。

【社会服务】 2021年，民盟揭阳市委会广泛发动盟员服务社会。举行“情暖三江——社会服务公益活动第六期”，组织盟员医疗专家赴揭东区霖磐镇东洲村开展义医赠药活动，免费义诊100多人，发放药品价值4000多元。参与全市疫情防控应急值守、防疫宣传、维护秩序、捐资捐物等工作，盟员张锡潮创办的配镜中心在八一建军节开展现役、退伍军人免费配镜活动。民盟揭阳空港经济区支部多次组织支部盟员到所挂钩贫困村走访调研，协助制定、落实年度帮扶计划，被盟省委授予“脱贫攻坚先进集体”荣誉称号；民盟揭西县支部赴揭西县五经富镇泮坑村开展“巩固拓展脱贫攻坚成果同乡村振兴有效衔接”调研活动，走访慰问7户困难户和3户单亲家庭；2名盟员获评“揭阳市脱贫攻坚先进个人”称号。

（谢黄莹）

中国民主促进会揭阳市委员会

【民进揭阳市委会概况】 2021年，民进揭阳市委会内设工作委员会9个，下设基层支部15个，会员236人，平均年龄50.5岁，中高级以上职称会员152人，本科及以上学历会员155人（硕士研究生6人，博士研究生1人）。任市人大代表5人，其中市人大常委会委员1人；任市政协委员17人，其中市政协常委4人。年内，民进揭阳市委会开展反映社情民意信息主题年活动，开展专题调研，提高参政履职水平，全年完成各级选题、课题3个，撰写调研报告3篇。市委会被民进中央授予“民进全国反映社情民意先进工作集体”称号，“支教助学”被评为“民进全国社会服务暨脱贫攻坚工作优秀成果”。市委会被民进省委会授予“2020年民进广东省参政议政工作先进单位”称号。

【组织建设】 2021年，民进揭阳市委会线上开展“庆祝三八妇女节，学党史会史”知识竞赛，线下举办“庆祝中国共产党成立100周年书画摄影展”，组织基层会员到惠来大南山革命纪念馆等地开展党史学习教育活动，揭东区支部牵头区各民主党派开展“学党史，砺初心”主题学习，普宁市支部组织会员到庄世平博物馆和杨石魂故居参观学习。编撰《正道笃行——民进揭阳市第四届委员会工作回顾（2016—2021）》专刊。召开民进揭阳市第一次代表大会，选举产生民进揭阳市第五届委员会，主任委员1名，副主任委员4名，委员10名。配合区划调整完成产业园支部并入揭东区支部工作，完成企业界会员联谊会换届工作。对《中国民主促进会规章制度制定条例》等4项制度及其配套制度执行情况开展专项监督。本年度发展新会员8名，林正忠被评选为“民进全国脱贫攻坚民主监督工作先进个人”，王洁生被民进省委会评选为“广东民进优秀会员”。

【参政议政】 2021年，民进揭阳市委会组织会员参加2021年省、市“两会”，《关于创建揭阳卫生健康学院的提案》等2件被省政协大会立案，《关于推广顺德土地整合经验，推动新一轮高质量发展的提案》被评为省政协2020年优秀提案、民进广东省委会2020年参政议政成果一等奖；向市政协大会提交提案21件，立案15件，占全市立案总数的16.13%，《关于全面贯彻实施〈揭阳古城保护条例〉，建设活力古城的建议》等2件被列为市政协六届五次会议以来优秀提案；向市人大递交多件议案，其中《关于加强揭阳古城天际线保护的建议》等7件被立案。此外，《关于进一步推进我市中小学生校内课后托管工作的提案》等3件平时提案被市政协立案，占全市立案总数的50%；《关于鼓励民资在欠发达地区兴办“居家养老服务”的建议》等3条社情民意信息被民进省委会采用。到挂钩服务民营纳税

2021年3月19日，民进揭阳市委会组织会内外骨干教师到揭西县上砂中学开展教学交流活动。图为民进教师会员黄苏布在上示范课

（民进揭阳市委会 供图）

大户广东威孚包装材料有限公司、普宁市英歌山（大坝）污水处理厂等单位进行专题调研；到惠来县开展“发展海洋经济，建设海洋强市”专题调研，形成《关于发展海洋经济 建设海洋强市的建议》；参与“提升村医能力，织牢健康网底”联合调研；榕城区总支组织部分骨干会员赴潮州考察，学习借鉴潮州古城保护和文旅结合的先进经验。

【社会服务】 2021年，民进揭阳市委会组织骨干教师和教育专家到揭西县上砂中学开展教学交流活动，助力乡村中学更新教育理念、改进教学方法。前往梅云街道群英小学开展慰问教师活动，呼吁社会各界人士关心和支持革命老区办好教育。到揭东区埔田镇牌边村开展“心系群众送温暖，助力乡村谋振兴”主题活动，走访慰问该村40户“五保户”“低保户”家庭，送上食用油、大米、慰问金等。揭西支部向揭西县特殊教育学校捐款2万元，用于做好学生安全防护工作。普宁市支部联合有关单位到梅塘镇走访慰问35户“五保户”“低保户”，送去慰问金和食用油、大米等生活物资；到南溪镇开展文化下乡活动，送出画册一批。

（民进揭阳市委会）

中国农工民主党揭阳市委员会

【农工党揭阳市委会概况】 2021年，农工党揭阳市委会内设工作委员会4个，下设基层支部14个，党员337人，平均年龄43.3岁，其中高级职称21人、中级职称157人。任市人大代表1人，其中市人大常委会委员1人；任市政协委员7人，其中市政协常委4人。年内，加强自身建设，提高参政议政水平，积极履行党派职能，顺利完成换届工作。揭阳市中医院支部被农工党中央评为“脱贫攻坚工作先进集体”，党员陈美华被农工党中央评为“脱贫攻坚工作先进个人”。

【思想建设】 2021年，农工党揭阳市委会学习贯彻习近平总书记在庆祝中国共产党成立100周年大会上的重要讲话精神，深刻领会和把握习近平总书记“七一”重要讲话精神实质和核心要义，学习中共中央十九届六中全会精神和《中共中央关于党的百年奋斗重大成就和历史经验的决议》。加强思想建设，各支部组织党员分批次赴潮州、海陆丰革命根据地、揭阳学宫等地开展庆祝中国共产党成立100周年暨中共党史学习教育，并深入学习贯彻习近平总书记在中共党史学习教育动员大会上的重要讲话精神及陈竺在农工党中央召开的中共党史学习教育动员部署会上的讲话精神。

【组织建设】 2021年，农工党揭阳市委会吸收新党员4名，各支部完成换届工作。7月20日，中国农工民主党揭阳市第五次代表大会召开，审议并通过农工党揭阳市第四届委员会工作报告，选举产生新一届委员会，其中主任委员1名，副主任委员4名，委员10名。12月11日至12日，农工党揭阳市委会组织骨干党员赴梅州开展“不忘合作初心，继续携手前行”主题教育活动，在梅州党校举办学习中共十九届六中全会精神专题班，到东江工农红军总指挥部旧址、农工党创建人黄琪翔纪念馆、“三河坝”战役纪念园等地进行现场教学。12月18日，农工党揭阳市委会组织开展党员篮球友谊赛。

【参政议政】 2021年，农工党揭阳市委会参加市委、市政府及有关部门组织的情况通报会、座谈会、征求意见会、协商会，发挥政治协商职能，积极建言献策。农工党员担任各级人大代表、政协委员，积极参与有关会议和调研、视察等活动，认真履职尽责。在市政协六届五次会议期间提交提案16件。经市政协提案委员会审查确定，立案10件，转为建议意见6件，其中《关于加快206国道改线的建议》被评为优秀提案。深入调研，形成《关于全面提升揭阳水资源保障能力的建议》调研报告。

【社会服务】 2021年，农工党揭阳市委会围绕乡村振兴和健康中国，开展社会服务。农工党揭阳市中医院支委会组织医院专家团队到新兴

2021年12月28日，农工党揭阳市委会联合农工党空港支部在京南小学举行“关怀下一代 送书进校园”捐赠活动　　（农工党揭阳市委会　供图）

北社区开展“学党史 跟党走 办实事 送健康”义医义诊；农工党广东省委会发出支持“乡村医生培训公益项目”倡议；农工党揭阳市委会号召全体农工党员为同心圆工程99公益日村医培训公益项目筹款，捐出12786.46元；农工党揭阳市委会联合市直三支部、市中医院支部到空港砲台镇浮岗社区开展送医送药公益活动；农工党揭阳市委会联合空港支部到空港京岗街道京南小学举行“关怀下一代 送书进校园”捐赠活动，捐赠图书1300余册。

（农工党揭阳市委会）

九三学社揭阳市委员会

【九三学社揭阳市委会概况】 2021年，九三学社揭阳市委会会员113人，其中高级职称35人，中级职称39人。榕城支社和书画支社分别成立“社员之家”，为社员学习、组织活动提供新的阵地。市、区两级“两会”换届，社员担任市政协副主席1人、常委3人、委员8人，市人大代表3人；区（县、市）政协常委3人、委员4人，人大常委会委员1人、代表2人。年内，九三学社揭阳市委会履行党派各项职能，顺利完成换届工作。九三学社揭阳市委会被社中央评为“九三学社脱贫攻坚民主监督先进集体”，被九三学社广东省委评为“2020 -2021年机关建设先进集体”“2019—2020年度九三学社广东省委员会参政议政工作先进集体”。

【思想建设】 2021年，九三学社揭阳市委会通过主委会议、委员全体（扩大）会议、基层组织活动以及网络平台等形式多渠道多层面深入学习中共十九届六中全会精神、习近平总书记在庆祝中国共产党成立100周年大会上的重要讲话精神、《中国共产党统一战线工作条例》、中央经济工作会议精神等。举办庆祝中国共产党成立100周年暨九三学社创建76周年活动，举行中共党史学习教育培训班和羽毛球友谊赛。组织社员到普宁市什石洋红色教育基地和汕头市红色交通站开展学习教育活动。举办庆祝中华人民共和国成立72周年书画展，展出社员作品近百幅。各支社分别到揭东区五房村、揭西县火炬村、惠东县高潭镇等革命教育基地开展学习活动。

【组织建设】 2021年7月20日，九三学社揭阳市第二次代表大会在市区召开，会议选举产生九三学社揭阳市第二届委员会，主任委员1名，副主任委员1名，委员6名；调整优化监督委、参政议政专委、社会服务专委和书画院组成人员。转入社员3人，其中高级职称2人。吸收新社员7人，其中高级职称3人。加强机关规范化建设。以社中央全面开展机关规范化建设交叉检查为契机，落实上级有关要求，完成制度建设、发文处理、机关运作规范、档案管理、用语规范、机关能力建设等方面的工作，通过社中央组织的2021年交叉检查。

【参政议政】 2021年，九三学社揭阳市委会参加2021年度揭阳市党外人士座谈会，就增进共识、凝聚力量，推动揭阳高质量发展提出意见建议。参加市委书书记征求意见座谈会，就中共揭阳市第七次代表大会报告提出意见建议；参加市政协书记走访民主党派活动，就党派自身建设和履行职能进行交流协商；参加市委以及市委统战部召开的各种征求意见座谈会、民主协商会、情况通报会等。到全市有关部门、行业协会、企业，通过实地座谈，开展“揭阳市传统制造业数字化转型”重点专题调研。组织到中山、珠海和佛山等市学习调研，借鉴珠三角发达地区推动传统制造业数字化转型的先进经验。形成建议意见提交中共揭阳市委作决策参考，形成政协提案提交有关部门办理落实。参与市各民主党派、知联会、新阶联就“提升村医能力，织牢健康网底”开展的专题联合调研。2021年度主委吴少珍提交省政协个人提案2件，立案2件；社市委提交市政协六届五次会议集体提案16件，立案12件，转建议4件。其中被列为市领导督办重点提案2件，3件被评为优秀提案。政协委员个人提交提案5件，立案3件，转建议2件；社市委提交平时提案1件，立案1件。参与提案办理协商、提案督办

2021年7月20日，九三学社揭阳市第二次代表大会在市区召开，会议选举产生九三学社揭阳市第二届委员会 （林洁松 摄）

和考评活动，跟进提案的办理落实。市教育局、执法局、文广旅体局等单位到社市委机关就提案答复进行沟通。

【社会服务】 2021年，九三学社揭阳市委会支持配合社省委开展助力揭阳市乡村振兴活动工作。社省委组织社员专家到揭阳现场考察埔田镇念恩山生态园，指导埔田镇规划建设。社省委组织省直基层、社汕头市委的农业、医卫方面的社员专家到揭东区埔田镇开展助力乡村振兴科技下乡活动，到现场指导农业生产，为镇卫生院医生作专题培训，为当地群众义医义诊；组织社员专家到埔田镇慰问困难群众。与市工信局联合开展“数字化走进产业集群”宣讲活动，分别在揭东区、榕城区和普宁市举办“数字化走进注塑产业集群”“数字化转型走进金属产业集群”和“数字化走进纺织服装产业集群”三场宣讲活动，邀请专家学者、标杆企业负责人分享案例和经验。榕城支社开展“学党史、办实事、送健康下乡”活动；联合泰康人寿揭阳中心支公司在揭阳市聚龙湾护理院开展“初冬送温暖　浓浓敬老情”活动；普宁支社联合普宁市人民医院开展“关注身高，启航未来”儿童生长发育科普线上讲座；参加家庭医生守护您健康的朋友“世界家庭医生日”宣传活动暨义医义诊。医卫支社和书画支社联合到揭西县坪上镇瓜田村开展学习十九届六中全会精神暨助力乡村振兴活动。

（九三学社揭阳市委会）

揭阳市工商业联合会

【揭阳市工商业联合会概况】 2021年，揭阳市全市工商联组织会员13244个，执委会成员766个，其中市工商联执委会成员216个。全市县级工商联组织6个，乡镇（街道）商会36个，团体会员26个，主要涉及五金、不锈钢、塑胶鞋业、纺织服装、珠宝玉器、电子商务、物流等行业。

【政治引领】 2021年，揭阳市工商业联合会学习宣传贯彻习近平新时代中国特色社会主义思想和党的十九大、十九届历次全会、习近平总书记系列重要讲话重要指示批示精神。组织学习宣传贯彻习近平总书记“七一”重要讲话精神并印发《揭阳市工商联（总商会）学习宣传贯彻习近平总书记在庆祝中国共产党成立100周年大会上的重要讲话精神特刊》；由市工商联班子成员挂钩联系各个基层工商联、行业商协会及其会员企业，通过各种方式，及时传达十九届历次全会、习近平总书记重要讲话重要指示批示精神。举行多场次“百场党课进千家商会万家民企”理想信念教育活动，组织市级行业商协会会长代表和行业商协会党组织主要负责人、民营企业党组织负责人参加“学党史　感党恩　听党话　跟党走”党史学习教育走进延安、西安活动。组织企业家赴中山大学举办“揭阳市优秀青年民营企业家能力提升研修班”；创新开辟“揭商学堂”并开展活动15期次、举办揭商大讲坛4期、揭商沙龙1期；推荐组织企业家参加省、市各类培训活动，提高民营企业家综合素质。以筹备工商联换届为契机，开展“创新型、成长型民营中小企业走访调研活动”，加大对专精特新“小巨人”企业及传统行业龙头企业负责人和高级管理人才的发现、培养、选拔力度。

【非公党建工作】 2021年，揭阳市工商业联合会做好省、市、县工商联和市级有关行业商协会的工商联执委企业及商协会会长企业“双同步”及“两个覆盖”等工作，基本形成本领域非公党建工作台账；完善市工商联驻会领导联系基层和非公有制经济代表人士工作制度，发挥党建指导员作用，加强对行业商协会党建工作的指导，推动市玉器珠宝电子商务协会成立联合党支部。活跃基层党组织活动，指导市江西商会举办“不忘初心、牢记使命——‘潮汕七日红’精神对现代企业管理的启示”主题党课学习交流会；指导市投资协会党支部举办“踏寻先烈足迹　汲取奋进力量”建党百年主题学习教育活动；指导市湖南商会开展“学党史　强信念　感党恩　跟党走”主题党日活动，以党建促会建；联合粤渝赣七市召开“学党史、守初心，促进非公经济领域党建工作发展”重庆-吉安-潮汕四市-深圳潮汕商会非公组织党建工作联席会议，积极探索和创新非公党建工作的新方法；开展加强新时代省民营经济领域党建工作专题调研活动，基本形成本领域非公党建工作台账，并就揭阳市如何夯实非公党建工作基础，增强非公党建工作实效，破解非公经济领域基层党建工作难题提出意见建议；推荐广东利泰制药股份有限公司党总支部、巨轮智能装备股份有限公司党支部两个党组织为全省非公经济领域党建工作创新案例，不断提升非公党建服务水平；同时，做好市委“两新”工委直接联系点工作。

【组织建设】 2021年，揭阳市工商业联合会加强机关、工商联组织和行业商协会建设，组织党史学习教育专题学习4场次，专题党课4场次，组织开展重温入党誓词、讲党课、党史主题观影、走访慰问和“送讲话、送政策”进商会、进企业等活动多场次。谋划筹备市工商联（总商会）第六次会员代表大会召开前期准备工作，做好执委有关人选了解与物色、材料收集等基础工作，推进换届工作。推荐市塑胶行业协会、市电子商务协会与省标准化专业技术委员会进行结对共建。制订揭阳市“五好”县级工商联和“四好”商会建设方案，推荐惠来县工商联、揭西县工商联申报全国“五好”县级工商联；推动榕城区工商联、揭东区工商联申报省“五好”县级工商联。推荐指导市电子商务协会、市湖南商会申报省“四好”商会。

【经济服务】 2021年，揭阳市工商业联合会加强法律服务，依托粤商通智慧平台和市企业诉求办理响应平台，及时处理企业反映的有关诉求；向民营企业发放宪法读本，引导民营企业及企业家牢固树立宪法法律意识；联合市司法局、市律师协会建立“揭阳市千所联千会”机制；邀请检察官讲授民企涉刑讲座；推荐与市塑胶行业协会、市珠宝玉器电子商务协会作为“广东省工商联法律服务示范点”。联合市纪委成立揭阳廉洁企业联盟，大力弘扬廉洁文化，每半年在全市随机选取100家民营企业作为“政务服务、营商环境监测点”，为提升政务服务效能，优化营商环境提供数据支撑，初步建立政务服务、营商环境监测机制；联合市人社局、总工会召开“和谐同行”千户企业培育共同行动工作部署会，多方推动构建和谐劳动关系；配合市发改局开展全省营商环境评价工作。做好“暖企”行动，携手市税务局开展“春雨润苗”专项行动，举办“税费优惠政策云讲堂”、减税降费宣传进商协会等活动，靠前宣传各类税费优惠政策，及时收集反映小微企业涉税涉费诉求，为企业解疑释惑、纾困解难；与揭阳银保监分局、市银行业协会联合，走访重点行业商协会并举办政银企业务对接座谈会，助力民企解决融资问题；加强经贸对接，组织发动民营企业参加BEYOND国际科技创新博览会、2021年澳门国际环保合作发展论坛及展览、第十五届亚洲金融论坛等商务活动，开阔企业家眼界，助力企业拓展市场。坚持以“三贡献一高一强”为主要衡量标准，助推优质项目精准引进，协助揭阳、汕头、河源三市农商行系统党委举办“2021年广东农信粤东资产推介会”，邀请上海、贵州、广州、深圳、珠海、中山、惠州、河源等地的潮（揭）籍商会及揭阳本地有关行业商协会代表到现场参加推介活动，洽谈项目；协助市招商办赴珠三角开展招商推介活动，走访广州、东莞、惠州等地揭籍商会并举行招商推介座谈会，积极对外宣传推介揭阳投资环境，助力招商选资工作。

【参政议政】 2021年，揭阳市工商业联合会推荐民营企业家作为市政协委员人选，鼓励其发挥独特优势，积极建言资政；联合市委统战部邀请暨南大学专家团队莅揭开展《揭阳市民营经济人士思想状况研判》和《揭阳市民营企业经营状况研判》专题调研，为揭阳市民营经济把脉开方，形成专题报告供市委、市政府参考应用；开展“揭阳市工商联会员工作专题研究”“揭阳市行业商协会改革发展情况报告专项调研”“全联第1—4季度民营企业运行状况调查”“民营企业运行状况调查”“民营企业劳动关系状况监测调查”等专项调研10多场次，完成调研问卷近1000份。

【光彩事业】 2021年，揭阳市工商业联合会引导民营企业、行业商协会和旅外乡贤参与扶贫济困活动和“万企兴万村”行动，助力揭阳乡村振兴战略的实施。参与2021年广东扶贫济困日活动筹备组织工作，宣传发动25家行业商协会、18家民营企业捐款8322.8万元助力全市脱贫攻坚成果巩固和实施乡村振兴工作。协调市农业农村局、乡村振兴局、光彩会、农业发展银行、农业银行等单位，牵头成立揭阳市民营企业“万企兴万村”行动领导小组，制定并印发《揭阳市民营企业“万企兴万村”行动实施方案》，助推全市乡村产业、人才、文化、生态、组织振兴，促进农业高质高效、乡村宜居宜业、农民富裕富足。截至2021年末，发动230家民营企业、商协会参与乡村振兴“万企兴万村”行动。

（陈子佳）

2021年6月30日，揭阳市工商联合会携手市税务局开展“春雨润苗”专项行动，举办“税费优惠政策云讲堂”、减税降费宣传进商协会

（市工商联 供图）

群众团体

揭阳市总工会

【工会概况】 2021年，揭阳市各级工会组织加强工会党的建设，推进工会改革、服务职工群众，筑牢基层基础，构建和谐劳动关系。2021年，揭阳市总工会推荐评选全国工人先锋号1个、“五一劳动奖章”1名，评选省“五一劳动奖状”9个、“五一劳动奖章”7名。命名表扬一批市“五一劳动奖章”“五一劳动奖状”。打造6家具有揭阳特色和传统产业特色的劳模和工匠人才创新工作室，其中电力技术、玉雕技术等2家被评为省劳模和工匠人才创新工作室。至年底，全市在“粤工惠”平台登记工会1840家，其中基层以上工会257家，基层工会1583家，会员131909人，实名注册会员111326人。

【思想政治引领】 2021年，揭阳市各级工会组织强化思想政治引领，开展“中国梦·劳动美——揭阳风采”全市职工迎新年摄影展、建党100周年“中国梦·劳动美——永远跟党走，奋进新征程”“中国梦·劳动美——我心向党”送文艺进企业活动和革命歌曲“十大歌手”大赛和“共阅读同成长”中国共产党成立100周年系列阅读活动等。组织全体党员干部到三河坝战役纪念馆、揭阳学宫、普宁南溪杨石魂故居开展主题党日活动，做好“两新”组织挂钩点——巨轮智能装备股份有限公司党支部的党建工作，推动组工干部到基层社区党支部报到指导党建工作，推动党组织和在职党员到社区“双报到”。

【和谐劳动关系】 2021年，揭阳市总工会成立维护劳动领域政治安全专项行动领导小组，牵头开展维护劳动领域政治安全专项行动，与市委政法委、市公安局联合发文制定专项行动方案，防范抵御敌对势力向劳动领域渗透，开展重点企业、行业、群体涉稳风险专项排查，全年未发生因劳资纠纷引发的重大涉稳涉政治安全事件。深化“法院+工会”工会律师进驻企业工作，扩大律师团规模，推进劳动关系“和谐同行”能力提升三年行动计划，开展“尊法守法·携手筑梦”服务农民工法律服务行动，发挥12351职工

2021年11月26日，揭阳市总工会主办“中国梦·劳动美”学习宣传党的十九届六中全会精神“永远跟党走　奋进新征程”送文艺进企业活动，走进中电投前詹港电有限公司、中交四航局揭阳分公司

（市总工会　供图）

热线作用，畅通职工诉求表达渠道。组织集体协商指导员参加省总工会培训，聘请专职集体协商指导员，构建和谐稳定劳动关系。配合做好根治拖欠农民工工资工作，维护农民工劳动报酬权益。维护快递员、网约工、货车司机等新就业形态群体合法权益，深化群众性安全生产和职业病防治工作。

【服务职工群众】 2021年，揭阳市各级工会以职工需求为导向，开展送文艺、送书籍进企业活动；做好“求学圆梦行动”一线职工提升技能补贴申报发放工作、“冬送温暖、夏送清凉”进一线等暖心行动；建设和命名一批户外工会“爱心驿站”“爱心妈妈小屋”“职工书屋”等设施；开展困难职工慰问、“金秋助学”、女职工“两癌”筛查和职工免费体检、职工互助保险、“平安返乡・温暖同行”助力职工平安返乡志愿服务等活动；全市各地投入20多万元开展“情暖劳动者・喜粤过大年”普惠行动，普宁市总工会在普宁国际商品城举行“工会进万家・情暖新业态”关爱活动，给普宁美团骑手们送出慰问大礼包580个。完善职工互助保障制度，推广职工住院“二次医保”。与市扶贫办联合开展消费扶贫行动，开展增加600元节日慰问品经费采购帮扶产品，鼓励基层工会增加一次性节日慰问额度用于购买扶贫产品，发挥工会助农帮扶作用。揭西县总工会增加会员经费额度，投入工会经费70多万元，用于购买消费帮扶农副产品，助推该县农业产业发展和农民增收创收。工会干部到基层围绕“五个一”（即帮助基层和职工办一批实事，完成一个蹲点调研工作报告，组织一场党史学习教育主题活动，推动一批重点企业和重点群体建会入会，指导一批基层工会规范化机制建设）开展工作，提升工会机关服务基层服务职工的能力。

【弘扬劳模精神】 *劳动和技能竞赛* 2021年，揭阳市总工会在大南海中国石油广东石化公司、中电投揭阳前詹港电有限公司、中交四航局揭阳分公司、靖海电厂四大赛区组织开展“当好主力军、建功十四五”重点工程劳动竞赛。通过网络连线，在中交四航局揭阳分公司分会场参加广东省“十四五”主题劳动和技能竞赛启动暨粤港澳大湾区劳模和工匠人才创新工作室联盟发布仪式活动，启动揭阳市“建功‘十四五’，奋进新征程”主题劳动和技能竞赛活动。与省珠宝玉石首饰行业协会、市税务局、电力局、消防局、移动公司、电信公司、联通公司等单位联合举办职业技能竞赛活动。榕城区总工会与中国电信揭阳城区分公司联合开展2021年智慧家庭工程师技能竞赛，惠来县总工会联合县供电局举办2021年惠来县电力行业配电专业技能竞赛活动。

劳模先进和劳模工匠人才创新工作室推荐评选 2021年，揭阳市总工会推荐评选全国工人先锋号1个、“五一劳动奖章”1名，评选省“五一劳动奖状”9个、“五一劳动奖章”7名。命名表扬一批市“五一劳动奖章”“五一劳动奖状”。打造6家具有揭阳特色和传统产业特色的劳模和工匠人才创新工作室，其中电力技术、玉雕技术等2家被评为省劳模和工匠人才创新工作室。

劳模精神、工匠精神、劳动精神弘扬 2021年，揭阳市各级工会营造劳动创造幸福的氛围，做好困难劳模的调查摸底工作，建立健全揭阳市困难劳模的档案和数据库。在揭阳广播电视台《揭阳新闻》中开辟《最美工匠》栏目，宣传报道最美工匠的事迹，讲好最美工匠故事。组织劳模疗养，开展困难劳模帮扶、体检等工作，做好劳模管理和服务。

【深化改革创新】 *基层工会建设* 2021年，揭阳市总工会谋划推进基层工会“一镇一社会化工会工作者、一镇一职工服务中心、一镇一党工共建示范点、一镇一劳动者驿站”“四个一”建设。推进“八大群体”和百人以上企业建会行动，成立揭阳市新业态行业工会工作委员会，推动中小微企业、新业态劳动者建会入会，加强机关、事（企）业单位、社会组织建会。抓好全市“三个一批”示范点、重点工程项目工会、“司机之家”等工会阵地建

2021年3月30日，广东省重点工程广东石化项目2020年劳动竞赛总结表彰暨2021年劳动竞赛启动大会在揭阳大南海石化工业区举行

（市总工会　供图）

设，揭阳市工会基层组织建设在省考核中排第一名。

“粤工惠”平台建设 2021年，揭阳市推进“各县（市、区）6+1视频会议室”项目建设力度，发挥粤工惠App揭阳工会平台服务功能，加强会员管理，实施工会会员实名制管理。至年底，全市登记工会1840家，其中基层以上工会257家，基层工会1583家，会员131909人，实名注册会员111326人。

产业工人队伍建设改革 2021年，揭阳市起草《揭阳市新时期产业工人队伍建设改革重点任务分工方案（送审稿）》，联合各部门成立领导小组，统筹推进揭阳市产业工人改革各项工作。

【加强自身建设】 2021年，揭阳市总工会加强干部队伍建设，到省总干校河源基地开展工会干部培训，举办2021年社会化工会工作者工会业务培训班，提高工会干部和基层社会化工会工作者素质和能力。提升和规范工会财务工作，返回小微企业工会经费299万元，帮助70家企业渡过难关。调整行政事（企）业单位工会经费分配比例，修订《揭阳市总工会机关财务管理制度》《揭阳市总工会招标采购内部控制管理制度》等，规范市总工会日常经费管理和财务监督检查。

（王嫣然）

共青团揭阳市委员会

【团委概况】 2021年，团市委强化青少年思想政治引领，开展青年人才工程、青年创新创业创优，服务青年成长成才。加强基层组织建设，助力社会治理创新。至年底，全市建立团组织9365个，录入团干部13111名，报到团员175628名。团市委机关党支部被评为“市直先进基层党组织”。全市两新团组织135家，青年之家174家。完成全市1627个村（社区）团组织统一换届工作，全市初中、小学全部成立学校少工委，市县两级均成立教育团工委，中学团校覆盖率100%。

【建党100周年主题宣传教育实践活动】 2021年，团市委举办揭阳共青团党史学习教育暨纪念五四运动102周年座谈会、学习贯彻习近平总书记“七一”重要讲话精神座谈会暨“灯塔工程”宣讲活动；邀请市委党校教授为市县镇三级团干部作“潮汕七日红”历史专题授课；组织召开全市中学共青团党史学习教育研讨会、学校少工委主任研讨班，聘请一批“揭阳市红领巾巡讲团”成员。开展比学赶超的“竞赛式”学习教育，组织全市青年党团员代表400人，到红色村什石洋村开展专题党团课和大型户外党史知识竞赛。组建30支揭阳市青少年传承红色基因志愿宣讲队，开展传承红色基因志愿宣讲员选拔大赛，制作周恩来同志革命旧址、汾水战役纪念碑及纪念馆等宣传片；举办“绽放青春梦·唱响新时代”揭阳市2021年“文明新青年”高校十大校园歌手大赛；组织市青联委员等赴揭阳学宫、汕尾市红色教育基地等接受革命教育；指导青联组织和各青年协会开展“红歌献党”音乐会、美术作品展、书法展、党史分享会等宣传教育实践活动。运用“历史图片+影视资料”形式，制作揭阳市青少年党史学习教育“红色地图”；评选优秀中学团校“百佳微团课”23个并进行视频展播；开展少先队红色儿童剧目创编和演绎活动。

【青少年思想政治引领】 2021年，团市委结合“五四”“六一”“七一”等重要时间节点，开展主题团队日、红色教育、仪式教育等活动5853场次。开展“两红两优”“优秀少先队集体及个人”“最美志愿者”等各类评比活动，选树青年先进典型，全市1个集体、1名个人获评全国“两红两优”，181个集体、754名个人获评省、市团组织表彰奖励。与揭阳日报社合作开设《身边故事》专栏，宣传青年典型近30人。强化团干部理论武装，举办揭阳青年大讲堂4期，开展团干讲党团课400场次、“青年大学习”网上主题团课学习观看超50万人次。各级团组织开展党史学习教育5900场次、习近平总书记“七一”重要讲话精神学习5681场次、党的十九届六中全会精神学习5546 场次。深化打造“小揭”“小阳”青年志愿者卡通形象，推出疫情防控、青春自护等主题宣传视频10多条。

【青年人才工程】 2021年，团市委贯彻落实市委人才工作会议精神，开展绿色石化青年人才考察交流活动，筹备成立揭阳市青年硕士博士联合会。依托市大学生发展基金会开展大学生回归助力家乡建设行动，基金会成立9年资助寒门学子4662名，筹集爱心善款超过6000万元；建立揭阳市大学生大数据服务平台，推动揭籍学子与揭阳企业的常态化互动交流。举行揭籍大学生“回家行动”宣传动员大会暨大学生专业技能奖项颁奖仪式，895名大学生获奖。联合市教育局、人社局成立各地高校揭籍大学生联络员队伍，成立团市委驻北京工作委员会。

【青年创新创业创优】 2021年，团市委开展青年创意创新创业促进行动，争取广东省“创青春”文旅专项赛落地揭阳举办，730个项目报名参赛。举办6期青年创新创业沙龙活动。推荐8个优秀青年项目参与省“创青春”竞赛，联合市科技局举办

2021年2月26日，揭阳市举办2021年揭籍大学生“回家行动”宣传动员大会暨大学生专业技能奖项颁奖仪式 （团市委　供图）

青年创新创业大赛。组织开展青年文明号评审和集中月活动，5个市级青年文明号参与省级创建，1个青年文明号获评广东省青年文明号标兵称号。开展建设一线青年突击队创建行动，联合中国石油工程建设有限公司广东石化项目部举行全国青年安全生产示范岗揭牌暨青年突击队创建活动启动仪式。

【助力乡村振兴】　2021年，团市委根据市委、市政府工作部署，全力做好乡村振兴驻镇帮镇扶村各项工作。组织实施“高校毕业生志愿服务乡村振兴行动”，91名高校毕业生回到基层、建设家乡。深入推进乡村青少年健康成长“两帮两促”行动，联合市乡村振兴局举办农村青年致富带头人培训班，培训人员100名。持续深入实施“青年云支教”、就业创业帮扶和乡村青少年体质健康、心理健康促进行动等，63名“山区计划”志愿者、3名社工奔赴全市乡村学校开展支教、社工服务。深入开展“保护母亲河”“河小青”、垃圾分类、环境卫生整治等志愿服务活动。团市委驻揭西县灰寨镇老宫林村工作队获评“揭阳市脱贫攻坚先进集体”，1名干部获评“揭阳市脱贫攻坚先进个人”。

【助力文明城市创建】　2021年，团市委开展创建全国文明城市志愿服务行动，推进揭阳市注册志愿者褒奖激励计划，开展“我为党旗添光彩”揭阳市2021年“千场志愿服务进社区（村）”活动和志愿服务集中月暨文明创建志愿服务系列活动，团市委统筹市直单位开展“千场志愿服务进社区”活动。全年举办志愿服务公益集市活动4场次。开展“文明斑马线”交通劝导志愿服务行动等，参与志愿者超1万人次。新建设1个志愿服务幸福驿站，为市区25万多名志愿者购买人身意外保险。

【助力社会治理创新】　2021年，团市委积极投身常态化疫情防控工作，开展疫情防控和疫苗接种志愿服务活动，关心慰问疫情防控志愿者、工作人员、快递小哥等群体。强化预防青少年违法犯罪及权益维护工作，联合市禁毒办开展禁毒短视频征集活动、国际禁毒日宣传活动暨青少年禁毒作品颁奖仪式。成立揭阳市青少年心理健康志愿服务队，参与青少年心理健康辅导及公益宣传等有关志愿服务活动。邀请揭阳学院心理健康专家作青少年心理健康专题辅导讲座。完善“12355”热线服务机制，依托社工机构提供热线揭阳地区线下服务，每个县（市、区）均建立“12355”线下服务站。联合市法学会开展“百名法学家百场报告会”——揭阳市预防青少年违法犯罪法治大讲堂宣讲活动。开展2022年揭阳市“共青团与人大代表、政协委员”面对面座谈活动。

【服务青年成长成才】　2021年，团市委推动《揭阳中长期青年发展规划（2020–2025年）》实施，市县两级建立联席会议机制并召开第一次联席会议，抓好榕城区实施广东省中长期青年发展规划首批综合试点工作。深化“展翅计划”大学生就业创业能力提升行动，面向行政机关、企事业单位等开发1356个实习岗位。举办揭阳市“圆梦计划”开学典礼暨圆梦学员交流营，帮助100名新生代产业工人成功入读大学，在“广东技工”“南粤家政”相关企业挂牌成立团支部和青年匠才培养基地。做好“青年安居”工作，为青年提供政策咨询和房源信息等相关服务。举办云脱单青年线上联谊活动4期。办好“青春情暖”“红领巾基金”“希望家园”等项目，推动10个“童心港湾”项目点常态化运作。联合中国移动揭阳分公司举办南粤会亲活动，结对资助困难小学生100名；联合揭阳市读书协会等为外来工子女免费送学业大礼包；联合市邮政局开展关爱快递小哥“暖蜂行动”慰问活动。接待粤澳青年创新发展协会考察团一行、粤澳青年交流促进会到揭考察交流，举行揭阳、香港两地创业青年线上交流座谈会。开展“青年同心圆”计划，联合港澳台青少年社团开展寻根问祖、文化体验、创业实践等交流合作项目。

【基层组织建设】　2021年，团市委推动补齐基层团组织人手配备、资金保障、阵地建设等短板。推动普宁市做好县域共青团基层组织改革扩大试点工作，完成市青少年活动中心2名人员招聘工作。强化党建带团建，启动新一轮深化团的基层建设“命脉工程”。深化“智慧团建”，全市建立组织9365个，录入团干部13111名，报到团员175628名。推进“三个百分百”，全市新建两新团组织135家，累计新建青年之家174家。推动全市县镇两级团委集中换届工作，完成全市1627个村（社区）团组织统一换届工作。开展基层团务培训5场次。贯彻落实党中央《关于全面加强新时代少先队工作的意见》，将贯彻落实情况列入市级党委教育工作领导小组年度重点工作，少先队工作纳入中小学教育督导评估指标，联合市教育局举办贯彻落实中央《意见》专题研讨班。实现全市初中、小学全部成立学校少工委；开展“寻找最美南粤少年”和“红领巾奖章”争章活动，建设阶梯式成长激励体系；举办少先队辅导员培训班，成立“少先队辅导员导师团”。市县两级均成立教育团工委，中学团校覆盖率100%。联合市教育局大力推动学校团组织集中换届工作。团市委新配备挂职副书记1名、兼职副书记3名。选派6名团干部参加团中央培训，98名团干部参加团省委系列主体培训。开展团内请示报告、信息报送等制度执行督办。持续强化团干部作风建设和党风廉政建设。

（黄璇蕊）

2021年5月28日，共青团揭阳市委举办2021年揭阳市少先队“庆六一”主题队日活动

（团市委　供图）

揭阳市妇女联合会

【妇联组织概况】　2021年，揭阳市妇联坚持党建带妇建，深化妇联改革，加强基层组织建设，实施“我是妇联人，就在你身边”妇联组织力提升项目，办好妇女儿童十件民生实事。揭阳市首个省级“广东省三八红旗工作室——木槿花工作室”在揭阳市税务局揭牌成立，揭阳市妇联被评为“全国维护妇女儿童权益先进集体”“揭阳市先进基层党组织”“揭阳市脱贫攻坚先进集体”。

【基层组织建设】　2021年2月至4月，揭阳市完成全市村（社区）妇联换届工作选举产生新一届村（社区）妇联班子，选好配强基层妇联干部队伍，夯实基层妇联组织基础。新一届村（社区）妇联组织成员在年龄结构、文化程度等方面得到进一步优化。4月，联合市委组织部在中山大学举办为期五天的“揭阳市首期女性领导力专题研讨班”，市直和各县（市、区）50名正科级妇女干部参加研讨班。7至12月，组织开展巾帼心向党——寻找揭阳“最美妇联执委”活动。经推荐、评选、投票、公示等，选出揭阳“十大最美妇联执委”，“最美妇联执委”13名。12月，组织各县（市、区）妇联主席、“我是妇联人，就在你身边”妇联组织力提升示范点代表以及市妇联机关相关部室、下属单位和社会组织负责人等到梅州、河源两市开展交流学习活动，举办“交流同进步　互动促发展”妇联社团工作交流活动。粤东新城、市政务数据局成立妇委会，建立健全市直机关事业单位妇女组织。

【关爱妇女儿童健康】　2021年，揭阳市关注妇女民生，推进城乡妇女健康行动。围绕城乡妇女“两癌”免费检查项目相关政策、主题图文展、健康咨询、义医义诊等进行宣传，制作一系列妇女健康宣传折页、展板等宣传素材到各地开展10多场巡展，覆盖1000多人次；组织发动基层妇女群众参加妇女“两癌”防治知识到村（社区）活动，全市开展活动50多场，普及10000多人次；市妇联、市卫生局联合制定下发《关于印发揭阳市城乡妇女“两癌”免费检查项目工作方案（2020—2022年）的通知》，为全市135003名35至64周岁妇女提供一次免费“两癌”检查；市妇联联合中国人寿揭阳分公司印发《关于印发〈揭阳市巾帼健康行动之“她健康　揭幸福”惠民公益活动方案〉的通知》，实施“她健康”农村妇女关爱计划，为全市5万名农村妇女赠送总价值50万元“两癌”健康保险；实施“她健康”女性关爱计划、“家政保”巾帼家政呵护计划和“四送四献”公益活动；为全市36名“两癌”妇女筹集255000元资金实施救助，缓解农村困难妇女“两癌”术后资金不足的经济压力和精神压力。

2021年11月3日，广东省城乡妇女健康知识宣传活动巡展走进惠来
（市妇联 供图）

【维护妇女儿童合法权益】 2021年，揭阳市组织开展揭阳市妇联主席接听12338妇女热线活动，全年接待电话、信件、到访案件509件。“三个一”（即一月一场法治讲座，一月一场户外宣传活动和“巾帼普法，一周一讲”网上法治宣传活动）开展“学法守法用法 建设美好家园”法治宣传系列活动。全市妇联系统举办线上线下普法宣传2206场，受众近10万人，举办护苗行动、禁毒、反诈、反家暴、防艾滋病、宪法宣传讲座370场，受益16650人。联合公安反诈中心、禁毒办到榕城、揭东、普宁、揭西、惠来、空港等地开展保护女童、禁毒、反诈、反家暴、预防艾滋病等宣传活动，引导广大妇女学法用法，提升家庭成员的法律素质和维权能力，促进家庭文明和谐与社会稳定发展。协调有关部门和基层妇联，处理涉及家长虐待孩子，女童受猥亵、女童四处流浪、女童走失、妇女受丈夫家暴等妇女儿童权益舆情个案15件。11月，揭阳市妇联在普宁市中茵文化园培训基地举办揭阳市2021年妇女维权工作培训班。

【技能培训】 2021年，揭阳市各级妇联强化技能培训，提升妇女创业创新本领。推进“南粤家政”服务技能人才队伍建设，全年全市开展“巾帼创业我能行”揭阳市巾帼家政技能公益培训20场，覆盖农村妇女1000多人次，激发家政服务在促就业、扩内需、惠民生等方面的作用，提升全市妇女综合素质和就业技能，促进创业就业；创新带动就业，送师资送技能到家门口，做好巾帼致富带头人的发掘和培育，全市开展“我为群众办实事 科技服务惠万家”妇女培训，覆盖32000多人次，激发妇女参与乡村振兴、带动妇女致富增收的积极性与主动性。

【扶贫帮困】 2021年，揭阳市各级妇联关注民生，帮扶困境妇女儿童。为创业妇女提供小额担保贷款310万元；各级妇联筹措93.547万元资金及爱心书包、学习用品、红色书籍等物资，援助2609名孤贫儿童家庭；开展“她健康揭幸福”女性关爱行动，为5万名农村妇女赠送“两癌”健康保险，举办“四送四献”公益活动24场次，争取全国妇联专项基金为7名低收入“两癌”妇女实施救助；争取省妇联支持将价值17万元的家乡同心包等援助物资发放给578名困境妇女；争取省妇女儿童基金会等部门支持，实施“爱心家庭+留守儿童”公益项目，到基层2个项目点开展公益讲座及活动28场次，受益810人次，解决部分留守儿童成长中存在的自我保护教育、陪伴缺失等问题；做好乡村振兴驻普宁市高埔镇帮镇扶镇驻村工作。

【广东省三八红旗工作室——木槿花工作室】 2021年3月8日，揭阳市首个省级“广东省三八红旗工作室

2021年6月，广东省三八红旗工作室——木槿花工作室全体成员录制小视频为中国共产党百年华诞献礼
（市妇联 供图）

——木槿花工作室”在揭阳市税务局揭牌成立。该工作室由广东省“三八”红旗手、广东省五一劳动奖章获得者王瑾领衔，集合税务师、公职律师、法律硕士、市人大常委会财经咨询顾问等一批优秀女干部职工。木槿花工作室为女性干部职工学习、交流和活动提供专属场所和平台，通过开设讲座、发放学习手册等方式，宣传男女平等基本国策及有关政策法规，带动广大妇女群众弘扬“自尊、自信、自立、自强”精神，在高质量推进税收现代化新征程中贡献巾帼力量。

（市妇联）

揭阳市科学技术协会

【科协概况】 2021年，揭阳市科协组织22个，其中市级科协组织1个，县（市、区）级科协5个，市级学（协）会16个。全市各级科协及市属学协会，切实履行“四服务”职责，团结引领广大科技工作者，积极开展科学研究、技术推广、学术交流、科普宣传等工作。2021年全市各级科协系统举办学术交流活动24场（次），成立“揭阳市科普教育基地”18家，举办院士讲座2次，评选揭阳市首届“最美科技工作者”10名，开展各类科普宣传活动56场次。揭阳市2021年“全国科普日”暨“科普教育基地”授牌仪式活动被中国科协评为2021年全国科普日优秀活动、被广东省科协评为2021年广东省全国科普日优秀活动；普宁市消防救援大队被评为全民科学素质工作先进集体。

【科普阵地建设】 2021年，揭阳市科学技术协会引导更多社会力量参与和支持科学普及工作，创建基层科普示范阵地。揭阳市华美实验学校等18家单位被命名为“揭阳市科普教育基地”，惠来县被列为2021-2025年度全国科普示范县（市、区）广东省第二批创建单位。

【科普工作】 2021年，揭阳市科学技术协会加强科普宣传教育，全市科协系统在“科技进步活动月”“全国科普日”、防灾减灾等主题日期间开展各类科普宣传活动56场次，受众8万多人。通过“揭阳科协”微信公众号发布防灾减灾、科学防疫、垃圾分类等相关科普文章120篇；通过科技馆门前LED屏播放科普知识宣传视频5000次。揭阳市2021年“全国科普日”暨“科普教育基地”授牌仪式活动被中国科协评为2021年全国科普日优秀活动、被广东省科协评为2021年广东省全国科普日优秀活动；普宁市消防救援大队被评为全民科学素质工作先进集体。2021年1至6月，在市科技馆及各县区开展《病毒——人类的敌人还是朋友？》科普主题展览，展出8场次，服务群众1.5万人次。7月29日，举行2021年网民网络安全感满意度调查活动揭阳站启动仪式。9月14日，举行揭阳市2021年“全国科普日”暨“揭阳市科普教育基地”授牌仪式。10月26日，举行《广东省科学技术普及条例》巡回宣讲报告会。11月1日至5日，在普宁市、榕城区开展2021年“科普大篷车走基层暨科普之夜”活动。11月26日，“我和我的祖国——中国科学家精神”主题展广东巡展活动（揭阳站）启动仪式在揭阳市科技馆举行。做好2021年全国农民科学素质网络知识竞赛、2021年广东省科普讲解大赛、第二届广东省全民科学素质大赛、第三届“广东十大科学传播达人”评选等活动。加强青少年科学素养，在第36届广东省青少年科技创新大赛上，全市15个项目获奖。揭阳市华美实验学校被评为全省十佳优秀组织单位，钟志勇老师获全省十佳优秀科技辅导员。组织17支队伍参加第九届广东省青少年科技创新实践成果交流活动，15支队伍获奖。

【培训与服务】 2021年，揭阳市科学技术协会组织“全国科技工作者日”活动，开设科普网课及培训活动，组织科技专家到企业、农村、校园开展技术服务及防疫指导。开展寻找评选揭阳市首届“最美科技工作者”10名，召开科技工作者座谈会，并在市电视台、省科协网站开展系列宣传，树立优秀典型，大力弘扬科学家精神。推荐3名在互联网、智能制造方面取得较大科技成果的科技工作者申报第十五届潮汕星河国瑞科技奖，2人获奖。举办科学家精神报告团“传承2021”广东行活动，邀请彭士禄院士之女彭洁和黄旭华院士之女黄峻举行彭湃、彭士禄及黄旭华事迹报告会，传承红色基因，为青少年传播科学种子，引导青少年立志科技报国。4月份，邀请国际欧亚科学院院士、美国医学与生物工程院院士陈峰开展“搭建融通创新平台　助力产业创新发展——2021年院士普宁行”活动。9月份，邀请俄罗斯工程院外籍院士、华南理工大学原校长刘焕彬举办“科创中国”企业云课堂走进惠来直播课暨院士讲坛专题报告会。11月份，邀请中国工程院院士印遇龙到揭西举办“院士讲坛”活动，对揭西农业企业开展技术指导及技术服务对接，助力揭阳市创新驱动发展。

【基层科协组织建设】 2021年，揭阳市科学技术协会夯实“3+1”（“3”指吸纳医院院长、学校校长、农技站站长（简称“三长”）等“关键人物”进入县（乡）镇科协领导机构兼职挂职、发挥作用，“1”指加强上级科协指导。）基层科

2021年4月22日，揭阳市科协举行科学家精神报告团“传承2021”广东行活动，图为黄峻（黄旭华之女）在揭阳一中榕江新城校区做《黄旭华的故事》报告会　　（市科协　供图）

协组织建设。9月，惠来县前詹镇成立首个镇级科协组织，镇医院院长、学校校长、农技站长和企业家“三长一家”通过选举进入镇科协领导班子。至年底，普宁市和惠来县所有乡镇完成“3+1”全覆盖。加强市属学（协）会和科技社团党组织建设，市属学（协）会完成换届及年审制度，推动网络空间协会成立党支部。

（郭丹萍）

揭阳市归国华侨联合会

【侨联组织概况】 2021年，揭阳市侨联组织761个，其中地级市侨联1个，县（市、区）侨联6个，市侨联直属团体3个，县直属团体1个，乡镇侨联80个，村级侨联分会662个。

【组织建设】 2021年，揭阳市侨联组织加强组织建设，开展“侨胞之家”建设项目。2021年指导建立榕城区侨联等4个“侨胞之家”。举办基层侨联干部培训班，市、县、镇三级侨联干部50多人参加培训。前往各县（市、区）深入了解基层侨联组织在党建带侨建、基层组织建设、为侨服务等方面工作情况，为下一步侨联工作的开展提供决策参考。

【文化宣传】 2021年，揭阳市侨联加强广大青少年的爱国主义教育，联合揭阳市教育局，在全市各县（市、区）一所华侨学校举办“凝聚爱国心　永远跟党走”揭阳市红色侨批图片展巡回展览，80余批次5000多人次参观展览。与广东工业大学侨联联合举办以“揭阳华侨与中国红色革命”为主题的侨乡文化学术研讨会，会议深入探讨侨文化、侨建筑、侨教育业等。揭阳侨联和广工侨联共同推动“地方侨联+大学侨联+校友会”的新时代侨联工作模式。联合市越柬老归侨联谊会在揭东区锡场镇潭王村红色主题公园举办以“侨心永向党　共圆中国梦”为主题的揭阳市归侨侨眷颂歌献给党文艺活动。举办2021“亲情中华·为你讲故事”网上夏令营（广东揭阳营）活动，组织柬埔寨端华学校华裔青少年参加，增强海外华裔青少年学习中文、了解中华文化的热情。指导市侨青联举办书画鉴赏主题文化沙龙，进一步传承和弘扬中华优秀传统文化，丰富侨界群众精神文化生活。完成《侨声》杂志编辑出版工作，全年出版发行4期，以刊物传播乡情乡音，促进海内乡亲交流交往。

【交流联谊】 2021年，揭阳市加强与海外社团的联系，参加菲律宾菲华潮汕联乡会庆祝中国共产党成立100周年暨联乡会成立80周年座谈会等活动；参加新加坡潮州八邑会馆第三届潮州节暨第二届潮州美姐选美赛活动开、闭幕式视频会议，精选38个视频和2000份揭阳特产发送给新加坡潮州八邑会馆。通过联络和视频会议，向海外侨胞传达揭阳市委、市政府对大家的关爱，进一步巩固海外社团的联系。加强与兄弟市侨联的联谊交流，拜访梅州市侨联，双方交流新侨创业创新等方面的侨联工作经验并访问世界客属青年创新中心、新侨企业广东澳德嘉云信息科技公司。四川省侨联副主席、遂宁市侨联主席兼市对外友协会长田碧华率队莅揭开展学习交流，双方缔结为友好侨联。拜访侨界乡亲，率领市侨青联部分委员前往深圳学习改革开放经验。健全侨情资源库，编印重点侨团侨领通讯录，建立基本侨情数据库，为有效开展海外联谊和招才引智招商引资工作奠定基础。

【参政议政】 2021年，揭阳市侨联推荐6名侨眷为市七届人大代表和政协委员，充分履行侨界参政议政的职责；推荐4名海归学子参加广东省留学人员联谊会，为新侨搭建学习交流文化、科技、商业信息搭建平台；推荐3名归侨侨眷优秀教师和3名归侨侨眷优秀学生参加广东省“慈爱基金会侨界奖教学奖”活动并获奖。

【维护侨益】 2021年，揭阳市侨联做好华侨事业经费管理工作，全年发放救助补助资金61.47万元，受益

2021年6月19日，揭阳市侨联、揭阳市越柬老归侨联谊会举办以“侨心永向党　共圆中国梦”为主题的揭阳市归侨侨眷颂歌献给党文艺活动

（市侨联　供图）

人数167人，减轻困难归侨负担。做好侨法宣传和维护侨益工作，发放《揭阳市侨联维权工作手册》给基层侨联和有关部门，做好侨界群众的来信来访工作，配合广东省侨联法顾委督办有关案件的落实和调研工作。牵桥搭线深港揭西商会、深港慈善基金会为扶贫挂钩员墩村捐建53.13千瓦分布式光伏发电站交付使用，通过光伏发电项目，增加村集体收入，实现持续造血功能，巩固脱贫成果。协调揭阳市金德慈善会，到挂钩帮扶大坪镇，慰问2021年高考录取的单亲家庭大学生3户，每户发放6000元助学金及大米食用油等慰问品，表达关爱之情。开展慰问工作，看望慰问市越柬老归侨联谊会创会会长、全国劳动模范、归侨陈妙珍；到结对共建京南社区走访慰问生活困难党员，了解身体近况及实际需求，并送上慰问金。

（市侨联）

揭阳市社会科学界联合会

【社科联概况】　2021年，揭阳市社科联团结和带领全市社科理论工作者，发挥社科联的联合效应和协调功能，积极开展理论宣传、学术研讨和社会科学普及活动，举行《揭阳社会科学丛书》首发仪式，出版《揭阳社会科学》学术期刊4期。至年底，揭阳市省级人文社科普及基地3个，市级人文社科普及基地13个。

【社科学术研究】　2021年，揭阳市社科联突出政治性，推动社科学术研讨活动。完成《揭阳社会科学》学术期刊4期40万字的编辑出版工作。3月，举办《揭阳社会科学丛书》首发式；5月，在省人文社科普及基地、革命老区——梅云街道群光村举办2021揭阳社会科学普及周主题日活动暨市社科界党史学习教育座谈会，揭阳市社科团体，广东省、市人文社科普及基地负责人及部分社科理论专家学者约50人参加活动；7月，组织召开市社科界学习贯彻习近平总书记在庆祝中国共产党成立100周年大会上的重要讲话精神座谈会。

【《揭阳社会科学丛书》首发仪式】　2021年3月4日，《揭阳社会科学丛书》首发仪式在作家书城总店举行。丛书作者、特邀专家、省市人文社会科学普及基地、市属社科团体代表及市社科工作者等60多人参会。《揭阳社会科学丛书》编辑出版工作于2017年10月启动，首期研究成果《揭阳社会科学丛书》6册《揭阳简史——古代部分》《揭阳民俗》《揭阳宗族》《揭阳闽客方言》《春华秋彩——揭阳剪纸》《寻味揭阳》于2020年12月由百花洲文艺出版社出版。该套丛书立足突出揭阳地方特色，讲好揭阳故事，是一套集科学性、知识性、趣味性、可读性、普及性、资料性的大众化社科普及读物。

【课题研究】　2021年，揭阳市社科联发动、推荐社科理论工作者参与省社科联社科课题申报工作；推动揭阳学院副教授谢若秋在省社科规划办立项的课题《潮汕女祠文化》一书出版工作；加强对2020年19项立项课题的管理，对立项课题的研究进度、研究成果进行跟踪，及时把关，确保成果质量，力争出精品成果。

【理论宣传】　2021年，揭阳市社科联深化理论武装，组织社科理论工作者围绕习近平总书记“七一”重要讲话的重大意义、丰富内涵、精神实质和实践要求，撰写学习体会文章，进行理论阐释，7月20日《揭阳日报》刊登《发扬伟大建党精神，汇聚发展磅礴力量》专版，《揭阳社会科学》2021年第3期刊登专家学者学习体会文章。举办“党的十九届六中全会精神”主题宣讲活动。12月15日，邀请市委党校副教授到省人文社科普及基地——揭阳市图书馆举办“党的十九届六中全会精神”主题宣讲活动，并组织召开揭阳市社科界学习贯彻党的十九届六中全会精神座谈会。组织社科理论工作者撰写学习贯彻十九届六中全会精神理论阐释文章，12月9

2021年3月4日，《揭阳社会科学丛书》举行首发仪式

（市社科联 供图）

日《揭阳日报》专版刊登，推动全会精神入脑入心、落地落实，发挥理论学习排头兵的作用。

【社会科学普及周活动】 2021年，揭阳市社科联紧密围绕“兴起党史学习教育热潮 迎接党的百年华诞”科普周主题，坚持“社联搭台、全市联动、多元参与、市民共享”的理念，集中社科界力量，整合社会资源，开展社科普及活动。全市各人文社科普及基地围绕主题，开展紧贴民生、丰富多彩的科普活动。省人文社科普及示范基地普宁德安里举办“文物话百年——建党100周年红色文物微型展”；省人文社科普及基地揭阳市图书馆组织“文化下基层·进万家活动”，组织“不忘初心、牢记使命——‘潮汕七日红’的革命历史和现实启示”党史知识专题讲座。拓展社科阵地，授予揭东区云路初级中学、揭西县棉湖镇兴道书院为2021年揭阳市人文社会科学普及基地。至2021年底，揭阳市省级人文社科普及基地3个，市级人文社科普及基地13个。

（陈彦芝）

揭阳市文学艺术界联合会

【文联概况】 2021年，揭阳市文联开展文艺惠民系列活动，推动全市文学艺术的创作、展览、演出、交流等工作。市文联下属有揭阳画院和揭阳岭东美术馆2个事业单位，市作协、市美协、市书协、市剧协、市舞协、市民协、市摄协、市音协、市文艺志愿者协会、市女子美术协会、揭阳潮汕书画研究会、揭阳中国画院、市谜协、市兰协、市楹协、市歌咏协会、市钢琴家协会、潮汕历史文化中心揭阳市研究会18个文艺家协会，市公安文联、市金融文联、市电力文联3个行业文联，总会员人数4526人，其中省协会员人数972人，国协会员人数168人。

【党建工作】 2021年，揭阳市文联加强组织建设，组织专场党风廉政会议，推进机关党支部规范化建设，强化党组织服务文艺工作能力。擦亮“红色文艺轻骑兵”党建品牌，开展“送欢乐下基层”“书法进万家”“摄影大篷车”“送春联送万福进万家”“红色文艺轻骑兵新春走基层”“艺术进校园”等文艺志愿服务活动，服务群众超过10000人次。抓好意识形态工作，与文艺工作同步、同落实、同检查、同考核。制订《2021年市文联意识形态工作责任制实施方案》和《揭阳市文联意识形态（网络意识形态）工作计划》，将文联意识形态（网络意识形态）工作纳入党组中心组学习的重要内容，纳入党建工作责任制，纳入领导班子和领导干部目标管理，纳入干部考核。全年召开意识形态工作研讨会4次。参观红色革命基地，组织开展读书日、扶贫慰问等主题党日活动，全年组织开展主题党日活动12场。

【文联换届工作】 2021年12月1至2日，揭阳市文学艺术界联合会第三次代表大会在市区召开。大会审议并通过揭阳市文联第二届委员会所作的题为《不忘初心使命 坚持守正创新 奋力开创揭阳市文艺事业发展新局面》的工作报告；修改并通过《揭阳市文学艺术界联合会章程》；选举产生揭阳市文联第三届委员会。会议号召，全市文艺工作者要切实把党的百年奋斗重大成就和历史经验转化为强大精神力量，在推动文艺高质量发展上闯出新路子，奋力谱写揭阳文艺新篇章，为加快建设宜居宜业宜游的活力古城、滨海新城，努力打造沿海经济带上的产业强市贡献文艺力量！

【文艺阵地建设】 2021年，揭阳市文联机关、各协会自觉守好意识形态阵地，注重阵地建设，努力打造揭阳对内交流文艺平台，对外交流文艺窗口。市文联完成《揭阳文艺》4期的编辑出版工作；加强“揭阳文联”公众号的传播推广，全年发布相关报道18篇。各市级协会也注重内部平台阵地建设，建立微

2021年11月，揭阳市文联组织文艺志愿者到揭阳空港经济区溪南街道仁辉学校，开展“红色文艺轻骑兵”文艺支教系列志愿服务活动

（市文联　供图）

博、微信群及公众号等媒介。榕城区文联开通“榕城文艺号”微信公众号；普宁市文联开通微信公众号“普宁文艺网”；揭西县文联发挥大北山革命历史纪念馆作为广东省中共党史学习教育基地、广东省爱国主义教育基地和揭西县党史学习教育60个革命传统现场教学点之一的作用，开展党史学习教育，参观学习30000多人次。

【文艺宣传】　*“百年颂歌”系列文艺活动*　2021年，揭阳市各级文联开展庆祝建党100周年“百年颂歌”主题展览、文艺演出、采风创作、座谈研讨、诗歌征文等系列文艺活动，6月，举行“南粤之光·全国中国画名家邀请展”，展出全国知名美术家100幅中国画精品。举办为期三个月的“学党史　颂党恩　展风采”——庆祝建党100周年揭阳市红色主题摄影活动，选出100幅优秀作品参加各县、市区巡回摄影展。举办庆祝中国共产党成立100周年——百幅精品颂党恩美术作品展，市文联、市美协组织揭阳画家到井冈山、赣州、长汀和揭阳重要红色革命遗址采风创作，绘画100幅，予以线上展览并结集出版。揭东区文联组织全区文艺工作者开展系列文艺活动近30场次，惠来县文联在县文化馆和线上举办“赞歌献给党　书写新时代”书画展，展出惠来本土和惠籍在外书法家、美术家100人书画作品100幅。普宁市文联征集编印《红色普宁灯谜选》，开展学党史主题灯谜进万家活动。征集、编印《唱响新时代　奋进新征程——普宁市原创音乐作品集》，举办展演、展播活动，设立“铁山兰展”，举办庆祝中国共产党成立100周年美术书法作品展。

文艺进校园　2021年，揭阳市各级文联开展文艺进农村、进社区、进校园、进企业、进军营、进机关等文艺“六进”惠民活动。4月，市文联组织文艺志愿者走进埔田镇车田小学；5月，市文艺志愿者协会举办《嗓音保健及能力提升》讲座；9月，文艺志愿者到空港仁辉村仁辉学校、揭东车田村车田小学开展文艺支教；在市区新时代文明实践中心举办“CEFA芭蕾基础公益课”活动；到空港区广美学校、仁辉学校开展“戏剧进校园”红色文艺轻骑兵支教活动。惠来县文联组织书画家到惠来县新时代文明实践中心和县开放大学开展书法公益讲座5场次，500多人参加讲座。

文艺惠民活动　2021年，揭阳市文联举行“童心向党”永远跟党走文艺汇演和“童心向党，舞动风采”——第二届“莲韵杯”舞蹈大赛，组织开展“诗意潮汕·活力古城”系列活动，揭阳画院画师们通过采风写生、主题创作、交流研讨、举办展览、出版画册等，展现揭阳古城魅力；到空港区凤美街道开展文明创建主题活动3场，慰问困难党员和群众。

文艺展演活动　2021年，揭阳市文联联合市直工委、市档案馆举办“筑梦新时代、翰墨颂党恩”市直机关书画作品展。组织调研活动，形成调研报告；首次举办送戏剧电影进基层；揭阳画院围绕“诗意潮汕——活力古城”“诗意潮汕--滨海新城”主题开展青年画师系列采风创作活动，展示美丽揭阳。结合揭阳市30个省级古村落，组织编撰《揭阳市省级古村落大观》图书，组织美术家参与美丽乡村墙绘活动，组织全市文艺工作者举办送戏剧下乡、送书画作品下乡、送春联送万福下基层活动；组织文艺工作者到挂钩点开展文艺支教、辅导培训、捐赠文艺作品等文艺志愿服务活动。

基层文艺宣传　2021年，揭阳市文联实施一系列惠民、为民、乐民的文化服务项目，开展“送欢乐下基层”“书法进万家”“摄影大篷车”“送春联送万福进万家”“红色文艺轻骑兵新春走基层”“艺术进校园”等等文艺志愿服务活动；组织举办戏剧、文艺晚会、主题灯谜竞猜等到社区活动30多场次。

【文艺创作】　2021年，市文联坚持精品意识，繁荣艺术创作，组织举办文艺活动，为广大文艺工作者、爱好者搭建平台，不断满足市民对精神文化产品的需求，推动本土文艺创作迈上新台阶。

文学艺术精品打造 2021年，揭籍作家王哲珠（被列为由中共广东省委宣传部指导、广东省作家协会主办的“改革开放再出发”作家深扎创作活动首批6名深扎作家之一）经过两年基层蹲点，完成“深扎”作品长篇小说命名《玉色》初稿。《玉色》以中国玉都为背景，述写乔阳村玉器行业的发展，村委班子对乔阳村发展的推动，基层组织的村政工作，述写乔阳村由乱入治，由经济振兴走向人文振兴的过程。中国作协会员、省作协副主席、当代知名网络作家阿菩（林俊敏）创作的网络长篇神话小说《山海经·三山神传》被中国作家协会列为网络文学重点扶持作品，该作品创新性引入《山海经》体系，从海峡两岸信仰出发，重塑三山国王信仰文化标志，通过跌宕起伏的情节，塑造三山国王护国庇民的优秀历史形象。根据张培忠原著改编的绘本《海权1662：郑成功收复台湾》，基于史实细节基础，改编成包含台湾历史、人文、地理、文化、海权主题、郑成功收复台湾完整过程的爱国主义科普绘本读物；根据中国作家协会重点扶持作品、中华文学基金会年度排行作品《大清首富》改编的剧本《十三行》，结合地缘文化与网络文学创作手法，在真实历史基础上构建符合新一代影视审美的优秀剧本。

文艺作品 2021年，揭阳市作家谢海宾《长物志选抄》获第七届“南雅奖”金奖；林树焕《咏平遥古城诗》获第七届平遥唐都杯中国书坛中青年“百强榜”二等奖，《录习总书记讲话》获得全国首届清廉书法大展最高奖，《高山流水》获得列子文化全国书画名家作品展三等奖；姚晓虹儿童小说《变成鹘鸲的男孩》获首届小花城原创童话奖，她的《牵手》《你们先走》以及创作谈《在所有的问题之后是我的世界真相》发表于省作家协会主办的杂志《少男少女》；90后网络作家姝沐（陈静茵）创作的长篇网络小说《江湖不良医》，获知乎2020年“超级IP打造计划”第二季征文奖，准备开机拍摄影视短视，漫画版改编中；杨协亮（孟夏）现代组诗《在尘世里安放一个你我的家》获“华浔杯·我爱我家”全国有奖征文大赛诗歌组三等奖，他的现代诗《秋收》《一场雨之后……》 发表在《南方农村报》《说说月亮》等多首现代诗在江苏《凤凰资讯报·天下美篇》“诗天下周刊”发表；蔡小敏现代诗在《诗刊》《诗东北》《诗潮》《诗韵》《蓝鲨》《岷江文学》等发表。

文艺人才培养 2021年，揭阳市庄园园创作的歌词《莫负春光》获“感动中国2021祖国我为你骄傲词曲创作网络大赛”优秀奖；80后女诗人林程娜创作的现代组诗发表于《芙蓉》《中国诗歌》《完整性写作》等；80后女诗人林丽筠创作的现代诗发表于《诗歌月刊》《作品》《完整性写作》《南叶》等；林树焕《录仰韶文化》短文获首届仰韶文化全国书法大展优秀奖，《颜氏家训》入展全国第五届青年书法篆刻作品展，《咏莲诗》入展首届爱莲杯全国书法篆刻展等；陈玉怀《无相风物之三》获“首届广州国际水彩艺术展”铜奖；罗东明篆刻作品获广东省首届农民书法展一等奖；谢海宾《长物志选抄》获第七届“南雅奖”金奖，《老学庵笔记选抄》入展中国书法“行书、草书”年展入展，《春渚纪闻选抄》入展岭南书脉书法提名展，《曹孟德诗》入选中国书法年展前100名，《郑板桥诗》获中国竹文化全国书法大展三等奖，《莲》获首届爱莲杯全国书法展三等奖；陈森《春风》、黄斌斌《历史的号角》入选2021年广东省庆祝中国共产党成立100周年美术作品展，黄研《独居》入选广东省美协主办的庆祝中国共产党成立100周年岭南版画大展；何泽嘉《浮花若梦》入选百年华彩——2021·中国百家金陵画展（中国画）；林铭峰《守护》入选“广东省首届青年水彩画作品展”；陈华俊《海门印象之十三》入选“家园·乡情—古堰画乡首届全国风景油画双年展”；徐曼娜《历史不会忘记》入选“广东省首届青年水彩画作品展”。

（市文联）

揭阳市残疾人联合会

【残联概况】 2021年，揭阳市残联开展残疾人康复服务，加强残疾人维权信访工作，推进残疾人教育就业工作，巩固拓展残疾人脱贫攻坚成果，完善残疾人托养服务体系建设，统筹常态化疫情防控，加大宣传力度，开展残疾人各类文化体育活动。全年，全市新增残疾人办证8358份；全市严重精神障碍患者和疑似残疾孤儿新增评残办证量4619人，居全省前列；为全市12514名残疾人提供基本康复服务。

【残疾人康复服务】 **残疾儿童康复救助** 2021年，揭阳市残联在全市开展残疾儿童康复救助定点机构管理试点工作，联合相关职能部门出台《揭阳市开展残疾儿童康复救助定点服务管理试点工作实施方案》，全市新增认定2家孤独症和1家智力残疾儿童康复救助定点机构；首次举办全市孤独症儿童康复教育岗位专业技能培训班，102名康教人员参加培训，经考核74名获得广东孤独症儿童康复教育岗位专业技能证书；全市1060名0至6岁残疾儿童康复得到机构康复训练救助。

残疾人康复宣传 2021年，揭阳市残联利用“爱耳日”“残疾预防日”等节日，开展残疾预防康复知识普及宣传。

残疾人精准康复服务 2021年，揭阳市残联机构为12514名残疾人提供基本康复服务，服务率97.87%；为1952名残疾人提供辅具适配服务，辅具适配率99.39%，超额完成省下达的残疾人基本康复服务覆盖率、基本辅助器具适配率达到85%以上的任务指标。

【残疾人维权信访】 2021年，揭阳市落实贫困重度残疾人家庭无障碍改造项目，完成中央、省下达的改造任务数730户。认真处理好残疾人信访事件，市残联全年接待处理残疾人来信、来电、来访40多件，做到件件有回音，未出现因推诿、拖延而引发集体上访事件。

【残疾人教育就业工作】 **残疾人教育** 2021年，揭阳市13名残疾学生被广东省培英职业技术学校录取；为45名残疾人发放“南粤扶残助学”资助金额53.5万元；完成南粤扶残助学金工作申请审核71人；开展揭阳市国家通用盲文培训班，培训残疾人学员20人。

残疾人就业培训 2021年，揭阳市出台《揭阳市用人单位超比例安排残疾人就业奖励操作办法（试行）》。全市按比例安排残疾人就业年审单位762个，实现按比例安排残疾人就业1355人，全市残疾人就业保障金征收入库4605.53万元；全市就业年龄段城乡年度培训1147人，城镇残疾人新增就业182人，农村残疾人新增就业647人；全市两个项目在广东“众创杯”创业创新大赛残疾人公益赛荣获优胜奖。

【残疾人扶贫工作】 2021年，揭阳市残联到普宁市后溪乡开展领导干部定点联系涉农乡镇（街道、场）工作，筹措资金4万元建设坑楼村文化小广场，改善当地乡村人居环境。派驻干部工作。选派年轻干部到榕东街道开展驻镇帮扶工作，拨付残疾人工作经费9万元，慰问帮扶全村24户残疾人家庭。实施团体意外险，出台《揭阳市实施脱贫人口残疾人团体意外伤害保险项目工作方案》，为全市脱贫人口残疾人提供制度保障。

【残疾人托养服务体系建设】 2021年，揭阳市残联加强社区康园中心管理，印发《2021年揭阳市优秀社区康园中心项目评定标准》，加强社区康园中心运营指导，提升机构服务水平。加强社区康园中心疫情防控管理，落实残疾人托养机构实行日报、周报制度，指导各地做好社区康园中心疫情防控工作。加强托养专业人才培养，开展“2021年全市残疾人托养业务网络培训班”“粤东（揭阳）残疾人集中就业培训中心托养业务培训班”，全市托养业务培训人数65人次。推动寄宿制托养服务机构粤东（揭阳）残疾人集中就业培训中心康复和托养业务，全年康复和托养30人次。

【残疾人宣文体工作】 2021年，揭阳市残联抓好意识形态工作，加强残疾人宣传文化体育工作。推出智能手语电视新闻节目，通过拍摄专题片、刊登专版《学史力行践宗旨 扶残助残办实事》，通过《奋斗新征程》《百年党辉照我心 砥砺前行齐奋进》《睿涵访谈》专题和拍摄残疾人人物专访，讲好残疾人故事。继续实施“残疾人文化进社区”“残疾人文化进家庭”项目建设。4件作品分别获2021年省残疾人艺术作品大赛二等奖2个，三等奖2个。参加全省聋人篮球锦标赛获第八名，全国第十一届残疾人运动会暨第八届特殊奥林匹克运动会特奥乒乓球比赛获得铜牌4枚；培养残疾人乒乓球苗子5名，其中1名到省残联乒乓球队参加集训。推广粤群通

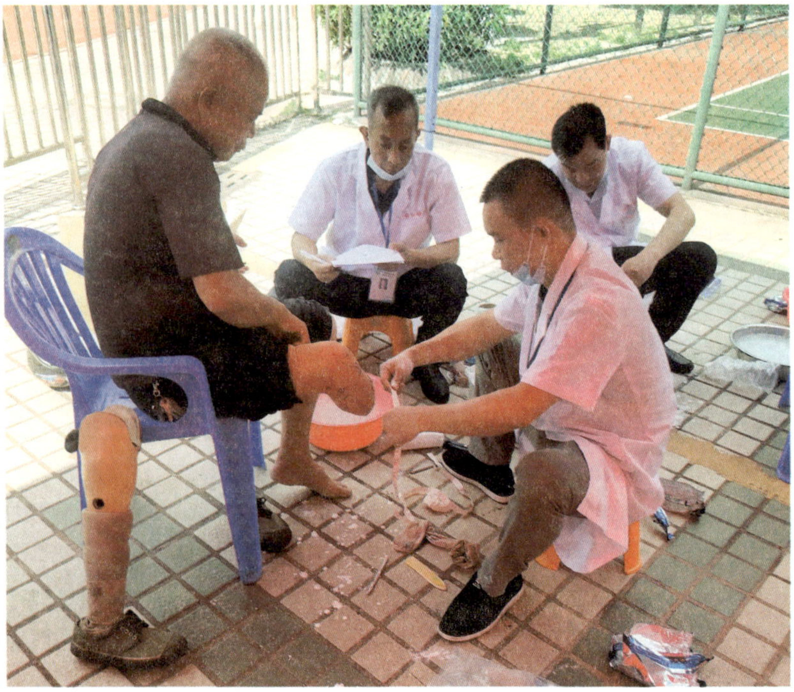

2021年5月15日第三十一次全国助残日，揭阳市残联组织人员到榕城区东风体育广场免费为肢体残疾人装配义肢 （市残联 供图）

"线上服务"。

（市残联）

揭阳市红十字会

【红十字会概况】 2021年，揭阳市红十字会做好"三救三献"主责工作，加强人道救助、应急救援能力建设和应急救护工作，开展无偿献血、造血干细胞捐献和人体器官捐献宣传动员。全年开展应急救援演练200多场次，培训红十字救护员948人；开展无偿献血公益活动33场次，活动现场献血2572人次，献血量69.31万毫升。

【人道救助】 2021年，揭阳市红十字会开展人道救助工作。春节前夕开展"红十字博爱送万家活动"，给2000多人次困难群众送上大米、食用油等慰问物资17万多元。组织党员干部、志愿者到64户困难家庭开展"心系困难群众"救助帮扶活动，走访慰问，发放慰问金15万元。落实好长期帮扶公益项目，持续跟进落实"仙桥三姐弟"和"再生障碍性贫血儿童"帮扶项目，2021年支出帮扶金约4.3万元。2021年依托"小天使基金"项目为66位贫困家庭白血病患儿申请到212万元的救助金。组织到结对党支部的榕城区岐山社区、乡村振兴帮镇扶村的揭西县钱坑镇对32户困难家庭开展慰问。

【应急救援】 2021年，揭阳市红十字组织加强应急救援能力建设，开展消防演练、防震演练、防溺水演练、水上安全救援、防暴恐演练等200场以上。参与自然灾害等突发事故应急救援工作，普宁市红十字蓝天救援协会派出4名志愿者参与2021年河南省特大洪水灾害救援。

【救护培训】 2021年，揭阳市红十字组织加强应急救护工作，提升急救知识和技能普及率。开展"红十字应急救护进社区百场行动"活动，组织进社区、进企业、进农村、进校园、进机关培训红十字救护员948人，普及应急救护知识34144人次。普及推广自动体外除颤仪（AED），完成4台AED及2台AED训练机的采购工作。提升社会力量动员能力，把面向社会募捐、汇聚社会爱心摆在工作突出位置，2021年接受深圳盈信科技、深圳微笑娃娃慈善基金会、深圳潮青创业促进会等捐赠自动体外除颤仪（AED）5台，救护车6辆，坚定守护揭阳人民的生命安全和健康。

【无偿献血】 2021年，揭阳市红十字组织完善无偿献血工作，发挥无偿献血志愿者队伍的作用，开展系列宣传动员活动，2021年志愿者参加881人次，开展无偿献血公益活动33场次，活动现场献血2572人次，献血量69.31万毫升。

【造血干细胞捐献】 2021年，揭阳市红十字组织提升造血干细胞捐献扩容，在揭阳电视台、揭阳文明网、"揭阳发布"公众号等媒体专题宣传造血干细胞捐献志愿者黄宇事迹，产生较大的社会影响力。2021年造血干细胞入库血样191份，高分辨血样匹配3人，成功捐献1例。

【人体器官捐献】 2021年，揭阳市开展人体器官捐献公益活动33场次，宣传动员3832位志愿者在中国人体器官捐献管理中心平台登记成为器官捐献志愿者。

（市红十字会）

2021年9月4日，揭阳市红十字会在榕城区新兴街道为社会组织及群众开展急救技能宣讲活动（林钊跃 摄）

法　治

政法委及综治

【政法工作概况】　2021年，揭阳市政法机关做好中国共产党成立100周年维稳安保任务，开展政治领域和社会领域“8+8”专项行动，稳妥处置省交办重点个案和涉稳风险；开展扫黑除恶专项斗争，全市扫黑除恶工作成效被《法治日报》推荐为“2021社会治理创新案例”在中国网展示；发起全国首个打击“猫池”犯罪“斩链”集群战役，电信诈骗警情、刑事案件实现“双下降”。开展政法队伍教育整顿，推进平安法治揭阳建设，全市政治社会大局和谐稳定。

【维稳工作】　2021年，揭阳市政法机关推进政治安全八个专项行动和社会矛盾问题八个专项治理，开展基层矛盾纠纷排查化解，防范化解敏感风险隐患。做好涉军群体、劳资纠纷、涉环保“邻避”项目等风险防控，全市排查列账重大社会矛盾化解率95.65%。稳妥处置省交办重点个案和问题楼盘、涉众金融、上市公司等涉稳风险，康美司法重整案圆满办结。对9个重大项目开展社会稳定风险评估，对康美药业事件、陈某通案等20宗涉法涉诉舆情启动“三同步”机制，妥善处置舆情，维护社会稳定。

【扫黑除恶专项斗争】　2021年，揭阳市保持对黑恶势力及其“保护伞”严打高压态势，常态化开展扫黑除恶专项斗争。全市打掉涉黑组织2个、涉恶犯罪集团1个、涉恶犯罪团伙14个，查扣涉案资产超过1.6亿元；起诉涉黑恶案件9件78人，审结6件24人；处置涉黑涉恶腐败和“保护伞”问题线索127条，立案审查调查51人，给予党纪政务处分84人。侦破2021年全省第一宗黑社会性质组织林某雄等人涉黑案，严肃查处其背后“保护伞”以及有关公职人员腐败和失职失责等问题。揭阳市“猪肉垄断案”林某标等人涉黑案被列为广东省十大典型案例之一，全市扫黑除恶工作成效被法制日报推荐为“2021社会治理创新案例”在中国网展示。

【社会治理创新】　2021年，揭阳市研究制定《揭阳市关于推进市域社会治理现代化的实施方案》，完成社会治理现代化“十四五”专项规划

2021年12月20日，揭阳市召开扫黑除恶专项斗争常态化工作新闻发布会
（徐泽兵　摄）

编制。建立健全全市乡镇（街道）社会矛盾纠纷多元化解机制，推动基层矛盾纠纷“一站式接收、一揽子调处、全链条解决”。推进揭阳市第一批市域社会治理实践创新项目18个试点建设，夯实基层治理基础。完成市级“雪亮工程”综治创新平台建设，推进“多网合一”网格化治理体系建设，网格地理信息置入“粤政图”，实现综合网格图层的界面优化和多层展示，发挥综合网格在疫情防控和校园安全排查整治等重要工作中的积极作用。在全省统一部署建设“粤心安”社会心理服务站（室）的基础上，联合市心理咨询师协会发起“粤心安·心适小屋”项目，在8个市级示范点提供心理咨询服务。

2021年3月9日，揭阳市召开全市政法队伍教育整顿工作动员部署会（揭阳日报社　供图）

【严打整治】 2021年，揭阳市开展治安重点地区排查整治，挂牌整治全市8个镇街及其突出治安问题，重点治理2个镇街。严打群众反映强烈的违法犯罪，全市刑事立案数、刑事治安警情数比2020年分别下降8%、8.2%。推进“全民反诈”，发起全国首个打击“猫池”犯罪“斩链”集群战役，带动全省电诈警情从日均千起下降到个位数，实现电诈警情、刑事案件“双下降”目标。推进毒品问题整治，惠来涉毒整治成效巩固提升。推进严重精神障碍患者救治救助及防范严重精神障碍患者肇事肇祸工作，加强校园及周边治安综合治理，开展“三非”外国人专项治理工作，不断提升社会治安综合治理水平。

【法治揭阳建设】 2021年，揭阳市推进法治揭阳建设，推动政法领域全面深化改革，推进文明公正执法，强化法治保障和法律服务效能，营造法治化营商环境。打击农商行逃废债，市委政法委牵头市直政法单位、金融管理部门联动，高压严打恶意逃废债行为，推动民刑并进、纪法衔接，防控处置金融风险。推动政法领域深化改革，重点推动警务综合改革试点，公安系统半年内构建起“1+1+N”警务综合改革体系框架，形成并推动实施具有揭阳特色的20项改革项目，改革工作全面铺开。营造法治化营商环境，推进法学会机构改革，开展“以法兴企”“百名法学家百场报告会”“民法典宣讲百村行”等法治宣讲活动，营造公平、有序、健康的法治化营商环境。

【执法监督】 2021年，揭阳市以省委政法委部署的“积案清零”行动为重点，推动省交办的重复信访积案和第二批进京到省涉法涉诉积案化解，完成“积案清零”任务。推动政法各单位开展系统内部案件评查工作，做好重点案件交叉评查工作，组织全市政法单位交叉评查案件2061宗，邀请专家组团复核案件30宗。

【政法队伍建设】 2021年，揭阳市贯彻落实《中国共产党政法工作条例》及中共广东省委实施《中国共产党政法工作条例》办法，研究出台揭阳市贯彻落实措施。出台《关于加强乡镇（街道）政法委员工作的指导意见》，配齐配强镇（街）政法委员并100%落实津贴，党领导政法工作体系进一步健全。开展政法队伍教育整顿，完成第一批政法队伍教育整顿、配合做好第二批教育整顿及“回头看”有关工作。开展“我为群众办实事”系列活动，用好“急难愁盼我来办”网上群众工作平台，聚焦重点为群众办实事。

（市委政法委）

法治政府建设

【法治政府建设概况】 2021年，揭阳市法治政府建设工作深入贯彻落实中共中央、国务院《法治政府建设实施纲要（2021—2025年）》，加快构建职责明确、依法行政的政府治理体系，推动政府机构职能、依法行政制度、行政决策制度、行政执法工作、突发事件应对、社会矛盾纠纷行政预防调处化解、行政权力制约和监督、法治政府建设科技保障等8大体系建设。全年办理行政执法投诉案件11宗；受理行政复议案件99件，立案受理95件、旧存案件14件、审结案件94件；办理各类征求意见件出具法律意见467件。

【立法工作】 2021年，揭阳市坚持科学民主立法，推进政府治理规范化程序化法治化。加强城乡建设与管理、历史文化保护等领域立法，出台《揭阳市人民政府2021年制订规章计划》。《揭阳市城市绿化管理办法》5月31日公布，7月1日起施行；《揭阳市户外广告和招牌设置管理办法》7月29日公布，10月1日起施行。依照法定程序落实政府规章备案2个；发挥8个基层立法联系点“桥梁”作用，征集立法意见10条。

【规范性文件审查】 2021年，揭阳市加强行政规范性文件制定监督管理，行政规范性文件制定程序合法、内容合法、发布规范，按规定上报备案；审核市政府规范性文件13件，审查部门规范性文件13件；清理涉行政处罚内容，与《中华人民共和国外商投资法》不相符的，涉计划生育内容的规章、规范性文件80件；上报省政府、市人大常委会备案6件，县区上报备案15件。

【行政执法协调监督】 2021年，揭阳市加强行政执法协调与监督，推进严格规范公正文明执法。深化乡镇街道综合行政执法改革，下放第一批335项县级部门行政执法职权至88个镇街，组建全市统一的镇街综合行政执法办公室；开展镇街综合行政执法调研，解决基层突出问题；举办2021年全市行政执法监督业务培训班，提升镇街综合行政执法水平和行政执法监督能力；办理市六届人大七次会议代表“关于加强和规范乡镇街道综合行政执法、提高基层依法治理水平的建议”，作为全市唯一人大代表建议办理工作优秀案例报送省人大常委会；2021年组织3200多人参加113场执法人员考试，核发行政执法证2434张；办理行政执法投诉案件11宗。行政执法“两平台”“互联网+”监管执法稳步推进，建设“两平台”市级分平台。市司法局作为省定第二批试点单位，开展在线执法，在行政执法信息平台上录入行政检查案件49宗，行政处罚案件1宗。

【行政复议】 2021年，揭阳市发挥行政复议化解行政争议主渠道作用，促进社会公平正义。5月31日印发《揭阳市行政复议体制改革实施方案》，标志着揭阳市行政复议体制改革正式落地。市、县两级政府均以行政复议办公室作为行政复议机构办理本级人民政府行政复议事项。受理行政复议案件99件，立案受理95件，旧存案件14件，审结案件94件。

【行政应诉】 2021年，揭阳市建立败诉行政案件和行政机关负责人出庭应诉年度报告制度。印发《揭阳市司法局关于建立败诉行政案件和行政机关负责人出庭应诉年度报告制度的通知》，加强与法院双向交流，共同推动败诉行政机关对照问题整改完善，通报全市行政机关行政诉讼败诉情况，提升依法行政质量和能力。将行政机关自觉履行法院生效裁判纳入法治政府建设督察内容，监督指导各级行政机关积极履行法院生效裁判。2021年，市人民政府涉行政诉讼一审、二审以及再审案件45件，派出工作人员与代理律师共同出庭应诉，在法定期限内完成答辩、举证工作，维护市政府合法权益。

【政府法律顾问】 2021年，揭阳市做好法律顾问工作，发挥政府法律“参谋”作用。落实重大行政决策合法性审查程序，对《揭阳市国家生态文明建设示范市规划（2020—2035年）》等5件重大行政决策进行合法性审查；完成市委、市政府交办的重大任务，对全市城市燃气特许经营权存在问题等出具意见；参与重大事件处置，如ST康美重整化解问题；做好揭阳仲裁委筹办相关工作；办理各类征求意见件出具法律意见467件，其中市政府办19件、市政府部门448件。

（王梓彬）

公　安

【公安工作概况】 2021年，揭阳市公安机关完成中国共产党成立100周年、中央十九届六中全会、市第七次党代会等系列安保维稳任务，推进党史学习教育、政法队伍教育整顿和常态化扫黑除恶专项斗争，全市刑事立案数下降7.3%，发起全国首个打击“猫池”犯罪“斩链”集群战役，支撑全国打掉“猫池”窝点230余个，抓获犯罪嫌疑人600余名，“1+1+N”等20个警务改革项目全部落地，“急难愁盼我来办”领导留言板上群众留言全部按期办结，群众安全感和对公安工作满意度上升三名，全市政治社会大局持续平安稳定。全年打掉涉黑组织2个、恶势力犯罪集团1个、涉恶团伙14个，侦破涉黑涉恶犯罪案件592宗；侦破涉水违法犯罪案件16宗；受理中国公民因私出国（境）申请15968证次，办理境外人员签证证件1356证次；完成警卫（保卫）任务26批次；全面实施“1+1+20”警务综合改革体系（即“1个指导意见《中共揭阳市委　揭阳市人民政府关于全面推进公安机关警务综合改革试点工作的指导意见》，1个总体工作方案《揭阳市深化公安机关警务综合改革总体工作方案》和市公安局20个警务改革项目”）。揭阳市公安局治安管理支队获评2021年度全省“扫黄打非”先进集体，揭西县公安局治安大队入选第五批全国

"扫黄打非"进基层示范点。

【扫黑除恶专项斗争】 2021年，揭阳市公安机关推进扫黑除恶专项斗争常态化、机制化工作，全年打掉涉黑组织2个、恶势力犯罪集团1个、涉恶团伙14个，侦破涉黑涉恶犯罪案件592宗、刑拘1165人、逮捕672人；抓获逃犯228人，其中投案自首83人；移送涉腐败和"保护伞"线索21条；查扣涉案财产超过1.6亿元。

【社会治安管理】 2021年，揭阳市治安管理部门围绕建党100周年安保维稳主线，以省厅"八大专项行动"和"飓风2021"为抓手，以政法队伍教育整顿为契机，完成各项重大安保维稳工作任务，做好各类涉稳因素监测化解处置，维护全市社会治安大局持续平稳。以"外防输入、内防扩散"为总体策略，坚决打赢疫情防控阻击战，追踪密接人员133人，排查次密接人员1020人，检查粤港车辆35万辆次；落实全市在用119个疫苗接种点安保、交通秩序疏导工作，做好全市集中医学隔离场所安保工作，严格实行人、车出入凭证管理，强化日常督导检查，确保各隔离场所安全。发起5轮校园安全隐患排查整改行动，落实各类涉校场所整改，实现"一键报警、视频监控安装、封闭式管理、'八件套'配备、最小应急单元创建、专职保安员配备"全覆盖，校车、驾驶员资格100%达标，提升校园安防能力。完成全市3级及以上精神障碍患者全面排查工作，全市新增3级以上患者168人，对在管的3级及以上1670名精神障碍患者全部落实管控。升级全市389家旅馆业前台系统，升级率100%；检查全市旅馆业、歌舞娱乐场所、桑拿按摩（沐足）场所3815家次，落实整改85家，停业整顿32家；联合有关部门检查娱乐场所75家；落实旅馆业住宿登记信息1336923条；查处组织未成年人违反治安管理场所16家44人次，责令整改21家。检查金融机构20家，抽查银行业金融营业场所88个，检查二级以上医院内部人防物防技防37家，发现隐患54个，当场责令整改36个，限期整改18个；组织校园保安员培训28场考试，颁发保安员资格证书2344本，全面推动校园专职保安员持证上岗。切实做好油气库及输油气管道安全保护、"三电"设施安全保护工作，建成电网警务室5个，完善"一站一警"89个、"一所一警"80个，召开5次联席会议研讨，明确分工、细化责任，层层压实各成员单位主体责任。

2021年12月，揭阳市公安局部署开展社会治安综合整治"百日行动"
（市公安局　供图）

【户政管理】 2021年，揭阳市户政管理部门围绕公安部"四项建设"、省厅公安改革"三化"工作要求，抓好户籍制度改革、疫情防控复工复产、专项清理整顿等重点工作，推进户政各项工作落实。出台"全面放开揭阳城镇落户限制""派出所一站式办理人才落户""户政业务'免填表'服务""无证（证件、证明）办事""推进重点公安政务服务事项'跨省通办'""35项公安业务进驻市政务中心""临时身份证'就近办理''即办即取'""老年人办证服务走绿色通道""全面推广二维码门（楼）牌"等一系列便民惠民利民的新举措；全年全市154个户籍窗口中，设立绿色通道窗口数102个，保留传统收费方式（现金/银行卡）窗口数113个，配置老花镜、放大镜210个。全市户籍窗口为老年人提供24928次便利服务，其中"上门办"服务1187人次，"优先办"服务12043人次，"纸质办"服务2816人次，"代缴费"服务8978人次，"精准办"服务407人次，直接调用5年内系统证件照35人次；就近办理临时身份证18998份，县级窗口"即办即取"2247份；办理厅、局长信箱30件，其中厅长信箱19件，局长信箱11件。突出疫情防控，为复工复产营造便民利企的服务环境。开展网上办、自助办、延期办、证件邮寄、"绿色通道"等服务，减少人员聚集。优先受理复工复产企业群众所需户口业务，全力助力复工复产。突出清理整顿，户口管理持续强化。推进户口清理整顿，全年核查公安部多批次下发的疑似重复户口1335条，核实完成1195条，完成率90%，注销重复（虚假）户口452个。

【道路交通管理】 2021年，揭阳市交警部门推动市安委办在交警支队设立工作专班，推进系统防范化解道路交通安全风险和“减量控大”工作；助力优化营商环境，56项交通管理业务整体进驻市政务中心，与227家摩托车和电动车企业签订带牌销售协议，通过“12123”App平台启用电子驾驶证并受理申领25.6万余份；推广应用道路交通事故社会救助基金，审批垫付854万余元，救治伤员278人，分别上升113%、130%，完成全年任务的190%。市局机关警力定时定点上路执勤，形成交通秩序严管严治态势，整改道路安全隐患93处，清理隐患车辆3000多辆，开展打击飙车专项行动275场次，现场查处各类突出交通违法行为27万宗，其中酒驾醉驾2909宗、货车超载3610宗，肇事逃逸案件19宗全部破案，道路交通事故四项指数分别下降21.74%、13.38%、25.72%、1.01%，货运乱象得到扭转。

【水上治安管理】 2021年，揭阳市水警部门聚力揭阳榕江流域生态文明建设，以整治水域治安突出问题为工作导向，以“净水2021”专项行动为抓手，侦破涉水违法犯罪案件16宗，刑拘79人，逮捕62人，办理行政违法案件4起，配合整治“三无”船舶3艘。建立健全溺水突发事件接处警流程和水上安全应急联动处置机制，快速处置群众求救求助警情80余宗，成功劝阻跳河群众6名，成功救起落水群众5人，全年学生溺水死亡人数下降，妥善处置榕江南北河水上浮尸57具；全面完善河湖警长制组织体系，全市设立市、县、乡镇三级河湖警长84名。

【出入境与往来港澳台管理】 2021年，揭阳市出入境部门提升优化营商环境质效，推出“网上商务签注‘即备即办’措施、边境通行证‘马上办’、老年人办证服务走绿色通道、外国人工作类居留便捷办、企业引进人才办证走绿色通道”等5项新的便民利企措施，组建“12367”出入境服务平台，群众来电咨询事项1029件首次解决率100%，列全省第1位。严厉打击涉外违法犯罪活动，深入推进打击妨害国（边）境违法犯罪专项行动，全年查处非法聘用外国人案件任务76宗，以及容留、藏匿非法入境、非法居留的外国人案件61宗，抓获并查处“三非”外国人405人，连带侦破妨害国（边）境管理刑事案件20宗。遏制出境从事犯罪活动行为，劝退或拒绝因旅游、探亲或多次持护照前往中国澳门、境外停留时间长、高频次出境人员472人次，核查跨境网络赌博、电信网络诈骗可疑人员688人次，劝返滞留柬埔寨人员485人，查处涉案人员11人，报列各类不准出境人员1020人，遏制揭阳市公民出境从事违法活动案事件发生。办理群众出入境证件，受理中国公民因私出国（境）申请15968证次，办理境外人员签证证件1356证次，制作港澳台电子通行证、外国人出入境证、中华人民共和国出入境通行证等证件7577证次，上送港澳核查209份，批准赴港澳定居321人，全年办理工作零失误、零投诉。

2021年6月25日，揭阳市公安局部署开展铁骑巡逻工作
（市公安局　供图）

【警卫工作】 2021年，揭阳市公安警卫部门完成警卫（保卫）任务26批次，其中列级警卫任务7批次，市委、市政府交办的保卫任务19批次。更新揭阳高铁路段基础数据，进一步采集新增路线制高点、管控点等640多个重要点位信息，为完善图像化警卫预案库制作，提升公安警卫工作实战效能打下基础。

【网络安全监管】 2021年，揭阳市公安网警部门开展网络安全监测预警与违法犯罪打击处置工作，全年网络安全情况总体平稳，没有发生重大网络安全事件。强化网络安全巡查监测，依托省厅“网络110平台”、揭阳市关键信息基础设施安全保卫平台，将全市44个涉疫、涉医疗、涉教育等重点单位、企业纳入广东省网络安全防护平台，开展全市重点网络巡查监测1900多次，完成网络安全执法监督检查785宗，启动"一案双查"案件60宗，发布各类网络预警185次，发出整改通知书145份，整改中高危漏洞254个，处置网络安全事件1次，全市三级以上信息系统均落实等级保护测评。强化网络中心数据整治，组织开展全市互联网数据中心专项治理工作，以"二标四实"数据整治和采集工作为载体，采集IP数据14112个，标识网络设备922个，进一步压实互联网数据中心运营企业落实网络主体责任。强化网络备案管理工作，完成App网络安全评估备案7次、WiFi管控设备场所58个、备案网站525个和设备1590个。强化社会组织联动配合，发挥揭阳网络空间安全协会带动引领作用，起草下发文件3份，在全市开展2021年网民网络安全感满意度调查线上样本采集工作，线上提交采集样本6万多份。

【刑事侦查】 2021年，揭阳市公安机关总体打击效能稳中有升，全市刑事立案数下降7.3%，破案5004宗、刑拘6212人、逮捕3469人、移诉起诉5916人，现发命案18宗全破，现案破案率达38.5%，列全省第三。打响全民反诈战役，提请市委常委会专题研究部署，推动党政主抓强化源头治理，市长担任市联席会议总召集人，召开六次全市联席会议，印发《2021年揭阳市打击治理电信网络新型违法犯罪工作平安建设重点任务清单》；发起全国首个打击"猫池"犯罪"斩链"集群战役，支撑全国打掉"猫池"窝点230余个，抓获犯罪嫌疑人600余名；压实三大运营商主体责任，先后排查存量账户94万余个，管控高危账户4.8万余个，清理销毁渠道白卡33万张、关停号码2.9万个，全市电信网络诈骗警情下降20.9%，诈骗刑事案件下降7.46%。打击民生小案成效卓越，侦破盗抢案件1198宗，打掉盗抢团伙60多个，盗抢刑事案件破案率上升4.4%，牵头汕头、汕尾、惠州、东莞等市侦破"3·19"盗窃汽车专案，追回被盗汽车10多部价值1000多万元。追逃工作列全省第1，先后发起追逃集群战役4场，中央政法委、部督"漏网之鱼"等目标逃犯100%到案，全年逃犯抓获率176%，库存上升率下降至23%、跨省研判线索完成率204.3%。

【经济侦查】 2021年，揭阳市立经济犯罪案件308宗，破243宗，刑拘366人，逮捕218人，移诉143人，止损或挽回经济损失154多亿元，收到公安部、省厅贺电3份，维护揭阳经济安全和社会稳定。侦办康美药业违规披露、不披露重要信息案件，全数办结公安部交办案件线索，全部查清证监部门移送涉嫌犯罪案件涉及的主要罪名，主要案犯悉数到案，初步实现"追首恶、能胜诉、不破产、有赔偿"工作目标。打击农合机构不良贷款行为，推进农商行清收压降工作，约谈不良贷款大户670人次，立案113宗，破案90宗，刑拘66人。全力打击地下钱庄窝点1个，抓获涉案人员4名，涉案金额约2亿元人民币，假币交易案件发案数、交易量均大幅度下降。重拳打击财税领域经济犯罪，发起全国集群战役2起，侦破案件12宗，刑拘59人，逮捕34人，涉案金额超过54亿元，成功侦破"8·15"骗取出口退税案、"11·6"虚开增值税专用发票案等大要案件。

【禁毒工作】 2021年，揭阳市禁毒部门统筹推进打击涉毒犯罪、整治涉毒问题和打造禁毒示范典型"三大任务"，全市毒情形势三个"持续有效遏制"：惠来连续48个月本地未发现制毒工厂、全国抓获揭阳市外流贩毒人员下降7.3%、全市新增吸毒人员下降43.9%。强化涉毒犯罪打击，破获毒品案件96宗，涉及三人以上团伙案件10宗，千克以上毒品案件4宗，逮捕涉毒人员132名；成功捣毁制毒窝点1个，抓获犯罪嫌疑人6名，缴获毒品成品11.7千克，半成品约1吨，省公安厅专门贺电表扬；开展"集群打零"专项行动，打掉零包贩毒团伙5个，抓获涉毒人员135名。强化涉毒问题管控，加强社区戒毒康复工作，成立社区戒社康工作站91个，配备社戒社康专职人员273名，社戒社康执行率

2021年6月26日，揭阳市禁毒办举行"揭阳市2021年无害化集中销毁毒品仪式"
（市公安局 供图）

99.8%，“平安关爱”禁毒行动排全省前六名，寄递渠道禁毒百日攻坚行动破获涉毒案件6宗，抓获嫌疑人16人，缴获毒品1527.85克，成功侦破“7·23”跨省邮寄贩卖毒品案；强化禁毒宣传教育，开展“六进”禁毒宣传活动2万余场次，打造短视频矩阵宣传模式，举办禁毒短视频征集活动，征集参赛作品1024份，其中《毒途梦醒》荣获广东省禁毒视频大赛优胜奖。

【禁赌扫黄】 2021年，揭阳市治安部门破获涉黄刑事案件91宗，刑拘215人，逮捕143人；破获涉赌刑事案件195宗，刑拘543人，逮捕439人，涉赌、涉黄逮捕均超100%完成；侦破“11·06”传播淫秽物品案、“9·27”网络赌博案、“1·03”开设赌场案、粤榕511网络开设赌场案等国家挂牌督办、省公安厅飓风系列跨境网络赌博重点专案，收到公安部、省公安厅贺电6份。揭阳市公安局治安管理支队获评2021年度全省“扫黄打非”先进集体，揭西县公安局治安大队入选第五批全国“扫黄打非”进基层示范点。

【流动人口管理】 2021年，揭阳市登记流动人口149757人。各级户政部门继续深入推进户籍制度改革，认真做好居住证登记管理、流动人口登记服务，以及出租屋登记、流动人口登记更新等工作，截至12月25日，全市出租屋登记任务数4万间，新登记录入4.6万多间，核实流动人口任务完成13.5万多条，完成率99.86%；纵深推进“三合一”专项行动，全方位开展出租屋摸排工作，排查出租屋5.1万多间，流动人口7.6万多人。

【“飓风2021”专项行动】 2021年，揭阳市公安机关纵深推进“飓风2021”专项行动，严厉打击涉盗抢骗、涉黄赌毒、涉严重暴力、涉毒品、涉走私等突出违法犯罪。全市刑事立案数下降7.3%，破案5004宗、刑拘6212人、逮捕3469人、移诉起诉5916人，总体打击效能稳中有升，现案破案率达38.5%、列全省第三。深入推进“全民反诈”专项行动，印发《2021年揭阳市打击治理电信网络新型违法犯罪工作平安建设重点任务清单》，侦破电诈案件350宗，发起全国集群和飓风集群战役5起，打掉团伙35个，冻结涉案金额1.26亿元，建立7×24小时反诈联勤作战中心，深入开展预警劝阻，实现全市电诈警情和诈骗刑事案件“双下降”目标。强化技网侦数据7×24小时实时支援，深化“破小案”机制，推动全市盗抢有效警情下降2.66%，盗抢刑事案件破案率上升4.4%，“破小案”工作全省第五，其中榕城“破小案”试点工作列全省第一。现发命案连续两年全破，全年逃犯抓获率176%，收到部省贺电和嘉奖令15份。发起“飓风102号和299号”非法制售成品油专案收网行动，捣毁非法私油站及黑油点43个，缴获非法成品油及用于勾兑汽油原材料约5520吨，多次发起“清港清湾”联合清查行动，查获“大马力快艇”等三无船舶22艘，缴获走私油品13吨，有力挤压走私违法犯罪活动生存空间。开展岁末年初打击整治涉烟违法犯罪百日行动，缴获价值4800万元的假烟及走私卷烟5825万支。

【警务综合改革】 2021年，揭阳市公安局聚焦影响和制约揭阳公安工作发展的深层次问题，加强党对公安工作的领导、厘清各级职能定位、做强基层基础、优化警务运行机制、规范装备配备、推进政法办案平台建设、开展科技强警建设、狠抓队伍教育管理、强化群防群治等9项改革重点任务，细化形成“1+1+20”警务综合改革体系，全面落地实施，取得初步成效。《揭阳市12345政务服务便民热线平台与110接警服务台协同联动处置工作方案》11月5日印发，非警务警情由110接线员引导处置的约1.2万起，引导分流至“12345”市民服务热线的约3866起，合计分流约1.6万起，占接报非警务报警88%，有效释放基层警力；《揭阳市公安机关警务辅助人员新能源执勤用车租赁工作实施方案》11月10日印发，全市公安机关租赁新能源执勤用车227辆，破解基层警务用车不足难题；《揭阳市创建最小应急单元工作方案》11月11日印发实施，全市创建最小应急

2021年3月19日，揭阳市“打电诈”联席办召开揭阳市打击治理电信网络诈骗犯罪工作新闻发布会暨被骗资金返赃仪式 （市公安局 供图）

单元3698个，主要覆盖全市中小学幼儿园、重点内保单位、医疗服务场所等重点部位。

（市公安局）

检　察

【检察工作概况】　2021年，揭阳市检察机关发挥法律监督职能，严厉打击各种刑事犯罪，强化民事行政诉讼监督，加强公益诉讼和检察环节综合治理，推动各项工作稳步发展。全年依法批准逮捕各类刑事犯罪嫌疑人3821人，起诉5328人；办理各类民事、行政监督案件79件；公益诉讼立案167件，提起诉讼30件；办理群众来信来访859件，公开听证审查46场次，办理司法救助案件18件。完成市委巡察反馈问题的各项整改。抓好“三个规定”落实，领导干部带头填报过问或干预、插手检察办案等重大事项305件，堵塞违纪违法漏洞。推动新时代“五好”基层院建设和基层院“一院两品”共建共享活动，提高全市基层检察工作水平。

【刑事检察】　2021年，揭阳市检察机关维护社会安全稳定，依法批准逮捕各类刑事犯罪嫌疑人3821人，起诉5328人。严厉打击各种刑事犯罪，常态化开展扫黑除恶专项斗争，批捕涉黑涉恶犯罪64人，起诉79人，办理全国扫黑办重点督办，最高检、公安部挂牌督办的陈某武等33人组织、领导、参加黑社会性质组织案等重大案件；落实中央关于服务保障民营企业的决策部署，联合公安部门对13件涉民营企业“挂案”开展专项清理，保障民营企业的合法权益。起诉逃废债犯罪40人。强化知识产权犯罪、洗钱犯罪、破坏金融秩序犯罪等的打击力度，起诉破坏市场经济秩序犯罪549

2021年12月8日，揭阳市检察院参与在市青年文化广场举办的2021年揭阳市“12·4”宪法宣传周法律咨询系列活动　　（郑树丰　摄）

人，努力营造法治化营商环境；起诉破坏生态领域犯罪159人。强化与监委的协调配合，依法起诉职务犯罪38人，立案查办司法工作人员相关职务犯罪4人。

【民事行政检察】　2021年，揭阳市检察机关强化民事行政诉讼监督，办理各类民事、行政监督案件79件，其中提请省检察院抗诉2件。深化行政非诉执行监督，办理34件，提出检察建议18件。把化解行政争议作为审查行政诉讼监督案件的必经程序，化解行政争议12件。

【公益诉讼】　2021年，揭阳市检察机关突出环境资源、食品药品安全、个人信息保护等为重点，刑事检察与公益诉讼共同发力，守护人民群众“头顶上”“脚底下”“舌尖上”“钱袋子”等的安全，公益诉讼立案167件，提起诉讼30件。探索开展城市窨井盖安全管理专项监督活动，发出诉前磋商函及检察建议13份，督促相关单位修复问题井盖555处；落实习近平总书记“绿水青山就是金山银山”的理念，能动检察，全面履职，提起公益诉讼18件，索赔生态环境资源损失8975万元。

【检察环节综合治理】　2021年，揭阳市检察机关践行“少捕慎诉慎押”司法理念，开展“降低审前羁押率”专项整治行动，加强向党委、人大报告，与公安机关、审判机关沟通协调，共同推进非羁押强制措施适用。开展违规违法办理减刑、假释、暂予监外执行案件专项排查整治工作，对“减假暂”执行不当提出纠正意见423件。深化未成年人司法保护工作，推动“一号检察建议”、强制报告制度、入职查询制度、督促监护令等工作机制落地见效。深化“1+4+N”未成年人普法模式，开设“法治云课堂”，扩大法治宣传覆盖面；坚持和发展新时代“枫桥经验”，抓好群众信访件件有回复制度和检察长接访工作制度，办理群众来信来访859件，检察长接待来访群众99人次。公开听证审查46场次，办理司法救助案件18件，实现“案结事了”，化解矛盾纠纷。

（市检察院）

法　院

【审判工作概况】　2021年，揭阳市中级人民法院完成中国共产党成立100周年安保维稳重大政治任务，推动更高水平的平安揭阳、法治揭阳建设。全市法院受理各类案件35778件，办结29607件，分别增长19.9%和11.9%，结收案比91.0%。其中，市中院受理案件7312件、办结5334件，分别增长53.3%和28.9%，结收案比79.8%；依法顺利审理涉康美药业等多宗重大案件。开展“我为群众办实事”实践活动81场，为群众办实事240次，开展队伍教育整顿，推进巡察整改落实，建立健全正风肃纪、能力提升、审判管理等制度62项。四级高级法官邹秋玲被评为“广东省优秀共产党员”。

【刑事审判】　2021年，揭阳全市两级法院受理刑事案件4320件，办结4088件。把防范政治安全风险置于首位，审结相关案件3件5人。维护人民群众生命财产安全，审结故意杀人、故意伤害、抢劫、绑架等案件428件，盗窃、电信网络诈骗、非法吸收公众存款等案件853件，制假售假、危害食品药品安全案件55件。审结毒品犯罪案件117件149人。注重未成年人犯罪惩治预防，审结相关案件155件226人。常态化推进扫黑除恶，审结涉黑涉恶案件9件40人。纵深推进“打财断血”“黑财清底”，执结涉黑恶财产7598万元，生效案件财产处置到位率为100%。审结贪污贿赂、滥用职权、玩忽职守等案件36件51人，彰显市委反腐倡廉的坚强决心。央视曝光的普宁、惠来“货运乱象”系列案件9件14人全部审结。

【民商事审判】　2021年，揭阳全市两级法院审结民商事案件15524件，解决诉讼标的额177.9亿元。坚持“两个毫不动摇”，依法平等保护各类市场主体，审结涉招商引资、买卖、借款等商事案件7521件。加强知识产权保护，服务创新驱动发展，审结知识产权案件1419件，增长136%，高效办结涉“OPPO”“小米”“金龙鱼”等知识产权矛盾纠纷。统筹推进“僵尸企业”破产案件53件，妥善解决职工安置、国有资产处置等复杂问题。依法防范化解重大风险，收到涉康美药业集中管辖案件475件，总标的额275.05亿元，办结190件，标的额62.16亿元;收到涉恒大案件175件，总标的额9.85亿元，办结28件，标的额0.19亿元。办结康美药业破产重整案件，在资本市场法治建设上取得“里程碑”式的意义。

【行政审判】　2021年，揭阳全市两级法院审结行政案件296件。对涉及土地征收补偿、土地权属、行政强制等重点领域行政案件，建立层报重大敏感案件台账制度，加强案件审理。对涉2亿多元政府工程项目的方某强系列案件，坚持审慎推进、加强协调、稳妥把控，坚决维护国有资产安全。

【执行工作】　2021年，揭阳全市两级法院深化综合治理执行难大格局，加大强制执行力度，开展“南粤执行风暴”“打击逃废债”等专项行动。鼓励诚实守信，发布失信被执行人名单6123人次，采取限制高消费措施7740人次，限制出境3人次，移送追究拒执罪11件。全市法院受理执行案件9386件，办结8226件，分别增长25.6%和24.43%，执行到位金额56.74亿元。其中，市中院受理执行案件1049件，办结917件，分别增长115.4%和114.75%，执行到位金额45.83亿元。

【司法为民】　2021年，揭阳全市两级法院坚持以人民为中心，司法为民、司法便民。坚持科技赋能，不断完善诉讼服务中心、执行指挥中心和数字法庭指挥中心建设。依托诉讼服务网、移动微法院、粤公正等平台，全面提供网上立案、跨域立案、网上交退费等服务，收到网上立案申请2721件，审核通过2115件；实现跨域立案全覆盖，完成跨域立案126件。聚焦群众“急难愁盼”问题，着力解决民生司法难题。开辟“绿色通道”，快立快审快执就业、教育、医疗等涉民生案件94件，为群众追索劳动报酬、赡养

2021年5月17日，揭阳市中级人民法院送法进校园。市中院刑二庭副庭长、一级法官林旭强为揭阳市实验中学师生讲授“远离毒害，健康成长”禁毒法治教育课
（市中级人民法院　供图）

费等款项150多万元，为困难群众减免缓诉讼费80多万元。推进道路交通事故损害赔偿纠纷“网上数据一体化处理”，及时审结有关纠纷案件1544件。促进房地产市场健康发展和良性循环，审结涉“问题楼盘”等商品房买卖合同纠纷案件85件。弘扬文明进步的家庭伦理观念，审结婚姻家庭纠纷案件2300件。积极践行新时代“枫桥经验”，加快一站式多元解纷机制建设，依托社会力量调解案件2390件。树牢强基导向，全面加强人民法庭工作，人民法庭审结案件7251件，推动矛盾就地化解、及时化解。积极主动讲好中国法治故事，强化以案释法，发布2021年度全市法院十大典型案例，取得良好效果。

【审判管理】 2021年，揭阳全市两级法院不断加强审判管理，提高审判工作质量和效率。坚持重大案件专题研究、审判规则集体决定、重大决策全程留痕，完善“减假暂”案件办理制约监督机制，确保审判权依法公正行使。建成“云上法庭”，整合语音控制、人脸识别、录音录像、直播控制、证据同步5类技术，高效协助庭审。推进电子卷宗随案同步生成，辅助法官办案，方便群众查询。加强人民法庭智能化建设，已建成科技法庭65个，所有人民法庭至少配备了一个科技法庭。依托数字法庭指挥中心，加强对庭审的管理，规范庭审活动，提高审判效率。依法科学统筹推进疫情防控和审判执行工作，落实立案、开庭、外出办案等环节疫情防控要求，坚决守住“零感染”底线。充分运用网上办公办案平台，采取“云端立审执”等无接触办案方式，确保审判执行“不停摆”，实现公平正义“不止步”。加大司法信息公开，让公平正义看得见、摸得着。

（蔡东平）

司法行政

【司法行政概况】 2021年，揭阳市司法局全面推进依法治市为主线，建设法治政府，深化司法行政改革，教育整顿司法行政队伍，连续两年开展法治揭阳建设评估走在全省前列。2021年，揭阳市乡镇（街道、农场）司法所89个。至年底，全市建成省级法治文化主题公园1个，市、县两级法治文化主题公园10个，1634个村（社区）民主法治示范村（社区）创建率100%，创建省级民主法治示范村（社区）34个，建成广东省法治文化建设示范企业18个，广东省青少年法治教育实践基地3个。市普法办获评“2016—2020年全国普法工作先进单位”，市司法局获司法部授予“2020年国家统一法律职业资格考试工作表现突出单位”称号，广东冠法律师事务所获司法部授予“全国优秀律师事务所”称号，惠来县司法局溪西司法所、隆江司法所所长分别获司法部授予“全国模范司法所”“全国司法所模范个人”称号。

【法治宣传】 2021年，揭阳市普及全民普法宣传教育。组织开展“3·8”“3·15”“4·15”“4·26”“5·28”“6·26”“12·4”等普法宣传主题活动；开展“防控疫情·法治同行”专项普法宣传行动、“美好生活·民法典相伴”普法宣传活动、“揭阳普法教育大讲堂”、法治宣传进企业等活动，“赋强公证与金融风险防范”普法大讲堂走在全省前列，助力法治化营商环境建设；“四项创建”扎实推进，至年底，全市建成省级法治文化主题公园1个，市、县两级共创建法治文化主题公园10个，在建1个。全市1634个村（社区）民主法治示范村（社区）创建率100%全覆盖，创建省级民主法治示范村（社区）34个。建成广东省法治文化建设示范企业18个，在建1个。建成广东省青少年法治教育实践基地3个，5个建制县（市、区）各建成1个以上青少年法治教育实践基地；市、县两级组织开展2021年度领导干部和国家工作人员学法考试11万人次；11月15日组织开展领导干部旁听庭审活动；12月9日组织开展国家机关“谁执法谁普法”履职报告评议活动。

【律师工作】 2021年，揭阳市加强一村（社区）一法律顾问工作，解决法律服务群众“最后一公里”问题。全市259名律师分别担任1627个村（社区）法律顾问，全年接待群众咨询21688人次，开展法律讲座8247场次，为村（社区）审核合同533份，起草、审查、修改村（社区）事务的法律文书524份，出具法律意见书263件，接受群众委托代理诉讼案件197件，办理法律援助案件322件，参与并成功调解矛盾纠纷1378件。广东冠法律师事务所获司法部授予“全国优秀律师事务所”称号。成立中共揭阳市律师行业委员会，推动党建工作与业务工作深度融合。

【公共法律服务】 2021年，揭阳市公共法律服务持续供给普惠均等服务。10月16—17日，2021年国家统一法律职业资格考试揭阳考区客观题考试组织实施工作圆满完成；11月11日，市三江公证处与交通银行揭阳分行签订战略合作协议，赋强公证防范化解金融债权风险；创新在市、县、镇三级公共法律服务实体平台设立退役军人法律服务专席，建立健全司法鉴定行业监管机制。法律援助“应援尽援”，组织市、区法援律师志愿服务团队联合市残联开展“法援惠民生 关爱残

2021年11月7日，中共揭阳市律师行业委员会成立　（市司法局　供图）

疾人”志愿服务活动。揭阳市“法援惠民生　扶贫奔小康”品牌活动获司法部通报表扬。全市公共法律服务平台到岗服务94844人次，接受咨询19756件，业务受理7464件，办理各类法律援助案件5387宗，办理公证业务4676件，司法鉴定案件3154件。

【人民调解】　2021年，揭阳市妥善化解基层矛盾纠纷。11月30日至12月2日，举办全市司法所长暨人民调解工作培训班。组织开展矛盾纠纷排查2639次，排查发现矛盾纠纷354件，调解矛盾纠纷3496件，调解成功3468件，调解成功率99.2%，涉及金额超4000万元，将矛盾纠纷化解在萌芽状态。在全省率先由地方市委、市政府联合出台《关于表彰揭阳市先进人民调解委员会和优秀调解员的决定》。全市人民监督员参加“检察开放日”活动、案件听证会等专项活动31场次；对全市65名人民监督员进行年度考核，表彰8名优秀人民监督员。

【安置帮教】　2021年，揭阳市妥善安帮刑释人员。全市衔接刑释人员2091人，帮教2091人，帮教率100%；安置2088人，安置率99.9%。

【社区矫正】　2021年，揭阳市贯彻落实《社区矫正法》《广东省社区矫正实施细则》，坚持“量化考核”评比规范化、“专项活动”整治彻底化、“灵魂教育”开展常态化、“协同机制”赋能多元化，打造“法治、平安、精准、智慧”社矫四个建设。截至年底，全市在册人数1310人，全年新接收835人，期满解除861人；社区矫正工作社会工作者226人，社会志愿者802人；开展执法检查100余场次，集中点名、训诫2100余人次，远程会见2453人次，检查电子定位设备2000余部，检查档案台账资料1100余份，组织教育学习19285人次，组织公益活动14208人次，开展信息化核查2285人次，个别谈话教育15002人次，心理辅导176人次，就业培训180人，慰问救助32人。全年在册监管社区矫正对象没有发生重大安全事故、参与重大群体性事件、发生重大刑事案件，社区矫正工作人员没有因不依法履职被追究刑事责任，社区矫正工作没有发生舆情，实现“四个确保”目标。

【基层司法行政】　2021年，揭阳市89个镇级司法所为基层政府提供法律意见建议191条，参与制定审核规范性文件15件，指导制定村规民约78件，解答法律咨询7211人次。惠来县司法局溪西司法所、隆江司法所所长分别获司法部授予“全国模范司法所”“全国司法所模范个人”。

【十六项便民利民举措】　2021年，揭阳市出台《“我为群众办实事”实践活动实施方案》，全面实施“十大行动”，推行证明事项告知承诺制，配套印发《揭阳市司法局便民利民16条工作措施》，推出公证为民10项、法援为民2项、简证便民1项、复议为民1项、鉴定为1项、法治体检1项，着力解决人民群众“急难愁盼”问题。全市司法行政系统推出办实事项目30个、措施80条，开展办实事实践活动424场、为群众办实事863次，收到群众感谢信3封、锦旗8面。

【“最多跑一次”40项公证事项清单】　1.无犯罪记录；2.身份证；3.国籍；4.护照；5.曾用名；6.居民户口簿；7.生存；8.死亡（正常死亡）；9.驾驶证；10.委托；11.营业执照；12.放弃继承权声明；13.自然人商标转让声明；14.改名声明；15.学历；16.学位；17.毕业证书；18.学位证书；19.户籍注销；20.指纹式样；21.住所地（居住地）；22.未达法定婚龄；23.签名（印鉴）；24.结婚证；25.离婚证；26.出生医学证明；27.医疗机构执业许可证；28.医疗器械经营许可证；29.儿童预防接种证；30.医师资格证书；31.医师执业证书；32.著作权登记证书；33.商标注册证；34.外观设计专利证书；35.发明专利证书；36.实用新型专利证书；37.食品经营许可证；38.质量管理体系认证证书；39.预防接种凭证（新冠疫苗）；40.核酸检测报告。

（王梓彬）

【监狱管理】 2021年，揭阳监狱坚持政治引领、党建统领，坚守安全底线、践行改造宗旨，持续强化教育整顿、疫情防控、安全治理、改造提质、公正执法、精准保障，实现监狱全面安全。被国管局、中直管理局、国家发展改革委、财政部授予国家级“节约型机关”荣誉称号，参加广东监狱2021年应急处突技能竞赛获季军。

监狱安全 2021年，揭阳监狱分析研判安全形势，改造监门加强罪犯防脱逃工作，开展“百日安全行动”和违禁品、捎买带等专项整治严厉打击违规违纪行为；快速精准防控疫情，开展封闭执勤和全员核酸检测，加强疾病防控救治，实现公共卫生安全；完善安全生产责任体系，深化安全生产隐患整治；强化与地方的联防联控，与地方公安、驻监武警等开展联合应急演练，选派民警参加广东监狱2021年应急处突技能竞赛获季军，不断增强应急能力。

公正执法 2021年，揭阳监狱开展“减假暂”(指减刑、假释、暂予监外执行）案件专项排查整治，依托“减假暂”案件提请资格筛查系统、执法办案平台和刑务办案中心，加强与政法机关沟通协调，提高办案质效，依法依规提请减刑、暂予监外执行、办理收监。开通“广东省揭阳监狱线上便民服务综合平台”，深化狱务公开，积极为罪犯家属解疑答难，被司法部网站予以报道宣传；开展接访、接谈，及时回应罪犯关切。

管理教育 2021年，揭阳监狱强化民警直接管理，整顿监规纪律。将罪犯文化教育纳入揭东区教育发展规划，依托“云授课”、民警讲师团、联合办学等因地制宜开展文化教育、加强入监教育、规范出监教育、强化职业教育；优化评估流程，构建良好评估体系，监狱“罪犯危险性评估二十四字流程工作法”，获评省监狱系统“工作创新奖”二等奖并在全省监狱推广，开展“优秀潮汕文化进狱园”活动，不断提高罪犯改造质量。

（揭阳监狱）

2021年1月24日，揭阳监狱在狱内教育中心广场举办“迎新春潮汕文化一区一品牌节目汇演”，图为服刑人员表演英歌舞 （揭阳监狱 供图）

军事

中国人民解放军揭阳军分区

【揭阳军分区概况】 2021年，揭阳军分区坚持以习近平新时代中国特色社会主义思想为指导，贯彻习近平强军思想，坚定举旗铸魂，聚力备战打仗，开展战备训练、国防动员和民兵后备力量建设，全面完成年度征兵任务。揭阳军分区战备建设处被省军区评为“练兵备战先进单位”“要讯工作先进单位”，普宁市人武部党委被军委国防动员部表彰为“先进旅团级党委”，揭东区人武部被省军区评为“新闻舆论工作先进单位”。

【思想政治建设】 2021年，揭阳军分区坚持用习近平强军思想凝心铸魂，突出学习贯彻习近平总书记“七一”重要讲话和党的十九届六中全会精神，思想紧跟、行动紧随。严格落实常委会“第一议题”、每周两次集中理论学习制度，常委会30次跟进学习习近平主席最新重要讲话指示，组织党委中心组带机关理论学习22期，开展党委委员专题研讨交流4次，编印《党的创新理论》专刊19期，常态督导学系列讲话、学法规文件、学重点书目。制定实施党史学习教育“1+10+N”路线图，推进3个阶段9个方面工作，全军党史学习教育宣讲团教授、军分区首长、市委党校专家先后4次作专题辅导，全年办好16件实事，建好用好军分区党史军史长廊等政治文化设施，多次组织党史知识考核考试，承办并参加省军区党史知识竞赛粤东片区复赛，夺得第一名，获省军区决赛三等奖。统筹推进深化“传承红色基因、担当强军重任”主题教育，开展系列主题党日、红色基地参观见学等活动，狠抓党委议教、教育检验等制度落实。

揭阳军分区党委四届四次全体（扩大）会议 1月20日，揭阳军分区召开党委四届四次全体（扩大）会议，深入学习贯彻军委国防动员部党委扩大会议、省军区党委十二届六次全会精神，总结2020年工作，部署2021年任务，表彰年度先进单位和个人，组织各县（市、区）人武部党委第一书记作党管武

2021年1月20日，揭阳军分区召开党委四届四次全体（扩大）会议
（郑楚藩　摄）

装工作述职。

揭阳军分区党委四届五次全体（扩大）会议 7月29日，揭阳军分区召开党委四届五次全体（扩大）会议，深入学习贯彻省军区党委十二届七次全会精神，总结上半年工作，部署下半年任务，组织学习贯彻习近平主席“七一”重要讲话精神专题研讨。

市委议军会 12月10日，中共揭阳市委召开专题议军会，传达学习习近平总书记关于国防和军队建设重要讲话精神，分析全市国防动员和武装工作形势，研究审议关于加强揭阳市新时代民兵工作、进一步加强全市专职人民武装干部队伍建设、推动全市有关涉军工作部门实体化运作等事项。

【战备训练】 **开训动员** 1月5日，揭阳军分区召开开训动员大会，学习贯彻习近平主席向全军发布的2021年开训动员令，组织开展第一季度战备拉动演练，从难从严锤炼摔打部队。

民兵骨干集训 3月15日至4月23日，组织2期民兵骨干集训，全市民兵森林灭火分队骨干、轻舟骨干参训。集训采取理论授课、观看录像、实操作业、讨论交流、综合演练、考核验收等方法，提高民兵骨干组织指挥能力和专业救援水平。

急难险重任务 3月20日，黄岐山森林公园龙石片区发生森林火灾，揭阳军分区带领榕城区人武部出动榕城区森林灭火分队31人、揭东新亨森林灭火专业队40余人，20分钟内赶赴火灾现场，经过4个小时奋战扑灭火灾。10月14日，沿甬莞高速揭阳仙桥收费站往广太收费站（由东向西）方向约7千米处，发生一起轿车追尾一辆装载28吨危险品（乙烷）罐车事故，造成罐车装载危险品泄漏、高速公路由东往西方向交通中断，揭阳军分区带领普宁市人武部迅速出动民兵应急排30人，完成事故处理警戒、车辆疏导和危险品转移等任务。10月18日，惠来县发生油罐车侧翻严重交通事故，造成龙江河段被油污染，揭阳军分区带领惠来县人武部出动民兵轻舟分队12人、冲锋舟2艘，完成油污清理任务。

国防军事日活动 12月7日，揭阳军分区组织市四套班子领导参加“国防军事日”活动。活动内容包括军地座谈、观看部队历史纪录片、观摩“三实”课目演练、参观基层正规化建设等。

2021年3月15日至4月23日，揭阳军分区组织2期民兵骨干集训。图为民兵轻舟分队集训（揭阳军分区 供图）

【国防动员建设】 **揭阳市国防动员工作会议** 1月7日，揭阳军分区召开市国防动员工作会议，研究部署市国动委各专业办和各县级国动委动员任务。

国防动员潜力调查 1月7日，揭阳军分区召开市国防动员潜力数据核查任务部署会。年内，先后组织2次集中办公，开展2轮全市国防动员潜力数据统计调查和重点潜力资源现地核查，采集各类潜力信息13万余条，形成《重点潜力图册》和国防动员优质潜力多媒体视频等成果。

兵员征集 2021年，揭阳军分区贯彻落实一年两次征兵改革部署，统筹抓好疫情防控下兵员征集，圆满完成年度征集任务，大学生征集比例占66.2%，大学毕业生比例15.1%，无责任退兵和廉洁征兵问题。

基层武装部规范化建设 2021年，揭阳军分区开展基层武装部规范化建设达标活动，印发《揭阳市基层武装部规范化建设指导手册（试行）》，按照“融合建设、分类指导、梯次推进、整体达标”的基本思路，推进全市基层武装部规范化建设工作。

专武干部资格认证 2021年，揭阳军分区召开会议，健全完善市、县专职人民武装干部资格认证评审委员会；9月13日至28日，组织全市各乡镇（街道）武装部专武干部集训，完成新任职基层武装部部长资格认证工作。

【民兵后备力量建设】 **民兵工作任务部署会** 3月23日，揭阳市人民政府、揭阳军分区联合召开全市民兵工作任务部署会。会议以电视电话会议形式组织，市、县、镇三级同步参加，明确年度民兵建设目标任务、重点工作、时间节点和具体要求。

民兵应急营集合点验 5月28日，揭阳军分区组织召开2021年度揭阳市民兵应急营集合点验大会，总结2020年工作，表彰先进单位和个人，宣布民兵干部骨干任职命令，并发放入队通知书，提高民兵身份认同感和荣誉感。

民兵调整改革领导小组会议 6月10日，揭阳市人民政府、揭阳军分区联合召开市民兵调整改革领导小组会议，传达学习省民兵调整改革领导小组会议精神，研究调整领导小组成员单位职责分工。

民兵工作检查考评 10月28日至11月4日，揭阳军分区联合市委组织部、市财政局和市退役军人事务局组成军地联合检查组，考评各县（市、区）民兵工作，现地检查5个单位民兵应急连连部，抽查18个乡镇（街道）基层规范化建设情况。

【安全管理】 2021年，揭阳军分区推进“四个秩序”建设，规范落实34类秩序，改造修缮各类战备库室和设施场所，规范统一市县两级办公秩序，完成榕城区人武部办公楼改造，加快推进普宁市人武部调整部署，正规化水平不断提升。协调地方相关部门建立联动会商机制，严格按照法律法规，对地方院校以“军”字招牌招生、违规标注“军品”商标、冒用“军供”渠道销售、假借涉军“代言”广告等问题予以重点纠治，切实维护军队军人威严形象，保持部队纯洁稳定。

【后装保障】 2021年，揭阳军分区组织资产清查工作，清点装备资产、房地产资源、设备器材、无形资产四大类，摸清全区资产底数、规范资产管理工作。结合省军区财务大检查问题整改，开展财务清查工作，坚持紧盯问题理思路、建章立制抓整改，研究出台《军分区财务管理暂行规定》和《军分区物资采购管理暂行办法》，进一步规范经费管理、集中采购、工程建设组织实施程序。开展枪支弹药清查活动，揭阳军分区、人武部和基层武装部逐间库室清理检查、逐人过筛排查，确保无遗留、无私存枪支弹药问题。抓好疫情防控工作，召开疫情防控领导小组会议5次，落实疫情防控专项值班、疫情动态通报等制度，做好人员动态监管、在外人员返营核酸检测、任务活动防控和防疫物资保障等工作。领导带头落实“留粤过节”号召，全体官兵、文职人员和职工完成全程疫苗接种，全区保持“零疑似”“零感染”。

（揭阳军分区）

人防建设

【人防建设概况】 2021年，揭阳市抓好人防建设，健全组织指挥体系，完善人员防护体系，提升综合防护能力，建设专业力量体系，推进人防信息化建设和人防教育训练。加强疏散隐蔽地域、紧急疏散场所建设，全年没有发生人防工程安全生产事故。

【人防工程建设】 2021年，揭阳市加大人防工程建设步伐，通过规划调控、审批控制等，补齐人防工程种类，调整人防工程结构比例。

【人防工程质量安全】 2021年，揭阳市加强人防工程质量安全，全年没有发生人防工程安全生产事故，总体实现安全稳定。规范结建式人防工程质量安全监督及竣工验收备案。按照机构改革后的“三定”方案和《广东省住房和城乡建设厅关于规范结建式人防工程质量安全监督竣工验收备案工作的通知》，将人防结建工程有关质量安全监督及竣工验收备案等职能移交市住建局。

【人防宣传教育】 2021年，揭阳市拓展人防宣传教育模式，综合运用多媒体、警报试鸣、网络宣传等多种形式，在全市各应急避难场所（广场）及市人防宣传教育展馆等场所开展人防法规和知识技能宣传教育，提高广大人民群众的国防观念和人防意识，营造良好的人防建设氛围。

（市委军民融合办）

退役军人事务

【退役军人事务概况】 2021年，揭阳市拟订退役军人思想政治、管理保障等工作政策法规并组织实施，褒扬彰显退役军人为党、国家和人民牺牲奉献的精神风范、价值导

2021年7月24日，揭阳市录制“颂党恩·双拥情”——揭阳市军民联欢会节目

（市退役军人事务局 供图）

向；负责军队转业干部、复员干部、退休干部、退役士兵的移交安置工作和自主择业退役军人服务管理、待遇保障工作，组织开展退役军人教育培训、优待抚恤等，指导全市拥军优属工作，负责烈士及退役军人荣誉奖励、军人公墓维护及纪念活动等。2021年接收安置军队转业干部、退役士兵和退出消防员到党政机关、事业单位和企业工作，帮扶下岗退役军人实现再就业，发放义务兵家庭优待金。

【双拥工作】 2021年，揭阳市启动创建全国双拥模范城，出台《中共揭阳市委 揭阳市人民政府 揭阳军分区关于进一步做好新时代拥军优属工作的意见》和《揭阳市创建全国双拥模范城总体工作方案》等文件，举办“颂党恩 双拥情”军民联欢活动，开展双拥宣传教育，推动军人荣誉体系建设，督促拥军优属政策落实，维护军人军属合法权益；增强各级党政做好双拥工作的责任感和使命感，提高广大群众的国防意识和拥军意识，树立一批体现新时代精神的双拥典型。在“八一”等重大节日期间，市委、市政府和各县（市、区）党委、政府组织拥军慰问团（组）走访慰问驻揭部队。召开市委常委议军会议，研究解决部队建设，转业干部、随军家属、退役士兵安置，军人子女教育优待等重难点问题，为官兵拓宽后路、巩固后院、扶持后代。

【优待抚恤、烈士褒扬】 2021年，揭阳市严格贯彻落实各项优抚政策，切实保障优抚对象的合法权益。做好抚恤补助提标工作，提高重点优抚对象生活水平。做好义务兵家庭优待金提标和发放工作。组织开展“关爱功臣送医送药活动”，为部分重点优抚对象免费送医送药、体检治病。组织开展“清明网上祭英烈”和“9·30”公祭烈士活动，加强爱国主义教育和国防教育宣传。开展县级以下烈士纪念设施整修工作。

【培训就业】 2021年，揭阳市举办军队转业干部培训班，开展政府安排工作退役士兵和退出消防员适应性培训，举办退役士兵全员适应性培训4场次，部分自主就业退役士兵和复员干部参加培训。设立揭阳市退役军人创业孵化基地，搭建退役军人就业创业服务平台，扶持一批军创项目、军创企业，以创业带动一批退役军人实现就业。组织退役士兵报名参加两年中等职业技能培训；开展退役军人现代学徒制专项试点申报工作。举办退役军人专场招聘活动14场次、网络专场招聘活动5场次，277家用人单位参加招聘，提供约5000个工作岗位，组织退役军人及军属参与招聘活动，并与用人单位达成就业意向。

（市退役军人事务局）

2021年11月24日，“戎归揭岭 职场启航”——2021年揭阳市退役军人专场招聘会在市区东湖公园举行

（市退役军人事务局 供图）

综合经济管理

经济体制改革

【经济概况】 2021年，揭阳市坚持稳中求进工作总基调，统筹抓好疫情防控和经济社会发展，发挥重点项目、工业稳增长、外贸高质量发展、财税工作、招商选资工作专班作用，落实“六稳”“六保”措施，推动全市经济社会平稳健康发展。全市地区生产总值2228亿元，比上年度（下同）增长6%；一般公共预算收入79.31亿元，增长7.21%，其中税收收入46.71亿元，增长3.27%。工业运行平稳，规模以上工业增加值530亿元，增长3.5%。市场主体趋于活跃，全市各类市场主体30.68万户，增长11.25%。金融运行稳健，全市金融机构本外币各项存款余额2732亿元，增长5.1%；各项贷款余额1378亿元，增长6.8%。城乡居民人均可支配收入23131元，增长6%。

【现代市场体系建设】 2021年，揭阳市制订实施《揭阳市促进产业发展“1+1+12”政策体系资金申报指南》，兑现各项奖励扶持资金，全市累计接受申请奖励资金21574.08万元（其中省级资金14435.23万元）。制订实施《揭阳市招商项目引荐专项奖励办法》及申报指南，落实招商奖励。严格落实市场准入负面清单管理制度，实施“非禁即入”，负面清单之外的领域，按照内外资一致原则实施管理。加强产权保护，完善涉企保护案件的申诉、复核、重审等机制，严格规范查封、扣押、冻结等措施，落实涉产权冤错案件常态化纠错机制。印发《关于进一步加强揭阳市行政执法与刑事司法衔接工作意见的通知》《揭阳市检察机关降低审前羁押率工作指引（试行）》《关于加强产权司法保护工作的分工方案》，完善涉企保护案件的申诉、复核、重审等机制，严格规范查封、扣押、冻结等措施，落实涉产权冤错案件常态化纠错机制。

【社会信用体系建设】 2021年，揭阳市加强《广东省社会信用条例》的宣传学习，通过网站发布、培训、现场等多种方式开展宣传活动。至2021年底，归集信用信息数据1422万条，其中双公示数据41135条，红名单5998条，黑名单63条，信用动态1334条。有序推进重点领域信用监管工作，全市各相关部门积极推进行业信用建设，营造良好社会信用环境。推进“信易贷”工作，发动全市银行业金融机构、相关企业申请入驻“全国中小企业融资综合信用服务平台”，深入推进“银税互动”、农村信用体系建设、粤信融等工作。

（市发改局）

发展规划管理

【发展规划概况】 2021年，揭阳市编制完成《揭阳市国民经济和社会发展第十四个五年规划和二〇三五年远景目标纲要》，制定出台《关于落实〈揭阳市国民经济和社会发展第十四个五年规划和2035年远景目标纲要〉主要目标和任务工作分工》，统筹推进全市32项专项规划编制。全市新开工项目263个，估算总投资1619.97亿元。

【发展规划编制】 2021年，揭阳市编制完成《揭阳市国民经济和社会发展第十四个五年规划和二〇三五年远景目标纲要》，2021年5月17日印发实施。立足本地区、本行业资源，谋划一批事关全市当前和长远发展的重大项目，系统梳理重大项目347项，总投资10480.27亿元，“十四五”期间计划投资近8000亿元。

【重点项目建设】 2021年，揭阳市推进重点项目加快建设，全市纳入省级重点建设项目计划43项，总投资1638.90亿元，年度计划投资300.21亿元，实际完成投资469.85亿元，年度投资完成率156.5%，列全省第1位（按完成率）；纳入市级重点建设项目计划272项，总投资3615.39亿元，年度计划投资668.89亿元，实际完成投资842.50亿元，年度投资完成率126.0%。京灶大桥、揭东东部水厂、普宁市北部中心水厂工程、揭阳市惠来县储备粮库等重点项目开工建设；中石油炼化一体化项目总体形象进度89.1%，吉林石化ABS项目总投资完成过半，国电投315兆瓦海上风电项目并网发电，GE海上风电机组总装基地竣工投产。

【重点项目管理】 2021年，揭阳市组建揭阳市重点项目推进工作专班，统筹做好要素保障、前期手续、建设推进、数据整理归集和检查督导各项工作，及时解决工作中存在的困难和问题。专班办公室制发《市领导同志分工推进省、市重点项目清单》，建立首席服务官工作制度，自上而下搭建政府和项目单位沟通联络的“绿色通道”，为项目推进提供“保姆式”服务；各地各有关部门建立相应协调机制，形成纵横联动、通力合作的工作格局。

2021年，全市聚焦项目所需，强化资金、用地、用海、能耗、环境容量等资源要素保障。围绕中石油炼化一体化、国电投海上风电等龙头项目建设需求，争取上级部门在环境容量及能耗保障上给予支持，获得国电投神泉项目军事支持意见，争取新增政府专项债券资金47亿元、中央预算内投资6688万元、省区域协调发展战略专项资金（重大项目前期工作经费）1820万元；拨付韩江粤东灌区续建配套与节水改造工程半洋隧洞引水工程（枫江—半洋段）、省道S505线祠堂村至砲台平交段改造工程、揭阳市第二实验小学建设项目等重点项目建设资金约20.44亿元，先后完成汕汕铁路、潮汕环线高速公路（含潮汕联络线）三期工程京灶大桥等一批项目用地报批，完成粤东城际4条铁路等一批项目用地预审。

2021年，揭阳市构建重点项目“谋划一批、开工一批、在建一批”的工作格局，按照“三贡献一高一强”标准（单位土地产值贡献和财税贡献、单位能耗产值贡献和财税贡献、单位环保容量产值贡献和财税贡献，项目科技含量高、产业带动能力强），组织举办2021年第一季度、第二季度省重点项目集中开工活动，全市集中开工重点项目121个，总投资1022亿元，掀起重大项目加快投资建设高潮；2021年全市新开工项目263个，估算总投资1619.97亿元。

【重点专项工作】 2021年，揭阳市有序推进中石油揭阳LNG项目前期工作，揭阳LNG项目增列入广东省能源发展“十三五”规划，纳入交通运输部《全国沿海液化天然气接收站码头布局》规划。建立政企联动工作机制，推进粤东天然气主干管网工程等天然气管道基础设施建设，省天然气管网粤东LNG配套管线工程揭阳段（28.5千米）主体工程建成，2021年4月1日投产通气；普宁支线（3.8千米）于2021年9月30日建成，普宁末站正在建设中；省天然气管网“2021工程”粤东天然气主干管网工程揭阳段管线（116.6千米）粤东天然气主干管网海丰—惠来联络线项目揭阳段（54.7千米）于2020年10月30日全线贯通，具备通气条件；揭阳—梅州天然气管道工程项目揭阳段（61.42千米）于2021年3月底试产通气。揭阳天然气管道“县县通”工程完成投资13亿元，全市县级行政区天然气主干管道全线贯通，年度完成干线管道118.5千米、6个阀室和2分输站施工。

【粤东城际铁路开工建设】 粤东城际铁路在揭阳市境内有4个项目，包括潮汕机场至揭阳南段、汕头至潮汕机场段（揭阳段）、潮州东至潮汕机场段（揭阳段）、揭阳南至揭阳站段，设计时速160千米/小时，揭阳市域线路总长56.6千米（其中地下段长15.8千米），新建车站11座（其中地下站4座、高架站6座、地面站1座）总投资约168.3亿元。2021年，汕头至潮汕机场段可研获省发改委批复，其他3个项目可行性研究报告于2021年1月8日通过中国国家铁路集团有限公司鉴定中心审查，省自然资源厅批准用地预审与规划选址。粤东城际潮汕机场前期工程于2021年3月开工建设。

（市发改局）

物价管理

【价格管理】 2021年6月1日起，揭阳市行政区域内非居民用水超定额、超计划实行累进加价制度。2021年12月，出台揭阳市义务教育阶段线下学科类校外培训收费政策文件，收费标准从2022年春季开学起执行。

国有资产监督管理

【国资管理概况】 2021年，揭阳市人民政府国有资产监督管理委员会稳步推进各项改革任务，依据权责清单严格实施清单化国资监管措施，突出管资本职能，落地落实，依法组织完成28户市属全民所有制（集体）企业公司制改革。

【国企改革】 2021年，揭阳市制订并实施《揭阳市贯彻落实〈国企改革三年行动方案（2020—2022年）〉实施方案》《揭阳市投资控股集团有限公司改革重组实施方案》《揭阳市市属企业混合所有制改革操作指引》等，明确国企改革的路线图、任务书和时间表，稳步推进各项改革任务落地落实。各级企业制定党组织前置研究讨论企业重大经营管理事项清单，建立董事会向经理层授权管理制度，公司治理机制得到完善。依法组织完成28户市属全民所有制（集体）企业公司制改革；组织完成辖属市市场物业管理总站、揭阳宾馆2家事业单位转企改制工作，提前介入做好承接水利、商务等部门3户“事改企”单位移接交工作，确保改革顺利平稳；配合市中院依法开展2020年受理30户国有“僵尸企业”司法破产程序，依法推进国有“僵尸企业”彻底出清。出台并实施经理层任期制和契约化管理工作操作指引，90.48%的企业和95%的经理层成员实施经理层任期制和契约化管理；制定职业经理人制度操作指引，揭阳迎宾馆、市保安公司等企业探索职业经理人选聘工作；制定出台市场化用工制度，各级企业全面铺开市场化公开选聘员工工作，新进员工中92.31%为公开招聘。

【资本运营】 2021年，揭阳市投控集团围绕“城市发展商、资源运营商、产业投资商”的功能定位，构建对外合作、自主经营、城市开发、委托管理四大业务板块。引导市属国有企业克服资金、技术、管理短板，先后与广铁集团成立合资公司，负责揭惠铁路投资建设运营；与广物金属产业集团、广东龙智投资合伙企业合作，布局采砂采石、矿产资源开发；与泛亚石油、广东九丰等民营石化巨头合资建设运营化工新材料项目，谋划进入揭阳未来支柱产业。国有资本基础性支撑性作用明显增强，推动完成揭东供水应急调度管道工程，揭惠高速市区连接线（揭阳大桥）完工通车，揭阳引韩供水工程通水运行，市龙颈水库应急备用水源引水工程顺利开工，揭东供水应急保障工程、揭东东部水厂工程和揭阳学院仙梅片区供水工程、龙颈下水库除险加固工程、龙颈灌区东灌区总干渠续建配套与节水改造工程等民生项目顺利推进。其中，2021年“我为群众办实事”重大民生工程—揭阳引韩供水工程概算投资12.53亿元，设计供水规模72.5万立方米/天，输水管线总长约32.6千米，半洋加压泵站总装机（含备用）5760千瓦，7月1日凌晨4时，揭阳引韩供水工程顺利输水至市区各大水厂，解决揭阳市区水质性缺水问题。

揭阳市义务教育阶段线下学科类校外培训收费项目表

表8

班型	基准收费标准（元/课时·人次）	浮动幅度	备注
10人及以下	35	上浮不得超过10%，下浮不限。	1.标准课程时长为每课时45分钟实际时长不一样的，按比例折算。 2.学科类校外培训的学科范围按教育部门有关规定执行。 3.普通高中学生的线下学科类校外培训收费参照执行。
11—20人	30		
21—30人	25		
31人及以上	20		

（市发改局）

【国资监管】 2021年，揭阳市人民政府国有资产监督管理委员会先后制（修）订涉及财务管理、合规审查、投资监督、资产租赁、内部审计、债务管控、风险防控、责任追究等国资监管制度性文件40多个，清理不适应现行监管要求的制度性文件7个，国资监管制度体系基本形成。制定加强企业债务管理严控债务风险暂行办法，合理设定基准、预警和监管三条红线，实施债务风险动态监测和预警，防控企业债务风险。推进依法治企，制定实施《市属企业主要负责人履行推进法治建设第一责任人职责实施办法》《市属企业合规管理指引》。启动国资在线监管平台建设，探索网络化智能化监管手段，提高国资监管的时效性和有效性。

（市国资委）

统　计

【统计概况】 2021年，揭阳市统计局全面加强全市统计工作、提升统计能力水平，组织完成农业、工业、投资、消费、能源常规统计调查，编制发布统计资料。

【统计基础工作】 2021年，揭阳市统计局组织完成农业、工业、投资、消费、能源等涉及全市经济社会各领域的常规统计调查，加强与其他经济职能部门联系，获取财政、外贸、税务、用电、快递业务量等外部门数据，为衡量全市经济总量、速度、结构、效益协调发展奠定坚实基础。

【统计资料发布】 2021年，揭阳市统计局完成《2020年揭阳市国民经济和社会发展统计公报》《揭阳市2020国民经济统计快报》和《揭阳市2021年统计年鉴》的发布；每月印发《揭阳经济运行监测快报》《揭阳宏观经济监测月报》等统计资料；规范统计网站、微信公众号的信息发布和管理，加强数据解读；及时向有关部门、社会公众提供各类数据服务。

【重大统计调查】 2021年，揭阳市统计局做好第七次全国人口普查数据保密、整理汇总和数据核对等工作，在揭阳日报、揭阳统计信息网和揭阳统计微信公众号等媒体平台发布《揭阳市第七次全国人口普查公报》，查清全市人口数量、结构、分布等方面的情况获得大量的人口信息，为科学制定和完善“十四五”时期揭阳市居民收入、消费、教育、就业、养老、医疗、社会保障等一系列政策提供数据支撑，为市委、市政府科学决策提供可靠依据。

【依法治统工作】 2021年，揭阳市统计局组织实施全市统计普法活动，结合“12·4”“12·8”等重要普法时间节点，开展统计法治宣传教育活动，做好统计调查对象、领导干部、广大群众统计法治宣传教育，在全社会营造良好统计法治环境。开展“两防”统计专项执法检查和部门联合“双随机、一公开”抽查，市统计局和市市场监督管理局加强沟通协作，抽调业务骨干分赴各地开展执法检查，指导督促企业完善统计台账建设，依法依规做好统计数据填报，切实提高统计数据质量。

（市统计局）

国家调查

【国家调查概况】 2021年，国家统计局揭阳调查队推进粮食畜牧业统计调查、劳动力调查扩样、住户调查样本轮换等重点工作，提升调查数据质量和调查工作水平。全年编印《揭阳国家调查》9期、《呈阅件》2期。研究课题《乡村振兴背景下揭阳市农民工返乡创业行为的影响因素研究》获广东国家调查队系统招标课题评审三等奖。

【国家调查任务】 2021年，国家统计局揭阳调查队抓好农业统计调查基层基础工作，推动全市涉农乡镇和行政村全面建立健全粮食畜牧业统计台账，规范市、县、镇、村多级数据管理审核机制；与市农业农村局和市统计局联合发文共同夯实农业农村统计基层基础工作，制定揭阳市粮食畜牧业统计工作规范，对部分乡镇开展事后质量检查，粮食畜牧业统计基层基础工作取得良好开局；加大先进技术推广使用力度，高标准完成农作物和春播、夏播遥感测量调查工作。协调市发展改革局、市财政局、市人力资源和社会保障局、市统计局等多个部门，推动成立揭阳市劳动力调查工作专班，多措并举保障劳动调查扩样数据质量。做好工价样本企业维护清查工作，开展房租价格评估工作；搭建“专业负责人督导—区业务员或网点调查辅调员—辅调员—住户”的网络化结构，运用辅调员小程序监管平台Python版进行日审和月审，加强住户调查数据审核抽查；坚持现场调查，加强报表数据审核，合理规划调查时间，做好企业调查和专项调查。

【执法检查】 2021年，国家统计局揭阳调查队推进“智慧调查”宣传平台、法治宣讲基地平台、新媒体平台建设，努力构建普法全方位、全覆盖宣传格局；用好“9·20”统计开放日、“12·4”国家宪法日、“12·8”统计法颁布纪念日等重要时间节点开展集中式普法；开展“双随机”统计执法检查工作，依规依纪依法严肃查处各类统计违纪违法行为。2021年，揭阳调查队对26家调查样本企业开展统计执法检查，立案2宗，结案3宗，对立案的2家企业上报行政处罚信息公示和统计上一般失信企业信息公示信息，通过惩戒曝光统计违法案件，持续保持打击统计违纪违法行为高压态势。

（连伟浩）

审计

【审计工作概况】 2021年，揭阳市各级审计机关完成审计（调查）项目127个，其中审计项目119个，专项审计调查项目8个。查出主要问题金额112.49亿元，其中违规金额9.64亿元、管理不规范金额102.85亿元；审计发现非金额计量问题1114个；损益（收支）不实金额11.75亿元；审计发现涉及侵害人民群众利益1992万元；出具审计报告和专项审计调查报告174篇。审计处理处罚金额18.70亿元，其中应上缴财政9.50亿元、应归还原渠道资金1671万元、应调账处理金额9.04亿元；移送司法机关、纪检监察机关和有关部门处理事项141件，移送处理金额4.61亿元。审计促进整改落实有关问题金额13.08亿元。审计提出建议348条，被采纳285条；提交审计信息152篇，向社会公告审计结果8篇。

【重大项目和资金审计】 2021年，揭阳市审计局组织实施2018年以来市重大城市垃圾处理设施建设管理及运营绩效情况审计，发现市区生活垃圾焚烧处理能力占比未达要求、垃圾填埋场渗滤液处理厂施工期间渗滤液处置不当等问题，落实相关单位进行整改，促进生活垃圾处理设施建设管理及运营提质增效。组织实施榕城区仙梅片区污水处理系统建设工程资金管理使用情况专项审计，发现项目公司建设管理混乱、建设进度严重滞后、施工单位未按规范闭水试验等问题，并落实相关单位进行整改，促进项目规范建设，提高公共投资绩效。

【经济责任审计】 2021年，揭阳市审计局牵头制订《揭阳市经济责任审计工作联席会议议事规则》和《揭阳市经济责任审计工作联席会议办公室工作规则》，健全完善市经济责任审计工作联席会议工作机制，组织召开经济责任审计工作联席会议第二次会议，研究部署经济责任审计工作。全市组织实施47名领导干部任期经济责任审计，查出违规金额1429万元，管理不规范金额16.9亿元，揭示有关领导干部在“三重一大”决策、“三公”开支、政府采购行为、财政财务收支管理及资源资产管理等经济事项履行过程存在的问题，并提出有针对性的意见建议，促进公权力规范行使。

【财税金融审计】 2021年，揭阳市审计局推动全市财政全覆盖审计工作方案，以“四本预算”全口径审计为基础，组织实施市本级财政预算执行、决算草案和其他财政收支情况审计、市社会保险基金预算执行和决算草案情况审计以及榕城区财政决算情况审计、揭东区财政管理和收支情况审计等审计项目，查出未能及时征缴非税收入9.17亿元、部分财政资金及债券资金闲置等问题，促进财政职能作用有效发挥，保障基本民生、基层政府正常运转。统筹全市审计机关开展市、县级部门预算执行全覆盖审计，首次将功能区纳入部门预算执行审计监督范畴，消除监督盲区，建立“横向到边，纵向到底”的财政审计监督格局，促进相关部门规范预算编制、纠正不合理不合规支出、推动盘活沉淀资金和资产，保障财政资金正常运转，促进财政资金管理规范。

【民生审计】 2021年，揭阳市审计局组织实施基本公共卫生服务政策落实情况及资金绩效专项审计调查，推动出台《揭阳市基本公共卫生服务补助资金管理办法》，促使资金使用单位更好地管理使用基本公共卫生服务补助资金。组织实施揭西县乡村振兴相关政策落实和资金管理使用情况跟踪审计，通过审计推动揭西县加强基本农田建设管理，促进高标准农田相关资金支付使用发挥效益、422个自然村完成污水处理设施建设等。组织实施市技工培养政策落实情况和资金使用绩效情况审计，促进堵塞违规领取技工培训补贴、学生补助金漏洞，落实各类补贴（补助）资金。

【资源环境审计】 2021年，揭阳市审计局组织实施榕城区东升街道、揭西县金和镇、空港经济区砲台镇等3个乡镇（街道）党政主要领导干部自然资源资产离任（任中）审计，摸清领导干部任职期间自然资源及生态环境变动情况、履行自然资源资产管理和生态环境保护责任情况，查出河长制落实不到位、违法用地整治不到位、污水处理设施配套不健全、污水直排自然水体等问题，并提出有针对性审计建议，推动自然资源保护和开发利用。

【专项资金审计】 2021年，揭阳市审计局组织实施新增财政资金直达市县基层直接惠企利民情况专项审计、信息化建设专项资金审计项目等，发现存在专项资金下达或拨付不及时、扩大资金支出范围等问题，提出整改意见建议，促进加强专项资金的管理和使用，有效发挥资金的使用效益。

【重大政策落实情况跟踪审计】 2021年，揭阳市审计局先后组织“三促进”政策、危险化学品安全生产管理、食品安全、疫苗流通和预防接种、电子警察规划建设和运行管理等方面的政策落实情况跟踪审计，发现个别重大危险源企业未接入全省安全生产风险预警系统、危险化学品建设项目安全风险防控工作机制未实施、校园陪餐制度落实不到位、报废疫苗回收手续不完备、销毁报废疫苗不符合规定程序等问题，并督促及时落实整改，推动19家危险化学品企业纳入危险化学品企业基础信息管理系统、建设市级危险化学品安全生产风险监测预警系统，制定出台《揭阳市应急管理局危险化学品安全生产风险监测预警系统值守制度（试行）》，建立制订校园相关陪餐制度并落实陪餐、加强校园食堂食品管理等，保障重大决策部署和政策措施落地见效。

【审计整改】 2021年，揭阳市审计局对审计查出问题进行“全覆盖”跟踪督促，做好整改分类指导，实行“挂销号”动态管理，健全完善“政府主导—审计主抓—人大监督—多部门联动”立体化整改监督模式。通过督促整改落实，推动出台《揭阳市市直党政机关和事业单位培训费管理办法》等全市性规章制度5项，督促29个部门单位修订完善涉及“三重一大”事项决策、财务管理、内部审计等内容的部门管理制度75项，中央预算执行审计涉及揭阳市事项以及揭阳市2020年新增财

2021年9月，揭阳市审计局派出审计组在揭阳空港经济区开展疫苗流通和预防接种安全情况政策跟踪审计，现场核对疫苗价格公示情况

（市审计局 供图）

政直达资金审计、2019年及2020年精准扶贫精准脱贫审计等审计项目查出问题的整改完成率均达到100%。

【内部审计】 2021年，揭阳市审计局落实审计署《内部审计统计调查制度》要求，组织全市审计机关对依法属于审计监督对象单位的内部审计工作开展清查统计，摸清全市内部审计机构、人员底数和审计项目开展情况，对内部审计统计成果加以分析和利用。全市纳入内部审计统计范围的单位2233个，设置内部审计工作机构82个，从事内部审计专（兼）职人员522人；完成各类内部审计项目473个，发现金额类问题196个，涉及问题金额37644.88万元，整改落实金额33786.75万元，整改率90%，新制订制度2个，制订完善制度43个，优化业务流程等458项。

（市审计局）

市场监督管理

【市场监督管理概况】 2021年，揭阳市市场监管局全力抓好市场监管领域新冠疫情防控、持续深化“放管服”改革、实施质量强市和知识产权战略、坚守“四大”安全底线、维护公平竞争秩序。深化机构改革，整合市场监管领域和商务领域行政执法职能，推进乡镇（街道）综合行政执法改革。全年新增各类商事主体5.9万户，新增注册商标29552件，查处不正当竞争案件5宗，查处各类违法案件1280宗。

【登记注册管理】 2021年，揭阳市市场监管部门深化商事制度改革，持续优化营商环境。深入推进“证照分离”改革、“个转企”培育、清理无证无照经营等工作。在市政务中心启用全市首批“银政通”智能服务一体机，实现企业开办全流程自助服务。推广“粤商通”平台，揭阳的注册率100%。全市新增各类市场主体5.9万户，增长22.19%；其中新增各类企业8777户，增长9.81%；培育“个转企”679户。年末全市各类市场主体总量突破30万户，总数为30.68万户，增长11.25%；其中各类企业4.8万户，增长8.95%。个体工商户25.7万户，增长11.71%。

【价格和反不正当竞争】 2021年，建立揭阳市反不正当竞争工作部门间联席会议制度，加强反不正当竞争执法，全市开展双随机抽查互联网平台企业2家、直销企业及其关联主体41家，在“双随机、一公开”监管平台公示检查结果。全市查处不正当竞争案件5宗，其中不正当有奖销售行为2宗。加强重点时段市场价格监管工作，做好群众生活必需品、防疫物资的价格监管，强化价格监测分析预警，严肃查处不按规定明码标价、价格欺诈、价外收费等价格违法行为。排查和办理价格投诉举报线索1083宗，其中投诉841宗，举报242宗，全市市场监管领域价格情况稳定。

【标准化管理】 2021年，揭阳市设立实施标准化战略专项资金，2022年起纳入市级财政预算。标准引领地方特色产业发展工作取得新进展，埔田竹笋、吴厝淮山、普宁蕉柑、普宁青梅、惠来荔枝等5个地理标志产品的6项地方标准全部通过国家标准化管理委员会的全国标准信息公共服务平台备案。下达《家政服务行业服务通用规范》地方标准项目，服务业地方标准的立项实现“零的突破”。全年参与制定国家标准6个、行业标准12个，制、修订技术标准45个。市高级技工学校、榕城区餐饮行业协会参与粤港澳大湾区首批四项潮菜标准制定获广东烹饪协会发布，广东缘来香茶业有限公司获批承担2021年度广东省南药（白木香）种植标准化试点。

【广告管理】 2021年，揭阳市市场监管部门依托全国互联网广告监测工作平台、移动互联网广告监测平台和广东省智能广告监测云平台，加强互联网及传统媒介广告监测，处理全国移动互联网平台涉嫌违法广告线索22条，处理省局智慧监测云平台涉嫌违法广告线索16条；开展和配合开展违法广告专项整治，完成全市平安广东建设虚假违法广告整治考评工作。全市各级市场监管部门共查处违法广告案件69宗。

【市场主体监管】 2021年，揭阳市市场监管领域部门联合“双随机、一公开”实现全覆盖、常态化管理，按照“谁主管、谁牵头、谁发起”的原则，实现“进一次门、查多项事”，全市各有关部门建立抽查事项清单339项，“两库”包含检查对象43.5万户、执法人员1848人；组织抽查对象数9515户，部门联合抽查对象数314户。

【产品质量监管】 2021年，揭阳市全面实施质量强市战略，组织开展服装、机械设备、塑料制品等重点产品质量提升行动。开展《揭阳市加快推进质量强市建设实施方案》政策解读，召开全市质量工作会议，开展县（市、区）人民政府（管委会）质量工作考核。市市场监管局联合市公安局查处央视“3·15”晚会曝光揭阳问题钢筋的涉案企业，抽样检查涉案钢材，清查追查问题钢筋流向。联合市住建、交通运输等六部门开展钢筋等建材产品市场秩序专项整治；组织省、市技术专家实地检查全市钢筋生产许可证获证企业，加强使用无证钢坯生产建筑用钢筋问题监管；集中约谈全市获证钢铁生产企业，举办全市钢铁行业质量提升培训会。全年开展建筑用钢筋、电线电缆、车用燃油、儿童玩具等产品质量安全监督抽查抽检648家，生产、销售企业的767款产品，不合格41款，合格率94.7%。

【食品安全监管】 2021年，揭阳市按照“四个最严”要求，统筹做好食品安全和食品领域疫情防控工作，全市食品安全形势持续向好，守住不发生群体性、区域性、系统性重大食品安全事故底线。在揭东区建成启用全市首个进口冷链食品集中消毒灭菌中心，落实农贸市场“专人驻场”制度、家禽经营市场“1110”制度；严格落实“三强化三覆盖”要求，完成进口冷链食品从业人员、产品、环境核酸检测3.91万例，完成从业人员疫苗全程全覆盖接种。突出重点开展食品安全监管，开展应节食品、“湿粉统一查”、蒸蛋糕和三明治等生产企业专项整治，开展重大节假日食品安全大检查，学校食堂及校园周边食品安全联合检查，全面排查治理风险隐患，做好重大活动期间食品安全保障工作。在惠来县举办2021年广东省食品安全示范性演练暨揭阳市处置较大（Ⅲ级）食品安全事故应急演练。在揭西县设立全市首个食品小作坊集聚区，进一步推进小作坊质量提升工作。全年抽检食品3.06万批次，完成率100%，不合格率2.2%；对全市农贸市场共计快检食用农产品10.84万批次，完成率103.87%，发现和处置不合格食用农产品1476.29千克。

【药品安全监管】 2021年，揭阳市市场监管局把药品和医疗器械监管工作与疫情防控中心工作紧密结合，全力保障人民群众用药安全、有效、可及，全市药品安全形势稳中向好，未发生系统性、区域性安全事故。全市开展零售药店“全覆盖”检查1265家（次），检查零售药店3897家次；对71家未严格落实疫情防控措施的零售药店予以“关停”整改。充分发挥药店“哨点”监测作用，全市零售药店上报购药人员信息76.94万条。强化新冠病毒疫苗监管，与市卫健局联合制定《揭阳市新冠病毒疫苗流通和预防接种环节监督检查计划》，建立联合监管、介入检查等机制，检查疾控机构21家次、新冠病毒疫苗接种点404家次。市场监管部门牵头制定《揭阳市药品安全事件应急预案（试行）》，开展药品、医疗器械、化妆品的日常检查、飞行检查、跟踪检查，紧盯重点开展专项整治，防范和化解药品领域风险隐患。

【特种设备监管】 2021年，揭阳市市场监管部门开展电梯制动器、起重机械、叉车、锅炉、气瓶等特种设备专项治理，组织开展节假日、重大社会活动和疫情防控期间专项检查，出动人员6527人次，检查特种设备生产、使用单位2011家次，检验特种设备25387台（套），发现和落实整改严重安全隐患112处，一般隐患2984处，发出监察指令书77份，立案28宗，全市未发生特种设备安全事故。加快推进“揭阳大南海特种设备综合检验基地”筹建进程，重点服务大南海石化项目，高效处理特种设备安装（检测）质量安全问题508项。推动全市气瓶信息化管理，启动“揭阳市气瓶安全信息化管理系统”项目。

【计量监管】 2021年，组织召开全市系统计量会议，统筹推进民生计量服务和计量检查工作，组织全市各级法定计量技术机构对84家集贸市场和96家基层医疗卫生单位14327多台（件）在用计量器具进行免费检定，促进公平交易、维护市场秩序，为社会和群众减免费用186.63万元。指导有关企业完善计量管理，对3家重点用能单位计量器具使用情况进行定期审查，揭阳市6家企业通过二、三级计量保证体系确认（复评）。通过“双随机”和专项检查，开展定量包装商品净含量专项监督抽查、加油站计量专项检查，商品过度包装专项治理工作。12月22日，广东省石化能源产业计量测试中心完成筹建，并通过省市场监督管理局组织的验收考核，获得A级评价。市质计所新建计量标准40项，全市通过考核的社会公用计量标准共200项。

【认证认可体系建设】 2021年，市市场监管局加强强制性产品认证服务和监管，以电动自行车、电吹风等强制性认证产品为重点，组织开展强制性产品认证监督检查，出动执法人员649人次，检查各类企业（经营户）共446户。牵头做好系统防范化解道路交通安全风险工作，累计检查货车生产销售单位19户次，电动自行车生产销售单位1370户次。开展小微企业质量管理体系认证提升行动试点工作，遴选5家电线电缆企业作为试点，实施“一企一策”重点进行帮扶，试点企业的满意度达到100%。加强检验检测机构监管，发出《关于开展对全市资质认定检验检测机构监督检查的通知》等文件，开展2021年度资质认定检验检测机构双随机监督抽查，共检查检验检测机构76家，发出改正通知书43份。牵头开展机动车虚假检验检测专项整治行动，召开揭阳市机动车检验检测机构集体约谈会，约谈31家机动车检测机构，强化主体责任落实。全市新增3C证书406张，新增各类管理体系认证证书338张；全市有各类管理体系认证证书1120张，获强制性产品认证企业487家、3C证书1604张；全市有各类省级资质认定检验检测机构76家。

【检验检测能力建设】 2021年，揭阳市药品检验所顺利通过省级药品、化妆品能力专家现场复评审及扩项评审，新增药品能力参数15个，化妆品能力参数54个。揭阳市食品检验所超额完成食品安全监督抽检工作任务1021批次，申报六个项目能力比对，提高实验室检验检测能力；申报和研发的“白木香叶总黄酮提取物生产关键技术研究”项目通过省局立项。广东省特种设备检测研究院揭阳检测院完成设备监督检验3949台次，定检设备21035台次，压力管道监督抽查3.31千米，发出检验意见通知书623份、监检工作联络单113份、监检意见通知书54份，上报监察机构重大问题1047个。市质计所新增CMA参数235个，变更707个，新增CNAS参数75个，变更171个，新建社会公用计量标准40个。获得省局立项科研项目5项，通过验收结题的省局科研项目6项，新获得发明专利1项，实用新型专利6项。自主研发的“石油产品低温蒸馏测定仪校准装置”设备被粤检集团选中参展“2021中国检验检测认证大会暨第五届国际检验检测技术与装备博览会”。全年完成产品质量检验4678批次，完成辖区25家集贸市场和39个医疗卫生机构的4193台（件）计量器具免费检定工作，完成辖区其他强制检定计量器具3523台（套），为各行业企业开展计量器具检定校准19472台（套）。

【知识产权管理】 2021年，全市专利授权量10382件，增长13.78%，居全省第10位（其中发明专利授权154件，增长54%；PCT国际专利申请量10件）；每万人口发明专利拥有量1.41件。全市新增注册商标29552件，增长38.92%，商标有效注册量174690件，增长14.9%，居全省第7位。新增广东省知识产权示范企业7家，新增知识产权规范国家标准认证企业33家，累计100家。与揭阳银保监分局签订《关于建立推进知识产权质押融资合作机制的协议》，全年办理专利商标质押融资11宗，质押金额3.70亿元，为9家企业发放贷款7760万元。服务中石油广东石化炼化一体化项目建设，开展绿色石化产业和前沿新材料产业集群专利导航产业发展研究，举办绿色石化产业集群专利导航成果发布会。

【知识产权保护】 2021年，揭阳市印发《揭阳市强化知识产权保护实施方案》，制定21项知识产权保护工作措施，全面加强知识产权保护工作。与市司法局签订知识产权保护合作协议，推进知识产权行政保护和民事司法衔接协作，形成保护合力。空港经济区设立全市首个知识产权海外维权援助工作站，在揭西县、揭阳产业园和揭阳市茶叶市场设立3个知识产权维权援助工作站。加强知识产权领域执法，查处商标案件64宗、专利案件15宗，处理专利侵权纠纷案件5宗。加强网络直播、电商等新业态知识产权保护，办理电商案件9宗。

【消费者权益保护】 2021年，揭阳市消委会联合媒体开展“3·15”国际消费者权益日专题公益宣传，组织各地在农贸市场、步行街等场所开展现场咨询活动6场次。在揭阳日报、揭阳广电开设消费维权专题，报道有关维权信息和点评热点问题。开设宣传专栏50多个，张贴宣传标语1500余条，发放公益宣传读本4500多册、主题宣传海报1500多份。开展放心消费创建活动，广泛推广宣传，全市成功申报496家“放心消费承诺单位”，81家“线下无理由退货承诺店”。完善消费纠纷解决机制，开展投诉调解，化解消费领域的矛盾纠纷，保护消费者权益。全年接到消费者咨询、投诉、举报38855宗。其中受理消费者投诉26437宗，举报案件12239宗，为消费者挽回经济损失1502.2万元。

【信用风险监管】 2021年，揭阳市市场监管部门严格落实企业经营异常名录管理，促进企业守法经营和诚信自律，强化企业信用约束，扩大社会监督。对辖区内企业存在不按规定公示年度报告、有关企业信

2021年7月23日，揭阳市市场监督管理局召开2021年度揭阳市食品加工小作坊集聚区建设工作推进会（黄蔚茂　供图）

息，企业公示信息隐瞒真实情况、弄虚作假，通过登记的住所（经营场所）无法联系的，列入经营异常名录，并通过国家企业信用信息公示系统向社会公示。截至年底，全市列入经营异常名录企业4562户（次）。

【网络交易监管】　2021年，揭阳市市场监管部门加强网络餐饮服务食品安全，药品、医疗器械、化妆品经营企业第三方平台以及网络销售企业的监督检查，集中治理网上销售侵权假冒伪劣商品行为，守住网络市场安全底线。9月—12月中旬，组织市网络市场监管部门间联席会议各成员单位联合开展“揭阳市2021网络市场监管专项行动（网剑行动）”，集中整治网络市场突出问题，促进网络经济健康发展。开展网上检查网站、网店2642个次，实地检查网站、网店1148个次，查处虚假违法互联网广告案件48件，查处其他违法违规案件7件。

【市场监管宣传】　2021年，揭阳市市场监管部门在揭阳电视台、揭阳日报和“南方+揭阳市场监管”、市局官网等主流媒体宣传市场监管活动和市场领域消费警示；向市民重点宣传和科普食品药品安全知识以及安全消费提示，内容包括谨防河豚、毒蘑菇、米酵菌酸中毒等食品安全警示，进口冷链食品、自热食品消费提示，居民购药提醒，校园食品安全、高考期间食品安全，双十一消费维权提示等信息，提醒市民和特定人群增强安全意识，谨防食品中毒和食品安全事件。联合开展“2021年广东省食品安全示范性演练暨揭阳市较大食品安全事故应急演练”直播宣传活动，强化食品安全警示和宣传教育。围绕“食品安全宣传月”“药品安全宣传周”“医疗器械安全宣传周”“化妆品宣传周”“知识产权周”“世界计量日”等活动开展大型宣传活动，开展进乡村、进林场、进企业和进校园等宣传，向企业、商场超市、餐饮店、药店等经营者发放公开信、告诫书、宣传海报、播放视频等资料8000余份（次），通过市电视台，中国移动、中国电信和中国联通等发布“公益广告”“风险提示”“消费提醒”等20万条。

【市场监管执法】　2021年，揭阳市市场监管部门围绕重点领域、重点环节和重点品种，大力开展食品药品、产品质量、特种设备、知识产权等方面的安全隐患大排查大整治，做好新冠肺炎疫情防控市场监管领域有关执法工作，保障市场秩序稳定。扎实开展“食品行业专项整治”“儿童类、染发类化妆品专项整治”“打击互联网制售假劣药品”“打击生产销售‘偷工减料’劣质钢筋、线缆”等专项行动，保持对各类市场违法行为的高压打击态势；加强新冠疫情防控相关执法，开展“打击涉及疫情防控用医疗器械”“口罩质量安全案件查办行动”“进口高风险非冷链集装箱货物生产经营单位的消毒处理证明或记录抽查”“打击野生动物违规交易专项执法行动”等专项执法行动，规范市场秩序。全市查处市场监管领域各类违法案件1280宗，移送公安机关涉嫌犯罪案件11宗。

（市市场监督管理局）

揭阳海关

【揭阳海关概况】　2021年，揭阳海关强化风险意识，加强源头管控，严防重大疫情传入传出，优化征税服务，全年征收税款超8亿元，审批企业减免税300多万元，查办走私案件34宗，涉案超2亿元。

【通关监管】　2021年，揭阳海关深化“放管服”改革，出台稳外贸促增长10条措施，推进“两步申报”“国际贸易单一窗口”等便利改革，巩固压缩整体通关时间成效；指导企业用好用足RCEP优惠贸易协定、AEO认证、原产地证书等政策红利，支持企业降本增效，全年新增备案企业70家，培育AEO高级企业2家；支持特色产品稳订单，帮扶出口竹笋开拓英国、摩洛哥等市场，推动惠来胡萝卜、鲍鱼实现首次出口；丰富外贸新业态新模式，推动揭阳跨境电商产业园首次上线运营进口业务。

【卫生检疫】　2021年，揭阳海关落实口岸常态化疫情防控措施，落实

2021年7月，揭阳海关关员对出口竹笋罐头等食品农产品进行检验监管
（揭阳海关 供图）

高风险岗位人员“14+7+7”集中封闭管理要求，筑牢口岸疫情防控防线，实现“打胜仗、零感染”；坚持“人、物、环境同防”“多病共防”，加大对出入境人员、运输工具及货物的检疫查验及卫生处理，严防新冠肺炎、埃博拉、黄热病等重大疫情疫病传入传出；指导揭阳港口岸扩大开放建设，提高口岸突发公共卫生事件应急处置能力和公共卫生保障水平。

【动植物检疫】 2021年，揭阳海关实施进出境动植物及产品检疫监管，加强源头管控，严防重大动植物疫情传入传出和外来物种入侵；加强非洲猪瘟、高致病性禽流感、沙漠蝗红火蚁等重大动植物疫情风险监测、研判和处置，提高风险防控能力；严格进境调运粮食检疫监管，加强装卸、运输、加工、下脚料处理等环节防疫监督，严防有害生物传入扩散，筑牢国门生物安全防线。

【商品检验】 2021年，揭阳海关加强对出口蔬菜、罐头、调味品等食品农产品的安全监管，强化进出口危化品及其包装检验监管，严格落实进口危化品“批批验核+抽批监测”检验模式，保持安全“零事故”；提升商品检验效能，加强对进口煤炭、液化天然气等重要能源产品和入境调运粮食等大宗商品监管，助力产业链供应链稳定。

【口岸监管】 2021年，揭阳海关支持口岸扩大开放，推动广东粤电靖海发电有限公司专用煤码头通过对外开放验收并开展进口煤炭业务；支持进口液化天然气“保供应、扩进口”，实行“24小时快速验放”，监管量创历史新高；支持广东石化炼化一体化项目建设，成立工作专班，提供“量身定制”监管服务，指导开展口岸基础设施建设，及时解决进口设备监管等难题。

【关税征收】 2021年，揭阳海关加强税政宣传，推广“证照分离”“汇总征税”“关税保证保险”等惠企政策，释放政策红利；优化征税服务，建立关企协调机制，及时解决企业缴税、免税、关税担保等疑难，稳税源、拓税基；加强税收征管执法，严格审核特定减免税优惠，加强纳税企业后续管理，确保税款应收尽收。全年征收税款超8亿元，支持7家油气企业税收返还3亿多元，审批企业减免税300余万元。

【打击走私】 2021年，揭阳海关推进“国门利剑2021”“断链刨根”等专项行动，强化“全员打私”、提升专业打私、深化反走私综合治理；保持对重点区域、重点领域、重点商品走私高压严打态势，严厉打击“洋垃圾”、濒危物种及其制品、成品油、冻品走私等违法犯罪行为；持续加强与地方政府部门、口岸部门的协同配合，建立信息共享、风险联防联控等工作机制，提升关区监管打私整体效能。全年向缉私部门移交案件线索13宗，揭阳海关缉私分局查办案件34宗，涉案值超2亿元。

（林丹琪）

财政·税务

财　政

【财政概况】 2021年，揭阳市财政部门坚持稳中求进，加强财政资源统筹，为经济社会发展和“十四五”开新局提供保障。全市一般公共预算收入完成79.31亿元，增长7.21%，其中税收收入46.71亿元，增长3.27%。全市财政上年结余资金31.76亿元，调入资金38.67亿元。全市一般公共预算支出365.75亿元，下降2.33%。全市财政上解上级支出73.69亿元，全市财政债务还本支出29.05亿元，全市财政安排预算稳定调节基金11.85亿元，全市财政结转下年的支出38.42亿元，收支相抵年终净结余0万元。

【财政经济调控】 *活力古城和滨海新城建设* 2021年，揭阳市财政局编制基建项目预算，统筹资金16.91亿元支持揭惠铁路、进贤门大桥、东环城路等交通基础设施建设；市级统筹3165.3万元支持丁氏公祠、文化馆、博物馆等文物文化设施建设；统筹3620.35万元支持完善市区公共交通体系；市级统筹7.62亿元支持揭阳滨海新区“一城两园”建设。

产业发展 2021年，揭阳市落实减税降费政策，全市新增减税降费6.75亿元。强化产业发展要素保障，完善招商项目引荐、服务实体经济、集聚人才创新发展、促进就业创业、促进工业企业优化升级、促进高新技术产业开发区科技创新、促进跨境电子商务高质量发展等财政奖补扶持措施。全市统筹4.63亿元支持聚焦传统型产业转型升级、战略性产业培育发展等重点领域加快完善产业体系，其中统筹2.51亿元支持科技创新发展，统筹6240万元支持外贸外资发展，统筹1亿元支持临港产业园、产业转移工业园等园区载体建设。

项目投资 2021年，揭阳市财政局建立债券资金项目动态储备机制，争取新增债券资金58亿元支持重点项目建设，发挥债券资金投资拉动作用。

【财政民生保障】 2021年，揭阳市财政民生类支出303.78亿元，增长1.64%，占一般公共预算支出的83.06%。

社会保障体系 全市统筹32.29亿元保障底线民生支出，统筹31.9亿元支持提高城乡居民医保补助标准，统筹3541万元落实就业保障政策。

公共服务 全市统筹卫生支出61.50亿元，统筹9.22亿元落实疫情防控经费保障，市级统筹2.57亿元支持市属医疗机构建设，全市统筹教育支出90.16亿元，市级统筹5199万元支持市直中小学校建设和修缮，市级统筹4.9亿元支持引韩供水工程建设。

社会治理 市级统筹2.51亿元支持平安揭阳建设，统筹6.06亿元支持创建文明城市。

生态环境治理 市财政局完善环保专项资金和项目库管理，全市统筹13.75亿元支持污染防治攻坚和生态文明建设，其中统筹7.62亿元支持推进练江流域综合整治，重点用于排污管网、农村雨污分流、污水处理厂等基础设施补短板，规范引导社会资本参与生态环境治理，全市纳入财政部PPP项目库管理的环保类项目有15个，计划总投资55.43亿元。

乡村振兴 市财政局深化涉农资金统筹整合改革，完善涉农资金项目库管理，全市统筹整合涉农资金18.45亿元，保障农业产业链项目、农村基础设施建设等重点任

务，市级统筹3.17亿元支持基层党组织建设。

【财政改革管理】 财政收支管理 2021年，揭阳市成立市县财税专班，建立多部门协同治税机制，推动地方财税收入稳定增长。全市完成一般公共预算收入79.31亿元，增长7.21%，其中，税收收入完成46.71亿元，增长3.27%。全市完成一般公共预算支出365.75亿元，下降2.33%。加大财政资金统筹力度，加强市级综合预算管理，统筹各类资金约259.51亿元，保持稳定的支出规模和力度。严格落实"过紧日子"要求，完善保重点促平衡压减一般性支出机制，按10%压减市直部门一般性支出，同步压减非重点非急需经费，统筹用于民生等重点支出。加强预算执行管理，优化资金审批程序和压缩资金下达时限，加强支出进度通报督促。坚守"三保"底线，完善"三保"预算编制审核、执行监控、应急处理和库款保障机制，全市县级"三保"保障支出191亿元。完善常态化财政资金直达机制，全年直达资金103.05亿元快速直达基层和单位，保障重点领域支出、惠企利民政策落实。

预算绩效管理 2021年，揭阳市财政局制定《市级财政绩效评价指南》《市级财政资金项目绩效目标入库审核工作指引》，加强绩效目标管理，完善绩效指标体系，开展绩效自评、重点绩效评价，促进提升财政资金使用效益。

财政监督检查 2021年，揭阳市财政局加强常态化财政监督检查，组织开展财务收支专项检查、预决算公开检查等监督检查，组织对市直及7个县区75个单位开展会计信息质量及"三公"经费检查，专项检查市直7所医疗机构财务收支，加强财务收支监督，督促规范会计管理。

财政投资审核 2021年，市财政局规范落实投资审核中心业务工作规程、投资审核复核操作规程、现场查勘操作规程等制度，建立项目复审、会审等机制，加强第三方机构考核管理，加快政府投资项目预结算审核进度，全年审核工程预算166宗，审核资金8.35亿元，核减1.21亿元，核减率14.58%；审核工程结算28宗，审核资金8.08亿元，核减1.14亿元，核减率14.15%。

行政事业资产管理 2021年，揭阳市财政局开展公租房资产、公路资产等专项清查，规范资产登记管理，督促市直行政事业单位加强国有资产配置、使用、处置、评估、收入等管理，牵头做好市政府向市人大常委会报告国有资产管理情况工作，推动资产管理制度化、规范化。整合盘活市直行政事业单位闲置资产，用于注资市投控集团。做好市直"事改企"单位资产清查的审核确认、评估结果备案等工作。

政府采购管理 2021年，揭阳市财政局印发《关于市级单位政府采购流程有关事项的通知》《关于市级政府采购进口产品管理有关事项的通知》，下放政府采购审核权限，优化政府采购程序，规范政府采购操作，推广应用广东政府采购智慧云平台，实现全流程电子化运行和政府采购业务"一网通办"。

（市财政局）

税　务

【税务概况】 2021年，揭阳市税务局深化依法治税，创新特色服务提质办税缴费，落实各项减税降费政策，持续整治税收风险，推动各项工作取得良好成效。全市组织税费收入246.42亿元，增长16.9%。纳税人满意度排名全省第一，荣获全国群众体育先进单位、全国税务系统先进集体、省"先进基层党组织"、省"五一劳动奖状"、省脱贫攻坚突出贡献集体等集体荣誉32项，全国百佳县税务局局长等个人荣誉64项。

【税收收入】 2021年，全市累计组织税费收入246.42亿元，增长16.9%。税收收入142.89亿元，增长14.6%。其中，国内税收收入134.89亿元，增长9.3%；海关代征进口税收7.99亿元，增长522.9%。

【税收征管】 2021年，揭阳市税务局跟踪减税降费政策变化情况，做好各项现行有效、新出台、展期、翘尾等减税降费政策工作，强化减税降费数据审核，确保减税降费政策落实落地，全市新增减税降费6.75亿元。建立煤电保供专项工作协调机制，摸排煤电和供热企业经营和税收情况，梳理企业税费优惠政策清单，按照有关规定简化"减、退、缓"税办理程序和资料报送，全市办理煤电和供热企业缓税和增值税增量留抵退税0.38亿元，缓解企业资金困难和经营压力。落实制造业中小微企业延缓缴税政策，全市享受缓缴政策的制造业中小微企业5843户次，缓缴税费1.69亿元。

【电子税务】 2021年，揭阳市税务局建强数据应用创新工作室，创新推出广东税案情报研判管理系统、出口企业涉税智慧平台等数据平台；作为全省四个试点单位之一，上线推广加油站智能税控系统。推广"非接触式"办税缴费服务，电子税务局业务占全市业务总量的98%以上，电子税务局后台业务受理提速20%，各项电子办税指标连续20个月位居全省前列。率先上线启用电子税务局"云管家"，提供线上智能定制服务，优化线上办税体验，工作成效被中央电视台报道。

【费金收入】 2021年，揭阳市税务系统组织费金收入103.53亿元，增长20.3%。其中，社会保险费收入81.52亿元，增长19.9%；非税收入4.5亿元，增长19.9%；其他收入17.51亿元，增长22%。

【依法治税】 2021年，揭阳市税务局落实落细行政执法“三项制度”，严格执行行政处罚裁量基准，依法开展重大执法决定法制审核，开展执法监督检查。在全市税务系统开展征管基础、执法行为、队伍管理、纪律作风突出问题综合整治。整治税收风险深化依法治税，构建“集中选、专职评、合力审、立体用”的闭环流程，形成“选—评—审”三分离的监督制约机制，对出口企业实行“集中式+分类分级专业化”管理，办理出口产品退（免）税22.39亿元，纳税人税法遵从度进一步提升，全市A级纳税人增长51.66%。稳妥处置全省首宗跨区域稽查案件，开展“打虚打骗”两年专项行动，净化虚开骗税土壤，重拳打击涉税违法行为规范税收经济秩序。

【纳税服务】 2021年，揭阳市税务局拓展便民服务化解“急难愁盼”，推广“非接触式”办税缴费，212项税费业务全程“网上办”；28项日常税费业务可在216个银行营业网点终端设备办理，1818台移动缴费设备下沉至社区和行政村，全市纳税人到厅平均办税时间排全省第2位；通过“银税互动”，为1823户守信企业发放贷款12.75亿元，解决中小企业融资难问题。创新推出点餐式政策辅导、小微企业A级纳税人培育计划等特色服务，推进“主附税费”合并申报、财产行为税“十税”合并申报，创新税务注销智能预检服务，一般注销连续两年实现“零逾期”。深化个性服务优化营商环境，推广大企业税收遵从合作系统，量身定做22户大企业“一企一策”专属服务手册。

【税收宣传】 2021年，揭阳市税务系统组织开展第30个全国税收宣传月活动，紧扣“税收惠民办实事 深化改革开新局”主题，拓展问计问需渠道，召开分行业专场宣讲会18场、纳税人座谈会23场，举办纳税服务体验师活动7场；实施“百名局长访百企”行动，走访问需230户企业，解决问题260个。

【征管改革】 2021年，揭阳市税务局贯彻落实中共中央办公厅、国务院办公厅印发的《关于进一步深化税收征管改革的意见》，推动税收治理法治化，出台执法全过程记录实施办法，推广国家税务总局首批“首违不罚”清单，分别明确“首违标准”；联合汕头、潮州税务部门建立粤东地区税收执法联动机制，统一三市重大执法决定法制审核事项“罚款数额较大”标准。推动税收治理协同化，与住建等部门在全市推行“交房即发证”模式，与自然资源局推进个人股权变更“先查验后登记”工作落地，联合人社等部门开展未按规定申报缴纳工伤保险工程项目清理；与人社等部门协同顺利完成2批6项非税收入划转。

【揭阳市首份“三旧”改造税收指引】 2021年，市税务局、市财政局、市自然资源局联合印发《揭阳市“三旧”改造税收指引》，是揭阳市制定的首份关于“三旧”改造的税收指引。该税收指引紧扣揭阳“三旧”改造实际，覆盖揭阳市现行的四大类5种改造模式，包括政府收储、农村集体自行改造、企业自行改造、村企合作改造4个模式，其中村企合作改造模式细化为土地整理后出让、土地整理后以复建地块集中安置两个子模式，每个改造模式均按照“情况描述+典型案例+税务事项处理意见”的体例进行编写，详细介绍项目涉及纳税人，梳理不同主体涉及的增值税、企业所得税、个人所得税、土地增值税、契税、房产税、城镇土地使用税等税种适用政策条款、适用条件和办理资料等，方便纳税人对标对表、应享尽享适应的税费优惠政策。

（洪夏庆）

2021年4月1日，揭阳市正式启动“税收惠民办实事 深化改革开新局”为主题的第30个全国税收宣传月活动，图为揭阳税务人员向群众宣传小微企业税收优惠政策

（市税务局 供图）

金融业

综　述

【金融业概况】 2021年，揭阳市金融业落实稳健货币政策，推进金融改革创新，防控金融风险，提升金融服务水平，围绕辖区经济发展重心，加大金融对地方经济发展的支持力度。年末，全市金融机构和第三方支付机构97家，其中：银行业金融机构19家，证券期货公司营业部24家，保险公司分支机构30家，小额贷款公司19家，融资性担保公司3家，第三方支付机构分公司2家。

【金融稳定】 2021年，人民银行揭阳市中心支行推动《揭阳市优化金融生态环境三年行动计划（2021—2023年）》落地实施，配合处置上市公司和重点民企债务风险。综合运用宏观审慎评估、央行金融机构评级、法人机构压力测试、存款保险早期纠正、资产质量核查等方式，督促农合机构稳健经营、加快风险出清，推动辖区2家高风险银行机构处置方案落地。加强房地产贷款集中度管理，推动房地产金融健康发展。强化综合执法检查力度，多维度开展外汇检查工作。大力治理金融乱象，开展拒收现金和非法使用人民币图样整治工作，严厉打击电诈、地下钱庄等违法行为，稳步推进洗钱入罪工作，辖区全年判决洗钱罪3宗。

【金融服务】 2021年，人民银行揭阳市中心支行支持地方财税改革，推进国库集中支付电子化、财税体制改革相关参数调整、粤东新城金库设立、“数字财政”系统资金到人到户业务测试等工作，全辖各级国库办理预算收入722.86亿元，支出647.91亿元。做好现金供应保障和押运工作，推进移动支付示范镇建设，全辖授牌新增4个示范镇。优化征信服务，新增2个个人信用报告自助查询代理点，受理个人信用报告自主查询共77468人次，增长5.98%。挂牌成立全市首家县域金融消费纠纷调解机构，创新开展“红色金融轻骑兵”系列活动，组织全市银（行）证（券）保（险）业96支轻骑兵队伍按“常态化、精细化、小众化、专业化”原则为各类市场主体答疑、解困、维权。

【金融改革】 2021年，揭阳市推进粤东区域现金处理中心建设，全市14家银行与粤东区域现金处理中心签订合作协议并入场清分，货币发行工作转型升级顺利推进。推进商业承兑汇票信息披露有关工作，探索建立辖区绿色金融标准体系，完善绿色信贷统计，大力创新绿色产品。

【货币信贷】 2021年，人民银行揭阳市中心支行通过下调存款准备金率为辖区法人银行机构释放资金11.88亿元。发挥支农、支小再贷款精准滴灌和正向激励作用，部署落实好新增3000亿元支小再贷款政策，累计发放信贷政策支持再贷款1.72亿元。推进两项直达实体工具的运用，引导辖内中资银行机构对1700多家经营主体17.90亿元贷款本金实施延期，累计向1.57万户经营主体发放普惠小微信用贷款43.87亿元，同比增长33.75%。不断加大对重点领域和薄弱环节支持力度，推动全市首笔不动产二次抵押贷款落地，引导辖区银行为市重点建设项目、碳减排重点项目提供授信支持。举办中小微企业、乡村振兴系列融资对接活动5场次，依托“粤信融”平台专区支持稳企业保就业。年末在库企业数目3934家，其中1011家企业获得授信支持。

【货币管理】 2021年，揭阳市缴获假人民币90.73万元，下降84.98%。其中，公安机关破获小额假币案件6宗，缴获假币1300元，收缴面额明显减少；金融机构收缴假币90.74万元，下降12.17%。

【外汇管理】 2021年，揭阳辖区人民币外汇衍生产品履约额为1.46亿美元，套保率为5.22%。落实网上政务服务、全口径跨境融资、跨境区块链平台贸易融资等系列新举措，支持辖区涉外经济发展，办理全口径跨境融资4230.26万美元，通过跨境区块链平台办理融资1722.34万美元。全年全市跨境人民币结算27.19亿元，涉外收支共33.95亿美元，银行结售汇28.05亿美元，均呈净流入状态。

【存款】 2021年末，全市本外币各项存款余额2770.96亿元，在全省19个地级市中排名第12位，居粤东第2位，比年初增加171.53亿元，增长6.60%。

【贷款】 2021年末，全市本外币各项贷款余额1358.28亿元，在全省19个地级市中排名第16位，居粤东第3位，比年初增加121.66亿元，增长9.84%。

2021年揭阳市金融机构本外币信贷收支情况表

表9

项目名称	2021年年末余额（万元）	比2020年增减额（万元）	增减额（%）	增减幅度（%）
一、各项存款	27709598.05	1715263.90	1715263.90	6.60
（一）境内存款	27640186.01	1714664.54	1714664.54	6.61
1.住户存款	20488007.03	1779440.78	1779440.78	9.51
（1）活期存款	8226458.69	373511.05	373511.05	4.76
（2）定期及其他存款	12261548.33	1405929.73	1405929.73	12.95
2.非金融企业存款	2154874.84	−73895.67	−73895.67	−3.32
（1）活期存款2	1115304.64	−319380.98	−319380.98	−22.26
（2）定期及其他存款2	1039570.20	245485.30	245485.30	30.91
3.财政性存款	348542.07	−72093.47	−72093.47	−17.14
4.机关团体存款	4647363.62	81740.32	81740.32	1.79
5.非银行业金融机构存款	1398.45	−527.41	−527.41	−27.39
（二）境外存款	69412.04	599.36	599.36	0.87
二、金融债券	—	—	—	—
其中：境外发行	—	—	—	—
三、卖出回购资产	—	—	—	—
四、借款及非银行业金融机构拆入	764.14	−171.15	−171.15	−18.30
五、联行往来（净）	—	—	—	—
六、应付及暂收款	575833.33	54243.43	54243.43	10.40
七、各项准备	637218.03	128246.22	129772.98	25.57
八、所有者权益	777137.47	−13347.20	−13381.19	−1.69
其中：实收资本	494327.48	73033.80	73033.80	17.34
九、其他	−3551811.16	1109398.18	1092254.44	−23.52
资金来源总计	26148739.85	2993633.39	2977982.41	12.85

2021年揭阳市金融机构本外币信贷收支情况表

表10

项目名称	2021年 年末余额（万元）	比2020年 增减额（万元）	增减额（%）	增减幅度（%）
一、各项贷款	13582782.83	1216596.55	1216596.55	9.84
（一）境内贷款	13578201.74	1216756.12	1216756.12	9.84
1.住户贷款	5599569.98	699653.93	699653.93	14.28
（1）短期贷款	996914.48	137254.40	137254.40	15.97
消费贷款	322162.59	21624.43	21624.43	7.20
经营贷款	674751.89	115629.97	115629.97	20.68
（2）中长期贷款2	4602655.50	562399.52	562399.52	13.92
消费贷款2	3796049.71	471996.72	471996.72	14.20
经营贷款1	806605.79	90402.80	90402.80	12.62
2.企（事）业单位贷款	7978631.76	517102.19	517102.19	6.93
（1）短期贷款	3327470.56	-345482.31	-345482.31	-9.41
（2）中长期贷款	3687072.58	377477.16	377477.16	11.41
（3）票据融资	396120.85	102816.85	102816.85	35.05
（4）融资租赁	—	—	—	—
（5）各项垫款	567967.77	382290.49	382290.49	205.89
3.非银行业金融机构贷款	—	—	—	—
（二）境外贷款	4581.09	-159.56	-159.56	-3.37
二、债券投资	2273089.71	717268.21	717268.21	46.10
其中：境外债券	—	—	—	—
三、股权及其他投资	109895.04	94614.78	94614.78	619.20
四、买入返售资产	—	—	—	—
五、存放非银行业金融机构款项	30.00	-210.19	-210.19	-87.51
六、联行往来（净）	9813131.49	916410.61	900759.63	10.11
其中：境内存放二级准备金	30605.00	—	—	—
七、金银占款	—	—	—	—
八、中央银行外汇占款	—	—	—	—
九、应收及预付款	210394.87	46803.67	46803.67	28.61
十、投资性房地产	147.79	-33.82	-33.82	-18.62
十一、固定资产	159268.12	2183.56	2183.56	1.39
资金运用总计	26148739.85	2993633.39	2977982.41	12.85

（人行揭阳中心支行）

银行保险业监管

【银行保险业监管概况】 2021年，揭阳银保监分局在广东银保监局授权下，依法对辖内18家银行业金融机构、29家保险机构履行监管职责，其中政策性银行1家、国有大型商业银行6家（含邮政储蓄银行）、股份制商业银行2家、城商行1家、外资银行2家、农村商业银行5家、村镇银行1家，财险公司16家、寿险公司13家。

【信贷投入】 2021年，揭阳市银行业总体运行平稳，银行业资产负债规模稳步增长，资产总额2969亿元，增长1.87%，其中各项贷款余额1358亿元，增长4.76%；负债总额2882亿元，增长1.69%，其中各项存款余额2736亿元，增长6.99%。存贷比为49.65%，较年初下降1.06%。

【保费收入】 2021年，揭阳市保险业保费收入70.38亿元，增长5.16%，其中，产险公司保费收入24.98亿元，增长10.17%；寿险公司保费收入45.40亿元，增长2.59%。

【赔付支出】 2021年，揭阳市保险业累计赔付支出20.58亿元，增长10.91%，其中，产险公司赔付支出15.01亿元，增长14.91%；寿险公司赔付支出5.57亿元，增长1.39%。

【银行业监管】

优化行政许可审批 揭阳银保监分局按照《中国银保监会中资商业银行行政许可事项实施办法》等规定，加强对银行机构的事前辅导，提高行政许可办理质效。严把机构高管选拔任用关口，严防高管人员带病流动。2021年，办结行政许可事项74宗，其中高管类准入事项44宗，机构类准入事项30宗，均在办理时限内完成。

支持重点项目和绿色金融发展 围绕地方政府打造制造业强市、“一城两园”等产业部署，引导银行机构投放制造业贷款264亿元，信贷支持“8+3”战略性新兴产业达78亿元，授信支持滨海新区粤东新城17个建设项目366亿元。联合税务部门开展深化“银税互动”服务支持企业疫情防控和复工复产行动，加大支农支小力度。会同有关部门出台《关于加快揭阳市绿色金融发展的指导意见》和《揭阳市绿色建筑创建行动实施方案（2021—2023）》，督导银行机构落实绿色信贷指引，共享环境违法违规企业“黑名单”，强化绿色融资风险防控，推动绿色融资发展。

风险防控处置 揭阳银保监分局加强辖区银行机构的风险防控，对银行机构存在的问题，及时提示风险并明确监管要求，做到早发现、早化解。派员参与省、市政府处置风险工作专班，加强部门联动，组建辖区银行机构债权人委员会，推动银行机构处置康美药业等上市企业信用风险，严防产业风险持续传导。

【保险业监管】 2021年，揭阳银保监分局强化监管引领，优化金融生态环境和营商环境。对人身险市场开展专项治理，规范人身险市场秩序。以保险信访举报调查工作为抓手，督导寿险公司不断规范销售服务，维护消费者合法权益。严明“报行合一”和数据真实性监管红线，维护车险市场秩序。推动“防返贫救助责任保险”实现全市县区全覆盖，为脱贫人口提供充足风险保障；农险保费收入历史首次破亿元大关，承保品种大幅度增加，全国首创鲍鱼苗养殖“风灾+价格”保险。巩固车险综改“增保降费”成效，商业车险车均保费较综改前降幅25.22%，商业三责险车均保额增长128.61%。推动揭阳市巨灾保险落地实施，提供灾后救济风险保障；以“揭阳市民保”为抓手，助力构建多层次医疗保障体系；推动全市重型货车安装智能视频监控报警装置，助力交通领域安全防护。

【风险监测】 2021年，揭阳银保监分局加大对重点行业、重点风险客户、重点领域信用风险监测督促各银行机构控制增量化解存量，加强信用风险防控，严密监测隐性不良贷款和非信贷业务风险状况，督促各银行机构做实资产质量并加大不良处置力度。按月、按季对辖区银行保险运行总体情况进行分析监测，督促机构加大对监管发现问题的整改力度。对重点流动性风险隐患法人机构实施专人盯防，落实按日、按周、按月的流动性风险监测制度；运用数据集市系统，设定机构数据波动预警值，对苗头性风险情况提前介入，及时干预，实现风险抓早抓小。指导机构进一步制定完善流动性风险应急预案，定期开展流动性压力测试和应急演练，确保有效预防和稳妥处置存款挤提等突发事件。

（揭阳银保监分局）

银行机构选介

【中国工商银行股份有限公司揭阳分行】 2021年，中国工商银行股份有限公司揭阳分行聚焦资金源头，增强储蓄存款稳增快增动能，年末本外币储蓄存款时点增量19.38亿元，日均增量15.84亿元。统筹做好按揭准入、规模配置、办理效率、价格管理、考核优化等工作，加快抢占个人住房按揭贷款市场，同时紧抓储蓄存款、支付结算、信用卡、投资理财、个人电子银行等相关零售业务的渗透。至12月末，分行本年度个人住房按揭贷款累放12.18亿元。

对公存款业务 围绕GBC资金大循环的主题，聚焦政府资源、社会资源重点投入的板块，强化对公客户资金承接工作。结合普惠金融下沉经营，运用线上便捷开户、开户优惠套餐，围绕优质制造业、建工企业、细分领域龙头企业、百万个转企等重点版块，抓好拓户引存工作和结算引存服务，提升资金行内沉淀转化率。重点聚焦县域客群，加快建立分层营销对接响应机制，开展机构拓户营销活动。至12月末，分行机构客户数较年初净增112户，对公存款时点增量3亿元，日均增量2亿元。

对公信贷业务 结合揭阳打造沿海经济带上产业强市的地区发展定位，落实好信贷跑道式管理，推动对公信贷发展。聚焦大型机构投资项目、揭阳市促进制造业企业高质量发展省级技术改造项目、揭阳市高新技术企业、揭阳市科技型中小企业及高新技术培育企业等重点领域，从高层带队走访、落地支行跟进维护、专业部室配套支持等层面入手，一户一策地推进，提升优质信贷市场的占有率。至12月末，分行银保监口径普惠贷款余额较年初净增1.23亿元。

（中国工商银行股份有限公司揭阳分行）

【中国农业银行揭阳分行】 2021年末，中国农业银行揭阳分行辖城区、揭东、揭西、普宁、惠来5个支行和1个分行营业部，营业网点49个，离行式自助网点3个，“惠农通”服务点666个。年末本外币各项存款余额390.44亿元，同比增长7.69%；各项贷款余额212.78亿元，同比增长19.65%；存贷比54.5%，比年初提升5.45个百分点。

服务地方经济 2021年，中国农业银行揭阳分行加大信贷有效投放，累计对揭阳重点项目投放贷款28.05亿元，对“链长制”主体企业及经营主体授信6.45亿元，支持绿色信贷领域贷款14.63亿元，投放碳减排支持工具贷款6.27亿元。与市、县区两级政府签订金融服务乡村振兴战略合作协议；开展“千人驻镇助力乡村振兴行动”，选派65名金融助理和19名金融联络员开展驻镇帮镇扶村工作；加大涉农领域支持力度，年末涉农贷款余额96.94亿元，比年初净增16.36亿元，农户信息建档覆盖1039个行政村，累计建档农户2.74万户，发放贷款4.59亿元。办理、开通“一老一小”人群以及重症特殊客户上门绿色服务渠道68余次，新增激活“电子社保卡”3.98万张，新增激活“电子医保凭证”4.99万张。

普惠金融 紧扣地方产业特色，在业内率先推出“余值e贷”“揭东石材贷”等特色产品，开创揭阳当地同业二次抵押贷款的先例。2021年末银监口径普惠贷款余额29.33亿元，增速26.54%，比各项贷款增速高6.89%，普惠贷款加权平均利率比各项贷款加权平均利率低0.64%，普惠金融实现“两增两控”监管目标。

风险管控 不良贷款实现“双降”，年末不良贷款率比年初下降0.87%，不良率由2020年末“四行最高”扭转为2021年末“四行最优”。

（中国农业银行股份有限公司揭阳分行）

【中国银行股份有限公司揭阳分行】 2021年，中国银行揭阳分行深化转型发展、深挖内生动力，加大重点产业、重点项目、普惠金融方面信贷支持，助推地方经济发展。年末本外币各项存款时点余额239.86亿元、各项贷款时点余额110.92亿元。

服务实体经济 中国银行揭阳分行加大对小微企业金融支持力度，与政府合作搭建银政企交流平台，拓宽客户渠道。为当地的专精特新企业、科技创新企业等提供“面对面”“一对多”的“融资+融智”综合服务，提供授信支持约3.08亿元；与揭阳市商务局、揭阳海关联合举办揭阳“稳外贸 强产业 促发展 金融助力进出口中小微企业”专场活动，现场为60多家代表企业提供政府惠企政策解读、金融产品介绍等服务，为33家企业提供授信支持近1亿元；推动《助推“粤菜师傅”“广东技工”“南粤家政”工程促进就业创业专属融资服务方案》落地，满足各级各类高技能人才及相关服务机构创新创业和发展的资金需求；支持地方企业“走出去”发展，发挥多元化、国际化、专业化金融服务平台的优势，全年办理国际结算业务10.95亿美元，跨境人民币业务9.44亿元，国际结算业务份额居于市场首位，并在外汇管理局关于银行执行外汇管理规定情况考核中，连续六年被评为A类银行。

风险管控 开展案件警示教育活动暨“内控合规管理建设年”案防专项治理活动，通过前移风险关口、强化效期管理、抓实风险预警、健全化解清收机制等工作措施，多举措提高清收化解效率和效益，推进化解清收成效，全行实现表内外不良清收约3.74亿元。

普惠金融 提升渠道服务能力，为广大市民提供便民、利民、惠民的民生金融服务。推动智能柜台建设，全辖各营业网点配备智能柜台74台，实现网点营业机构全覆盖，缩减客户办理业务时间；继续实施ATM加钞现金全额清分，由系统自动实现对人民币冠字号码的存储，防止假币对外流通，假币浓度持续压降。

（中国银行股份有限公司揭阳分行）

【中国建设银行股份有限公司揭阳市分行】 2021年，中国建设银行股份有限公司揭阳市分行深化自身经营管理，增强“三个能力”（服务国家建设能力、防范金融风险能力、参与国际竞争能力）建设，推进住房租赁、普惠金融、金融科技“三大战略”和乡村振兴、科技金融等重点工作，落实落细合规风险管理，为地方经济发展和金融稳定作出贡献。年末，一般性存款日均余额364.73亿元，比年初新增15.97亿元，其中，企业存款日均余额159.29亿元，个人存款日均余额205.44亿元；各项贷款余额223.97亿元，比年初新增8.52亿元，其中，对公贷款余额125.26亿元，个人贷款余额98.70亿元；中间业务净收入2.43亿元，同比增量1454万元。

支持重点项目 与惠来县人民政府、大南海石化工业区管委会、粤东新城管委会的战略合作，进一步加大对“一城两园”重点项目的信贷支持力度。至2021年底，为“一城两园”企业授信195.28亿元，贷款余额32.75亿元，全年新增项目授信86.38亿元，新增投放17.82亿元。加大对基础设施建设绿色升级、清洁能源建设运营、生态农业等重点领域的贷款投放。年末，绿色贷款余额28.13亿元，全年新增20亿元，绿色贷款占对公贷款总额22.46%。与市工信局签订“培育发展战略性产业集群”战略合作框架协议，加快营销拓展和协议成果转化，为揭阳市战略性产业集群企业提供专属政策支持和资金保障。聚焦保障性租赁住房政策，与人民医院等四家单位签订支持发展保障性租赁住房战略合作协议，并为广东蒙泰高新纤维股份有限公司投放住房租赁支持贷1900万元。

普惠金融 至2021年底，普惠型小微企业贷款（含个体工商户经营性贷款、小微企业主经营性贷款）余额25.20亿元，比年初新增1.72亿元，普惠型小微企业贷款客户数3612户，比年初增加102户，普惠贷款增量扩面。推出“善营贷”“善担贷”等信贷产品，引入信用方式办理普惠信贷业务，解决企业融资无合格押品难题。聚焦授信审批环节的业务流程机制优化，实施“云审批”实现跨机构、跨业务系统的审批资源调度与任务撮合，提高审批效率。落实小微企业服务收费管理，降低贷款利率，做实减费让利，当年发放普惠小微贷款平均年化利率比上一年度下降0.144%（绝对值），让利累计350万元，主动承担普惠贷款抵押物评估费、抵押登记费、财产保险费等累计122.58万元，降低企业融资综合成本。

助力乡村振兴 不断提升乡村金融供给能力，加大县域信贷支持力度，截至2021年底，涉农贷款余额93.09亿元，比年初新增53.95亿元，普惠型涉农贷款余额7.23亿元，比年初新增1.02万元。与省农担公司合作推出农担贷业务并取得突破，投放农担贷业务15笔，贷款余额2541万元。开立揭西县“一村一品、一镇一业”15个实施主体结算账户、揭西县苦笋产业园5个实施主体结算账户，上线智慧村务平台109户。对接基层政府的金融服务需求，全年新增基层政府账户93户，基层政府存款比年初新增4200万元。

互联网金融服务 2021年，中国建设银行股份有限公司揭阳市分行持续深化科技与业务的融合，推进平台、场景建设，提升数字化经营能力。上线揭阳第一中学“智慧食堂”项目，为全校4500名师生提供刷脸用餐服务，交易约50万笔，交易金额超过200万元；上线揭阳市人民医院政融支付项目，对接揭阳市榕城区智慧停车项目，推进揭阳中海油缴费项目实现交易笔数8279笔，缴费金额167万元，揭阳有线电视缴费项目实现交易1218笔，缴费金额15万元。创新打造以互联网模式提供金融服务的一站式生活场景服务平台，加快推广“建行生活”APP，引进伊贝紫、忠诚、娃娃城等多家当地连锁商家入驻平台。

风险管控 2021年，中国建设银行股份有限公司揭阳市分行推进“合规平安年”“内控合规管理建设年”工作，在完善合规体系、推进案件防控、开展检查整治、加强警

2021年6月24日，建设银行揭阳市分行与惠来县人民政府、大南海石化工业区管委会、粤东新城管委会签订“一城两园”战略合作协议

（建行揭阳市分行 供图）

示教育、培育合规文化等多方面下功夫，在人民银行2021年度综合评估中荣获A+评级。

（卢　仪）

【交通银行揭阳分行】 2021年，交通银行揭阳分行各项存款实现跨越式增长，年末人民币各项存款时点余额123.8亿元，增量31.4亿元，增幅34.1%。人民币时点存款市场占比8.05%，首次突破8%，较年初提升1.55个百分点。

银政合作 深化与公共资源交易中心、普宁市供水管理中心、揭阳市财政局等政府机关团体单位业务合作，落地地方专项债项目清单86个，落地专项债资金2.69亿元。开展重点项目"插旗行动"，梳理、对接揭阳市地方债、招商签约和重点建设项目，深入对接前詹风电、粤海水务、利佳冰雪等一批项目客户。

暖企助企 2021年，投放对公和小企业实质性贷款7.72亿元，发放个人贷款8.5亿元，开立银承4.58亿元，贴现1.41亿元。成功落地揭阳市首笔线上政府采购贷业务，推出"普宁中药城"商圈贷项目，举办揭阳市2021年金融支持外贸融资发展等活动。年末普惠全口径贷款净增3.18亿元，增长42%。两增贷款净增3亿元，增长51%，完成率120%；户数净增212户，增幅46%。普惠监管口径贷款净增3亿元，增幅51.22%，完成率200%。

特色化经营 取得揭阳市社保卡发卡资格、住建局工程管家项目资格，中标揭阳市本级财政授权支付代理银行资格。推进"双卡工程"，信用卡进件3986户，信用卡活户1365户，商户进件2053户。新拓洛阳银行、广州银行、浦银安盛基金行外客户购买同业存单合计15亿元；落地惠来农商行1000万元、揭阳农商行2000万元利率债代投业务；落地揭阳城投外部租赁2亿元。

风险管控 全额收回"创鸿系"问题类贷款本金及利息，收回松兴泰不良贷款本息，通过以股抵债等重整方式处置康美药业不良贷款。设立法律合规部，提升合规、反洗钱管理等工作质效；开展案件集中清理专项行动、案防"4+n"专项治理工作、案防警示教育及专项治理工作。

（郑　荃）

【中国农业发展银行揭阳市分行】 2021年，中国农业发展银行揭阳市分行各项贷款余额35.16亿元，比年初减少10.9亿元，减幅23.67%；日均贷款余额43.78亿元，比年初减少1.69亿元，减幅4.01%。各项存款余额4.8亿元，比年初减少1.85亿元，减幅27.8%。日均存款余额3.95亿元，比年初减少7.67亿元，减幅65.97%；日均存贷比9.30%，比年初减少18.58%。实现账面利润-1.94亿元，FTP利润-1.66亿元，剔除拨备FTP利润1540.06万元。

地方储备粮管理 2021年，中国农业发展银行揭阳市分行投放中央及地方储备粮油贷款2.23亿元，支持企业轮换粮食8.4万吨，支持粮油客户在地区粮食市场份额进一步提升，市场占有率达59%；按季落实粮食风险基金，全辖粮食风险基金到位率170.61%，有效维护粮食流通市场稳定和国家粮食安全。

服务地方基础设施建设 2021年，中国农业发展银行揭阳市分行加大支持地方基础设施建设力度，服务乡村振兴。投放0.24亿元支持揭阳市大南海工业区埔洋村棚户区改造项目，累计投放贷款4.1亿元，推进揭阳大南海石化工业区的实施，让村民过上安居乐业的幸福生活；投放1.42亿元支持揭阳市引水工程建设，投放贷款2.06亿元帮助揭阳人民用上优质水源；投放0.8亿元支持揭西县生活污水处理设施、0.65亿元支持榕城区仙梅片区污水处理系统建设工程，两个污水处理项目累计投放金额3.25亿元，助力改善人居环境。

（林　佳）

【中国邮政储蓄银行揭阳市分行】 2021年，中国邮政储蓄银行揭阳市分行全市营业网点89个，存款规模135.95亿元，全年净增7.82亿元，其中储蓄存款规模238.43亿元，年净增24.36亿元。全行贷款规模69.53亿元，全年净增11.1亿元，其中个人贷款46.74亿元，公司贷款22.78亿元。加大小微企业金融支持力度，普惠小微企业贷款结余32.6

2021年，邮储银行揭阳市分行选送项目获广东"众创杯"创业创新大赛之大众创新创富大赛总决赛银奖　（邮储银行揭阳市分行　供图）

亿元，年增6.03亿元；服务户数8389户，户数年增79户；累放普惠型小微贷款平均年化利率较上一年度压降93BP；全年累计承担借款企业抵押物评估及登记费用191.84万元。强化“三农”关键领域金融供给，涉农贷款余额32.99亿元，年净增4.38亿元；普惠涉农贷款余额16.48亿元，年净增3.59亿元。加强农村信用体系建设，全年新建信用村582个，新建信用户16559户。推进农村地区移动支付场景建设，在惠来县建立移动支付示范县，为全国六大示范县之一。加大绿色信贷投放力度，绿色信贷结余达到5380万元，同比增长1782万元，年增长率为49.53%。

（中国邮政储蓄银行揭阳市分行）

【揭阳市农村商业银行】 2021年，揭阳市农村商业银行系统辖揭阳、揭东、普宁、揭西农村商业银行4家，营业网点308个，资产总额834.32亿元，负债总额为775.73亿元，各项存款余额742.74亿元，各项贷款余额379.83亿元。

普惠金融 2021年，揭阳市农村商业银行系统开展民营和小微金融服务，坚持普惠金融持续下沉实现全覆盖，通过“户户通金融”将资源向三农、小微普惠等客群倾斜，截至12月底，各项贷款余额379.83亿元，其中涉农贷款237.14亿元，占各项贷款62.43%，小微企业贷款总额286.52亿元，占各项贷款总额75.43%。推动“榕江”系列信贷产品创新及“整村授信”工程，助力复工复产及刺激消费市场的系列贷款产品缓解企业无抵押、无担保融资难题。至12月底，“榕江”系列信贷产品累计发放3656户，金额9.98亿元，与24个村签订“整村授信”合作协议并举办签约仪式，整体授信金额达8.2亿元。

助力乡村振兴 2021年，揭阳市农村商业银行系统在各行政村投放“粤智助”政府服务自助机，开展乡村政务+金融服务的下沉工作，截至12月底，完成安装697台，推动政府服务向基层延伸。

信贷资金投放 2021年，揭阳地区4家农商行为普惠小微企业办理实施延期还本付息业务，经审批实施延期还本235户，对应贷款本金2.84亿元；实施延期付息1户，对应贷款本金930万元，纾解中小微企业资金周转困难。

资产推介 揭阳市农村商业银行系统联合汕头和河源地区13家农商行举办粤东资产推介会，涉及资产209宗，总价值133亿元。主要为商业土地、工业土地、住宅、商铺等，涉及房产建筑面积57.56万平方米，土地面积约498.60万平方米。

（揭阳市农村商业银行）

保险机构选介

【人保财险揭阳市分公司】 2021年，人保财险揭阳市分公司以广东人保财险与揭阳市人民政府续签《全面战略合作协议》为契机，全面落实五大行动，全年保费收入10.8亿元，较2020年增长7.34%，市场份额占43.5%，全年提供各类风险保障3.46万亿元。

服务民生 2021年，人保财险揭阳市分公司提供各类风险保障3.46万亿元。其中，为20.35万辆机动车提供风险保障4588亿元，为揭阳基础设施、重大项目、民生工程等99个项目提供风险保障130.14亿元，为157家小微外贸企业提供风险保障13.7亿元，为365个建筑项目及60家危化行业企业提供安责险风险保障26亿元。为690万人提供政府民生综合责任保险，为573万人提供城乡居民大病保险和城镇职工补充医疗保险，为55万师生提供校园责任保险，为近40万人提供普惠型医疗补充保险“揭阳市民保”。

乡村振兴 围绕服务乡村振兴战略，推动2021年政府十大民生实事之“农业保险扩面、增品、提标”落实，保障农户6.72万户次，承担风险责任16.75亿元，承保险种覆盖种植险、养殖险和森林险三大类共25个险种。抢抓农业产业链“链长制”新机遇，围绕农业产业生产、加工、仓储、运输、销售、收

2021年12月17日，揭阳市总工会、揭阳市邮政管理局、人保财险揭阳市分公司联合举办2021年“揭阳市民保”赠送新就业形态劳动者仪式在揭阳市韵达快递分拨中心举行，人保财险揭阳市分公司向韵达、中通、申通、圆通、顺丰品牌揭阳分拨中心相关人员赠送“揭阳市民保”

（人保财险揭阳市分公司 供图）

益等各个链点的风险点，开发全链条一揽子综合保障服务，承担风险责任4.4亿元。实现防返贫救助保险全覆盖，从“医、食、住、行、教”等对18333户建档立卡有劳动力脱贫户每户提供35.9万的全方位保障，巩固脱贫攻坚成果，精准护航乡村振兴。

科技赋能 稳步推进客户线上化运营，推行车险一键续保，搭建线上增值服务平台，打造“车生活”“家生活”服务圈，线上增值服务订单总量达64万；为2000多台重型货车安装智能视频监控报警装置，降低交通事故发生率。利用“粤农保”技术优势，实现农作物、森林等按图承保及农险查勘定损理赔，开发建设“揭阳市农业保险气象服务平台”，提高农业气象灾害风险防治能力。

（魏佳晓）

【中国人寿揭阳分公司】 2021年，中国人寿揭阳分公司自营总保费达成13.6亿元，其中，长险首年标保达成1.09亿元，首年期交达成2.28亿元，保障型达成7520万元，短期险达成8874万元，续期业务达成10.39亿元。个险渠道年度首年标保达成1.05亿元，十年期达成1.23亿元。银保渠道实现首年期交渠道保费4061万元，五年期及以上渠道保费1502万元。大短险达成保费8900万元。

服务经济 2021年，中国人寿揭阳分公司提升服务实体经济质效，法人业务达成2802万元，保障中小企业1783个，赔付金额1628.1万元。全辖在免息复效期复效1139件，复效保费1009.5万元。

服务民生 2021年，中国人寿揭阳分公司升级“银龄安康”项目，争取到2022年政府统保对象范围扩大至全市揭阳户籍60周岁（含）以上老年人，预计增加投保对象30万人；与市妇联开展赠送“四送四献”公益活动，向全市3.97万农村妇女赠险保费达39.7万元；联合揭阳市退役军人事务局，向1700位退役军人赠送每人27.9万元的保障。

风险管控 做好反洗钱工作排查，全年排查可疑交易455笔，排查智能识别可疑交易163笔，上报2笔可疑交易，涉及金额1831.72万元；全年新发诉讼案件6件，均为保险合同理赔纠纷，办结诉讼案件1起，涉案金额共计66万元，二审判决结果挽损达38.88万元。

（中国人寿揭阳分公司）

2021年7月14日，中国人寿揭阳分公司在揭阳空港经济区塘埔村开展健康宣传周智慧助老活动

（中国人寿揭阳分公司 供图）

证券公司选介

【中信建投证券股份有限公司揭阳营业部】 2021年，中信建投证券揭阳营业部配合人民银行市中心支行开展“红色金融轻骑兵”特色便民金融服务活动，深入早教中心、公园、广场、工厂等开展宣传活动，发挥金融知识普及主力军的作用，引导广大市民了解金融、防范风险、理性投资。揭阳营业部全年证券成交额2716.62亿元，占揭阳地区总成交额的20.10%；证券交易手续费收入8213.04万元，位列广东省第16名；A股累计交易金额2180.26亿元，占揭阳地区总交易金额的21.56%；手续费收入7810.15万元（证券交易的数据取自广东证券期货业协会）。

（林婷）

【东莞证券股份有限公司揭阳分公司】 2021年，东莞证券揭阳分公司开展合规经营，定期组织全员合规暨反洗钱培训，开展反洗钱法律法规的宣传和投资者教育工作，推进“反洗钱暨扫黑除恶、平安金融”宣传活动，为平安金融建设创建美好环境，促进金融行业平稳健康发展，营造良好的金融市场环境。全年A股总成交额445.76亿元，营业收入1992.08万元。

【安信证券股份有限公司揭阳分公司】 安信证券股份有限公司揭阳临江北路证券营业部设立揭阳市区、惠来、普宁3个营业网点，2021

年，营业部推动线下业务线上化、推行客户专属式服务，结合智能客户端、智能柜员机等现代化工具，为投资者业务办理提供更多的自主和便利；实施柜台人员转型，推动服务创新升级。全年代理买卖证券交易额1549.34亿元，纳税总额644.73万元。

（刘　爽）

【广发证券揭阳地区营业部】 2021年，广发证券揭阳地区营业部下设营业部3个，借助金融技术创新和电商平台，推出金管家服务营销体系，优化经纪业务服务平台和金融科技产品，实现线上7×24小时“有问必答”快捷服务。与银行金融机构合作，实行单客户多银行三方存管业务，客户资金转账安全便捷，协调管理及推动地区业务可持续发展，多方合作携手共建揭阳地区金融生态圈。全年证券交易额4926.43亿元，比2020年同期增加275.69亿元，经纪业务手续费净收入8974.59万元，比上年同期增加724.99万元。

（方碧珊）

金融服务

【金融服务概况】 2021年，揭阳市各类金融机构115家，其中银行类19家、证券类26家、期货类3家、保险类30家、小额贷款公司19家、融资性担保公司3家、典当行15家。上市公司7家，其中上交所主板2家（榕泰、康美药业）、深交所主板1家（高乐玩具）、深交所中小板3家（巨轮智能、佳隆食品、柏堡龙）、深交所创业板1家（蒙泰高新）。全市银行机构各项存款余额（本外币）2770.96亿元，比年初增加171.53亿元，同比增长6.60%；各项贷款（本外币）余额1358.28亿元，比年初增加121.66亿元，同比增长9.84%；存贷比49.02%，比年初增加1.45%。2021年全年总保费收入70.51亿元，同比增长4.92%，其中产险公司收入25.28亿元，同比增长10.17%；寿险公司收入45.23亿元，同比增长2.22%。赔款（给付）总额19亿元。

2021年7月，安信证券揭阳营业部录制“金融知识云课堂”小视频，向市民宣传金融消费权益保护知识　（安信证券揭阳营业部　供图）

【金融市场监管】 2021年，揭阳市金融工作局承接省级权责清单事项，完成省地方金融监管局委托下放的小额贷款公司注销试点资格审核等8个行政审批的承接工作，推动“放管服”改革工作。实现进驻政务大厅的政务服务事项100%“网上办”，符合法定受理条件、申报材料齐全的政务服务事项在规定的时限内实现“一次办”，将融资担保行政审批中住所（经营场所）场地使用证明、营业执照等13项纳入“四免”优化工作，取消全部行政审批中介服务事项，对实施的29项行政审批事项进行全面自查，压缩行政审批事项承诺办结时限，深化行政审批事项改革。全面实施“双随机、一公开”监管，依法依规对小额贷款公司、融资担保公司和典当行开展现场检查工作，督促公司合规经营，同时将检查结果通过广东省行政执法公示平台、广东省“双随机、一公开”综合监管平台进行公开、公示，接受社会监督。全年办理小额贷款公司变更审批事项1次，办理融资担保公司业务备案事项2次。

【金融风险防控】 2021年，揭阳市推动农商行改革化险工作，印发实施普宁、揭西农商行风险处置工作实施方案，加强对农商行日常流动性监测预警和清收不良贷款工作督导，落实防范措施。推动康美药业通过重整程序对资产和债务进行重组，化解退市风险，引导恢复正常经营秩序，针对其他上市公司风险问题，分类采取措施化解风险。实施《揭阳市实施提高上市公司质量行动计划》，引导上市公司聚焦主业，规范发展。成功处置6宗非法集资案件，并分2批次按程序向省申请办理销案手续。实施《2021年揭阳市涉非涉稳风险专项排查整治工作实施方案》，开展涉嫌非法集资风险线索和广告咨询信息排查整治活动。全年出动执法人员944人次、车辆238台次，检查各类广告经营者、发布者709家，检查广告、信息1128条，非现场监测各类广告和资讯信息3574条次。

【金融政策宣传】 2021年，揭阳市出台《揭阳市促进金融服务业发展资金申报指南》。强化“乙方思维”，印发《揭阳市促进金融服务业发展资金申报指南》，组织开展2021年揭阳市促进金融服务业发展扶持资金项目申报工作，推进各类金融机构集聚发展，壮大揭阳市金融总量。全年新增1家保险机构（建信人寿揭阳中心支公司），推进粤东现金处理中心建设工作，受理商业银行现金清分委托业务。成立揭阳市优化金融生态环境工作领导小组，推进2021年“强治理、化风险”重点工作。开展防范非法集资宣传，实施《揭阳市2021年防范非法集资宣传月活动方案》，线上线下多种方式开展防范非法集资宣传活动。

【金融改革创新】 2021年，交通银行揭阳分行在全市银行网点率先实现网点运营零碳排放，获得广州碳排放权交易所颁发的“碳中和”和“碳减排量注销”双份证书，全市首家银行机构“零碳网点”落地。研究起草《揭阳市中小微企业应急转贷（过桥）资金管理办法》，发挥省中小融等平台融资功能，协调全市各有关单位、金融机构和企业到平台注册登记，着力解决企业融资信息不对称问题，至2021年底，推动18家金融机构和2476家企业在该中小融平台注册，揭阳市金融工作局被省中小企业融资平台授予2021年度“数字金融推广工作突出贡献单位奖”。

【金融服务体系建设】 2021年，揭阳市出台《揭阳市金融服务实体经济若干措施》，从提升金融服务质量、完善金融服务机制、加强配套措施保障等多方面共同发力，引导金融资源流向实体经济，提升金融服务水平。建立揭阳市政金企长效对接机制，打通政金企沟通渠道，建立企业资金需求、重点项目融资需求、金融产品信息三本台账和一份企业“白名单”，推送给企业和金融机构，引导双方主动开展对接。全年举办3场政金企对接座谈会。推动企业挂牌上市，落实上市奖补政策，组织符合条件企业申请奖补资金，落实广东越群生物科技股份有限公司上市奖补金额200万元，降低企业上市成本。根据企业不同发展阶段建立重点企业管理台账，实行企业分类管理、分层培育，在全市筛选11家条件较为成熟的企业进行重点培育，对全市103家重点企业进行跟踪管理，至2021年末，全市3家企业进入广东证监局辅导备案阶段。开展资本市场实务技能培训，联合上交所、深交所举办企业挂牌上市专题辅导培训班，邀请专家团队实地走访拟上市重点企业，帮助企业解决上市过程中遇到的问题，加快企业上市步伐。

【金融服务乡村振兴战略】 2021年，揭阳市制订《金融支持乡村振兴攻坚行动实施方案》和《美丽圩镇创建普惠金融服务工作指引》，提升金融服务三农水平，引导融资担保机构发挥支农支小作用。2021年，全市政策性融资担保机构新增涉农融资担保服务130户次，融资担保金额1.16亿元。支持保险机构创新“保险+期货”模式，推出生猪价格保险、政策性鸡蛋“保险+期货”等创新型产品，提高农户应对市场风险能力，全年全市政策性农房保险累计承保81.18万户，承保率达99.05%，省市县三级财政补助资金511.43万元。

【融资工作】 2021年，揭阳市响应市外贸高质量发展和工业稳增长两个工作专班企业融资诉求，印发《揭阳市外贸高质量发展金融服务小组工作方案》，收集重点外贸企业融资诉求7条，并将23款贸易融资产品和14款保险产品及时推送给重点外资企业。协助推广“粤信融”“中征应收账款融资服务平台”，缓解企业融资难题，“粤信融”平台累计成交金额78.39亿元，中征应收账款融资服务平台累计促成融资金额213.63亿元。“一企一策”解决企业融资难题。优化民营纳税大户金融服务，为全市26家民营纳税大户落实1～2家金融机构挂钩结对，提供综合性金融服务，帮助企业解决生产经营中遇到的问题，协调银行机构帮助缓解聚鲶工业、吉青电缆等企业融资困难。

（陈东衡）

农业和农村经济

综 述

【农业和农村经济概况】 2021年，揭阳市第一产业增加值205.50亿元，比2020年同期增长4.4%；农村居民人均可支配收入18016元，增长10.4%。全市粮食播种面积1305.87平方千米，总产量80.17万吨；蔬菜种植面积569.93平方千米，总产量219.69万吨；水果种植面积561.2平方千米，总产量达66.80万吨；茶叶种植面积98.07平方千米，总产量达2.88万吨；肉类总产量13.66万吨（其中：猪肉产量9.11万吨；牛羊肉产量0.41万吨，禽肉产量4.14万吨），水产品总产量14.64万吨，蛋类总产量1.84万吨，奶类总产量0.25万吨。生猪饲养量183.55万头出栏量118.07万头；家禽饲养量3836.28万只出栏3096.72万只；生猪年末存栏量65.48万头，家禽年末存栏量739.56万只，牛年末存栏量4.70万头，山羊年末存栏量1.85万只。

【农村经济体制改革】 2021年，揭阳市农村集体产权制度改革工作基本完成，全市农村集体经济组织3282个，其中经联社1476个（涉农社区30个），经济社1806个。全市3282个农村集体经济组织全部完成登记赋码工作。改革各项关键任务完成率达98%以上，完成农村集体产权制度改革阶段性工作任务。

【农业科技体制改革和创新体系建设】 2021年，揭阳市与广东省农科院共建省农科院揭阳分院和农业产业链研究院，由省农科院专家牵头设立技术服务专班，全面提升揭阳市农业科技创新能力和产业支撑水平；省农科院派驻3名科技人员常驻市农业农村局，协助开展农业产业链科技服务工作。普宁市农科所冯顺洪等《优质高胡萝卜素甘薯品种普薯32号的选育及其配套技术的产业化应用》获广东省农业技术推广奖一等奖，惠来县广东新安大农业集团、亿隆、康鸿公司联合省农科院动物科学研究所畜禽育种国家重点实验室的家禽育种团队，共建“惠来家禽产业链育种创新中心”，开展共性关键技术研发，培育骡鸭新品种，启动惠来家禽产业链育种创新中心暨“揭阳芯”骡鸭育种项

2021年，揭阳市与广东省农业科学院共建省农科院揭阳分院和农业产业链研究院。图为揭牌仪式 （市农业农村局 供图）

目，解决企业在育种上“卡脖子”的问题。

【乡村特色产业】 2021年，揭阳市成功申报惠来凤梨、揭西苦笋省级现代农业产业园，举办“惠来五宝国际网络节”“普宁市首届数字蕉柑文化节”等活动，“惠来鲍鱼”“惠来凤梨”地理标志产品通过省级评审上报农业农村部，深远海智能鲍鱼养殖网箱项目在农业农村部立项；揭西县开展“中国农民丰收节”系列活动，揭西云雾炒茶代表广东三大茶在北京参加“国际茶日·大使品茶”活动；“普宁青梅”在“广东省首届数字农业擂台大赛”中以177819的票数独占鳌头。省农科院10个专家技术团队组织相关行业主体参加“吃预制菜，享幸福年——2022广东预制菜双节营销暨东西部预制菜展示体验交易中心启动活动”，11家企业9大类40多个单品参加活动，提升揭阳市农业产业技术支撑水平，发展壮大现代农业与食品产业集群。

【农业主体培育】 2021年，揭阳市规范各类主体申报程序，修订出台《关于印发〈揭阳市市级农业龙头企业、农民合作示范社、示范家庭农场认定与管理办法〉的通知》，结合《揭阳市人民政府关于印发揭阳市促进产业发展“1+1+12”政策体系文件的通知》，印发《揭阳市促进农业产业化发展扶持办法》，落实对新评定的市级农业龙头企业、农民合作社、家庭农场分别给予10万、5万、5万元资金奖励；对“双提升”达到国家农业龙头企业、省级农业龙头企业认定标准的分别给予100万、50万元一次性奖励。加快推动农业龙头企业、农民合作社、家庭农场等新型农业经营主体培育工作，新认定17家涉农企业为“市级农业龙头企业”，25家农民专业合作社为“市级示范农民专业合作社”，5家家庭农场为“示范家庭农场”。

【农田建设】 2021年，揭阳市农业农村局加强与自然资源、水利、财政等相关部门协作配合，形成工作合力，在农田建设项目初步设计审批、监理审计、竣工结算等方面简化流程，优化服务，提高效率；同时加强质量监管，严格项目立项、实施、验收全过程“上图入库”，确保工程质量，防范管理风险，合力推进高标准农田建设项目初步设计编制、实施等工作，全年落实建设高标准农田7.87平方千米。

【现代农业产业】 2021年，揭阳市“菜篮子”工程建设持续稳定，全年新增市级“菜篮子”基地12个，累计培育市级以上“菜篮子”基地38个，其中省级“菜篮子”基地13个，连续两次省“菜篮子”市长负责制考核获得优秀等级，两次考核总分排名全省第三。新增惠来凤梨、揭西苦笋2个省级现代农业产业园，累计达6个，累计投入资金91007.03万元。惠来县神泉示范性渔港建设项目竣工验收并交付使用，累计投入建设资金20698万元。成功申报创建市级农业龙头企业17家、合作社25家和家庭农场5家，超过预期任务目标。揭东区埔田镇、揭东区玉湖镇坪上村分获2021年全国乡村特色产业十亿元镇和亿元村称号。

【农产品市场体系建设】 2021年，全市持续推进农产品“12221”市场体系建设，搭建农产品产销对接线上线下平台。指导惠来县举办2021中国“惠来五宝”（鲍鱼、凤梨、荔枝、隆江猪脚、鱼丸）国际网络节+云展会，升级打造惠来“网络节+云展会”2.0模式，助力惠来县农业农村高质量发展。联合揭西县举办2021年揭阳市揭西县庆祝“中国农民丰收节”系列活动暨揭西县八大特色农业产业“12221”市场体系建设启动仪式活动，以八大产业“小切口”推动农业产业“大变化”。组织参加首届广东省数字农业擂台大赛，通过“一图读懂”、云展会和宣传视频等形式在广东省农产品保供稳价安心数字平台、新华网等平台展示全市数字农业实践成效，曝光量超过600万，进一步宣传和推介本地农产品，打造揭阳特色农产品的线上品牌体系，助推农产品出村进城。

2021年，揭阳市惠来县神泉示范性渔港建设项目竣工验收并投入使用，图为渔港全貌（市农业农村局 供图）

【农产品质量安全监管】 2021年，揭阳市农业农村部门认真贯彻落实中央《关于深化改革加强食品安全工作的意见》，联合市市场监管局印发《揭阳市食用农产品合格证追溯衔接试点工作方案》，选择榕城区榕华街道西头市场为市食用农产品合格证追溯衔接试点，在全市全面部署试行食用农产品合格证制度，推动食用农产品产地合格证追溯信息向流通、消费、市场等终端环节传递。针对农产品质量安全存在突出问题，积极牵头市场监管、卫健、公检法等6部门，联合开展专项治理三年行动。市农检中心、普宁市、揭西县、惠来县质检站通过农产品质量安全检测机构考核和检验检测机构资质认定，初步建立起市、县、镇农产品质量安全检测体系。省级例行监测总体合格率98.9%。全市未发生农产品质量安全事故。

【农机管理】 2021年，揭阳市实施农机购置补贴政策，推广农机化新技术新机具，推进农机社会化服务，夯实农机安全监管，完成各项农机化主要任务指标。推广先进适用的农业机械，发展农田机械化灌溉，优化生产条件，促进农业综合生产能力和提高农民收入，推进农业现代化进程。全市农机总动力56.27万千瓦，水稻综合机械化水平74.89%。

【农业综合执法】 2021年，全市农业执法部门出动执法人员3900人次，检查企业门店1261家次，立案21宗，罚没款共计11.71万元；抽检农资、农产品123批次；发出责令整改通知书8份，发出督查整改函12份，整治违规屠宰场17家；举办农资打假宣传活动3场次。

【防返贫动态监测和帮扶工作】 2021年，揭阳市建立健全防返贫监测帮扶机制，实施“一户一监测、一月一调度、一季一核查”工作措施，明确县、镇、村监测帮扶责任，优化监测方式，完善会商机制，践行“一线工作法”，为全市建档立卡有劳动能力脱贫户18333户全覆盖购买防返贫救助责任保险。截至2021年底，全市脱贫人口36077户103967人，其中稳定脱贫人口35531户101739人，有劳动能力稳定脱贫人口人均可支配收入达到17492元。纳入防止返贫监测对象696户2830人，其中：脱贫不稳定户515户2098人，突发困难户31户130人，边缘易致贫户150户602人。

【强农惠农政策】 2021年，揭阳市农业农村局通过“一卡（折）通”等方式为拥有耕地承包权的种地农民（农场职工）补贴资金，做好耕地地力保护工作。牵头制订出台《关于印发〈鲍鱼养殖台风灾害+价格指数一揽子保险方案〉〈竹笋气象指数保险方案〉〈番薯种植保险方案〉的通知》等3个创新地方特色农业保险方案，扩大揭阳市主要优势特色农产品保险覆盖面，为农业产业发展提供保驾护航，降低农户因灾损失。出台《揭阳市市级农业龙头企业、农民合作示范社、示范家庭农场认定与管理办法》，提升规模化、集约化、信息化生产力，助力乡村产业振兴。

【驻镇帮镇扶村工作】 2021年，全市389个组团单位选派487名党政机关和企事业单位干部组成91支驻镇帮扶工作，选派驻村第一书记201名，三支一扶、科技特派员、金融助理等专业人才329名，89名高校毕业生志愿者驻镇参与乡村振兴，累计筹集驻镇帮镇扶村财政资金226733万元，谋划未来5年项目16590个、1224.76亿元。各帮扶单位累计自筹帮扶资金3578.9万元、实施帮扶项目368个，引进138家企业投资5401.46万元、吸纳脱贫人口就业434人，开展各类技能培训班116次、培训脱贫人口4552人、带动就业脱贫人口3480人，积极开展消费帮扶590.4万元、带动脱贫人口数7321人，发动社会各界捐款捐物约1816.56万元。

【美丽乡村建设】 2021年，揭阳市实施“千村示范、万村整治”工程，开展村庄清洁行动，实现全市

2021年，揭阳市加强美丽乡村建设，图为惠来县隆江镇邦庄村公园
（市农业农村局　供图）

农村无害化卫生户厕基本普及，村庄保洁覆盖面达到100%，农村集中供水全覆盖，全市所有自然村基本完成“三清三拆三整治”，3859个自然村基本实现干净整洁村全覆盖，全市1446个行政村累计创建美丽宜居村748个。实行美丽宜居村“挂摘牌”动态管理机制，主动接受群众举报、媒体监督，促进长效管护机制落实落地，推动美丽乡村从“一处美、一时美”向“处处美、时时美”转变。揭西县塔头镇旧住村等10个村获评“揭阳十大美丽乡村”，“前詹镇山海旅游观光线路”等5条线路获评“揭阳美丽乡村精品线路”，揭东区锡场镇潭王村等30个村获评“揭阳美丽乡村特色村”，示范带动乡村风貌提升，不断提高美丽乡村建设水平。结合创建美丽圩镇和美丽乡村建设，以美丽宜居村为节点、圩镇为枢纽，串点成线、连线成片、集片成带，同步推进乡村发展、乡村建设、乡村治理，在“十四五”时期，谋划创建26条乡村振兴示范带，基本建成2条。

【农业对外合作】 组织惠来荔枝参加“广东荔枝”红色之旅高铁专列首发仪式、中国广东荔枝全球分享品鉴会——加拿大温哥华站，携手荔枝全产业链平台、媒体、电商、采购商、服务商等形成强大合力，助推惠来荔枝走向全国，走向世界；组织揭西大洋云雾炒茶参加“国际茶日·大使品茶”活动；组织惠来、揭东等地特色水果参加“食博会”，促进国际交流，提升国际影响力和知名度，助力本地农产品走向世界。

【乡村工匠评审】 2021年，揭阳市成立揭阳市乡村工匠经营管理专业人才中级职称评审委员会、揭阳市乡村工匠生产应用专业人才职称评审委员会，开展首次乡村工匠专业人才职称评审工作，16名乡村工匠专业人才获得乡村工匠专业人才技术职称，其中中级职称6人，初级职称10人。组织17位申报人报送申报材料，经省高评委评审通过15人，其中正高级2人，副高级6人，中级2人，初级4人。全市现有乡村工匠正高级2人，副高级7人，中级8人，初级14人。

【揭阳市探索农业产业链“链长制”工作】 2021年，揭阳市以产业为纽带，发挥政策统筹优势，推进农业产业链“链长制”工作，促进一、二、三产业融合，实现农业高质量发展。

打造首批市县产业链，创建揭东竹笋、炒茶、油茶，揭西茶叶、生猪，普宁青梅、蕉柑，惠来凤梨、家禽、鲍鱼首批10条市级农业产业链，示范带动揭东蛋鸡，普宁青榄、油甘、蛋鸡，揭西南药、苦笋、橄榄、蔬菜，惠来南药、荔枝10条县级农业产业链，实现主要农业县主导产业和主要特色品种全覆盖。

推动产业深度融合，补齐加工及流通短板，延伸产业链，提升价值链。惠来县在“临港产业园”落实86亩工业建设用地建设水产品冷链及鲍鱼罐头加工厂，启动惠来、普宁、揭西三大冷链物流平台建设，揭东竹笋肉丸、揭西苦笋咸菜等预制菜生产线投产试营，揭西大洋和茶智能化茶叶观光工厂、茶艺工坊双创基地、茶客公寓等一批茶旅休闲产业开门迎客。

提升品牌价值，“惠来鲍鱼”“惠来凤梨”地理标志产品通过省级评审上报农业农村部。揭东区竹笋产业链“埔田竹笋”被评为省名特优新农产品，新核准2家企业使用“埔田竹笋”地理标志产品专用标志。揭西云雾炒茶代表广东三大茶在北京参加“国际茶日·大使品茶”活动，7个茶叶品牌获评广东省名牌产品，认证绿色产品2个，有机产品4个。普宁青梅被评为“广东省优稀水果品种”，青梅产业园在“广东省首届数字农业擂台大赛”名列榜首。

2021年，揭阳市首批10条市级产业链从业主体591家，比2020年度增加49家；落实各类资金投入11.02亿元，其中69项重点项目投入9.22亿元，含社会资金投入7.82亿元，撬动比为1∶2.44；扶贫资产转投链长制产业1.8亿元。首批10条市级产业链全年总产值157.37亿元，比2020年度增长7.4%。10条市级产业链产业吸纳农民就业21万人，辐射带动农户1.2万户。10条市级产业链相关农民年人均可支配收入1.96万元，比全市平均水平高7个百分点。

“链长制”相关工作得到各级媒体广泛宣传及省农业农村厅的肯定。10月29日国家乡村振兴局第117期《乡村振兴简报》印发《广东揭阳探索乡村产业“链长制”促进产业融合发展　实现联农带农助农》，省领导专门作出批示。省农业农村厅在《广东省乡村产业发展规划（2021-2025）》中明确提出“总结推广农业产业链‘链长制’试点经验，进一步创新完善揭阳市‘G+5+N’的‘链长制’机制”，即构建党政主导（Government）工作机制，实施政策扶持、‘链园合一’、扶贫资产入链、财政资金保障、农村人才培养五项创新机制，打造N个农业产业服务平台，宣传推广揭阳市经验。

【揭阳市乡村振兴局挂牌成立】 2021年6月10日，揭阳市乡村振兴局挂牌成立。揭阳市乡村振兴局承担全市乡村振兴统筹协调、政策指导、推动落实、督促检查等职能，负责巩固拓展脱贫攻坚成果，牵头

2021年6月10日，揭阳市乡村振兴局挂牌成立　（市农业农村局　供稿）

抓好乡村建设，协调做好乡村治理，与市直相关单位、部门紧密配合，全面推进乡村振兴。

（市农业农村局）

种植业

【种植业概况】　2021年，全市农作物播种面积2030.67平方千米，其中，粮食播种面积1305.87平方千米，总产量80.17万吨；蔬菜种植面积555.47平方千米，总产量219.69万吨。水果种植面积达到550.93平方千米，总产量达66.80万吨；茶叶种植面积89.33平方千米，总产量达2.88万吨。

【粮食生产】　2021年，揭阳市开展粮食新品种新技术的引进、试验、示范、推广，增强科技在粮食增产行动中的基础性地位。全市粮食播种面积1305.87平方千米，总产量80.17万吨。其中水稻种植面积811.67平方千米，总产量52.02万吨；玉米41.8平方千米，总产量2.46万吨；薯类424.2平方千米，总产量24.92万吨。

【农业经济作物生产】　2021年，揭阳市在稳定大宗水果生产的基础上，突出传统资源优势，发展“一村一品、一镇一业”和现代农业产业园创建，示范带动各地发展经济和园艺作物生产。全市建设“一村一品、一镇一业”项目52个，促进各地特色蔬菜、水果、茶叶等产业发展，提高生产技术水平。全市蔬菜种植面积555.47平方千米，总产量219.69万吨。水果种植面积达到550.93平方千米，总产量达66.80万吨；茶叶种植面积89.33平方千米，总产量达2.88万吨；药材9.8平方千米。

（市农业农村局）

林　业

【林业概况】　2021年，全市林业系统推进国土绿化，狠抓森林资源管理，推进林业生态建设，至2021年底，全市森林覆盖率50.89%，森林面积2680平方千米，林地面积2757平方千米，森林蓄积量1086.65万立方米。

【林业产业】　全面完成林地土壤调查工作，按照省林业局林地土壤调查工作方案及技术要求，完成全市280个野外调查样点的数据信息汇总及信息统计工作，280个野外调查样点主要分布在揭东区、普宁市、揭西县和惠来县。加强食用林产品质量安全监测工作，完成省林业局下达食用林产品抽检监测任务80批次，合格率为100%。林业产业的发展工作取得新突破，揭西县一道药业有限公司和揭西天鹅湖水果种植有限公司分别被认定为2021年广东省林业龙头企业和广东省林下经济示范基地，揭西县省级林业龙头企业取得零的突破。

2021年11月10日，揭阳市晚造优质丝苗米水稻新品种观摩会在市农科所示范园举行　（市农业农村局　供图）

【生态保护修复】 2021年，揭阳市围绕国土绿化主业主责，以林业重点生态工程建设为抓手，组织开展造林绿化工作，全面完成2021年重点生态工程建设任务。全市完成高质量水源林工程建设20.55平方千米，其中，榕城区0.3平方千米、揭东区2.07平方千米、普宁市6平方千米、惠来县4平方千米、揭西县8.18平方千米。全市完成沿海基干林带建设任务0.85平方千米，全部落在惠来县。全市完成乡村绿化美化示范村建设71个，其中，榕城区8个、揭东区10个、普宁市24个、揭西县14个、惠来县14个、空港经济区1个。

【森林资源管理】 2021年，揭阳市全面推行林长制，开展毁林违建乱象清理整治、打击毁林、“绿盾2021”等专项行动，严厉打击森林违法犯罪，着力加强森林资源管护工作。全市审核审批征占用林地49宗，面积5.97平方千米，保障国家储备油项目、揭惠铁路、大南海石化区配套等重点项目的使用林地需求。年末，全市森林覆盖率50.89%，森林面积2680平方千米，林地面积2757万平方千米，森林蓄积量1086.65万立方米。

【野生动植物资源保护】 2021年，揭阳市建立联席会议制度，开展联合执法，有效保护野生动植物资源安全，全市各级林业主管部门处置涉野生动植物群众报警求助380多宗，收容救护放生画眉、老鹰、蟒蛇、眼镜蛇等野生动物450多只（条）。

【湿地资源监管】 揭阳市推进自然保护地整合优化，组织开展勘界立标、规划编制等工作，完成自然保护地整合优化预案“回头看”工作，拟保留湿地公园2处，分别是揭西横江水库县级湿地公园（面积3.46平方千米）和普宁白坑湖县级湿地公园（面积1.33平方千米）。年末全市湿地面积297.1平方千米，其中榕城区19.19平方千米，揭东区62.59平方千米，揭西县37.51平方千米，惠来县139.87平方千米，普宁市37.93平方千米。

2021年11月5日，揭阳市林业局在望天湖举办保护野生动物宣传月启动仪式 （市林业局 供图）

【森林灾害防治】 2021年，揭阳市坚持“预防为主，科学治理，依法监管，强化责任”的工作方针，加强林业法律法规宣传，落实松材线虫病等重大林业有害生物防治目标责任，开展林业有害生物监测、测报、防治、检疫等工作，推行无公害防治，遏制松材线虫病等重大林业有害生物的快速蔓延，保护森林资源和林业生态安全。全市完成松材线虫病防治面积35.13平方千米，完成薇甘菊防治面积6.43平方千米。推进林业安全生产工作，层层压实地方行政首长森林防火责任，推动全市870名专职护林员每天带装备加强网格化巡山护林，运用“森林资源监测平台”等设备加强监管，深入推进“五清”“猎火”等专项行动和森林防火宣传教育，加强野外火源管控，实现清明等重点节日“零火情”。新建林火远程视频监控前端15套，累计达86套。深入开展森林火灾风险普查工作，完成82个标准样地、11个大样地外业工作。

【林业执法】 组织开展毁林违建乱象清理整治和打击毁林专项行动，推进2018—2020年森林督查案件清零工作，并对自然保护地范围内违建项目清查整治进行“回头看”，严厉打击各类侵占林地违法违规行为，2021年度全市立案查处林业行政案件149宗，有效维护森林资源安全稳定。

【林场建设】 揭阳市共有7个国有林场，均为县属国有林场。其中，揭东区1个、揭西县4个、普宁市1个、惠来县1个。2021年全市国有林场经营总面积128平方千米，林业用地面积122平方千米，森林面积112平方千米，森林总蓄积量55.11万立方米，森林覆盖率87.53%。

（黄泽藩）

畜牧业

【畜牧业概况】 2021年，揭阳市肉类总产量13.66万吨，蛋类总产量1.84万吨，奶类总产量0.25万吨，生猪饲养量183.55万头，出栏量118.07万头，家禽饲养量3836.28万只，出栏量3096.72万只，牛年末存栏量4.7万头，山羊年末存栏量1.85万只。

【畜牧品种】 2021年，揭阳市加强畜禽良种推广，优化品种结构，引进"杜洛克""长白""大白"等良种种猪，推广三元杂交生猪，提高瘦肉率和经济效益；引进"南德文""荷斯坦"改良本地牛种，提高生产性能；引进推广"海兰白""海兰花""粤禽王""海兰褐"蛋鸡以及樱桃谷鸭、北京鸭、狮头鹅，改良禽类品种，全市畜禽良种覆盖率生猪94%、家禽85%。组织开展畜禽养殖防疫技术培训、技术咨询、技术指导等形式加强畜禽新技术推广和应用，推广生猪高床养殖、生猪人工配种、全价配合饲料饲养、人工种植牧草、种养结合、畜禽标准化养殖等新技术，提高畜禽养殖效益和畜禽产品质量。

【畜牧养殖】 2021年，揭阳市推进畜禽标准化规模养殖场建设，促进畜牧业协调可持续发展，推进国家、省畜禽养殖标准化示范场建设，发挥龙头带动作用，全市规模畜禽养殖场253家，新增创建省畜禽养殖标准化示范场9家、省现代化美丽牧场1家。落实畜牧业政策扶持，推进标准化生产示范推广，按照畜禽良种化、养殖设施化、生产规模化、防疫制度化、粪便无害化的生产要求，加大畜禽标准化建设力度抓好扶持生猪生产发展项目的申报、规划等工作。指导畜禽养殖场完善配套治污设施，监督指导适养区规模场完善配套建设粪便污水贮存、处理与利用设施，专业户配套治污设施，散养密集区实行粪污分户收集、集中处理利用，全市畜禽规模养殖场粪污设备设施配套率达100%。推进种养结合、废弃物循环利用、无公害畜禽产品生产等农业清洁生产和循环经济模式，引导畜禽养殖产业发展模式向生态化转型，将污染治理与能源开发、资源回收利用有机结合，提高养殖废弃物的综合利用水平，全市畜禽粪污综合利用率达81.74%。

【畜牧经营】 2021年，揭阳市立足各地资源优势，引导发展区域化特色畜牧业。揭西县大力发展生猪生产，引进新希望六和有限公司、和正牧业等生猪养殖项目，生猪饲养量占全市33%以上，辖区内有6家较大规模特禽养殖场，是揭阳市特禽生产基地；普宁市利用山地优势发展蛋鸡饲养业，建成专业化蛋鸡生产基地，全市有较大规模蛋鸡养殖场10家，普宁市5家；惠来县大力发展种禽、水禽、肉鸡，规模肉鸡养殖场7家，辖区内广东新安大农业集团有限公司在全国设有8个分子公司和50个规模化种养基地，省内外养殖总面积超过6.67平方千米，存栏种鸡22万套、种鸭45万套、肉鸡180万羽，肉鸭95万羽，年出栏鸡苗2800万羽、鸭苗1亿羽、肉鸡900万羽、肉鸭450万羽，总投资达5亿余元，年产值超过6亿元；揭东区积极发展生猪、蛋鸡生产，揭东区佳朋种养专业合作社存栏蛋鸡30万羽。

【重大动物疫病防控】 2021年，揭阳市重点抓好非洲猪瘟、禽流感、口蹄疫、猪蓝耳病、猪瘟、小反刍兽疫、布鲁氏菌病等重大动物疫病防控，全市高致病性禽流感免疫3999.55万羽，口蹄疫免疫340.74万头，各项强制免疫免疫密度均达到90%以上。全年监测各类样品20034份，免疫抗体合格率均达到70%以上，病原监测结果均呈阴性。全市开展生猪产地检疫44.38万头，检出病猪2343头，屠宰检疫猪肉（猪产品）611.22万千克，出具动物检疫证明37578份，把好产地检疫和屠宰检疫关。组织对辖区内生猪养殖场（户）、屠宰场等重点场所进行全面排查，均未发现非洲猪瘟可疑情况。全年未发生区域性重大动物疫情。

【畜禽屠宰监管】 2021年，揭阳市加强对屠宰企业的监督管理，强化日常监督巡查和部门协同联动，加强屠宰领域专项整治，确保全市不发生肉品安全事件。推进新规划屠宰厂（场）建设，全市规划新建14家大型生猪屠宰厂、改造5家小型生猪屠宰场、新建5家牛羊屠宰场。年末，全部落实建设地点，7家建成投入使用，1家被评定为省生猪标准化屠宰企业，生猪屠宰厂（场）逐步向规模化、标准化、现代化发展。

（市农业农村局）

海洋产业·水产业

【水产概况】 2021年，揭阳市调整渔业产业结构，加快渔业基础设施建设，发展现代渔业，提升渔业整体素质，渔业生产保持良好发展态势。全市水产品总产量14.64万吨，比2020年增长0.74%；渔业经济总产值41.9亿元，比2020年增长11.58%。

【水产养殖】 2021年，揭阳市加快推进优化水产养殖生产布局，发展特色水产养殖，推动主导品种养殖向规模化、基地化、标准化发展。惠来县发展工厂化养鲍，引进新品种，推广健康养殖模式，工厂化鲍鱼养殖场170家，养殖水体超过128万立方米，年产鲍苗40多亿粒、成品鲍鱼2000多吨，年产值约15亿元，从业人数1万多人，为广东最大的鲍鱼产区、全国优质鲍鱼产地。空港经济区利用榕江出海口的特殊养殖环境，发展南美白对虾养殖，年产量1万吨、产值2亿元。普宁市和揭西县利用当地山塘水库众多、水质优良的有利条件，创新健康养殖模式，发展生态型、节能型渔业，推广山坑塘微流水养鱼，形成规模超过13.33平方千米的罗非鱼养殖基地。揭东区发挥技术和市场优势，发展仿生态甲鱼养殖，养殖面积2.7平方千米，年产量1.5万吨、产值约7亿元。全市水产养殖面积82.28平方千米，养殖总产量9.99万吨。

【渔业捕捞】 2021年，揭阳市加强海洋、内陆捕捞渔船“双控”指标管理，控制捕捞强度，保障渔业资源的规范有序可持续利用；推动海洋捕捞渔船减船转产和渔船更新改造，制订揭阳市海洋捕捞渔船减船转产和渔船更新改造实施方案，利用国内渔业捕捞和养殖业油价补贴政策调整契机，引导渔民淘汰报废渔船，转产转业，降低海洋捕捞强度。加快推进渔船更新改造，促进海洋生产结构结构调整，鼓励汰旧建新，汰小建大，汰木建钢，带动海洋捕捞生产向外海转移，缓解近岸渔业资源压力，确保海洋捕捞渔业持续健康发展。全市渔业捕捞产量4.65万吨，从事捕捞生产渔船1264艘，其中，海洋捕捞渔船833艘、内陆捕捞渔船431艘。

【水产品加工】 2021年，揭阳市水产品加工企业282家，其中，规模以上加工企业5家，水产品加工能力17452吨/年；水产冷库35座，冻结能力104吨/日，冷藏能力3181吨/次，制冰能力649吨/日。全年生产水产加工品18736吨，水产品冷冻加工9455吨，生产鱼糜制品及干腌制品7945吨，水产品加工产值26516万元。

【渔业基础设施】 2021年，揭阳市加快海洋资源综合开发，广东省第一批建设3个示范性渔港之一的惠来县神泉示范性渔港建设完工交付使用，主要建设内容包括：西防波堤240米，南防波堤542米，600马力码头370.8米，1000马力码头181.8米，护岸193米，防波堤加固1744米，港池航道疏浚工程100万立方米，港区道路5045平方米。项目预算总投资19626.66万元，其中，省级财政资金19376.66万元，市、县级财政配套资金250.00万元。实际完成投资20698万元。

2021年，揭阳市加快海洋资源综合开发，广东省第一批3个示范性渔港之一的惠来县神泉示范性渔港建设完工交付使用　　（市农业农村局　供图）

【渔业资源保护】 2021年，揭阳市强化渔业资源保护工作，加强国内海洋捕捞渔船管控，实施海洋渔业捕捞资源总量管理，加强违规违法捕捞打击力度，确保海洋渔业资源的规范有序可持续利用。推动海洋捕捞减船转产和渔船更新改造，降低海洋捕捞强度，发展远海捕捞，缓解近岸渔业资源压力，保障海洋渔业可持续发展。组织实施2021年度海洋伏季休渔和榕江禁渔制度，保护海洋、江河渔业资源。加强水生野生动物保护知识和相关政策法规宣传，提高全社会水生野生动物保护意识，营造全社会关心、关爱水生野生动物的氛围。组织开展水生生物资源增殖放流活动3次，投放黑鲷鱼苗145万尾、黄鳍鲷鱼苗130万尾、斑节对虾苗2800万尾，投入增殖放流195.3万元，进一步促进海洋渔业资源恢复，保护生物多样性，改善海洋生态环境，保障海洋渔业健康可持续发展。

【渔业安全生产】 2021年，揭阳市压实镇、村渔业安全生产责任，落实渔业镇与渔业村、渔业村与渔船签订责任书，渔船签订安全生产承诺书，狠抓渔船网格化管理和渔船编队跟帮生产制度健全和落实。印发《关于印发〈揭阳市渔港“港长制”建设工作方案〉的通知》，全面实行港长制。加强安全宣传教育，制作严格落实“六个100%”不锈钢宣传牌18块，印制“不安全、不出海”宣传横幅30幅，印发“六个100%”宣传资料2500多份。加强渔船安全生产监管，落实安全生产责任，全市海洋捕捞渔船740艘，内河渔船364艘全部落实安全检查。开展涉渔“三无”船舶专项整治，全市各乡镇核查登记纳入乡镇管理生计船2860艘，其中内河涉渔“三无”船舶287艘，海洋涉渔“三无”船舶2573艘。拆解销毁违规涉渔“三无”船舶30多艘。

【休渔禁渔】 2021年，揭阳市纳入榕江流域禁渔对象的内陆渔船364艘，禁渔期间出动执法人员78人（次），执法船艇11艘（次），执法车8辆（次），检查渔船45艘（次），查处违反禁渔期规定进行捕捞案件3宗，罚款1.3万元。通过短信平台向纳入禁渔对象发送榕江禁渔宣传信息5500多条，悬挂宣传横幅3条，发放禁渔宣传资料800份，印制《给渔民朋友的一封信》，《揭阳日报》、揭阳电视台《民生热线》专门对榕江禁渔工作进行系列宣传报道，营造良好的社会氛围，促进榕江禁渔工作顺利开展。全市纳入休渔对象渔船752艘，免休渔船11艘。采取“海上打、陆上堵、村上动、上级援”多措并举方式，实施精准打击，提升执法行动效率，开展伏休渔期间常态化海上巡查，严打偷捕行为，海上、滩涂违禁违规渔具清理。休渔期间出动执法船艇145航次开展巡查，执法检查人员1700多人次，查处违反休渔规定案件53宗，行政罚款53.5万元。

【渔政执法】 2021年，揭阳市实行全时管控，加大海洋综合执法力度，运用港内巡查、海上巡航和渔船船位监控等手段，对港口、近海和主要渔场海域开展常态巡航，严打偷捕行为，开展海上、滩涂违禁违规渔具清理。全市出动渔政执法船艇265艘次，执法人员2700多人次，全市查处渔业案件102宗，罚款159.3万元，移送案件2宗；清理违规定置网具22张，长18000米。有效打击辖区违规违法捕捞作业行为，持续保障渔业生产安全。

【海洋综合管理】 2021年，揭阳市严格执行“三巡”制度，结合执法网格化监管模式，加强重点保护岸线、海洋生态保护区、自然保护区、重点可开发利用无居民海岛的执法监管，推动海洋综合执法工作向精细化、科技化、信息化、规范化方面发展。全市派出中国渔政44040、中国渔政44678、中国渔政44507、中国渔政44668执法快艇146航次，执法车辆144次，执法人员1770人次，检查渔港44个次、保护区13个次、海洋工程21个次、排污口20个次，巡查海岛145多个次。全年查处涉渔违法案件5宗，涉非法占用海域案件1宗。

（市农业农村局）

水 利

【水利概况】 2021年，揭阳市水利工作践行“节水优先、空间均衡、系统治理、两手发力”的治水方针，突出发挥河长制牵头抓总、统筹各方的作用，采取有力措施推进水利工作，不断开创水利工作新局面。截至12月底，全市完成全口径水利投资20.55亿元，完成率97.1%，争取到省级以上水利建设资金98784.75万元（含水库移民后期扶持资金）。

【揭阳引韩供水工程建设】 6月29日，揭阳引韩供水工程完成主体工程建设并通水试运行，完成投资12.53亿元。引韩工程通水解决揭东区、空港区57.9万人供水形势紧张严峻的局面，彻底结束揭阳市区，特别是东部地区长期水源单一、水量供应不足、靠天喝水、水质性缺水的历史。

【水资源开发保护】 优化调整揭阳境内粤东水资源优化配置工程规划建设，统筹推进揭阳市龙颈水库应急备用水源引水工程，开展水资源管理保护，2021年度全市年用水总量控制在17.46亿立方米以内，各项指标达到省考核指标要求。编制并印发实施《榕江、练江、龙江的生态流量保障实施方案》和《揭阳市韩江水量分配方案》，水利生态供水能力进一步增强。推进揭西县县域节水型社会达标建设，完成对揭西县创建的5家节水型小区、5家节水型企业、30家公共机构的认定工作。开展水利行业节水型单位创建工作，建成16个水利行业节水型单位。组织开展全市取用水管理专项整治行动，完成整改项目数103个，整改完成率94.5%。实施取水许可制度，全市保有河道外取水许可证231套。做好建设项目水资源论证，全市完成10宗建设项目水资源论证工作。

【河湖管理】 持续健全河湖长工作机制。完善责任落实机制，印发《揭阳市河长制湖长制体系工作方案》《揭阳市市级河长巡河工作指引》《河长工作手册》等，推动各地各成员单位履职尽责。建立河长述职机制，出台《揭阳市全面推行河长制湖长制工作述职方案》，压实各级河湖长责任。建立河湖“河长制+警长制”协作配合机制，推进河长和警长的无缝对接，合力推动河湖管理保护的河长制有效协作配合体系。建立健全河湖长动态调整机制，印发《揭阳市河湖长体系动态管理工作规则》，确保不因领导干部调整或职位空缺而出现河湖长责任“真空”。实施“一月一通报，一月一督查”工作机制，及时对各地落后工作任务进行提醒和督促。严格落实河长巡河制度，印发《揭阳市市级河长巡河方案》《关于进一步强化三级河长湖长履职尽责的通知》等文件，完成省对揭阳市2020年河长制考核情况分析和对各县（市、区）2020年河长制考核通报。全市1864名河湖长上岗履职，应用“广东智慧河长”和揭阳市“互联网+河长制”信息管理平台，发挥平台监督作用，举报违法行为，累计巡河12.26万次，河长巡河发现问题5797宗，办结率达99%，公众投诉57宗，办结57宗。

加强河湖管控，推进河道保洁、河溪沟渠塘“清四乱”、河溪沟渠塘划界、水系普查、岸线保护与利用规划、河道采砂规划等各项工作。2021年，全市清理河道长度3616.9千米，清理漂浮物8.87万吨，投入资金7126.5万元。重点河流“四乱”问题324宗，完成销号281宗；自查自纠“四乱”问题76宗（列入当年河长制考核），全部完成销号。完成全市集雨面积50平方千米以上的50条河流共1227千米河道和水面面积1平方千米以上湖泊划界工作，市管水利工程管理范围埋设界桩1019座和标示牌34座。55条河道完成采砂规划编制并印发实施。“互联网+河长制”平台一期完成验收，并上线应用及培训，完成20个前端摄像头监控的设置使用。

【水利工程建设】

榕江大围达标加固工程 榕江大围分榕城渔湖围、东山曲溪围、梅仙围、磐岭围4个独立围，共10宗项目，工程批复总投资19.99亿元，批复建设堤长149.58千米。榕江大围达标加固工程8月20日通过验收，累计完成投资20.97亿元，累计完成加固堤长142.36千米，涵闸138座。

“三江连通”工程 揭阳境内2宗项目总投资12.02亿元，累计完成投资11.51亿元。其中，乌石拦河闸引水工程2020年底已完工，累计完成投资1.13亿元；榕江关埠引水工程（揭阳部分）总投资10.89亿元，截至12月底，累计完成投资10.38亿元，其中2021年计划完成投资4.6亿元，完成投资4.61亿元，完成率100.3%。

半洋隧洞引水工程 半洋隧洞引水工程2021年计划完成投资5400万元，实际完成投资8670万元，完成率160.56%，工程完工并通水。

揭西县塔头拦河闸重建工程 完成主体工程建设，累计完成投资12292万元，完成率99%，其中2021年计划完成投资5000万元，完成投资5891万元，年度投资完成率117.8%。

市龙颈下水库除险加固工程 完成正常蓄水位以下结构施工，累计完成投资13238万元，完成率88.7%，其中2021年计划完成投资7200万元，完成投资7200万元，年度投资完成率100%。

2021年，揭阳市加快推进水利工程建设，图为三江连通—关埠引水工程（市水利局 供图）

普宁市练江综合整治水利项目 26宗水利项目完成15宗，在建7宗，其余4宗项目正抓紧进行前期工作。工程累计完成投资13.86亿元，完成率72.5%，其中2021年计划完成投资10000万元，完成投资11200.82万元，完成率112.0%。

【民生水利建设】 2021年，揭阳市将农村饮水安全工作作为实施乡村振兴惠民的“底线任务”，坚持高位推进、全面排查、统筹整合、全程督办，有力推动农村集中供水全覆盖攻坚行动取得明显成效。10月22日，全市新增农村集中供水人口17.97万人，全市新增集中供水覆盖自然村258个，完成率和覆盖率均达到100%，投入建设资金15642.57万元。提前完成省要求的农村集中供水全覆盖目标任务。

灌区续建配套与节水改造工程建设 揭阳市龙颈灌区东灌区总干渠工程基本完成节水改造面积31.33平方千米；累计完成9.4千米渠道砼衬砌；加固改造渠系建筑物78宗，累计完成投资约5434万元，完成率96%。惠来县石榴潭灌区工程基本完成节水改造面积20.67平方千米；累计完成9.12千米渠道砼衬砌，2宗渠系建筑物加固改造，累计完成投资约3055万元，完成率102%。

中小河流治理（二期）工程 全面开展列入全市中小河流治理（二期）工程63宗规划项目建设，累计完成治理河长583.98千米，累计完成投资10.55亿元，其中2021年度新增治理河长107.13千米，新增投资1.92亿元。

水库移民工作 截至12月底，2020年度上级下达揭阳市水库移民后期扶持资金9346.9万元，完成资金支出8583.24万元，资金完成率91.82%。2021年度下达揭阳市水库移民后期扶持资金9955.92万元，完成资金支出7866.06万元，资金完成率79.01%。完成核定2021年大中型水库移民后扶人口54660人，《揭阳市大中型水库移民后期扶持“十四五”规划》《揭阳市小型水库移民后期扶持“十四五”规划》完成编制工作并报省水利厅备案。

普宁乌石水厂应急供水工程 截至12月30日，累计完成投资约1.12亿元，完成率59.3%；累计完成管道铺设27.22千米，完成率96%。乌石水厂厂区完成厂区临建工程、基坑支护桩和原管道迁改等工作。

【水生态建设】 2021年，为强化地方河湖生态流量管理责任，落实“合理分水，管住用水”的水资源管理总目标，市水利局组织编制《揭阳市榕江生态流量保障实施方案》《揭阳市练江生态流量保障实施方案》《揭阳市龙江生态流量保障实施方案》和《揭阳市韩江水量分配方案》，进一步改善水生态环境，推进水生态文明建设。

【水电管理】 2021年，成立以市长为组长、分管副市长为副组长、市直相关单位一把手为成员的领导小组，指导小水电清理整改日常工作；编制印发《揭阳市小水电清理整改工作实施方案》，明确小水电清理整改的目标和要求。市水利局成立工作专班，负责组织协调相关工作。全市各县（市、区）水利部门及市水利局组织水电站编制“一站一策”整改或退出方案，并经属地政府审批同意；市水利、生态环保、林业、发改、自然资源各相关职能部门制定小水电整改专项方案。

【水政监察执法】 2021年，市水利局坚持依法治水、依法管水的原则，开展打击“蚂蚁搬家”式河道非法采砂专项行动、打击河道非法采砂专项整治行动等，全年开展巡查次数496次，出动执法巡查人数2415人次，车辆587辆次，立案查处水事违法案件14宗（其中市水利局1宗，普宁7宗，揭东1宗，揭西1宗，惠来4宗），罚款42万元。征收水资源费1390万多元。

【灾害防御】 2021年，市水利局立足应对极端干旱天气，提前部署，综合施策，解决全市供用水紧张局面，保障城乡居民生活生产用水需求和经济社会稳定，实现揭阳市区喝上优质韩江水，全市700多万人口用水基本正常，农业生产不受影响，完成60.89平方千米早稻和65.22平方千米晚稻灌溉任务，探索编制全市水源供需分析报告、实施“三个最严”管控措施、“一月一会商”、“一县一方案”、“调、蓄、增、挖、送、省”蓄水保水组合拳等有效做法、创新举措，形成抗旱工作的“揭阳模式”被水利部授予“全国水旱灾害防御工作先进集体”。

【万里碧道建设】 2021年，市水利局贯彻落实《揭阳市碧道总体规划（2020-2035年）》，构建“一脉三廊，通山达海，两心两翼，水碧揭阳”的空间总体布局，截至12月底，完成省下达给揭阳市的2021年度新增17.7千米的碧道建设任务，全面完成2020年度建成的47.01千米碧道提升工作任务。全市累计建成碧道项目64千米，其中榕江南河空港经济区碧道被评为全省自然环境好、基础设施完善、亲水运动体验感好的20条碧道之一。

（市水利局）

2021年，揭阳市推进万里碧道建设，图为榕江北河空港段碧道景观

（市水利局　供图）

农　垦

【农垦概况】 广东省揭阳农垦局辖6个国有农场：广东省大坪农场、广东省大池农场、广东省马鞍山农场（以上三个农场位于普宁市），广东省葵潭农场、广东省东埔农场（以上两个农场位于惠来县），广东省卅岭农场（位于揭阳产业园）。垦区土地总面积119.45平方千米，其中，橡胶20.5平方千米，茶园1.99平方千米，油茶0.68平方千米，林地38.19平方千米，耕地16.47平方千米，水果31.6平方千米，水域6.18平方千米。2021年农垦社会总产值14亿元，比上年增长5.1%；生

产总值7.1亿元，比上年增长4.4%；职工人年均收入5.02万元，比上年增长6.1%，固定资产投资总额102079万元，主营业收入1827万元。

【农垦改革】 2021年，揭阳农垦局继续深化农垦改革，进一步完善“内部分开、管办分离”的社区管理模式，全面推进农场社区建设与管理规范化，揭阳垦区在原有5个居委会的基础上新增设4个居委会。推进农场改制后企业机构改革工作，逐步完善企业法人治理结构，2021年12月底完成6个农场有限公司部门设置和岗位人员调整。

【垦区主导产业】 **橡胶产业** 以12平方千米天然橡胶保护区为依托，推进橡胶生产经营管理。2021年，实际开割18.2万株（同比增加9.3万株），干胶产量259.4吨（同比增加156.42吨），胶工57人（同比增加23人），人均割株3182株（同比增加930株）人均产量4.6吨（同比增加1.5吨）。全年发展林下经济作物0.37平方千米（天冬0.13平方千米、益智0.2平方千米、岗梅0.04平方千米），获橡胶保险理赔款822.3万元。

剑麻产业 将剑麻园符合垦造水田的地块纳入垦造范围，1.37平方千米剑麻园转型列入光伏项目，剩余剑麻园统筹谋划发展番薯、玉米、蔬菜等产业。

水果产业 葵潭农场开展老荔枝高位嫁接换种改良技术试验，东埔农场以荔丰科技合作社为试点，改良扩种井岗红糯、岭丰糯等优良品种，逐步提升垦区国有水果品质。

特色产业 马鞍山农场2020年种植菠萝0.09平方千米，收获鲜果4.1万千克，销售额12.1万元，完成0.13平方千米新种菠萝开荒、定植；卅岭农场潮葡生态观光园0.12平方千米种植，当年度部分水果采摘上市销售；大坪农场完成八仙茶补植工作，油茶投产0.37平方千米，产鲜果51吨，销售额16.3万元。

【揭阳垦区重点项目】

广东能源葵潭农场光伏复合项目 由广东省电力开发有限公司和揭阳农垦绿色农业有限公司共同出资建设的广东能源葵潭农场光伏复合项目建设容量500兆瓦，投资总额约为25亿元，是全省单体容量最大的光伏发电站、最大的平价上网光伏复合项目。建成投产后年均可提供清洁电量超5亿度、年可节约标煤超16万吨、减排二氧化碳近54万吨。项目分两个阶段建设，一区项目建设容量200兆瓦，2020年12月24日正式开工，2021年12月28日竣工并网发电；二区项目建设容量300兆瓦，正在推进中。

【垦区基础设施建设】 2021年，揭阳农垦局利用税费改革、农村综合改革转移支付（“一事一议”）、小型水利建设等财政资金以及农场自筹、居民筹资筹劳等，推进农场美丽乡村示范点建设和农场人居环境整治，农场小城镇公共服务体系逐步完善。全年实施建设项目12个，投资6196万元，其中，小城镇综合基础设施建设项目投资2200万元，天然橡胶基地建设项目投资2980万元。全年农村综合改革项目总投资500万元，建设项目8个。美丽乡村项目1个，投入财政资金366万元，配套资金36万元。

（揭阳农垦局）

2021年12月28日，揭阳农垦广东能源葵潭农场光伏复合项目（一期）竣工并网发电 （揭阳农垦局 供图）

工 业

综 述

【工业概况】 2021年，揭阳市坚持稳中求进工作总基调，以高质量发展为引领，科学统筹疫情防控与工业稳增长，加快建设产业强市，全市工业经济基本扭转新冠疫情突袭而至后的大幅下滑趋势，主要指标和数据呈现出稳定恢复的趋势。全年实现规模以上工业总产值2844.9亿元，比2020年（下同）增长2.7%；实现规模以上工业增加值506.73亿元，增长2.1%；工业投资483.42亿元，增长32.8%，其中工业技改投资32.32亿元，下降55.1%。工业占全市生产总值比重的33.2%。

（林　东）

【工业经济平稳发展】 2021年，揭阳市启动“8+3”战略性产业集群建设，加快构建现代化产业体系，落实“三贡献一高一强”标准，推动园区发展提质增效，推动出台促进工业企业优化升级等系列惠企政策，深入开展“暖企行动”，扶持助推企业“小升规”和“专精特新”发展，优化企业服务体系，夯实工业经济发展后劲，保障全市工业经济和信息化平稳健康运行。全年实现规模以上工业增加值506.73亿元，增长2.1%。从工业类型来看，规模以上轻、重工业分别实现工业增加值306.46亿元、200.28亿元，分别增长3%、0.6%，轻重工结构为60.5：39.5。从企业类型来看，股份制企业占主导地位，实现增加值440.65亿元，增长2.2%，占全市规模以上工业比重的87%，是推动全市工业增长的主引擎。从企业规模来看，小型企业支撑明显，实现规模以上工业增加值321.55亿元，占全市的63.5%，增长4.6%；中型企业增长最快，实现规模以上工业增加值137.45亿元，增长6.3%；微型企业降幅较大，实现增加值3.95亿元，下降63.9%；大型企业降幅收窄，实现规模以上工业增加值43.78亿元，下降10.1%。新升规企业对增长贡献突出，140家新升规企业累计实现工业增加值19.9亿元，增长85.8%。从分行业来看，行业增长面为52.9%。全市在产的34个行业大类中，18个行业实现正增长，其中仪器仪表制造、化学纤维制造增长最快。电力、热力、燃气及水生产和供应业拉动增长，增长23.5%；制造业占全市规模以上工业增加值的88.9%，与2020年持平；采矿业下降16.2%。

（林　东）

【转型升级稳步推进】 推动出台《揭阳市促进工业企业优化升级若干措施》，围绕支持企业实施技术改造、鼓励先进制造业项目建设、引导产业技术创新发展、加快数字化转型升级、推动产业园区提质增效、扶持中小微企业发展、强化金融支持作用、破解土地要素制约、强化企业人才支撑等9大方面提出46条扶持措施，加大力度提振企业发展信心，鼓励企业加大投资，全力支持揭阳市工业企业优化升级。落实省级企业技术改造扶持政策，2021年全市安排技改创新项目66个，支持专项资金12014万元，带动新增347家工业企业在提质增效、设备更新、智能化改造、绿色发展等方面实施新一轮技术改造。

（郑润棵）

【产业结构逐步优化】 全市三次产业结构从2020年的9.7：37.1：53.2调整为9.1：36.7：54.2。化工和矿物加工业、纺织服装业、医药制造业、金属行业、食品业、制鞋业、电器机械和设备（配件）制造业等7大行业实现规模以上工业增加值405.61亿元，增长0.5%，占全市规模以上增加值总量的80%。战略性产业集群企业占主导地位，现代轻工纺织、高端装备制造、现代农业与食品、生物医药与健康、绿色石化、先进材料、新能源、新一代电子信息、智能家电、安全应急与环保10个工业战略性产业集群中规模以上工业企业1281家，实现规模以上工业增加值466.23亿元，占全部规模以上的92%。另外，高技术制造业增长明显，实现规模以上工业增加值33.55亿元，增长10.2%；先进制造业基本持平，实现规模以上工业增加值185.62亿元，下降0.1%。

（林　东）

【工业园区提质】　2021年，揭阳市坚持把产业园区提质增效作为推动全市工业持续健康发展、扩大工业投资的主要载体，以供给侧结构性改革为目标，规划建设10个重点产业园区，其中，揭阳产业转移工业园、揭东产业转移工业园、中德金属生态城、普宁产业转移工业园、惠来县产业集聚地和揭西县产业集聚地6个园区为省级产业转移工业园或产业集聚地。6个省级产业转移园区（含产业集聚地）投入固定资产投资71.31亿元，其中工业固定资产投资64.37亿元，累计完成基础配套设施投资109.80亿元，揭东产业转移工业园、惠来县产业集聚地、揭阳产业转移工业园分别投入工业固定投资资金29.11亿元、15.97亿元、10.09亿元。园区经济基础不断夯实，6个省级产业转移园区（含产业集聚地）完成规模以上工业总产值485.45亿元。其中，普宁产业转移工业园、中德金属生态城规模以上工业产值分别增长29.11%和11%；规模以上工业增加值109.22亿元，普宁市产业转移工业园、中德金属生态城规模以上工业增加值分别增长81.28%和12%；实现全口径税收收入9.69亿元，揭阳产业转移工业园、揭东产业转移工业园、普宁市产业转移工业园、中德金属生态城全口径税收分别增长50.18%、23.49%、16.76%、11%；用工总人数达4.09万。园区招商引资成效明显，围绕园区主导产业，谋划和引进建设一批具有“补链”“强链”“延链”功能的项目，培育发展优势产业链，6个省级产业转移工业园（含产业集聚地）新落地工业项目数43个，新投产项目24个。新落地企业立项投资总额49.16亿元，其中新落地投资亿元以上企业数18家，新落地投资10亿元以上企业数1家。

（叶雯佳）

【自主创新水平提升】　2021年，揭阳市加快推进制造业创新体系建设，加快广东省塑胶及金属制品智能制造区域创新中心建设进度，以塑胶及金属制品行业为试点，提升传统制造业智能化水平。推进市级企业技术中心认定工作，鼓励企业开展自主创新，提升技术创新水平，全年新增认定市级企业技术中心9个，累计拥有国家企业技术中心2家、省级企业技术中心24家、市级企业技术中心137家。

（郑润棵）

【工业绿色发展】　2021年，揭阳市推进工业绿色发展，组织开展资源综合利用行业准入和工业固废综合利用示范项目创建工作，提高工业固废综合利用水平，广东秋盛资源股份有限公司被工信部列为符合《废塑料综合利用行业规范条件》企业名单（第四批），绿源环保有限公司及其分公司均列为2021年第二批广东省资源综合利用企业。提升全市工业企业清洁生产水平，会同市生态环境局联合印发《揭阳市工业和信息化局　揭阳市生态环境局关于做好2021年清洁生产审核工作的通知》，推动重点行业、练江流域全面实施清洁生产审核。全年完成9家企业自愿性清洁生产审核，揭阳市丽仕食品有限公司获得2021年度“粤港清洁生产伙伴”标志企业。印发《揭阳市2021年推动落后产能退出行动计划》，依法依规推动落后产能退出，以钢铁、平板玻璃等行业为重点，着力推动能耗、环保、质量、安全、技术达不到标准和生产不合格产品或淘汰类产能，依法依规关停退出。开展钢铁行业过剩产能化解和严防新增违规产能及“地条钢”死灰复燃工作，印发《关于做好2021年钢铁行业和水泥玻璃产能置换有关工作的通知》，落实钢铁企业建设炼铁、炼钢冶炼设备的项目，产能受让、产能出让的工作流程。

（黄　杰）

支柱产业

【支柱产业概况】　化工和矿物加工业、纺织服务业、医药制造业、金属业、食品业、制鞋业、电气机械设备制造业等七大支柱产业呈“五升两降”，完成规模以上工业增加值405.61亿元，增长0.5%。其中，制鞋业、食品业支撑增长，分别实现规模以上工业增加值47.52亿元、49.98亿元，增速达6.5%、4.7%；化工和矿物加工业、电气机械设备制造业保持小幅增长，分别实现规模以上工业增加值81.66亿元、64.25亿元，分别增长2.6%、3.0%；医药制造业实现转正，实现规模以上工业增加值13.63亿元，增长2.0%；纺织服装业跌入负增长区间，实现规模以上工业增加值65.01亿元，下降

0.5%；金属产业受有序用电和能耗双控影响明显，实现规模以上工业增加值83.57亿元，下降8.5%。

【纺织服装产业】 揭阳市纺织服装企业主要集中在普宁市的普宁科技工业园、池尾工业园和占陇镇、流沙街道，空港经济区砲台镇和惠来县的葵潭镇，产业聚集度高。主要产品有西服套装、衬衫、皮革服装、棉纱、化学纤维纱、棉混纺纱、印染布、色织布、棉布、棉混纺布、化学纤维布、生丝、无纺布等，拥有中国纺织产业基地市（普宁市）、"广东省产业集群升级示范区""衬衣王国""睡衣世界"等区域品牌称号。普宁形成纺纱、织布、印染、辅料、配件、设计、生产、销售环环相扣的产业链，服装企业近3000家，从业人员15万多人，服装年产量达16亿件，产值超800亿元。2021年，纺织服装业实现规模以上工业增加值65.01亿元，下降0.5%，占全市规模以上工业增加值的12.8%。重点企业有广东育仁服装有限公司、广东柏堡龙股份有限公司、广东名鼠股份有限公司、广东秋盛资源股份有限公司、普宁市明欣织造有限公司、普宁市丽达纺织有限公司、普宁市楚天织造制衣有限公司、揭东经济开发区雅申纺织印染有限公司等。

【金属产业】 揭阳市金属制品生产企业主要集中在榕城区、揭东区和揭阳产业园，拥有"国家级不锈钢制品质量监督检验中心"以及"中国五金基地市""广东省产业集群升级示范区"等区域品牌称号。主要产品包括：钢材延压加工、螺纹钢、建筑五金、日用五金、工具五金、不锈钢制品及厨房设备、燃气用具、烹饪炊具、锁具等。2021年，实现规模以上工业增加值83.57亿元，下降8.5%，占全市规模以上工业增加值的16.5%。重点企业有广东国鑫实业股份有限公司、广东泰都钢铁实业股份有限公司、广东大兴钢铁实业有限公司、广东宝嘉不锈钢实业有限公司、广东宏伟达不锈钢有限公司、揭阳市通宇钢铁有限公司、揭阳市兴财实业有限公司等。

【化工和矿物加工业】 揭阳市塑料制品企业主要集中在榕城区和揭东区，主要产品有日用塑料制品、胶鞋、塑料薄膜、塑料包装箱及容器、塑料人造革、合成革、化学纤维、氨基复合材料等。2021年，全市规模以上化工和矿物加工业企业实现规模以上工业增加值81.66亿元，增长2.6%，占全市规模以上工业增加值的16.1%。重点企业有广东榕泰实业股份有限公司、广东顺风实业有限公司、广东海兴塑胶有限公司、广东运通集团公司、广东热金宝新材料科技有限公司、广东天银实业有限公司、广东深展实业有限公司等。

【医药制造业】 揭阳市是广东省中成药重要的生产制造基地，医药产业主要集中在普宁市、揭东区，主要产品包括：中药饮片、中药制剂、空心丸、大容量注射液化学药品等，拥有"中国中药名城"（普宁市）称号。2021年，医药制造业止跌转正，实现规模以上工业增加值13.63亿元，增长2%，占全市规模以上工业增加值的2.69%。揭阳市医药产业链条配套完善，门类齐全，初步形成种植、加工、生产、流通、科研环环相扣的产业链以及遍布全国乃至全世界的药材、药品销售网络，拥有普宁中药材专业市场、康美中药物流港、国际药品城等商贸、物流平台。普宁康美中药城是首批被国家批准的8个国家定点中药材专业市场之一，全国17个中药材专业市场示范点之一，目前经营全国各种地道中药材，日均上市达1000多个品种，中药材销售辐射全国，且远销日本、韩国、东南亚、北美、港澳等国家和地区，是中药走向全国、走向世界的南方窗口。重点企业有康美药业股份公司、广东汇康元药业有限公司、广东天诚中药饮片有限公司、广东世信药业有限公司、广东粤龙药业有限公司、广东利泰制药股份有限公司、普宁市百草中药饮片有限公司、普宁市绿洲胶囊有限公司等。

【食品行业】 揭阳市食品行业主要集中在揭东区、普宁市、惠来县和空港经济区，主要产品有肉制品、水产品、调味品、烘焙糕点、青梅保健食品等。2021年，实现规模以上工业增加值49.98亿元，增长4.7%，占全市规模以上工业增加值的9.9%。重点企业有广东宏安食品有限公司、广东麦丹郎食品有限公司、广东港荣实业发展有限公司、广东农夫山庄食品工业有限公司、广东殿羽田食品有限公司、揭阳通威饲料有限公司、普宁市狮宝食品有限公司等。

【玉器产业】 揭阳翡翠阳美玉雕具有"奇、巧、精、特"特点，入选为第二批国家级非物质文化遗产。全市玉器产业主要集中在揭阳产业园，包括玉器设计、加工、生产、销售等，主要产品以翡翠玉石加工为主，产品荟萃，包括各种戒面、手镯、翠玉佩、翠玉牌等首饰、摆件、挂件3大类3000多个品种，拥有"亚洲玉都""中国玉都"等称号，全市玉器从业人员约8万人，从事设计和雕刻的加工场所、工作室500多家。11月26～28日揭阳在阳美玉都举办"创新玉都、玉见未来"第20届中国（揭阳）玉文化节，采取线上线下同步进行的方式，举办3D虚拟玉都翡翠精品云展、玉器珠宝T台与文化创意表演秀等系列活动，累积吸引来自缅甸等东南亚国家和中国香港、台湾、北京、上海、广州及云南等地的玉商、游客积极参与。重点企业有揭阳市阳美集团翡翠精品店、揭阳市老洪祥珠宝玉器有限公司、广东阳美正合号贸易有限公司、揭阳市金练珠宝有限公司。

（林 东）

轻工业

【鞋类制造业】 揭阳市制鞋业主要集中在榕城区、空港经济区，主要产品包括工艺鞋、运动鞋、塑料鞋、休闲鞋、水晶鞋、拖鞋、凉鞋等，产品主要出口中东、东南亚等地区，是我国鞋类生产的重要基地之一，获得“中国塑料时尚鞋之都”“广东省产业集群升级示范区”等区域品牌称号。2021年，揭阳市制鞋业实现规模以上增加值44.87亿元，增长6.5%，占全市规模以上工业增加值的8.9%。重点企业有：揭阳市荣润塑胶有限公司、揭阳市南方鞋业有限公司、揭阳市捷华鞋业有限公司、揭阳市金兴鞋业有限公司、揭阳市创力塑胶实业有限公司。

（林 东）

【玩具制造业】 揭阳市的玩具产业主要集中在榕城区、空港经济区和普宁市，空港经济区是揭阳市乃至全省重要的玩具出口基地，主要产品有塑胶娃娃、芭比娃娃、布娃娃、棉花公仔玩具、电子电动塑胶玩具（电动火车、线控仿真飞机、机器人、电动车、女仔玩具及磁性学习写字板、大飞机玩具模型）等。2020年，揭阳市玩具制造业实现规模以上工业增加值3.67亿元，下降40.1%。重点企业：广东高乐股份有限公司、揭阳市鸿运玩具有限公司、揭阳市顺鸿玩具有限公司、揭阳市金丰玩具有限公司、揭阳市胜达玩具有限公司、揭东富利盛工艺玩具有限公司、揭阳市孩之宝玩具有限公司、普宁市鸿发工艺制品有限公司等。

（林 东）

民营企业

【民营企业概况】 2021年，揭阳市深化“暖企行动”，持续优化企业发展环境，全市1374家规模以上工业企业实现规模以上工业总产值2844.9亿元，增长2.7%；实现规模以上工业增加值506.73亿元，增长2.1%，其中，中小企业支撑明显，中型企业增加值137.45亿元，增长6.3%，比全部规模以上工业高4.2个百分点；小型企业增加值321.55亿元，增长4.6%。

健全完善“政府领导+职能部门”挂钩服务全市30家纳税大户制度，即一家2020年度纳税大户、由一个市领导、一个市直责任单位进行挂钩服务，制定“一企一策”服务方案，精准服务协调解决好重点企业困难和诉求。研究制订《揭阳市促进先进制造业发展扶持办法申报指南》，作为“1+1+12”政策体系其中一个申报指南。贯彻落实《揭阳市人民政府关于印发揭阳市促进工业企业优化升级若干措施的通知》，研究制订揭阳市加快促进小微工业企业上规模、“专精特新”中小企业贷款贴息、揭阳市中小微企业贷款风险补偿资金企业入库等措施和申报指南。对近年来国家、省、市出台的扶持中小微企业和民营企业相关政策措施进行搜集整理、系统汇总、汇编成册，编制形成《2021年揭阳市促进中小企业（民营企业）发展扶持政策汇编》，加强政策宣传，指导广大中小微企业了解政策、用好用足政策。举办揭阳市2021年中小微企业服务推广日暨金融服务实体经济对接活动、广东省志愿服务促进中小企业发展（揭阳站）活动暨民营（中小）企业信息化智能制造应用技术推广对接活动等服务活动。做好中小企业诉求响应工作，全年收到企业诉求62条，主要涉及融资支持、商贸与进出口支持、施工建设、税务支持、用地和用工支持等方面，全部办结，处理率100%。揭阳市金融科技服务中心被认定为国家级中小企业公共服务示范平台。揭阳9名企业家入选广东民营企业家智库成员。

（江洁荣）

【民营企业扶持】 2021年，揭阳市持续推动提升小微企业金融服务水平，着力解决小微企业融资难题，推进市级中小微企业贷款风险补偿资金业务。引导粤财揭阳担保公司（政策性担保机构）加强业务开展和运营，年度新增融资担保户数420户，新增融资担保额4.02亿元，服务小微企业和“三农”占比98.8%，单户担保金额500万元及以下占比约95%，年末融资担保余额4.45亿元。粤财普惠揭阳担保累计服务企业超过760户次，担保业务额度10.19亿元。市工信局与市建设银行、揭东农商行签订培育发展战略性产业集群战略合作框架协议，研究推出符合揭阳市战略性产业集群发展需要的融资服务产品，争取在未来五年为全市战略性集聚产业和传统支柱产业集群企业提供合计600亿元贷款支持。2021年，市建设银行为19家战略性产业集群企业发放专属融资产品贷款65947万元，揭东农商行为53家产业集群企业发放37634万元，两家银行合计为72家产业集群企业发放贷款103581万元。全市战略性产业集群累计融资支持企业（项目）1051家（个），融资支持金额107.61亿元。市工信局与中国银行揭阳分行推进专精特新企业融资服务，年度新增授信52户，新增贷款11240万元；该项业务累计为328户企业提供贷款支持，发放贷款15.05亿元。此外，协助提供12家有融资需求的制造业企业和17家“专精特新”中小企业至金融部门，做好银企金融对接服务和支持工作。截至2021年，全市国内上市公司7家，其中榕城区1家：广东榕泰（600589）；揭东区2家：巨轮智能（002031）、蒙泰高新（300876）；普宁市4家：康美药业（600518）、柏堡龙（002776），佳隆食品（002495）、高乐玩具（002348）。全市有4家民营工业企业在“新三板”挂牌。

（江洁荣）

【民营经济发展】 2021年，揭阳市强化全方位“保姆式”服务，精准扶持中小企业扩大生产规模，推动企业加快转型升级，向“专精特新”方面不断发展壮大。择优推荐广东新柏星实业发展有限公司等14家在主营业务突出、竞争力强、成长性好的中小企业积极申报2021年省级专精特新中小企业，争取省职能部门在融资服务、技术服务、创新驱动、转型升级等方面对揭阳市省级专精特新（高成长）中小企业进行重点扶持，帮助企业做大做强。经省评审通过，11家企业被认定为省级“专精特新”中小企业。蒙泰高新、天诚密封件2家企业被认定为工信部专精特新“小巨人”企业。推广专精特新“小巨人”企业宏光镀膜玻璃发展典型案例，提升中小企业创新能力和专业化水平。推荐广东乐尔康、广东越群等“专精特新”中小企业争取列入全省“专精特新”中小企业挂牌上市梯度培育库，作为优质上市培育企业。下达专精特新中小企业贷款贴息、小微企业融资担保业务降费奖补等专项资金合计319万元。截至2021年，全市工业和信息化部专精特新“小巨人”企业3家、省级专精特新中小企业29家。

（江洁荣）

【民营经济服务】 以专班形式创新开展工作，发挥市、县级促进中小企业发展工作协调机制作用，以市+县级促进中小企业（民营经济）发展工作领导小组为总统领，成立市+县工业增长工作专班，精准服务企业，推动重点民营企业、中小企业协同高质量发展。建立常态化服务企业机制，成立项目协调服务小组、用地服务小组、融资服务小组、用工服务小组和要素保障服务小组5个专项问题协调小组，适时协调解决企业生产经营中遇到的项目、用地、融资、用工和要素保障等共性问题。建立企业服务官工作机制，优化企业服务，健全“有求必应、有难必帮”的精准服务机制。协调供电部门对全市重点中小民营企业用户共1020家进行精准供电优化服务，减少错峰对企业生产经营的影响。推进“小升规”，协调供电、税务部门梳理工业企业用电、纳税等数据，完善市工业企业预期管理台账，确定年度拟培育对象，建立市、县（市、区）、乡镇（街道）联动和部门联动以及政企联动工作机制，实行市、县（市、区）、乡镇（街道）三级政府及部门领导干部“一对一”挂钩培育体系。2021年，135家2020年度新升规工业企业和79家在2020年度工业增加值增长超过10%的2019年新升规工业企业获得资金奖补（每家20万元），合计4280万元。2021年，全市新增注册企业3941家、“个转企”679家、“小升规”255家。

（江洁荣）

【个体私营经济】 揭阳市持续深化“放管服”改革，落实中小企业和个体工商户复工复产和纾困帮扶一揽子政策，支持市场主体恢复经营秩序，全力保住经济“基本盘”。截至2021年，全市市场主体达到306810户（新增58991户），其中各类企业47990户，私营企业42855户，个体工商户257155户，农民合作社1665户。

（江洁荣）

【技术改造】 2021年，揭阳市贯彻落实省工信厅关于2022年省级企业技术改造资金项目入库有关要求，及时组织各县（市、区）开展项目入库政策解读，加强对企业政策宣传和申报指导，完善项目完工评价及评审相关制度，增强抓技改强工业稳增长的责任感和紧迫感，加快推进技改创新升级工程。全年全市实施工业技术改造工业企业344家，完成工业技改投资32.32亿元。

（郑润棵）

经济园区

【揭阳产业转移工业园】 揭阳产业转移工业园于2008年6月经省政府批准建设，位于揭东区龙尾镇与揭西县五经富镇交界处，总体规划面积28.36平方千米，首期建成6.22平方千米，是全省15个示范性产业园之一。2013年确定为揭阳市自建省级示范性产业园，2018年纳入《中国开发区审核公告名录》，拥有广东省小型微型企业创业创新示范基地、广东省循环化改造试点园区等称号，拥有粤东地区首家国家级科技企业孵化器。2021年，揭阳产业转移工业园完成承接46项市级经济管理权限，与揭东区完成13个基础设施项目移交工作，理顺在磐东街道的经济管理、社会管理、公

2021年，揭阳产业转移工业园加快产业项目建设，图为合固五金制品有限公司一期厂房建成投产 （揭阳产业转移工业园 供图）

共服务协调管理事项。加强对磐东街道和科技园的经济管理，出台《加强科技产业园经济管理服务工作实施方案》，赋能、规范科技园。至年底，园区发展初具规模，道路、供电、供水、网络、排污等设施配套完善，形成以机械装备制造、五金不锈钢、电子信息为主导，兼顾现代物流和新材料的产业发展格局。

经济发展 2021年完成地区生产总值34.05亿元，比2020年增长（下同）4.5%；规上工业总产值90.53亿元，增长10.7%；规上工业增加值16.31亿元；社会消费品零售总额14.79亿元，增长10.3%；服务业营业收入3.29亿元，增长363.71%；外贸进出口总额11.5亿元；固定资产投资25.48亿元，下降37.7%；一般公共预算收入6680万元，其中税收收入6434万元。全年新增政府投资3.3亿元，其中专项债资金2.4亿元。全年新增"四上"企业入库26家。全年组织赴上海、深圳、顺德、广州、中山等地招商5场次，召开企业家座谈会12场次，对接洽谈项目42个，签约落地、准备动工和投产项目20个，预计投资总额94.3亿元、年产值42亿元；投资意向项目11个，预计投资总额154亿元、年产值60亿元。燕塘乳业、申通快递、揭阳缅商玉文化特色产业基地、揭阳（国际）万创五金产业园等招商项目进展顺利。宏兴隆、嘉林二期等16家企业开工建设，东泓、文穗等11家企业完成设计、进行图审，佳泰、富洋等9家企业加快办理报建手续。推动在产企业增资扩产，海大公司实现年度营业收入12.6亿元，超计划2.6亿元；润鑫公司实现产值8.5亿元，超计划0.9亿元；库伟公司实现产值3.5亿元，超计划0.33亿元；中通集团新增中吉货运和中瑞物流2家限上服务业企业。玉文化人才队伍持续壮大，揭阳学院进驻阳美开办玉雕实训班，拓宽玉文化人才引育渠道。举办第20届中国（揭阳）玉文化节，进一步擦亮"中国玉都"品牌。揭阳缅商玉文化特色产业基地项目加快推进，缅甸KPO集团成功落户揭阳，完成玉石毛料交易中心（玉石公盘）、中缅玉文化博物馆、玉商加工商务区等项目设计方案，完成地块规划调整，土地报批进展顺利。积极推进玉都一号问题楼盘处置工作，初步制订项目处置工作方案。

重点项目建设 2021年，揭阳产业转移工业园谋划市重点项目18个，总投资106.5亿元，年度计划投资33亿元，实际投资33.7亿元，占年度计划的102.1%。东区污水处理厂项目完成污水处理池、工艺处理设备安装，以及综合楼、办公楼、车间等全部主体工程。东区污水处理厂尾水排放管工程顺利推进，14.6千米主线路面破除、埋管、路面修复基本完成。合固一期、胜源纸品、思迪嘉等产业项目建成投产。

（揭阳产业转移工业园）

【揭阳空港经济区】 揭阳空港经济区位于揭阳市区东部，地处汕头、潮州和揭阳三市中心地带，面积234平方千米，2021年辖地都、砲台、登岗3个镇和渔湖、京冈、凤美、溪南4个街道，人口约44.97万人。揭阳空港经济区是粤东交通枢纽中心和对外开放重要门户，拥有揭阳潮汕国际机场、梅汕高铁机场站和可进出10000吨级货轮的黄金水道榕江，毗邻厦深高铁潮汕站，206国道、潮惠、汕梅、汕揭、揭惠高速纵横交会，潮汕环线高速、进贤门景观大桥等重要基础设施推进建设，"海、陆、空、铁"立体交通枢纽四通八达。揭阳空港经济区历史文化厚重，人文魅力独特，自然景观资源丰富，有揭阳古八景的"双溪明月""涵元夕照""桑峦砥柱"及桑浦山自然保护区、风门古径、榕江七星石等自然景观，有吴复古故居、苏六娘故居等大量名胜古迹，也有市文化中心，"翰林府""隐相祠"和一大批红色革命旧址等文物保护单位。形成塑料制品、五金制品、石材、小家电、模具、钢铁、纺织服装、玩具八大传统产业，恒大、保利、华润、碧桂园、绿地等一批500强企业落户建设，榕江新城和临空临港产业集聚区格局逐步形成。

经济发展 2021年，揭阳空港经济区地区生产总值208.3亿元，增长4.5%；完成规上工业总产值389.82亿元，下降6.81%；规上工业增加值69.41亿元，下降9.7%；固定资产投资92.39亿元，下降29%；社会消费品零售总额65.87亿元，增长

8.8%；外贸进出口总额33.8亿元，下降21%；地方一般公共预算收入3.26亿元，下降17.1%；地方一般公共预算支出19.57亿元，下降15.65%。全年新增技改项目17个，总投资2.4亿元；新增个转企105户、“小升规”企业36家、“小升限”13家，新认定高新技术企业10家，新增省、市工程技术研究中心5家，获批博士工作站4家，创新动能持续强化。

社会事业 2021年，揭阳空港经济区农村产业呈现蓬勃发展态势，初步形成登岗镇、砲台镇万亩水稻和地都镇万亩水产等镇级产业链，以及砲台桃山芥蓝、石牌番薯、地都邹堂梨脯等特色农产品；美丽乡村建设持续发力，新建“四好农村路”9.59千米，31个美丽宜居村完成市级验收，砲台镇获“全国文明村镇”称号，砲台社区荣获国家级“民主法治示范村（社区）”称号，塘埔村荣获“全国示范性老年友好型社区”称号；环境综合整治活动取得成效，累计拆除违法建设47.98万平方米，推进违法建设分类处置1549宗，拆除复耕复绿2020年度卫片图斑52宗，面积0.93平方千米，拆除复耕复绿2021年卫片图斑8宗，面积0.015平方千米；全域水生态环境实现新提升，销号河湖“四乱”问题31宗，立案处罚环保违法企业16家，12条高指标劣Ⅴ类水体达到整治目标，榕江41条支流实现消劣18条，枫江22条支流实现消劣13条；社会保障力度不断加强，财政全年投入民生领域资金6.85亿元，占一般公共预算支出35.25%，城镇新增就业2339人，187所中小学、幼儿园“护校安园”专项工作全面落实，村卫生室建设积极有序推进；消防安全救援和森林防火短板得到破解，创造性实施“3+2”模式，成立空港经济区森林消防应急大队和临空消防救援专职队；常态化开展扫黑除恶专项斗争，集中整治社会治安突出问题，立刑事案件585宗，下降21%，侦破涉黑案件20宗，打掉恶势力犯罪集团1个，组织开展社会治安综合整治统一清查行动15场次，社会治安持续向好。

2021年，揭阳空港经济区助力区内企业复工复产 （林碧鸿 摄）

重点项目建设 2021年，揭阳空港经济区32个省、市重点项目完成年度投资48.03亿元，完成计划的118.6%。其中，省级重点项目7个，完成年度投资12.48亿元，完成计划的100.5%；枫江流域污水管网二期工程即将竣工，地都镇污水处理一体化建设工程建成投入使用，217个自然村雨污分流工程通过验收，11座垃圾压缩站一体化项目完成建设；持续优化提升营商环境，稳妥完成新明会展小镇折0.64平方千米用地近万口坟墓迁移和招商地块清拆围工作，全面对接潮汕生物科研教育实验基地、潮汕空港国际汽车文化产业城、长美古镇文化旅游等12个在谈项目，落实签约项目6个，总投资139.45亿元，落实新开工项目6个，总投资26.82亿元。统筹推进宜居宜业宜游新城建设，半岛明珠、保利等14个高品质现代化住宅小区和广建粤东总部大厦（揭阳）、绿地国际空港城等城市综合体项目建设有序推进，完成投资50.39亿元。潮汕国裕医院建成投入使用，粤东肿瘤医院、浩泽医院和渔湖卫生院、砲台卫生院医技大楼等项目快速推进，明月体育公园、明月亲水公园成为网红打卡地，20千米都市型万里碧道完成提升建设。内联外通、互联互通交通网络不断完善，机场扩建工程、进贤门景观大桥快速推进，京灶大桥、湖心路、渔湖路、建设路（二期）和天福东路改造升级项目、榕江新城重点项目周边市政道路配套建设工程等一批市政道路工程启动建设。

（曾彩虹）

【揭阳大南海石化工业区】 揭阳大南海石化工业区位于揭阳市南部，2007年7月经广东省政府批准设立。工业区管委会〔揭阳（惠来）大南海国际石化综合工业园管委会〕于2009年7月成立，2013年8月28日正式更名为揭阳大南海石化工业区管委会，2014年3月，作为非建制县区管理，负责辖区内的经济社会管理，管辖面积133.4平方千米，下辖溪西镇、东埔农场和南海街道，33个行政村、2个社区。2018年2月工业区列入《中国开发区审核公告目录》，是国家和省“十三五”经济发展规划和石化产业布局的重要产业聚集区，也是揭阳贯彻广东省委打造“一核一带一区”发展格局，打造滨海新区、构建“一城两园”格局的重要组成部分与核心产业引擎。2019年7月，为进一步聚焦园区开发建设，市委、市政府决定工业区社会管理职能全部移交惠来县管理（溪西镇、东埔农场以及南海街道所辖行政村移交惠来县管理），工业区规划面积为42.4平方千米。工业区管委会作为市政府派出机构，依法对工业区内的经济事务实行统一管理，行使相应经济管理权限。2019年10月12日，设立中国共产党揭阳大南海石化工业区工作委员会，为中共揭阳市委派出机关，与揭阳大南海石化工业区管理委员会实行合署办公，不再保留中国共产党揭阳大南海石化工业区委员会。

揭阳大南海石化工业区位于“珠三角”和“海峡西岸”两大经济圈之间的黄金切点，距离海上国际航线不足8.8海里，具备建设专业化学品码头的良好基础。工业区产业规划经广东省评审批准实施，以一体化、绿色化、高端化、集约化、智能化的理念布局产业。工业区龙头项目是由中石油投资建设2000万吨/年炼油+260万吨/年芳烃+120万吨/年乙烯的炼化一体化项目，同时配套建设投资65亿元的60万吨/年ABS项目和总投资60亿元的中石油广东揭阳LNG项目，3个项目总投资接近800亿元，将于2022年陆续建成投产。

经济发展 2021年，揭阳大南海石化工业区完成一般公共预算收入8987万元，完成全年任务（3408万元）的263.7%，增长145.28%。其中，税收收入8235万，完成全年目标任务（2703万元）的304.66%，增长222.06%；非税收入752万，完成全年目标任务（705万元）的106.67%，下降32.07%，非税比重为8.37%。一般公共预算支出15581万元，其中“保工资、保运转”支出6101万元（保工资4434万元，保运转（含其他运转类）1667万元）。全区全年完成固定资产投资333.27亿元，完成年度投资任务的174.8%，增加135.98%。工业区列入2021年省市重点项目10项，1至12月份完成投资311.62亿元，完成年度投资任务（177.89亿元）的175.17%。

重点项目建设 2021年，揭阳大南海石化工业区列入市重点建设项目10个，分别为中委广东石化炼化一体化项目、吉林石化60万吨/年ABS及其配套工程、揭阳港大南海东岸公共码头防波堤工程、揭阳港大南海东岸公共码头进港航道工程、揭阳大南海石化工业区环保资源综合利用一期项目（原名称：揭阳大南海石化工业区一般工业固废处理一期项目）、揭阳大南海石化工业区危险废物焚烧及物化综合处理项目、揭阳大南海石化工业区海洋放流管工程、揭阳大南海石化工业区雨水明渠一期工程、揭阳大南海石化工业区炼油厂周边道路工程、揭阳大南海石化工业区供水工程（一期），预计总投资760.82亿元。其中，中委广东石化炼化一体化项目、吉林石化60万吨/年ABS及其配套工程、揭阳港大南海东岸公共码头防波堤工程、揭阳港大南海东岸公共码头进港航道工程、4个项目列入省重点建设项目，预计总投资733.41亿元。

中石油广东石化炼化一体化项目 该项目建设规模为2000万吨/年炼油+260万吨/年芳烃+120万吨/年乙烯，并配套建设30万吨原油码头和3万～5万吨产品码头，项目占地9.53平方千米，计划总投资654.27亿元。项目详设、采购、土建全部完成，储运罐区全部封顶，30万吨原油码头完成建设，全面安装乙烯、芳烃、POX等装置，亚洲单体最大石化塔器——高116米、吊装重量4606吨的芳烃装置抽余液塔于2021年4月17日顺利圆满完成吊装，炼油部分实现中期交工。至2021年底，累计完成投资524.22亿元，完成总投资的80.12%。其中，2021年完成投资273.74亿元，完成年度投资计划（150亿元）的182.49%。

吉林石化60万吨/年ABS及其配套工程 该项目是工业区重点引进的基地化精品石化产业项目，项目

2021年，揭阳市推进重点项目建设，图为位于揭阳大南海石化工业区的中石油广东石化炼化一体化项目 （郑楚藩 摄）

建设内容及规模为60万吨/年ABS、13万吨/年丙烯腈、0.4万吨/年乙腈、5万吨/年甲基丙烯酸甲酯、15万吨/年废酸再生，以及配套公用工程及辅助设施，计划总投资64.94亿元。项目总体设计、物资采购全部完成，项目总体形象进度完成86.15%，施工进度完成81%，至2021年底，累计完成投资39.44亿元，完成总投资的60.73%。其中，2021年完成投资28.64亿元，完成年度投资计划（12亿元）的238.65%。

揭阳港大南海东岸公共码头防波堤工程 该项目主要建设东、西两条防波堤，防波堤总长5305米，其中东防波堤长3481米，西防波堤长1824米（其中兼护岸段长1054米），皆为斜坡式结构防波堤，计划总投资11.16亿元。项目完成防波堤施工便道、钢栈桥、搅拌站建设，正在开展陆上堤心石推填及扭王块预制等工作。至2021年底，累计完成投资3.60亿元，完成总投资的32.27%。其中，2021年完成投资1.88亿元。

揭阳港大南海东岸公共码头进港航道工程 该项目航道疏浚工程总长7.45千米，航道通航宽度265米，满足10万吨级油散货船满载乘潮单向通航，并建设相应导助航工程等配套设施，计划总投资3.04亿元。项目正在进行纳泥区围堰施工工作。至2021年底，累计完成投资4008万元，完成总投资的13.17%。其中，2021年完成投资925万元。

揭阳大南海石化工业区环保资源综合利用一期项目（原名称：揭阳大南海石化工业区一般工业固废处理一期项目） 该项目主要处置中委广东石化炼化项目、园区其他入园企业及揭阳市周边的工业固废，总处置规模为22万吨/年。项目主要建设侧吹炉系统、制砖系统、废物储运设施、公用辅助设施及环保设施等，计划总投资5.34亿元。项目正在推进项目环评、能评报批工作等项目前期工作，同步开展场地清表、回填、平整等工作。至2021年底，累计完成投资5539万元，完成总投资的10.38%。其中，2021年完成投资2829万元。

揭阳大南海石化工业区危险废物焚烧及物化综合处理项目 该项目主要新建危险废物焚烧处理系统1套，危险废物物化处理系统1套，废水处理系统1套，危险废物贮存设施8处，配套的公用辅助设施。建成后项目处理规模为6万吨/年，其中焚烧处理规模为3万吨/年，物化处理规模为3万吨/年，计划总投资3.3亿元。正在加快设备采购以及推进路基、焚烧车间、物化车间、综合办公楼等的建设。至2021年底，累计完成投资2.24亿元，完成总投资的67.82%。其中，2021年完成投资1.31亿元。

揭阳大南海石化工业区海洋放流管工程 该项目规划建设包括12米×20米钢筋砼框架结构调压井1座，陆域段放流管道127米、海域段放流管道4029米及尾水扩散器四个部分，计划总投资1.47亿元。项目完成陆域土方回填，正在开展调压井施工及管道焊接、铺设等工作。至2021年底，累计完成投资6915万元，完成总投资的47.07%。其中，2021年完成投资4996万元。

揭阳大南海石化工业区雨水明渠一期工程 该项目总长度6.59千米，宽度24至28米，主要包括石化大道段、南海南路北段、环海东路南段雨水明渠，1#水闸，2#水闸和一座跨线桥，计划总投资3.96亿元。项目正在进行土方开挖及管桩、水闸施工等工作。至2021年底，累计完成投资1.83亿元，完成总投资的46.15%。其中，2021年完成投资8145万元。

揭阳大南海石化工业区炼油厂周边道路工程 该项目主要建设环海东路南段、临港路西段（含海侧防浪堤工程）、临江西路南段、环海东路北段、临江西路北段、中石油北路及南海大道连接段；配套道路工程、交通工程、照明工程、绿化工程、给排水工程、电力工程、通信通道工程及燃气工程。计划总投资7.58亿元。项目完成土方开挖、防浪堤堤心石推填、防浪堤二片石倒滤层等工程施工，正在进行固砂石施工及管线埋设等工作。至2021年底，累计完成投资2.82亿元，完成总投资的37.14%。其中，2021年完成投资7669万元。

揭阳大南海石化工业区供水工程（一期） 该项目主要内容包括取水工程、原水输水工程、园区水厂工程和园区水厂配水管网工程四个部分。其中，取水工程规模27万立方米/天，净水工程规模5万立方米/天。计划投资5.75亿元。项目完成全长15千米管线建设，2021年5月30日实现全线贯通，顺利达到12万吨/日原水通水条件，保障中石油项目原水供应需求。中途加压泵房模板、脚手架拆除及配电房施工正在推进。至2021年底，累计完成投资3.6亿元，完成总投资的62.59%。其中，2021年完成投资3.6亿元。

（揭阳大南海石化工业区管委会）

【揭阳市粤东新城】 揭阳市粤东新城地处广东省沿海经济带东部，规划面积51.3平方千米，范围主要包括惠来县惠城镇、东陇镇、华湖镇、神泉镇等四镇部分区域，是揭阳滨海新区"一城两园"核心区域，距离海上国际航线不足9千米，距离揭阳潮汕机场不足90千米，新建汕汕高铁、揭惠铁路在新城中心并线设站，港口、机场、高铁、高速等现代化交通高效衔接，1.5小时内可通达广州、深圳等大湾区主要城市和厦门、漳州等海西经济区重要城市。规划布局高铁新城、科教新城、神泉渔港特色小镇、神泉湾滨海旅游等4大组团，与惠来县城联动发展，共同打造成为粤东城市群新城市中心，是揭阳对接“一带一路”“双区”和横琴、前海两个合作区建设等国家倡议，构筑沿海经济带新增长极的重要支撑。2019年9月29日，粤东新城党工委、管委会正式挂牌成立，依法对区域内的经济事务实行统一领导、统一管理，行使相应的城市规划与土地管理、城市开发建设和经济管理权限，并承接省政府及其有关部门赋予的部分省级管理权限。

经济发展 2021年，揭阳市粤东新城推动重大项目加快建设，出台产业发展规划、产业发展目录及配套优惠政策，规划“六片区十组团”产业空间布局和“3+4+5”产业发展体系；加快推进重点管控单元土地征收整备，完成三个批次0.28平方千米用地计划指标预扣和先行启动区0.592平方千米用地征收报批，启动单元控规编制，初步完成住宅用地、商住用地各一宗的出让方案。深化“放管服”改革，向市政府申请赋予第三批113项市级管理权限并做好赋权承接工作，落实“三个一”服务机制，推行并联审批、容缺受理。推动省35条支持政策落实落地，建立一级财政，主导开发项目税收就地入库，全年实现税收收入近9000万元，累计获省财政补助近10亿元。先后到深圳、惠州、汕头等地“敲门招商”，加大高铁新城、先行启动区招商推介力度，累计接待企业200多批次，签约项目3个，协议投资额210亿元，东粤环保企业总部、显鸿科技南方总部等总部项目意向落户高铁新城，广州贝神德供应链有限公司、广东骏龙智慧物流科技有限公司等平台企业实现销售收入近9000万元。广东工业大学揭阳校区首期工程、粤东新城城市社区人才安居项目等重点项目稳步推进，全年累计完成固定资产投资19.2亿元，超额完成年度计划任务。

重点项目建设 2021年，粤东新城在建省市重点项目2个。广东工业大学揭阳校区首期工程项目搭建“业主+项目管理+造价控制+监理+EPC（Engineering Procurement Construction，指承包方受业主委托，按照合同约定对工程建设项目的设计、采购、施工等实行全过程或若干阶段的总承包，并对其所承包工程的质量、安全、费用和进度进行负责）”五方融合管理模式，制订总控计划，实行挂图作战，推行一线工作法，开通行政审批“绿色通道”，创新项目管理、施工组织和工程监督方式，运用BIM（Building Information Modeling，意为建筑信息模型）技术和5G智慧工地实施全过程全天候监督，控制工期、质量、造价，奋战500天完成总投资18.21亿元、总建筑面积22万平方米的主体工程建设和采购总价约1.13亿元的办学配套采购安装调试工作，2021年8月建成并移交广东工业大学揭阳校区管委会。粤东新城城市社区人才安居项目年度完成投资11.91亿元，住宅部分主体结构接近封顶并对外销售，其中，以优惠价格（按不高于6500元/平方米）定向销售中石油广东石化炼化一体化基地员工人才房1275套，计划无偿向广东工业大学揭阳校区提供人才房200套，服务保障中石油广东石化炼化一体化基地、广东工业大学揭阳校区等高端人才和产业工人生活服务需求。编制形成《汕汕高铁惠来站站前停车场工程（一期）建设方案》，完成粤东新城城市配套基础设施建设工程（庆平路南段延伸线）项目立项、用地预审、初步设计及概算编制等前期工作。

（揭阳市粤东新城管委会）

2021年8月，广东工业大学揭阳校区建成并投入使用　　（陈其泰　摄）

电力工业

【电力工业概况】 揭阳供电局担负着揭阳市的电力供应、电网规划建设以及依法对所辖电网及并网电厂实施统一调度等任务，至2021年底，揭阳电网（含用户变电站）有500千伏变电站2座，主变4台，主变容量350.4万千伏安，500千伏线路12回，总长1157.00千米；220千伏变电站19座，主变45台，总容量827万千伏安，220千伏线路62回，线路总长1341.13千米；110千伏变电站75座，主变143台，主变容量634.5万千伏安，110千伏线路175回，总长1491.42千米。

【经营管理】 2021年，全市全社会用电量188.19亿千瓦时，全省排名第13位，同比增长12.73%。其中，第一产业用电量2.63亿千瓦时，同比增长10.22%；第二产业用电量108.48亿千瓦时，同比增长11.86%（工业用电量105.95亿千瓦时，同比增长11.34%）；第三产业用电量26.67亿千瓦时，同比增长20.53%；城乡居民生活用电量50.41亿千瓦时，同比增长10.91%。全年最高统调负荷七次创新高，最高达到331.9万千瓦，同比增长7.38%。客户平均停电时间（低压）4.1小时，同比下降49.19%；“1小时区域”停电时间0.86小时，同比下降10.42%。综合电压合格率99.995%。投运电动汽车充电设施193枪，逐步建成布局合理、互联互通的高效充电网络。

【安全生产】 有效应对“十年一遇”严峻供需形势，保障全市电力可靠有序供应。开展涉电公共安全风险隐患排查整治，降低社会人员触电风险。2021年全市没有发生三级及以上人身、设备和电力安全事故事件，电网连续安全稳定运行3653天。开展企业内部网络攻防实战演习，全年未发生三级及以上信息安全事件。

【应急体系】 保供应急体系更加完善，立足“抗强台、抢大险、救大灾”的应急工作理念，选优配强应急抢修队伍，新组建22支应急特勤队、应急抢修突击队，组织开展特勤实训操练，提高应急队伍实战能力。印发实施市县两级城市大面积停电应急预案，健全完善政企联动应急机制，及时发布预警响应9次，成功应对“卢碧”“圆规”等台风和多轮强降雨灾害天气，完成中国共产党成立100周年系列活动、全国“两会”、十九届六中全会等重大保供电任务。

【电网规划】 加快构建以新能源为主体的新型电力系统。把握“双碳”发展机遇，实现新能源规划、电网规划与城市空间规划深度融合，12个新能源项目配套并网线路规划落地。建立政企共享新能源发展信息机制，促成4个新能源项目前期工期压缩50%。实现粤东首个海上风电项目并网接入，建成投产全省装机容量最大的葵潭光伏项目接入系统工程。

2021年12月28日，揭阳110千伏莲花输变电工程顺利投产，该站是揭阳市第三座智能变电站、第一座户外智能变电站　（揭阳供电局　供图）

【电网建设】 2021年，全市电网建设完成投资10.85亿元，完成年度计划的100.4%。顺利投产古塘、经富、厚宅等6座新变电站、4项主变扩容项目及石化炼化一体化项目接入系统工程，完成年度重点项目投产任务，为揭阳地方经济、社会发展提供电力支撑。加快配网项目建设进度，投产项目585项，年度投产完成率105.6%。推进乡村振兴战略实施，落实农网升级改造投资资金6.52亿元，重点解决过载、低电压等突出问题；完成4个革命老区县电力基础设施和横江水库自供区等农村地区的电网改造，惠及乡村用电户超过9000户。110千伏时代、莲花等首批智能变电站顺利投产，揭阳市主网迈入智能运维新时代。打造电网优质工程，220千伏陌山、瑞联、映月等5项工程荣获广东电网公司2021年度“安全、优质、文明”样板工程奖。

【客户服务】 推进办电流程、资料“双精简”，建立业扩工单供电业务环节限时办结和超时管控机制，实现全年中压报装平均用时33.0天，低压非居民报装平均用时2.7天。减轻企业投资负担，保障重点区域、重点客户和小微企业的延伸需求，为客户节省投资2448万元。全量落实免费电政策，累计减免电费591.22万元。大力推行“互联网+供电服务”，形成“网、掌、微、支、政”五位一体的互联网服务渠道体系，全力推广“南网在线”智慧营业厅应用，实现“不动产登记+用电过户”“电子证照”“在线签署”“用电日历”等功能。大力推行“一次都不跑”多平台远程在线办电服务，互联网业务办理比例达到99.95%。

（揭阳供电局）

商 贸

综 述

【商贸概况】 2021年，揭阳市消费市场持续稳定增长，社会消费品全年零售总额1055.76亿元，同比增长10.5%。其中限上社零实现241.63亿元，增长10.7%，限下社零实现814.13亿元，增长10.5%；城镇社零实现759.72亿元，增长10%，农村社零实现296.04亿元，增长12%；商品零售实现1013.47亿元，增长10.4%，餐费收入42.29亿元，增长14.5%。全市新增入库限上商业企业有120家，净增39家。其中榕城区34家、揭东区17家、普宁市32家、揭西县5家、惠来县13家、揭阳产业园6家、空港区13家。

【电子商务】 2021年，揭阳市组织申报中国跨境电子商务综合试验区，普宁市“2019年国家级电子商务进农村综合示范县”通过省、国家绩效考核，评定为“优秀”等次。累计培育“中国淘宝镇”36个（比2020年增加1个）、“中国淘宝村”151个（比2020年增加30个），2021年淘宝村数量全国城市排16位。

【行业管理】 2021年，揭阳市依法对拍卖、报废机动车回收拆解和二手车交易市场等进行监督管理，推进再生资源回收利用体系建设，指导和管理再生资源回收工作，引导督促企业依法依规经营，促进相关行业健康发展。全市持有《拍卖经营批准证书》并在市场监督管理部门登记注册的拍卖企业有12家，揭阳市拍卖企业举行大小拍卖会71场，拍卖成交总额1.55亿元；全市机动车回收拆解企业4家，全年拆解报废机动车1.4万余辆；全市在商务部网站备案的二手车交易市场经营者28家，二手车成交量接近8万单；全市在商务部网站备案的再生资源回收企业59家，新增备案企业13家。出台《揭阳市低值可回收物回收处理服务管理指导意见》等文件，推进再生资源可回收物可回收利用体系建设。

招商引资

【招商引资概况】 2021年，揭阳市制订出台《揭阳市招商引资工作绩效考核暂行办法》《揭阳市2021年招商投资项目工作任务清单》，强化目标管理，加大招商选资力度。实施《揭阳市促进产业发展“1+1+12”政策体系资金申报指南》《揭阳市招商项目引荐专项奖励办法》。市招商工作联席会议先后审议通过市发展改革局、科技局、住房和城乡建设局、商务局关于总部经济、引进创新创业团队和领军人才项目、建筑业发展、商业网点建设等政策扶持资金的申报事项。全市接受申请奖励资金21574.08（其中省级资金14435.23万元），办结落实资金6493.49万元。

【招商选资】 2021年，市招商办以“三贡献一高一强”为主要衡量标准，以产业项目和服务产业的现代服务业为重点，动态管理全市招商选资产业项目台账，加强项目对接洽谈和落地建设工作。全年全市签约项目216个，计划投资3103.33亿元，预计产值（营业额）2329.13亿元/年，预计财税贡献118.53亿元/年。其中产业项目纳入产业项目管理台账，对项目进展情况进行动态管理。纳入产业台账的签约项目136个，计划用地面积55.27平方千米，计划投资额1778.45亿元，预计产值（营业额）2050.63亿元/年，预计财税贡献110.29亿元/年。其中，完成注册项目公司108个，立项81个，完成土地出让（租赁用地）60个，开工53个，投产19个。

【营商环境】 2021年，揭阳市建立健全招商机制，成立招商选资工作专班，建立招商线索对接、项目评价评审、项目动态监管、项目跟踪服务、落实扶持政策等工作机制，全年梳理汇总48个项目68个问题，其中，揭阳缅商玉文化特色小镇、广东能源揭阳大南海天然气热电联产等项目30个问题已经解决，38个问题正在协调推进。特别是针对招商项目用地问题，市自然资源局会同各县（市、区）解决招商项目涉及的规划调整、水田指标、土地征收、项目报建等问题。全市累计出让56个项目61宗地、面积4.77平方千米。

【招商引资成效】

（一）按区域分类统计情况

市投控集团项目1个，计划用地面积0.13平方千米，计划投资额10亿元，预计产值5亿元/年，预计财税贡献5000万元/年，完成注册项目公司、立项、土地出让。

榕城区项目10个，计划用地面积0.4平方千米，计划投资额77.05亿元，预计产值（营业额）62.67亿元/年，预计财税贡献 8162.79万元/年，完成注册项目公司10个，立项10个，完成土地出让（租赁用地）6个，开工6个，投产3个。

揭东区项目31个，计划用地面积8.36平方千米，计划投资额324.98亿元，预计产值（营业额）383.14亿元/年，预计财税贡献168600万元/年，完成注册项目公司22个，立项13个，完成土地出让（租赁用地）9个，开工6个，投产3个。

普宁市项目24个，计划用地面积3.3平方千米，计划投资额170.77亿元，预计产值（营业额）64.85亿元/年，预计财税贡献27700万元/年，完成注册项目公司22个，立项23个，完成土地出让（租赁用地）17个，开工15个，投产6个。

揭西县项目18个，计划用地面积31.82平方千米，计划投资额147亿元，预计产值（营业额）147.14亿元/年，预计财税贡献33114万元/年，完成注册项目公司15个，立项12个，完成土地出让（租赁用地）9个，开工10个，投产3个。

惠来县项目16个，计划用地面积4.27平方千米，计划投资额173.25亿元，预计产值（营业额）388.08亿元/年，预计财税贡献254850万元/年，完成注册项目公司12个，立项5个，完成土地出让（租赁用地）6个，开工1个。

揭阳产业园项目16个，计划用地面积0.61平方千米，计划投资额84.3亿元，预计产值（营业额）30.8亿元/年，预计财税贡献13829.2万元/年，完成注册项目公司14个，立项12个，完成土地出让（租赁用地）11个，开工13个，投产2个。

空港经济区项目5个，计划用地面积2.02平方千米，计划投资额142.3亿元，预计产值（营业额）102亿元/年，预计财税贡献28000万元/年，完成注册项目公司2个，立项2个，完成土地出让（租赁用地）1个，开工1个，投产1个。

大南海工业区项目13个，计划用地面积4.01平方千米，计划投资额617.3亿元，预计产值（营业额）766.55亿元/年，预计财税贡献463306万元/年，完成注册项目公司8个，立项2个。

粤东新城项目2个，计划用地面积0.25平方千米，计划投资额31.5亿元，预计产值（营业额）100.4亿元/年，预计财税贡献100330万元/年，完成注册项目公司2个，立项1个，开工1个，投产1个。

（二）按行业分类统计情况

先进制造业项目68个，计划用地面积6.38平方千米，计划投资额789.15亿元，预计产值1031.99亿元/年，预计财税贡献572690.4万元/年，完成注册项目公司56个，立项39个，完成土地出让（租赁用地）37个，开工25个，投产6个。

现代服务业项目36个，计划用地面积3.88平方千米，计划投资额395.95亿元，预计产值（营业额）555.54亿元/年，预计财税贡献164349.8万元/年，完成注册项目公司29个，立项22个，完成土地出让（租赁用地）13个，开工14个，投产9个。

文化旅游业项目12个，计划用地面积11.4平方千米，计划投资额341.52亿元，预计产值（营业额）308.68亿元/年，预计财税贡献233067.79万元/年，完成注册项目公司10个，立项8个，完成土地出让（租赁用地）3个，开工6个。

现代农业项目6个，计划用地面积28.13平方千米，计划投资额53.1亿元，预计产值（营业额）103.3亿元/年，预计财税贡献23694万元/年，完成注册项目公司5个，立项5个，完成土地出让（租赁用地）3个，开工4个，投产2个。

新兴产业项目14个，计划用地面积5.47平方千米，计划投资额198.73亿元，预计产值（营业额）51.11亿元/年，预计财税贡献109090万元/年，完成注册项目公司8个，立项7个，完成土地出让（租赁用地）4个，开工4个，投产2个。

对外贸易

【出口贸易】 **出口贸易方式** 全年一般贸易出口157亿元，下降9.5%，占出口总值的96%；加工贸易出口6.47亿元，下降13.4%，占出口总值4%。

出口主体结构 民营企业出口137.3亿元，下降11.3%，占出口总值的84%；外商投资企业出口25.7亿元，下降0.2%，占出口总值的15.7%；国有企业出口0.49亿元，下降16.1%，占出口总值的0.3%。

出口商品结构 机电产品出口52亿元，增长10.8%，占出口总值的31.9%；服装及衣着附件出口38亿元，增长1.6%，占出口总值的23.2%；鞋类出口36.82亿元，下降21.7%，占出口总值的22.5%；塑料制品出口11.2亿元，下降15%，占出口总值的6.8%；农产品出口5.9亿元，下降43.8%，占出口总值的3.6%。

出口市场结构 对东盟出口34亿元，增长0.5%，占出口总值的20.8%；对美国出口25.8亿元，下降11.6%，占出口总值的15.8%；对欧盟（不含英国）出口17.8亿元，下降9.8%，占出口总值的10.9%；对印度出口10.6亿元，下降1.1%，占出口总值的6.5%；对香港出口7.2亿元，下降24.3%，占出口总值的4.4%。

【进口贸易】 **进口贸易方式** 一般贸易进口20.38亿元，增长110%，占全市进口的81.8%；加工贸易进口3.07亿元，下降5.3%，占全市进口的12.3%。

进口商品结构 进口主要商品是煤及褐煤、未锻轧铜及铜材、纺织纱线、织物及制品、塑料、医药材及药品等，其中煤及褐煤进口10亿元，增长655.5%，占进口总值的40%；未锻轧铜及铜材进口2.8亿元，下降41.7%，占进口总值的11.4%；塑料进口1.95亿元，下降18.8%，占进口总值7.8%；纺织纱线、织物进口1.9亿元，增长9.1%，占进口总值的7.7%；医药材及药品进口1.8亿元，同比增长337.7%，占进口总值的7.2%。

进口市场结构 从东盟进口13.8亿元，增长272.2%，占进口总值的55.4%；智利进口2.5亿元，下降40.6%，占进口总值的9.9%；加拿大进口1.46亿元，增长496.9%，占进口总值的5.9%；澳大利亚进口1.2亿元，增长27563.9%，占进口总值的4.7%；中国台湾进口1.66亿元，增长71.6%，占进口总值的6.7%。

投资合作

【利用外资】 2021年，揭阳市新设立外商投资企业17个，合同外资14568万美元，实际利用外资4214万美元。新批合资企业8个，独资企业7个，合伙企业2个。外商投资制造业项目4个，合同外资7241万美元，实际利用外资426万美元；交通运输、仓储和邮政业项目1个，合同外资2200万美元，实际利用外资854万美元；住宿和餐饮业项目2个，合同外资784万美元；房地产项目1个，合同外资155万美元；租赁和商务服务业项目5个，合同外资1210万美元；科学研究和技术服务业项目2个，合同外资2195万美元；卫生和社会工作项目1个，合同外资771万美元；文化、体育和娱乐业项目1个，合同外资31万美元。外商投资来源自于5个国家和地区，其中中国香港为最大的外资来源地，来自中国香港的项目12个，合同外资13375万美元，实际利用外资3360万美元，分别占全市合同外资和实际利用外资的91.81%和79.73%；来自缅甸项目1个，合同外资782万美元；来自中国澳门项目1个，合同外资155万美元；来自新加坡项目1个，合同外资101万美元，实际利用外资854万美元；来自中国台湾项目2个，合同外资155万美元。

口岸管理

【口岸概况】 2021年全市拥有一类口岸3个，分别为揭阳潮汕国际机场航空口岸、中海油粤东LNG项目15万吨级专用码头（简称中海油粤东LNG码头）和广东粤电靖海发电公司专用煤码头（简称惠来电厂码头）。

揭阳潮汕国际机场位于揭阳市空港经济区登岗镇，地处汕头、揭阳、潮州三市中心，距离揭阳、汕头、潮州市区分别为22千米、28.5千米、24千米，服务总面积3万多平方千米的粤东地区，辐射闽南、赣南部分地区，与宝岛台湾隔海相望，是直飞台湾距离最近、客源较多的机场之一。揭阳潮汕国际机场飞行区为4E级，能满足A330-200等大型客机起降，停机坪面积41.98万平方米，目前正在实施航站区扩建工程，完工投产后，停机位达46个，可满足2025年旅客吞吐量1450万人次、货邮吞吐量9.1万吨、飞机起降10.02万架次的使用需求。受新冠疫情影响，现仅保留揭阳—澳门一条国际及地区航线，开通国内外定期航线79条，其中国内航线78条，国际及地区航线1条，通航境内外城市68个。

中海油粤东LNG码头位于揭阳市惠来县神泉镇，年设计货运吞吐能力为600万吨，可靠泊8万~26.7万立方米液化天然气船舶的泊位及1000吨及重件泊位各1个。2021年，中海油粤东LNG码头进口天然液化气50航次326.76万吨，增长170.05%。

【口岸建设】 2021年1月27日，惠来电厂码头通过国家验收，正式开放。推动榕江港区利鸿基码头、惠来沿海港区广东石化公司原油码头业主加快码头和口岸查验配套设施建设，为申请对外开放验收做好充足准备。完成对揭阳潮汕机场口岸查验监管服务设施业务综合楼的修缮，消除由于部分地基沉降引起的安全隐患，改善联检单位查验作业环境，确保口岸安全畅通和文明高效。

【通关监管】 2021年，揭阳市持续推广国际贸易“单一窗口”标准版各项功能应用上线，推动进出口监管证件申领、全国口岸收费及服务信息发布系统等功能推广应用。全市通过“单一窗口”报关报检单量共计12766票（货物报关12409单，水运舱单93单，水运运输工具264单），同比增长45.13%，“单一窗口”标准版主要业务应用率稳定在100%。

【揭阳港口岸惠来沿海港区广东粤电靖海发电公司专用煤码头通过国家验收】 广东粤电靖海发电有限公司位于惠来县东端靖海湾畔，总占地面积2.12平方千米。广东粤电靖海发电公司专用煤码头（简称惠来电厂码头）岸线长563米，建设两个10万吨级泊位煤码头（按15万吨级船舶设计）、一个3000吨级泊位综合码头，共三个泊位。2019年4月27日，国务院批准揭阳港口岸扩大开放，扩大开放水域包括惠来沿海港区的靖海作业区、资深作业区和榕江港区部分水域，同意开放码头包括惠来电厂码头在内等6座。2021年1月27日，惠来电厂码头通过国家验收，实现正式开放。2021年，惠来电厂码头进口煤23航次168.18万吨，货值9918.22万元。

【境外疫情输入防控】 2021年，揭阳市商务局牵头揭阳市陆路与航空口岸疫情防控工作专班（原防控境外疫情输入工作专班），统筹协调口岸查验单位做好通关服务保障、口岸联防联控和指导各县（市、区）开展相关工作，做好入境人员接转全流程闭环运作及相关信息移交推送，防止新冠疫情经境外输入传播，保护境外来揭人员和全市人民生命健康安全，全年派出151车次，服务入境人员385人次；加强跨境货车司机疫情防控管理和一线工作人员健康管理。

供销合作联社

【供销社概况】 2021年，揭阳市供销系统贯彻落实中央、省、市关于进一步深化供销合作社综合改革的决策部署，围绕乡村振兴，推进各项工作。全年全市供销系统商品销售总额27.65亿元，增长43.36%；实现利润570.14万元，增长34.7%。揭阳市供销社、惠来县供销社综合业绩考核分别获省供销合作社系统“地级以上市改革发展奖”和“县级改革发展奖”。

【网点建设和经营】 **供销传统经营网络** 2021年，揭阳市供销系统完善网点建设，进一步完善农业生产资料、日用消费品、农副产品流通，再生资源回收利用和农产品加工销售等供销社传统经营网络。至2021年底，全市供销系统建成日用消费品经营网点621个；农业生产资料经营网点225个；农副产品经营网点49个；再生资源经营网点2个；发展各类农民合作社114个。

新型乡村助农服务示范体系建设 2021年，揭阳市供销社深入贯彻实施乡村振兴战略工作，开展新型乡村助农服务示范体系建设，完善2020年底前建成的5个县域助农服务综合平台和67个镇村助农服务中心的农资农技、冷链物流配送、农产品购销加工、日用消费品供应、农业机械、农村电商、农村金融保险等相关服务功能，提高联农带农的能力和质量。2021年，建成并运营的平台（中心）服务农户近38万户，增长28.16%；服务农民专

2021年1月15日，揭阳港口岸惠来沿海港区广东粤电靖海发电公司专用码头通过国家验收，正式对外开放
（郑楚藩　摄）

业合作社107家，增长17.58%。

【供销公共型农产品冷链物流基础设施骨干网建设】 2021年，揭阳市供销社积极推进广东供销公共型农产品冷链物流基础设施骨干网建设。6月印发《揭阳市供销公共型农产品冷链物流基础设施骨干网建设实施方案》，提出在全市实施“2+2+2”冷链物流项目建设（即在榕城区、空港经济区建设冷链物流运营管理中心；在惠来县、揭西县建设以产地为主、销地为辅的冷链物流网络；在普宁市、揭东区建设以销地为主、产地为辅的冷链物流网络）。10月31日，由省供销社建设的惠来县临港产业园西片区冷链物流项目各单体封顶〔该项目2020年底开工建设，占地100亩（折0.07平方千米）、库容约8万吨、投资约2.74亿元〕。另外，普宁、揭西等地的冷链物流基础设施项目正在建设。在省供销社的支持下，先后在惠来县岐石镇双湖村供销农场等地安装田头冷链条柜5部，并投入使用。

【供销放心农产品直供配送网络建设】 2021年，揭阳市供销社组织各县（市、区）供销社对接广东供销农产品股份有限公司，引进社会资本（战略合作者），积极开展供销放心农产品直供配送网络建设。榕城区供销社8月20日成立由广东供销农产品股份有限公司、榕城区梅云供销社和广东膳佳餐饮管理服务有限公司联合出资的揭阳供销农产品配送有限公司，开展农产品生产基地对接、检测检疫、配送等全程流通服务，该公司是全省供销社系统第一个注册完成、第一个接入省供销社农产品直供配送平台系统、第一个开展业务、第一个正式开业的子平台公司，被省供销社列为示范性平台，在全省系统复制推广；惠来、普宁、揭西等县级供销社落实100万元参股省级农产品直供配送平台；惠来县供销社打造以县城为中心，从西到东的农产品供应链，积极融入全省供销社系统农产品直供配送网络建设；揭东、普宁等县级供销社推进农产品直供配送工作。

【职业技能培训】 2021年，揭阳市供销社组织各县（市、区）供销社积极对接省供销社直属学校省财经职业技术学校和省电子商务技师学院，分别签订相关职业技能培训工程“1+5+N”联合推进工作模式合作协议，通过以省供销社为主导，以省财经职业技术学校、省电子商务技师学院等5所广东供销系统的职业教育机构为支撑，由各县（市、区）供销社和乡镇基层社组织符合条件的学员接受培训，联合在榕城、揭西、惠来等地开展“粤菜师傅”、电子商务等职业技能培训。2021年，全市培训农村青年200多人次。

【公共型农业社会化服务试点】 2021年，揭阳市供销社进一步深化供销合作社综合改革，开展公共型农业社会化服务改革试点工作，组织惠来县供销社申报全省公共型农业社会化服务试点县工作。3月25日，惠来县列入全省公共型农业社会化服务试点县，出台《关于惠来县推进公共型农业社会化服务改革试点实施方案》，确立“联农扩面夯实基础，以点带面构建体系”的工作目标，细化相关工作任务。截至2021年底，惠来县供销社新建镇级社5家、村级社6家，新增农民社员近500人，新增农民专业合作社10家，开展农业社会化服务4.3万亩次（折28.67平方千米次），实施土地托管4800亩（折3.2平方千米）。市供销社通过组织惠来县供销社打造与农民利益联结为核心，以产前、产中、产后全程农业社会化服务为重点，以生产、供销、信用“三位一体”综合合作为主线的公共型农业社会化基本服务体系，形成一些可供全市乃至全省供销社系统复制的经验。

【龙头企业】 2021年，揭阳市供销社系统龙头企业业务稳步拓展，经济运行情况良好。普宁供销社集团流沙公司实现销售总额1.48亿元，所有者权益518.86万元；揭东农资公司实现销售总额0.19亿元，所有者权益1093.42万元；揭西县农资公司实现销售总额1.5亿元，所有者权益410.83万元。

（黄 帆）

粮食购销管理

【粮食购销管理概况】 2021年，揭阳市强化粮食购销管理和储备粮监管，全面落实31万吨储备粮、1500吨储备食用植物油任务，确保全市粮食安全。在2020年度全省粮食安全责任落实情况考核中获得优秀等次。

【粮食储备】 2021年，揭阳市加强储备粮油管理、应急和仓储体系建设，创新储备粮管理方式，全面落实31万吨储备粮、1500吨储备油任务，确保关键时刻拿得出、调得快、用得上，提高区域粮食安全保障能力，库存粮食数量真实、质量良好、储存安全。

【市场供应】 2021年，揭阳市建立和完善各级粮食保供稳价工作机制，粮油市场稳定。做好粮油市场监测和分析、粮食流通统计、社会供需平衡调查和计划编制工作；推动产销合作，建立长期稳定的粮食购销关系，确保正常粮源供给。

【服务军需】 2021年，揭阳市按时按质按量做好驻揭部队粮油供应，不断供、不漏供、不误供。优化全市军粮供应网点布局，经省粮食和物资储备局批准，将全市8个军粮供应站（点）优化为2个军粮供应站。

【粮食应急】 2021年，揭阳市健全和落实粮食应急供应网点，每个乡镇、街道（社区）至少1个应急供应点，全市建立粮食应急供应网点94个，应急加工企业11个，应急储运企业4个。

（市发改局）

食盐经营管理

【食盐经营管理概况】 2021年，广东省盐业集团揭阳有限公司强化渠道整合和下沉工作的落实推进，确保高品质食盐的安全供应，提升市场终端掌控能力和企业竞争力，主要措施包括落实“渠道下沉”，加强终端渠道建设；推进直配直送工作，加快营销渠道建设；推进品牌建设，提升“粤盐”品牌知名度；开拓新渠道，多措并举推产品。全年食盐销售14832.35吨，上升16.3%，其中食品加工用盐销售7316吨，上升44%；小包装食盐销售7516吨，下降2.1%。中端盐销售5042吨，下降6.7%；高端盐销售116吨，下降4%；生态海盐销售50.52吨，上升12.9%。其中，中端盐占小包装食盐67.08%。

（全璇）

2021年5月1日，揭阳公司开展“食盐科普进社区”主题宣传活动

（揭阳盐业　供图）

烟草专卖管理

【烟草专卖管理概况】 2021年，揭阳市烟草专卖局（公司）优化卷烟零售生态和经营格局，调控销量、结构等主要经营目标任务进度。全年税利贡献265141.05万元，公益捐赠共159.29万元。查获涉烟案件384宗，查获案值5万元以上大要案91宗，案值百万元以上案件18宗，其中惠来“1·14”、惠来“4·21”、惠来“6·9”等3宗案值超千万元；申报国标网络案件5宗、省标网络案件3宗。缴获大型烟机4台，假烟5303.85万支，私烟4788.15万支，烟叶烟丝1.68吨；司法机关依法刑拘涉案人员123名，逮捕犯罪嫌疑人82名，判处犯罪人员133名。

2021年，全年购进卷烟25.17万箱，销售卷烟25.09万箱，实现销售收入（含税）100.41亿元，首次突破百亿元大关，单箱结构40015.03元，位列全省第一名；实现税利26.52亿元，增长5.39%。

【专卖管理】 2021年，揭阳市烟草专卖局按照法定程序优化烟草制品零售点合理布局，以总量限制和间距控制模式细化24类不予发证情形。建立健全与海关、海警、公安、市场监督管理、邮政等部门双边协作机制，联合开展清查整治等专项行动，市辖区实现卷烟打假责任制县、镇、村三级全覆盖，重点地区落实责任制到“户”，实现打假责任制四级全覆盖。加强“两法”衔接，协调推动公安部门针对多年积压刑案物资完备相关手续，自9月份起公开销毁147宗涉烟案件积压物资，包括烟机163台、卷烟13.57亿支及其他烟草专卖品一批。

（市烟草专卖局）

旅　　游

综　述

【旅游业概况】　2021年，揭阳市探索文化旅游深度融合发展，推动旅游项目提质增效，大力发展乡村旅游、红色旅游，加大旅游宣传推介，强化旅游行业监管，抓好常态化疫情防控，改善旅游公共服务，发挥旅游业对揭阳经济社会发展的积极作用。全年接待旅游过夜人数274.19万人次，比2020年增长（下同）3.23%；旅游总收入41.59亿元，增长16.31%，呈现企稳复苏、向好发展态势。

【旅游产业规模】　2021年，揭阳市境内国家A级景区14家，其中AAAA景区4家、AAA景区10家；星级旅游饭店8家，其中五星级1家、四星级5家和三星级2家；全市旅行社41家，其中经营国内和入境旅游业务旅行社38家，出境旅行社3家。

【旅游发展政策】　2021年，揭阳市印发实施《揭阳市促进文化旅游体育产业发展资金申报指南（试行）》，继续实施《揭阳市促进旅游业发展奖励办法》，印发《2021年揭阳市促进旅游业发展奖励资金申报指南》，组织申报2021年揭阳市促进旅游业发展奖励资金，对2020年度旅游发展成果的11个项目进行奖励，累计发放奖金93万元。

【旅游公共服务】　2021年，揭阳市推进旅游厕所建设，全年新建（改、扩建）13座旅游厕所并全部投入使用，完成“全国旅游厕所管理系统”信息填报更新和百度地图定位标注工作。

【重大旅游活动】　2021年5月19日，揭阳市文化广电旅游体育局举办2021年中国旅游日揭阳市分会场主题宣传系列活动，活动内容包括“争当‘活力古城’讲解员”培训交流讲座、乡村精品线路及“活力古城”旅游体验、文化旅游宣传艺术精品展演进古城文艺活动、文化旅游惠民暨文化旅游资源展演展示等，展示揭阳古城保护开发成效及优质旅游资源，推动文旅消费回暖，推动古城核心区文化旅游资源的相互转化，增厚文化底蕴，提升

2021年9月10日至12日，揭阳市“活力古城　滨海新城”文旅宣传主题亮相2021广东国际旅游产业博览会（黄晓喻　摄）

2021年7月22日至23日，揭阳市2021年红色旅游讲解员、导游员培训班在揭西京明温泉度假村举办（张灵华　摄）

城市文化品位。

旅游市场开拓

【旅游宣传推介】　2021年，揭阳文化广电旅游体育局组织全市文旅企业参加2021年广东旅游文化节、第十七届海峡旅游博览会、第十七届中国（深圳）文博会、2021年广东国际旅游产业博览会等活动，荣获2021年广东国际旅游产业博览会“优秀组织奖”。组织普宁英歌、榕城青狮、潮剧等国家级非遗项目及其他重点旅游资源、优秀传统文化项目20多个，参加“新加坡潮州八邑会馆第三届潮州节暨第二届潮州美姐选美赛活动”，线上展示、推广揭阳文化。

【乡村旅游发展】　2021年，揭阳市大力推动乡村旅游发展，开展乡村旅游品牌培育创建工作，提升打造一批乡村旅游示范项目，揭西旧住村获评为第三批“广东省文化和旅游特色村”，揭西大鹿农业公园获评“广东省休闲农业和乡村旅游示范点”。整合利用乡村文化旅游资源，编制设计乡村旅游精品线路，揭西县“红色热土、多彩乡村”和普宁市“寻访红色足迹”2条乡村旅游线路获评为“广东省乡村旅游精品线路”。

【红色旅游】　2021年，揭阳市因地制宜发展红色旅游，组织编制红色主题旅游线路，围绕“重温红色历史、传承奋斗精神”主题整合全市红色文化旅游资源，编制设计“周恩来在揭阳”等7条揭阳市红色主题旅游线路。选送普宁八一南昌起义南下部队指挥部军事决策会议旧址（普宁“八一”纪念馆）作为“广东红色文旅护照”项目，与全省文旅优质资源整体包装营销。指导揭西火炬村、普宁什石洋村、惠来五福田村等红色村发展红色旅游，发挥红色旅游的爱国主义教育功能。

【重点景区景点】　2021年，揭阳市拥有A级景区14个，其中AAAA景区4个、AAA景区10个。市文化广电旅游体育局加强旅游资源规划开发质量评定工作的咨询、论证、评审和专业指导，认真组织开展A级景区申报、质量等级复核和专项复核工作，揭东万竹园旅游景区、普宁德安里旅游景区通过五年期满评定性复核；惠来世铿院、惠来海滨度假村景区通过年度质量等级复核。

2021年揭阳市国家A级旅游景区一览表

表11

序号	景区名称	等级	地址
1	揭阳市京明温泉度假村	AAAA	揭西县京溪园镇
2	揭阳市阳美玉都旅游景区	AAAA	揭东区磐东街道阳美村
3	揭西黄满寨瀑布旅游区	AAAA	揭西县京溪园镇
4	揭阳市广东望天湖生态旅游度假区	AAAA	揭东区白塔镇
5	揭阳市普宁德安里旅游景区	AAA	普宁市洪阳镇
6	揭阳市揭东万竹园旅游景区	AAA	揭东区埔田镇
7	揭阳市世铿院	AAA	惠来县葵潭镇
8	揭阳市惠来县海滨度假村景区	AAA	惠来县神泉镇
9	揭西大洋国际生态旅游区	AAA	揭西县五经富镇大洋乡
10	广东省大南山八国风情园	AAA	惠来县侨园镇
11	揭西樱山花谷景区	AAA	揭西县京溪园镇
12	普宁市盘龙湾温泉度假村	AAA	普宁市云落镇古安村
13	惠来县锦铧公园	AAA	惠来县葵潭镇
14	揭西县山湖村乡村旅游景区	AAA	揭西县金和镇山湖村

表12

揭阳市红色主题旅游线路一览表

序号	线路名称	串联点
1	“周恩来在揭阳”揭阳市红色主题旅游线路	周恩来同志革命活动旧址（揭阳学宫）—揭阳市博物馆（揭阳革命史陈列）—棉湖战役东征军指挥部旧址（兴道书院）—八一南昌起义南下部队指挥部军事决策会议旧址（普宁“八一”纪念馆）
2	“走进红色乡村，赓续革命薪火”揭阳市红色主题旅游线路	大北山革命历史纪念馆—火炬村—新寮村—汾水战役纪念公园
3	“不可磨灭的红色印记”揭阳市红色主题旅游线路	八一南昌起义南下部队指挥部军事决策会议旧址（普宁“八一”纪念馆）—什石洋村—五福田村—大南山革命纪念公园—大南山石刻标语—惠来县苏维埃政府旧址
4	“红色印记·峥嵘岁月”揭东红色主题旅游线路	汾水战役纪念公园—新寮村—五房村—潭王村
5	“重走红色之路，不忘初心誓言”普宁红色主题旅游线路	杨石魂故居—培风塔—方方纪念馆—南陂村红色根据地革命斗争历史展览室—九江村普宁县临时人民政府旧址—八一南昌起义南下部队指挥部军事决策会议旧址（普宁“八一”纪念馆）—普宁红宫—什石洋村
6	“星火燎原·火炬薪传”揭西红色主题旅游线路	棉湖战役东征军指挥部旧址（兴道书院）—火炬村—大北山革命历史纪念馆—南山知青楼
7	“不忘初心，情系大南山”惠来红色主题旅游线路	大南山石刻标语—惠来县苏维埃政府旧址—大南山革命纪念公园—潮普惠暴动会议旧址—潮普惠南行委旧址—五福田村

旅游行业管理

【旅游市场监管】 2021年，揭阳市组织开展旅游市场执法专项检查，全年出动执法人员4600多人次，检查企业1200多家次，立案21宗，办结20宗。处理涉旅游举报投诉件，受理“全国旅游监管服务平台（12301）”和“12345政府服务热线”等渠道的举报、投诉件17件，均依照相关规定依法处理，实现100%按时办结。加强疫情防控检查和宣传引导工作，联合市委宣传部、市公安局等部门以明察暗访的形式，督查文化旅游体育经营场所落实疫情防控措施，宣传疫情防控指引和防控知识，提高文化旅游体育行业疫情防控意识和能力。

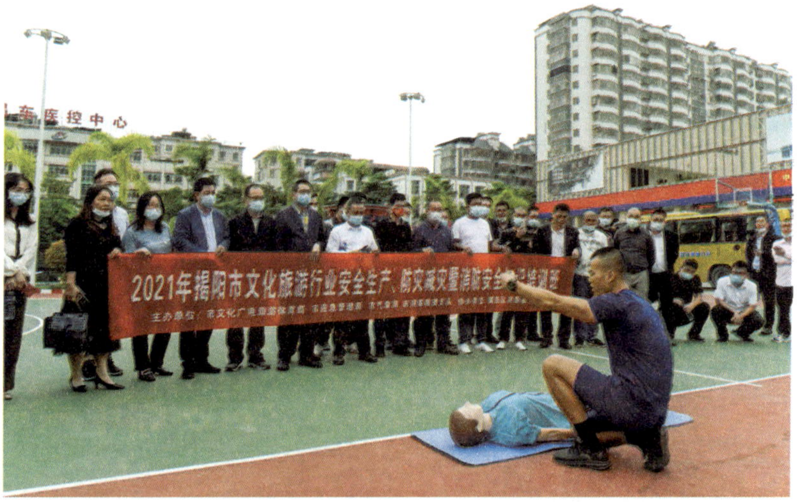

2021年11月，揭阳市文化旅游行业安全生产防灾减灾暨消防安全知识培训班在市消防科普基地举办（张灵华　摄）

【旅游安全管理】 2021年，揭阳市强化旅游安全管理，在春节、中秋、国庆等重要节假日和“七一”、汛期等重要时间节点，组织开展旅游市场安全大检查，指导旅游经营单位履行企业主体责任，严格抓好安全生产工作，督促景区做好常态化疫情防控措施，加大对高风险项目的安全监管力度，防范旅游安全事故发生。与市市场监管局联合开展景区安全生产专项督查，对A级景区内的高风险旅游项目和在用大型游乐设施进行现场安全检查，重点检查大型游乐设施的安全维护、检查检测情况以及玻璃桥安全运营情况，确保设备安全运行。是年，全市旅游市场未发生重大安全生产责任事故。

【旅游教育培训】 2021年，揭阳市文化广电旅游体育局联合市应急管理局、市气象局、市消防救援支队举办2021年文化旅游行业安全生产防灾减灾暨消防安全知识培训班，提升全市文化旅游行业安全生产管理水平及应对涉文旅突发事件的能力，筑实筑牢文化旅游行业安全生产防线，营造安全稳定的文化旅游环境。组织举办2021年红色旅游讲解员、导游员培训班，来自全市各红色旅游景点的讲解员、旅行社导游员60余人参加培训。举办全市文化市场业务执法培训班，邀请深圳市网络执法专家到场讲课，30多人参加培训，提高执法队伍的综合执法能力和业务技能。

旅游服务

【星级旅游饭店】 2021年，揭阳市对全市星级饭店的检查复核，全市列入满三年期评定性复核星级饭店2家（普宁碧辉园酒店、普宁黄金假日酒店），经市旅游饭店星级评定委员会专家现场复核，全部通过评定性复核。全市列入年度复核的星级饭店5家（东湖大酒店、东海酒店、惠来宾馆、惠来富林大酒店、普宁金皇名庭酒店），现场复核全部通过年度复核。2021年12月，根据金叶大厦和华南大酒店的申请，依照有关规定，取消金叶大厦和华南大酒店三星级旅游饭店称号。是年，全市拥有星级旅游饭店8家，其中五星级1家、四星级5家、三星级2家。

2021年揭阳市星级旅游饭店一览表

表13

序号	名称	星级	地址	联系电话
1	揭阳市榕江大酒店有限公司	五星级	揭阳市榕城区临江北路41号	0663-8222888
2	揭阳市东湖大酒店有限公司	四星级	揭阳市榕城区望江北路以南、东湖路以西	0663-8706888
3	揭阳市东海酒店有限公司	四星级	揭阳市空港经济区砲台镇206国道与渔湖路交会处	0663-3905888
4	惠来宾馆有限公司	四星级	揭阳市惠来县城南环一路	0663-6625555
5	普宁市黄金假日酒店有限公司	四星级	揭阳市普宁市324国道、S17高速普宁南（池尾）出口处	0663-2518888
6	普宁市碧辉园酒店	四星级	揭阳市普宁市广汕公路大华溪路段	0663-7688888
7	惠来富林大酒店有限公司	三星级	揭阳市惠来县惠城镇南门东路83号	0663-6694488
8	普宁市金皇名庭酒店有限公司	三星级	揭阳市普宁市广达北路与长春路交会处	0663-2788888

【旅行社】 2021年，揭阳市文化广电旅游体育局做好旅行社的审批工作，审批新设立旅行社4家：揭阳市天缘国际旅行社有限公司、揭阳市粤东风云国际旅行社有限公司、广东可乐假期旅游有限公司、揭阳市凤鸣国际旅行社有限公司。

（市文化广电旅游体育局）

2021年揭阳市旅行社一览表

表14

序号	旅行社名称	经营地址	联系电话
1	揭阳市光辉国际旅行社有限公司	揭阳市榕城区新兴路17号揭阳宾馆主楼一楼东侧南面	0663-8625388
2	揭阳市中国旅行社	揭阳市榕城区新兴路6号	0663-8626111
3	揭阳市青年国际旅行社有限公司	揭阳市榕城区仁义路以西建阳路以北联泰花园8-10号铺	0663-8228141
4	揭西县环游国际旅行社有限公司	揭西县河婆街道霖都大道229号A1	0663-5527531
5	惠来小伙伴旅行社有限公司	惠来县惠城镇蓬春园南幢502号	0663-6687299
6	揭阳市众达国际旅行社有限公司	揭阳市榕城区新河新阳路南一区F幢117号	0663-8270012
7	揭阳市全球行国际旅行社有限公司	揭阳市榕城区晓翠路以西临江北路以北电力花园综合楼十一幢106铺面	0663-8611222
8	普宁市稻人旅行社有限公司	普宁市流沙长春路北侧普港楼东起第6间第2层	0663-2723111

续表14

序号	旅行社名称	经营地址	联系电话
9	揭阳市海之韵国际旅行社有限公司	揭阳市榕城区下义建材综合市场167号	0663-8798199
10	揭阳市鸿远国际旅行社有限公司	揭阳榕城区东升街道沙港村C区第七栋1号	0663-8821255
11	揭阳市开心一族旅行社有限公司	揭东区锡场镇锡东村206国道旁	0663-3493867
12	广东视界旅游有限公司	揭阳市榕城区榕华大道中段西侧榕江公园边103号	0663-895666
13	惠来县云轩旅行社有限公司	惠来县惠城镇南门大街葵馨豪庭北十六号	0663-6682208
14	揭阳市顺畅旅行社有限公司	揭阳市榕城区淡浦路以东美阳路以北佳仕苑E幢铺面	0663-8539768
15	揭阳市启程国际旅行社有限公司	揭阳市榕城区新阳路与淡浦路西南侧6号	0663—8669393
16	揭阳市途乐旅行社有限公司	揭阳市榕城区玉浦新区D2幢东起01号	0663-8265066
17	揭阳市笠人部落国际旅行社有限公司	揭阳市榕城区东兴街仁港村新楼D幢106号	0663-8280669
18	惠来县惠之旅旅行社有限公司	惠来县惠城镇塘边社区	0663-6694372
19	揭阳市新旅程国际旅行社有限公司	揭阳市榕城区东山金都花园14号铺	0663-8253311
20	揭西县揭之旅旅行社有限公司	揭西县城滨江公园侧	0663-5535869
21	普宁市东弘旅行社有限公司	普宁市流沙西街道锦绣园赵厝寮民楼第十二幢东起11—13号	0663-2903828
22	揭阳市美景旅行社有限公司	揭阳市榕城区江滨花园C37号	0663-8225188
23	揭阳市金凤凰国际旅行社有限公司	揭阳市揭东区人民大道东侧、区一中西侧盛泰君和园14栋14铺第一层	0663-3198631
24	揭西县霖都国际旅行社有限公司	揭西县河婆镇霖都大道183号	0663-5591116
25	普宁市铁山旅行社有限公司	流沙大道市政府西侧龙苑一幢107号	0663-2222196
26	普宁市美林旅行社有限公司	普宁市流沙大道西21号	0663-2243618
27	普宁市新东方旅行社有限公司	普宁市流沙南平里41幢95号	0663-2255995
28	揭西县新世纪国际旅行社有限公司	揭西县棉湖镇湖西大道南湖41～42号	0663-5252618
29	普宁市金叶旅行社有限公司	普宁市流沙河滨路1号	2236889-3388
30	普宁市旅游总公司	普宁市联运贸易服务公司大楼A幢5楼	0663-2248753
31	揭阳吉旅旅行社有限公司	揭阳市榕城区建阳路以北锦绣家园二期首层7-8号	0663-8260333
32	普宁市新启程旅行社有限公司	普宁市北环大道北侧大林路口皇朝明珠酒店东起第一间	0663-2645678
33	揭阳市顺华旅行社	揭阳市榕城区新兴路17号揭阳宾馆内	0663-8625663
34	揭阳康辉旅行社有限公司	揭阳市榕城区同心路口东侧南起12～13号	0663-8687700
35	揭阳市宝马旅行社有限公司	揭阳市榕城区临江南路江南新城四期9号铺	0663-8635988
36	揭阳假日旅行社有限公司	揭阳市榕城区华诚花园一期南区北向113B、213A、B号	0663-8212683
37	揭阳市凤鸣国际旅行社有限公司	揭阳空港经济区砲台镇日源嘉景5号商铺	0663-3355636
38	揭阳市嘉泰国际旅行社有限公司	揭阳市榕城区东阳街道山东围社区池南新区横路南侧101号	0663-8200108
39	广东可乐假期旅游有限公司	揭阳市榕城区巷畔大路东四巷1号办公楼（自主申报）	0663-8182123
40	揭阳市天缘国际旅行社有限公司	揭阳市揭东区磐东街道乔南村博和城5幢1210号	0663-8820186
41	揭阳市粤东风云国际旅行社有限公司	揭阳市揭东区磐东街道阳美村龙光里翡丽翠达9楼	0663-8829999

交通·邮政

交通管理

【交通概况】 2021年，揭阳市完成交通基础设施建设投资约36.89亿元，其中，高速公路完成1.7亿元，国、省道完成9.55亿元，农村公路及危桥改造完成3.41亿元，港口建设完成22.23亿元。

【国省道建设】 2021年，揭阳市完成国道G206线揭东区褚美至空港区小坑段改造工程、省道S236线榕城南河大桥至屯埔段路面改造工程、省道S508线揭西上砂至砭下段、省道S509线惠来葵潭至览表路面改造工作等项目建设，推进国道G324线普宁池尾至惠来交界段路面改造工程、省道S237线普宁赤岗至麒麟姚厝围段改建工程，完成路面建设里程84.4千米。

【农村公路建设】 2021年，全市农村公路开工建设338千米，完工299千米。加大危桥的改造和维修加固项目管理力度，完成老北河大桥、安澜桥、径下桥、田心三桥等危桥改造。

【高速公路建设】 2021年，潮汕环线高速公路京灶大桥项目开工建设；陆河至惠来高速公路开展工程可行性审查工作，普惠高速公路梅林互通完成工程可行性送审稿；揭普惠高速公路南延线完成工程可行性评审和勘察设计招标工作。汕梅高速公路改扩建一期工程（含埔田连接线）完成工程可行性评审，埔田连接线立项前置手续同步开展。

【港航设施建设】 2021年，揭阳市中石油原油码头和产品码头、大南海东岸公共码头防波堤和进港航道、前詹作业区通用码头一期工程等项目建设快速推进，中石油揭阳LNG接卸码头、广东520万立方原油商储库配套30万吨码头工程等项目前期工作进展顺利。与广州港集团合作的大南海2号港池公共码头和榕江港区港口码头项目稳步推进。

【交通执法检查】 2021年，揭阳市交通运输部门全面开展道路客货运市场、危货运输市场、出租客运市场、超限超载等专项整治活动，推进全市道路运输行业市场秩序整治各项工作，全年出动执法人员约5万人次，查处违规案件2737宗，罚款1887.58万元。

【交通行业管理】 加强常态化疫情防控以及“两站一场”、跨境运输和港口码头疫情防控工作，督促相关企业组织从业人员完成疫苗接种工作，揭阳市交通领域疫情防控形势平稳。全年出动检查检疫人员13524人次，协调转运揭阳潮汕机场联合检疫发现健康码黄、红码14名。推进全市交通运输行业系统防范化解道路交通安全风险工作，完成普通铁路安全隐患问题84个。持续强化“两客一危一重货”领域监管，完成6189辆重点车辆智能视频报警装置安装。建立智能视频监控平台，对全市11家危运企业和15家客运企业车辆实行动态抽查监管。开展3轮次的安全生产县际交叉综合检查和5轮次局领导分片督查工作，检查企业170家次，发现问题427条。

（市交通运输局）

公路运输

【公路规划和普查】 2021年，揭阳市公路事务中心组织开展揭阳市公路网“十四五”规划及农村公路网规划调整工作。制定《揭阳市自然灾害风险公路（国省干线、农村公路）承灾体普查工作方案》，对全市普通国省道905.21千米、农村公路—县道422.56千米(含沿线桥梁）开展自然灾害风险承灾体普查工作。

【普通国省道建设】 2021年，揭阳市国省道在建项目9个，总投资约20.6亿元，总里程约114.5千米，截至11月底，完成投资约70456万元，累计完成投资135810.7万元。其中：新开工项目1个，国道G324线普宁池尾至惠来交界段路面改造工程完成投资5000万元，累计完成投资5000万元。续建项目8个，建成通车项目6个，分别是：揭阳市普通省道路面改造工程完工，完成投资270万元，累计完成投资1278.9万元；揭阳市国道206线等路面改造工程（市区）完工，完成投资1500万元，累计完成投资3162.58万元；省道505线祠堂村至砲台平交段改造工程完成交工验收，完成投资4200万元，累计完成投资30955万元；省道236线榕城区南河大桥至屯埔段路面改造工程完工，完成投资7964万元，累计完成投资约7964万元；国道206线揭东区英花至缶灶段路面改造工程完工，完成投资6376万元，累计完成投资约6376万元；国道206线揭东区褚美至空港区小坑段路面改造工程完工，完成投资15423万元，累计完成投资约15423万元。在建项目2个，分别是：进贤门大桥及南北连接线连通工程年度完成投资16323万元，累计完成投资51206万元，累计完成工程量77%；省道237线普宁赤岗至麒麟姚厝围段改建工程完成投资9000万元，累计完成投资13000万元，一期累计完成工程量90%。

2021年，揭阳市国省道筹建项目6个，分别是：国道238线普宁交界至惠来惠城段改建工程、国道238线普宁益岭至惠来交界段改建工程、国道206线揭阳砲台平面交叉改造工程、省道234线榕城区马牙平面交叉改造工程、机场路与中心大道交叉路口改造工程及国道206线揭阳新亨至地都段改建工程。

【公路养护】 *危桥改造* 2021年，省道234线榕华大桥和仙桥河桥维修加固工程等2个项目完成竣工验收。2021年计划完工危桥改造项目4个，累计总投资6530.68万元。截至11月底，累计完成投资6224.18万元，占总投资95.31%。其中：省道234线老北河大桥维修加固工程、国道235线揭西径下桥改造工程、省道236线安澜桥改造工程等3个项目完工；省道235线丁田桥正抓紧施工，项目总投资348.57万元，累计完成投资273万元，占总投资78.32%。

道路交通安全风险整治 2021年，揭阳市公路事务中心完成市区国省道标志标线标牌安防设施达标里程86.394千米。完成市区“一清一灯一带”61处，“平安村口”76处。完成市区“穿村过镇”路段整治11处；广东省普通干线公路（揭阳市国道228线、国道324线）创建交通安全文明示范路工程具体由普宁市公路局和惠来县公路事务中心分别实施，其中，国道228线完成投资1296万元，国道324线完成投资565.57万元，普宁市国道G238线等线路公路安全生命防护提升工程完成投资1388万元，揭西县国道G238线路公路安全生命防护提升工程完成投资256.19万元。

【道路客运】 2021年，揭阳市公路客运量为658.3万人，下降52.32%，旅客周转量40306.26万人千米，下降67.3%。

【道路货运】 2021年，揭阳市公路货运量2830.12万吨，增长18.7%；货物周转量235460.38万吨千米，增长23.24%。

（市公路事务中心、市交通运输局）

铁路运输

【铁路建设】 2021年11月17日，揭惠铁路全线开工，年度完成投资7.5亿元。汕汕铁路年度完成投资20.5亿元，开工以来完成投资39亿元，占总投资额61.7%。

【站场建设】 2021年4月20日，粤东城际铁路潮汕机场站项目开工，2021年度完成产值16999.73万元。汕汕铁路惠来站站房修改初步设计批复概算2.2亿元，站房工程开展项目部整章建制、施工图现场核对、沿线地方对接等施工准备工作。

【铁路运输】 2021年，全市铁路货运发送量14610吨，到达量686005吨，其中揭阳南站（发送14610吨，到达612813吨）、揭东站（到达52429吨）、新亨站（到达20763吨）。揭阳机场站、揭阳站、普宁站、葵潭站共完成客运量751.69万人。

（市交通运输局）

揭阳潮汕机场公司

【机场概况】 揭阳潮汕国际机场位于广东省揭阳市空港经济区登岗镇，是揭阳、汕头、潮州三市的地理中心，服务总面积3万多平方千米的粤东地区，辐射闽南部分地区。揭阳潮汕国际机场定位为国内中型机场，飞行区为4E级，拥有1座航站楼和1条跑道。2021年，揭阳潮汕机场公司国内航线79条，国内航点68个，完成航班起降5.03万架次，同比增长13.1%；旅客吞吐量573.4万人次，同比增长8.5%；货邮3.12万吨，同比增长12.9%。

【机场设施建设】 2021年，揭阳潮汕机场聚焦提升综合保障能力，配合指挥部继续推进航站区扩建工程建设，扩建国际指廊、新建交通中心综合体、运控大楼、值班宿舍已进行竣工验收，扩建国内航站楼完成形象进度86%，完成投资8.69亿元，超额完成年度投资计划。

【航空运输业务】 2021年，揭阳潮汕机场公司以打造“三线一圈”网络布局为重点，加强与航空公司合作，紧盯季前季中节点，争取时刻增量、新增加密航点、提高航班执行率。发挥ARJ、E90等窄体机型优势，提高航线运营稳定性；协调争取一、二、三航空等支线航空公司加大运力投放。发挥自媒体平台作用，通过首航仪式活动、地推活动、旅游推介会等，多层次开发市场。打造“潮尚飞”中转品牌，联合东航推出空铁联运产品，加强航空中转枢纽建设。全年新增西宁、成都、无锡等省会及重要城市航线，加密北京、上海、武汉等多条重要航线，国内航线达79条，国内航点达68个。

（揭阳潮汕国际机场公司）

水运航道

【航道概况】 2021年，广东省粤东航道事务中心揭阳航标与测绘所（简称揭阳航测所，下同）继续推进高等级的航道网络体系、高质量的航道服务体系和高效率的航道事务管理体系建设，加大航道信息化建设力度，提升航道公共服务水平，狠抓安全生产工作，做好航道、航标等主业工作，提高航道维护管理质量和服务水平，营造安全畅通的水上运输环境，保障辖区航道安全畅通。

【航道管理】 2021年，揭阳航测所加强航道维护管理和养护工作，保护航道资源，保障航道维护水深年保证率满足规范要求。抓好春运工作和台风期间应急准备工作，未出现航标损毁情况。加强辖区航道监督检查和技术核查工作，落实航测所、航道站巡查工作制度，确保航道安全畅通。全年开展航道巡查218次，巡查航道13083千米，其中Ⅰ至Ⅲ级航道7541千米、Ⅳ至Ⅶ级航道1397千米、等外航道4145千米，参与巡查人员达到994人次；发现5处未按规定办理许可施工作业现象，进行建档跟踪管理并落实航道保护措施。

【航标维护】 2021年，揭阳航测所严格执行航标管理办法和质量标准，抓好航标日常维护保养，按巡查周期进行巡查和维护，确保航标功能正常，严防航标失常造成的责任事故。应用好航标遥测遥控管理系统、桥梁净高显示系统等，及时总结遥测遥控航标管理经验，推进航标遥测遥控功能全覆盖，以信息化手段提升航道事务管理水平和航道对外服务质量能力，实现粤省事智慧航道平台桥梁净高数据实时更新。全年开展航标数字化改造301座，安装遥测遥控RTU289套。

【航道技术服务】 2021年，揭阳航测所落实航道监督检查技术服务工作规章制度要求，主动做好航道技术服务工作，采取措施加强辖区航道监督检查和技术核查工作，确保航道安全畅通。全年列入技术核查项目2个，省道234线德北中桥扩建和榕江北河2进贤门景观大桥项目，开展现场技术核查12次。

（揭阳航测所）

海事管理

【海事管理概况】 2021年，揭阳辖区水上交通安全和水上运输防疫安全形势稳定，辖区船舶进出港报告17.15万艘次、吞吐量4065万吨（其中海船1.56万艘次，国际进出口岸188艘次）。揭阳海事局开展巡航916次，巡航时间2092小时，巡航里程18620海里，出动执法人员2342人次。检查船舶1583艘次，滞留船舶20艘次，实施行政处罚144宗，罚款127万元，暂扣3本船员适任证书，协助查处2起船员资历造假违法行为。三年行动“隐患清单”12个隐患全部清零，89艘脱管船舶销号。

【海事服务】 2021年，揭阳海事局贯彻落实《广东海事局海上风电建设海事监管与服务工作研讨会议纪

2021年8月16日，揭阳海事局执法人员在神泉渔港开渔节管控水上交通秩序

（揭阳海事局 供图）

要》，研究深化海上风电场海事监管措施。支持惠来电厂码头一类口岸开放。主动服务中石油广东石化炼化一体化、国电投海上53台风机顺利建成并网发电等重点项目。保障768艘1020.89万吨煤炭、52艘353.33万吨LNG（液化天然气）、222艘18.31万吨LPG（液化石油气）等能源物资海上运输畅通、安全进出港接卸。提早介入推动80名渡工换证。

【安全监管】 2021年，揭阳海事局严格水工许可审核和船舶载运疏浚物把关，约谈长江航道局等施工单位，防范以海上疏浚之名谋盗采海砂之实。加强惠来沿海施工船、海上风电运维船监管，规范海警系船浮筒养护许可，整顿海警扣押船舶的停泊秩序。坚持安全泊位把关，保障船舶靠泊安全。严格打击中小海轮配员不足、超载等严重违法行为，开展为期1个月的守候检查，对违法行为形成震慑。加强危险品谎报瞒报行为抽查。紧密盯防和查处“三无”船舶，促成拆解2艘，整治情况在部海事局内网展示。清理榕江采螺小船，疏导利用渡船进行“放生”活动、通航水域市民游泳活动。加强普宁南溪“水乡游”业务指导，督促履行主体责任，推动安全隐患整改落实。敦促市政水上作业船舶做好船舶检验和按规定配员。加强榕东大桥防船碰桥管控，消除船舶搁浅隐患。开展榕江辖区、石碑山水域安全监管专题调研，形成专题研究报告，及时转化为加强安全监管的举措。严格规范渔湖湾船舶航行、停泊秩序，碰撞隐患得到遏制。

推动印发《揭阳市海（水）上险情应急预案（修订稿）》《揭阳市处置船舶污染事故应急预案（修订稿）》。防范“卢碧”“康森”“灿都”“圆规”等台风，督促撤离海上风电作业人员。参与“神泉一”风电场施工应急演练。敦促“新晨闽”“新兴达18”沉船完成打捞清除。组织“粤阳西渔39033”人员落水、“航盛88”自沉事故等险情救助。

开展海事执法领域突出问题专项整治行动，促进海事严格规范公正文明执法。开展《海上交通安全法》《行政处罚法》等新颁布法律法规普法宣传，开展《海上交通安全法》专题讲座13场次、300余人次，深入码头、企业、船舶宣贯10余次。

【水上搜救】 2021年，揭阳市政府印发《关于加强揭阳市水上搜救工作的实施方案》，揭阳海事局联合市安委办印发《关于推进水上应急救援点建设工作的通知》，推动普宁市水上救援点挂牌运行、惠来县水上搜救分中心成立。全年接到列入统计的水上险情8宗，遇险船舶7艘，遇险人员61人，获救60人，搜救成功率98.4%。

【专项行动】 2021年，揭阳海事局开展水上交通安全专项整治三年行动集中攻坚行动，统筹推进无线电秩序、防船碰桥、载砂海船、船载危化品、内河船参海运输、“商渔共治2021”等专项整治，组织开展全市水上交通安全大检查。防范商渔船碰撞经验做法在广东海事局做经验交流，被交通运输部海事局情况交流采用。推动建立水上交通和渔业船舶安全执法与监管机制，水上无线电专项整治情况在广东局做经验交流。

（赵　江）

邮政通信

【邮政通信概况】 2021年，揭阳邮政优化机制完善科学管理，实现收入和利润双增长，全市邮政行业业务总量和业务收入分别完成260.74亿元和165.97亿元，分别增长54.32%和16.03%，占全省比重分别为8.59%和6.12%。

【设施建设】 实物网建设 2021年，揭阳（粤东）邮区中心成立，承接粤东区域进出口邮件处理功能，11月底完成整体设备安装工作，全面承接粤东区域进出口邮件处理功能，整体运行顺畅，为揭阳乃至粤东邮政未来高速发展奠定坚实基础。调整完成省内二干邮路“单改双”工作，在提升邮件时限达成率及客户体验的同时，降低陆运运输成本。组织落实办公网终端防病毒的安装工作，引进电脑管家团队版，实现对所属区域的所有互联网终端的统一管理、可接收预警信息和下发统一的安全策略、打补丁、定期扫描杀毒等一系列操作的功能；全面推广揭阳邮政内网终端奇安信防病毒软件的安装防护工作，内网机器安装率已达到90%。

绿色邮政建设 推进绿色包装、绿色运输和绿色金融“三大工程”，开展以加强包装减量、完善循环回收为主要措施的绿色包装工程，加速推进包装减量化、绿色化、可循环；开展以优化运输装备用能结构、提高运输组织集约化程度、完善绿色运输管理创新体系为重点措施的绿色运输工程，减少资源消耗，有效抑制环境污染。实现可循环快递箱（盒）使用量达900个，电商快件不再二次包装率达99.98%，新增包装废弃物回收装置68个，100%全覆盖，省内可循环中转袋使用比例99.46%，包裹快递邮件一联面单使用比例达到99.59%。

重点项目建设 投入48.5万元，建设揭阳职业技术学院校园综合服务中心，解决校园快递配送最后一公里问题；投入81.4万元，对惠来县东陇邮务类网点和揭东区曲溪等7个邮政营业网点进行改造。

【业务经营】 寄递业务 揭阳邮政对接国家“放管服”改革，拓展服务领域，承办政务便民服务项目，大力推广“邮政＋政务＋民生”服务模式，提供“业务受理＋单照制作＋实物寄递＋便民金融”等综合服务，利用邮政营业网点优势，丰富邮政渠道缴费服务种类，在网点及站点实现“应开尽开、应办尽办”，叠加税邮、警邮、医药、便民缴费、社区团购等业务，拓展“警递、文书送达”等服务，为群众生活提供便利；加快推进县乡村三级物流体系建设，服务乡村振兴。聚焦农产品进城“最初一公里”和消费品下乡“最后一公里”，完成全市三级物流体系建设目标，巩固农村地区的竞争优势。全市80%的农村地区实现汽车化投递，建制村通邮频次达标率100%，“邮快合作”建制村覆盖率提高到50%，代收代投量明显提升。村级站点全部叠加邮件代收、代投和自提服务。

代理金融业务 推进新农保工作，揭阳邮政代理金融服务新农保户数约196.9万户（其中代发近60万、代收近140万），占全市人口35.29%，包括全市5个区县，覆盖全市1445个行政村，全年代发金额14.04亿元。

邮务业务 助力政务图书发行，累计销售《习近平谈治国理政》第三卷、党史政务图书等系列图书11万册。党报党刊发行量稳中有升，县城以上机关《人民日报》当日见报率100%。

农村电商业务 揭阳邮政发挥邮政商流、物流、资金流、信息流“四流合一”的独特优势，建立健全农村双向流通渠道、综合物流网络和普惠金融体系，助力农村消费升级、农业产业发展。协同推进惠农合作项目，推进农村信用体系建设，提供线上专属和线下通用类信贷产品，改善农村信用环境，破解农民群众贷款担保难问题。至2021年12月，中邮消费贷累计放款笔数13582笔，放款金额1.28亿元。

（中国邮政揭阳分公司）

快递业

【快递业概况】 2021年，揭阳市快递企业134家，省级分拨中心10家（分别是邮政速递、中通、圆通、韵达、申通、京东、顺丰、优速、极兔、德邦），末端网点347个。全年全市快递业务量完成35.33亿件，同比增长50.53%，占全省比重为11.86%，位列全国第六、全省第三；快递业务收入161.12亿元，同比增长16.80%，占全省比重为6.45%，位列全国第十、全省第四，快递强市地位进一步巩固。

【快递行业管理】 2021年，揭阳市落实优化快递企业许可流程，快递业务经营许可申请或变更平均办理时限缩短2天。全市乡镇快递网点覆盖率和建制村快递服务覆盖率均达100%，“快递进村”取得实效；组织引导快递服务深度切入揭阳制造业供应链，推动物流降本增效。全市进厂快递品牌16个，累计为工业企业提供寄递服务超1000万件，“快递进厂”成效凸显。设置包装废弃物回收装置网点152个，通过加强宣传、规范执法、签订承诺书等措施，推动全市邮政快递业电子运单使用率达99.8%，“瘦身胶带”封装比例达96.3%，电商快件不再二次包装率达87.2%，循环中转袋使用率达97.5%。投放近百辆新能源汽车到快递运输行业，保障城市邮件快件绿色高效送达。市政府出台《揭阳市促进跨境电子商务高质量发展若干措施》，对快递企业服务跨境电商给予每家企业最高补贴10万元，助力揭阳市申报国家级跨境电商综合试验区。

完善安全监管支撑保障体系建设，清理整顿快递市场秩序，依法查处违法违规行为，规范加盟制企业内部层层罚款问题。落实快递末端网点备案无需办理营业执照的规定，清理整顿末端网点违规收费现象。全市快递行业服务质量稳步提升，便民服务水平不断提高，用户反映强烈的寄递服务、丢失损毁、理赔难、不按址投递等难点问题逐步压降，申诉热线群众满意度保持在99%以上，有效申诉率控制在0.5%以内。

（林妍华）

2021年，揭阳市快递业务量在全国城市排名第6位。图为京东快递揭阳分拨中心 （郑楚藩 摄）

信息产业

信息化建设

【信息化建设概况】 2021年，揭阳市固定宽带接入端口约375万个，固定宽带接入用户累计146.9万户，家庭宽带接入用户131.7万户，家庭宽带普及率116.8%。其中百兆以上宽带接入用户占比93.4%（百兆宽带渗透率），光纤接入用户累计达138万户，光纤入户率94%；全市建成5G基站3850座，5G用户数约110万户；全市4G基站累计超过1.4万座，移动宽带用户476.4万户，移动宽带用户普及率85.4%。全市乡镇（街道）、行政村及20户以上自然村均实现光纤网络和4G网络100%全覆盖，全市互联网出口带宽超过1.5T。

【信息基础设施】 2021年，揭阳市大力推进信息基础设施建设，推动4G网络深度覆盖，加大5G网络建设力度。全市4G基站累计超过1.4万座，移动宽带用户累计469.3万户，移动宽带用户普及率84.1%；固定宽带接入用户累计146.3万户，其中家庭宽带接入用户130.4万户，家庭宽带普及率115.7%；光纤接入用户137.4万户，其中百兆以上宽带接入用户占比92.4%（百兆宽带渗透率）。建成5G基站3850座，5G用户数约110万户，实现市中心城区及各县（区）城区5G网络连续覆盖、镇中心区域基本覆盖、农村热点区域重点覆盖。6月9日，召开全市加快5G产业发展第二次联席会议，研究制约5G建设发展的难点问题，部署开放公共建筑支持5G基站建设，推进5G与实体经济深度融合，推动5G产业发展。

推动移动通信基站配套设施建设，全面开放公共场地支持5G基站建设，持续推进公共资源免费开放支持5G基站建设，解决部分公共场所开放难的问题，协调推进将移动通信基站配套措施预留列为新建住宅小区、商务楼宇等新建建筑物方案审查和竣工验收等环节的必要内容，全年批准4批公共场地建设5G基站申请，建设16个5G基站。

（王　挺）

2021年12月2日，揭阳市数字化转型走进金属产业集群暨5G智慧工厂推进会在中国电信揭阳分公司举行

（中国电信揭阳分公司　供图）

【制造业数字化转型】 聚焦揭阳市“8+3”战略性产业集群，印发《揭阳市制造业数字化转型实施方案》，以深化新一代信息技术与制造业融合发展为主线，以工业互联网创新应用为着力点，促进数字技术与实体经济深度融合，全面推进制造业数字化转型。7月16日，市工业和信息化局组织举办2021年揭阳市制造业数字化转型推进会，会议主题为“数字转型 智造未来”，由省工业和信息化厅、市人民政府作为指导单位，邀请行业专家、有关行业协会、商会、重点工业企业负责人约200人参加。11月至12月期间，分别举办数字化转型走进注塑产业集群活动（揭东）、数字化转型走进金属产业集群（榕城）、数字化转型走进服装产业集群（普宁）三场活动，搭建制造业数字化交流平台，解决揭阳市战略性产业集群数字化转型的需求。

为推动传统特色产业集群数字化转型，促进揭阳电信公司、揭阳移动公司、揭阳联通公司分别与金属产业集群、纺织服装产业集群、注塑产业集群携手合作，联合工业互联网服务商组建联合体，梳理对应产业集群存在痛点和共性问题，提出契合产业集群数字化发展的方式，形成具备行业和区域特色的解决方案，探索产业集群数字化转型新路径。

（王 挺）

【无线电管理】 无线电频谱监测 加强日常和重大节日期间无线电监测工作，完成对市域内1355兆赫和2940兆赫频段监测任务，2021年度完成重点频率监测、监听1056小时，完成重要频段扫描测量8000余小时，其中包括专项频谱监测任务5100余小时，其他重点频段监测2900余小时，辖区内平均每月排查信号数量50个以上，编报完成12份频谱监测统计报告。

无线电监测能力建设 推进边海无线电监测网建设、无线电监测网升级改造等项目，完成广东省边海无线电监测网五期及扩展续建项目建设、与铁塔公司签订监测站点综合服务协议项目配套建设，以及向省工信厅申报揭阳中心站升级二类站改造建设项目。

完善“互联网+政务服务” 做好公共审批平台数据与无线电管理综合业务系统对接工作，加强行政事项标准的动态管理，及时更新办事指南、业务手册、申请材料示范文本等事项内容。依托省市统一申办受理平台，通过应用电子证照和共享数据，简化频率、台站许可申请材料，做好续期提醒、注销办理等政务服务推送以及后续监督工作，所有审批事项和服务事项全部按时办结，实现“一网式”办理“不见面”审批。全年办理台站执照22件，频率使用许可3件，发射设备销售备案17家，按时办结率100%。

无线电安全保障 落实相关无线电安全保障工作，在建党百年庆祝、国庆等重大活动中，与各相关部门联动联防，排查干扰隐患。特别是在疫情防控期间，主动对接三防、应急等部门，加强频率保护性监测，保障重大活动无线电业务用频安全无事故。配合考务主管部门，出动人员132人次、监测车76台次、设备95台次，完成全国高考、成人高考等各类重大考试的无线电安全保障任务28场次。

干扰信号排查 建立完善全市5G基站与卫星地球站干扰协调清单，完成市域内1400～1427兆赫卫星频段专项排查任务，受影响卫星地球站协调率达100%。做好民航GPS干扰排查工作，排查9起民航GPS信号干扰，成功消除干扰，保障民航飞行安全。主动与公安、安全、广电、民航、铁路、海事、道路交通等相关部门联系，协助相关部门主动排查影响安全的无线电干扰隐患。

无线电监督检查 落实省工信厅的年度行政检查计划，组织开展公众移动通信基站、雷达台站、在册无线电台站设置使用情况、擅自设置使用GPS信号干扰器等专项监督检查行动，检查公众移动通信基站10个、在册无线电台站2个、雷达台站2个。联合市场监管部门印发《关于开展2021年销售无线电发射设备部门联合“双随机、一公开”监管工作的通知》，对20家销售单位开展监督检查，自行组织抽查13家，联合市场监管局抽查7家，结果全部合格，并按要求进行公示。完成对辖区内150兆赫、400兆赫频段专用对讲机使用情况摸底调研上报省工信厅。

非法设台查处 2021年，加强粤东五市协作，加大对“伪基站”“黑广播”打击力度，主动与广电和三大运营商等相关部门联动联防，联合公安、市场监管、文广旅体等部门深入开展反诈、“断卡”行动等工作，联合公安、广电等部门累计查获4起“黑广播”。

（姚剑锐）

通信业

【通信业概况】 2021年，揭阳市通信业发展质量提升，网络升级加快，5G基站等新型基础设施建设稳步推进，电信业务稳步增长，全市电信业务总量43.6亿元，增长25.8%，电信业务收入38.8亿元，增长8.7%。移动用户规模稳定，年末移动电话宽带用户479.4万户，其中，3G用户5.5万户，4G用户363.9万户，5G用户110万户。网络升级持续推进，年末全市固定宽带接入用户数为146.9万户，增长10.0万户，其中家庭宽带131.7万户，100兆以上宽带接入用户占比93.4%，

2021年4月28日，揭阳市网络文化协会换届大会暨新媒体分会成立大会在中国电信揭阳分公司举行，中国电信揭阳分公司当选为第二届会长单位，会议启动“‘重走红色路·启航新征程’系列采风活动”

（中国电信揭阳分公司 供图）

FTTH/O光纤接入用户占138.0万户，光纤接入用户占比94.0%，家庭千兆网络覆盖率67.3%，500Mbps及以上用户占比9.2%。

（王 挺）

【中国电信股份有限公司揭阳分公司】 2021年，中国电信揭阳分公司贯彻落实集团“云改数转”战略和省公司“1+1+28”“3456”工作部署，发挥地方建设网络强国、数字中国、维护网信安全的主力军作用，助力经济社会数字化转型和高质量发展。全年在基础设施建设、客户服务、通信保障、企业运营等方面投入超11亿元，完成收入9.03亿元，本地缴纳税费934.37万元。

数字信息基础设施建设 全力践行云网融合，开展数字信息基础设施建设，累计建成开通5G基站1265个，5G接入体验良好率保持在99.6%以上。全面部署10G EPON网络，基本实现全市千兆网络覆盖。开展电信联通4G/5G共建共享，增强农村覆盖和室内深度覆盖，加快3G退网和800M重耕，开展4G/5G网络质量优化、Volte优化、高速高铁优化等专项工作，进一步提升网络质量和客户感知。

助力数字揭阳建设 运用“三千兆”和云网融合优势，为各行业提供综合智能信息服务，助力“数字揭阳”建设。中国电信广东公司与揭阳市人民政府签署“十四五”信息化战略合作框架协议；中国电信揭阳分公司与榕城区人民政府签署“产业集群数字化”合作框架协议，与广东蒙泰高新纤维股份有限公司签署5G+工业互联网应用框架协议，与揭阳潮汕妇女儿童医院签署5G智慧医院战略合作协议。投入1500多万元用于广东省“数字政府”政务云平台揭阳节点的资源扩容，做好政务云平台的运维工作，为各单位提供政务云迁移服务；为市公安局“平安揭阳”、公共安全视频监控建设联网应用（雪亮工程）、“十三五”视频监控系统智能大数据平台、新一代移动警务，市公安局交警支队车辆管理所车驾管业务系统，市市场监督管理局“互联网+明厨亮灶”，市政数局“粤省事”揭阳版、12345服务热线，市司法局社区矫正系统，市人民法院移动办公办案系统等平台及应用提供信息服务。承办揭阳市数字化转型走进金属产业集群暨5G智慧工厂推进会，聚焦产业集群数字化转型需求，提供5G定制网+工业互联网平台、云桌面、企业云盘、云快销、安全大脑、安全专线等创新应用，为制造业企业打造上云用数整体解决方案，助力产业数字化发展。落实乡村振兴战略，汇聚云、网、边、端等核心能力，聚焦场景打造数字乡村一体化解决方案，为农业农村现代化注智赋能，让数字乡村可视、可看、可听、可用，助力提升乡村治理水平，满足人民群众美好数字生活需要。与普宁下架山镇政府携手打造“数字乡村”管理平台，通过智慧大屏直观展现数字乡村一张图，提升村务管理数字化、可视化水平，全镇32个村均实现立体式智能监控，覆盖近千个监控点位，科技助力乡村治理。与普宁里湖镇政府携手打造“数字环保治理平台”，实现“县环保局—镇环保组—村环保队—各工厂”分级分权监测管理。打造“数字农业”应用，创新“太阳能+无线网桥”交付模式，解决偏远山区取网取电难、无法实时监测生产等问题，打造多个“一村一品”项目。

社会服务 启动防诈专项行动，建立“市—县”攻坚专班工作组，参与反诈专班工作，深化警企联动，全力协助遏制网络诈骗犯罪高发势头。承办2021年揭阳市网络安全宣传周暨网络安全专题展览启动仪式，助力提升网民网络素养，凝聚网上正能量，营造良好网络生态。承办揭阳市网络文化协会换届大会暨新媒体分会成立大会，当选为第二届会长单位，启动“‘重走红色路·启航新征程’系列采风活动”。携手团市委开展党史学习教育暨“走进红色电信”活动，教育引领全市广大青年深入了解红色电信光辉历史、感悟党的初心使命、传承党的红色基因。

（陈志宏）

【中国移动通信集团揭阳分公司】 2021年，中国移动通信集团广东有限公司揭阳分公司加快打造新型信息服务体系，助力统筹推进疫情防控和社会经济发展，全年通信服务收入超25亿元，增长9%，服务个人客户超370万，为国家和地方创税1.6亿元。公司连续四年在省公司党建考评中获优秀，获评“2020年度广东省‘守合同重信用’企业”，1个单位获“集团公司服务明星班组”，1人获“广东省五一劳动奖章”等。

战略合作 揭阳市人民政府与中国移动广东公司签署《加快“十四五”数字化转型战略合作协议》，发挥广东移动5G创新能力和产业链整合优势，推动揭阳政务、工业、农业、教育、民生、医疗、社会治理、服务业等领域与数字技术跨界深度融合，培育数字经济发展新动能，将揭阳打造成为全省“数智城市”新标杆。普宁市人民政府与中国移动广东公司揭阳分公司签署《推进5G+产业数字化发展战略合作协议》，发挥以5G为核心的新基建优势，推进“5G+产业数字化”发展，赋能普宁数字经济发展和产业转型升级，支撑普宁制造业高质量发展。

新型信息基础设施建设 全年完成投资7.6亿元，开通5G基站超2300个，城市区域、机关单位、工业园区、重点农业园区、交通枢纽、重点医院、重点学校与重点企业等区域实现连续覆盖。推进光网建设，实现行政村光缆实现100%覆盖。加快农村信息基础设施建设，完成近200个20户以上自然村和500多个行政村加强覆盖，完成信息化脱贫攻坚任务。

5G助力产业数智化转型 加快5G的推广普及，5G客户超60万。为1000多个乡村提供宽带及视频监控服务；大力推动5G融入百业，在工业、能源、农业、文旅、商贸等领域推出行业解决方案。为揭阳市2021年度重点项目开工活动提供5G直播连线服务，打造揭阳潮汕机场省内第一个全5G覆盖机场、广东海兴塑胶有限公司“5G+智慧工厂”、广东粤电靖海发电有限公司“5G+智慧电厂”等标杆项目。支撑智慧农业发展，为普宁、揭西及惠来等农企建设数字化生产管理云平台，打造“一镇一业”“一村一品”生态圈。

数智化应用助力治理水平提升 支撑“数字政府”建设，投入1亿元，推进云OA系统、财政大数据展示平台、美丽乡村建设数据管理平台、农村集体产权流转管理服务平台、森林资源监控及灾害防控体系和云视讯会议等重点项目建设，支撑提升社会治理信息化、智能化水平。服务智慧教育领域，依托智慧校园平台，为广东工业大学揭阳校区建设完善基础网络建设、各信息系统，提供数字校园综合服务平台、统一认证平台、科研创新服务平台等软件开发及硬件建设。服务交通智慧运营，为全市超6000辆“两客一危”车辆安装智能监控报警设备，借助物联网技术实现对驾驶员不安全驾驶行为的自动识别和实时报警。建设港口码头视频综合指挥调度平台，将全市多个港口码头视频监控设备与指挥中心平台打通，实现港口码头智能视频监管。通过“空港天网”“惠来平安乡镇”“智感安防”和“平安乡村”等项目，助力平安揭阳建设。

履行社会责任 落实“全民反诈”专项行动，基于中国移动大数据平台实施智能防控，管控业务源头，配合公安机关行动。服务乡村振兴战略实施，搭建“揭阳云上农产品”“惠来五宝云平台”等平台，为农户免费提供线上销售服务，带动全市农户应季农产品销售；协助普宁农业局建立高标准荔枝园管理系统，帮助果农提升果园从生产到销售的全流程水平。支持企业经营发展，依托中国移动免费的商户助手平台为中小企业提供“移动e企”智能化服务；落实提速降费要求，针对中小企业的企业宽带打折减免30%～50%，互联网专线资费降低为标准价的20%～30%。支撑常态化疫情防控，开发疫苗接种点流量分布查询小程序，利用大数据让市民

2021年5月17日“国际电信日”，中国移动通信集团揭阳分公司开展反诈骗普法宣传（中国移动通信集团揭阳分公司 供图）

能够快速查询到新冠疫苗接种点人流量情况，方便市民选择合适的接种地点；协助政府单位向客户发送疫苗接种免费公益短信，增强客户安全防范意识。做好节假日、汛期应急通信保障，顺利完成庆祝建党100周年重要通信保障，为揭阳市2021年度重点项目开工活动提供5G网络支撑。

（洪丹凤）

2021年4月7日，中国联通揭阳市分公司举办“奋进杯”羽毛球赛

（中国联通揭阳市分公司　供图）

【中国联通揭阳市分公司】 2021年，揭阳联通公司主营收入4.86亿元，完成率101%；营业利润完成2810万元，完成率155.2%，全省排名第1。

业务经营 推进5G化和融合化，优化渠道结构，深化客户运营，全年发展移动用户24.3万户，净增3万户，用户规模达64.7万户，其中5G出账用户达24.1万户，5G市场份额达12.8%。强化渠道体系和运营能力，合作渠道有效有产网点突破800家，新增轻载营业厅3个，线上发展规模占比突破40%，电商订单转化率56.4%。优化全客户运营与渠道协同，全年5G迁转升级累计14.4万户，端网业匹配的5G用户规模达到6.7万户，带动价值增收1991万元，全年收保率92.3%、同比提升3.7%；用保率达81.9%，同比提升6.6%。做强数字化服务，拓宽终端供给格局，实现新增用户中国App渗透率达69.5%，全网用户中国联通App活跃用户数超22万，渗透率达34.1%，5G终端销售规模超7000台。

智慧生活品牌建设 打造“揭阳智慧生活第一品牌”定位，以品质宽带、智慧生活为引领，推进本地家庭业务，宽带用户规模达10.1万户，用户规模二类排名进阶1名，净增1.3万户，市场份额提升0.8%，其中千兆用户规模超过1.2万户。强化营销组织，强健末梢队伍，全年拓宽业务触点超300个，组建由42名社区经理、34名智家工程师、12名组网专家组成的1+1营销服务队伍，打造揭西“智家综合培训基地”，高标准、高强度开展技能培训和大比武、大练兵活动。加大资源投入，实行挂图作战，全年建设8万端口，承包106个国标小区试点，以承包契约制方式激发生产积极性。

政企领航工程 坚持聚焦重点领域，立足自主能力，扩大重点行业和重点业务差异化能力优势，推动实现创新业务主导地位目标，全年达成创新业务收入9068万元，同比增长30.4%；在创新业务高速增长驱动下，全年政企主营收入增长18.7%；基础业务完成5021万元，增长2%，政企收入占大网比29.0%；政企收入增量贡献64.8%。政企市场攻坚取得新成效，全年达成签约合同额近1.5亿元，实现2个千万级、7个五百万级、14个百万级项目签约，开展超过80场行业造势系列活动，实现全省首个与地市级政府签署“实施乡村振兴战略”全面合作协议、“5G+工业互联网”战略合作协议。在数字农业一号工程、数字政府、智慧城市、工业互联网等板块均取得新突破。数字农业一号工程，打造全省首个农业“链长制”数字创新平台，“揭东区阳光村务二期”入选总部标杆案例，打造省内首个智慧党群标杆案例“惠来县党群智慧服务平台”。数字政府领域，打造全省首个由运营商承建的地市级政务大数据中心平台“广东省政务大数据中心省市一体化揭阳节点”；实现全市首个数字政府大安全主业项目“普宁市政务数据中心等保”突破。承建全省首个应急指挥专网“揭阳市指挥信息网项目”；打造揭阳首个智慧应急准千万级项目“榕城区应急指挥中心智慧应急平台”。工业互联网领域，夺取粤东首个5G专网“中石油广东石化4G/5G混合专网”。收获揭阳首个千万级OTN组网项目“农业银行金融专网”。

网络建设 5G网络覆盖快速提升，全年新增5G宏站743个和室分PRRU311个，5GMR覆盖率增长11PP达89.3%，5G日流量增长22倍达6.2万GB。推进4G建设及电联4G共享，全年新立项4G站点110个，4G价值区域MR提升至93%，2021年共享电信小区1170个，解决230个无覆盖问题，共享日流量达5938GB。实施家庭业务重构，聚焦固移双优目标校区、新国标校区等高价值区域，名单制攻坚，累计新建接入千兆小区18个。推动精细化管理，落实网络BG契约制及“五自”工作机制，压降网运成本430万元，“五自”年度收益完成63万，智网工程师通过认证16人；创新工程师通过认证7人，云网中心黄斌荣获全国行业网络安全竞赛个人及团体二等奖。

客户服务　坚持客户为中心、业务为导向，高效协同打造数字化服务平台，实现客户口碑大提升，日断站率从1.2%降到0.84%，平均断站时长237分钟，定比压降200分钟；NPS考核从-3.9分提至6.9分，TCSI考核满分，CES每月持续达标，提高用户体验满意度。打造面向市场的交付快速响应机制和铁三角支撑服务体系，加强交付支撑能力，全年交付客户双线337条，两车一极光712线，IDC出口扩容至1T，机柜扩容达到148条，交付及时率98%，全年主动服务拜访TOP星级客户55家，组织完成防疫、建党百年等重要节假日客户重保7次约200条电路，客户隐患清查改造10家，全量客户故障响应及时率97%。

（中国联通揭阳市分公司）

【中国铁塔股份有限公司揭阳市分公司】　2021年，中国铁塔股份有限公司揭阳市分公司（以下简称“揭阳铁塔公司”）落实国家网络强国战略和信息化建设要求，加快推进移动网络覆盖综合解决方案和共享室分方案落地，重点增强市、区（县）各大医院网络覆盖，解决全市24个网络盲点，对全市3750个基站运行情况进行7×24小时值班监控，保障240个一级重保基站正常运行全年承接三家运营商基站建设需求3416个，交付3077个，交付率90%。

5G推进　2021年6月9日市政府召开全市加快5G产业发展第二次联席会议，揭阳铁塔公司做《关于支持加快揭阳市5G基础设施建设》专题报告，协助市工业和信息化局建立加快5G产业发展联席会议制度，为5G建设过程中的问题反馈提供了沟通平台。在市工业和信息化局、自然资源局支持下，定期发布《揭阳市免费开放公共建筑情况及基站建设督办清单落实情况通报》，推动公免站点的获取。

精准维护　揭阳铁塔公司加强监控管理，紧盯关键指标，发电及时率，断电退服率，巡检合格率、外电平均处理时长、故障处理及时率等指标均保持良好，网络质量总体上稳定可控，服务指标持续改善，基站全量整治效果明显，得到了电信运营企业的总体认可，满足了揭阳市人民群众对优质通信服务的需求。

一体两翼　2021年，揭阳铁塔依托资源优势和专业能力，推进通信塔向数字塔转变，面向跨行业站址应用与信息服务领域积极拓展社会共享，在林火监控、环保大气监测、视联网等项目攻坚中均取得了突破。能源服务立足于专业化的电力运营保障能力，围绕换电、备电等核心业务，持续推进规模化运营。

（刘　圳）

城乡建设·环保

自然资源管理

【自然资源管理概况】　2021年，揭阳市自然资源部门统筹推进耕地保护、土地供应、征收整合储备、三旧改造、违法图斑整改、不动产登记等事关全省考核、揭阳发展大局的“六项”专项工作，各项工作任务取得明显成效。作为全省市、县国土空间规划编制试点城市之一，编制经验首个在省自然资源厅得到宣传推广，惠来县国土空间规划作为全省县级代表向自然资源部汇报并受到部领导肯定。揭阳市揭东区埔田镇长岭村垦造水田项目获评为广东省首届垦造水田十大典型案例之一。“阳光用海”主动服务在全省作为典型推广。“七五”普法工作被自然资源部评为成绩突出集体。

【自然资源审批服务】　深化“放管服”改革，推进市级权力事项下放揭东、榕城、空港、大南海和粤东新城管委会。出台服务措施，围绕优化营商环境三年行动方案，坚持措施成熟一批出台一批，推出两批15条，累计出台五批48条措施，基本涵盖用地、用海、用矿，以及规划、建设、登记等自然资源方方面面。做好产业服务，汇编《自然资源支持产业发展政策文件汇编》，收集政策文件22类172个，系统梳理产业用地、用海、用矿等政策文件，精准服务企业发展壮大。召开企业家座谈会面对面交流，对企业家提出的40多条意见逐一跟进反馈。提高服务效率，“多规合一”“多证合一”“多门合一”“多测合一”“多审合一”全面推开，“三减一高”（减申报材料、减办理环节、减审批时限，高效率服务）得到落实，并联审核审批、用地清单制等改革措施正在推行，建设工程规划许可压缩至5个工作日办结、工程验线业务2个工作日内办结，规划条件核实业务3个工作日内办结，抵押登记1个工作日内办结，工业项目用地实现“出让即报建”，新开发小区登记实现“交房即领证”，审批服务效率提高60%以上。

【自然资源执法监察】　抓好国家自然资源例行督察整改，在全省率先

2021年，揭阳市强化耕地保护，大力垦造水田。图为普宁市南溪镇钟堂村垦造水田项目　（市自然资源局　供图）

完成历年例行督察存量问题的整改，提前完成2020年例行督察发现问题的整改，扎实推进2021年例行督察整改工作。配合中央生态环境保护督察、国家海洋专项督察等工作有序推进。强力整治违法用地，在2020年全省会议上作《树立斗争精神，坚决打赢违法整治攻坚战》书面介绍的经验做法基础上，以“零容忍”的坚决态度，采取“长牙齿”的强硬措施，狠抓2020年度和2021年月度违法图斑整改，实现违占耕地比例连续三年下降，2018年度从51.08%降至13.04%，2019年度降为10.94%，2020年度降为3.45%，完成整改违法图斑797宗4.69平方千米，其中耕地1.6平方千米，整治工作效果较好，成为全省2021年前三季度实现违法用地下降的5个地级市之一。严格执行国家农村乱占耕地建房“八不准”要求，拆除新增乱占耕地建房90宗。强化日常监管，督促指导基层加强日常巡查，加快巡查事件处理，全市累计处理违法事件2958宗。

【耕地保护】 2021年，揭阳市强化耕地保护工作，推进生态修复工程，大力垦造水田，完成省长自然资源资产任中审计发现的兑现历史承诺水田指标0.53平方千米。全市上一轮垦造水田6.47平方千米全部完工，完成水稻种植4.9平方千米并形成水田指标。2020年自行垦造0.84平方千米任务全部完成市级验收；2021年下达垦造水田1.53平方千米任务，立项2.17平方千米，进入施工1.61平方千米。揭阳市揭东区埔田镇长岭村垦造水田项目获评为广东省首届垦造水田十大典型案例之一。出台《揭阳市垦造水田工作三年行动方案（2021—2023年）》，制订《揭阳市市级垦造水田工作三年实施方案（2021—2023年）》，加紧谋划推进新一轮三年垦造水田。推进不实补充耕地整改，全市完成不实补充耕地整改4.63平方千米，并上报部级审核。做好耕地卫片监督和耕地后备潜力调查工作，完成省级耕地预警卫片50块、国家正式耕地卫片91块核查上报，调查未利用地形成耕地后备资源数据库。完成县（市、区）耕地保护考核工作检查核实。落实耕地占补平衡，制订出台《揭阳市耕地储备指标统筹使用实施方案》，建立市级耕地储备指标库，保障重点项目和重大平台项目用地报批耕地指标需求。耕地数量、产能、水田全部实现先补后占、占优补优、占补平衡，落实补充耕地项目33宗，挂钩使用补充耕地指标0.95平方千米、水田指标0.19平方千米、粮食产能约142.59万千克。同时，做好设施农用地系统备案和上图入库工作，在省系统备案办结152宗，在部系统上图入库173宗，完成全市历史数据补录80宗。

【生态修复】 2021年，揭阳市争取中央财政2020年海洋生态保护修复专项资金5200万元，实施惠来县海岸带保护修复项目。争取省级海岸带保护与利用综合示范区建设专项资金4800万元和省级用地指标0.03平方千米，推进石碑山角领海基点主题公园建设，打造全国唯一性、政治性、科普性领海教育基地。2020年揭阳市大陆自然岸线长度70.53千米、保有率51.51%，在全省排名第二。空港经济区砲台全域土地综合整治项目获批全国试点，普宁市赤岗镇全域土地综合整治项目获批省级试点。督查巩固露天矿山综合整治成果，核查历史遗留矿山图斑，推进矿山复绿工作，建成3处绿色矿山。

【建设用地管理】 2021年，揭阳市通过“争、挣、腾”获得国家、省、市用地指标4.65平方千米，创历年新高；其中，使用国家、省指标1.15平方千米、上缴省指标1.52平方千米、可用市级指标1.98平方千米，基本满足各地上报的用地需求。闲置土地处置0.17平方千米，处置率16.72%，完成省下达16%的处置任务比例16%。批而未供处置7.44平方千米；其中2009—2018年处置3.38平方千米，处置率26.01%，完成省下达16%的

2021年6月25日，揭阳市自然资源局开展“全国土地日”宣传活动
（市自然资源局 供图）

处置任务比例；2019-2021年处置3.81平方千米，处置率59.42%，完成省下达50%的处置任务。批而未征处置1.63平方千米，处置率51.76%，完成省下达50%处置任务。撤销批文申报0.36平方千米，占比率6.29%，完成省下达6%占比率任务。加强建设用地供后开发利用全程监管工作，全市动态巡查率99.26%，宗地坐标填报率100%（省要求动态巡查率98%以上，宗地坐标填报率99%以上）。出台《揭阳市国有建设用地使用权和矿业权网上挂牌交易规则》，规范土地公开出让行为，促进土地市场健康发展。开展城镇基准地价、标定地价以及城市地价动态监测的更新工作，公布《揭阳市区1031平方千米城镇土地定级与基准地价更新成果》《揭阳市区集体建设用地基准地价基本成果》《揭阳市区集体农用地基准地价基本成果》，开展揭阳市区城市地价动态监测（2021年）工作，强化土地资源管理，促进土地要素资源在城乡之间有序流转，助力城乡融合发展。

【土地储备开发】 2021年，揭阳市公布实施征收农用地区片综合地价，完成自然资源部系统备案。组织制订《揭阳市2021年土地征收整合储备计划》，形成一套包括“图、表、册”的征收整合储备计划并印发实施。2021年土地征收整合储备计划包含项目142个，总面积21.06平方千米。编制征收补偿工作方案面积9.79平方千米，占计划总面积的46.50%；拟报批面积15.32平方千米，组卷面积1.98平方千米，控征面积0.05平方千米，整合面积0.07平方千米。全市取得用地批准文件25个，其中国家授权省政府审批项目1个，面积0.01平方千米；省政府委托地级市政府审批批次14个，面积1.10平方千米；地级市政府依法或授权审批批次10个，面积0.28平方千米。纳入全国名录制管理的土地储备机构5家，其中县（市、区）级土地储备机构4家。全市在库储备土地16.05平方千米，较年初增加1.36平方千米。全年实施储备项目69个，总面积14.22平方千米，实际入库1.33平方千米，出库5.92平方千米。2021年土地储备实际总支出8.32亿元，其中来源土地储备专项债券2.97亿元，地方财政拨付资金（不含债券）5.35亿元，有效调控全市土地市场，促进土地资源的合理利用。

【国有土地供应】 2021年，全市土地供应7.32平方千米，其中土地出让4.77平方千米，合同价款约35.47亿元。印发实施揭阳市2021年度供应计划，全市供应各类用地122宗，面积7.32平方千米。按供应方式划分，划拨用地61宗、面积2.6平方千米、占35.52%；协议出让4宗、面积0.17平方千米、占2.32%；公开出让57宗、面积4.55平方千米、占62.16%。按供应结构划分，住宅用地18宗、面积0.37平方千米、占5.01%；商服用地5宗、面积0.11平方千米、占1.48%；工矿仓储用地35宗、面积4.09平方千米、占55.81%；其他公共建筑、公用设施、交通运输、特殊用地等共64宗、面积2.76平方千米、占37.7%。

【三旧改造】 2021年，揭阳市新增实施改造项目18宗面积1.49平方千米，完成省下达任务186.40%；完成改造项目22宗面积1.62平方千米，完成省下达任务161.88%。其中新增实施“工改工”项目5宗面积0.24平方千米，完成省下达任务177.53%；完成“工改工”项目4宗0.21平方千米，完成省下达任务321.12%。正在实施改造项目45宗面积1.52平方千米，投资额165468万元，完成改造项目22宗面积1.62平方千米，投资额405784万元。打好村镇工业集聚区升级改造攻坚战，全市完成村镇工业集聚区摸底调查，合计35宗面积约4.14平方千米。推进“工改工”项目，揭阳市红东金属物资有限公司项目首期土地出让。制定发布《揭阳市“三旧”改造税收指引》，起草《揭阳市人民政府关于加快推动“三旧”改造促进高质量发展的实施意见》及4个配套文件，为全市“三旧”改造提供政策保障。

【地籍管理】 建立市、县二级农村地籍数据库，基本摸清本市农村建设用地家底和分类、分布、权属状况，全市农村集体建设用地（包括宅基地、经营性用地、公益性公共设施用地、空闲地及其他用地）191.74万宗，宗地面积248.73平方千米，农房197.58万栋。其中宅基地173.7万宗，面积173.2平方千米；经营性建设用地2.91万宗，面积30.73平方千米；公益性公共设施用地9.05万宗，面积29平方千米；空闲地3.36万宗，面积7.6平方千米；其他用地2.73万宗，面积8.13平方千米。

【测绘地理管理】 推进测绘资质改革，完成全市在册12家测绘企业资质复审换证工作。推进工程建设项目联合测绘实施，落实联合测绘项目34宗，切实便利用地单位。首次参与省第五届测绘地理信息行业职业技能竞赛取得突出成绩，被授予“优秀组织奖”。全市审核地图5批次，批准5批次；编制揭阳市标准公众地图（《揭阳市地图》《揭阳市区地图》），发布于揭阳市自然资源局门户网站和微信公众号。全面清除各类“问题地图”，规范地图市场秩序。

【“房地一体”农村不动产登记】 2021年，揭阳市开展全市加快推进“房地一体”农村不动产登记发证工作，成立工作领导小组，印发实施工作方案和实施意见，发布确权总登记通告，加快宅基地、集体建设用地数据落图落宗关联、整合建库工作，采用无人机飞行拍摄、二维码信息采集等多种先进技术手段助力权籍调查工作。全市宅基地应登记发证数1086404宗，登记发证数954227宗，登记发证率87.83%；集体建设用地应登记发证数32498宗，登记发证数30780宗，登记发证率94.71%，基本完成农村不动产登记任务。

【不动产登记】 2021年，揭阳市实现“互联网+不动产登记”、新建商品房“交房即交证”，一般登记3个工作日、抵押登记1个工作日办结，推行“不动产登记+民生服务”，抵押登记推行全流程无纸化审批，实现网上提交、网上审批、网上发放电子证照。全面实现不动产登记“全城通办”“跨省通办、省内通办”，不动产登记服务窗口荣获2021年度“文明标杆服务区流程优化奖”。不断推进不动产登记提振增效改革创新，打通登记服务“最后一公里”。推进不动产登记数据整合和系统整合优化提升工作，开展国有存量土地使用权、房屋所有权、不动产登记档案电子化工作，并同步开展电子登记信息核对工作；全市各县（市、区）全面完成不动产登记系统数据库数据的全量汇交。

【揭阳市不动产登记“全城通办”】 2021年，揭阳市实现不动产登记“全城通办”，群众在办理不动产登记业务可就近选择全市任意一个辖区的不动产登记窗口申请办理，可通过EMS邮寄送证服务，实现“就近办证，只跑一次，只交一次材料”。全面实行高频不动产登记业务“跨省通办、省内通办”，采用“全程网办”“不见面办理”方式，通过省级统一身份认证、电子签名、单向通道录音录像、大数据核验、信息共享、属地（联网）审核、统一支付、电子证照共享、EMS寄送服务等，进一步提升便民惠民服务水平。

【海洋管理】 做好“经略海洋”文章，推动海洋经济高质量发展，2021年全市海洋生产总值达392.2亿元，同比增长8.93%。推进用海审核审批标准化建设，“阳光用海”主动服务在全省作为典型推广。国电投神泉——海上风电项目、中委广东石化2000万吨年重油加工工程扩建项目等重点项目获省政府用海批准，揭阳港大南海东岸公共进港航道工程用海续期、揭阳大南海石化工业区海洋放流管工程获市用海批准。全年审查报批用海项目6宗，获省批准2宗1.13平方千米，获市批准2宗2.29平方千米，出具用海预审2宗5.16平方千米。开展无居民海岛普查，组织对车礁、南心仔、潭口礁、惠来菜礁和雷州尾礁等5个历史遗留用岛现状勘定。围填海历史遗留问题处置工作加快推进，全市围填海图斑10个，其中，4个确权未完工围填海项目获省政府批准同意继续实施建设；6个未确权围填海项目分别按空港经济区、惠来县2个区域处置，于2021年6月通过自然资源部同意备案审查，获省政府用海批准1个，处置工作进度全省前列。实施海洋协管员制度，利用信息技术运用到海域、岸线的全方位巡查，提高海岸线巡查率、覆盖率，提高科学管海用海水平；开展养殖用海现状调查工作，认真落实海域协管员制度，核查整改海域使用疑点疑区图斑9个，开展“沙滩共享”专项清理行动，强化海域海岛监督。组织开展严格保护岸段立碑和日常维护工作，实施海岸线分类分段精细化管控，全市17处严格保护岸段立碑标识均维护完好。实施海砂开采市场化出让制度，揭阳市列为省海砂开采三年行动计划7个试点市之一，省财政拨给前期工作经费792.31万元，完成前期初步成果，选址惠来县靖海湾南侧1片海域，面积2.22平方千米。

【矿产管理】 2021年，揭阳市完成探矿权1个、采矿权23个的填报、

2021年，揭阳市推进用海审核审批标准化建设，图为中委广东石化原油码头用海项目
（市自然资源局　供图）

公示工作，填报、公示率为100%。按时完成对2020年度列入核查的4家矿山企业进行矿业权人勘查开采信息公示现场核查工作。完成3个绿色矿山建设达标工作（普宁2处，揭西1处）。全年全市招拍挂出让建筑用花岗岩采矿权3个、矿泉水采矿权延续2个，矿泉水探矿权转采矿权1个，总采矿权出让收益90066.48万元；办理压覆重要矿产资源审批3宗，办理压覆矿产资源查询24宗。

【地质灾害防治】 2021年，揭阳市编制并印发《揭阳市地质灾害防治三年行动2021年综合治理实施计划》，全面完成省下达的地质灾害隐患专业监测三批32处，成为全省三个率先完成的地级市之一。144处中小型隐患点完成综合治理96处。全市28处大型及以上隐患点全面完成综合治理，提前一年完成列入全省地质灾害防治三年行动计划任务。扎实做好汛期地质灾害防御工作，全市实现地质灾害“零发生”和“零伤亡”。第一次全国自然灾害综合普查第一阶段成绩突出，率先完成海洋灾害普查工作，“海平面变化影响调查评估”工作成效明显，受到省厅表扬。扎实推进海洋预警监测、气象潮位观测站建设，提升灾害防治技术水平。

【法治建设】 2021年，揭阳市结合“地球日”“海洋日”“土地日”“宪法日”等主题，开展“歌颂祖国”红歌快闪、迎春晚会、“新城杯”朗诵比赛等一系列法治宣传活动，常态化普法与自然资源工作深度融合、互相促进，以案释法案例被司法部司法行政（法律服务）案例库采用。发挥律师事务所法律顾问专业作用，外聘法律顾问2人、全年提供各类法律服务30余件。依照市行政复议集中受理制度办理行政复议案件，按行政机关负责人出庭应诉制度落实局领导到榕城区法院出庭应诉，依法办理不动产登记、行政许可、信息公开等行政诉讼案件17宗、行政复议案件5宗。出台《关于进一步明确市区镇街自然资源管理职责若干事项的通知》，规范新形势下镇街自然资源管理工作，推进《揭阳市停车场管理条例》立法工作。“七五”普法工作被自然资源部评为成绩突出集体。

（市自然资源局）

2021年5月，揭阳市自然资源局、揭阳市气象局联合在揭西县良田中学举办地质灾害防治应急演练

（市自然资源局 供图）

城市建设

【城市管理概况】 2021年，市城管执法局常态化推进市容巡查工作，对重点区域及主次干道进行巡查整治，优化城市环境。市区完成人均公园绿地面积15.1平方米，公园绿地服务半径覆盖率43.59%，建成区绿化覆盖率44.20%，建成区绿地率42.27%；市区城市生活垃圾无害化处理率达到100%。全市治理违法建设建筑面积413.03万平方米。

【市政基础设施】 2021年，揭阳市大力改善城市交通路网，东环城路、北环大道、车田大道、环山东路、河滨南路、荔园路等一批道路建成通车；进贤门大桥、京灶大桥、进贤门大道、榕华大道、仙彭路北段、北环路榕城段、湖心路、渔湖路、建设路（二期）、天福东路、国道324线普宁池尾至惠来交界段、省道228线梅林桥至大坪段等项目有序推进；西洋路北段、汕梅高速埔田连接线、揭普惠高速公路南延线、国道G238线普宁益岭至惠来段、国道G206改线等项目推进前期工作。

【园林绿化】 2021年，揭阳市持续推进园林绿化提升行动，从速查处乱砍伐、乱迁移绿化树木行为，全年修剪树木29314株，补植乔灌木126404株，消除树木安全隐患1828处。出台《揭阳市城市绿化管理办法》《揭阳市城市管理和综合执法局城市绿化审批制度》，加强对审批事项的事中事后监管，规范审批制度，全市审批迁移砍伐树木9宗。市区完成人均公园绿地面积15.1平方米，公园绿地服务半径覆盖率43.59%，建成区绿化覆盖率44.20%，建成区绿地率42.27%。

【市容市貌整治】 2021年，全市各级城管执法部门教育纠正沿街门市占道经营40455宗、流动商贩乱摆卖32255宗，清理乱摆卖现象7011宗；教育纠正遮阳物、布条等挂浮物8160宗、人行道机动车违法停放34417宗、共享单车乱停放11443宗；清理拆除私设地桩地锁、坡道1840宗；开展“门前三包”责任制巡查12615次，教育纠正20949宗。

【生活垃圾分类】 印发《揭阳市城市生活垃圾分类实施方案》，制作“揭阳市生活垃圾分类查询”小程序向社会公布，扩大群众的知晓率和参与度。全市12个镇（街）列为示范片区创建单位统筹推进垃圾分类工作，榕城区东升街道基本建成城市生活垃圾分类示范片区，市级、榕城区、揭东区、空港经济区公共机构垃圾分类全覆盖。市区城市生活垃圾无害化处理率达到100%。

【违法建设查处】 2021年，全市治理违法建设建筑面积413.03万平方米（其中拆除407.44万平方米、没收3.93万平方米、罚款补办手续1.66万平方米）。完成分类处置17311宗877.76万平方米，累计处置进度96.25%。全市拆除新增违法建设299宗，拆除面积15.96万平方米。推动出台《揭阳市普查在册在建违法建设分类处置实施方案》《关于进一步推进违法建设整治工作方案》。

【户外广告管理】 推进户外广告及招牌设置管理，提升治理成效，教育纠正违规设置广告牌和招牌4560宗，清理拆除7422宗；推动出台实施《揭阳市户外广告及和招牌设置管理办法》。

【城管综合管理】 市区逐步建立和完善“户收集、村（社、居）集中、区（镇、街）转运、县（市）处理”的城乡垃圾收运处理模式，市区建成区有收集点、转运站（压缩站）178座。新建普宁焚烧发电厂二期（1200吨/日）、揭西老虎坷三期垃圾填埋场（450吨/日），并投入运营。揭阳市区垃圾处理与资源利用厂（二期）（1500吨/日）、揭阳市区餐厨垃圾处理中心（一期）（200吨/日）、揭阳市区垃圾应急填埋场（建设库容约85万立方米）等三个项目取得立项批复。逐步提升市政设施管理水平。组织排查摸清29个积水点具体情况，编制建立台账；修补破损路面8150平方米，修复人行道6025平方米，修复护栏869米；维修更换路灯6488盏，更换故障电缆线路5232.1米，更换修复其余设备301处。组织开展施工围挡违法占道和违法挖掘道路整治行动，整治乱围挡35宗。

【数字城管工作】 做好与省住建厅数字城管平台的互联互通工作，优化智信系统，简化案件办理流程，提升平台处理问题的效率。全年受理批转各类城市管理问题2648宗（同比增长135%），办结2405宗，办结率90.82%。

（市城市管理和综合执法局）

公用事业

【城市供水】 2021年，揭阳市区供水厂3家，全年售水量11544.68万吨。揭阳市自来水有限公司设计生产能力25万立方米/日，供水管道1041.55千米，服务人口50万人，供水区域100多平方千米，供水范围覆盖市区北河以南榕城区、空港经济区及揭东区磐东片区。揭阳市第二自来水有限公司设计生产能力10万吨/日，供水管道439千米，服务人口30万人，供水区域48平方千米，供水范围覆盖榕城区东兴、东升、东阳办事处，揭东区的锡场镇、新亨镇、桂岭镇、月城镇。揭东区自来水公司设计生产能力9万吨/日，供水管道302千米，服务人口50万人，供水区域84平方千米，供水范围覆盖揭东城区和云路、玉滘、埔田、砲台、登岗5镇。

2021年3月18日，揭西县河婆街道组织开展“两违”整治工作现场推进会，现场拆除违建小产权房
（市执法局　供图）

【城市供气】 2021年，揭阳市有燃气经营企业47家（其中管道燃气经营企业2家、瓶装液化石油气经营企业45家），天然气储气设计能力约1860立方米（液态），液化石油气储气设计能力约22900立方米，有液化石油气（LPG）气库3座，液化石油气（LPG）气站43座，天然气（LNG）气化站2座，汽车加气站1座。揭阳市区建成的市政燃气管道长度约277千米，普宁市建成的市政燃气管道长度约226千米，惠来县建成的市政燃气管道长度约5千米。全市管道天然气居民用户约11.45万户、工业用户297户、商业用户277户，天然气供气总量约1.19亿立方米。

【城镇生活污水治理】 2021年，揭阳市围绕练江、枫江、榕江流域水质达标目标，推进污水处理设施、污水管网建设，提升城镇污水处理设施运行效率，推动城镇污水处理提质增效。全市新增城镇污水处理设施13座，新增处理能力20.74万吨/日；新增城镇污水管网323千米；全年累计处理水量20107.9万吨。

城镇规划与建设

【规划编制】 2021年，揭阳市全面开展“三区三线”试划工作，完成三轮试划工作并上报审核。聚焦重点发展平台和重大项目用地空间，争取建设用地规模，省预下达建设用地规模890平方千米，开发强度从13.4%提高到16.9%，解决“二调”以来存在现状与规划规模不匹配的尖锐矛盾，基本满足未来5至10年发展需要。初步完成中心城区、普宁市、惠来县、揭西县等区域规划方案，编制完成市国土空间总体规划“1+1+13”初步成果。科学合理、高效充分使用预下达用地规模，完成急需规模配置项目49个3.88平方千米，指导各地善用原土规错配规模项目7个0.33平方千米。推进村庄规划优化提升，指导县区建立村庄规划全面优化提升工作台账，审核上报省“一张图”系统。编制完成长美文旅特色小镇策划方案，打造立足揭阳、面向粤东的文旅示范+农旅示范一体的特色旅游景区。揭阳市自然资源、海洋经济发展、新型城镇化和基础测绘4个“十四五”规划获批准实施。完成《揭阳滨海新区“一城两园”总体规划》《揭阳中心城区一体化发展总体规划》《揭阳市区停车场专项规划》编制，形成新一轮《揭阳历史文化名城保护规划》中期成果。推动惠来港区及榕江港区对接《揭阳港总体规划》港区定位。依托创新规划单元模式，制定2021年征收和出让两本台账，指引各地精准进行土地整备和供应，形成征收整备一批、供应出让一批的良性循环。完成B型保税物流区、市监管中心、产业园中缅合作区等多个单元规划编制。服务市直单位编制万里碧道、历史文化街区、公交线网、燃气工程等各类专项规划，配合揭阳潮汕国际机场扩容、汕汕高铁、揭惠铁路、粤东城际铁路、国道206改线、广河客专联络线延伸等重大交通基础设施项目前期规划研究管控工作。

【规划管理】 结合揭阳市国土空间总体规划编制进展，同步组织开展全市“双评价”（资源环境承载能力和国土空间开发适宜性评价）和国土空间规划城市体检评估工作。2021年，市自然资源局办理建设项目用地预审与选址17宗，面积1.66平方千米，其中报省自然资源厅5宗，面积0.98平方千米。为潮汕环线高速公路潮汕联络线延长线（京灶大桥）、粤东城际铁路（潮州东至潮汕机场段、汕头至潮汕机场段、潮汕机场至揭阳南段、揭阳南至揭阳段项目）、普宁市练江水闸除险加固工程、惠来石沃风电项目、揭阳市监管中心及配套（一期）、普宁市练江流域综合整治——光南水闸重建工程和揭阳市区污水处理厂三期工程等项目核发建设项目用地预审与选址意见书12份，面积0.68平方千米。办理用地规划许可证31份，用地面积0.99平方千米，包括圆方大厦、揭阳迎宾馆（岐山翠园）、揭阳110千伏莲花（云棋）输变电工程项目、揭阳职业技术学院建设工程及配套项目等。

（市自然资源局）

【村镇建设】 *中心镇建设* 至2021年底，揭阳市经申报并确认为广东省中心镇的12个（新亨镇、白塔镇、渔湖镇、砲台镇、洪阳镇、里湖镇、占陇镇、棉湖镇、五经富镇、惠城镇、葵潭镇、靖海镇）。经申报并确认为全国重点镇的6个（锡场镇、渔湖镇、砲台镇、洪阳镇、棉湖镇、葵潭镇）。

历史文化名镇名村建设 至2021年底，揭阳市有省级历史文化名城2座（揭阳和揭西棉湖），全国历史文化名镇1座（洪阳镇），省级历史文化名镇1座（洪阳镇），市级历史文化名镇1座（靖海镇）。省级历史文化名村5个（西岐村、槎桥村、井美村、月湄村、长美村），市级历史文化名村3个（揭东区港畔村、揭西县粗坑村、榕城区北河村）。

历史文化街区和历史建筑申报 2021年3月12日，揭阳市榕城区西马路、中山路、石鼓里、东门直街东段和揭西县棉湖镇南门里等5个历史文化街区经广东省人民政府批准公布为广东省第二批历史文化街区，实现省级历史文化街区“零”的突破。惠来县认定、公布进

士第（邓林梅）等36处建筑物、构筑物为惠来县第一批历史建筑，实现惠来县历史建筑“零”的突破。

建筑业

【保障性住房】 2021年，揭阳市加快推进保障性安居工程建设，抓好巡查督导，协调解决项目建设中碰到的困难和问题，完成省下达棚户区改造基本建成568套和公租房基本建成1464套的任务。推进人才公寓建设，揭阳市高端人才公寓首期装修项目（20套）移交广东工业大学揭阳理工学院使用，二期装修项目（50套）正在装修中。

【工程勘察设计】 2021年，揭阳市进一步加强大中型建设工程初步设计审查管理，健全初步设计审查专家库，规范审查程序，全年办理初步设计审查申请11宗。加强勘察设计市场管理，做好勘察设计企业资质的动态核查工作。推进施工图线上审查工作，建设工程项目施工图通过审图系统线上进行审查。承接并开展建设工程消防设计审查，实现建设工程消防设计行政审批与技术审查相分离。全年办结建设工程消防设计审查70宗；工作中发现未审先建5宗，均移交属地行政处罚实施机关，其中已办结4宗，处罚金额49.8万元。

【建筑市场管理】 2021年，揭阳市扶持建筑业企业做强做大，新增一级资质企业2家，全市有各类建筑企业472家，其中施工总承包276家（一级企业9家；二级企业27家；三级企业240家），专业承包企业79家，预拌混凝土企业47家，劳务分包企业70家。工程监理单位5家（其中甲级2家，丙级3级）。组织做好产业扶持资金申报工作，全市5家企业申报建筑业发展扶持资金46.57万元，通过市招商联席会议批准。全市新开工装配式建筑面积264.97万平方米，新开工装配式面积在新开工工程总面积的占比为16%。推进散装水泥的发展应用和预拌混凝土搅拌站、预拌砂浆搅拌站绿色生产，普宁市杰润混凝土搅拌站顺利通过省绿色生产评价。全市预拌混凝土使用量290万立方米，预拌砂浆使用量7.5万吨。进一步规范建筑工程施工发包与承包市场秩序，加强对建筑市场相关主体行为的监督管理，印发《揭阳市建筑工程施工发包与承包违法违规行为专项治理行动方案》，按照“双随机、一公开”的原则，全市抽查54个项目，未发现有违法分包、非法转包等违法违规行为。

【招标投标管理】 2021年，揭阳市加强建设工程招投标活动的监督管理，规范招标投标市场秩序行为，确保建设招投标活动公开、公平、公正，促进房屋市政工程招投标市场健康发展。全市实行公开招标的房屋市政工程项目171宗，工程造价约41.96亿元，工程招投标项目均严格执行招标申请、招标公告发布、招标文件备案、评标专家抽取、开标、评标、中标候选人公示等工作环节，应招标工程招标率100%，未发现招投标过程违法违规行为。

【建设工程造价管理】 2021年，揭阳市推动揭阳市工程造价改革试点工作，发布全市建设工程人工材料综合价信息5428条。

【建筑工程质量安全管理】 2021年，揭阳市严格落实安全监管责任，严格执行基本建设程序，进一

2021年，广东省中心镇之一的惠来县惠城镇加快建设发展。图为位于惠城镇的惠来文化广场 （方瑞荣 摄）

步压实企业安全生产责任。开展城市建设安全专项整治三年行动，定期与不定期相结合开展安全大检查，把好施工许可和竣工验收备案两道关，排查和消除质量安全隐患。全市纳入监管的工程项目228项，总造价47.86亿元，总建筑面积1600.37万平方米。全市建设工程竣工验收77宗，一次性竣工验收合格率100%。出动日常监督执法检查2066人次，检查项目共607项次，检查发现安全隐患问题1540个并落实整改，工程质量总体良好，处于受控状态，建筑施工安全生产形势总体稳定。

【绿色建筑与建筑节能】 2021年，揭阳市新竣工项目执行绿色建筑设计一星及以上项目24宗，面积102.60万平方米，其中公共建筑12宗，面积57.09万平方米；居住建筑12宗，面积45.49万平方米。全市民用建筑节能分部专项竣工验收备案71宗，建筑面积约316.67万平方米，新增节能建筑面积约306.51万平方米。

房地产业

【房地产开发】 2021年，揭阳市完成房地产开发投资290.85亿元，减少7%；商品房销售面积272.82万平方米，减少3.4%；商品房销售额194.7亿元，减少5.1%；商品房库存279.05万平方米，商品房库存去化周期约为13个月，属于合理区间；商品房交易均价7137元/平方米，下降2%。

【房产市场管理】 2021年，揭阳市坚持“稳地价、稳房价、稳预期”，梳理分析全市各房地产项目开发情况，建立《揭阳市2021年应在建房地产开发项目进度管理台账》，围绕“应统尽统、应收尽收、应管尽管”，加快推动房地产项目开发建设，促进房地产项目规范管理。印发《2021年揭阳市房地产市场秩序专项整治工作方案》，统筹抓好房地产市场规范运行，规范房地产企业经营行为，检查房地产开发企业154家，商品房销售项目168个；检查房地产经纪机构77家。约谈企业15家（房地产开发企业12家，经纪机构3家），发出责令改正违法行为通知11份，查处案件5件；责令整改违规房地产开发企业5家。

【公租房分配】 2021年，揭阳市通过公开摇号分配，解决689户住房困难家庭住房问题，其中市区92户，普宁市597户。

【物业管理】 2021年，揭阳市印发《揭阳市物业小区安全管理工作方案》《关于进一步加强物业小区电动自行车消防安全治理的紧急通知》，督促物业服务企业落实消防安全管理责任，开展对电动自行车集中停放和充电的安全管理排查整治，加强日常检查巡查，预防和遏制物业小区电动自行车火灾发生，保障群众人身安全权益。以解决群众关注的物业服务收费信息公开问题为切入点，进一步规范物业服务市场秩序，维护群众合法权益，排查物业服务项目230个，公示物业服务企业收费信息的项目194个，处理物业投诉165件。实施《揭阳市创建全国文明城市实地测评标准（2021）》，开展文明小区创建活动，促进住宅小区环境整治，推进揭阳碧桂园、家和花园、榕江四季城3个住宅小区示范点建设。

【住房公积金管理】 2021年，揭阳市实缴单位2082家，实缴职工17.14万人，全年缴存28.89亿元，缴存余额104.13亿元；全年提取15.12亿元，提取占当年缴存额的比率52.34%；全年发放个人住房贷款3342笔12.07亿元，其中异地贷款471笔1.24亿元；全市累计发放个人住房贷款3.4万笔104.27亿元，贷款余额73.3亿元，存贷比70.4%；全年增值收益12066.63万元，提取城市廉租住房建设补充资金10760.08万元，累计提取城市廉租住房建设补充资金52268.2万元。

（钟一鸣）

生态环境

【环境保护概况】 2021年，揭阳市生态环境局以改善环境质量为核心，以生态环境保护督察及各项考核任务为切入点，聚力打好污染防治攻坚战，解决生态环境突出问题，加强环境宣传教育，生态文明建设和生态环境保护工作取得良好成效。全市实况城市空气质量优良天数比例为96.2%，出动环境执法人员26948人次，检查企业9595家次，立案219宗。

【环境规划】 2021年6月24日，揭阳市政府印发《揭阳市“三线一单”生态环境分区管控方案》。12月31日，市政府印发《揭阳市生态环境保护“十四五”规划》。

【环境监测】 2021年，揭阳市组织开展全市生态环境监测工作，全市布设307个水质监测断面（含5个国控）、10个空气监测点位（含5个国控），定期开展监测分析和通报，服务全市污染防治攻坚战。做好自动监测站运维保障工作。组织开展全市排污单位自行监测监督抽查和帮扶指导，开展生态环境检（监）测机构和机动车尾气检验机构的监督抽查。

【生态环境保护督察整改】 2021年，第一轮中央环保督察涉及揭阳市问题13个，基本完成整改11个；中央环保督察“回头看”问题23个，基本完成整改21个；省级环保督察整改方案的22项整改任务，完成整改15项；对应125项具体措施完成115项。

【水污染防治攻坚】 2021年，揭阳市成立榕江、练江、枫江攻坚专班，推进工作任务落实。加强与省环保集团沟通协调，全力以赴推进省属国企支持地方环保基础设施建设工作，补齐水污染防治短板。水环境质量持续改善。5个国考断面全部达标，改善变化幅度全省第1，其中龟山塔Ⅱ类，隆溪大道桥、地都Ⅲ类；龙石Ⅳ类；青洋山桥10月以来水质稳定达到Ⅴ类。

【大气污染防治攻坚】 2021年，揭阳市生态环境局加强工业污染源管控，开展挥发性有机物分级管理及深度治理，督促长流程钢铁企业加快实施超低排放改造，深化工业炉窑分级管控，加大工业锅炉整治力度，推动相关行业进行清洁能源改造。加强移动污染源管控，建立非法成品油（燃料油）整治联防联控机制，开展常态化柴油车用车大户入户检查、路检及机动车检测站抽查，推进非道路移动机械污染管控，降低机动车尾气污染。加强面源污染协同管控，推进施工工地、道路、港口码头等扬尘污染防治，联合开展露天焚烧专项督查，强化餐饮油烟日常巡查管控。加强污染天气应对，印发实施《揭阳市重污染天气应急预案（修订）》，建立完善国控站点周边5公里大气污染源清单，强化与气象部门会商研判并提前发布污染预警，利用走航车、无人机开展污染源溯源排查，提高应急监测和精准应对能力。全市实况城市空气质量优良天数比例为96.2%，排名全省第11名；PM10、PM2.5平均浓度分别为44微克/立方米、27微克/立方米，达到省下达年度目标，空气质量六项指标实现自2017年以来连续五年全面达标的成效。

【土壤污染防治攻坚】 揭阳市印发实施《揭阳市2021年土壤污染防治工作方案》，完成土壤污染重点监管单位周边土壤、地下水环境质量监测；公布2021年土壤重点监管单位名录，推进土壤污染重点监管单位规范管理；完成土壤重点行业企业用地调查评审验收。加强生活垃圾污染治理，推进城市生活垃圾分类工作，推进生活垃圾终端处理设施建设，确保生活垃圾得到妥善处置。推进农业面源污染源头减量，全市农药使用量由2018年2033吨下降至2021年1916.6吨。

【环境执法】 2021年，揭阳市生态环境局组织开展练江、枫江、榕江流域专项交叉执法检查、饮用水源保护区环境保护专项行动、清理整治“散乱污”企业专项执法、生猪屠宰行业专项执法、第二轮中央生态环境保护督察迎检专项巡查等一系列专项执法行动。开展2021年“以案促建　提升环境应急能力”专项活动、联合市应急局组织开展废弃危险化学品等危险废物安全专项整治联合执法检查等。妥善处置“2·25”榕江北河揭东段东寨渡头附近江面漂浮油污突发环境事件，以及“5·18”榕城区临江南路榕江北河岸边出现死鱼突发环境事件。参加省厅举办的2021年广东省环境应急管理培训班暨第三届突发环境事件应急演练大比武，协助召开揭阳苯酚泄漏事件复盘会议。指导榕城分局、空港分局组织开展揭阳市东荣气体充装有限公司液氨泄露突发环境事故应急救援演练、中油渔湖油库突发环境事故综合应急演练。开展领导包案化解攻坚行动，集中治理重复信访、化解信访积案专项工作，妥善解决一批群众关注的热点难点环境问题，全市全年受理群众投诉案件2631件，同比减少695件，减幅20.9%。出动环境执法人员26948人次，检查企业9595家次，立案219宗，罚款金额1914.69万元，责令整改企业205家，关停取缔企业57家，实施查封、扣押案件7宗，移送适用行政拘留环境违法案

2021年9月22日，中央第四生态环境保护督察组到普宁青洋山桥断面实地督察 （郑楚藩　摄）

件18宗，移送环境污染犯罪案件8宗。

【饮用水水源保护】 2021年，揭阳市生态环境局推进集中式饮用水水源保护区“划、立、治”工作，开展1个乡镇级水源地的保护区划定以及3个县级以上、6个乡镇级饮用水水源保护区优化调整工作。完成县级及以上城市集中式饮用水水源环境状况评估。完成中央生态环境保护督察指出的饮用水水源一级保护区违法建设项目及建筑清理整治186处。

【主要污染物总量减排】 2021年，揭阳市深挖减排潜力，氮氧化物、挥发性有机物、化学需氧量、氨氮减排量分别为708吨、318吨、2561吨、311吨。

【农村污染治理】 2021年，揭阳市生态环境局督促指导各地加大力度推进农村环境综合整治，完成农村环境综合整治任务，全市新增71个行政村完成环境综合整治，超额完成省下达目标任务。

【固体废物管理】 2021年，揭阳市生态环境局加强危险废物全流程规范化管理，加大广东省固体废物环境监管信息平台的应用管理，提高信息化管理水平，督促危险废物产生、运输、接收单位严格落实环境安全管理规定。危险废物焚烧及物化综合处置项目（危险废物焚烧，3万吨/年；物化综合处置项目，3万吨/年）完工，开展危险废物规范化环境管理评估工作，抽查危险废物产生、经营单位77家，达标36家、基本达标41家，发现环境问题并全部落实整改。全年全市9772家次企业实际转移危险废物22类约91818.99吨。加强医疗废物全流程规范化管理，联合卫生健康部门，继续强化医疗废物收集、贮存、转移、处置管理，应用电子化手段，从4月1日起将全市医疗废物纳入广东省固体废物环境监管信息平台管理，实行医疗废物转移电子联单制度。

2021年6月3日，揭阳市生态环境局联合市文明办、市生态环境局揭东分局在青岛啤酒（揭阳）有限公司开展“我为党旗添光彩”揭阳市2021年千场志愿服务进企业暨“六五世界环境日”宣传活动 （市生态环境局 供图）

【环境审批】 2021年，揭阳市生态环境局进一步压缩环评报告书、报告表审查时限，将报告书、报告表审查时限压缩为8个工作日和5个工作日；对环境影响报告书（表）编制质量抽查复核，对8家环评编制单位和8名环评编制主持人通报批评并对其进行失信记分；推进186家限期整改排污单位落实整改，完成排污许可证质量审核257家；全市审批建设项目环评文件321个（其中，告知承诺制30个），核发辐射安全许可证54家，核发排污许可证307家。

【环境宣传】 2021年，揭阳市生态环境局加强环境宣传教育，提升公众环境意识。制定《2021年揭阳市生态环境宣传教育工作要点》，在“六·五”世界环境日、世界低碳日等重要时间节点，组织开展植物拓印童画展活动、“绿动揭阳”拾荒慢跑、“我为党旗添光彩”志愿服务活动、环保设施向公众开放等一系列生态环境保护宣传活动，使生态环境保护意识深入人心。2021年，组织线上线下宣传活动15场次，参与人数超过5万人次。在揭阳电视台黄金时段滚动播放《排污许可管理条例》主要章节、环保宣传标语等；利用局网站、微博、微信公众号等政务新媒体的优势，围绕深入打好污染防治攻坚战、生态环境保护督察等重点工作，及时报道工作动态，宣传先进做法，推送科普知识，强化舆论引导，传递正能量，发挥政务新媒体集群传播威力，守好意识形态主阵地。

（市生态环境局）

教育

综　述

【教育概况】 2021年，揭阳市基础教育各级各类学校2847所，在校生126.6万人。其中，幼儿园1315所，在园幼儿27.9万人；小学1212所，在校生56.7万人；初中234所，在校生24.9万人；普通高中65所，在校生14.2万人；特殊教育学校6所，在校生629人；中职学校15所，在校生2.7万人。另有高职院校2所，在校生1.19万人。

【教育事业发展】 2021—2022学年，揭阳市学前教育毛入园率98.55%，公办幼儿园在园幼儿占比51.78%，公办和普惠性民办幼儿园在园幼儿占比87.68%。九年义务教育巩固率96.14%，高中阶段教育毛入学率97.2%。省一级幼儿园1所，市一级幼儿园10所；省国家级示范性普通高中8所，省一级普通高中5所，市一级普通高中39所；国家级中等职业教育改革发展示范校1所，国家级重点职校2所，省级重点职校2所。

【教育经费投入】 2021年，揭阳市一般公共预算教育经费投入92.49亿元，比2020年增加9.36亿元，增长11.25%。学前教育、普通小学、普通初中、普通高中生均一般公共预算教育经费分别比2020年增长3.87%、5.53%、10.98%、15.94%，实现教育经费“两个只增不减”目标。

【学校安全管理】 2021年，揭阳市教育局抓实落细疫情常态化防控举措，加强宣传引导，高效有序推进疫苗接种。筑牢校园安全防护战线，聚焦突出风险隐患，联合市公安局等部门开展5轮校园安全大排查大整治专项行动，全面落实中小学幼儿园安全防范建设三年行动计划。深化文明校园建设，遴选24所学校为2021—2023年广东省文明校园创建单位，8所学校为全国文明校园创建单位。

【教育督导】 2021年，揭阳市健全揭阳市政府教育督导委员会，明确工作规程和成员职责。印发《关于加强责任督学挂牌督导工作实施方案（试行）》，加强责任督学挂牌督导工作。全年组织责任督学8704人次，督导学校1565所，覆盖率100%。

【教育改革】 2021年，揭阳市立项省级教育科研课题39项，其中，重点课题5项。组织指导全市教师参加全省各学科各项教学教研竞赛、评优活动，荣获省特等奖4人、省一等奖28人、二等奖109人、三等奖125人；组织指导学生参加省级学科竞赛获省一等奖13人、二等奖29人、三等奖55人。

【“五育”并举】 2021年，揭阳市全面构建中小学（幼儿园）一体化德育体系，推进德育“六大体系”建设，构建“全景式立体”德育工作格局。加强体育教育，落实“保证学生每天1小时校园体育活动”精神，推进学校体育特色建设，创建申报全国校园足球特色学校8所、足球特色幼儿园2所。加强艺术教育，举办揭阳市首届美育教师教学基本功比赛、第七届中小学生艺术展演活动。加强国防教育，参加国防教育人数82万人，圆满完成国防教育年度任务。

【“双减”工作】 2021年，揭阳

2021年4月24—25日，揭阳市举办第十五届中小学生智能机器人竞赛

（市教育局 供图）

市100%的学校建立校内作业公示制度，校内课后服务达到两个“全覆盖”；义务教育阶段校外培训机构压减率100%，义务教育阶段学生校外培训负担有效减轻。

（市教育局）

各类教育

【学前教育】 2021年，揭阳市巩固提升学前教育“5080”攻坚工程，增加公办和普惠性民办幼儿园学位2.23万个，揭阳市公办幼儿园在园幼儿占比51.78%，公办园和普惠性民办幼儿园在园幼儿占比87.68%，总体实现学前教育“5080”目标。全市新（改、扩）建公办幼儿园18所、打造市级示范性幼儿园12所。

【中小学教育】 2021年，揭阳市实施中小学优质学位建设工程，投入资金约8300万元，新建揭阳市第二实验小学，新增优质学位1350个；投入资金17805万元，新（改、扩）建义务教育学校22所，新增学位5525个。出台《关于全面加强特色学校建设的指导意见》，推进中小学特色学校创建。

【中职教育】 2021年，揭阳市统筹部署揭阳市中职学校布局结构调整、专业优化设置，中职招生任务和中职毕业生就业率超过省平均水平，揭阳市中职学校招生完成率132%，列全省第一。实施“粤菜师傅”“南粤家政”工程，推动打造3个省级“粤菜师傅”培训基地和1个省级“粤菜师傅”名师工作室。

【高等教育】 2021年，广东工业大学揭阳校区如期招生办学，实现揭阳本科教育零的突破，构建“1211”新建高校筹建运营孵化新机制，广东工业大学揭阳校区建设在全省新建高校、校区中，推进最顺利、成效最显著、模式最典型。

【民办教育】 2021年，揭阳市停设民办义务教育学校，规范民办学校名称和招生行为，落实民办学校年检制度。民办基础教育学校930所，在校生33.08万人，教职工3.12万人，其中专任教师2.01万人。

（市教育局）

招生考试

【中考】 2021年，揭阳市报名参加中考人数77260人。被高中阶段学校录取50844人，其中：普通高中录取45208人，中职（含技工学校）录取5636人。

【普通高考】 2021年，揭阳市报名参加普通高考46773人，上线41841人，上线率95.6%，上升3.25个百分点。其中，上特殊线3795人，上线率8.67%，下降0.37%；本科上线17155人，上线率39.2%，下降1.68%。全市被高校录取41077人，报考录取率87.82%，增加0.73%。

【成人高考】 2021年，揭阳市报名参加成人高考人数11217人，其中，专升本5563人，高中起点本科212人，高中起点专科5442人。

【高等教育自学考试】 2021年，揭阳市自学考试报考总人数11097人，计25201科次。365名考生取得本、专科毕业证书，其中，大专毕业45人，本科毕业320人。

（市教育局）

教育设施

【经费来源】 2021年，揭阳市累计筹措省级以上财政教育资金约21.01亿元，其中，学前教育经费7760万元，义务教育经费115301.8万元，特殊教育经费2740万元，普通高中教育经费6982万元，推进基础教育高质量发展经费11813万元，中职建设经费1977万元，教师队伍建设经费46668.54万元，学生资助金经费16710.4万元，其他教育专项经费153.4万元。

【教育信息化】 2021年，揭阳市优化完善教育信息化基础应用环境，“智慧校园”建设成效突出，全市12所学校成为广东省信息化中心学校，4所学校承担省教育信息化“深度融合”任务，榕城区、揭东区成为广东省互联网环境下基础教育教学改革试验区。

（市教育局）

重点学校选介

【揭阳职业技术学院】 揭阳职业技术学院创建于1999年，是经广东省人民政府批准设立、教育部备案，由揭阳市人民政府主办的公办全日制普通高等职业院校。占地面积0.39平方千米，建筑面积13.1万平方米。教职工432人，专任教师304人，其中，具有正高级职称7人，副高级职称96人，具有博士学位2人，硕士学位230人（其中，在职攻读博士学位3人），具有“双师型”素质教师174人。设思想政治理论课教学部、师范教育系、信息工程系、外语系、机电工程系、生物工程系、化学工程系、艺术与体育系、经济管理系、电子商务创业学院、继续教育部等8系2部1院。有电子商务、宝玉石鉴定与加工、服装设计、中药学、英语教育、学前教育、电子信息工程技术、应用化工技术、工商企业管理等专业，招生专业32个，面向8个省（自治区）招生，全日制在校生6706人。其中，宝玉石鉴定与加工专业为省级重点专业，电子商务、药学为省级二类品牌专业、学前教育专业群为省级专业群。学校有“军埔电商生产基地公共实训中心”国家级生产性实训基地，宝玉石鉴定与加工、药学、模具设计与制造、电子商务、物联网应用技术、经济管理等6个省级高职教育实训基地和园林园艺专业群省级扶持基地。有服装工艺室、AR/VR机房等校内实验（训）室82个，校企共建校外实训基地154个，产学研合作企业52个，合作办学单位18个，推动广州飞瑞敖电子科技有限公司等4家校企合作企业被省发改委认定为省级产教融合型企业。学校组建揭阳市环保表面处理工程技术研究中心，被揭阳市科技局认定为市级工程技术研究中心。学校学生先后获得国家级职业技能大赛奖项13个，省级职业技能大赛奖项90个；省级创新创业计划项目24个；国家级创新创业大赛奖项1个；省级科技创新创业竞赛奖项72个；省级大学生科技创新培育项目37个。学校先后获得“广东省先进基层党组织”“广东省文明单位”“广东省诚信文化教育共建单位”“中国电商讲师大赛优秀组织奖”“先进高校武装部”等荣誉。

（揭阳职业技术学院）

【揭阳开放大学】 揭阳开放大学（原揭阳广播电视大学，于2019年12月更名揭阳开放大学）是揭阳市教育局直接管理的成人高等学校，创办于1983年，占地3360平方米，建筑面积4500平方米。正处级建制，设校长1名，副校长2名，办公室、教务处、培训科、信息科4个科级职能机构。学校设立大专、本科两个办学层次，专科开设行政管理、法律事务、大数据与会计等专业，本科开设会计学、法学、行政管理、学前教育等专业。注册学生738人，包括专科428人、本科310人。学校采用现代电子信息技术为主要教学手段，建成由300多台计算机组成的主干1000M校园网，有3套卫星接收系统，能接收VBI和IP教学信息，各种教学资源可在校园网上共享；学校安装电大在线平台，建有独立域名、网址和服务器的www.jytvu.com网站；多媒体教室26间，专任教师26人，建立实时、交互式的网上直播课室和视频会议系统，能够实现与国家开放大学、广东开放大学共同实施网上教学和辅导管理。学校奥鹏学习中心承接每年全国网考任务。学校多名教师先后获国家级、省级、市级奖项、荣誉，董春丽先后被评为“国家开放大学优秀教师”“广东开放大学教学名师”“揭阳市第十批优秀专家和拔尖人才”“揭阳市优秀教师”。

（揭阳开放大学）

【揭阳市综合中等专业学校】 揭阳市综合中等专业学校创办于1998年5月，是市直公办全日制广东省重点中等职业学校、国家星火计划农民培训学校、揭阳职业技术学院学前教育专业学院，拥有“广东省中等职业教育实训中心”1个。学校占地面积0.09平方千米，建筑总面积6.4万平方米，开设17个专业（方向）。其中，会计电算化、计算机平面设计2个专业为广东省重点建设专业。学校与广东工贸职业技术学院、汕头职业技术学院和揭阳职业技术学院等高等院校开展“三二分段”、高职专业学院自主招生合作办学。全日制在校生3100多人，近3年毕业生就业率98%以上。学校为正处级事业单位，编制员额232个，设置管理岗位23个，其中，五级1个，六级3个，七级7个，八级12个。教职工224人，其中，学校领导4人、中层干部19人、专任教师184人、职员（工）17人。学校先后获得“揭阳市先进基层党组织”“揭阳市文明单位”“揭阳市群众体育先进单位”“揭阳市文明校园”“广东省依法治校示范校”等荣誉。学校师生先后在各级各项竞赛中取得优异成绩，位列粤东中职学校前茅，其中，在国家级技能大赛中获得三等奖1项，在广东省中等职业学校技能大赛中获得一等奖4项、二等奖11项和三等奖30项；在全国中职学校“文明风采”竞赛活动中，学校师生获得国家级奖项9项和省级奖项63项。

（揭阳市综合中等专业学校）

【揭阳第一中学】 揭阳第一中学是揭阳市重点中学、广东省国家级示范性普通高中。其前身“榕江书院”，创建于乾隆八年十月二十二日

(公元1743年12月7日)，至今已有279年历史。学校占地面积0.11平方千米，建筑面积10万平方米。教学班74个，学生总数4310人。教职工417人，其中，在编在岗348人，退休69人，特级教师6人（在职4人）、正高教师2人、高级教师98人、一级教师144人、二级教师96人。硕士研究生45人（其中，全日制研究生28人，在职研究生17人）。学校为全国青少年校园足球特色学校、广东省国家级示范性高中、省教学水平评估优秀学校、省一级学校、省优秀现代教育技术实验学校、省中小学知识产权教育试点学校、省税收宣传教育基地、省中小学教师培训实践基地、省德育示范学校、省语言文字规范化示范学校、省依法治校示范学校、省绿色校园等，建有广东省高奕珊名教师工作室和广东省中学共青团黄利东名师工作室2个。不定期邀请旅居海外的校友回校讲学；聘请外教加强学生英语口语能力训练；有计划选派英语教师到英国、美国进行学科教学技能培训；加强与国外名校的交流合作；被广东教育国际交流协会定为全省13所有资格推荐学生参加新加坡理工学院政府助学金留学项目的高中学校。自2011年开始，揭阳一中连续8年有学生通过新加坡SM2考试获免费留学资格。学校设立多项助学金、奖学金、奖教金，有“志英奖学金”“百佳木棉奖”“潮汕星河中青宝揭阳第一中学助学金”“善行千里，千里行善”“揭阳第一中学星火借学金”“潮汕星河中青宝奖教奖学金”“榕江之光励教奖”“工龄三十周年贡献奖”“盛信名师奖”“岐山教育·众智师表奖”等，勉励在校学子自强不息、向上向善，鼓励教师开拓进取，培养更多优秀人才。

【揭阳第二中学】 揭阳第二中学是由揭阳师范学校改制而成的、由揭阳市教育局直属管理的公办全日制普通高中。教学班50个，学生2735人。在编教职工280人，其中，硕士研究生14人，特级教师1人，南粤优秀教师5人，南粤优秀教育工作者1人，广东省中小学“百千万人才培养工程”省级培养学员1人，“广东好人”称号1人，广东省人大代表1人，广东省优秀班主任1人，“潮汕星河辉勇师表奖”2人，获市级荣誉90多人次等。建有广东省李秀媛名教师工作室1个，揭阳市张秀池名班主任工作室和林慕双名班主任工作室2个。学校荣获“全国和谐校园先进学校”“广东省一级学校”“广东省普通高中教学水平优秀学校”“广东省安全文明校园”“广东省交通安全文明示范学校”“广东省语言文字示范学校”“国家重点大学暨‘211工程大学’生源基地”“广东省现代教育技术实验学校”“广东省规范汉字书写教育特色学校”“广东省中小学教师信息技术应用能力提升工程示范学校”“‘英特尔’未来教育项目推广示范学校”“潮汕星河奖集体道德奖”“第三批广东省‘绿色学校’”“揭阳市高考成绩优良学校”“揭阳市规范管理示范学校”等荣誉称号。学校英语科组、政治科组、地理科组先后被评为“广东省优秀教研组”，英语科组还被评为“广东省巾帼文明岗”等。在艺术类考试中，有艺术类考生考取中国音乐学院、中央音乐学院、中央美术学院、中国美术学院、华南师范大学等国内一流高等院校。

【揭阳第一中学榕江新城学校】 揭阳第一中学榕江新城学校创立于2019年，占地面积0.10平方千米，总建筑面积7.6万平方米，是揭阳市教育局直属管理的公办普通高中，面向全市招生，教职员工225人，学生3436人。为广东省交通文明学校、广东省绿色校园、揭阳市朝阳读书示范校、揭阳市语言文字规范化示范学校、揭阳市平安校园、肇庆学院优质生源基地、仲恺农业工程学院优质生源基地。中学中级以上职称教师65人，硕士研究生30人，市学科带头人、骨干教师37人。

【揭阳市实验中学】 揭阳市实验中学创办于1998年，是市教育局直属管理的初级中学。学校占地22000平方米，建筑面积22350平方米，有教学楼二栋，综合楼、实验楼、科技楼和艺体楼各一栋。学校有编制207人，在编教职工199人，其中，高级教师81人（已聘任正副高级教师70人），正高级教师1人，省特级教师4人，研究生4人，本科以上学历194人。学校有三个年级39个班，学生2021人。参加各种竞赛获得国级、省级奖励近100人次。其中，刘淑君、黄卓莉获“全国优秀教师”等称号。2021年，学校550名学生参加中考，上揭阳第一中学人数129人，上市重点中学人数500人。被省、市评为“文明学校”“文明单位”“平安校园”“书香校园”“绿色学校”“安全文明校园”“节水型学校”“依法治校示范校”等。

【揭阳市实验小学】 揭阳市实验小学创建于1996年，是揭阳市教育局直属管理的小学。学校占地面积17100平方米，建筑面积14083平方米。47个教学班，学生1981人，教师154名，其中，高级职称7人，中级职称137人，本科学历以上137人，专科学历17人。学校师生先后获得国级荣誉26人次，省级荣誉97人次，市级荣誉320人次。有多功能智慧教室、多功能录播室、创客室、电脑室、多功能电教室、音乐室、美术室、科学仪器室和实验室、综合实践室、少先队活动室、红领巾广播站、朗读亭等。有宣传校园文化的乐雅文化空间和百米文化长廊。学校被评为国家、省、市先进单位。历获“全国文明校园”“全国优秀家长学校”“全国养成教育实验学校”“全国青少年校园足球特色学校”“广东省德育示范学校”“广东省少先队先进学校”“广东省语言文字规范化示范学校”“广东省规范汉字书写特色学校”“广东省诗歌教学示范学校”“广东省交通安全文明示范学校”“广东省书法教育名校奖”“广东省体育特色学校”“广东省基础教育研究实验基地学校”“广东省依法治校示范校”“广东省中小学教师信息技术应用能力提升工程示范校”“广东省基础教育信息化融合创新示范培育推广学校”“广东省信息化中心学校”“广东省艺术特色学校”“广东省篮球推广学校”等荣誉。

【揭阳市第二实验小学】 揭阳市第二实验小学创建于2021年。学校是揭阳市教育局直属管理的小学。总建筑面积约15000平方米。招生规模为30个教学班，提供小学学位1350个。10个教学班，学生427人。教师35名，其中，特级教师3人，高级职称4人，中级职称24人，本科学历以上33人，专科学历2人。学校有体育馆、多功能录播室、舞蹈室、教师阅览室、学生阅览室、美术室、科学实验室、软件工作室、远程教室、综合实践室、少先队活动室、红领巾广播站、足球场、篮球场、乒乓球场、空中网球场、300米塑胶跑道等。

【揭阳市特殊教育学校】 揭阳市特殊教育学校是揭阳市教育局直属管理正科级公益一类事业单位。为适龄残疾儿童、少年提供义务教育，负责对残疾学生劳动技能教育、职业教育和职业指导等工作。占地面积13826.67平方米，建筑面积1.5万平方米。有标准化教室15间、设备齐全的师生宿舍22间，感统训练室、多感官康复训练室、言语与听力训练室、运动康复室、沙盘教育室、畅游与舞蹈室、录播室、家政室、评估室、图书室、资源教室等15个辅助功能室。建设指标均达到或优于《特殊教育学校建设标准（156—2011）》。在校生135人，覆盖智障、听障、脑瘫、自闭症等类型。在编教师64名，学历达标率100%，90%以上参加过国培、省培行动计划，5人获得国家三级心理咨询师以上资格，18人获得国家级手语翻译、自闭症康复等资格证书。学校自主开发《身心障碍学生行为问题评估诊断系统》软件，填补省内空白，处于国内领先地位，该软件2019年6月获中华人民共和国国家版权局计算机软件著作权，是该校在教育科研领域取得的国家级重大成果。学校独立编写《生活适应》《地方手语》（获广东省特殊教育学校课程建设优秀成果交流活动课程组二等奖）等校本教材。2021年7月，学校《身心障碍学生行为问题评量诊断系统》获广东省特殊教育内涵建设示范项目立项。学生参加省、市各类比赛获得多项殊荣。2021年被中共广东省委教育工委评为“第一批全省基础教育党建工作示范校”，被中共揭阳市直属机关工作委员会评为“市直机关先进基层党组织”，与东莞启智学校结对成“校本研修共同体”，被确定为广东省中小学教师校本研修示范校。学校参与各种服务性支持活动，参加公益演出5场，协助公检法机关审讯工作50多场，承担社区手语教学4场，承担高校学生特殊教育讲座3场，承担残疾儿童咨询、评估、康复200多场，承担省市特殊教育师资培训及理论研讨5场。

2021年8月，揭阳市第二实验小学建成并投入使用　（市教育局　供图）

【揭阳市机关少霏幼儿园】 揭阳市机关少霏幼儿园创办于1996年，是揭阳市教育局直属全日制公办幼儿园，全市唯一一所广东省一级幼儿园。有小、中、大三个年级12个教学班，在园幼儿380多人，教职员工53人（其中，本科学历49人，大专学历4人；高级职称2人，中级职称29人，初级职称19人）。先后获得广东省“绿色幼儿园”“广东省平安校园”“优秀安全文明校园”“广东省校本研修示范学校”，市“先进团支部”“青年文明号”“巾帼文明岗”“三八红旗集体”“语言文字规范化示范校”“揭阳市示范性幼儿园”和市直“文明单位”“文明窗口单位”等荣誉称号，幼儿园食堂被评为“广东省安全示范学校食堂”。先后有2人被评为“广东省特级教师”，1人被评为“南粤优秀教育工作者”，6人被评为“南粤优秀教师”，1人荣获“广东最美教师”称号，2人获得“潮汕星河辉勇师表奖”，7人被评为“揭阳市优秀教师”，1人被评为“揭阳市首批名园长”，1人被评为“揭阳市首批名教师”，5人被评为“揭阳市首批中小学（幼儿园）学科带头人”，1人被评为市优秀共产党员，2人被评为市关工工作先进个人。园长陈玉华被评定为“新一轮（2021—2023年）广东省名园长工作室主持人”，是揭阳市首个省级名园长工作室。

【揭阳市第一幼儿园】 揭阳市第一幼儿园创办于1996年9月，是市直全日制公办幼儿园，市一级幼儿园。建筑面积5286平方米，占地面积2956平方米，其中，绿化用地面积458平方米，运动场地面积1370平方米。有12间教学活动室、卧室、卫生间，开设大班、中班、小班三个年龄级12个教学班，在园幼儿382人。有音乐活动室、美工活动室、科学活动室、图书阅览室、多功能活动大厅，配备各种功能室及辅助用房。全园在岗教职工53人，其中，研究生学历1人，本科学历19人，大专学历25人；高级职称1人，中级职称31人，初级职称3人。幼儿园先后获得“揭阳市先进集体”“广东省巾帼文明岗示范岗”“广东省三八红旗集体”“全国巾帼文明岗”“全国优秀家长学校”“揭阳市示范性幼儿园”等荣誉称号。

（市教育局）

2021年，揭阳市第一幼儿园实施扩容提质工程，优化格局，面貌焕然一新

（杨小琪　摄）

【揭阳技师学院】 揭阳技师学院创办于1993年，由揭阳市人力资源和社会保障局管理，于2010年晋升国家重点技工学校，2012年晋升高级技工学校，2021年11月晋升技师学院。学院占地面积11.56万平方米，校舍建筑面积8.65万平方米，实训教学场地约2.52万平方米，体育用地面积2.97万平方米。教职员工197人，在校生3605人；年均开展社会职业培训2574人次，其中，高级工及以上培训年均1258人次。学院开设烹饪（中式烹调）、电子商务等14个专业，培养层次涵盖中、高级工以及预备技师。有烹饪实训基地、日立电梯、省级粤菜大师工作室等58个实验实训室。是国家级高技能人次培训基地、广东省“粤菜师傅”培训基地、揭阳市高技能人才公共实训基地。同时，还是广东省职业技能等级认定机构、揭阳市市级职业技能鉴定所和特种作业培训考试点。以服务社会发展需求为人才培养方向，实行校企合作，注重工学一体、质量办学。成立校企合作指导委员会，结合专业建设先后与巨轮智能装备等65家企业开展合作，毕业生就业率98%以上。先后被评为“国家级高技能人才培训基地”“广东省校企双制示范学校”“广东省高技能人才培训基地”“揭阳市文明单位”。与天津职业技术师范大学、广东工业大学等知名院校合作，开设大专、本科、硕士研究生多层次学历提升教育，为在校学生和社会人员搭建技能与学历提升服务平台。

（揭阳技师学院）

教师队伍

【教职工】 2021年，揭阳市公开招聘教师757名，其中：全日制研究生36名，本科生410名，大专生311名。揭阳市中小学校（含幼儿园、中职）有教职工9.74万人，其中，专任教师7.92万人（幼儿园1.82万人，小学3.02万人，初中1.95万人，普通高中0.98万人，特殊教育164人，中职1461人）。中小学正高级教师（正教授级）6人，中小学高级教师（副教授级）5395人，中小学特级教师70人；省级名校长1人、名教师4人、名班主任13人；省级名校（园）长工作室3个、名教师工作室7个、名班主任工作室1个。

【教师培训】 2021年，揭阳市实施“强师工程”，加强与北京师范大学、浙江大学等国内重点高校战略合作，打造、培养揭阳市骨干校长和教师，培训骨干校长、教师约640人次。累计组织教师、校（园）长

2021年11月，揭阳市组织教师代表参加广东省首届美育教师教学基本功比赛 （市教育局 供图）

参加各级各类培训60865人次。组织推荐评选出揭阳市首批名校（园）长、名教师、名班主任110名，揭阳市名校（园）长、名教师、名班主任工作室主持人30名，揭阳市中小学学科带头人450名，揭阳市中小学骨干教师1344名。2021年揭阳市有11名中小学教师、班主任、校长获得广东省名教师、名班主任、名校（园）长工作室主持人称号，有10名中小学教师、校长入选广东省“百千万人才培养工程”省级培养对象。

【教师待遇】 2021年，揭阳市各县（市、区）贯彻落实中小学教师工资待遇法律法规，落实“两个不低于或高于”工作，各地均建立健全义务教育教师工资待遇保障长效联动机制。全面实施义务教育学校绩效工资，教师依法依规享受养老保险和基本医疗保险，全部落实教师住房公积金。落实山区和农村边远地区教师生活补助，有35471名农村教师享受月人均补助不低于1000元标准。落实高校毕业生到农村学校从教“上岗退费”政策，有1015名教师享受“上岗退费”政策。对长期在基层和艰苦边远地区工作教师实行待遇从优等倾斜政策，提高教师福利待遇，激发教师工作积极性。

【师德师风建设】 2021年，揭阳市健全师德建设长效机制，把开展师德建设主题教育月活动与开展党史学习教育、师德专题教育等紧密结合起来，全面贯彻落实新时代教师职业行为十项准则，完善制度，规范管理，建立健全师德建设长效机制；营造尊师重教浓厚氛围，运用新闻媒体弘扬揭阳市优秀教师和教育工作者潜心立德树人、静心教书育人的高尚师德和先进事迹。揭阳市有42位人荣获“潮汕星河辉勇师表奖”奖励，奖金2万元/人。推荐评选2021年揭阳市教育系统“优秀教师”300名、“优秀班主任”199名、“优秀教育工作者”100名，有20名教师获得“广东省特级教师”称号，61名获得“南粤优秀教师（优秀教育工作者）”称号。

（市教育局）

非学历教育

【教师进修培训】 揭阳市教师发展中心是由原揭阳教师进修学校和成人中学撤并改制而来，2020年12月28日正式挂牌办公，是综合性教科培机构。主要职能：开展在职教师、校（园）长培训；开展教师专业发展研究及成果推广；协助开展教师培训质量监测及评估工作；开展教师教育信息化建设；提供教育决策服务等。揭阳市教师发展中心优化整合优质教育资源，创新教师培训模式，完善硬件设施建设，学术报告厅、智慧教室、心理健康研讨室、音乐教室、舞蹈教室、多媒体教室等功能室完成改造和配套，能够满足揭阳市教科研训一体化工作需要，实现互联互通的教师学习资源库和管理平台。2021年揭阳市教师发展中心主办或协办培训项目：中小学、幼儿园教师继续教育职务培训；中小学心理健康教育初级（C证）培训；2021年揭阳市高中音乐教师新课标新课程培训；揭阳市中小学骨干教师花样跳绳培训班。

（陈树文 许建鑫）

科 学

科学技术

【科学技术概况】 2021年，揭阳市科技局实施创新驱动发展战略，推动落实《揭阳市促进产业科技创新扶持办法》，推进国家高新区创建工作，加快科技创新平台建设，深化产学研合作，科技创新工作取得成效。揭阳市高新技术企业达到235家，累计建设省级工程中心69家、省级重点实验室3个、省级新型研发机构2个、市级工程中心275家、科技企业孵化器4家，众创空间8家，国家级“星创天地”2家，省级“星创天地”2家。

【科技创新】 2021年6月23日，召开揭阳市科技创新大会，号召全市各级党政把创新工作作为“一把手”工程，持续加大财政投入力度，努力破解揭阳科技创新工作存在问题和短板。全市通过科技专项资金引导社会加大研发投入，推动企业自主核心技术攻关，组织实施2021年省“大专项+任务清单”资金项目、市科技创新发展专项、创新人才专项274项，下达经费6931万元。引进“扬帆计划”创新创业团队3个，市级创新创业团队2个，创新创业领军人才8名。

2021年11月11日，揭阳“互联网+科技创新服务”云平台正式上线
（市科技局 供图）

【榕江实验室】 2021年，榕江实验室建设工作稳步推进，启动迁址至广东工业大学揭阳校区，研究制定《榕江实验室建设运行实施方案》，联合天津大学等一批高校围绕精细化工领域，重点开展绿色化学与化工、生物医药、新材料等三个方向科学研究，与14个科研团队签订引进意向协议，引导实验室各科研团队和专家教授申报省市各类科技研发项目7项，获得立项3项。

【国家高新区】 2021年，揭阳高新区被纳入科技部国家高新区考察名单，揭阳市全力推进创建和迎检工作，出台《促进揭阳高新技术产业开发区科技创新若干措施》，高新区实行“一核三区”统筹发展，完成高新区展厅和创新服务平台（首期）建设，土地节约集约利用状况大幅提升，其中，揭阳高新区在省工业园区（产城融合类）连续两年位列第一。揭阳高新区（一核三区）实现地区生产总值212.1亿元，规上工业总产值692.9亿元，研发经费投入强度3%，高新区有上市公司3家、规上工业企业309家、高新技术企业72家、科技型中小企业49家，拥有国家火炬特色产业（机电模具）基地1个，国家级企业技术中心2家，各类省级企业研发机构40个，孵化载体5家。

【高企培育】 2021年，揭阳市实施高新技术企业“双倍增”计划，召开高企培育工作协调会、高企申报认定管理培训会，加强政策宣讲，做好高企培育服务，通过《2021年揭阳市高新技术企业管理台账》《2021—2023年揭阳市高新技术企业培育台账》加强高企实时监测管理，申报高企101家企业，全市高企累计235家。

【创新平台】 2021年，揭阳市组织申报认定省级工程中心4家，组织认定39家市级工程中心，累计建设省级工程中心69家、省级重点实验室3个、省级新型研发机构2个、市级工程中心275家。2021年11月11日，举办揭阳“互联网+科技创新服务”云平台上线系列活动，邀请中国工程院院士谭建荣、二十一世纪创新（北京）规划设计研究院院长王仕涛等院士专家参加，线上15万人次观看直播。

【科技服务】 2021年，揭阳市出台《揭阳市科技创新“十四五”规划》《揭阳市科技金融产业融合风险准备金管理办法》《揭阳市促进科技孵化育成体系建设的实施意见》，优化科技创新环境，为科技型企业提供政策依托。组织开展“绿色石化产业科技人才培训会”“2021年绿色石化产业科技成果发布暨产学研合作对接会”等特色活动，邀请省内外10所高校院所专家出席，参会企业180家，8家企业与高校、科研院所团队现场签订产学研合作协议。组织开展第十届中国创新创业大赛（广东·揭阳赛区）暨第四届潮汕青年创新创业大赛，全市9家企业进入省行业决赛。

【科技助农】 2021年，揭阳市组织农村科技特派员深入农村一线，与当地农业企业、合作社、农户开展技术合作，指导普宁市、惠来县申报获得2021年中央引导地方科技发展资金专项支持5项500万元，组织立项2021年省乡村振兴战略专项资金项目24项。

（市科技局）

气　象

【气象概况】 2021年，揭阳市天气气候总体特征：降水异常偏少、气温明显偏高、台风影响偏轻、灰霾日数减少。全市平均降雨量1317毫米，比历年平均偏少32%，其中，市区1320毫米、揭西1505毫米、普宁1183毫米、惠来1260毫米，普宁破历史最少纪录。全市平均气温23.2℃，比历年偏高1.1℃，为历史最高年份，其中，市区23.4℃，揭西22.9℃，普宁23.3℃，惠来23.0℃。是年，对揭阳市有影响的台风有2109号台风“卢碧”和2118号台风“圆规”，两个台风都带来暴雨和大风，没有给揭阳市造成直接经济损失。全市平均灰霾日数11天，其中，市区18天，揭西12天，普宁8天，惠来4天，与2020年相比，全市平均减少9天。

【主要灾害性天气】 台风　2021年，对揭阳市有影响的台风是2109号台风“卢碧”和2118号台风“圆规”。2109号台风“卢碧”8月5日11时20分前后在汕头南澳县沿海登陆，登陆时中心附近最大风力9级（23米/秒）。受其影响，8月4日08时至6日20时，市区出现大雨局部暴雨，揭西和普宁出现大雨到暴雨局部大暴雨，惠来出现暴雨到大暴雨局部特大暴雨，全市平均雨量67.6毫米，惠来前詹录得全市最大雨量306.5毫米。另外，4日夜间至5日沿海地区出现7～9级阵风，内陆地区出现6～8级阵风。2118号台风“圆

2021年12月，揭阳市气象局工作人员在揭东区新西河水库开展人工增雨作业　（夏云　摄）

规”10月13日15时40分前后在海南琼海市沿海登陆，登陆时中心附近最大风力12级（33米/秒）。受其环流影响，10月12日08时至14日08时，揭西、普宁和惠来出现大雨局部暴雨，全市平均雨量25.6毫米，普宁云落录得全市最大雨量90.7毫米。同时，揭阳市内陆出现6～8级阵风，沿海普遍出现8～10级阵风，惠来龟岛录得全市最大阵风33.6m/s（12级）。

暴雨　2021年，揭阳市4个国家观测站录得暴雨日数（日降雨量≥50.0毫米）：市区2天、揭西7天、普宁4天、惠来6天；日最大降雨量：市区191.2毫米（10月8日）、揭西132.1毫米（5月31日）、普宁121.0毫米（6月8日）、惠来168.5毫米（5月31日）。受西南季风影响，5月30日20时至6月2日20时，全市出现2021年首场大范围强降水。市区和揭西出现大雨到暴雨、局部大暴雨，普宁和惠来出现暴雨到大暴雨、局部特大暴雨，全市过程平均雨量139.4毫米，惠来葵潭镇青坑菠萝基地录得全市最大雨量353毫米，惠来前詹录得1小时最大雨量88.2毫米，惠来出现较为严重内涝。

龙卷风　2021年，受台风“狮子山”外围环流影响，10月8日14时39分至14时43分前后，揭东区龙尾镇出现龙卷风，龙卷风自东南向西北方向移动，龙卷灾情路径长度约3.5千米，最大影响宽度约350米，较显著灾情为钢筋混凝土结构电线杆折断，彩钢屋顶掀飞，大量树木折断倒伏。

高温　2021年，揭阳市各地高温（日最高气温≥35℃）日数：市区46天、揭西59天、普宁66天、惠来3天，其中，市区与历史最多纪录持平，揭西、普宁破历史最多纪录。年极端最高气温：市区38.7℃（7月28日），揭西38.5℃（7月27日），普宁39.3℃（7月28日，历史第二高），惠来35.6℃（9月12日）。

干旱　2021年，揭阳市平均雨量1317毫米，比历年同期偏少32%，其中普宁为历史最少纪录，水库库容量少，全市出现阶段性气象干旱。为缓解旱情，进行32次人工增雨作业，发射人工增雨炮弹122枚，增水量3467万立方米。

【天气预报服务】　2021年，揭阳市气象局发送《重大气象信息快报》《重要气象信息专报》《天气报告》等各类决策气象服务材料486期，发送决策服务短信323次。全年发布台风、暴雨、雷雨大风、高温、寒冷等各类突发气象灾害预警信号403站次。开展春运、春节、元宵、春播、“两会”“五一”、高考、中考、国庆黄金周以及重大活动等气象服务和专项保障工作，发挥气象信息参谋和指导作用，确保活动顺利开展。公众服务主要手段：广播、电视、报纸等新闻媒体，揭阳天气微博、微信，“12121”电话、气象网站、手机短信、电子显示屏等。全年接受电视台采访46次、日报社发稿20篇。

【防雷减灾】　2021年，揭阳市气象局履行部门防雷减灾监管职责，与市住建局、应急局等部门联合开展专项检查，做好危化场所防雷整治工作，全年开展各类执法巡查102宗，责令整改2宗，约谈涉嫌违法企业1宗。揭阳市气象局行政审批业务纳入建设工程服务区综合窗口，全年受理“防雷装置设计审核”行政许可事项8宗、“防雷装置竣工验收”行政许可事项18宗，全年零投诉。全年全市发生雷击事故8起，未造成人员伤亡。

（林巧美）

防震减灾

【防震减灾概况】　2021年，揭阳市防震减灾工作坚持“两个坚持、三个转变”（坚持以防为主、防抗救相结合，坚持常态减灾和非常态救灾相统一，努力实现从注重灾后救助向注重灾前预防转变，从应对单一灾种向综合减灾转变，从减少灾害损失向减轻灾害风险转变）贯穿工作全过程各环节。印发实施《揭阳市第一次全国自然灾害综合风险普查（地震灾害部分）实施方案》，推进全市地震灾害风险普查工作；提升地震监测预警水平，完成普宁地震台、揭西地震台、揭东二中强震台等改造工程和市地震局大院内强震台、测震台等升级工程；联合印发实施《揭阳市地震易发区重要公共建筑物加固工程实施方案》，摸清风险底数，上报加固工程74例，新建工程117例；开展防震减灾科普教育基地创建工作，全市新增1个市级防震减灾科普教育基地；全市地震工作管理部门在“我为群众办实事”实践活动中完成防震减灾宣传下基层工作30次，发放宣传资料40000份，开展应急演练工作16场次，覆盖全市中小学、幼儿园16个。

【监测预报】　2021年，揭阳市地震局协助广东省地震局完成国家地震烈度速报与预警工程40个一般站仪器设备安装工作；建立10个示范地震预警信息接收终端；完成普宁地震台、揭西地震台、揭东二中强震台等改造工作；完成揭阳市地震局大院内强震台和测震台等升级工作。向市委、市政府上报《震情快报》45次，收集整理地震目录、市地震观测站地下流体观测水井资料等，充实完善地震资料，为编写年度地震活动趋势研究报告提供依据。

【灾害预防】 2021年，揭阳市地震工作管理部门完成岐山翠园、揭阳学院仙梅片区供水工程（供水加压泵站一期）、广东顺发商务中心等工程项目抗震设防要求审核工作，完成10宗建设工程抗震设防要求的事中监管和6宗事后行政检查。联合印发《揭阳市地震易发区重要公共建筑物加固工程实施方案》，转发省相关工作补充通知和工作指引，通过全国房屋设施抗震设防信息采集和管理平台，上报加固工程74例，新建工程117例。印发实施《揭阳市第一次全国自然灾害综合风险普查（地震灾害部分）实施方案》，完成总任务的30%，剩余工作任务已申请该项目的财政预算，邀请第三方单位协助，增强技术力量支持。

【应急救援】 2021年，揭阳市地震局配合揭阳市应急管理局做好《揭阳市地震应急预案》（以下简称《预案》）修订工作，为《预案》修订提供地震部门意见建议。《预案》通过专家评审，继续完善中。是年，揭阳市地震工作管理部门开展应急演练工作16场次，覆盖全市中小学、幼儿园16个。其中，较大型有：5月11日，揭西县工业信化和科技局（地震局）、县教育局联合县应急管理局、气象局、科协在揭西县第一中学开展的地震应急避险演练；5月12日，市地震局联合揭东区应急管理局在揭东区第二中学开展地震应急避险演练。

【防震减灾宣传】 2021年，揭阳市地震工作管理部门完成防震减灾宣传下基层工作30次，发放宣传资料40000份。在防震减灾宣传周，结合“防范化解灾害风险，筑牢安全发展基础”防灾减灾日主题，开展科普知识讲座3场次，科普集市4场次。宣传活动通过市级电视媒体报道1次，县级电视媒体报道2次，市级报纸类媒体报道1次。是年，揭阳市地震局工作组确认揭阳岐山教育综合实践基地符合市级防震减灾科普教育基地创建条件，授予“揭阳市防震减灾科普教育基地”称号。

（肖建华）

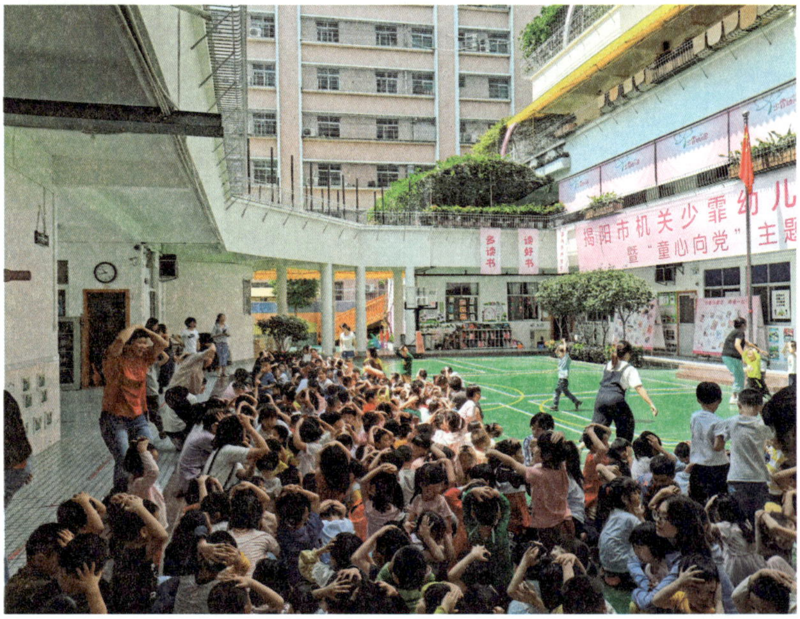

2021年5月11日，揭阳市地震局在市机关少霏幼儿园举办防震减灾科普宣传活动
（市地震局 供图）

文化艺术

综　述

【文化艺术概况】　2021年，揭阳市文化广电旅游体育局扶持体现社会主义核心价值观、具有导向性、代表性、示范性的文艺作品，推动各门类艺术、各艺术品种发展。打造大型现代潮剧《南山红英》等文艺精品，创作发布“百年叙事”——揭阳市庆祝中国共产党成立100周年原创音乐专辑。开展文艺主题创作、展演，组织举办“唱潮剧　颂党恩”潮剧惠民演出、“感党恩　跟党走——庆祝中国共产党成立100周年潮剧精品展演”等宣传演出。采取电视录播与线上展播方式举办“永远的旗帜——揭阳市庆祝中国共产党成立100周年暨中华人民共和国成立72周年群众文艺晚会”。

【文艺精品创作】　2021年，揭阳市文化广电旅游体育局支持文化艺术守正创新，打造精品文艺，创作生产（重排）舞台艺术作品10多部，包括揭阳革命题材大戏《南山红英》和《金凤花》、乡村教育发展题材大戏《大山里的国旗》、重排以中国工程院院士黄旭华为原型的大型现代潮剧《大国赤子》和抗日题材大戏《桑浦山花》、改革开放主题现代潮剧《幸福桥头》，党史学习教育主题作品《鸿猶壮歌》等。《南山红英》和《大山里的国旗》参加广东省文化和旅游厅主办的“庆祝中国共产党成立100周年——广东潮剧新创作品展演”，《桑浦山花》参加省文化和旅游厅主办的庆祝中国共产党成立100周年百场精品惠民展演。

2021年9月10—12日，揭阳市组织文旅企业参加2021广东国际旅游产业博览会，图为揭阳泥塑展示　（黄晓喻　摄）

【公共文化服务】　2021年，揭阳市文化广电旅游体育局健全公共文化设施，推进揭阳市文化中心、揭阳楼广场改造提升工程，完成揭阳市文化馆新馆室内装修建设和试运营。全市6所公共图书馆、6所文化馆、88所乡镇（街道）综合文化站，均免费向市民开放。

【群众文化活动】　2021年，揭阳市文化广电旅游体育局组织承办“同饮一江水”2021年广东劳动者歌唱大赛（揭阳赛区）活动。举办“永远跟党走 逐梦新时代——广东省第十四届‘百歌颂中华’歌咏活动（揭阳赛区）”，选送优秀选手参加全省决赛，歌手刘晓昂、林天爱获得歌手类银奖。举办“感党恩 跟党走”——庆祝中国共产党成立100周年文艺作品征集评选活动，征集作品49件，经专家评审，评出获奖作品40件，其中，金奖作品2件，银奖作品4件，铜奖作品11件。

【文化交流合作】 2021年，揭阳市文化广电旅游体育局加强对外交流和宣传推介，举办2021年中国旅游日揭阳市分会场主题宣传系列活动，组织揭阳市文旅企业参加2021年广东旅游文化节、第十七届中国（深圳）文博会、2021年广东国际旅游产业博览会等活动，荣获“2021广东国际旅游产业博览会优秀组织奖”。组织普宁英歌、榕城青狮、潮剧等项目参加“新加坡潮州八邑会馆第三届潮州节暨第二届潮州美姐选美赛活动”线上展演。选送优秀作品参加“2021粤港澳大湾区美术书法作品展”。加大文化和旅游资源整合利用，拍摄制作揭阳文旅宣传片、揭阳文旅手绘地图、“发现揭阳”文旅宣传画册，创作推出文旅潮语歌曲《古城蝶变焕新彩》。

【文化市场监管】 2021年，揭阳市有文化娱乐场所（含KTV、游艺）152家、上网服务场所（网吧）103家、表演团体（企业）4家、演出经纪机构1家，文化产业园区（基地）9家、星级旅游饭店8家、A级旅游景区14家。揭阳市文化广电旅游体育局加强文化旅游市场日常监管，抓好疫情防控和管理工作，深入开展扫黑除恶行业治乱、文化旅游市场综合整治、“扫黄打非”等专项行动，规范全市文化旅游市场秩序，保障文化旅游市场健康有序发展。1个执法案卷被评为2020年度广东省旅游市场10大典型案例。

（市文广旅游体育局）

公共文化

【公共文化概况】 2021年，揭阳市文化广电旅游体育局推进公共文化服务设施完善提升，推进揭阳市文化中心、揭阳楼广场改造提升工程，完成揭阳市文化馆新馆舍室内装修建设和试运营，完成市博物馆馆舍室内装修建设，全市88个乡镇（街道）综合文化站均达到省二级站标准，完成8个二级以上县级文化馆图书馆总分馆制建设。组织实施公共文化惠民工程，“揭阳市艺术普及提质文化惠民共享工程”被广东省文化和旅游厅授牌为“广东省公共文化服务体系示范项目”，“地方特色文化活动——进贤故事会”被省文化和旅游厅评为“广东省2021年度公共文化服务优秀案例”。

【文化品牌创建】 2021年，揭阳市文化馆举办“文艺之花在绽放——2021揭阳市文化馆免费培训季”系列活动。培训基地打造的文艺作品构成文艺下基层惠民演出节目，两个板块共同构成“共享文艺 同城花开——揭阳市艺术普及提质文化惠民共享工程”，工程被列入广东省公共文化服务体系示范项目，是揭阳市公共文化服务体系重点项目。

【文化志愿服务】 2021年，揭阳市文化馆举办“文艺之花在绽放——2021年揭阳市文化馆免费培训季”系列活动，55个免费文艺培训基地推出的培训项目包括潮剧表演、中国舞、朗诵主持、古筝、吉他、声乐、模特、潮州大锣鼓、二胡、瑜伽、美术、书法、相声、小品、电子琴、跆拳道、泥塑陶艺、扬琴、服装设计、即兴音乐、流行童声以及新增的体育、品格训练、葫芦丝等，满足不同年龄、不同层次艺术爱好者需求。

【群众文艺创作】 2021年，揭阳市创作《百年征程谱华章》参加2021年广东省群众艺术花会（戏剧曲艺），获曲艺类铜奖。组织揭阳青年文艺工作者，创作出版揭阳原创音乐专辑《百年叙事——揭阳市庆祝中国共产党成立100周年原创音乐专辑》，收录揭阳原创音乐作品22首。

【民间文化发展】 2021年，揭阳市坚持以人民为中心，注重加强对民间文化艺术项目的保护与传承，指导各县（市、区）做好民间文化艺术创建工作，组织3个民间文化艺术

2021年6月29日，“文艺之花在绽放——2021年揭阳市文化馆免费培训季”活动在市区正式启动 （揭阳日报社 供稿）

项目申报2021—2023年度“中国民间艺术之乡”，其中，普宁市流沙西街道“英歌舞”被文化和旅游部命名为2021—2023年度“中国民间艺术之乡”。

（市文广旅游体育局）

文物博物

【文物博物概况】 2021年，揭阳市文物保护单位339处，其中，全国重点文物保护单位4处，省级文物保护单位37处，市级文物保护单位109处，县（市）级文物保护单位189处。全市有博物馆7座，其中，揭阳市博物馆、榕城区博物馆、揭东区博物馆、普宁市博物馆、揭西县博物馆、惠来县博物馆属于综合性博物馆，丁日昌纪念馆属于历史文化博物馆。国有馆藏可移动文物17934件/套，其中，珍贵文物1367件/套（一级品5件/套、二级品76件/套、三级品1286件/套），其他（一般和未定级藏品）16567件/套。

【文物考古】 2021年，揭阳市文化广电旅游体育局根据省文化和旅游厅关于大型基本建设工程审批要求，组织完成国家石油储备揭阳地上库工程等3个项目用地范围文物考古调查勘探工作。

【文物保护】 2021年，揭阳市文化广电旅游体育局推进丁氏光禄公祠、甲东里、郑大进府、普宁学宫、德安里民居群、乐善处、赤山古院等重点文物修缮工程和榕城进贤门抢险加固工程；完成揭阳学宫安防工程和消防工程建设。加强文博单位安全管理，联合消防部门开展全市文物博物建筑消防安全专项督查，落实全市文博单位严格执行文物安全直接责任人公告公示制度；举办揭阳市文物安全业务培训班和现场消防演练，提升文博单位管理人员消防应急能力。

【文物展览】 2021年，揭阳市博物馆基本陈列展览21个，临时展览39个。在“5·18”博物馆日及节假日期间，揭阳市博物馆、丁日昌纪念馆在揭阳学宫举办以“海底奇葩——珊瑚花”“昆虫大世界”为主题的图片展览；榕城区博物馆联合中山街道文化服务中心在永革社区、东门社区开展“博物馆进社区”活动；揭东区博物馆举办《镜头录史 千秋在 笑傲人生九十年——大埔籍战地记者邹健东摄影展》活动，在揭东区第一小学举办《党的光辉照南粤——中国共产党领导下的广东革命历程》图片展等流动展览；普宁市博物馆联合广东革命历史博物馆举办《广州起义图片展》。

【文化遗产普查】 2021年，揭阳市有141项市级以上非物质文化遗产项目，其中，国家级9项，省级58项；市级以上非物质文化遗产代表性传承人193名，其中，国家级5人，省级63人（含已去世7人）；省级非物质文化遗产传承基地8个，市级非物质文化遗产传承基地52个；省级非物质文化遗产生产性保护示范基地2个，市级非遗生产性保护示范基地11个。是年，揭阳市文化广电旅游体育局组织对全市石窟寺、摩崖造像、摩崖石刻情况开展调查，在全国石窟寺专项调查系统补充完善相关资料。揭阳市有石窟寺1处，摩崖石刻30处。

【文化遗产申报】 2021年，揭阳市文化广电旅游体育局公布第二批市级非遗生产性保护示范基地17个和第三批市级非遗保护传承基地30个，向广东省文化和旅游厅推荐16个项目申报第八批省级非物质文化遗产代表性项目，推荐20处文物保护单位申报第十批广东省文物保护单位。2021年，新增县级文物保护单位13处。

【文化遗产保护】 2021年，揭阳市文化广电旅游体育局推动《揭阳市红色资源保护传承条例》出台实施，牵头编制《揭阳市非物质文化遗产保护管理办法》，为文化遗产保护传承工作提供规范化、法治化保障。

【文博宣传推广】 2021年，揭阳市文化广电旅游体育局组织开展第45届“5·18”国际博物馆日宣传活动，向人民群众普及文物保护利用和博物馆知识，弘扬革命文化和社会主义先进文化，增强人民群众文物保护意识。举办民间收藏文物巡回咨询鉴定活动，加强文物鉴定知识和文物保护法律、法规宣传，引导民间合法收藏和合理收藏，传承中华优秀传统文化，推动民间文物和文化遗产保护工作。

（市文广旅游体育局）

潮　剧

【潮剧概况】 2021年，揭阳市市级以上传承人11人（其中，国家级传承人1人、省级传承人2人、市级传承人8人），市级以上传承基地4个（其中，省级2个）；潮剧传承保护机构1个（市潮剧传承保护中心，公益一类事业单位）、国有演出团体4个（公益二类事业单位）。

【潮剧保护传承条例】 2021年，为加强潮剧保护传承，揭阳、汕头、潮州三个地级市开展区域协同立法，在地方立法史上属首次，开创全国在文化领域协同立法先例。揭阳市制定《揭阳市潮剧保护传承条例》，于9月29日揭阳市第六届人民代表大会常务委员会第五十一次会议通过，12月1日广东省第十三届人民代表大会常务委员会第三十七次会议批准。《揭阳市潮剧保护传承条例》于2022年1月1日起施行，为揭阳市潮剧的保护、传承、传播与发展提供法律依据。

【潮剧创作】 2021年，揭阳市文化广电旅游体育局指导潮剧守正创新，打造潮剧精品。普宁市新创乡村教育发展题材大型现代潮剧《大山里的国旗》，惠来县新创革命题材大型现代潮剧《南山红英》，参加“庆祝中国共产党成立100周年——广东潮剧新创作品展演”，弘扬揭阳革命先辈和教育工作者无私奉献精神。

【潮剧演出】 2021年，揭阳市文化广电旅游体育局组织潮剧精品展演，指导市潮剧传承保护中心举办庆祝中国共产党成立100周年大型舞台艺术精品展演；承办“永远跟党走”——广东省庆祝中国共产党成立100周年百场精品展演；组织大型现代潮剧《大山里的国旗》和《南山红英》参加“庆祝中国共产党成立100周年——广东潮剧新创作品展演”。《桑浦山花》参加“庆祝中国共产党成立100周年百场精品惠民展演”，在广州友谊剧院演出。开展群众惠民演出，组织“唱潮剧 颂党恩”惠民展演系列活动，包括“红头船上唱红曲”潮剧惠民活动和“感党恩 跟党走”——潮剧惠民演出活动以及“戏曲进农村”——惠民演出活动。

（市文广旅游体育局）

档 案

【档案概况】 2021年，揭阳市市、县档案行政管理部门6个；国家综合档案馆6个，其中，国家二级档案馆1个、省一级档案馆1个、省二级档案馆3个；全市6个国家综合档案馆全面完成达标建设任务，档案馆库建筑总面积22899平方米，库房面积7181.7平方米，其中，市档案馆建筑面积8890平方米，库房面积2352平方米。全市馆藏档案169083卷、305713件，资料27315册，实物档案665件；全市开放档案7235卷，利用档案998人次，调阅档案10080卷（件）。

【档案工作部署】 2021年，揭阳市委常委会会议专题学习习近平总书记对档案工作作出重要批示精神，研究部署全市档案工作；揭阳市数字档案馆建设纳入揭阳市国民经济和社会发展“十四五”规划；揭阳市委办公室印发《档案工作提醒函》；揭阳市档案局印发《2021年全市档案工作要点》，部署全市档案工作。

【档案馆基础建设】 2021年，揭阳市档案局推进县级档案馆舍建设，普宁市、惠来县档案馆建设项目分别于2021年7月和10月完成建设投入使用，自2013年揭阳市档案馆建成投入使用以来，全市6个国家综合档案馆全面完成达标建设任务。揭阳市档案局制定《县级综合档案馆业务建设评价办法》，完成对5个县级综合档案馆业务建设评价，抓实抓牢县区级综合档案馆业务基础。

【档案监督指导】 2021年，揭阳市档案局组织开展“平安揭阳建设”档案安全管理考评工作，组织档案安全排查，组织检查市直机关单位和各地档案工作60多人次，全市组织检查指导90多人次。加强业务指导，印发《揭阳市名人档案征集管理指引》《揭阳市疫情防控档案归档整理工作指南》，推进并规范档案征集和归档工作；参加揭阳市榕江大围达标加固工程档案专项验收；指导脱贫攻坚档案、疫情防控档案和揭阳潮汕机场档案归档工作；文件材料归档范围和文书档案保管期限、档案中介服务机构备案、企业档案工作规范创建等档案业务工作有序开展。

【档案服务民生】 2021年，揭阳市档案局推进档案依法进馆工作，全市进馆档案12171卷、166315件，照片13073张，其中，脱贫攻坚档案进档案馆4203卷、122666件，疫情防控档案进档案馆14263件，照片档案11864张。档案数字化取得新进展，榕城区完成馆藏档案数字化18万幅，普宁市数字档案馆完成建设投入试运行；全市县级国家综合档案馆签署“异地查询、跨馆服务”协议，提升档案馆服务能力，满足公众查档需求。全市档案馆接待查档人员998人次，提供档案调阅服务10080卷/件，复印12651页。

【档案宣传教育】 2021年，揭阳市传达学习贯彻习近平总书记对档案工作重要批示精神，贯彻实施新修订的《中华人民共和国档案法》。揭阳市档案局围绕庆祝中国共产党成立100周年、“6·9”国际档案日、“宪法宣传日”等主题，聚焦党史学习教育和庆祝建党100周年活动，推进全市档案馆立足档案资源优势，举办档案展览，管好用好用活红色档案资源，传承红色基因，讲好红色故事、揭阳故事，展现党的百年光辉历程，做好档案法治宣传工作部署。组织开展全市档案工作人员收看收听《中华人民共和国档案法》《全国档案事业发展“十四五”规划》公益大讲堂；组织宣传新修订《中华人民共和国档案法》，开展宪法“进校园、进机关、进乡镇、进社区”档案法治宣传活动，累计发放各类宣传品11000多份，提升广大干部群众档案法律意识。

（江少冰）

档案馆业务

【档案资源建设】 2021年，揭阳市档案馆依法依规按期接收市直单位满20年档案进馆，同时接收部分单位的文书档案未达到移交年限提前进馆保存。全年接收21个市直单位档案1318卷、9791件，收集资料73册。重视疫情防控档案建档工作，主动做好疫情防控重大活动档案征集和接收工作，多渠道向社会各界征集疫情防控档案资料。根据档案管理要求，全面清点馆藏档案资料，截至年底市档案馆馆藏档案51359卷，其中，文书档案29445卷，专门档案21914卷，馆藏资料8239册。

【馆藏档案数字化】 2021年，揭阳市档案馆继续推进档案数字化工作，对35个自行扫描的全宗档案，进行目录检查补录、档案装订，对约30万页档案扫描图片进行图像处理，并将图像数据挂接到档案馆文件中心系统，丰富系统数据库内容，提高档案检索利用服务水平。

【档案安全保护】 2021年，揭阳市档案馆继续贯彻落实国家档案局《关于进一步加强档案安全工作的意见》，坚持“安全第一、预防为主”的档案安全工作方针，加强库房日常安全管理，确保安全措施落到实处，配合空调维护、消防维护，人员定期检查档案库房温湿度、门禁系统和电源线路安全、库房消防器材运行、防火防盗设施设备，及时发现和排除安全隐患，堵塞安全漏洞，提高档案安全保障能力。

【档案公共服务】 2021年，揭阳市档案馆查阅中心发挥档案服务民生、服务社会作用，利用馆藏资料为社会各界在工作查考、经济建设、编史修志、学术研究、权益维护等方面提供大量可靠的依据，提升服务质量和服务水平。落实疫情防控职责，通过市档案馆网站和张贴书面通告形式，及时向社会群众公布查档信息，避免因人群聚集可能导致的病毒传播风险，保障广大市民身体健康和生命安全。全年接待查阅利用群众87人次，调阅档案、资料180卷（册），复印档案、资料551页。

（张俊庭）

地方志

【地方志概况】 2021年，揭阳市各级地方志工作机构坚持依法治志，加强方志能力建设，积极发挥地方志“存史、资政、育人”作用，服务经济社会发展。在2020年全省年鉴质量评比中，《揭阳年鉴（2020）》《揭西年鉴（2020）》均荣获三等奖。出版自然村落普查文稿1册；60本志书年鉴按数字化标准上传省情数据库，PDF入库率98%，WORD入库率100%。组织参加中国地方志指导小组、省地方志办举办的方志业务培训班5批次14人次。

【地方综合年鉴管理】 2021年，揭阳市加强地方综合年鉴管理，转发中国地方志指导小组《关于地方综合年鉴编纂出版若干问题的补充规定》，促进地方综合年鉴规范化建设，市、县6部年鉴全部实现一年一鉴、公开出版目标。落实省地方志办年鉴审读评议制度，5月，组织召开年鉴参评推荐会议，推荐《揭阳年鉴（2020）》《榕城年鉴（2020）》《揭西年鉴（2020）》参加省年鉴质量评比，其中，《揭阳年鉴（2020）》《揭西年鉴（2020）》均荣获三等奖。市政府办协调指导各县（市、区）地方志工作机构做好《广东年鉴（2021）》揭阳部分组稿工作，报送稿件约2万字；审核《揭阳年鉴（2021）》，并批准同意其出版。

【修志编史】 2021年，揭阳市各级地方志工作机构坚持“为党立言、为国存史、为民修志”，推动修志编史工作。市地方史志办负责编纂的《中国国家人文地理·揭阳》，于9月出版发行；编纂出版《揭阳史志》期刊4期。惠来县地方志办协助县政协编写《惠来文史（第十二辑）》，为庆祝中国共产党成立100周年献礼；2020年4月开始校补的《惠来县志》（清·同治五年），于2021年5月内部印刷发行；《惠来历史（二）》于4月初开始编纂，12月初完成待印。由揭东区老促会牵头组织，揭东区地方志研究中心编纂的《揭阳市揭东区革命老区发展史》于7月举行首发式；揭东区地方志研究中心帮助《锡场红色印记》《锡场镇志》等资料完善和出版工作。揭西县地方史志办公室、揭西县档案馆、中共揭西县委党史学习教育领导小组联合编纂的《揭西红色故事》于6月内部印刷发行；揭西县地方史志办公室、揭西县档案馆联合编纂的《揭西英烈传》《揭西革命遗址通览》于9月、10月内部印刷发行。

【方志能力建设】 2021年，揭阳市加强方志专业能力建设，提高方志业务水平。4月、11月分两批次组织全市地方志业务骨干6名到中山大学参加广东省地方志系统能力提升培训班学习；7月，组织业务骨干2名到江门开平市参加广东省2021年年鉴编纂实务研修班学习；同月，组织普宁市《洪阳镇志》编委1名到山东省烟台市参加中国地方志指导小组举办的中国名镇志、中国名村志丛书编纂业务培训班学习；9月，组织5名业务骨干到清远市佛冈县参加广东省2021年年鉴片区会议，学习交流综合年鉴编纂出版工作。

【地方志数字化工作】 2021年，揭阳市各级地方志工作机构全力攻坚做好图书数字化工作。至2021年底，60本志书年鉴PDF入库98%，WORD入库100%。其中，省统筹帮扶入库50%。

【自然村落历史人文普查】 2021年，根据省地方志办的文稿出版要求，揭阳市继续对上报的自然村落普查文稿进行校核。3月，《全粤村情·揭阳市揭阳空港经济区卷》校核完善由省地方志办公开出版。

【地方志开发利用】 2021年，揭阳市加强地方志资源开发利用工作。4月，推荐《棉湖战役》等4个故事参加省地方志办《粤故事》征集活动。6月，省地方志办继续征集广东乡村集萃系列丛书稿件，揭阳市推荐报送的5个广东省地理标志保护产品、4个广东乡村传统体育、3个广东乡村特色技艺被列入丛书编纂。7月，普宁市地方志办配合省地方志办拍摄《广东印记》系列微视频（广东省情百集微视频）——普宁豆干，于11月在方志广东微信公众号播出。12月，参与广东省情网产业产品栏目共建，报送地方优势产业产品稿件5篇；省地方志办组织编纂的《广东乡村非遗》《广东乡村美食》公开出版，揭阳市推荐报送的7个广东乡村非遗和7个广东乡村美食被省系列丛书收录。

（市政府办公室）

【《揭阳年鉴（2021）》出版发行】 2021年11月，揭阳市地方史志办公室负责的《揭阳年鉴（2021）》完成编纂，由方志出版社出版发行。《揭阳年鉴（2021）》所刊内容为2020年1月1日至12月31日揭阳市社会经济文化变化发展情况，全书围绕全市中心工作，突出反映党政中心工作和全市工作重点、社会热点和年度亮点，设年度关注、大事记、揭阳概况、党政机关、民主党派和工商联、群众团体、法治、军事、综合经济管理、财政·税务、金融业、农业和农村经济、工业、商贸、旅游、交通·邮政、信息产业、城乡建设·环保、教育、科学、文化艺术、传媒、卫生·体育、民政、人力资源·社会保障、民族·宗教、应急管理、县（市、区）概况、人物、附录等30个类目，条目1011个，照片209张，图表59幅，85万字。全面反映揭阳市2020年度社会经济文化基本情况和发展成就，展现新时代揭阳风貌，树立城市形象。彩页图片专辑选材突出新冠疫情防控、重大项目建设、城市建设新貌、乡村振兴和揭阳山水。年度关注收录新冠肺炎疫情防控、决胜决战脱贫攻坚和揭阳滨海新区开发建设等2020年揭阳政治、经济、文化方面等具有较大影响力的事项。

【《揭阳史志》期刊编辑出版】 2021年，揭阳市地方史志办公室以服务党委、政府中心工作，以打造地方史志行业指导性出版物为目标，编辑出版《揭阳史志》4期，合计26万字。设置史志资料、志鉴论坛、史志研究、区域史研究、人物春秋、三江艺苑、民风习俗、脱贫攻坚口述史等栏目，全年选编选登史志资料、理论研究等文章35篇，行业信息20多条。

【《中国国家人文地理·揭阳》出版发行】 2021年9月，揭阳市委、市政府组织编纂的《中国国家人文地理·揭阳》分卷由中国地图出版社出版发行。全书30.4万字，图片262张，设揭阳名片、揭阳概况、揭阳史话、活力古城、怀古幽思、山水揭阳、揭岭风韵、发展成就和城市蓝图9大板块。全面客观地展示揭阳历史文化、地理市情、人文资源、发展成就及城市蓝图，打造揭阳市城市名片，助力城市品牌建设，推动经济社会发展，在国内外全面提升揭阳的城市影响力。

（市地方志办）

2021年9月，《中国国家人文地理·揭阳》出版发行

（市地方志办　供图）

传 媒

新闻出版

【新闻出版概况】 2021年，揭阳市出版工作坚持正确出版导向，坚持内容质量第一，推动出版业健康繁荣发展。制订揭阳市新闻出版行业安全生产和疫情防控检查工作方案，采取“线上线下结合，全市各级联动，分散同期办展”方式，举办2021南国书香节揭阳分会场活动，为揭阳市推动全民阅读打造良好平台。组织开展出版物发行单位、印刷企业年度核验（报告）工作，规范印刷业和出版物市场。做好版权宣传和保护工作。揭西县公安局治安大队荣获第五批全国“扫黄打非”进基层示范点称号；揭阳市公安局治安管理支队被评为2021年广东省“扫黄打非”先进集体，市委网信办王闯、市公安局陈浩聪被评为2021年广东省“扫黄打非”先进个人。

2021年南国书香节揭阳分会场　　（市委宣传部　供图）

【出版管理】 2021年，揭阳市组织专项行动，坚决打击政治性有害出版物和信息，整治淫秽色情、侵权盗版等突出问题，保持“扫黄打非”高压态势，组织开展入境、寄递、网络、市场和印制等环节清查，严厉打击各类涉黄涉非出版传播活动。核查上级转办线索14条，立案查处10宗。全年鉴定非法出版物4宗，涉及图书、音像制品1197种1985册（张）。夯实基层“扫黄打非”站点，打造市级示范点1个，举办基层“扫黄打非”业务培训2场，提升基层人员发现线索、处置事件能力。揭西县公安局治安大队荣获第五批全国“扫黄打非”进基层示范点称号。

【版权保护】 2021年，揭阳市以依法严格保护为工作主基调，加强版权宣传和执法力度，推进版权社会服务，全市版权各项工作平稳有序。举办著作权法宣讲暨版权执法培训班。邀请法学博士安雪梅、郭鹏讲授《中华人民共和国著作权法》修订意义、修改重点和亮点以及强化版权执法重要性等内容，提高版权管理执法人员法律意识和业务水平。开展集中宣传引导。以“全面加强版权工作，推动构建新发展格局”“护助少年儿童健康成长，抵制有害出版物和信息”为主题，结合不同目标对象特点，开展分阶段、分人群、分领域集中宣传引导。制播版权公益动漫视频2条，在全市范围内播放，有效提高传播力。开展“剑网2021”专项行动，严厉打击短视频、网络直播、体育赛事、在线教育等领域侵权盗版行为，持续巩固新闻作品、网络音乐、网络文学、电商平台等领域专项治理成果，不断加大网络版权执法监管力度，强化网络平台治理，不断提升版权管网治网能力，推进构建社会共治格局，维护清朗网络空间秩序。行动期间，全市出动执法人员3000人次，检查各类经营场所300家次，巡查网站、各类网络账号303个，收缴非法出版物14万册，重点监测网站8个，立案查处相关案件6宗。

【全民阅读活动】 2021年，深入贯彻落实《广东省全民阅读促进条例》，结合揭阳实际，组织开展2021年“书香岭南”全民阅读工作。聚焦主题，围绕主线，强化内容供给、提升服务水平，满足人民群众精神文化需求，在全社会营造爱读书、读好书、善读书的浓郁氛围。2021南国书香节揭阳分会场活动以“奋斗百年路，启航新征程”为主题，以“阅读点亮前行的路，书香浸润揭阳的美”为年度口号，采取“线上线下结合，全市各级联动，分散同期办展”方式，全市7个分会场于8月20日同时启动。活动期间，线下图书联展种类5万多种，60多万册，举办文化活动23场，利用5G、人工智能等新技术，以直播、视频、H5等方式加大与读者互动，线上线下参与人数超过12万人次（其中，线上参与11万人次）；广泛利用新闻媒体、自媒体等平台报道书香节活动，刊、播、发相关报道90篇（条），营造全市浓厚书香氛围。2021年“我的书屋·我的梦”农村少年儿童阅读实践活动征集作品300多件，评选出市级优秀作品（含征文、书法、绘画）145件并上报省参评。惠来县实验小学方梓润软笔书法作品入选全国2021年“我的书屋·我的梦”农村少年儿童阅读实践活动优秀作品。

（市委宣传部）

揭阳日报社

【揭阳日报社概况】 2021年，揭阳日报社坚持以习近平新时代中国特色社会主义思想为指引，深入学习贯彻习近平总书记在庆祝中国共产党成立100周年大会上的重要讲话精神、党的十九届六中全会精神和揭阳市第七次党代会、市“两会”精神，紧扣党史学习教育主题，全面加强党的领导和党的建设，领导班子全面履行从严治党主体责任，认真贯彻执行党风廉政建设责任制，严格执行党的组织生活制度，营造风清气正干事创业环境，为揭阳市推动高质量发展、创造高品质生活，加快建设活力古城滨海新城产业强市集聚媒体力量。

【新闻宣传】 2021年1月，揭阳日报社启动庆祝中国共产党成立100周年宣传工作，在《揭阳日报》开设“奋斗百年路，启航新征程”等栏目，推出一系列特刊、专栏、专版，做好庆祝建党100周年宣传报道，推出一系列特色鲜明、内容守正、形式多样、鲜活生动新闻报道。全年，报社推出庆祝建党特刊52版、政务宣传90版、红色记忆（大事记）101期、优秀共产党员事迹100期、综述特稿述评30篇、专访报道近500篇。在筹划做好揭阳市第七次党代会宣传报道工作中，以“喜迎党代会，迈向新征程”为栏目，策划推出7篇特稿，展示揭阳市重大项目、交通基础设施建设、老城“蝶变”新城崛起，生态环境保护、教育、乡村、红色主题建设等方面取得成就。党代会召开期间，按照宣传报道方案，部署开展全方位宣传，以“聚焦党代，谱写新篇章”为主线，策划推出系列宣传稿件，设置话题、解读报告、专访代表、开辟专版、编发图片版面。新

2021年5月20日，揭阳日报社“i揭阳”App手机端正式上线

（涂英鹏　摄）

媒体微信公众号推文、视频号、融媒体作品与纸质媒体融合发声、联动互动，形成舆论共振。推出大会报告解读版，为未来5年揭阳发展规划划出重点，浓缩报告精华，提升传播效果，揭阳市各新媒体平台第一时间纷纷予以转载。

【“i揭阳”手机端上线】 2021年5月20日，揭阳日报社“i揭阳”App手机端正式上线。“i揭阳”手机端集新闻、资讯、直播、便民服务等内容和功能于一体，运用“i揭阳”手机端，报社策划推出“点亮城市，揭阳璀璨光影庆祝中国共产党百年华诞”“你好，广东工业大学揭阳校区！”“2021年南国书香节揭阳分会场”等诸多原创视频，丰富读者新闻观感，带来新视觉体验，提升党媒品牌价值。“i揭阳”手机端上线，使揭阳日报社集“报、网、端、微、屏”于一体的全媒体传播矩阵基本成型，媒体融合发展有平台保障。

【人才引进】 2021年9月，揭阳日报社成功招聘引进5名硕士研究生。报社根据新媒体发展需要，调整充实新媒体干部队伍，年轻业务骨干参与新媒体运营和管理，为媒体融合发展提供人才保障。通过外派培训、跟班学习和邀请专家授课等形式，加大新媒体人员培训力度。

【报业经营】 2021年，揭阳日报社按照绩效工资实施方案、广告和征订发行两个责任书内容，规范有序核发绩效工资，调动各部门人员工作积极性。面对广告经营市场持续低迷情况，报社广告部门紧扣时政主题，依托采编资源，先后策划推出一系列广告经营创收活动，推出“启航新征程，奋斗百年路”政务专题宣传专版90个，深化国防天地、医院卫生等全年专题版面合作，推动完成“谁执法、谁普法”政务宣传专版17个，稳住大客户广告投放，确保广告经营收入保持稳定。

（蔡逸龙）

广播电视

【广播电视概况】 2021年，揭阳广播电视台围绕“建党100周年”一个主题和“乡村振兴发展”一个中心，策划报道地方新闻，打造精品节目，推动全媒体融合建设。新媒体中心被评为2017—2020年度全国群众体育先进单位、发射（微波）中心被省广播电视技术中心评为目标管理一级台站。全年广播电视播发新闻9700多件，被省台采用播出电视新闻319条次、广播新闻146条，全年被“学习强国”采用685件，成为对外宣传揭阳亮点；全台新媒体平台17个，粉丝量230万，形成传统媒体和新媒体多平台相互结合传播新格局。

【地方新闻报道】 2021年，揭阳广播电视台聚焦建党百年，讲好党的故事，让党史学习教育成为“攻坚2021”强大推动力，为揭阳市乡村振兴提供强力舆论支撑，奏响乡村振兴宣传最强音。先后推出《在习近平新时代中国特色社会主义思想指引下——贯彻新发展理念 推动高质量发展》《奋斗百年路 启航新征程》《文明揭阳》《扫黑除恶》《乡村振兴开新局》《百年传承 红色引领·揭岭先锋颂》《学习贯彻市委六届十二次全会精神》《特区揭阳人》（第二季）等10多个栏目，策划做好庆祝中国共产党成立100周年、学习贯彻习近平总书记“七一”重要讲话精神、党史学习教育、庆祝新中国成立72周年、创建全国文明城市、政法队伍教育整顿、乡村振兴、疫情防控、扫黑除恶、脱贫攻坚、爱国主义教育、社会主义核心价值观等主题宣传，新闻报道质量和数量大幅提升。

【精品节目打造】 2021年，揭阳广播电视台坚持优质内容创作，以文化文艺精品提升精神引领和文化自信，持续办好《揭阳地名故事》《航拍揭阳》《乡里曲间》《风味揭阳》等电视栏目和《行风热线》《思敏会客厅》《新闻现场秀》等广播栏目。

2021年7月6日，“达人探村”2021年揭阳“乡村振兴大擂台”短视频话题共创活动在揭西县坪上镇举行（揭阳广播电视台 供图）

《揭阳地名故事》启动第三季《红色地名故事》策划拍摄播出工作；《乡里曲间》深入基层，走进乡村，以“传承潮汕文化、共筑文明家园”为主题，拍摄播出35期节目。揭阳广播电视台10件作品荣获广东省广播影视奖项（二等奖2件，三等奖8件），其中，美食系列纪录片《风味揭阳》之《闻春寻鲚》讲述空港区长美村村民捕捞鲚鱼制作成一道道潮汕美味的美食故事，是揭阳广播电视台以最小投入创作出与时代、与市场接轨专题精品的有效探索，也将揭阳电视专题发展推上新台阶，成为2020年度潮汕地区唯一入选该奖项二等奖作品；自制MV《爱无痕战必胜》首次参加网络短视频比赛获得三等奖。

【媒体融合发展】 2021年，揭阳广播电视台发挥广电媒体特色和优势，打造有强大影响力和竞争力新型广播电视媒体。年初将原手机客户端“无线揭阳”升级为“揭阳手机台”，粉丝量从20余万跃升至近60万，该平台成为广大网民走进揭阳了解揭阳的重要窗口。至年底，通过推动全媒体融合建设，拥有2个电视频道、3个广播频率、1个网站（揭阳声屏网）、1个手机客户端（揭阳手机台）、5个微信公众号、8个抖音号、1个微视号、1个快手号的媒体矩阵，电视频道辐射揭阳全市和汕头、潮州部分地区，覆盖人口近1000万人，新媒体总粉丝量230万，形成传统媒体和新媒体多平台相互结合传播新格局，实现台、屏、网、端深度融合。

【广电业务经营】 2021年，揭阳广播电视台面对广电行业整体收入急剧下滑形势，推进“媒体+政务+服务”，制作36部电视专题片，承接执行广东省第二届《乡村振兴大擂台》揭阳赛区海选暨第二届“揭阳美丽乡村”系列评选活动、《庆祝建党100周年特别节目〈揭阳地名故事〉特辑——记住红色地名 赓续红色基因》开播仪式、2021年揭阳“永远跟党走”百姓宣讲比赛视频录制活动、揭阳市直“我心向党”诗文歌咏暨“两优一先”表彰大会、第五届揭阳市玉德人物事迹分享会、第三十二届潮汕星河奖云颁奖大会直播活动、“童心向党”揭阳市2021新时代好少年发布宣传活动、庆祝中国共产党成立100周年“美丽乡村晚会”、揭阳市“双拥情”军民联欢会、“永远的旗帜”——揭阳市庆祝中国共产党成立100周年暨中华人民共和国成立72周年群众文艺晚会、微宣讲、“共话揭阳美 奋进新时代”微视频大赛、“警媒伴你行、平安过大年”新年线上交通安全路面直播等10多场活动。

（揭阳广播电视台）

电 影

【电影概况】 2021年，中共揭阳市委宣传部认真履行全市电影行政事务管理职能，推动影院疫情防控与安全放映并重，确保在疫情防控常态化条件下有序推进揭阳市电影院安全放映工作。截至年底，全市电影院28家（其中，乡镇影院5家），银幕159块，座位19862个。

【电影放映】 2021年，全市有农村放映队伍5支，放映员71名，承担全市农村电影公益放映任务，全年放映12775场次农村公益电影，观影人数128.58万人次。

（市委宣传部）

网络媒体

【网络媒体概况】 2021年，揭阳市委网信办通过党建引领网信事业高质量发展，开展网络精神文明创建活动，提升重点人群网络素养，开展揭阳城市形象宣传，用心用情用力解决好群众的急难愁盼问题，强化网上正面宣传，利用“两微一端一抖”平台唱响主旋律，加强阵地建设，创新宣传形式，凝聚共识鼓舞人心。

【网信事业发展】 2021年，揭阳市委网信办利用“揭阳发布”“榕城发布”等网信系统微信公众号做好相关精神宣传，如推送《微学习：推进网络强国建设，习近平“典”明这些要义》等文章50多篇。紧扣庆祝建党100周年、党史学习教育主题主线，组织“揭阳发布”“揭阳日报”等微信公众号开设《奋斗百年路 启航新征程》等栏目，推送《聚力创新强基础，党旗引领书新篇》等文章近180篇，讲好中国共产党百年奋斗史，营造学史知史明史网上舆论氛围。

【网络精神文明】 2021年，揭阳市开展第三届揭阳市“文明网站”“文明微信公众号”创建活动。围绕“文明办网、文明上网”主题，弘扬主旋律，传播正能量，推进网上精神文明创建工作，营造清朗、文明、和谐网络环境，满足人民群众精神文化需求，助力揭阳全面推进文明创建工作。授予揭阳广电等7家网站“文明网站”荣誉称号，授予揭阳发布等25家微信公众号“文明微信公众号”荣誉称号。组织开展揭阳市网络文明宣传季和网络文明大会活动，组织揭阳新媒体、影视公司围绕创建全国文明城市主题创作新媒体作品积极全网推送，推出《文明揭阳文明上网》等系列作品5期，后续将推出4期作品。

【网络安全】 2021年，揭阳市委网

信办举办2021年揭阳市网络安全宣传周暨网络安全专题展览启动仪式，全市120多个单位参观学习。着眼未成年人、青少年、老年人、企业职工等重点人群，通过主题班课、现场咨询、网安宣讲、分发网络安全宣传手册、网络宣传等线上线下多种形式，宣传网络安全理念、普及网络安全知识、推广网络安全技能，践行网络安全为民理念。开发网络安全知识线上答题小游戏，并在小游戏中加载《文明上网倡议书》，引导网民朋友点赞转发，活动期间吸引9万多人参与答题并点赞支持文明上网。利用新媒体平台加强宣传，推送《中央网信办、教育部联合启动涉未成年人网课平台专项整治》等系列推文，引导未成年人文明上网、安全上网、理性上网，避免沉迷网络，提高未成年人网络安全意识。宣传周期间，在揭阳一中、揭阳二中、揭西县霖田中学、棉湖二中等地组织开展校园网络安全宣传。贯彻落实新修订《中华人民共和国未成年人保护法》，部署各（县、市）区党委网信办开展好相关工作，指导属地主要网络平台在显著位置设置举报热线、举报邮箱等涉未成年人举报渠道，设置便捷线上举报按钮，开通未成年人举报渠道的网站平台有揭阳新闻网、揭阳声屏网、揭东电视台、星空论坛、起点直播、糖糖语音APP等。

2021年，中共揭阳市委网信办牵头市信访局、市政务服务数据管理局开发搭建揭阳“急难愁盼我来办”网上群众工作平台。举办线上“行彩桥·猜灯谜·迎福瑞”活动 （市委网信办 供图）

【城市形象宣传】 2021年，揭阳市推出新媒体活动，组织拍摄庆祝建党100周年红色主题MV《揭阳红》，展示揭阳各级党组织积极践行为人民服务宗旨，传递着揭阳人民对幸福生活的美好向往，总播放量超100万次。举办线上“行彩桥·猜灯谜·迎福瑞”活动，首次将“网信知识”等知识融入灯谜，该活动获评第八届广东省网络文化精品宣传推广活动岭南特色作品。推出揭阳城市视觉片《这里是揭阳》，该片上线后引起媒体和网络极大关注，网络公开平台相关信息460多篇、全网阅读量超365.3万次、曝光量700万次，登上人民网、新华网、央广网、中新网、学习强国等国家网络平台。该片按照省委对揭阳定位，涵盖全市国级非遗、国保单位、主要产业、主要大项目、重要设施、重要景点等，呈现一座底蕴深厚、充满活力、潜力巨大的新兴城市美丽画卷，助力创建全国文明城市。

【急难愁盼我来办】 2021年，中共揭阳市委网信办牵头揭阳市信访局、揭阳市政务服务数据管理局开发搭建揭阳“急难愁盼我来办”网上群众工作平台，依托“数字政府”政务云网络环境，加挂在“揭阳发布”小程序上运行，群众通过留言板平台实现随时随地互动问政，反映诉求、发表意见；部门通过留言板平台为民办事、服务群众，帮助各级党政机关和领导干部更好地掌握社情民意，汇聚民智民心，提高科学决策水平，把学习成效体现在以人民为中心的发展思想生动实践中。平台全年访问量近20万人次，市民留言总数2186条，办结留言数1829条，留言办结率83.66%。市民留言信息得到重视，且获得及时回复。在试运行期间，重视多方建议意见，结合实际情况落实主体开发责任，优化前、后端功能82项，为留言板平台平稳运行保驾护航。

（市委网信办）

卫生·体育

医疗卫生

【医疗卫生概况】 2021年，揭阳市医疗卫生机构3196个，其中，医院类机构73个、基层医疗机构3084个；床位23395张，其中，医院类机构床位17074张、基层医疗机构床位5352张，全市每千常住人口床位数4.17张；医疗卫生机构在岗职工33363人，其中，卫生技术人员27205全市每千常住人口拥有执业（助理）医师、注册护士分别为1.90人、2.12人。揭阳市人民医院党委、普宁华侨医院党总支、榕城区中心医院党支部创建全省首批“四有”工程建设示范点；创建9家市级“四有”工程建设示范点、19个群众满意窗口，评选出17名优秀服务标兵。疫情防控形势稳定，全市全年无新增新冠肺炎确诊病例。基建短板持续补齐，完成27个项目建设并投入使用，累计总投资约34亿元；开工建设35个项目，计划投资近26亿元。揭阳市人民医院、普宁市人民医院被省定为第2期高水平医院重点建设医院，纳入省现代医院管理制度试点医院。全市60多家基层医疗卫生机构实施“互联网+”基本公共卫生服务，与家庭医生签约服务高效融合。

【应急处置】 2021年，揭阳市成立2个市级片区应急处置常备工作组，各地分别成立不少于1个常备工作

2021年揭阳市卫生事业基本情况表

表15

指标	2020年	2021年	增长率（%）
卫生机构数（个）	3103	3196	3.00
床位数（张）	22807	23395	2.58
每千常住人口床位数（张）	4.09	4.17	1.96
在岗职工数（人）	32674	33363	2.11
卫生技术人员数（人）	26433	27205	2.92
执业（助理）医师数（人）	10757	10676	-0.75
每千常住人口执业（助理）医师数（人）	1.93	1.90	-1.55
注册护士数（人）	11412	11926	4.50
每千常住人口注册护士数（人）	2.05	2.12	3.41
万元以上设备数（台、套）	15382	18858	22.60
业务用房面积（平方米）	133.17	141.61	6.34

组，全年开展市级综合演练3场次，各地分别开展不少于2场次演练。“哨点”监测方面，全市规范化发热门诊17个、发热诊室73个，全市全年累计接诊发热患者12.5万人次，100%落实核酸检测。建成市级集中隔离场所投入使用，规范设置管理集中隔离场所，分级分类精准落实健康管理措施，全市全年落实集中隔离3350人。储备隔离场所132家、隔离房间11663间。开展院感防控督导检查120轮次，业务培训8万多人次，6.5万多人次通过院感线上考核。组建流调溯源工作专班，组建6支市级、22支县级流调溯源队伍（292名队员），配备执法记录仪和安装“省流调系统”的流调平板电脑。全年追踪管理密切接触者122人，次密接1020人。全面完成可转换病区建设，全市有传染病床288张。指定揭阳市人民医院组建转运队伍，加强与片区收治医院（汕头大学医学院第一附属医院濠江医院）沟通联系。确定普宁市人民医院占陇分院为非新冠隔离人员就诊指定医院，组建专门诊疗专家队伍，完善对口转诊机制，强化管理闭环。全市24所医疗卫生机构（含5家疾控中心）具备核酸检测能力，日最大检测量从3.2万管提升到10万管，全市全年累计检测292.7万份。揭阳市人民医院、普宁市人民医院和揭阳市疾控中心建成城市核酸检测基地，市第三人民医院建成方舱实验室并投入使用，揭阳市人民医院、揭阳市疾控中心等开展抗体检测。制定工作方案和操作指引，开展大规模核酸检测实战演练10场次。疫苗接种方面，全市累计接种948.98万剂次、465.65万人，其中，429.17万人完成全程接种。全市全人群第一剂次覆盖率83.48%，全程接种覆盖率76.94%，累计接种加强免疫52.04万人。

【规划发展与信息化】 规划发展 2021年，揭阳市委托广东省公共卫生研究院规划编制专家团队编制《揭阳市卫生与健康事业发展“十四五”规划》。经广东省卫生健康委审核，揭阳市委、市政府出台《揭阳市医疗服务高质量发展三年行动计划》，围绕“三大目标、四大体系、八项行动、十项建设”，计划在三年内投入61.6亿元，新建、续建1541个项目。

信息化建设 2021年，揭阳市人民医院通过省电子病历系统应用水平分级评价四级评审；揭阳市中医院完成医院信息系统一期改造工程并投入使用；揭阳市人民医院、普宁市人民医院、普宁华侨医院和普宁市中医医院4家三甲医院均启用病区智能防护系统；揭阳市慈云医院上线5G健康通行码系统及红外温感自动报警系统。

【医药卫生体制改革】 2021年，揭阳市出台《揭阳市公立医疗机构基本医疗服务项目价格调整制定方案》，统一医疗服务价格项目编码和目录，调整制定基本医疗服务价格项目6800多项和六岁（含）以下儿童基本医疗服务价格项目约400项，规范公立医疗机构基本医疗服务项目价格。揭阳市人民医院和普宁市人民医院新增为省现代医院管理制度试点医院。全市所有县（市、区）均出台基层医疗卫生机构“一类财政保障二类绩效管理”政策文件并组织实施。

【卫生设施基础建设】 2021年，揭阳市人民医院门急诊住院综合楼、揭阳市疾控中心大楼、揭阳市妇幼保健院住院大楼、揭阳市渔湖社区卫生服务中心（揭阳市人民医院渔湖门诊部）建成投入使用；揭阳市中医院新住院大楼、揭阳市慈云医院新住院大楼主体封顶。普宁市人民医院内科住院大楼、新建普宁市公共卫生医学中心和普宁市精神卫生医院主体封顶，惠来县第二人民医院医技综合楼改扩建、前詹镇卫生院医疗综合楼、仙庵镇卫生院门诊综合楼完成建设投入使用。

【医疗服务】 2021年，揭阳市人民医院成为中山一院神经系统遗传病/罕见病咨询中心揭阳分中心、受邀作为核心单位加入中山一院国家重症医学临床医学研究中心（申报）网络体系，揭阳市妇幼保健计生服务中心成功创建省计划生育协会优生优育指导中心、产前诊断中心通过省校验评审。揭阳市人民医院成功创建国家高级卒中中心、国家首批脑出血外科诊疗基地，创建粤东首个神经外科实验室和多学科协作

2021年7月17日，揭阳潮汕妇女儿童医院营业开诊　　（郑楚藩　摄）

的帕金森病诊疗中心、癫痫中心，开展粤东领先医疗技术11项。各县（市、区）结合当地常见病、多发病分别开展新技术67项，11项技术处于市内领先位置。二级以上医院开通预约诊疗、网上挂号、网上支付、远程会诊等服务，加强临床路径管理，推动全市检验检查结果互认和日间手术，开展多学科诊疗工作，推进改善医疗服务行动，增强群众获得感。

【基层卫生健康】 2021年，揭阳市围绕构建"能力强、服务优、环境好、公卫实、医防融"基层医疗卫生服务新体系主要目标，推进"优质服务基层行"活动，惠来县隆江镇中心卫生院、普宁市梅塘镇卫生院、普宁市占陇镇中心卫生院、普宁市洪阳镇中心卫生院达到国家推荐标准，获国家卫生健康委通报表扬。全市人均基本公共卫生服务经费提高至79元，组建393个家庭医生团队，全市常住人口家庭医生签约2767205人，签约率45.33%，重点人群签约1154859人，签约率72.22%。全市居民电子健康档案建档率90.04%，儿童健康管理率91.47%，高血压患者基层规范管理服务率64.91%，2型糖尿病患者基层规范管理服务率64.06%，全市登记在册严重精神障碍患者规范管理率91.09%，肺结核患者管理率99.59%。揭阳市代表队参加广东省首届基本公共卫生服务职业技能竞赛获得全省第四名，荣获"团体三等奖"。

【爱国卫生】 2021年，7个省卫生城镇通过复审，新增创建53个省卫生村。全市无烟党政机关累计创建率62.8%、无烟学校累计创建率46.4%、无烟医疗卫生单位累计创建率96.6%。组织开展第33个爱卫月活动、中秋国庆"双节"爱国卫生运动等6次全市性和2次统一活动日爱国卫生运动，全市发出健康知识宣传海报、折页等294515份，开展环境卫生综合整治138509次，清理垃圾434251吨，清除卫生死角75342处，清除大中型滋生地20982处，出动病媒防制专业人员140931人次，开展灭蚊消杀26370.9平方米。

【科研教育】 2021年，确定揭阳市医学科学技术研究项目436项，其中，阶段性成果26项、结题90项、立项133项、推广应用新技术新项目177项、延期结题9项和终止研究1项。揭阳市人民医院新增广东省自然科学基金项目1项，广东省中医药局科研项目2项、广东省医学科学技术研究基金项目5项，加入南方医科大学南方医院JBI循证护理实践联盟，临床医学科研实验室通过揭阳市科技创新发展专项项目科技攻关类重点项目评定，获批建设揭阳市医学科学研究中心。揭阳市卫生学校获得省级课题立项2项。普宁市医疗卫生机构获得省级科研立项3项。全市完成全科规范化培训项目任务412名（其中，全科医生规范化培训13名、助理全科医生培训项目89名、全科医生转岗培训174名、全科医生岗位培训136名、助理全科医生带教师资培训50名）。揭阳市人民医院获中山大学第十五届临床教师教学技能大赛特等奖。

【医政管理】 2021年，揭阳市卫生健康局组织医疗质量专项督查246场次，其中，对全市22所医疗机构开展医疗质量安全评估工作、对全市19所精神病专科医院开展医疗质量评估、对全市31医疗机构血液净化开展专项检查、对88所医疗机构发热门诊开展专项检查、对全市65所医疗机构消毒供应中心和手术室质量安全开展专项督导、对全市23所医院开展院感专项督查。组织对全市85所医疗卫生机构医疗废物、医疗污水处置开展督导检查。指定道路交通事故定点救治医院和危重症伤员救治专业医院，组建道路交通应急医疗救援专家库（专家229名），建立完善市、县、镇三级道路交通事故快速救治网络（其中，市级医院4所、县级医院15所、镇级医院65所）。全年审核道路交通事故应急救助基金278宗，垫付851.49万元。是年，揭阳市发生231例医疗投诉事件，其中，产出赔偿46例，赔偿金额228万元。医疗纠纷均得到及时妥善处理，未发生扰乱医疗秩序事件、伤害医务人员犯罪案件。

【药政管理】 2021年，揭阳市印发《关于启动医疗机构麻醉药品、第一类精神药品购用印鉴卡电子化管理培训工作的通知》，对全市取得麻醉药品，第一类精神药品购用印鉴卡的医疗机构从业人员200多人进行培训，推动揭阳市麻醉药品，第一类精神药品购用印鉴卡电子化管理，全市无麻精药品从医疗机构流入非法渠道情况。乡镇卫生院（社区卫生服务中心）、村卫生站（社区卫生服务站）均100%实施国家基本药物制度。基层（不含县级）、二级、三级公立医疗卫生机构国家基本药物采购品种数占比：95.18%、65%、75%，国家基本药物配备使用金额占比率：97.59%、95%、100%，采购使用国家基本药物"双达标"占比：95.18%、55%、75%。

【行业建设】 2021年，揭阳市印发《揭阳市开展不合理医疗检查专项治理行动实施方案》，联合市市场监管局、医疗保障局开展为期1年的不合理医疗检查专项治理行动。全年出动卫生监督员381人次，检查各级各类单位（场所）168家次，其中，检查医疗机构150家次，集中隔离场所

2021年7月10日，中山大学孙逸仙纪念医院揭西医疗中心举行揭牌仪式（市卫生健康局　供图）

18家次，医疗卫生机构拒收红包1325个，金额697707元，点评出不合理处方734张，不合理用药49例。印发《2021年纠正医药购销领域和医疗服务中不正之风工作要点》，落实各地各部门加强党对纠风工作全面领导，强化行业监管和内部治理，构建揭阳市卫生健康局、工信局、公安局、财政局、商务局、税务局、市场监督管理局、医疗保障局等部门联动协作机制，共同推动医药行业风气好转，同时加强教育宣传工作，以新时期社会主义核心价值观为引领，注重正面典型倡导，弘扬卫生健康职业精神。

【中医药事业】　2021年，揭东区中医医院搬迁新址办公，普宁市中医医院成功创建广州中医药大学非直属附属医院，揭西中医医院与南方医科大学中西医结合医院构建“医联体”并加入其中医骨伤科、针推康复科专科联盟。71个基层卫生院、社区卫生服务中心建成达标中医馆并投入使用。5个中医适宜技术推广应用平台开展28期中医药适宜技术培训。全市广东省中医师承“薪火工程”工程继承人10人，通过中医医术确有专长人员医师资格考核合格5人、传统医学确有专长人员医师资格考核考试合格63人，通过师承和确有专长取得中医执业助理医师资格27人，中医类别全科（转岗）医生考核合格112人，订单定向中医药人才培养5人。

【人才发展】　2021年，揭阳市卫生健康系统通过公开招聘、直接面试招聘、编制外聘用等方式引进医疗卫生人才962人，其中，博士1人，硕士72人，本科生210人，本科以下679人；正高级职称1人，副高级职称4人，中级职称17人，中级职称以下940人。通过卫生专业技术资格中、初级考试1850人，通过率50%、护士执业资格考试710人。普宁人民医院、普宁市华侨医院获批设立广东省博士工作站。

【卫生应急】　2021年，揭阳市120急救指挥中心接到“120”求救报警电话311091次，指挥急救车出动39522次，接回伤病员26214人。修订印发《揭阳市新冠肺炎本地疫情应急处置方案（第二版）》。“卫生应急进企业”宣传周推送主题为“普及急救知识　守护生命安全”短视频和“卫生应急进机场”相片等参赛作品均获得广东省卫生健康委卫生应急特色评选活动三等奖。推荐10位医疗卫生骨干作为专家组纳入市应急管理专家库，选派1名业务骨干参加广东省紧急医学救援骨干培训班、320名医护骨干参与组建揭阳市人民防空医疗救护队、22名医护人员参与组建市国动委民兵应急营和医疗救护排并按要求参加应急拉练。

【采供血工作】　2021年，揭阳市无偿献血总人数49071人次，采集全血65412.5个单位，机采血小板4673.5个治疗量，献血总人数、献血量、机采血小板分别较2020年增长9.6%、10.1%、16.7%。供应全市临床用血107177个单位，较2020年增长11.4%。揭阳市中心血站参加国家卫生健康委临检中心室间质评成绩均为满分，全年检测血液标本48579份；揭阳市中心血站体采科被国家卫生健康委评为2019—2020年度全国血站系统表现突出采血班组。医疗机构临床用血费用直免系统建成启用。

【全民健康教育】　2021年，揭阳市参加全省健康教育技能竞赛，获得省级决赛“团队三等奖”和“专业知识竞赛一等奖”。揭东区和普宁市科普作品荣获全国临床营养科普大赛视频组一等奖，普宁市在第六届“万步有约”健走激励大赛中广东赛区获得奖项。市、县两级精神卫生机构依托世界精神卫生日开展心理健康知识进校园活动6场次，2000余人次参加，落实儿童青少年心理健康关爱活动，帮助儿童青少年掌握心理健康相关知识，提升心理调适能力。揭阳市疾控中心与揭阳电视台合作，在揭阳电视台综合频道、公共频道常态轮播《漫话健康素养——中国公民健康素养解读》科普视频，开展健康素养、健康生活方式宣传教育。

【老龄健康】　2021年，揭阳市卫生健康局为全市100万60岁及以上户籍老年人投保意外伤害综合保险。空港经济区凤美街道塘埔村、揭东区曲溪街道云南社区被命名为全国示范性老年友好型社区；普宁康达医院、揭阳市玉新益康疗养院、揭阳市东明康养院荣获全国“敬老文明号”称号，另有4人荣获“敬老爱老助老模范人物”称号。6家二级以上综合医院设置老年医学科。

【妇幼健康】 2021年，揭阳市卫生健康局举办揭阳市婚前医学检查岗位培训班，120多名从业人员考核合格获得婚前医学检查项目《母婴保健技术考核合格证》。全市全年免费孕前优生健康检查夫妇9031对，免费开展地中海贫血、唐氏综合征、严重致死致残结构畸形产前筛查孕妇分别为91952名、71800名、79643名，免费开展新生儿遗传代谢性疾病、听力筛查85137名、84707名，以活产数为基数统计，全市新生儿遗传性筛查率99.12%、听力筛查98.64%。全市宫颈癌建档52268人、结案50187人，乳腺癌建档52262人、结案50809人。全市完成年度任务103.58%。

【职业健康】 2021年，揭阳市报告新发疑似职业病18例，其中，疑似硅肺病例1例，疑似激光所致眼（角膜晶状体视网膜）损伤1例，疑似职业性噪声聋16例；报告1例确诊职业病尘肺病例。无职业性传染病。《中华人民共和国职业病防治法》宣传周期间开展主题宣讲活动23场次、咨询活动73场次、警示教育活动12场次，印发宣传教育材料63080份，受众21302人。

【人口监测与家庭发展】 2021年，揭阳市户籍人口出生97677人，人口出生率13.38‰，自然增长率9.02‰。常住人口出生73508人，人口出生率12.86‰，自然增长率7.62‰。发放城镇独生子女父母、农村部分计划生育家庭、计划生育特殊家庭、农村节育奖“四项奖励”资金2547万元。落实计划生育特殊家庭就医绿色通道服务，为13名新增计划生育特殊家庭成员发放“医惠卡”。继续推进计划生育家庭意外保险，为71户失独家庭购买综合保险。成立揭阳市婴幼儿照护服务管理指导中心（设立在市妇幼保健院），确定榕城区施阳幼托服务中心、普宁哈迪宝贝托育园被评为揭阳市第一批3岁以下婴幼儿照护服务示范单位。

【卫生执法】 2021年，揭阳市查处无证行医20家，批准立案20宗，其中，作出行政处罚决定20宗，罚没款人民币89.02万元；查处医疗卫生案件49宗，罚没款金额27.86万元；查处传染病防治案件207宗，罚没款金额1.00万元；查处公共场所卫生案件63宗，罚没款金额13.27万元；查处职业卫生案件24宗，罚没款金额12.00万元；查处放射卫生案件3宗，罚没款金额0.35万元；查处生活饮用水案件1宗，罚没款金额0.2万元；查处消毒产品案件3宗，罚没款金额0.85万元；查处学校卫生案件10宗。

（市卫生健康局）

卫生监管

【卫生监管概况】 2021年，揭阳市“双随机、一公开”监督抽检接收国家双随机抽检任务1003条，涉及公共场所、生活饮用水、学校卫生、医疗卫生等9个专业，监督完成992家，任务完成967家，关闭36家，完成率100%，行政处罚41家，罚款金额0.05万元。按规定将抽查结果在广东省“双随机、一公开”综合监管平台公示。

【卫生行政许可】 2021年，揭阳市卫生健康局收到各类卫生行政许可申办2959件，受理2905件，办结2900件，办结率98%。网上申办2315件，网上办结2312件，办结率99.87%。

【公共卫生监督】 2021年，揭阳市卫生健康局监督检查住宅小区（含二次供水设施）21家次、集中式供水单位12家次、涉及饮用水卫生安全产品生产单位7家次。派出卫生监督人员124人次，对宾馆酒店、商场、机场、车站等重点单位及其他密闭通风不良场所进行新型冠状病毒感染的肺炎疫情防控工作监督，检查各类公共场所300多家次。

【医疗卫生监督】 2021年，揭阳市卫生健康局派出卫生健康执法人员2880多人次，对医疗机构、疾控机构、集中隔离医学观察场所等单位落实新型冠状病毒感染的肺炎防控措施的监督检查，检查各级各类医疗机构621家次。

【学校卫生监督】 2021年，揭阳市卫生健康局监督学校冬春季疫情防控及生活饮用水卫生，检查学校115家、托幼机构12家次、学校直饮水单位10家。

【职业卫生监督】 2021年，揭阳市职业病危害因素检测单位276家。截至年底，全市职业病危害项目企业卫生监督档案建档323家，其中，甲类59家，乙类129家，丙类97家，未分类38家。对60家工作场所职业病危害监测用人单位开展巡查。

（市卫生健康局）

疾病预防控制

【疾病预防控制概况】 2021年，揭阳市成立市公共卫生与重大疾病防治工作领导小组。揭阳市无甲类传染病报告，按审核日期统计，报告乙丙传染病30878例，发病率505.78/10万，报告数较2020年同期增加25.25%，法定传染病报告率97.08%。

（市卫生健康局）

【疾病预防控制】 疫情防控 2021年，揭阳市强化疫情监测，做好突发疫情应急响应准备，及时开展数据收集和整理分析，研判疫情动态，科学做出风险评估。积极开展新冠疫情防控知识宣传，增强全人群防控意识。有效遏制新冠疫情在揭阳市传播与蔓延。全市无本地病例报告，无发生聚集性疫情，无重症与死亡病例。新增报告1例境外输入复阳无症状感染者。追踪管理密切接触者133人，密接的密接1020人。编制风险评估报告21期，为揭阳市疫情防控施策提供参考依据。抓实重点场所及行业从业人员、场所环境与重点食品监测。完成咽拭子核酸检测2412份，场所环境核酸检测4333份，重点食品核酸检测995份，结果均为阴性。推进新冠病毒疫苗接种工作，全市累计83.13%人群接种新冠病毒疫苗。

重大传染病 2021年，揭阳市坚持多病同防，完成登革热、H7N9人禽流感等重大传染病防控任务，传染病总发病率每年保持在全省平均水平以下，保持全市无霍乱、鼠疫等重大烈性传染病记录。严格按照规定开展艾滋病、不明原因肺炎、手足口病、霍乱等感染性腹泻、“四害”密度等各项疾病监测工作。扎实开展艾滋病防治工作，6个国家级艾滋病哨点，每年均按期按质按量完成监测任务。加强日常传染病监测预警、信息收集、网络直报和疫情分析工作。每季度组织编撰突发公共卫生事件风险评估报告，年末形成一期传染病风险评估报告，为揭阳市传染病防控施策提供科学依据。

免疫管理 2021年，揭阳市加强免疫规划管理，力争儿童常规免疫接种率不下滑。督促指导各县（市、区）严格执行儿童计划免疫接种程序，做好辖区内接种单位疫苗查漏补种及催种工作，全面提高接种率。在粤东地区率先推行“爱婴行动之预防接种线上教育项目”，建立“揭阳预防线上课堂”平台，提高家长对免疫规划疫苗知识的知晓率。全年全市适龄儿童常规免疫报告接种率保持在95%以上。

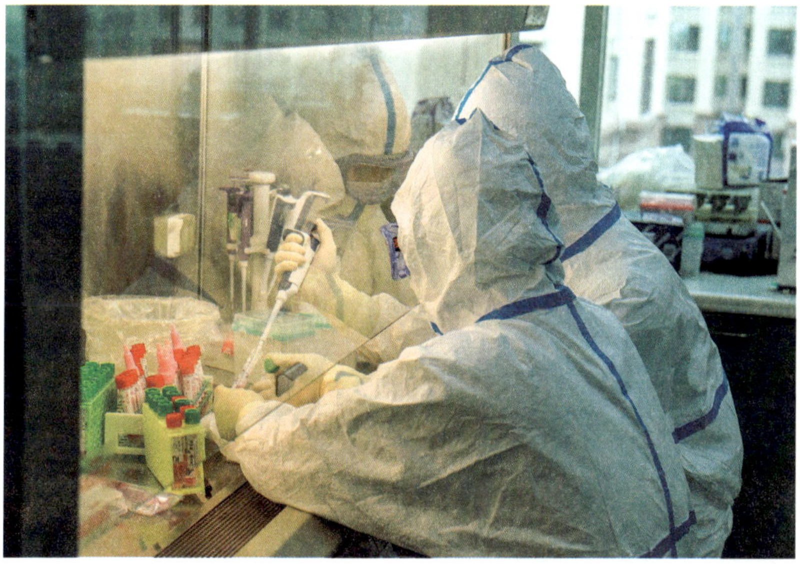

2021年，揭阳市疾控中心检验人员正在进行新冠病毒核酸检测

（市疾控中心 供图）

慢性非传染性疾病 2021年，揭阳市加强慢性非传染性疾病监测。狠抓死亡病例网络报告管理工作，卡片报告及时性保持在90%以上，报告死因不明率及死因不准确比例均保持较低水平。加强肿瘤随访登记和高血压、糖尿病健康管理工作，启动心脑血管事件监测，做好全市消除疟疾后的业务技术指导和监测工作，开展揭阳市《2016—2020年全国重点寄生虫病防治规划》中期评估等工作。

【公共卫生监测】 2021年，开展食品安全风险评估监测。采样揭阳市范围覆盖77个乡镇街道，采样29个品种，421份。监测上报食源性疾病疑似病例1075例情况，做好现场聚集性事件流行病学调查7起。编撰《揭阳市食源性疾病监测工作的报告》4期。针对食源性疾病监测中发现食用河豚安全隐患，编制《食用河豚中毒监测专报》。完成城乡饮用水水质监测。全市设置城乡饮用水水质监测点268个，全年检测水样1072份，达标1037份，达标率96.7%。全市设立水龙头监测点154个，全年采集水样616份，达标率96.9%。开展工作场所职业病危害因素、重点职业病和放射卫生等监测工作。完成2021年度辖区内60家用人单位工作场所职业病危害因素监测工作；完成揭阳市重点职业病监测与职业健康风险评估工作；抽取6家医疗卫生机构15个放射工作场所和设备、4家非医疗机构工作单位7个工作场所和设备开展监测，按时完成放射卫生监测项目工作。

【检验能力建设】 2021年，揭阳市加强实验室检测能力及质量管理，培训县（市、区）疾控机构新冠病毒核酸检测人员，实现县（市、区）培训全覆盖。全年采购检验检测设备67台（套），投入2374.93万元。推动省公共卫生检测实验室建设，日最大核酸检测能力1万管。

【健康教育】 2021年，揭阳市加强健康教育宣传工作，运营“揭阳疾控”微信公众号，举办卫生主题日现场宣传等活动，推送健康宣教及防病资讯。在揭阳电视台综合频道、公共频道常态播放《漫话健康素养——中国公民健康素养解读》科普视频，开展健康素养、健康生活方式宣传。配合揭阳电视台录制新冠病毒疫苗接种宣传抖音小视频；中心专家接受《民生热线》采访4场次；印制3期《揭阳卫生健康》12000份。翻印新冠疫苗科普海报5款各1000张，制作无烟日折页5000张、新冠疫苗接种折页1000张，老年人接种新冠疫苗折页38000张，翻印全国儿童预防接种宣传日宣传海报2款各100张，生活方式手册1000本等宣传资料进行健康教育宣传。实施健康中国行以及全民健康素养促进行动等项目，开展创建无烟单位、全省健康促进示范单位等活动。2021年获第四届广东省健康教育技能竞赛专业知识竞赛一等奖、团队三等奖。

【突发卫生事件】 2021年，揭阳市报告12起突发公共卫生事件，其中，流感及诺如引发的感染性腹泻各3起，服食河豚中毒死亡的食源性事件3起，新冠病例复阳事件、沙门菌聚集性急性胃肠炎事件及其他聚集性感染性腹泻事件各1起，所有突发卫生事件均得及时处理和有效控制。揭阳市疾控中心处置2起可能因样品污染造成新冠病毒初筛阳事件，第一时间开展复核检测，结果为阴性，及时消除社会影响。

（吴晓航）

医疗保障

【医疗保障概况】 2021年，揭阳市基本医疗保险参保人数577.83万人，其中，城乡居民基本医疗保险参保人数551.76万人，职工基本医疗保险参保人数26.07万人，生育保险参保人数18.63万人；城乡居民医保各级财政补助资金提高到每人每年580元；全市城镇职工医保和城乡居民医保政策范围内报销比例85%及75%。

【医疗保险】 2021年，揭阳市出台《揭阳市基本医疗保险门诊特定病种管理办法》，将参保人享受的门特病种从原23个增加至52个。提高待遇标准，29个病种按住院标准报销。扩大用药保障范围，延长医保处方时限，减轻参保人员门诊医疗费用负担。制订出台《揭阳市基本医疗保险普通门诊统筹管理办法》，将普通门诊覆盖范围从原来的城乡居民参保人扩大至参保的城镇职工，逐步实现门诊跨省异地直接联网结算。贯彻实施《广东省职工生育保险规定》，印发《揭阳市职工生育保险规定的通知》，在明确各项生育待遇标准基础上，更加注重参保全覆盖。

【医疗服务价格】 2021年，揭阳市制定出台《揭阳市医疗保障局 揭阳市卫生健康局 揭阳市财政局关于印发〈揭阳市公立医疗机构基本医疗服务项目价格调整制定方案〉的通知》，自2022年1月1日起施行。揭阳市公立医疗机构基本医疗服务项目价格由原来以市级、县（市、区）级、乡（镇）级的收费方式，调整为以《医疗机构执业许可证》核定级别标准收费，理顺医疗服务价格体系，推进揭阳市医疗服务价格精细化管理。

【医药采购管理】 2021年，揭阳市推进落实国家、省组织药品和医用耗材集中采购工作。组织开展参与五批次国家组织药品集中采购工作（包括续签），平均降幅55%以上；推进冠脉支架、冠状动脉球囊扩张导管类、人工晶状体类等医用耗材带量采购和使用工作。

【医保基金监管】 2021年，揭阳市建立健全医保基金监管机制，打击欺诈骗取医保基金违法行为，维护医保基金安全，守住人民群众的“救命钱”。制订印发《揭阳市医疗保障基金社会监督员制度》，拓宽社会监督途径，加大动员社会各界参与医疗保障基金监管。引进医保第三方服务机构，为揭阳市医保局提供医保监管、医保数据分析等服务，协助开展打击欺诈骗保专项检查行动，弥补监管人员不足状况，提升发现违规行为能力。在完成对医疗机构检查全覆盖基础上，采取日常检查与抽查复查相结合，以国家、省转办、群众举报线索和民营医院为重点，强化基金监管。

【信息化建设】 2021年4月27日，国家医疗保障信息平台在揭阳上线。揭阳作为汕潮揭三市率先上线城市，实现和省内异地、跨省异地定点医疗机构住院费用联网实时结算，全面提升揭阳市医保治理体系和治理能力现代化。

（市医保局）

重点医院选介

【揭阳市人民医院】 揭阳市人民医院始建于1890年，是集医疗、教学、科研和预防保健于一体的大型三级甲等综合医院。在2021年国家卫健委公布的第二届全国三级公立综合医院绩效考核排名中，揭阳市

2021年4月27日，国家医保信息平台在揭阳上线

（市医疗保障局　供图）

人民医院在全国1183家三级公立综合医院中排名282名，评为B++等级，综合实力处于粤东领先地位。

医院设有临床和医技科室51个，其中，省临床重点专科5个、省医学特色专科1个、省重点扶持建设临床专科2个、市临床重点专科5个；设置病床2800张，在职员工2300多名，其中，博士硕士200名，硕士研究生导师7名，高级职称人员340名。

揭阳市人民医院于2021年3月入选广东省第二期高水平医院重点建设医院。是国家住院医师规范化培训基地、国家全科医生临床培养基地、国家药物临床试验机构、国家胸痛中心、国家卒中中心、国家房颤中心、国家呼吸医学中心协同医院、国家脑出血外科诊疗基地、广东省博士工作站、中山大学非直属附属医院、广东医科大学研究生联合培养基地及多所高等医学院校教学医院和实习基地。

【揭阳市中医院】　揭阳市中医院是揭阳市卫生健康局属下副处级事业单位，是集医疗、教学、科研、预防保健和医疗急救为一体的二级甲等中医院。医院占地面积1.33万平方米，总建筑面积2.71万平方米。实际开放床位320张，在编人员184名，聘用临时人员275名。拥有享受国务院政府特殊津贴专家2名、全国基层优秀名中医1名，省、市名中医各3名，省杰出青年中医药人才1名、市优秀专家和拔尖人才4名。

内设14个临床住院科室、7个医技科室和15个专科专病门诊及急诊科。康复科是省中医名科、“十二五”省中医临床重点专科、省工伤康复协议机构；骨伤科是省“十二五”中医重点专科；脑病科是市重点专科建设项目和省“十三五”中医药重点专科建设项目。医院配套有1.5T MRI、128层CT、移动式C形臂X射线机、电子胃肠镜等大型医疗设备。创建“广东省中医院名中医吴山教授工作室”“岭南林氏正骨推拿流派传承培训基地”“揭阳肛肠病基地”“卢永兵省名中医传承工作室”“王凯波省名中医传承工作室”，提高中医药服务能力。医院推进“三级甲等中医院”创建工作，逐步建设中医药特色突出高水平的中医院。

【揭阳市慈云医院】　揭阳市慈云医院成立于1996年9月，是集医疗、教学、科研为一体的市直公立综合医院和全民所有制事业单位，是市直及各县区、省内异地医保即时结算定点医院。医院占地43000余平方米，建筑面积6.4万平方米，医院编制床位450张，开放床位605张。医院住院大楼建设项目已封顶，住院楼主体建筑面积11.3万平方米、地上23层、地下1层（局部2层）、建筑总高99米。新住院大楼启用后，医院总医疗面积将超过18万平方米，可容纳1800张病床。

医院有揭阳市优秀专家和拔尖人才1人，担任揭阳市医学会各专业分会副主委以上职务3人，全院人数697人，医生183人，护理310人。医院高级职称43人、中级108人。医院设置呼吸内科专业、消化内科专业、神经内科专业、心血管内科专业、肾病学专业、内分泌专业、老年病专业、普通外科专业、神经外科专业、骨科专业、泌尿外科专业、胸外科专业、妇产科、儿科、眼科、耳鼻咽喉科、口腔科、皮肤科、急诊医学科、康复医学科、麻醉科、疼痛科、重症医学科、医学检验科、病理科、医学影像科、中医科、中西医结合科等诊疗科目。设置有骨科中心、脑科中心、重症医学科、胸外科·肿瘤科、普通外科、肾脏内科·泌尿外科、消化内科·风湿免疫科、内一科、内二科、五官综合科、疼痛·康复医学科、儿科、妇科、产科、急诊科、门诊部等16个临床科室，以及健康体检中心、血透中心、高压氧室、超声科、内镜室、手术室、麻醉科、影像中心、心电图室、脑电图室、体外碎石室、血透中心、检验科等医技辅助科室或部门。

医院主要设备有美国原装进口飞利浦64排128层微平板CT、1.5T核磁共振（MR）、大平板DSA、无线平板双子星DR、飞利浦Iu　Elite矩阵四维彩超等全系列高端影像设备。有美国GE飞天III　DR、日本东芝TUS-A400和飞利浦iU等彩超机、德国费森尤斯血透机、德国贝朗CRRT、迈柯唯和德尔格呼吸机、德国卡瓦口腔全景片机、朗视3D口腔CT、种植牙系统、美国贝克曼全自动生化仪及日本奥林巴斯支气管镜、胃镜、结肠镜、美国MAQUET多功能手术床、德国奇目Vision C臂、德国STORZ高清腹腔镜及宫腔镜、德国Arthrex关节镜、德国德尔格麻醉机等高端进口医疗设备。

医院能独立开展各种常见病、疑难综合征的内科治疗和外科手术治疗、微创治疗。1.内科治疗：支气管镜检查及镜下治疗，呼吸机治疗，胰岛素泵治疗初发2型糖尿病，人工起搏器治疗阿斯综合征，血液滤过治疗农药中毒、脓毒血症，血浆置换治疗重症自身免疫性疾病，脑卒中取栓术。2.胸外科、普外科：胸腹腔镜食管癌根治术、纵隔肿瘤切除术，胸腔镜下肺大泡切除术、肺叶切除术、胸交感神经阻断术；腹腔镜下保胆手术、胃癌根治术、结肠癌根治术、消化道穿孔修补术、肝叶切除术、胆囊切除术、微创阑尾切除术；胰腺及胆道恶性肿瘤根治术，直肠癌根治术，甲状腺手术，乳腺癌根治术。直肠癌超低位保肛术，腹腔镜+胆道镜下微创胆总管切开取石术，微波消融超微创治疗甲状腺、乳腺、肝转移癌肿瘤，炎性肠病的“三联”疗法，微创痔疮PPH、RPH、TST手术，高位复杂性肛瘘的挂线疗法，肛周脓肿的一期切开根治手术，验方中药熏洗、外敷、换药、内服、针灸等特色中医治疗。3.神经外科：三叉神经鞘瘤切除术、颅内动脉瘤夹闭术、椎管内神经鞘瘤切除术、三叉神经射频热凝术、鼻内窥镜下经鼻蝶窦垂体瘤切除术。4.骨外科：创伤骨科开展四肢骨折、关节周围骨折的微创手术治疗；关节外科开展股骨头缺血性坏死、膝关节骨性关节炎、髋膝关节畸形等的人工髋膝关节置换，人工关节翻修；膝关节前后交叉韧带损伤、肩袖损伤、肩关节习惯性脱位的关节镜下微创手术治疗；显微外科开展断肢断指再植、游离皮瓣、组织瓣移植；脊柱外科开展微创治疗腰椎间盘突出；微创治疗颈椎病、经通道微创治疗腰椎管狭窄和腰椎滑脱；经皮脊柱骨折内固定、老年人胸腰椎骨折。5.妇产科：妇科以宫、腹腔镜微创技术为特色，可开展腹腔镜下恶性肿瘤根治术、子宫切除术、子宫肌瘤剔除术、卵巢瘤及卵巢囊肿剔除术、宫外孕病灶切除及开窗取胚治疗术等微创手术；对子宫肌瘤、卵巢良恶性肿瘤、宫外孕、不孕症、子宫脱垂等常见妇科手术有较好疗效。6.五官综合科：种植牙、耳鼻咽喉疾病治疗、喉癌等咽喉肿瘤手术、鼻内窥镜手术、颌面骨折、颌面病损、颌面肿瘤手术及缺损修复、头颈肿瘤手术及耳外科手术。

【揭阳市妇幼保健院】 揭阳市妇幼保健计划生育服务中心位于揭阳市榕城区建阳路与新河路交会处，成立于1992年，是揭阳市集医疗、保健、教学、科研和计生技术服务于一体的市级事业单位。为广东省妇幼保健院、广州市妇女儿童医疗中心技术协作单位。2021年9月16日，揭阳市妇幼保健住院综合大楼交付使用，医院占地面积18247平方米，建筑面积57996.5平方米，开放病床200张，职工326人，其中，高级职称21人，中级职称50人。设妇科、产科、儿科、新生儿科、乳腺外科、儿童保健科、影像科、检验科等20多个临床医技科室，其中，新生儿科为揭阳市临床重点专科。拥有粤东地区第一家产前诊断中心，揭阳市出生缺陷综合干预中心和新生儿遗传代谢性疾病筛查中心。拥有宫腔镜、腹腔镜、GE10四维彩超、移动DR、数字乳腺钼靶、麻醉机、呼吸机等一批先进医疗仪器设备。

揭阳市妇幼保健计划生育服务中心是揭阳市妇幼保健工作的指导中心，“爱婴医院”、揭阳市住院分娩定点医院、城镇职工基本医疗保险定点医疗机构、新型农村合作医疗定点医疗机构，广东省妇幼保健院新生儿畸形救治分中心，广东省妇幼保健院出生缺陷与产前诊断专科联盟、新生儿重症救治专科联盟成员单位，广州市妇女儿童医疗中心出生缺陷防控专科联盟成员单位。

【揭阳市复退军人医院】 揭阳市复退军人医院创办于1956年，是揭阳市直卫生健康系统直属的公益一类事业单位，业务受揭阳市卫生健康局和揭阳市退役军人事务局指导。医院前身为揭阳市收容管教站属下医务所，1982年经汕头市编办批准，为汕头市复退军人医院，1993年更名为揭阳市复退军人医院，编制数120人，主要任务是收治揭阳、汕头、潮州三市复退军人精神病员，确保优先收治，应收尽收。常住病人400人左右，是广东省收治优抚对象最多的市级优抚医院。

医院位于揭阳市揭东区新亨镇坪埔后，占地约4万平方米，建筑面积约3.3万平方米，室外活动面积7000多平方米。医院职工145名，其中，高级职称3人，中级职称17人，卫生技术人员总数占总职工50%，设门诊和住院部，编制病床400张。医院主要诊治精神疾病、心理疾病。医院设三个精神住院病区，门诊部设精神科门诊、心理治疗室和心理CT，全院配置彩色B超机3台、DR机1台、生化分析仪1台、心电图机3台、脑电图机3台、经颅多普勒3台、血球计数仪1台等医疗设备。

【揭阳市慢性病防治院】 揭阳市慢性病防治院是揭阳市卫生健康局直属正科级公益性二类事业单位，财政给予一类保障，加挂“揭阳市精神卫生防治中心”牌子，增加“揭阳市皮肤病医院”第二名称。内设办公室、结核病防治科、皮肤性病科、精神卫生科、门诊部5个正股级职能科室。事业编制数21个，在编人员19名，核定住院床位44张（没有住院）。

业务开展场所在原揭阳市疾病控制中心（北面）大楼一、二、四、八层，建筑面积约1600平方米。主要任务是承担全市结核病、精神病、麻风病、性病的防治、监测、医疗、培训、宣传教育工作，开展精神疾病的康复、心理咨询以及皮肤病医疗工作。有精神心理科、皮肤性病科、成人疫苗预防、驾驶员健康体检等临床业务。主要医疗设备：超低温冰箱、压力蒸汽灭菌器、全自动细胞分析仪、霉菌培养箱、酶标分析仪、简易呼吸器、半自动体外除颤仪、卡式蒸汽压力灭菌器等。

【揭阳市第三人民医院】 揭阳市第三人民医院是二级甲等综合医院、三级精神病专科医院、广东省普通高等医学院校教学医院、广东省职业健康体检机构。医院创办于1956年，占地面积约26667平方米，建筑面积36800平方米。有员工649人，专业技术人员563人，其中，高级专业技术人员28人，中级职称126人，市、区级优秀专家和拔尖人才10名。编制病床599张，实际开放1000多张。医院设置急诊科、内科、外科、儿科、妇产科等18个临床科室和8个医技科室，拥有市临床重点专科2个（肾内科、泌尿外科）。配套磁共振机、CT机、数字减影血管造影（DSA）等高端医疗设备。医院先后荣获“全国医院文化建设先进单位”“广东省助残扶残先进集体”“广东十佳百姓放心示范点品牌医院”“广东省工人先锋号”“广东省巾帼文明岗”“广东省五一劳动奖状”“揭阳市医德医风先进单位”等荣誉。

2021年4月22日，揭阳市人民医院、普宁市人民医院被广东省确定为第2期高水平医院重点建设医院 （市卫生健康局 供图）

【揭阳市两所医院入选省高水平重点建设医院】 2021年，揭阳市人民医院、普宁市人民医院被广东省确定为第2期高水平医院重点建设医院。揭阳市人民医院与中山大学附属第一医院建立跨区域联动“一对一”帮扶关系。揭阳市人民医院在建设先进医疗技术高地、高水平临床科研平台、拔尖医学人才团队、一流医学学科、现代医院管理制度和辐射带动网络上勠力深耕，创建高水平医院和区域医疗中心。建设前沿医疗技术高地方面，新开展医疗技术项目38项，其中，粤东首例11项、揭阳市首例19项，包括脑起搏器植入术（DBS）、体外膜氧合技术（ECMO）、经导管主动脉瓣置换（TAVR）手术等。运用ECMO（俗称人工心肺机）成功治疗一名突发急性爆发型重症心肌炎的高龄多产妊娠妇女事例，为粤东首个、全国罕见成功治愈病例，受到《南方日报》关注和报道。建设一流医学学科方面，成功创建国家首批脑出血外科诊疗基地、国家高级卒中中心，建成粤东首个多学科协作帕金森病诊疗中心、癫痫中心、神经外科实验室等。建设高水平临床科研平台方面，建成全市唯一一家临床医学科研实验室，获批建设揭阳市医学科研中心，新增广东省自然科学基金项目1项、广东省中医药局科研项目2项、广东省医学科学技术研究基金项目5项，发表SCI论文14篇；获得中山大学第十五届临床教师教学技能大赛特等奖；创建广东医科大学研究生联合培养基地、嘉应学院医学院临床教学基地等；受邀作为核心单位加入中山一院国家重症医学临床医学研究中心（申报）网络体系，加入南方医科大学南方医院JBI循证护理实践联盟。建设拔尖医学人才团队方面，新引进博士研究生2名、硕士研究生16名、本科生60名，柔性引进科研人才和专家3名。拥有博士研究生6名，硕士研究生195名，211、985工程院校本科生92名，硕士生导师7名，高级职称以上人员340名。建设现代医院管理制度方面，3月30日国家卫生健康委公布第二届全国三级公立综合医院绩效考核成绩，在全国参评1183家三级公立综合医院中，排名282名。上线互联网医院，通过电子病历系统功能应用水平分级评价四级评审。建设辐射带动网络方面，派出专家4127人次到揭阳市第二人民医院、揭西县第二人民医院、空港区第三人民医院等开展帮扶工作，协助基层医院开展胸腹腔镜食管癌手术、胸腹腔镜肺癌根治术等新技术项目16项，积极帮扶基层医疗机构提高医疗服务能力。普宁市人民医院通过国家级胸痛中心认证，成功申办广东省博士工作站。

【普宁市中医医院通过非直属附属医院认定】 2021年5月17—18日，普宁市中医医院创建广州中医药大学非直属附属医院接受专家组现场评审。教学条件、教学管理和临床教学能力达到广东省普通高等医学教育院校非直属附属医院建设标准，通过现场评审。该院于2013年成为广东省普通高等医学院校教学医院，2013年12月成为广州中医药大学教学医院，多年来接收广州中医药大学、揭阳市卫生技术学校、肇庆医学高等专科学校等院校硕士研究生、本科及专科毕业实习生、见习生，完成各级院校下达的临床教学实习任务。积极承担各级教学任务，利用“教学相长”促进机制，因势利导，督促广大医务人员学习理论和钻研技术，带动提高全院医务人员整体素质。2014年开展“创三甲”行动，2017年12月顺利通过三甲评审，2018年1月被国家中医药管理局批准为三级甲等中医医院。在此基础上，该院组织开展广州中医药大学非直属附属医院创建工作，不断完善教学条件、教学管理、教学实施等各项指标；组织业务骨干到上级医院、医学院校进修学习，提升临床带教能力；加强医院专科建设，提升内涵建设，在医疗、科研、教学、人才培养等方面实现和谐、高质量发展。2021年5月17—18日，广州中医药大学非直属附属医院评审专家组对该院创建工作进行现场评审。评审专家组在听取医院创建非直属附属医院情况汇报的基础上，按照非直属附属医院认定评审指标体系，通过查阅资料、现场考察、召开座谈会等形式，从教学条件、教学管理、教学实施3个方面进行评审。专家组一致认为，该院能按照广东省普通高等医学教育非直属附属医院评审要求，加强医院本科教学条件和内涵建设。医院临床科室设置齐全、教学资源丰富，为临床教学工作提供良好支撑；建立相应的教学管理机构，制定教学管理规章制度并组织实施，临床教学工作能够顺利开展。医院多媒体教室、示教室、图书馆、学生宿舍等教学条件和设施完善，师资队伍力量较强，教师爱岗敬业，关爱学生，能按照教学大纲和教学计划的要求，结合临床实际带教，关爱学生，注重学生动手能力和人文素养的培养。临床教学实施过程规范，为高素质中医人才的培养提供支撑。通过评审，该院以优异成绩通过广州中医药大学非直属附属医院认定。

【“中山大学孙逸仙纪念医院揭西医疗中心”挂牌】 2021年7月10日，揭西县人民政府、中山大学孙逸仙纪念医院在县人民医院签订合作帮扶揭西县人民医院创建三级甲等综合医院协议并举行“中山大学孙逸仙纪念医院揭西医疗中心”挂牌仪式。2017年以来，中山大学孙逸仙纪念医院与揭西县人民医院建立帮扶关系，将孙逸仙纪念医院的优质医疗服务、优秀管理理念引入揭西县人民医院。心血管内科方面，指导开展冠脉造影+支架植入手术、肾动脉造影+支架植入手术、颈动脉造影+支架植入手术等10余项适宜新技术，规范心律失常、急性心肌梗死合并急性心力衰竭等常见病的诊疗方案，2018年心血管内科成功评选为揭阳市重点专科，成为揭阳市胸痛中心联盟单位。泌尿外科方面，能够独立开展输尿管软硬镜、斜跨位经皮肾镜、腹腔镜肾癌根治术、腹腔镜肾上腺瘤切除术、腹腔镜肾囊肿去顶减压术、腹腔镜膀胱部分切除术等10余项新技术。骨、神经科方面，开展全髋关节置换术、椎体融合术、利用3D打印技术完成复杂骨盆骨折内固定术、椎间孔镜治疗腰椎间盘突出术、膝关节十字韧带重建术、关节镜下腘窝囊肿切除术、关节镜下臀肌挛缩松解术等适宜新技术，规范骨科常见病、多发病诊疗方案，提高三、四级手术水平及占比；开展揭西县首台颈动脉支架植入术、脑动脉瘤栓塞术、大脑中动脉狭窄球囊扩张+支架植入术，其中，动脉瘤栓塞术已能够自主完成，神经外科水平进入微创新时代；开展脑血管介入治疗手术和帕金森病诊治及癫痫大发作的规范化治疗，成为揭阳市脑卒中溶栓定点医院，纳入揭阳溶栓地图内。妇科方面，开展广泛全宫切除＋盆腔淋巴切除术，卵巢癌分期手术，高难度大子宫肌瘤切除术等

2021年7月10日，“中山大学孙逸仙纪念医院揭西医疗中心”揭牌仪式在揭西县人民医院举行
（市卫生健康局　供图）

多项适宜新技术；2020年12月22日中山大学孙逸仙纪念医院与县人民医院结成“产前诊断联盟”。五官科方面，开展口腔种植牙手术，牙冠延长术，复杂牙阻生牙拔除术及舌部肿物切除术等多项适宜新技术和门诊内镜检及内镜下手术、ICU床边支镜检查、常规支气管镜下肺泡灌洗、活检及刷检等新技术。麻醉科方面，开展神经阻滞新技术，推广超声技术在麻醉中的运用。

【揭西县中医医院与南方医科大学中西医结合医院共同构建“医联体”】 2021年6月，揭西县中医医院与南方医科大学中西医结合医院共同构建“医联体”，以特色专科技术力量为支撑，由南方医科大学中西结合医院牵头与揭西县中医医院结成医联体核心，通过“强强联合、优势互补，资源共享、双向转诊、上下联动”模式，建立跨区域密切合作型医联体；10月，揭西县中医医院加入南方医科大学中西医结合医院中医骨伤科、针推康复科专科联盟。双方将以医联体内部人才共享、技术支持、检查检验、院内制剂等资源共享结果互认、处方流通、服务衔接等为纽带进行合作，充分利用医疗资源，有利于控制医疗机构经营成本；重点病种病人在医联体内部双向转诊、上下联动，使病人既能够得到高效的诊治，又能节省医疗费用，提高患者的满意度。南方医科大学中西结合医院向揭西县中医医院提供远程会诊、远程教学等服务，建立新型互联网诊疗、教学、培训一体模式，提高优质医疗资源的可及性和医疗服务整体效率。以南方医科大学中西结合医院为主要教学科研基地，培训各相关专业的规培生、实习生、进修生等，指导帮助揭西县中医医院业务骨干获得课题支助和发表学术论文。

【揭阳市人民医院成功创建国家高级卒中中心、国家首批脑出血外科诊疗基地】 2021年5月，“2021年中国脑卒中大会暨第十一届全国心脑血管病论坛”在北京国家会议中心召开。会上举行地市级高级卒中中心颁牌仪式，揭阳市人民医院被认证为国家高级卒中中心，标志着该院在卒中中心建设和脑卒中多学科诊疗、脑卒中急诊绿色通道等方面达全国先进水平。近年来，该院不断推进卒中中心建设，开通急诊脑卒中救治绿色通道，以多学科协作模式为基础，打造一支由神经内科、神经外科、急诊科、影像中心、检验中心、介入手术室、麻醉科等多科协作且24小时联动待命的“脑卒中救治团队”，汇聚学科专家资源提升脑卒中救治能力。中心不断优化救治流程，建立卒中规范化诊疗的标准操作流程，加强院前、院内急救的无缝对接和区域内卒中急救系统的接转诊，使病人得以用最短的时间完成检查，获得最优诊治方案，有效降低卒中患者的致残率和死亡率。10月，国家卫生健康委医院管理研究所公布全国首批“脑出血外科诊疗基地”名单，该院获评全国首批“脑出血外科诊疗基地”，成为全省仅2家获得认证的医院之一，且是粤东地区唯一一家认证基地，标志着在脑出血外科诊疗方面不断向规范化、科学化、同质化发展。该院推进省高水平医院建设、打造临床科研型医院和省级区域医疗中心，构建前沿医疗技术高地、提高疑难急危重症救治能力和突发公共卫生事件应急能力。在神经外科疾病，特别是脑出血这一严重危害人民群众生命健康的疾病领域，已成熟开展显微镜、神经内镜、神经外科介入、立体定向等神经外科诊疗技术，全方位覆盖脑出血的外科治疗手段。2021年，该院成立粤东地区首个神经外科实验室，推进神经外科医教研全方位发展。

【揭阳市医专大专班开班办学】 2021年9月，揭阳市卫生学校与肇庆医学高等专科学校联合开办中高职贯通培养三二分段试点班在本校实施高职阶段教学。揭阳市卫生学校于2014年起与肇庆医学高等专科学校联合开办中高职贯通培养三二分段试点班，涵盖护理、助产、医学影像技术专业。2018年根据《广东省教育厅 广东省招生委员会办公室关于开展2018年职业院校中高职贯通培养三二分段试点工作的通知》精神及学校工作实际，与肇庆医学高等专科学校联合开展“中高职贯通培养三二分段试点班”。中高职贯通培养三二分段试点班有2018级、2019级、2020级和2021级护理专业三二分段班，2018级高职班阶段从2021年9月在揭阳市卫生学校实施高职阶段教学。揭阳市卫生学校有本科及以上学历教师93人，其中，高级职称教师比例17.92%，硕士比例3.77%。中高职贯通培养三二分段试点班任课教师由中级以上职称教师担任。学校配备有相应的医学实训室，包含基础护理实训室、临床护理实训室、人体形态技能实训室等。图书馆藏书57639册，并建设有智慧教室、实训录播教室、信息中心、高端仿真模拟实训室，以供三二分段中高职贯通培养试点高职班使用。中高职贯通培养三二分段试点班学生住宿实行公寓化管理，宿舍网络安全系统齐全，生活设施进一步完善。中高职贯通培养三二分段试点班高职阶段教学安排均严格按肇庆医学高等专科学校要求，落实相关课程的理论教学和实验实训教学。课程设置以职业教育国家教学标准，涵盖《毛泽东思想和中国特色社会主义理论体系概论》《思想道德修养和法律基础》

《体育与健康》《大学生心理健康教育》等公共基础课程和《健康评估》《基础护理技术》《母婴妇科护理》《儿童护理》等专业（技术）课程专业以及《护理礼仪》《护理管理》等拓展限选课程。强化学生职业素养养成和职业技能培养，实践性教学学时达总学时50%以上。

【揭阳市优生优育指导中心、产前诊断中心通过省校验评审】 2021年6月，揭阳市妇幼保健计划生育服务中心成功申请广东省计划生育协会优生优育指导中心项目，成为省计生协在粤东地区设立的第一个优生优育指导中心。揭阳市妇幼保健计划生育服务中心产前诊断中心于2018年11月通过省专家组初审，为揭阳市首家、粤东地区首家通过产前诊断技术服务资质复审的产前诊断机构。2021年广东省产前诊断技术校验评审专家组对揭阳市妇幼保健计划生育服务中心产前诊断中心进行现场校验评审。专家组通过查阅资料、实地查看、现场考核等方式，从遗传咨询、细胞遗传、生化免疫以及产前超声等方面对产前诊断中心近三年来的组织管理和专业技术能力进行全方位的现场查验和评审。经过严格评审，专家组一致认为揭阳市妇幼保健计划生育服务中心产前诊断中心符合质量评估标准，顺利通过现场校验评审。

（市卫生健康局）

体　育

【体育概况】 2021年，揭阳市广泛开展全民健身活动和体育赛事活动，承办省级竞技体育1项，举办市级以上群众体育赛事活动5项，获得国家级竞赛奖牌1枚。全市体育场地13331个，社区体育公园47个，全民健身示范点388个。

【体育设施】 2021年，揭阳市文化广电旅游体育局推进公共体育场地设施建设，完善社区体育公园、城乡15分钟健身圈项目及体育场地设施示范点建设，完成明月体育公园和30个体育场地设施示范点建设，推动豪群基金会捐建21片篮球场。全市体育场地数量13331个，体育场地面积1361.084万平方米，人均体育场地2.15平方米；社区体育公园47个，社会足球场66个，健身步道856千米，全民健身示范点388个。全市1627个行政村和社区配套体育健身器材，体育设施开放率100%，经常参加体育锻炼人数比例39.2%。

【竞技体育】 2021年，揭阳市竞技体育收获新成果。第十四届全运会，揭阳市运动健儿姚佳航获男子体操团体季军。参加2021年广东省青少年锦标赛9项比赛项目获得前八名36小项76人次，其中，获得第一名2项（男子个人击剑、男子团体体操）、第二名2项、第三名3项。

【群众体育】 2021年，揭阳市文化广电旅游体育局在做好疫情常态化防控基础上，推动体育赛事活动健康有序开展，举办2021年中国体育彩票全国象棋民间棋王争霸赛（揭阳市赛区）暨揭阳市象棋选拔赛市级决赛、第十四届全运会乒乓球项目群众体育组选拔赛、省第十六届运动会群众体育组（羽毛球、体育舞蹈项目）揭阳市选拔赛，以及2021年“庆国庆”揭阳市羽毛球赛、2021年揭阳市体育舞蹈锦标赛等市级体育赛事；开展2021年揭阳市青少年散打公益课暨会员展示活动、“全民健身与奥运同行”老年人太极拳健身项目会演活动、2021年揭阳市全民健身项目（太极拳）进社区展示活动等体育活动。首次承办省级足球赛事“2021年广东省足球协会室内五人制足球锦标赛”，揭阳队荣获成年组季军；参加广东省第十四届毽球锦标赛获第二名；抓好市级社会体育指导员培训工作，举办2021年揭阳市二级社会体育指导员培训班，培训二级社会体育指导员181名。开展2021年揭阳市《国家体育锻炼标准》达标测验活动和国民体质监测工作，完善体育服务体系，提高全民身体素质和健康水平。是年，国家税务总局揭阳市税务局机关工会委员会、惠来县人民政府、榕城区文化旅游体育局、揭阳市老年人体育协会、揭阳广播电视台新媒体中心等六个单位被评为2017—2020年全国群众体育先进单位，蔡文一、谢锐炎、李明波、黄烈楷、李冬阳、洪仲新六人被评为2017—2020年全国群众体育先进个人。

【体育产业】 2021年，全市体育彩票累计销售3.34亿元，同比2020年增长34.1%，销量排名全省第15名；筹集体彩公益金2541万元（其中市本级1584万元），贡献代扣代缴偶然所得税1500万元。

【全民体育健康活动】 2021年，揭阳市文化广电旅游体育局组织举办首届揭阳市全民健身云上运动会，邀请跳水奥运冠军孙淑伟、中国象棋特级国际大师许银川、特级大师许国义等揭阳籍体育名人为运动会开幕式录制视频，鼓励、引导人民群众参与全民健身、科学健身。全民健身云上运动荣登《人民日报》头版。

【体育社团组织】 2021年，揭阳市新成立揭阳市越野跑协会、揭阳市毽球协会等5个协会。全市拥有体育协会38个，体育民办非企业单位3个。

（市文广旅游体育局）

民 政

基层政权建设

【城市基层政权建设】 2021年，揭阳市完成全市188个社区居民委员会、居务监督委员会、居民代表及居民小组长的换届选举工作，依法选举产生社区居委会成员976人，实现社区党组织书记和居民委员会主任“一肩挑”比例100%。全市188个社区按规范程序修订完善和公布、践行居民公约，建立健全奖惩机制。新增设社区4个，至年底全市有社区191个。

【农村基层政权建设】 2021年，揭阳市完成1446个行政村村民委员会、村务监督委员会、村民代表及村民小组长的换届选举工作，实现村党组织书记和村民委员会主任“一肩挑”比例98.6%。全市1446个行政村按规范程序修订完善村规民约，建立健全奖惩机制。

【村务公开与村民自治】 2021年，揭阳市推进村务公开“阳光工程”，揭东区开展“阳光村务”示范创建，全区196个村和96个社区打造建成区、镇、村三级“阳光村务”信息平台系统。

（魏伟俊）

社会福利事业

【最低生活保障】 2021年，揭阳市印发《揭阳市民政局 揭阳市财政局关于印发2021年全市城乡低保标准和补差水平的通知》，全市城乡低保标准在2020年度标准的基础上城镇标准提高3.5%、农村提高10%，分别为城镇低保标准人月849元、农村人月650元；城乡低保补差水平分别提高30元，城镇低保补差水平人均月656元、农村人均月331元。全年全市纳入低保救助44119户124402人、发放救助资金57707.31万元。

【特困人员供养】 2021年，揭阳市印发《揭阳市民政局 揭阳市财政局关于提高2021年特困人员基本生活供养标准的通知》，特困供养人员基本生活标准提高到2021年最低生活保障标准的1.6倍和不低于当地现行的特困供养标准，全市城镇人均月1485元、农村人均月1064元。全年全市纳入特困供养14953人、发放救助资金19411.28万元。印发《揭阳市民政局关于调整特困供养人员护理标准的通知》，分散供养特困人员人均护理标准全自理、半自理（半失能）、全护理（失能）分别按揭阳市当年度企业职工最低工资标准（1620元/月，从2021年12月1日起）的2%（每人每月33元）、30%（每人每月486元）、60%（每人每月972元）确定；集中供养特困人员人均护理标准全自理、半自理（半失能）、全护理（失能）为每人每月33元、3525元、4230元确定。全年全市发放特困人员照料护理费3323.38万元。

【救助管理】 2021年，揭阳市推进救助管理服务质量提升，出台加强源头治理制度，落实流浪救助对象“一人一档”信息管理，规范流浪救助对象人像采集。组织开展全国第9个救助管理机构“开放日”活动、“夏季送清凉”“冬季送温暖”和开展创文街面巡查救助行动。全年全市救助流浪乞讨人员562人，寻亲成功35人。

【儿童福利】 2021年，揭阳市提高

孤残儿童基本生活保障水平，未成年人保护工作协调机制初步建立。推进“合力监护、相伴成长”专项行动和“孤儿医疗康复明天计划”，开辟孤残儿童医疗救治“绿色通道”。全年全市有孤儿971人（其中，集中供养377人、分散供养594）、事实无人抚养儿童2571人（含艾滋病毒感染儿童）纳入保障，发放基本生活保障资金6010万元。

【慈善事业】 2021年，广东扶贫救困日募集捐款3151.24多万元。组织实施“广东兜底民生服务社会工作双百工程”，设立乡镇（街道）社会工作站94个，实现全市乡镇（街道）社会工作站全覆盖；设立村（居）社会工作服务点138个，社工点服务覆盖范围内困难群众和特殊群体入户率、服务率实现两个100%，打通为民服务“最后一米”。

【福利设施】 2021年，揭阳市全市养老机构84家。其中，公办养老机构77家，公建民营4家，民办3家。全市儿童福利机构6家，有床位685张，其中，市儿童福利院200张，榕城区儿童福利中心120张，揭东区儿童福利院150张，普宁市福利中心80张，揭西县儿童福利院35张，惠来县儿童福利院100张。全市救助管理机构6家，分别是市救助管理站、普宁市救助管理站、揭西县救助管理站、惠来县救助管理站、榕城区救助管理站和揭东区救助管理站。

【福利彩票】 2021年，揭阳市福利彩票投注站保有量348个，其中，开通销售“快乐8”游戏站点237个、刮刮乐即开票销售网点221个。全年销售福利彩票22723.54万元，增长7.65%，超额完成省民政厅下达年度销售目标9.25%。其中：电脑票18657.2万元，增长0.76%，即开票4066.34万元，增长102.97%。筹集福利彩票公益金2576万元，上缴地方税收818.3万元。全市福利彩票销量列全省第18名，即开票销量比2020年翻一番，突破历史记录，实现销量“双突破”。

（魏伟俊）

社会事务管理

【行政区划调整】 2021年6月16日，广东省民政厅批复同意撤销渔湖镇，其行政区域改由榕城区政府直辖。2021年7月23日，揭阳市人民政府批复同意设立渔湖街道办事处，作为榕城区政府派出机关，管辖原渔湖镇管辖的行政区域范围。

【社会组织建设】 2021年，揭阳市规范社会组织法人治理，出台《关于印发揭阳市行业协会商会领域组织开展“我为企业减负担”专项行动实施方案的通知》，清理规范揭阳市行业协会商会收费，落实减税降费政策，优化揭阳市营商环境，全年全市行业协会商会享受收费减免企业数181个，减轻企业负担249万元。开展社会组织“进乡村 助振兴”行动，推动社区社会组织在创新基层社会治理中发挥作用。开展打击非法社会组织、规范社会组织法人治理、清理“僵尸型”组织、清理整治社会组织违规评选评奖活动等，提升社会组织服务能力和水平，净化全市社会组织发展环境。全年全市依法登记社会组织2699个（市属社会组织449个），其中，社会团体970个、民办非企业单位1692个、基金会37个。

【婚姻登记】 2021年6月，揭阳市实施婚姻登记“跨省通办”试点工作，在揭阳全市范围内各县（市、区）级婚姻登记机关实施内地居民结婚登记和离婚登记“跨省通办”。自6月起，揭阳市婚姻登记实行“全城通办”。全年全市内地婚姻登记办理登记结婚39539对，其中，初婚72637人；办理离婚5050对，办理补领《结婚证》1763对，办理补领《离婚证》233宗。涉外、港澳台、华侨婚姻办理登记结婚212对，初婚360人，办理离婚9对，办理补领《结婚证》9宗。

【殡葬管理】 2021年，揭阳市编制《揭阳市殡葬事业发展“十四五”规划》和《揭阳市“十四五”期间公益性骨灰存放设施建设规划》，制订印发《揭阳市违建墓地专项整治成果巩固提升行动工作方案》《揭阳市公益性公务专项整治方案》，开展安葬（放）设施违规建设经营综合整治，巩固提升安葬（放）设施违规建设经营专项摸排及违建墓地专项整治成果。火化遗体35172具，火化率100%；免除殡葬基本服务费用户32149宗、2740.81万元。

【老龄工作】 2021年，揭阳市设立县级特困人员供养服务机构5家，机构护理型床位占比74%；全市乡镇（街道）综合养老服务设施盖率70%。揭阳市聚龙湾护理院被省评定为三星级养老机构、“南粤家政”护理员培训基地、“旅居养老”示范基地，市聚龙湾护理院护理部副主任郑晓辉获全国首届养老护理职业技能大赛三等奖。完成特殊困难老年人居家适老化改造269户，全市运营养老机构消防安全基本符合达标要求。

（魏伟俊）

表16

2021年揭阳市婚姻登记情况表

单位	国内婚姻登记								涉外、港澳台、华侨婚姻登记													出具证明	
	结婚登记					离婚登记（对）	补领结婚证（宗）	补领离婚证（宗）	结婚登记										离婚登记（对）	补领结婚证（宗）	补领离婚证（宗）	婚姻登记记录证明（份）	无婚姻登记记录证明（份）
	总数（对）	其中							总数（对）	其中													
		补办结婚登记（对）	初婚（人）	再婚						补办结婚登记（对）	初婚数（人）	再婚数（人）	香港同胞（人）	澳门同胞（人）	台湾同胞（人）	华侨（人）	外籍华人（人）	外籍人（人）					
				总数（人）	其中复婚（人）																		
揭阳市榕城区	5927	57	11053	801	102	694	369	19	11	0	18	4	3	1	0	0	0	7	1	1	0	0	0
揭阳市揭东区	5816	108	10541	1091	180	820	437	55	30	16	50	10	5	1	3	0	0	21	2	1	0	0	3
揭阳市揭西县	4760	87	8456	1064	178	793	589	36	66	62	121	11	2	0	0	0	0	64	0	2	1	0	1
揭阳市惠来县	8063	311	14974	1152	192	974	674	34	49	0	85	13	16	6	1	0	0	26	2	4	0	0	3
普宁市	14973	1200	27613	2333	434	1769	1140	89	56	24	86	26	16	4	1	0	3	32	4	1	0	0	1
合计	39539	1763	72637	6441	1086	5050	3209	233	212	102	360	64	42	12	5	0	3	150	9	9	1	0	8

2021年揭阳市殡仪馆业务情况统计表

表17

单位名称	单位性质	工作人员			社工服务		设施设备										本年度遗体火化数（具）（该数据为殡仪馆实际遗体火化数）	骨灰安放				收支及建设投入情况								服务满意度
							火化机				殡仪专用车		遗体冷藏柜							其中		营业收入				营业支出				
		工作人员总数（人）	其中：编内人员数（人）	获得殡葬职业技能资格证书人数（人）	是否设立社工机构或岗位（是/否）	专职社工人员数量（人）	拣灰火化机（台）	其中：按1:1安装尾气净化设备的（台）（一拖多的，仅算1台）	平板火化机（台）	其中：按1:1安装尾气净化设备的（台）（一拖多的，仅算1台）	现有数量（不计公务用车、客运车）（辆）	其中，未达到汽车排放和安全标准的（辆）	总格位（格）	现已使用格位（格）	本年度1月1日前已存入殡仪馆但直至本年度12月31日仍未火化的遗体（具）	本年度无人认领遗体存放产生费用（万元）		殡仪馆内设骨灰安放设施总格位数（格）	现存骨灰（份）	本年度安放骨灰（份）	无人认领或逾期未办理续期手续的骨灰（份）	营业总收入（万元）	各级财政补助免除殡葬基本服务费用（万元）	各级财政补助无人认领遗体存放费用（万元）	其他营业收入（万元）	营业总支出（万元）	设施建设支出（万元）	设备购置支出（万元）	其他支出（万元）	
揭东云山殡仪馆	公益一类	88	55	14	否	0	3	3	7	7	20	0	102	102	66	180	12726	84297	7100	4080	3800	1240.19	1144.07	0	96.12	2713.42	1849	719.3	145.12	100
普宁市殡仪馆	公益二类	86	25	20	否	0	5	5	5	5	20	0	194	185	21	76.65	10712	5607	1718	187	362	2397.31	851.744	72	1473.566	2342.25	434.46	752.96	1154.83	97
揭西县殡仪馆	公益一类	37	25	2	否	0	2	6	4	6	9	0	35	32	28	210	7188	3200	650	50	0	131	125	6	0	100	100	0	0	100
惠来县殡仪馆	公益二类	57	17	1	否	0	2	2	3	3	14	0	92	65	65	25.78	4546	14164	12638	237	81	834	620	0	214	658	41	617	0	100
地市小计		268	122	37		0	12	16	19	21	63	0	421	384	180	492.43	35172	107268	86006	4584	38443	4602.5	2740.814	78	1783.686	5813.67	2424.46	2089.26	1299.95	-

人事人才

【人事人才概况】 2021年，揭阳市专技人数24.88万人（其中，高级职称人才11956人），技能人才30万人（其中，高技能人才9989人），博士、博士后科研平台37家，高层次人才7925人，享受政府特殊津贴专家29人；认定高层次人才7925人（含A类人才45人、B类人才356人、C类人才7524人）。

【事业单位人事管理】 2021年，揭阳市组织事业单位公开招聘6批次；办理事业单位工作人员调动113人（其中，调入109人，调出4人）；办理聘用结果认定2263人次。做好市直事业单位工作人员2020绩效和年度考核工作，市直事业单位工作人员参加绩效考核6968人。完成全市3208个事业单位92694名事业单位工作人员及机关工勤人员统计工作。做好2020年事业单位工作人员统计工作。

【继续教育】 2021年，揭阳市组织7.79万名专技人才参加继续教育公需课培训，指导其参加该系统该单位或该行业组织的线上线下专业课学习，提高专业技术人员创新能力、专业水平和综合素质。督促行业主管部门做好该级、该行业继续教育的规划制定、专业科目培训、网络平台建设，提供继续教育专业科目学习培训服务。

【人才服务与引进】 2021年，揭阳市开展高层次人才认定，新增认定高层次人才3145人（含A类人才11人，B类人才116人，C类人才3018人）。加大人才安居保障力度，为企事业单位新引进且在揭无住房的高层次人才提供租房补贴，新增申报租房补贴人数170人，为93名高层次人才发放租房补贴188.6万元。为25名急需紧缺人才发放引进资助603497.78元；为8名骨干人才发放财政奖补资金15062.77元。

【工资与福利制度】 2021年，揭阳市根据国家文件精神，调整基本工资标准，从10月起调整机关事业单位工作人员基本工资标准，人均增加300元。调整后市直全额拨款事业单位工作人员基本工资标准由原来的人均每月3418元调整到3723元，于2022年2月开始兑现。

【专业技术人才队伍建设】 2021年，揭阳市推进职称制度改革工作。推进揭阳市乡村工匠首次职称评审工作，在揭阳市开评的乡村工匠首次评审，开创揭阳市乡村人才培育新局面。推进中等职业教师职称制度改革工作，完成495位中职教师职称过渡工作（其中，高级讲师68人，讲师262人，助理讲师165人）。全市新增专业技术人才6227人（其中，高级1220人、中级1524人、初级3483人）。

（市人社局）

人力资源管理

【人力资源管理概况】 2021年，揭阳市人力资源服务机构30家（综合性公共就业和人才服务机构1家、公共就业服务机构3家、人才公共服务机构3家、行业所属服务机构3家、国有性质的服务企业1家、民营性质的服务企业19家），其中，既取得人力资源服务许可（备案）又取得劳务派遣经营机构许可10家，从业人数272人；仅单独取得劳务派遣经营性许可机构51家，从业人数935人。

【就业服务】 2021年，揭阳市城镇新增就业24842人，完成年任务103.5%；城镇失业人员再就业12522人，完成年任务125.22%；就业困难人员就业3947人，完成年任务263.13%。

【异地务工人员管理】 2021年，揭阳市实施“南粤春暖”“春风行动”，开展新生代异地务工人员职业技能培训。为异地务工人员提供就业失业登记、求职登记、政策咨询等服务，落实异地务工人员服务管理工作；春运期间，组织异地务工人员有序流动工作。

【劳动关系】 2021年，揭阳市健全劳动关系形势分析研判预警机制，稳定劳动关系服务疫情防控大局。加强劳动合同管理，督促指导企业落实签订劳动合同主体责任。规范劳务派遣用工，劳务派遣工作健康发展。推进“和谐同行”能力提升三年行动，推进“三个金牌”“四个计划”，构建劳动关系多元协同治理体系和积极推进“和谐同行”千户企业培育共同行动。

【劳动工资】 2021年，揭阳市开展企业薪酬调查和企业人工成本监测工作，发布《2021年揭阳市人力资源市场工资价位及行业人工成本信息》，为企业制定工资制度提供信息支撑。完善工资宏观调控机制，印发最低工资标准调整工作指引，发布2021年最低工资标准。推进国有企业工资总额和经济效益等联动指标挂钩的工资决定和正常增长机制建设。做好疫情防控国有企业工资分配工作，推进国有企业工资决定机制改革。

【职业培训】 2021年，揭阳市依托职业院校、行业协会、企业、培训机构等单位，采取中长期培养和短期培训相结合培训方式，通过线上线下、送教下乡等培训形式，全面开展职业技能培训，推进高校毕业生、企业新型学徒、家政从业人员、农村劳动力等10个重点群体职业技能提升工程，为法定劳动年龄内劳动者提供职业技能培训服务，并按文件规定补贴符合条件人员。全市开展补贴性职业技能培训49263人次，完成年度任务246.32%；落实技能提升补贴5643.12万元。

【职业技能认定】 2021年，揭阳市开展职业技能等级评价、职业资格证书和专项职业能力考核工作，解决国家职业资格证书和技能等级证书两种制度过渡衔接，激活各地开展技能培训积极性。全市组织参加技能评价人数38098人，合格人数32537人（其中取得职业技能等级评价或职业资格证书人数7475人、专项能力25062人）。

【揭阳技师学院挂牌】 2021年11月11日，揭阳市高级技工学校通过省专家组现场评审，晋升为揭阳技师学院，于12月24日挂牌。学院围绕揭阳“8+3”产业集群发展战略设置专业，培养培训高技能人才，常设专业有机电一体化、电梯工程技术、烹饪（中式烹调）、电子商务、数控加工、工业机器人应用与维护、新能源汽车检测与维修、石油天然气储运与营销专业、幼儿教育等14个专业，其中，高级工专业14个，中级工专业11个，预备技师专业3个，涵盖中、高级工以及预备技师。

【劳动调解仲裁】 2021年，揭阳市受理劳动人事争议案件1281宗，涉案人数1829人，涉案金额7858.21万元，结案1274宗（其中调解案件立案696宗，人数1062人，涉及金额1961.07万元，结案696宗，和解案件696宗，调解成功率84.38%）。仲裁案件立案585宗，人数767人，涉及金额5897.14万元，结案578宗，其中，通过仲裁调解方式结案379宗，上期末未结案件11宗，期末未结案件数18宗，仲裁结案率96.98%。

【劳动保障监察】 2021年，揭阳市推进劳动监察综合行政执法改革，建立健全欠薪综合治理机制，及时化解劳资纠纷问题。全市劳动监察系统检查用人单位705家，涉及劳动者2.12万人；处理劳资纠纷投诉举报案件2302件，其中，协调处理2273件，立案29件，追发劳动者工资等待遇1224.36万元，涉及劳动者人数475人，结案率100%。

【“粤菜师傅”工程】 2021年，揭阳市制定《推动“粤菜师傅”工程高质量发展的实施方案》，推进“粤菜师傅”工程，推进“粤菜师傅”工程培训，推进“粤菜师傅”特色项目品牌建设，打造“隆江猪脚”品牌，举办“粤菜师傅·隆江猪脚”技能比赛，评选“粤菜师傅·隆江猪脚”名师、名店。全市开展“粤菜师傅”培训6051人次，完成年任务605.1%，带动8983人实现就业创业。

【“南粤家政”工程】 2021年，揭阳市制定《推动“南粤家政”工程高质量发展的实施方案》，推进“南粤家政”工程，推进“南粤家政”工程培训。全市开展“南粤家政”培训6603人次，完成年任务132.06%，促进10762人次实现稳定和新增就业创业；推荐认定“南粤家政”省级家政服务龙头企业2家、“南粤家政”省级家政服务诚信示范企业1家；推荐认定省级家政服务培训示范基地1家，扶持建设市级家政服务培训示范基地4家、“南粤家政”基层服务示范站15家。

【“广东技工”工程】 2021年，揭阳市依托符合条件的院校、企业、培训机构，围绕乡村振兴战略，开展乡村建筑工匠、农业经理人、特色农产品栽培、农产品加工与质量安全、农村电商等特色专业培训，培养一大批“揭阳能匠”。全市开展补贴性职业技能培训49263人次，完成年度任务246.32%。

【失业和就业】 2021年，揭阳市城镇新增就业24842人，完成年任务103.5%；城镇失业人员再就业12522人，完成年任务125.22%；就业困难人员就业3947人，完成年任务263.13%。

（市人社局）

社会保障

【社会保障概况】 2021年，揭阳市三大险种（指养老保险、失业保险、工伤保险）总参保358.23万人次（养老含离退休人数），基金总收入120.96亿元（其中，征缴总收入57.02亿元），总支出122.70亿元（待遇总支出87.32亿元）。三大险种均有不同程度增长，各项社保待遇均实现按时足额发放。

【养老保险】 2021年，揭阳市参加企业职工养老保险人数32.05万人，领取待遇人数15.33万人，平均养老金水平2188.02元，基金征缴收入304516万元；支付待遇389052万元，全市企业养老保险基金累计积累137280万元。全市城乡居民基本养老保险参保人数245.81万人，领取待遇人数84万人，平均养老金水平192.64元/人月。

【失业与工伤保险】 2021年，揭阳市参加失业保险18.63万人，基金征缴收入4717万元；参加工伤保险31.17万人，基金征缴收入3731万元。落实扩大失业保险保障范围政策，继续实施失业补助金政策，发挥失业保险保基本民生功能。实施阶段性降低失业保险费率、工伤保险费率政策。完善工伤保险制度，将在从业单位工作超过法定退休年龄人员、实习学生、村（社区）两委人员等八类特定人员纳入工伤保险保障范畴。

【基金管理】 2021年，揭阳市围绕“补短板、强监督、提实效”，持续推进基金监督工作常态化、规范化、专业化，加强基金监督队伍建设，创新监管方法，提升监管精准性和有效性，打击基金违法行为，提升监督实效和权威，推动提升社会保险基金管理水平，保障社保基金安全完整。

（市人社局）

2021年揭阳市社会保险基本情况表

表18

单位：人、万元

险种	参保人数	缴费人数	期末享受待遇人数	基金总收入	其中			基金总支出	其中			当年基金结余	累计结余
					保费收入	上级补助收入及财政补助收入	利息等其他收入		待遇支出	上解上级支出	转移等其他支出		
企业养老	320512	307402	153269	675784	304516	360149	11119	708024	389052	312676	6296	-32240	137280
机关养老	109806	107289	42708	317767	236838	68703	12226	321283	301561	17553	2168	-3516	184930
城乡养老	2458057	1122271	839969	205516	22284	177300	5932	185972	185675	-	297	19544	202633
工伤保险	311717	311717	479	6972	3731	2880	361	9045	3067	5932	46	-2073	11751
失业保险	186254	186254	2211	6203	4717	490	996	3053	1458	71	1524	3150	53461
职工医疗（合并生育）	260734	-	37571	105977	103081	181	2715	78398	73732	-	4666	27579	47578
城乡医疗	5519459	5517594	553777	539497	207774	320835	10888	464743	386499	0	78244	74754	415045
合计	9164674	7552527	1629984	1857716	882941	930538	44237	1770518	1341044	336232	93241	87198	1052678

注：1. 企业、机关养老参保人数不包含离退休人数，城乡养老参保人数包含离退休人数；
2. 机关养老上级补助收入及财政补助收入68703万元，其中上级补助收入15547万元，财政补贴收入53156万元；
3. 职工医疗财政补助收入181万元为普侨区财政划入补助缺口；
4. 机关养老保险收支根据省财政厅决算反馈意见调账；
5. 城乡居民医疗保险根据省医保局新冠疫苗接种清算通知调账。

收入·消费

【城乡居民人均可支配收入】 2021年，揭阳市全体居民人均可支配收入23780元，比2020年增长9.0%，扣除物价因素，实际增长8.3%。分城乡看，2021年揭阳市城镇居民人均可支配收入29397元，比2020年增长8.6%，扣除物价因素，实际增长8.0%；2021年农村居民人均可支配收入18016元，比2020年增长10.4%，扣除物价因素，实际增长9.7%。

【城乡居民人均生活消费支出】 2021年，揭阳市全体居民人均生活消费支出17824元，比2020年增长14.5%。分城乡看，2021年揭阳市城镇居民人均生活消费支出19782元，比2020年增长13.6%；2021农村居民人均生活消费支出15815元，比2020年增长16.1%。

【居民消费价格指数】 2021年，揭阳居民消费价格指数100.6%，比2020年上涨0.6%。分类别看，食品烟酒类价格下降0.6%，衣着类价格上涨0.8%，居住类价格上涨1.9%，生活用品及服务类价格上涨0.5%，交通和通信类价格上涨3.5%，教育文化和娱乐类价格上涨0.4%，医疗保健类价格上涨0.6%，其他用品和服务类价格与2020年持平。

【工业生产者出厂价格指数】 2021年，揭阳工业生产者出厂价格指数103.0%，与2020年（下跌1.1%）相比，涨跌差4.1%，其中，轻工业下降0.4%，重工业上涨7.6%。

（国家统计局揭阳调查队）

市场物价

【市场物价概况】 2021年，揭阳市与民生相关的重要商品价格总体呈现稳中小幅调整的态势，市场供应总体充足，市场舆情平稳。

【物价监测情况】 **粮食价格** 2021年，揭阳市粮食监测品种监测数据显示，全市平均价格每500克3.03元，同比上涨0.33%。

食用油价格 2021年，揭阳市食用油监测品种监测数据显示，全市平均价为每桶89.99元，同比上涨3.14%。全年总体市面食用油供应充足，品种齐全。

生猪出栏价格 2021年，揭阳市监测数据显示，生猪出栏价最高位是1月份的每千克39.00元，最低是10月份的每千克11.00元，走势相对偏弱，下跌幅度明显。

畜肉类价格 2021年，揭阳市受生猪出栏价格高位回落连续下跌影响，监测数据显示，市场畜肉类价格同比2020年调整向下，监测品种全市平均价38.66元，同比下跌8.26%。总体价格呈下跌态势。

蔬菜价格 2021年，揭阳市监测数据显示，蔬菜价格震荡较大，农贸市场价格第一季度至第三季度价格相对平稳，10月中旬至11月初，蔬菜价格上涨幅度明显，至年末基本回归正常价位。监测品种全市平均价格每500克4.01元，同比上涨3.35%。

蛋类价格 2021年，揭阳市监测数据显示，蛋类品种平均价格每500克6.90元，同比上涨1.77%。鸡蛋价格有所上调主要是受养鸡场出场价普遍调整走高以及养殖成本增加影响。

液化石油气价格 2021年，揭阳市监测数据显示，液化石油气（瓶装14.5千克，不含送气费）全市平均价呈现年初平稳年末走高态势，最高是11月份报每瓶112.00元，最低是5月份报每瓶82.00元。

（市发改局）

民族·宗教

民族事务

【民族事务概况】 2021年，揭阳人口民族成份以汉族为主，还有壮族、苗族、土家族、瑶族、侗族、黎族等39个少数民族；少数民族户籍人口11124人，呈城乡散居分布，主要来源于婚嫁、务工、经商，来源地较为集中的是广西、贵州、湖南等省。

【民族团结宣传】 2021年，揭阳市在广东省第11个民族团结进步宣传月活动中，以“铸牢中华民族共同体意识，构筑中华民族共有精神家园”为主题，开展民族团结进步宣传进社区、进校园、进企业、进机关、进宗教活动场所系列活动10场次，张贴宣传海报80份，在《揭阳日报》等主流媒体和“同心揭阳”等新媒体上大力宣传民族政策法规和民族理论，提高群众对民族政策法规的知晓率，巩固促进揭阳市平等团结互助和谐社会主义民族关系，助力揭阳市创建全国文明城市工作。

2021年9月28日，中共揭阳市委统战部在市基督教神学培训中心开展“揭阳市民族政策法规宣讲活动” （市委统战部 供图）

【民族事务服务】 2021年，揭阳市开展少数民族常住人口基本情况、少数民族村寨、清真食品管理等专题调研，掌握揭阳市少数民族群众生活、生产情况。排查走访西北地区少数民族群众在揭阳市经营拉面店62家、烧烤店28家。协助新疆籍少数民族在揭经商人员解决子女入学问题1宗，审核变更民族成份1人。

（市委统战部）

宗教事务

【宗教事务概况】 2021年，揭阳市有佛教、道教、天主教、基督教四大宗教。全市经批准设立登记宗教活动场所344处，其中，佛教156处、道教23处、天主教82处、基督教83处；宗教教职人员810人。

【宗教事务管理】 宗教领域疫情防控工作 2021年，揭阳市提档升级

2021年9月14日，揭阳市基督教神学培训中心举行开学典礼和升国旗仪式
（市委统战部　供图）

宗教活动场所疫情防控措施，强化人员管理。按照高于社会面要求在特殊重点时段，对全市宗教活动场所常住人员开展每7天2次核酸检测，采取“两点一线”闭环管理，进入场所信教群众必须提供48小时核酸检测结果“阴性”证明；推动宗教活动场所常住人员疫苗接种，做到符合条件教职人员和场所工作人员应接尽接；强化巡查督导，全市各级宗教部门和镇、村平均每月出动巡查1000人次，巡查场所500场次。

贯彻“两个条例”和实施意见情况　2021年，开展全市宗教活动场所用地房屋权属普查调研，掌握宗教活动场所产权底数，研究提出解决对策；开展历史遗留的非法宗教活动场所普查工作，摸清非法场所具体名称、历史沿革、信仰类型、影响范围、面积规模、管理方式、资金来源、活动规模，分门别类开展专项整治；开展民间信仰活动场所普查和登记编号工作，经统计，揭阳市民间信仰活动场所2180处，首批登记编号试点场所25处；开展宗教场所财务监督管理调研。

平安揭阳建设　2021年，揭阳市落实安全生产责任制，在清明节和中秋节前夕开展宗教活动场所安全生产检查，确保宗教领域疫情防控和安全生产零事故；在全市宗教界开展“安全生产月”“安全生产南粤行”和“119”消防宣传月活动；开展宗教活动场所消防达标创建工程。联合消防部门联合制订《揭阳市宗教活动场所消防安全达标工程实施方案》，确定佛教双峰寺和基督教东山堂作为揭阳市消防安全达标工程示范点，以示范带动全市宗教活动场所创建消防安全达标。深化平安创建工作，制订《2021年揭阳市民族宗教领域平安创建工作要点》《2021年揭阳市“平安宗教活动场所”创建内容及标准》，评选出“揭阳市平安宗教活动场所”10处。

【宗教团体建设】　2021年，揭阳市指导市级宗教团体制订《揭阳市宗教界自我管理负面清单》，印制海报800张在全市宗教活动场所张贴宣传，在全市宗教界中开展自查自纠；指导市宗教团体召开宗教团体联席会议2次，宗教团体办公室主任联席会议3次，开展互学互鉴，研究解决重难点问题，发挥宗教团体协助党和政府贯彻落实法律、法规、规章制度，维护信教公民合法权益；加强教职人员管理，做好教职人员认定和延期备案工作，选派优秀教职人员参加省级培训；指导团体举办政策法规培训班，宗教界举办政策法规培训班5场次，参加培训教职人员和信教群众250余人；指导宗教界开展“爱党爱国爱社会主义”主题教育。

【宗教慈善活动】　2021年，揭阳市引导宗教界人士履行社会担当，参与社会公益事业，全市宗教界为公益慈善事业捐款捐物500多万元。

（市委统战部）

县（市、区）概况

榕城区

【榕城区概况】　榕城区位于揭阳市东北部。2021年辖10个街道。土地面积121.18平方千米。年末户籍人口56.51万人，常住人口54.14万人。榕城区耕地面积3.97平方千米，粮食播种面积8.53平方千米，粮食产量0.61万吨。林地面积23.31平方千米，森林覆盖率13.06%，活立木蓄积量16.11万立方米。榕城区是广东省历史文化名城，享有“民间文化艺术之乡”“国画之乡”“小戏之乡”等美誉。至2021年底，区内全国重点文物保护单位4处，省级文物保护单位12处；列入国家级非物质文化遗产保护名录1项，省级非物质文化遗产保护名录12项。区内主要旅游景点有揭阳学宫（孔庙）、双峰寺、进贤门、禁城、城隍庙、关帝庙、黄岐山森林公园、揭阳楼及其广场等。是年，榕城区被授予“2017—2020年度平安中国建设示范县”称号并蝉联平安中国建设最高奖“长安杯”。

【经济发展】　2021年，榕城区经济社会实现平稳向好发展。全区实现地区生产总值384.04亿元，比2020年（下同）增长5.5%。其中，第一产业增加值1.36亿元，下降16.9%；第二产业增加值151.76亿元，增长1.6%；第三产业增加值230.93亿元，增长8.5%。三次产业结构演变为0.35∶39.52∶60.13。完成固定资产投资83.4亿元，下降43.3%。完成地方一般公共预算收入7.62亿元，增长2.40%，其中税收收入5.34亿元。产业经济运行平稳，全年完成规模以上工业增加值84.88亿元，可比价下

近年来，榕城区持续优化提升城乡环境，图为2021年国庆期间美丽整洁的揭阳大道　（郑力子　摄）

降3.3%；完成规模以上工业总产值447.11亿元。全年新增规上工业企业60家，净增41家，完成年度目标任务215.8%。转型升级稳步推进，全年完成工业技改投资3.04亿元，12个技改项目获得2021年省级促进经济高质量发展专项企业技术改造资金（第二批）。18家企业通过国家高新技术企业认定，2家企业成功组建省级工程技术研究中心，10家企业成功组建市级工程技术研究中心。贸易消费稳中提质，全区完成批零住餐业商品销售额430.42亿元，增长10.5%；完成社会消费品零售总额240.67亿元，增长11.3%。年度新增限上商业企业34家，规上服务业7家。完成全区外贸进出口总额36.10亿元，外贸出口总额34.30亿元，外资利用水平大幅提高。

【社会事业】 *古城蝶变、新城崛起统筹推进* 2021年，榕城区集中力量打造古城东入口、南入口、环禁城和玉滘溪四个核心点位，东环城路全线竣工通车，完成进贤门大道和榕华大道路面改造提升（一期工程）。对东风河实施控源截污、清淤疏浚、生态修复，实现东风河与榕江南北河自然连通。坚持先行试点形成突破，完成古城内公房和国有、集体企业用房的梳理分类，整合精选沿南滘河公房、原东南小学、原表带厂、史巷横街片区、中山路与思贤路交叉口等五大文化样板开展招商。

城乡环境整治 2021年，榕城区持续优化完善新河社区改造项目规划设计，加快马牙、飞燕、榕湖等三大片区老旧小区升级改造。启动湖心路、渔湖路、西洋路以及榕江新城重点项目周边市政道路配套建设工程等一批道路建设，推进北环路项目，配合推动粤东城际铁路、206国道改线等项目，有力保障机场扩建工程、进贤门景观大桥和京灶大桥建设。推动集贸市场改造升级，集中开展市容市貌和交通秩序整治百日攻坚专项行动，市区“脏乱差”现象明显改善。保持控违拆违高压态势，累计完成违建处置2093宗81.94万平方米。制订出台农村宅基地和建房审批管理实施细则。严格落实控规单元规范土地征管，盘活批而未供和闲置土地。推动巩固拓展脱贫攻坚成果同乡村振兴有效衔接，全面开展驻镇帮镇扶村。统筹建设美丽乡村，28个村居完成美丽宜居村建设的规划编制，打造15公里的美丽乡村风貌提升示范带。何厝村入选“揭阳十大美丽乡村”，美西村被评为揭阳乡村风貌特色村，西岐村被评为揭阳传统古村落保护活化特色村。统筹抓好农村厕所革命、生活污水和垃圾治理。

污染防治 2021年，榕城区新建截污管网铺设约44.85千米，排查市政管网91.5千米；建成28座一体化污水处理设施，仙梅污水处理系统投入调试运营，新增污水日处理能力3.74万吨；整治48家“散乱污”企业；东湖、龙石国考等断面水质保持稳定达标，全域水生态环境实现新提升。空气质量六项指标连续5年全面达标。土壤环境质量稳定。全面落实中央生态环保督察整改，按时办结46件督导组移交信访件，立案13宗。

民生事业 2021年，榕城区大力实施“广东技工”“粤菜师傅”和“南粤家政”三大工程，累计培训11700人次。新建成区特殊教育学校，改扩建揭阳捷和实验学校、桂南小学等学校，新增（优化）公办学位1890个；残疾儿童少年义务教育入学率、高中阶段毛入学率、高考本科上线率等指标均居全市首位。持续推进3家医疗共同体、10家社区卫生服务中心和77家村卫生站规范化建设。举办“春节宅家中·宅出我精彩”30分钟阅读打卡活动等线上线下各种主题活动52场次。区文化馆再次被评为“国家一级馆”。区博物馆先后列入全省、全国博物馆名录。区文旅体局于2021年9月荣获“2017—2020年度全国群众体育先进单位”称号。人均体育场地面积达2.44平方米，公共体育服务体系日趋完善。在全市率先实现社区居家养老服务全覆盖。建立三级调解中心，有效化解矛盾纠纷、信访积案。全面加强食品、药品和工业产品质量安全监管，深入开展安全生产专项整治三年行动。全域开展“扫雷”行动，排查“三小”场所。常态化推进“扫黑除恶”，“破小案”工作在全省21个试点县（市）区考核排名第一。榕城区负责的引韩供水工程（北环路榕城段）全面完成并顺利通水。大力推进城市综合智能停车场项目建设，规范完善市区主干道，共施划近5000个路内停车泊位。慎终如始抓好常态化疫情防控，接种疫苗超120万剂次，持续巩固“双零”良好态势。

【重点项目建设】 2021年，榕城区列入省重点建设项目2个，完成投资7.6亿元，增长151%，完成率100.03%；市级重点项目29个，完成投资61.9亿元，完成率100.2%；区级重点项目101个，完成投资71.2亿元，完成率72.9%。顺利启动活力古城改造提升工程建设项目、粤东冰雪世界等项目；14.8万平方米汇金中心·万达广场顺利开业并运营，总高度超过165米的万豪酒店正式封顶；榕江新城滨水活力商业文化街区——中骏·世界城进展顺利。揭惠高速公路市区连接线全线通车，完成东环城路（含东风河）建设工程；南厝路（环岛路—西洋路）道路建设工程加快建设；粤东现金处理中心配套、潮东产城融合综合示范区配套等一批产业配套基础设施工程顺利启动。

表19

2021年榕城区国民经济主要指标表

项 目	单位	实绩	比2020年增长（%）
地区生产总值	亿元	384.04	5.5
第一产业增加值	亿元	1.36	-16.9
第二产业增加值	亿元	151.76	1.6
规模以上工业增加值	亿元	84.88	-3.3
第三产业增加值	亿元	230.93	8.5
粮食总产量	万吨	0.61	—
全社会固定资产投资额	亿元	83.4	-43.3
外贸出口总额	亿元	34.3	-20.4
实际利用外资	万美元	3016	324.19
社会消费品零售总额	亿元	240.67	11.3
地方一般公共预算收入	亿元	7.62	2.4
地方一般公共预算支出	亿元	22.07	-7.84
人均国内生产总值	元	—	—
农村居民人均可支配收入	元	—	—

（周 璇 黄敏玲）

揭东区

【揭东区概况】 揭东区于2012年12月经国务院批准，由原揭东撤县设立，2013年3月2日正式挂牌办公。揭东区位于揭阳市东北部，地处汕头、潮州、揭阳和梅州四市中心地带，总面积709.32平方千米。东靠揭阳潮汕机场、汕头市，南连接揭阳市榕城区，北部、西北部分别与揭西县、潮州市、梅州市接壤。2021年，揭东区辖2个街道11个镇和揭东经济开发区、中德金属生态城2个经济园区。行政村（社区）202个，居委会15个，年末户籍总人口112.31万人，常住人口93.63万人，人口自然增长率5.46‰，海外侨胞50多万人。

揭东城区中心距离揭阳潮汕机场13千米，距离汕头市区30千米，距离潮州市区22千米，是潮汕三市乃至粤闽赣三省商贸往来的必经之地。国道206线、省道335线、国道G539线揭（东）南（澳）公路和汕揭、潮揭、潮惠等高速公路以及广梅汕铁路穿境而过，潮梅高铁揭阳站设在境内锡场镇，设有5个高速公路出入口和2个火车客货站场；榕江沿岸有码头8座，3千吨级码头1座，货轮经汕头港出海可直达世界各地。主要旅游景点有：望天湖、万竹园、宝山湖、念恩山、揭东人民广场、阳美玉都、黄旭华故居、汾水战役纪念公园、蔡翘院士博物馆、元埔围龙屋等。有“中国竹笋之乡”“亚洲玉都”“中国五金之乡”等称号。

【经济发展】 2021年，揭东区实现生产总值475.49亿元，增长5.9%，

2021年1月16日，位于揭阳市揭东区的大型商业综合体——揭阳天虹购物中心开业 （郑楚藩 摄）

规模以上工业增加值203.32亿元，增长5.60%；社会消费品零售总额202.72亿元，增长11.3%；固定资产投资123.83亿元，下降34.9%；一般公共预算收入6.83亿元，下降11.79%，其中税收收入3.35亿元，下降9.81%；非税收入3.48亿元，下降13.63%；一般公共预算支出47.39亿元，下降7.73%。各项存款余额424.20亿元，增长7.68%；贷款余额177.14亿元，增长17.36%，存贷比为234%。

【社会事业】 2021年，揭东开发区成功升级为国家级经济技术开发区，并实现与揭东行政区域一体化运作。中德金属生态城完成园区控规修编和一批基础设施项目建设。两大园区收回闲置土地2宗111.57亩（折0.07平方千米），组织出让土地7宗332.73亩（折0.22平方千米）。大力实施创新驱动发展战略，全区获评国家知识产权优势企业4家，发明专利每万人2.62件。完成技改投资7.54亿元，实施技改企业80家，完成“小升规”企业48家、“个转企”140户，组织5家企业申报省级“专精特新”中小企业和1家企业申报“专精特新”“小巨人”企业并全部获批。揭阳聚鲇工业科技有限公司被评为“广东省工业互联网发展示范企业”。新引进落户产业项目34个，计划总投资达279.50亿元。

完成揭阳站站前广场及道路配套工程建设和金新北路、麒麟路等重要交通节点改造升级。人民广场、滨江风情街、玉都保利大都汇等片区加快建设，缶灶码头片区、霖磐镇区等“三旧改造”有序推进。实现西气东输三线闽粤支干线揭东段通气，引韩供水工程（揭东段）全面通水。全面推进乡村振兴，开展驻镇帮镇扶村工作，启动美丽圩镇建设，完成20个美丽宜居村和9个特色精品村创建，建成农村公路“单改双”19千米。锡场镇潭王村被民政部认定为全国村级议事协商创新实验试点单位。2021年，全区民生支出39.59亿元，占一般公共预算总支出83.53%。“粤菜师傅”“广东技工”“南粤家政”三项培训工程培训超6000人次，新增城镇就业4220人，城镇登记失业率为2.06%。办结12345政务服务便民热线工单7248件。区妇幼保健院、中医院基本建成并投入使用，区人民医院、第二人民医院扩建工程加快推进。完成区第五小学、梅岗初级中学等一批学校改扩建。严格落实“外防输入”总策略，全区疫苗接种173.09万剂次，全人群全程疫苗接种覆盖率达83.44%。稳妥推进恒大、佳兆业等房地产企业复工复产，“问题楼盘”得到有力整治。全区实际减少用电量约782.70万千瓦时，增加纳税额1913.48万元。全面加强水体整治。加强重点流域污染整治，完成13条高指标劣Ⅴ类水体应急整治工程建设，乔西内河通过“长治久清”验收，饮用水源水质监测100%达标。

【重点项目建设】 2021年，揭东开发区新型工业园通用厂房建设项目全面竣工验收，揭阳巨轮“两基地一中心”项目完成地下室地埕凿除，3-1号车间透气楼钢方管安装以及厂区西门门扇焊接。广东蒙泰聚丙烯纤维扩产及研发中心建设项目完成宿舍楼桩基检测、基础开挖、研发楼桩基施工。ESR易商集团粤东电商物流总部基地、韵达粤东快递电商总部基地、圆通速递揭阳智创园3个项目竣工交付使用。麒麟路提升改造和铁路公园建设工程、金新北路（福源路至广梅汕铁路）提升改造工程2个工程竣工验收，揭东城区和磐东街道各5条黑臭水体抢险应急工程项目完工验收。中心城区冷链仓储物流建设项目完成打桩，进入桩基础检测、建筑基础开挖及有关屠宰设备的采购工作。中国移动揭阳分公司生产调度中心项目完成主体结构施工，进入室内施工。揭阳市宝山湖文化旅游生态产业园景区扩建婚纱摄影基地，完善汾水红色剧场，修缮部分过道护栏，修整翻新部分湖边道路和登山道等。计划投资望天湖生态康养小镇建设项目。

【广东揭东经济开发区升级为国家级经济技术开发区】 2021年，国务院同意广东揭东经济开发区升级为国家级经济技术开发区，定名为揭东经济技术开发区，明确揭东经济技术开发区核准规划面积（5.70平方千米）及四至范围（东至车田河，南至枫江，西至榕江，北至国道539

2021年6月，国务院同意广东揭东经济开发区升级为国家级经济开发区
（郑楚藩　摄）

线），并要求上述国家级经济技术开发区要严格遵循国土空间规划，按规定程序履行具体用地报批手续，坚持以工业用地为主，严格执行工业项目建设用地控制指标和招标拍卖挂牌出让制度，严禁商业房地产开发，在节约集约利用土地资源的前提下进行建设。

表20

2021年揭东区国民经济主要指标表

项　目	单　位	实绩	比2020年增长（%）
地区生产总值	亿元	475.49	5.90
第一产业增加值	亿元	42.91	3.60
第二产业增加值	亿元	212.68	3.70
规模上工业增加值	亿元	203.32	5.60
第三产业增加值	亿元	219.89	8.50
粮食总产量	万吨	17.98	0.33
全社会固定资产投资额	亿元	123.83	-34.90
外贸出口总额	亿元	39.70	-10.40
实际利用外资	万美元	854	-18.82
社会消费品零售总额	亿元	202.72	11.30
地方一般公共预算收入	亿元	6.83	-11.79
地方一般公共预算支出	亿元	47.39	-7.73
人均国内生产总值	元	42337	9.35
农村居民人均可支配收入	元	20750	9.1

（陈楚鹏　何巧珠）

普宁市

【普宁市概况】　普宁市位于揭阳市中部。2021年，普宁市辖7个街道18个镇1个乡和3个国有农场。土地面积1620.05平方千米。年末户籍人口251.54万人，常住人口201.71万人。全市耕地面积248平方千米，粮食作物面积333平方千米，总产量19.6万吨。有林地面积974平方千米，森林覆盖率59.97%，活立木蓄积量394.88万立方米。重要矿产资源有泥炭土、铁等矿种24种，天然温泉8处（水温都在41.5℃以上）。土特产主要有普宁豆干、普宁豆酱、蕉柑、青梅、青榄、竹蔗、贵政山茶叶罐、白马菜刀等。民间文化艺术主要有普宁英歌舞、潮乐（汉乐）、嵌瓷、舞狮、舞龙、大锣鼓、灯谜等。普宁是中国青梅之乡、中国青榄之乡、中国蕉柑之乡、中国民间文化艺术之乡，是中国纺织产业基地市、中国中药名城。主要旅游景点有文昌阁（林则徐病逝旧址）、德安里（提督府、国家AAA景区）、"八一"馆（流沙教堂、南昌起义南下部队指挥部军事决策会议旧址）、百二坵田（国家AAA景区）、盘龙湾温泉度假村、南方梅园生态村、庄世平博物馆、盘龙阁寺、南岩古寺、马嘶岩等。

【经济发展】　2021年，普宁市经济发展态势良好。全市地区生产总值607.59亿元，比2020年（下同）增长6.3%。农林牧渔业总产值66.42亿元，增长6.5%。社会消费品零售总额338.54亿元，增长10.0%。地方一般公共预算收入22.66亿元，其中税收收入15.23亿元，分别增长8.0和10.7%。全年外贸进出口总额39.63亿元，增长15.6%。全市金融机构各项存款余额954亿元，贷款余额446.23亿元，年均分别增长10.4%和6.0%。三次产业结构比重为7.3∶29.2∶63.5。电子商务迅猛发展，全市拥有"中国淘宝镇"18个、"中国淘宝村"70个，入选全国农产品电商百强县，获评国家电子商务进农村综合示范县优秀等次；全年全市电子商务交易额826.34亿元，增长24.9%，快递业务量16.77亿件，增长34.54%。创新活力不断增强，全年新增技术改造备案项目37个，兑现科技创新奖补资金622.4

万元，17家高新技术企业通过认定，25家企业通过国家科技型中小企业评价，申报省名优高新技术产品认定16个，新增市级工程中心5家，普宁职校众创空间成功通过省级众创空间认定。实施一系列惠企政策，发放普惠口径小微企业贷款73.56亿元，增长14.9%，落实减税降费1.33亿元，新增市场主体2.4万户，总量突破7万户，有效注册商标量超6万件，居全省县级第一位。

【社会事业】 2021年，普宁市城乡居民医疗保险参保193.96万人，企业职工基本养老保险参保8.19万人，城乡居民社会养老保险参保86.39万人。最低生活保障水平稳步提高，全市城乡低保户10080户27882人，全年支出最低生活保障金11558.06万元；城镇低保标准提高到846元/人月，农村低保标准提高到662元/人月；城镇低保补差水平提高到656元/人月，农村低保提高到331元/人月。全市有特困人员3935人，特困人员供养标准为农村1059/人月，城镇1354元/人月。有孤儿339人，全年发放孤儿生活费643.9万元。按残疾人生活津贴2172元/人年，重度残疾人护理补贴2916元/人年标准，全市全年共发放残疾人生活津贴1203.98万元，重度护理补贴6091.13万元，两项合计7295.11万元。有养老机构28个，养老床位3642张，每千名老人拥有床位数35张。社区养老服务设施402个，其中城市社区养老服务设施27个，覆盖率100%；乡镇社区养老服务设施23个，覆盖率92%；农村社区养老服务设施352个，覆盖率68%。教育提质稳步推进，推动一批义务教育学校和17所公办中心幼儿园新（改、扩）建，完成84所民办幼儿园改制，新增公办学位15206个。深入实施“粤菜师傅”“广东技工”“南粤家政”三项工程，承办揭阳市第二届潮客厨艺大赛暨潮客文化交流活动，开展职业技能培训19479人次，新增就业岗位8356个，城镇登记失业率控制在2.24%以内。农村人居环境持续改善，全域推进雨污分流、水岸同治、“厕所革命”，新创建60个美丽宜居示范村和51个乡村风貌提升示范村。推进农村集中供水攻坚行动，新增保障农村集中供水6.94万人。是年，省、揭阳市和普宁市十件民生实事全部完成，实施“我为群众办实事”项目766个，开展服务群众活动4200多场次。全年全市民生支出89.03亿元，占一般公共预算支出的87.66%；城乡居民人均可支配收入25187元，增长8.9%。

【重点项目建设】 2021年，普宁市重点工程项目建设顺利推进。全市152个重点项目完成年度投资132.89亿元，完成年度目标100.44%。积极参与揭阳市招商选资活动，赴广州、深圳召开普宁市优化营商环境暨招商引资座谈会，全年洽谈项目78个，签约39个，计划投资总额400.67亿元，开工建设24个。交通网络持续完善，厦深铁路普宁站改扩建工程投入使用；扎实推进揭惠铁路普宁段建设工程；国道G324线普宁池尾至惠来交界段、省道S228线梅林桥至大坪段路面改造工程加快建设；市区河滨南路、荔园路等7条市政道路建成通车；“四好农村路”提档升级超额提前完成。生态环境逐步改善，至年底，全市建成污水处理厂配套管网总长1390千米，农村雨污分流管网总长2650.8千米，污水日处理能力56万吨；市生活垃圾环保处理中心二期建成投入使用，新增生活垃圾日处理能力1200吨；北部生活垃圾环保处理中心、循环经济生态园建设加快推进。有序推进国土空间总体规划编制，全年完成5个老旧小区改造、“三旧”改造34.25公顷，一批高品质住宅区建成使用。乌石水厂应急工程建成通水，北部中心水厂厂区工程主体结构完工。揭阳市首座智能变电站110千伏时代站顺利完工投产，新增5G基站367个。国家管网粤东LNG项目配套管线工程建成，中石油揭阳天然气管道工程（普宁段）建设进展顺利，新建市政燃气管道9.65千米。

【普宁市获评国家电子商务进农村综合示范县优秀等次】 2021年8月，普宁市在广东省2019年国家级电子商务进农村综合示范县绩效评价中获评“优秀”，在入选县市中排名第二。普宁市将推动经济社会发展与建设国家级电子商务进农村综合示范县深度融合，产业配套日益完善、市场主体持续壮大、人才基础不断夯实，电子商务获得高速发展，至年底，普宁市建成县级电子商务公共服务中心1个、乡镇电商服务站29个和村级电商服务点262个，快递物流环境进一步规范和提升，产业配套加快补齐，“三通一达”、顺丰、天天等44家快递公司及分支机构在普宁开展业务，镇村电商服务站点全面建成，实现行政村物流服务100%全覆盖。是年，普宁全市工商注册经营为网上经营的电商企业和个体户8932家，网上开店超10万家，电商从业人数超50万人。普宁市接连被阿里研究院评为“广东电商十佳县”“广东大众电商创业十佳县”和“广东大众网购消费十佳县”，连续多年在支付宝消费能力进入县域百强榜单，具有突出的电子商务发展竞争力和发展潜力。是年，普宁成功入选农业农村部管理干部学院、阿里研究院联合发布的全国“2021农产品电商百强县”，列第25位。普宁市科学制订《普宁市电子商务“十二五”发展规划》《普宁市电子商务“十三五”发展规划》，聚焦产业发展和电商人才培育，以电商办和电商协会为主导力量，利用多种创新培训形式，高频次、重专业、成规模地培训电商人才。至年底，全市培训电商人才超8万人次，培训对象包括党政领导干部、村两委干部、青年创业者等，为普宁电商提供强有力的人才支撑。

【“普宁内衣”获认定为国家外贸转型升级基地】 普宁市是“中国纺织产业基地”，素有中国“衬衣第一市”美誉。2021年，全市纺织服装企业4000多家，从业人员超过21万人，拥有3个省级技术创新专业镇。坚持实施走出去发展战略，主动参加国内外优质经贸合作展览会平台。3月，17家企业参展“深圳国际针博会”，向全国客商展现“普宁质造”，开拓“一带一路”国家和地区等新市场。7月，普宁市获商务部认定为“国家外贸转型升级基地（内衣）”，是全省新增的唯一一个纺织服装基地，2018—2020年内衣品类累计出口54.29亿元，位居全省第一位。大力实施产学研发展计划，支持瑞源科技与东华大学联合开展“高品质超柔无缝针织服装加工关键技术及其产业化”创新，11家内衣生产企业引进850多台（套）世界先进的无缝内衣生产设备，无缝服装织造生产等技术实现行业领先。全力支持纺织服装企业技术改造，2020-2021年，20个纺织服装类技改项目通过备案，项目计划总投资4.26亿元，全年21个纺织服装类技改项目获得4000万元的省级专项企业技术改造资金支持。持续加强科技创新，成立国家纺织服装产品质检揭阳分中心，建设省级企业技术中心2家，为普宁及周边地区纺织服装企业提供高水准的检测、试制、质量管理服务，持续提升企业研发设计能力和创新创造水平。积极争取行政资源支持，加强与商务部、中国针织工业协会等交流对接，充分发挥优质展（博）会的平台功能，成功举办“潮汕内衣产业发展交流会”，积极扩大普宁国际服装城、普宁国际商品城、普宁轻纺城影响力。

表21

2021年普宁市国民经济主要指标表

项目	单位	绝对值	比2020年增长（%）
地区生产总值	亿元	607.59	6.3
第一产业增加值	亿元	44.24	5.3
第二产业增加值	亿元	177.63	2.7
工业增加值	亿元	161.06	9.9
第三产业增加值	亿元	385.71	8.1
粮食总产量	万吨	19.6	-1.5
全社会固定资产投资额	亿元	—	—
外贸出口总额	亿元	—	—
实际利用外资	万美元	315	—
社会消费品零售总额	亿元	338.54	10.0
地方财政一般公共预算收入	亿元	22.66	8.0
地方财政一般公共预算支出	亿元	101.57	4.3
人均国内生产总值	元	—	—
农村居民人均可支配收入	元	20271	10.1

（曾智恒）

揭西县

【揭西县概况】 揭西县位于揭阳市西部，榕江南河中上游。属亚热带季风气候，北回归线横贯县境内，地势自西北向东南倾斜，西北部李望嶂为全县最高峰，海拔1222米。揭西县曾出土夏、商、周石器，是巾山、明山、独山三山文化发源地，1965年建县。境内有汕湛高速、潮惠高速、兴汕高速（华陆高速）3条高速公路经过，全县高速出入口9个、服务区3个。

揭西县是广东省革命老区之一。大革命时期，周恩来带领东征军在棉湖打响闻名中外的“棉湖战役”；土地革命时期，大北山开辟革命根据地，党领导的工农红军第十一军在大北山一带建立苏维埃政权；抗日战争时期，中共潮汕地下组织在大北山周围建立广泛的秘密活动据点，是广东人民抗日游击队韩江纵队活动基地；解放战争时期，潮汕地委把大北山作为潮汕军事斗争的中心战略据点。至2021年底，全县革命遗址147处，入选广东省红色革命遗址名录61处。

揭西县是国家绿化先进县、国家级生态保护与建设示范区和广东省全域旅游示范区。县域旅游资源丰富，有黄满寨瀑布旅游区（国家AAAA级旅游景区）、京明温泉度假村（国家AAAA级旅游景区）、大北山国家森林公园（国家级森林公园）、大洋国际生态旅游度假区（国家AAA级旅游景区、广东省休闲农业和乡村旅游示范点）、樱山花谷景区（国家AAA级旅游景区、广东省休闲农业和乡村旅游示范点）等生态旅游资源和金和镇山湖村（国家AAA级旅游景区、全国乡村旅游重点村）、南山镇火炬村［全国民主法治示范村（社区）、广东省红色村党建工程示范点］、棉湖镇鲤鱼沟村（全国乡村治理示范村）、京溪园镇粗坑村（广东省最美乡村）以及坪上镇石内片、龙潭镇关山村、塔头镇旧住村等乡村景观。

揭西县县内居民分为潮、客两个民系，有客家方言和潮汕方言两种方言、客家菜和潮州菜两大菜系，其中客家菜代表菜肴有咸菜焖猪肉、酿豆腐、酿苦瓜，潮州菜代表菜肴有潮汕砂锅粥、潮州打冷。揭西民间风味小吃品种40多种，特色风味小吃主要有客家擂茶、细粄、南山包粄、大洋苦笋、薯粉豆干、春卷、软饼、薯粉粿、反沙芋头、芋泥等。

2021年，揭西县辖上砂镇、五云镇、良田乡、坪上镇、河婆街道、龙潭镇、南山镇、灰寨镇、京溪园镇、五经富镇、塔头镇、东园镇、棉湖镇、凤江镇、金和镇、大溪镇、钱坑镇15个镇1个乡1个街道，280个村民委员会，38个社区居民委员会；年末户籍人口97.81万人，常住人口67.51万人；土地面积1347平方千米，耕地面积1.94万公顷，粮食播种面积2.98万公顷，粮食产量17.65万吨；林地面积8.47万公顷，森林覆盖率58.92%，活立木蓄积量0.0338亿立方米。各类医疗卫生机构26家（不包括卫生站和诊所），其中综合医院2家，中医医院1家，民营医院2家，基层医疗卫生机构16家，专业公共卫生机构5家；床位2358张。全县各级各类学校352所，其中幼儿园119所（公办24所、集体园5所、民办园90所）、义务教育阶段学校226所（小学186所、初中32所、完全中学7所、特殊教育学校1所）、普通高中3所、中职学校2所、教师发展中心1所、开放大学1所。学生及幼儿12.85万人，其中在园幼儿2.9万人、小学生5.6万人、初中生2.7万人、高中生1.5万人、特殊教育学校学生724人、中职教育在校生776人。全县归侨861人。旅居海外乡亲约65万人，主要分布在东南亚、北美、西欧等地区。全县有中国传统古村落1个、广东省古村落5个、广东省历史文化名村2个；省级文物保护单位7处、市级9处；省级非物质文化遗产保护项目7个、市级项目17个。是年，广东省交通集团有限公司驻揭阳市揭西县金和镇山湖村扶贫工作队被授予“全国脱贫攻坚先进集体”称号；揭西县公安局治安大队被评为第五批全国“扫黄打非”进基层示范点；揭西县工商业联合会被确认为全国“五好”县级工商联；南山镇火炬村被列入国家红色美丽乡村试点、被命名为第八批“全国民主法治示范村（社区）”，棉湖镇南门里历史文化街区被列为第二批广东省历史文化街区；揭西大洋国际生态旅游度假区被认定为2020年度省级休闲农业与乡村旅游示范点；棉湖战役东征军指挥部旧址入选省重要红色革命遗址；吴文狮家庭被评为“全国最美家庭”。

【经济发展】 2021年，揭西县地区生产总值262.01亿元，比2020年（下同）增长6.8%。其中，第一产业

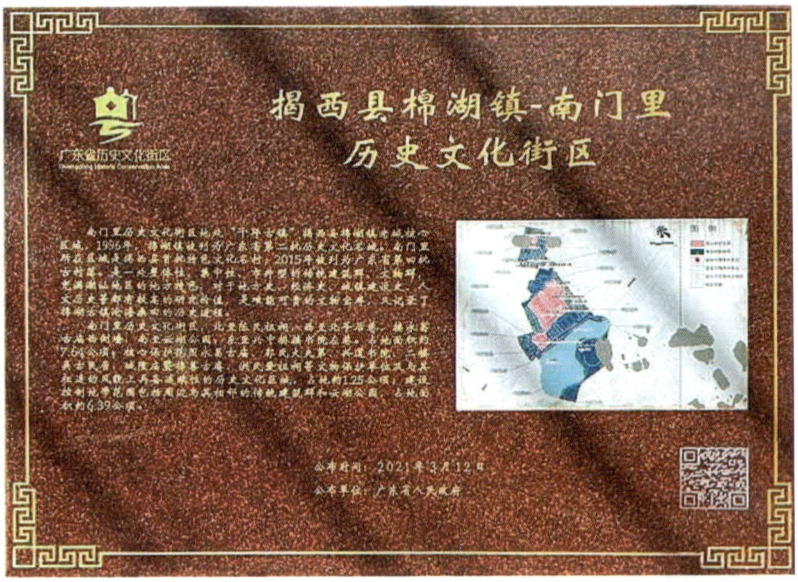

2021年3月12日，揭西县棉湖镇南门里历史文化街区被广东省人民政府公布为第二批广东省历史文化街区
（揭西县棉湖镇　供图）

增加值47.64亿元，增长7.1%；第二产业增加值77.03亿元，增长4.9%（工业增加值65.87亿元，增长7.2%）；第三产业增加值137.35亿元，增长7.8%。人均地区生产总值38872元，增长8.0%。全体居民人均可支配收入17362元，增长6.0%。城镇常住居民人均可支配收入2.39万元，增长5.3%；农村常住居民人均可支配收入1.44万元，增长8.4%。金融机构各项存款余额330.94亿元，增长5.3%，各项贷款余额147.97亿元，增长2.5%。是年，揭西县成立“工业增长、内外贸高质量发展、重点项目、财税、招商选资”5个工作专班。招商选资签约项目31个，总投资284.8亿元。完成塔头拦河闸重建、省道S228线京棉段路面改造、省道S508线揭西上砂至砼下段路面改造、金和桥改建、6个高速出入口门户改造提升等项目建设，乡道Y569坪红线入选省“十大最美农村路”。配合做好龙颈水库扩容工程前期工作，启动全县灌区改造工程。新（改）建10千伏线路67千米，完成经富变电站等工程建设，理顺5个自供区供电体制机制问题。完成揭西县产业园污水处理厂、自来水供水工程等基础设施建设，入驻产业园投产企业11家。新增“个转企”63户、“小升规”21家、高新技术企业5家、市工程技术研究中心3个。建成茶叶省级现代农业产业园和3个市级现代农业产业园，苦笋产业园入选省级现代农业产业园。创建2条市级、4条县级农业产业链，新增市级以上农业龙头企业2家、县级以上农民专业合作示范社25家、省名牌产品40个。新创办美丽宜居示范村28个，金和镇、灰寨镇农房管控和乡村风貌提升示范带建设成效初显。完成连片撂荒耕地复耕复种1660公顷，新增流转承包土地1280公顷。出台鼓励民宿发展政策，举办2021“创青春”广东省青年文化和旅游创新创业大赛暨揭西茶旅文化节、第六届梅花节等活动。

2021年9月26日，2021年揭阳市揭西县庆祝“中国农民丰收节”系列活动暨揭西县八大特色产业12221市场体系建设启动仪式在塔头镇旧住村举办
（揭西县农业农村局 供图）

【社会事业】 2021年，揭西县投入民生资金46.5亿元，占一般公共预算支出87.7%。十件民生实事全面完成。在全市率先完成新能源城乡公交一体化，实现农村客运“村村通”。完成农村集中供水全覆盖攻坚任务，全县实现集中供水全覆盖。成立揭阳市揭西教育发展基金会，创建省级名校长工作室1个、市县级名师工作室6个和基础教育研究实验基地学校4所，建成教师发展中心综合楼等项目。推进疫情防控和疫苗接种，基本构建人群免疫屏障。引进中山大学孙逸仙纪念医院优质技术资源，帮扶县人民医院创建三级甲等综合医院；加快建设县人民医院感染科综合大楼、棉湖华侨医院综合改建、县精神康复中心等项目。省级文明城市复牌成功，35个村获评“广东省卫生村”，4个村被确认为2021年广东省“民主法治示范村（社区）”，坪上镇获省第二届乡村振兴大擂台“优秀组织奖”。建成社工服务站17个、服务点25个，实现乡镇（街道）社会工作服务站全覆盖。全县6103户、18994人享受最低生活保障，城镇低保标准提高到846元，农村低保标准提高到655元。建成体育场地设施示范点12个。多措并举清压不良贷款，依法稳妥处置不良资产，化解地方法人金融机构潜在风险。深化中央和省环保督察反馈问题整改，建成县城污水处理厂配套管网四期、棉湖污水处理厂二期升级改造等项目和65座村级污水处理站，依法依规、多措并举整治提升凉果加工、畜禽养殖业，“国控”“市控”断面水质稳定达标，环境保护责任暨污染防治攻坚战考核获市“优秀”等级。加快推进不动产登记、问题楼盘处置工作，整治违法建设面积69.94万平方米。推进省食品安全示范县创建工作，54米登高平台消防车投入执勤，加强安全生产、三防、森林防灭火等工作，全县没有发生较大以上生产安全事故。扫黑除恶专项斗争常态化开展，全面完成政法队伍教育整顿，推进“拆窗砌墙”、摩电等专项整治行动。巩固脱贫攻坚成果，推进驻镇帮镇扶村工作和美丽圩镇建设，开展村庄清洁行动。推进农村“厕所革命”，建成农村标准化公厕646个、无害化卫生户厕15.3万个。

【重点项目建设】 2021年，揭西县发挥县重点项目工作专班作用，推动市县重点项目建设。133个县级重点项目完成投资44.04亿元，全县实现固定资产投资77.20亿元。举办2021年重点项目集中开工签约仪式，集中开工16个，总投资98.11亿元；集中签约项目7个，总投资81亿元。新增专项债券5.25亿元，比2020年增加4.31亿元，支持水利、卫生健康、保障性住房、市政及产业园区基础设施等重点领域项目。完成国道235线和国道238线揭西段路面改造、县城污水处理厂及配套管网四期工程、县城东风和好日子广场改造、钱坑镇中心大道改建等项目建设，加快推进县城道路升级改造二期工程、县环保能源产业园、建筑废弃物和市政污泥资源化综合利用等项目。

表22

2021年揭西县国民经济主要指标表

项目	单　位	实绩	比2020年增长（%）
地区生产总值	亿元	262.01	6.8
第一产业增加值	亿元	47.64	7.1
第二产业增加值	亿元	77.03	4.9
工业增加值	亿元	65.87	7.2
第三产业增加值	亿元	137.35	7.8
粮食总产量	万吨	17.65	-0.1
全社会固定资产投资额	亿元	—	-14.1
外贸出口总额	亿元	—	—
实际利用外资	万美元	—	—
社会消费品零售总额	亿元	90.20	11.5
地方一般公共预算收入	亿元	4.82	2.3
地方一般公共预算支出	亿元	53.01	-7.8
人均国内生产总值	元	—	—
农村居民人均可支配收入	元	14427	8.4

（林少红　邓　智）

惠来县

【惠来县概况】　惠来县位于揭阳市南部。濒临南海，是揭阳市唯一沿海县和重要对外口岸。县境东西长67千米，南北宽33千米，全县陆地面积1253平方千米。海岸线109.5千米，海域面积7689平方千米，有较大商渔港4个，近海渔场5400平方千米。以县治惠城镇为中心，东至汕头市71千米，西至广州市402千米，西南至香港137海里。县境位于大南山山脉南麓，地势北高南低，属滨海丘陵地形。最高峰犁头崠，海拔822.7米，最低处神泉镇，平均海拔不足3米。全境处北回归线以南，属亚热带季风气候，高温湿润，具明显海洋性特征。2021年全县辖15个镇3个农林场，下辖39个（社区）居委会286个村委会、490个自然村。全县年末户籍总人口149.43万人，常住人口105.01万人，人口出生率15.94‰。

2021年7月10日，2021年中国“惠来五宝”（荔枝、凤梨、鲍鱼、隆江猪脚、鱼丸）国际网络节+云展会开幕式　（郑楚藩　摄）

惠来县自古就是军事重镇和重要航道，也是入潮门户。惠来县是全国“水产品总产量百强县”“荔枝之乡”“海域管理示范县”“能源工业大县”“国家重点高水平体育后备人才基地”“平安农机示范县”“农民体育健身工程先进县”“‘六五’普法先进县”“省林业生态县”。绵长的海岸线蕴含着深厚的海洋文化积淀，繁衍了惠来的“三奇”文化：奇鱼（拜鱼民俗）、奇泉（海角甘泉）、奇景（海市蜃楼）。

惠来县基础设施配套逐步完善。电力供应充足，220千伏变电站4座，110千伏变电站12座；惠来电厂1、2、3、4、5、6号机组运营正常。全县供水设施有水厂12座，总制水能力日产18.5万吨；其中县城3座，制水能力日产6.5万吨。通信发达，全县通信基站1432个，其中5G基站95个。固定电话总装机容量17.4万门，用户7.8万户，移动电话用户63.2万户，宽带用户11.73万户，光纤用户11.03万户。水陆交通便捷，全县高速公路、国道、省道和县道四通八达。城区道路、排污、绿化、给排水等公共设施配套日臻完善。

【经济发展】 2021年，惠来县地区生产总值293.95亿元，比2020年（下同）增加7.3%。其中第一、二、三产业增加值分别为57.26亿元、97.73亿元和138.96亿元，分别增加3.7%、4.8%和10.7%；三次产业结构为19.5∶33.2∶47.3。农林牧渔业总产值94.44亿元，增加6.1%。完成地方一般公共预算收入8.96亿元，增长44.9%，其中税收收入4.19亿元。水产品总产量8.66万吨，增加1.1%，产值19.64亿元，减少30.75%。完成供电量14.68亿千瓦时，售电量14.01亿千瓦时，分别增长19.2%和20.1%。靖海电厂全年实现发电量176.91亿千瓦时，上网电量167.42亿千瓦时，营业总收入6.66亿元，上交税费1.38亿元。项目配套2个10万吨级煤炭码头专用泊位，卸煤能力1000万吨/年。年末全辖金融机构各项存款余额257.69亿元，其中居民储蓄存款余额174.82亿元，分别比年初增长7.64%和11.33%；各项贷款余额91.75亿元，比年初增加61.41%。

全县完成农作物总播种面积72.45万亩（折483平方千米），总产量101.23万吨。粮食作物播种面积49.05万亩（折327平方千米），总产量17.83万吨，其中水稻播种面积25.94万亩（折172.93平方千米），产量10.06万吨。蔬菜种植面积16.05万亩（折107平方千米），产量47.03万吨。水果种植面积21.02万亩（折140.13平方千米），产量14.51万吨，其中荔枝面积11.43万亩（折76.2平方千米），产量3.60万吨。全县林地绿化率97.8%，森林覆盖率53.3%。全年肉类总产量4.3万吨，蛋类总产量0.82万吨。水产品总产量8.66万吨，产值19.64亿元。全县累计投入“631”产业扶贫开发资金（不含“三保障”资金）49379.48万元。重点打造南药、鲍鱼、凤梨、新安大养殖4个现代农业产业园，推进冬瓜、番薯、大蒜等10个农业产业万亩工程，成功举办惠来鲍鱼、荔枝、凤梨“网络节+云展会”。全县171个自然村达到美丽宜居村标准，337个自然村达到干净整洁村标准。新增镇级电商服务站1个，村级电商服务点6个，全县设立电商服务中心1个，电商服务站14个，电商服务点73个。完成公路客运量97.37万人，下降24.5%，公路旅客周转量14011.61万人千米，增长4.98%；公路货运量97.74万吨，增长10.42%；公路货运周转量11597.02万吨千米，增长8.61%。港口货物吞吐量1112.14万吨，增长57.49%。

【社会事业】 2021年，惠来县专利申报1083件，其中发明专利24件；专利授权1231件，其中发明专利12件。广东新安大农业集团有限公司申报博士工作站获省人力资源社会保障厅批准，实现惠来县博士工作站零的突破。广东缘来香茶业有限公司、惠来县华深水产养殖有限公司通过《企业知识产权管理规范》贯标认证。投入1.7亿元完善教育基础设施配套，新改扩建校舍5.23万平方米，扩增公办学位2315个。广东工业大学揭阳校区正式招生办学，填补全市本科院校空白。县慈

2021年8月28日，惠来神泉港热闹的凌晨鱼市　（郑楚藩　摄）

云中医院新建项目（一期）完成投资5500万元；推进医疗卫生事业发展，隆江、周田、前詹、华湖、岐石5个镇级卫生院完成标准化建设投入使用。建设20个体育场地设施示范点、35个村社区综合性文化服务中心提质增效示范点。全县城镇登记失业率控制在2.56%以内。城镇职工基本养老保险（含离退休）人数75493人；城乡居民养老保险参保485501人，城乡居民医疗保险参保1052182人。全县发放低保金22600.17万元。

2021年10月31日，惠来县临港产业园西片区的冷链物流项目封顶
（市供销社　供图）

【重点项目建设】　2021年，惠来县完成固定资产投资158.21亿元，减少7.5%。纳入重点项目投资管理台账项目94宗，其中省市项目36宗，完成投资99.36亿元。国家电投揭阳900兆瓦海上风电场项目完成投资35.8亿元，GE海上风电机组总装基地项目完成投资3.55亿元，揭阳明阳新能源综合基地一期项目完成投资1.1亿元，粤东液化天然气要求配套管线工程（揭阳段）完成投资7亿元，粤东天然气主干管网海丰至惠来联络线项目（惠来段）完成投资7亿元，揭阳港前詹作业区通用码头一期工程完成投资5.37亿元，赤山小学项目完成投资0.8亿元，东方夏威夷国际旅游度假区项目完成投资5亿元，县城污水处理厂及配套管网二期工程PPP项目完成投资1.92亿元。新引进天惠冷链物流中心、亨通生产基地、宁水海洋工程装备基地3个重点产业项目开工建设。

2021年惠来县国民经济主要指标表

表23

项　目	单　位	实　绩	比2020年增长（%）
地区生产总值	亿元	293.95	7.3
第一产业增加值	亿元	57.26	3.7
第二产业增加值	亿元	97.73	4.8
工业增加值	亿元	62.63	-3.4
第三产业增加值	亿元	122.55	0.3
粮食总产量	万吨	17.83	0.89
全社会固定资产投资额	亿元	170.98	5.6
外贸出口总额	亿元	—	—
实际利用外资	万美元	286	-3
社会消费品零售总额	亿元	94.24	-11.1
地方公共财政预算收入	亿元	6.18	33.61
地方公共财政预算支出	亿元	61.89	6.03
城镇居民人均可支配收入	元	22505.4	1.2
农村居民人均可支配收入	元	14093.2	3.3

（方永汉）

中国共产党揭阳市第七届委员会常务委员会委员简介

【王　胜】　男，汉族，1968年3月生，在职研究生，经济学硕士，中共党员，揭阳市委书记、市人大常委会党组书记、主任，揭阳军分区党委第一书记。

【支光南】　男，汉族，1970年4月生，在职研究生，管理学硕士，中共党员，揭阳市委副书记，市人民政府党组书记、市长。

【陈小锋】　男，汉族，1973年10月生，在职研究生，管理学博士，中共党员，揭阳市委副书记。

【刘端雄】　男，汉族，1973年3月生，在职研究生，经济学硕士，中共党员，揭阳市委常委、政法委书记，揭西县委书记。

【姚丽璇】　女，汉族，1967年10月生，省委党校大学，高级管理人员工商管理硕士，中共党员，揭阳市委常委、统战部部长，市政协党组副书记（兼）。

【刘　波】　男，汉族，1972年12月生，研究生，历史学硕士，中共党员，揭阳市委常委、宣传部部长。

【王　俊】　男，汉族，1971年6月生，在职研究生，公共管理硕士，中共党员，揭阳市委常委、揭阳军分区司令员。

【王绍乐】　男，汉族，1978年10月生，在职研究生，经济学博士，中共党员，揭阳市委常委、组织部部长、党校校长，市直工委书记（兼）。

【庄湃澍】　男，汉族，1968年7月生，省委党校大学，中共党员，揭阳市委常委，市人民政府党组副书记、副市长。

【黄伟东】　男，汉族，1974年6月生，中央党校研究生，中共党员，揭阳市委常委、纪委书记，市监委代理主任。

【蔡淡群】　男，汉族，1971年10月生，中央党校研究生，高级管理人员工商管理硕士，中共党员，揭阳市委常委，惠来县委书记，粤东新城党工委书记（兼），揭阳大南海石化工业区党工委书记（兼）。

（注：简介中职务均为2021年12月31日所任职务）

新任揭阳市政协主席简介

【崔建军】 男，汉族，1969年9月生，研究生，管理学博士，中共党员，2021年11月任揭阳市政协党组书记、主席候选人。

新任揭阳市副市长简介

【罗　毅】 男，汉族，1978年1月生，在职研究生，工商管理硕士，民建会员，2021年11月任揭阳市人民政府副市长。

【李晋龙】 男，汉族，1976年9月生，大学，中共党员，2021年11月任揭阳市人民政府党组成员、副市长。

新任揭阳市中级人民法院代理院长简介

【曹　利】 男，汉族，1970年11月生，研究生，法学博士，中共党员，2021年11月任揭阳市中级人民法院党组书记、副院长、代理院长。

新任揭阳市人民检察院代理检察长简介

【胡克敏】 男，汉族，1969年4月生，大学，法律硕士，中共党员，2021年11月任揭阳市人民检察院党组书记、副检察长、代理检察长。

全国五一劳动奖章获得者简介

【徐名伟】 男，1974年3月生，中共党员，揭阳市人民医院党委副书记、院长、心血管内科总主任、主任医师。

在抗击新冠疫情的斗争中，徐名伟作为揭阳市新冠肺炎医疗救治专家组组长和揭阳市人民医院新冠肺炎防控应急指挥领导小组常务副组长、医疗救治专家组组长，负责全市新冠肺炎确诊患者诊断、治疗和疫情防控工作，始终奋战在疫情防控第一线，以高度政治责任感和勇于担当的斗争精神，坚持靠前指挥、精准施策，为人民群众筑牢生命防线。

疫情发生以来，揭阳市共确诊11例新冠肺炎患者，其中境外输入病例1例，境外输入关联病例2例，最小患者仅3岁。在以徐名伟为首的揭阳市人民医院专家组和感染科医护人员的精心救治下，至2020年4月25日全部患者治愈出院，整个救治过程没有出现扩散和医护人员感染的情况，实现患者零死亡、院内零感染。受到国务院指导组、广东省指导组和揭阳市委、市政府的高度肯定。

广东省优秀共产党员简介

【杨承耿】 男，揭阳市公安局刑警支队新型犯罪侦查大队副大队长、四级警长。近年来，杨承耿发挥党员民警模范带头作用，学习新技术，服务新警务，打击新犯罪，在打击经济犯罪、抗击疫情、扫黑除恶等方面贡献突出。主侦、参战的大案要案先后7次获得公安部嘉奖令、10次获得公安部贺电；先后荣立个人一、二、三等功各1次，被评为“全国优秀人民警察”。2021年6月，获评广东省优秀共产党员。

【曾飞鹏】 男，中国石油广东石化分公司化工生产一部党支部副书记、化工生产一部副经理。曾飞鹏始终以党员的标准严格要求自己，刻苦钻研炼化技术，从一名普通的操作人员到乙烯厂龙头车间主任、再到全国五一劳动奖章和全国劳动模范，快速成长为中国石油新一代的技术专家，并以顽强的意志战胜鼻咽癌，继续奋战在广东石化炼化一体化项目第一线。参加工作以来，多次被授予“技术明星”“岗位能手”“优秀员工”“安全环保卫士”“十大杰出青年”等荣誉称号，并成长为“企业级技术专家”。2021年6月，获评广东省优秀共产党员。

【邹秋玲】 女，揭阳市中级人民法院民二庭法官。邹秋玲从事民商事审判二十多年来，主办案件700多宗，合议案件1400多宗，均在审限内审结；敢于坚持原则，公正司法，是一位“铁面”法官，曾被评为“全国法院优秀廉政监察员”“全国法院先进个人”。2021年6月，获评广东省优秀共产党员。

【黄妙珊】 女，普宁市人民医院副院长。2020年1月28日至2020年3月31日驰援湖北省武汉市金银潭医院临床一线抗疫工作，担任援鄂医疗队队长。2020年3月被评为“全国卫生健康系统新冠疫情防控工作先进个人”，2020年4月被评为“新时代‘最美逆行者’”，2020年9月被评为“全国抗击新冠疫情先进个人”。2021年6月，获评广东省优秀共产党员。

【林海珠】 女，揭阳真理中学教师。林海珠是揭阳市优秀专家和拔尖人才，粤东地区基础教育历史学科群首席专家组成员，入选广东省（第一批）中小学幼儿园教师、校（园）长研训专家库，先后获得全国模范教师、广东省特级教师、广东省中小学名教师工作室主持人、首批“广东省中学历史学科带头人”和广东省中学历史优秀教学（教研）工作者等荣誉称号。2021年6

月，获评广东省优秀共产党员。

【陈泽华】 女，惠来县华湖镇党委书记。陈泽华以坚定的政治理念、对党的绝对忠诚、廉洁奉公的政治本色践行新时代共产党员的初心使命，多次被评为全国群众体育先进个人，荣获全国体育事业突出贡献奖，先后被授予全国巾帼建功标兵、广东三八红旗手等荣誉称号。2021年6月，获评广东省优秀共产党员。

【冯顺洪】 男，普宁市农业科学研究所副所长。20多年来，冯顺洪先后主持并完成8个省农业农村厅、科技厅科研、推广项目和2个揭阳市科技项目，获得省级农业技术推广奖8项、揭阳市科技进步三等奖6项。2020年12月，冯顺洪主持的“优质紫色甘薯广紫薯1号和广紫薯2号示范及其配套技术的推广应用”项目获得2019年广东省农业技术推广奖一等奖。2020年获得“广东省农技推广能手”和“揭阳市十大优秀农业农村科技特派员”称号。2021年6月，获评广东省优秀共产党员。

【林合坤】 男，惠来县惠城镇新风村共产党员。2020年，疫情防控期间，93岁的林合坤以实际行动诠释了一名共产党员的初心和使命，其先进事迹得到《中国组织人事报》《南方日报》等主流媒体集中报道，并荣获广东省抗击新冠疫情先进个人称号、揭阳市抗击新冠疫情优秀共产党员表彰。2021年6月，获评广东省优秀共产党员。

广东省优秀党务工作者简介

【罗永辉】 男，揭阳市揭东区龙尾镇新丰村第一书记，东莞市第三人民法院四级主任科员。罗永辉先后获评“广东省2016—2018年脱贫攻坚工作突出贡献个人”“2018年揭阳市扶贫模范”“2019年揭阳市脱贫攻坚优秀帮扶个人”“2020年揭阳市优秀共产党员”、2020年广东百户“最美家庭”、2020年第三季度“广东好人”、2021年“全国向上向善好青年”候选人。2021年，被党中央、国务院评为“全国脱贫攻坚先进个人”称号。2021年6月，获评广东省优秀党务工作者。

【朱建伟】 男，揭阳市委办公室机关党委委员、第二党支部书记，综合二科科长、一级主任科员。朱建伟从事机关党务工作近十年来，勤于学习、忠于事业，孜孜不倦、默默耕耘，较好履行自身职责，在党务和业务领域都做出了优秀的成绩。2021年6月，获评广东省优秀党务工作者。

【李锦秀】 女，揭西县南山镇关西村党支部书记、村委会主任。李锦秀先后荣获“中国好人”“广东好人”“广东省劳动模范”“广东省三八红旗手”称号，当选“广东省学习贯彻党的十九大精神巾帼宣讲团成员”“揭阳首届玉德人物”。2021年6月，获评广东省优秀党务工作者。

【林宋瑜】 男，揭阳空港经济区砲台镇桃山村第一书记，揭阳市文联副主席。2018年7月，林宋瑜被选派到砲台镇桃山村任驻村第一书记，履职尽责，扎实开展软弱涣散村整顿等工作，取得突出成绩。近三年来，桃山村实现了从软弱涣散党组织转化为优秀基层党组织的蝶变，村容村貌规范整洁有序，党组织凝聚力和战斗力显著提高，党员群众的获得感幸福感显著提升。2021年6月，获评广东省优秀党务工作者。

【李勤勉】 男，揭西县棉湖镇党委副书记。李勤勉坚持以实施乡村振兴战略为抓手，以建设生态宜居美丽乡村为目标，充分发挥基层党组织在脱贫攻坚、基层治理、乡村振兴等工作中的战斗堡垒作用，取得了突出的成绩。2021年4月，被广东省委实施乡村振兴战略领导小组评为广东省乡村振兴先进个人（基层治理类）。2021年6月，获评广东省优秀党务工作者。

【周长军】 男，普宁市大南山街道党工委副书记。周长军从事党务工作近18年，坚持把抓好党务工作作为最大业绩抓紧抓牢，其所任职的大南山街道于2020年被揭阳市评为“优秀党建示范镇”；挂钩联系的什石洋村被定为“广东省红色村党建工程示范点”，并先后被评为“全国乡村治理示范村”“广东贫困村创建名村”；街道辖区内的广东利泰制药股份有限公司党总支于2020年被评为“全省‘两新’组织党建工作示范点”。2021年6月，获评广东省优秀党务工作者。

广东省五一劳动奖章获得者简介

【许小雄】 男，1963年12月生，中共党员，广东照轩文化传播有限公司设计总监。1981年参加工作，致力于传统工艺美术的保护与传承，在教学和创作实践中不断探索和创新，加入新的元素，进行传统工艺技术改革。发明首创玉雕托地机，研制软轴雕刻机、超声波打孔机，使玉雕制作更便捷，更能精雕细刻，效果更佳。在传统木版年画、漆画的技艺制作中，与新型材料结合，灵活运用多种质材，解决了传统材料单一、昂贵、难找的难题，使制作更便捷，应用更广泛，在创作中融入现代理念和多种技法进行创新，为濒临绝迹的传统艺术（国家非物质文化遗产第一抢救项目）注入活力与生机。作品多次参加国家省、市各级展览并获得金、银、铜等奖项30多个。

【陈树群】 男，1966年10月生，中共党员，普宁华侨医院副院长，享受国务院政府特殊津贴专家，外科主任医师，大学本科学历，获得揭阳市科技进步奖一等奖1次、二等奖1次，发表论文31篇，入选岭南名医录和南粤好医生，揭阳市医师协会、抗癌协会副会长等。陈树群从事胸外科、肿瘤外科临床诊疗工作30余年，致力于科普肿瘤防治相关知识，热心公益事业；带领医院成功创建三级甲等综合医院，医院经济效益与社会效益显著提升；疫情发生以来，陈树群身先士卒，一直奋战在抗疫的最前线，带领全院医务人员共同筑起防护屏障。

【李洁龙】 男，1972年9月生，中共党员，广东电网有限责任公司揭阳揭东供电局开发区供电所所长。为保障供电安全可靠，李洁龙日夜坚守，科学施策，带领干部职工攻坚克难，用实际行动践行着“人民电业为人民”的企业宗旨。在其带领下，开发区供电所荣获“南方电网公司四星级模范职工小家”“广东电网公司模范职工小家”等称号。

【张京城】 男，中共党员，揭西县环境卫生管理中心下属企业揭西县老虎坷垃圾填埋场职工。张京城忠于职守，爱岗敬业，不畏艰难，脚踏实地，甘于奉献，时刻不忘全心全意为人民服务。2020年疫情防控期间，张京城带头坚守岗位，对进出人员、车辆的登记和及时消毒杀菌工作，千方百计从多方筹备疫情防控期间所需物资。

【陈文捷】 男，1985年12月生，中共党员，中国移动通信集团广东有限公司惠来分公司政企客户中心主任。陈文捷12年如一日，始终奋战在客户服务和市场拓展一线，并逐步成长为基层管理骨干，实现公司集客市场跨越发展，收入增长及业绩考核连续多年名列全市前茅，商机管理、大项目服务等创新模式在全市推广应用，先后获得中国移动“优秀班组长”、省“先进个人”、市“优秀共产党员”等荣誉。

【沈荣辉】 男，1960年1月出生，揭阳市合升机械石材有限公司董事长。自1993年进入石材机械研制行业，28年来专注于石材机械领域研发和重难点技术攻关，积极投身于石材机械专用设备的研发，组建揭阳市高新（石材）机械技术研究中心、揭阳市工程技术认定中心。公司经营石材机械全自动系列产品，研制的桥式切割机、桥式组合切割机、全自动连续抛光机、全自动异形线条磨边机等产品填补国产石材机械的空白。2010年，揭阳市合升机械石材有限公司被认定为“国家高新技术企业”，2011年被认定为“广东省民营科技企业”。

【吕松青】 男，1985年11月生，中共党员，中交四航局第二工程有限公司广东石化原油码头水工工程项目经理部党总支书记兼揭阳区域分公司副总经理。吕松青依托互联共建平台、提升品牌影响力，推动各支部积极与业主客户、地方单位开展一系列党味浓厚、主题鲜明、形式丰富、载体新颖的共建活动，将共建资源转化成市场开发、项目经营的有效资源，紧密地企关系，提升品牌影响力。

广东省三八红旗手简介

【黄　凤】　女，1991年4月出生，中共党员，揭阳市人民检察院检察官助理。黄凤始终心系人民，执着地走在守护公益之路上，聚焦服务“三大攻坚战”“健康中国”等重大工作部署，协助办理大量生态环境侵权、食药品安全危害等案件，用心用情用力解决群众“急难愁盼”问题，努力守护人民群众美好生活。2020年被授予“揭阳市三八红旗手”称号。

【许丽玲】　女，1973年3月出生，中共党员，揭阳市榕城区新兴街道党工委委员、办事处副主任、妇联主席。许丽玲从事妇联工作20多年，始终立足本职岗位，倾情服务妇儿，用实际行动擦亮基层“妇”字品牌，组织带领各村（社区）妇联组织和巾帼志愿者积极参与街道抗疫防疫、脱贫攻坚、创文创卫等中心工作，为街道各项事业发展发挥“半边天”作用。先后荣获揭阳市先进妇女干部、广东省侨务工作先进个人、揭阳市文明家庭、揭阳市“三八红旗手”称号。

【吴奕璇】　女，1981年12月出生，中共党员，揭阳市揭东区桂岭镇党委副书记、镇长。吴奕璇注重突出党建引领，紧扣问题短板，积极投身乡村振兴，争取桂岭成为市级美丽圩镇第一批创建单位，以项目助推乡村振兴各项重点任务落地见效。

【吴少冰】　女，1965年12月出生，中共党员，揭阳市空港经济区砲台镇文化站站长。吴少冰30多年如一日，扎根基层，立足岗位，积极履职。在其不断努力之下，砲台镇文化站连续六届评为“广东省特级文化站”，获得省、市“巾帼文明岗”等称号。个人先后获得揭阳市“三八红旗手”“广东省优秀体育工作者”“全国优秀社会体育指导员”等称号。

单位组织机构及负责人名录

【中国共产党揭阳市委员会】

书　记：蔡朝林（任至2021年4月）
　　　　王　胜（2021年4月任职）
副书记：张　科（任至2021年5月）
　　　　支光南（2021年5月任职）
　　　　陈小锋
常　委：庄建儿（任至2021年10月）
　　　　张时义（任至2021年12月）
　　　　江林生（任至2021年10月）
　　　　刘端雄
　　　　马儒生（任至2021年10月）
　　　　姚丽璇（2021年12月任职）
　　　　刘　波（2021年10月任职）
　　　　王　俊
　　　　王绍乐
　　　　庄湃澍（2021年10月任职）
　　　　黄伟东（2021年10月任职）
　　　　蔡淡群（2021年12月任职）
秘书长：刘端雄（任至2021年10月）
　　　　李鹏宇（2021年10月任职）
副秘书长：贝舒勉
　　　　卢洪涛（任至2021年11月）
　　　　王群青（2021年3月任职）
　　　　周　颖
　　　　陈小东
　　　　陈朝云（挂职）（任至2021年10月）
　　　　麦沛坚（挂职）（2021年10月任职）
纪委书记：黄伟东（2021年10月任职）
监委代理主任：黄伟东（2021年11月任职）
组织部部长：王绍乐
宣传部部长：江林生（任至2021年11月）
　　　　刘　波（2021年11月任职）

统一战线工作部部长：庄建儿（任至2021年11月）
姚丽璇（2021年12月任职）
政法委员会书记：张时义（任至2021年12月）
刘端雄（2021年12月任职）
政策研究室（市委改革办）主任：周　颖
网络安全和信息化委员会办公室主任：陈楚涛
外事工作委员会办公室主任：林浩生
机构编制委员会办公室主任：李静虹
军民融合发展委员会办公室主任：陈少伦
直属机关工作委员会书记：
王绍乐（2021年12月任职）
赖源凯（任至2021年12月）
巡察工作领导小组办公室主任：高文捷
老干部局局长：郑楚鹏

【揭阳市人民代表大会常务委员会】

主　任：蔡朝林（任至2021年6月）
王　胜（2021年6月任职）
副主任：陈定雄
秦　雯（2021年2月任职）
柯群坚
张继钦
刘枝钿
秘书长：高　翔（任至2021年12月）
机关党组书记：高　翔（任至2021年12月）
王　辉（2021年12月任职）
副秘书长：肖晓新（任至2021年9月）
林　瑛（2021年9月任职）
刘邦根
洪晓亮
法制委员会主任委员：林　华
社会建设委员会主任委员：陈家鹏
法制工作委员会主任：林　华
财政经济工作委员会主任：吴少炎
农村农业工作委员会主任：陈少龙
教育科学文化卫生工作委员会主任：蔡镇鹏
选举人事任免工作委员会主任：郭　林
城乡建设环境与资源保护工作委员会主任：陈洁辉
代表联络工作委员会主任：吴伟东
监察和司法工作委员会主任：黄灿煜

【揭阳市人民政府】

市　长：张　科（任至2021年6月）
支光南（2021年6月任职）
副市长：姚丽璇
曾瑞如（任至2021年2月）
庄湃澍（2021年11月任职）
梁瑞国
刘　鹏
罗　毅（2021年11月任职）
李晋龙（2021年11月任职）
马儒生（任至2021年11月）
秘书长：江少明
机关党组书记：江少明
副秘书长：王　辉（任至2021年3月）
唐　超
徐锦泉（任至2021年12月）
杨广新
梁细亮
马志彤
王晓龙（兼）（2021年3月任职）
林建文（兼）（任至2021年9月）
张林华（兼）（2021年11月任职）
林少航（挂职）（任至2021年12月）
张育广（挂职）
市发展和改革局党组书记、局长：黄克新
市教育局党组书记、局长：罗俊波
市科学技术局党组书记：洪创基（2021年2月任职）
局长：洪创基（2021年3月任职）
市工业和信息化局党组书记：
洪创基（任至2021年2月）
方伟斌（2021年2月任职）
局长：洪创基（任至2021年3月）
方伟斌（2021年3月任职）
市公安局党委书记、局长：梁瑞国
市民政局党组书记、局长：周武城
市司法局党组书记：王少鸿
局长：韦子庆
市财政局党组书记、局长：李春明
市人力资源和社会保障局党组书记：许剑芒
局　长：许剑芒（任至2021年12月）
卢洪涛（2021年12月任职）
市自然资源局党组书记、局长：江玉城
市生态环境局党组书记、局长：王全录
市住房和城乡建设局党组书记：
刘玉荣（任至2021年1月）
林凛凯（2021年1月任职）
局　长：刘玉荣（任至2021年2月）
林凛凯（2021年2月任职）
市交通运输局党组书记、局长：陈焕生

市水利局党组书记、局长：许茂伟
市农业农村局党组书记、局长：刘佑知
市商务局党组书记：王晓龙（任至2021年2月）
王　辉（2021年2月任职，任至2021年12月）
局　长：王晓龙（任至2021年3月）
王　辉（2021年3月任职，任至2021年12月）
市文化广电旅游体育局党组书记、局长：林少敏
市卫生健康局党组书记：叶明文
局　长：叶明文（任至2021年12月）
徐锦泉（2021年12月任职）
市退役军人事务局党组书记、局长：陈家斌
市应急管理局党委书记：柳沐荣（任至2021年2月）
钟金鸿（2021年2月任职）
局　长：柳沐荣（任至2021年3月）
钟金鸿（2021年3月任职）
市审计局党组书记、局长：郑旭亮
市人民政府国有资产监督管理委员会
党委书记、主任：林树宏
市市场监督管理局党组书记：黄少斌
局　长：黄少斌（任至2021年12月）
陈晓平（2021年12月任职）
市统计局党组书记：方伟斌（任至2021年2月）
林春雄（2021年3月任职）
局　长：方伟斌（任至2021年3月）
林春雄（2021年3月任职）
市医疗保障局党组书记：陈鸿进（任至2021年1月）
刘玉荣（2021年1月任职）
局　长：柯东风
市金融工作局党组书记、局长：
吴澜星（2021年3月任职）
市城市管理和综合执法局党组书记、局长：钟李宏
市信访局党组书记：林建文（任至2021年9月）
张林华（2021年10月任职）
局　长：林建文（任至2021年9月）
张林华（2021年11月任职）
市政务服务数据管理局党组书记、局长：吕　凡
市林业局党组书记、局长：陈锐彬

【中国人民政治协商会议揭阳市委员会】

主　席：陈澄民
党组书记：陈澄民（任至2021年11月）
崔建军（2021年11月任职）
副主席：李　健
曾瑞如（2021年2月任职）
陈奇春
秦　雯（任至2021年1月）
黄伟忠
吴少珍
袁文键
秘书长：林素钦
机关党组书记：林素钦（任至2021年11月）
李丽曼（2021年11月任职）
副秘书长：江少俊
何耿二
提案委员会主任：吴春光
社会与法制委员会主任：王一乾
教科卫体委员会主任：陈育文
港澳台侨委员会主任：刘建中
人口资源环境委员会主任：吴庆东
文化文史和学习委员会主任：李培丰
联络工作委员会主任：杜光亮
农业和农村委员会主任：郑元龙

【中国共产党揭阳市纪律检查委员会、市监察委员会】

纪委书记：黄伟东（2021年10月任职）
监委主任：李文骥（任至2021年1月）
监委代理主任：黄伟东（2021年11月任职）
纪委副书记：官俊程
冯　振（2021年11月任职）
张晓梅（2021年12月任职）
林伟生（任至2021年11月）
蔡庆春（任至2021年8月）
监委副主任：官俊程
冯　振（2021年11月任职）
林伟生（任至2021年11月）
蔡庆春（任至2021年11月）
纪委常委：高文捷
张晓梅（任至2021年12月）
钟进藩
许招展（2021年2月任职）
吴惠水（2021年12月任职）
黄建丹（2021年12月任职）
监委委员：钟李宏（任至2021年2月）
钟进藩
许招展（2021年11月任职）
吴惠水

【揭阳市中级人民法院】

党组书记：肖文浩（任至2021年10月）
曹　利（2021年10月任职）
院　长：肖文浩
代理院长：曹　利（2021年11月任职）

【揭阳市人民检察院】

党组书记：李学磊（任至2021年11月）
胡克敏（2021年11月任职）
检察长：李学磊
代理检察长：胡克敏（2021年11月任职）

【民主党派】

中国民主同盟揭阳市委员会主任委员：
蔡幸生（任至2021年7月）
柯东风（2021年7月任职）
中国民主促进会揭阳市委员会主任委员：
陈奇春（任至2021年7月）
林正忠（2021年7月任职）
中国农工民主党揭阳市委员会主任委员：卢灿辉
九三学社揭阳市委员会主任委员：吴少珍

【社会团体】

市总工会主席：张继钦
党组书记：黄少鹏（任至2021年11月）
许　莹（2021年11月任职）
共青团揭阳市委员会书记：陈颖聪
市妇女联合会党组书记：
李丽曼（任至2021年11月）
蔡桂君（2021年11月任职）
主　席：李丽曼（任至2021年12月）
蔡桂君（2021年12月任职）
市工商业联合会党组书记：林少光
主　席：林小茁
市归国华侨联合会党组书记、主席：邓荣贤
市文学艺术界联合会党组书记、主席：李文胜
市科学技术协会党组书记：
吴汉通（任至2021年9月）
方　烽（2021年9月任职）
主　席：吴汉通（任至2021年9月）
市残疾人联合会党组书记、理事长：林小彭
市社会科学界联合会党组书记、主席：刘创城

【市直属事业单位】

市委党校校长：王绍乐
揭阳日报社社长：陈鸿彬（任至2021年11月）
袁惠亮（2021年11月任职）
市委、市政府接待办主任：吴燕敏
市人民政府招商引资办公室党组书记：
王晓龙（2021年9月任职）
主　任：王晓龙
市地震局党组书记、局长：林兴国
市机关事务管理局党组书记：
张自旺（任至2021年11月）
江淑茹（2021年11月任职）
局　长：张自旺（任至2021年12月）
江淑茹（2021年12月任职）
市人民政府驻广州办事处党组书记：
郑基松（任至2021年11月）
张自旺（2021年11月任职）
主　任：郑基松
市人民政府驻北京联络处党组书记、主任：李文俊
市供销合作联社理事会党组书记、主任：吴海林
市档案馆馆长、市地方史志办公室主任（兼）：
姚佑雄
揭阳广播电视台党组书记：
袁惠亮（任至2021年11月）
杨燕斌（2021年11月任职）
台　长：袁惠亮（任至2021年12月）
杨燕斌（2021年12月任职）
揭阳职业技术学院党委书记：李文升
院长：罗恢远

【县（市、区）】

榕城区委书记：张伟勤（任至2021年8月）
林春霖（2021年8月任职）
区长：郭　翔
揭东区委书记：方　烽（任至2021年8月）
梁柱华（2021年8月任职）
区长：2021年1至10月空缺
修　文（2021年10月任职）
普宁市委书记：符　贤（任至2021年8月）
黄锐亮（2021年8月任职）
市　长：黄锐亮（任至2021年9月）
林建文（2021年10月任职）
揭西县委书记：刘端雄
县　长：魏洁林
惠来县委书记：蔡淡群
县　长：肖辉生

中国共产党揭阳市第七届委员会委员、候补委员名单

市委委员（69人）（按姓氏笔画为序）

王　俊　王　胜　王全录　王绍乐　王晓龙　支光南　方伟斌　卢洪涛　叶明文　吕　凡　庄湃澍　刘　波　刘　鹏
刘玉荣　刘佑知　刘端雄　江少明　江玉城　许茂伟　许剑芒（女）　李文升　李文胜　李丽曼（女）　李晋龙
李鹏宇　李静虹（女）　吴澜星　张林华　陈小锋　陈伟军　陈宏鑫　陈郑生　陈晓青　陈焕生　陈锐彬　陈楚涛
陈颖聪　林少光　林少敏　林建文　林春雄　林春霖　林树宏　林素钦　罗俊波　周　颖　周武城　郑旭亮　郑名扬
官俊程　胡克敏　柳沐荣　钟李宏　钟金鸿　修　文　洪创基　姚丽璇（女）　袁文键　郭　翔　黄　熹　黄伟东
黄春林　黄锐亮　曹　利　崔建军　梁柱华　梁瑞国　蔡淡群　魏洁林

市委候补委员（14人）（按得票多少为序，得票相同的按姓氏笔画为序）

马志彤　江淑茹（女）　许　莹（女）　李锦秀（女）　杨燕斌　吴燕敏（女）　陈晓平　林楷涌　保崟琨
姚佑雄　袁惠亮　徐名伟　徐锦泉　蔡桂君（女）

揭阳市2021年广东省中小学特级教师名单

榕城区红旗小学	梁　芬	普宁市高埔镇葵坑初级中学	温汉雄
揭阳中心幼儿园	黄琼娜	普宁市流沙第二小学	陈贵妹
揭东区第一初级中学	黄伟群	普宁市大坪农场梅星小学	钟永妹
揭东区第二中学	李桂华	揭西县棉湖中学	林俊松
揭东区第三中学	柯银如	揭西县棉湖实验学校	吴洁芳
普宁市第二中学	黄少杰	惠来县第一中学	林月娥
普宁市第一中学	蔡少练	惠来县隆江镇中心小学	杨汉升
普宁市梅林中学	郑文华	揭阳第一中学	黄维深
普宁英才华侨中学	庄秀珠	揭阳市实验中学	潘美芝
普宁市建新中学	张　宁	揭阳市机关少霏幼儿园	林晓玉

2021年度南粤优秀教师

揭阳市综合中等专业学校	方汉忠	普宁市第一幼儿园	许伟珊
揭阳市综合中等专业学校	陈伟龙	普宁职业技术学校	单晓波
揭阳市卫生学校	吴少珊	普宁职业技术学校	宋 杰
揭阳第一中学	杨 敏	普宁职业技术学校	陶明琼
揭阳第二中学	李佳丽	普宁职业技术学校	郑海军
揭阳市实验小学	张 璠	普宁市第二中学	林鸿华
揭阳市机关少霏幼儿园	孙 斐	普宁市华侨中学	巫文取
揭阳捷和职业技术学校	佘燕杰	普宁市大坪中学	钟小霞
揭阳捷和职业技术学校	朱丹年	揭西县河婆中学	温会暖
揭阳中心幼儿园	周书燕	揭西县棉湖中学	杨雄生
揭阳市榕城区梅云华侨中学	黄 微	揭西县第一职业技术学校	许银讯
揭阳市榕城区新河中心小学	黄 馥	揭西县特殊教育学校	胡玉林
揭阳岐山中学	魏烁佳	揭西县河婆街道昌黎小学	彭晓鑫
揭阳市揭东区锡场镇锡西小学	吴小萍	揭阳市揭西县上砂镇新东小学	庄小娟
揭阳市揭东区埔田镇湖下小学	罗淑君	揭西县大溪镇中心小学	李清容
揭阳市揭东区云路镇棋盘初级中学	陈芝郁	揭西县棉湖镇实验学校	林 莹
揭阳市揭东区第一小学	林素霞	惠来县第一中学	吴彦镇
揭阳市揭东区霖磐职业技术学校	唐 波	惠来县周田镇新乡小学	王钦水
揭阳市揭东区第一幼儿园	林美华	惠来县惠城镇墩南小学	许泽华
揭阳市揭东区蓝田中学	黄文希	惠来县华湖中学	吴惠芳
揭阳市揭东区云路中学	李 创	惠来县幼儿园	林晓琴
普宁市里湖镇第二小学	邱建玲	惠来县东陇中学	黄俊铮
普宁市大坪镇新竹小学	钟小尽	惠来县锡溪学校	郑晓虹
普宁市建新中学	李松鑫	惠来县实验小学	王辉端
普宁市爱群中学	邱海清	惠来慈云实验中学	黄泽颖
普宁市船埔中学	温玉芳	空港经济区渔湖中学	袁佳黎
普宁市流沙第一小学	陈楚旋	空港经济区竞智中心小学	郑晓娜
普宁市流沙北街道南园小学	叶雪君	空港经济区凤美街道初级中学	黄桂东
普宁市第三中学	方书鸿	空港经济区溪南街道仁辉小学	陈友明

2021年度南粤优秀教育工作者

李文旭 普宁市第二中学

庄伟平 揭西县霖田高级中学

黄美旭 揭阳空港经济区登岗中学

附 录

2021年揭阳市国民经济和社会发展统计公报

揭阳市统计局

2021年，揭阳全市上下坚持以习近平新时代中国特色社会主义思想为指导，把握新发展阶段，贯彻新发展理念，构建新发展格局，坚持稳中求进总基调，抢抓机遇，应对挑战，扎实推进“六稳”工作，全面落实“六保”任务，实现了“十四五”发展良好开局，活力古城、滨海新城、产业强市建设迈出了坚实步伐。

一、综合

根据广东省地区生产总值统一核算结果，2021年全市实现地区生产总值2265.43亿元，同比增长6.1%。其中，第一产业增加值205.50亿元，同比增长4.4%；第二产业增加值831.53亿元，同比增长3.1%；第三产业增加值1228.41亿元，同比增长8.6%。三次产业结构比重为9.1∶36.7∶54.2，第三产业所占比重比上年提高1个百分点。人均地区生产总值40470元，增长6.3%。

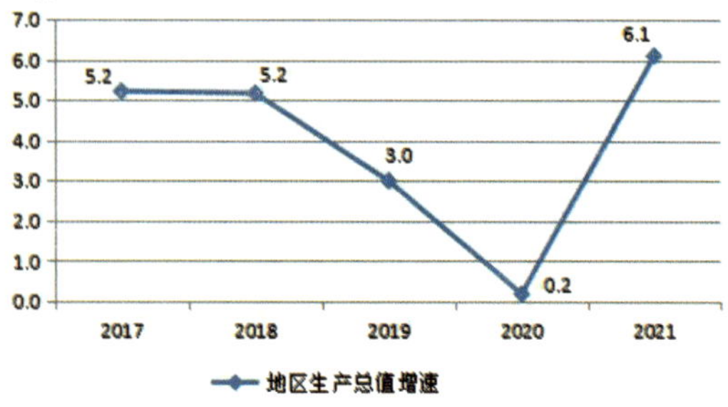

附图1　2017—2021年地区生产总值增速

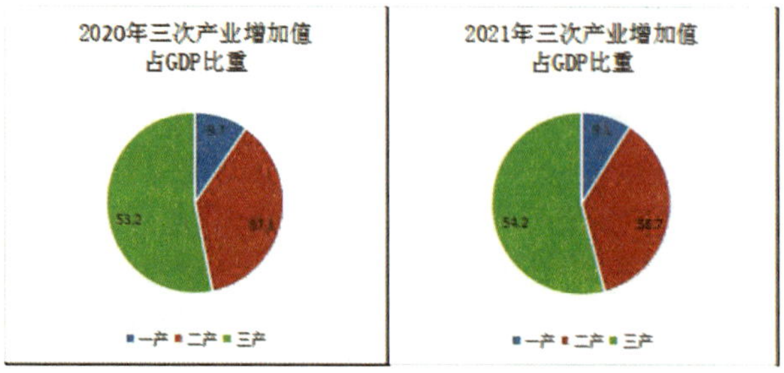

附图2　2020年、2021年三次产业占GDP比重（%）

全年全市户籍总人口712.56万人；常住人口561.68万人，比上年末增加3.81万人，其中城镇常住人口289.38万人，占常住人口的比重（常住人口城镇化率）为51.52%，比上年末提高0.87个百分点。全年常住人口出生7.35万人，出生率12.86‰；死亡人口2.99万人，死亡率5.23‰；自然增长人口4.36万人，自然增长率7.62‰。

全年全市地方一般公共预算收入79.31亿元，增长7.21%；其中，税收收入46.71亿元，增长3.27%。全市一般公共预算支出365.75亿元，下降2.33%。其中，教育支出90.16亿元，增长10.32%；卫生健康支出61.18亿元，增长6.82%；社会保障和就业支出65.92亿元，增长1.45%。民生类支出303.78亿元，占一般公共预算支出比重为83.06%。

全年城镇新增就业24842人，就业困难人员实现就业3947人。年末城镇实有登记失业人员10285人，城镇登记失业率2.25%。

全年居民消费价格比上年上涨0.6%。分类别看，食品烟酒类价格下降0.6%，衣着类价格上涨0.8%，居住类价格上涨1.9%，生活用品及服务类价格上涨0.5%，交通通信类价格上涨3.5%，教育文化娱乐类价格上涨0.4%，医疗保健类价格上涨0.6%，其他用品及服务类价格与上年持平。

附表1 2021年居民消费价格比上年涨跌幅度

指 标	价格指数（上年=100）	比上年涨跌幅度（%）
居民消费价格	100.6	0.6
食品烟酒	99.4	−0.6
其中：粮食	100.0	0.0
食用油	111.4	11.4
鲜菜	102.9	2.9
畜肉类	85.4	−14.6
禽肉类	99.9	−0.1
水产品	100.5	0.5
蛋类	111.0	11.0
衣着	100.8	0.8
居住	101.9	1.9
生活用品及服务	100.5	0.5
交通通信	103.5	3.5
教育文化娱乐	100.4	0.4
医疗保健	100.6	0.6
其他用品及服务	100.0	0.0

工业生产者出厂价格累计同比上涨3.0%，其中轻工业累计同比下降0.4%，重工业累计同比上涨7.6%。

二、农业

全年粮食作物播种面积195.88万亩，比上年下降0.1%；油料种植面积12.80万亩，下降0.5%；蔬菜种植面积85.49万亩，增长3.2%；园林水果种植面积84.18万亩，增长3.1%；茶叶种植面积14.71万亩，增长22.6%；中草药种植面积1.38万亩，增长0.1%。

全年粮食产量80.17万吨，比上年下降0.8 %；油料产量3.49万吨，增长1.4%；蔬菜产量219.69万吨，增长5.0%；水果产量66.80万吨，增长12.2%；茶叶产量2.88万吨，增长14.8%。

全年猪牛羊禽肉产量13.97万吨，比上年增长4.3%。其中，猪肉产量9.11万吨，增长9.7%；禽肉产量4.14万吨，下降5.7%。全年全市水产品产量14.64万吨，增长0.7%。其中，海水产品6.76万吨，增长0.7%；淡水产品7.88万吨，增长0.7%。

三、工业和建筑业

全年全部工业增加值比上年增长5.2%，规模以上工业增加值506.73亿元，比上年增长2.1%。其中，国有控股企业增长26.1%，外商及港澳台投资企业增长8.3%，股份制企业增长2.2%，集体企业下降28.5%。分轻重工业看，轻工业增长3%，重工业增长0.6%。分企业规模看，大型企业下降10.1%，中型企业增长6.3%，小微型企业增长2.2%。

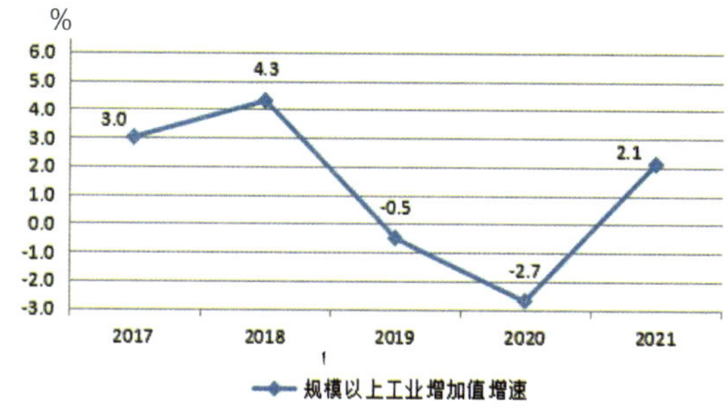

附图3 2017—2021年规模以上工业增加值增速

高技术制造业增加值33.55亿元，比上年增长10.2%，占规模以上工业增加值的比重为6.6%。

先进制造业增加值185.62亿元，比上年下降0.1%，占规模以上工业增加值的比重为36.6%。

优势传统产业增加值比上年增长0.5%，其中，化工和矿物加工业增长2.6%，纺织服装业下降0.5%，医药制造业增长2%，金属行业下降8.5%，食品业增长4.7%，制鞋业增长6.5%，电气机械和设备（配件）制造业增长3%。

规模以上工业企业资产负债率42.49%，下降9.6个百分点；流动资产周转次数3.17次；成本费用利润率7.61%，上升4.2个百分点；产品销售率94.8%，下降1.9个百分点。实现利润总额191.45亿元，比上年增长121.3%。全年规模以上工业企业每百元营业收入中的成本为89.59元，比上年增加0.98元。

附表2 2021年主要工业产品产量及其增长速度

产品名称	计量单位	产量	比2020年增长（%）
布	万米	1875.23	72.6
化学纤维	万吨	19.44	88.6
钢材	万吨	420.08	−10.4

续附表2

产品名称	计量单位	产量	比2020年增长（%）
工业机器人	套	1451	-3.8
电力电缆	万千米	40.31	-3
平板玻璃	万重量箱	43.1	-12.9
饲料	万吨	94.85	7
塑料制品	万吨	32.46	-0.9
罐头	万吨	14.66	-4.6
初级形态塑料	万吨	11.00	-22.2
鞋	亿双	12.71	6.6
服装	亿件	7.5	-5.8

全年全社会建筑业增加值80.00亿元，比上年下降14.1%。全年具有资质等级的建筑企业176个，比上年增长6.0%；总承包和专业承包完成建筑业总产值105.43亿元，下降24.4%。

四、服务业

全年批发和零售业增加值450.99亿元，比上年增长7.9%；交通运输、仓储和邮政业增加值54.74亿元，比上年增长22.4%；住宿和餐饮业增加值32.34亿元，比上年增长7.0%；金融业增加值73.01亿元，比上年增长1.7%；房地产业增加值166.01亿元，比上年增长3.6%。现代服务业增加值435.99亿元，比上年增长10.8%。

全年规模以上服务业企业实现营业收入93.63亿元，比上年增长6.5%；利润总额7.99亿元，增长50.8%。分行业看，信息传输、软件和信息技术服务业营业收入增长12.6%，水利、环境和公共设施管理业下降1.3%，科学研究和技术服务业增长136.9%，卫生和社会工作增长13.6%，租赁和商务服务业增长8.8%，居民服务、修理和其他服务业下降3.3%，交通运输、仓储和邮政业下降7.8%。

全年货物运输总量2870万吨，增长18.5%。货物运输周转量28.11亿吨千米，增长17.3%。

附表3　2021年各种运输方式完成货物运输量及其增长速度

指　标	单位	绝对数	比2020年增长（%）
货物运输总量	万吨	2870	18.5
铁路	万吨		
公路	万吨	2830	18.7
水路	万吨	40	6.0
民航	万吨		
管道	万吨		

续附表3

指　标	单位	绝对数	比2020年增长（%）
货物运输周转量	亿吨公里	28.11	17.3
铁路	亿吨公里		
公路	亿吨公里	23.55	23.2
水路	亿吨公里	4.56	-5.9
民航	亿吨公里		
管道	亿吨公里		

全年公路旅客运输总量658.3万人，比上年下降52.3%。公路旅客运输周转量4.03亿人千米，下降67.3%。

全年全市港口货物吞吐量完成2768万吨，比上年增长16.8%。

年末全市民用汽车保有量71.78万辆，比上年末增长9.6%，其中，私人汽车69.38万辆，增长10.1%。民用轿车保有量42.57万辆，增长9.4%。其中，私人轿车42.18万辆，增长9.5%。

揭阳潮汕国际机场开通航线98条，全年完成旅客吞吐量573.4万人次。

全年完成邮电业务总量306.06亿元，比上年增长49.3%。其中，邮政业务总量（按2020年不变价计算）260.74亿元，增长54.3%；快递业务量35.33亿件，增长50.5%；快递业务收入161.12亿元，增长16.8%；电信业务总量（按2020年不变价计算）45.32亿元，增长25.6%。年末电话总用户780.3万户，比上年末下降14.08%；其中，固定电话用户53.10万户，下降6.53%；移动电话用户727.21万户，下降14.58%。年末（固定）互联网宽带用户144.83万户，增长5.83%。年末移动互联网用户465.89万户，增长6.70%。

五、固定资产投资

全年固定资产投资下降6.4%。分产业看：第一产业投资增长43.0%，第二产业投资增长32.7%，第三产业投

附图4　2017—2021年固定资产投资总额增速

资下降24.3%；分类型看：工业投资增长32.8%，基础设施投资下降37.5%，房地产开发投资下降7.0%。高技术制造业投资下降55.6%，占固定资产投资的比重为0.42%。先进制造业投资增长100.9%，占固定资产投资的比重为31.2%，其中石油及化学投资增长136.6%。

附表4　2021年分行业固定资产投资增长速度

行　业	比2020年增长（%）
固定资产投资	-6.4
农、林、牧、渔业	25.7
制造业	55.6
其中：农副食品加工业	19.9
食品制造业	-19.0
酒饮料和精致茶制造业	23.8
家具制造业	49.4
石油、煤炭及其他燃料加工业	140.0
化学原料和化学制品制造业	152.1
非金属矿物制品业	-44.8
黑色金属冶炼和压延加工业	-59.8
有色金属冶炼和压延加工业	-44.4
金属制品业	-54.2
通用设备制造业	-33.8
专用设备制造业	-59.9
铁路、船舶、航空航天和其他运输设备制造业	-78.9
电气机械和器材制造业	-13.1
计算机、通信和其他电子设备制造业	-80.2
电力、热力、燃气及水生产和供应业	-22.1
其中：电力、热力生产和供应业	-25.1
批发和零售业	-69.3
交通运输、仓储和邮政业	48.1
住宿和餐饮业	-41.8
信息传输、软件和信息技术服务业	-28.2
房地产业	-9.1
租赁和商务服务业	-55.2
科学研究和技术服务业	-87.4
水利、环境和公共设施管理业	-54.2

续附表4

行　业	比2020年增长（%）
居民服务、修理和其他服务业	-74.6
教育	11.1
卫生和社会工作	-32.2
文化、体育和娱乐业	-74.2
公共管理、社会保障和社会组织	-70.9

全年房地产开发投资290.85亿元，下降7.0%，其中住宅开发投资216.38亿元，下降5.6%；商品房销售面积272.82万平方米，下降3.4%，其中商品住宅销售面积256.87万平方米，下降3.6%。

附表5　2021年房地产开发和销售主要指标完成情况

指　标	单　位	绝对数	比2020年增长（%）
房地产开发投资	亿元	290.85	-7.0
其中：住宅	亿元	216.38	-5.6
房屋施工面积	万平方米	1467.25	1.9
其中：住宅	万平方米	1112.12	-0.7
房屋新开工面积	万平方米	247.95	-54.4
其中：住宅	万平方米	190.90	-50.8
房屋竣工面积	万平方米	97.57	49.5
其中：住宅	万平方米	89.39	47.6
商品房销售面积	万平方米	272.82	-3.4
其中：住宅	万平方米	256.87	-3.6
商品房销售额	亿元	194.70	-5.1
其中：住宅	亿元	177.48	-6.9
商品房待售面积	万平方米	90.08	10.9
其中：住宅	万平方米	73.19	5.7
本年实际到位资金	亿元	289.22	-3.4
其中：国内贷款	亿元	13.20	-66.3
个人按揭贷款	亿元	37.10	26.5

六、国内贸易

全年社会消费品零售总额1055.76亿元，比上年增长10.5%。从经营地看，城镇消费品零售额759.72亿元，增长10.0%；乡村消费品零售额296.04亿元，增长12.0%。从消费形态看，商品零售1013.47亿元，增长10.4%；餐饮收入42.29亿元，增长14.5%。

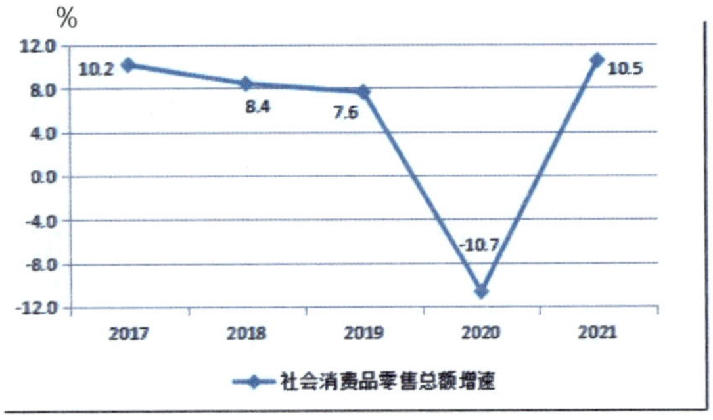

附图5 2017—2021年社会消费品零售总额增速

在限额以上批发和零售业商品零售额中，粮油、食品类下降8.3%，饮料类下降17.4%，烟酒类增长14.7%，服装、鞋帽、针纺织品类增长4.7%，化妆品类下降51.7%，金银珠宝类增长0.5%，日用品类下降13.4%，体育、娱乐用品类增长7.2%，书报杂志类增长10.5%，家用电器和音像器材类增长17.8%，中西药品类增长16.1%，文化办公用品类下降12.2%，通信器材类下降9.1%，汽车类增长4.1%，建筑及装潢材料类下降2.7%，石油及制品类增长24.4%。

七、对外经济

全年货物进出口总额188.4亿元，比上年下降3%。其中，出口163.5亿元，下降9.7%；进口24.9亿元，增长88.3%。进出口差额（出口减进口）138.6亿元，比上年减少29.3亿元。

全年新签外商直接投资项目17个，比上年增长88%。实际使用外商直接投资金额2.7亿元，增长70%。

附表6 2021年货物进出口总额及其增长速度

指　标	绝对数（亿元）	比2020年增长（%）
货物进出口总额	188.4	-3.0
货物出口额	163.5	-9.7
其中：一般贸易	157.0	-9.5
加工贸易	6.5	-13.4
其中：机电产品	52.1	10.8
高新技术产品	0.5	39.9
其中：国有企业	0.5	-16.1
外商投资企业	25.7	-0.2
民营企业	137.3	-11.3
货物进口额	24.9	88.3
其中：一般贸易	20.4	110.0
加工贸易	3.1	-5.3

续附表6

指　标	绝对数（亿元）	比2020年增长（%）
其中：机电产品	0.5	18.8
高新技术产品	0.4	54.9
其中：国有企业	10.3	510.1
外商投资企业	3.4	1.5
民营企业	11.3	37.1
货物进出口差额（出口减进口）	138.6	-0.2

附表7 2021年主要国家和地区货物进出口总额及其增长速度

国家和地区	出口额（亿元）	比上年增长（%）	进口额（亿元）	比2020年增长（%）
香港地区	7.2	-24.3	0.4	94.8
美国	25.8	-11.6	–	–
欧洲联盟（不含英国）	17.8	-9.8	–	–
东盟	34	0.5	13.8	272.2
日本	–	–	–	–
韩国	–	–	–	–
中国台湾	–	–	1.7	71.6
俄罗斯	–	–	–	–

八、金融

年末全市金融机构本外币各项存款余额2770.96亿元，比上年末增长6.6%；各项贷款余额1358.28亿元，增长9.8%。年末全市农村合作机构本外币存款余额823.94亿元，增长5.4%；各项贷款余额387.71亿元，增长6.4%。银行业金融机构本年利润（税后）3.84亿元，比上年下降66.9%。

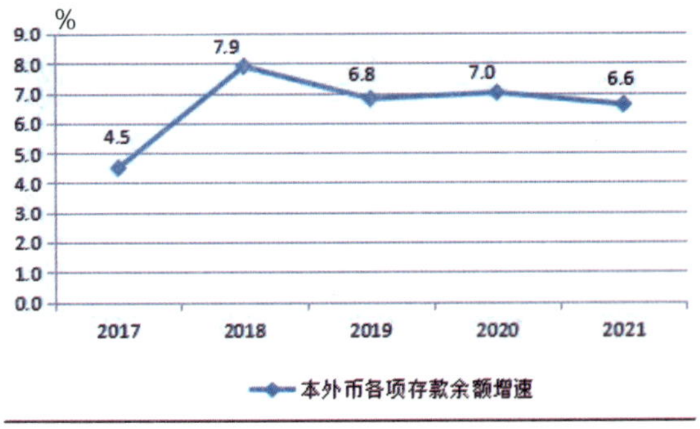

附图6 2017—2021年本外币各项存款余额增速

附表8　2021年末金融机构本外币存贷款及其增长速度

指　标	绝对数（亿元）	比2020年末增长（%）
各项存款余额	2770.96	6.6
其中：非金融企业存款	215.49	-3.3
住户存款	2048.80	9.5
各项贷款余额	1358.28	9.8
其中：非金融企业及机关团体贷款	797.86	6.9
住户贷款	559.96	14.3

全年实现保费收入70.38亿元，比上年增长5.2%。其中，寿险业务保费收入50.51亿元，增长3.2%；财产险业务保费收入19.87亿元，增长10.4%；健康险和意外伤害险业务保费收入13.81亿元，增长6.8%。全年共支付各项赔款和给付20.58亿元，增长10.9%；其中，寿险业务赔付支出8.78亿元，增长2.2%；财产险业务赔款支出11.80亿元，增长18.4%；健康险和意外伤害险赔付支出5.20亿元，增长9.5%。

九、人民生活和社会保障

全年全市居民人均可支配收入23780元，比上年增长9.0%。按常住地分，城镇居民人均可支配收入29397元，增长8.6%；农村居民人均可支配收入18016元，增长10.4%。

全年全市居民人均消费支出17824元，比上年增长14.5%。按常住地分，城镇居民人均消费支出19782元，增长13.6%；农村居民人均消费支出15815元，增长16.1%。全市居民恩格尔系数为45.4%，比上年下降1.1个百分点；其中城镇44.4%，农村为46.6%。

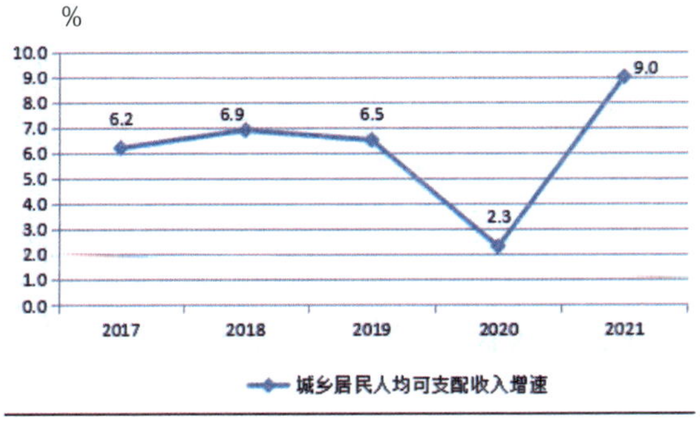

附图7　2017—2021年城乡居民人均可支配收入增速

年末全市参加城镇职工基本养老保险（含离退休）62.63万人，比上年增长0.66%。参加城乡居民基本养老保险245.81万人，增长0.4%。参加工伤保险31.17万人，增长12.85%。参加失业保险18.63万人，增长7.25%。

截至2021年12月底，全市城乡基本医疗保险参保人数577.83万人，增长0.33%，其中城镇职工医保参保人数26.07万人，增长14.19%。城乡居民医保参保人数551.76万人，增长0.24%。参加生育保险参保人数18.63万人，增长4.66%。

附表9　2021年末全市参加各类保险人数及其增长速度

指　标	参保人数（万人）	比2020年末增长（%）
参加基本养老保险	308.44	0.46
其中：城镇职工基本养老保险（含离退休）	62.63	0.66
#参保职工	43.03	-1.54
参保离退休人员	19.6	5.88
城乡居民基本养老保险	245.81	0.4
参加基本医疗保险	577.83	0.33
其中：职工基本医疗保险	26.07	14.19
城乡居民基本医疗保险	551.76	0.24
参加失业保险	18.63	7.25
参加工伤保险	31.17	12.85
参加生育保险	18.63	4.66

全年企业职工基本养老保险基金收入304516万元，失业保险基金征缴收入4717万元，工伤保险基金征缴收入3731万元。

全年社会保险基金征缴收入57.03亿元（不含医保），年末社会保险累计结余58.19亿元（不含医保），比上年增长2.39%。全年领取失业保险金2211人。

各类提供社会服务机构养老床位3.4万张，收养人员865人。城乡社区服务机构和设施2143个，其中，综合性社区服务中心1634个。共发行销售福利彩票2.26亿元，筹集福利彩票公益金2576万元。年末每万人拥有社会组织数量为17.92个。累计2021年注册志愿者人数达65.34万人，2021年注册志愿者参与志愿服务时数达206.8万小时。

十、教育和科学技术

全年各级各类教育（不含非学历培训，不含技工学校）招生数33.68万人，比上年增长2.28%；在校生128.16万人，增长2.23%；毕业生33.17万人，增长2.34%。其中，特殊教育学校招生85人，在校生629人；学前教育在园幼儿27.91万人。

全市高新技术企业235家。省级工程技术研究中心69家，省级重点实验室3家，省级新型研发机构2家。全年统计科技成果6项，其中应用技术成果6项。全年经各

附表10　2021年各级各类教育招生、在校生、毕业生人数及其增长速度

指　标	招生（人）	比2020年增长（%）	在校生（人）	比2020年增长（%）	毕业生（人）	比2020年增长（%）
普通本专科	4159	-0.93	11898	2.68	4027	0.12
成人本专科	1842	51.98	4199	8.75	1328	-30.91
各类中等职业技术教育（不含技工学校）	10713	11.97	26927	1.31	8015	-2.52
普通高中	49396	-0.77	142326	5.28	40069	1.64
初中	86589	6.78	249477	3.34	78932	3.74
小学	99139	8.31	567135	2.21	86343	7.27
学前教育	84902	-7.53	279106	1.13	112968	-0.84
特殊教育学校	85	4.94	629	14.78	16	-64.44

级科技行政部门登记技术合同3项；技术合同成交额136.6万元。国家认定企业技术中心2家，省级企业技术中心24家。

全年专利授权总量10382件，比上年增长13.76%；其中，发明专利授权量154件，增长54%。全年《专利合作条约》（PCT）国际专利申请量10件。截至2021年底，全市有效发明专利量789件，每万人口发明专利拥有量1.41件。

附表11　2021年专利授权量和有效发明专利情况

指　标	专利数（件）
专利授权数	10382
其中：发明专利授权	154
年末有效发明专利	789

全市共有建成或在建的国家产品质量监督检验中心2个、省级授权产品质量监督检验机构4个。全市建成或在建的省级产业计量测试中心1个；法定计量检定机构5个，特种设备综合检验机构1个；标准化技术机构8个，获得资质认定产品质量监督检验机构8个。截至2021年底，获得质量、环境、职业健康三大管理体系认证企业分别为517家、225家和194家，获得3C产品认证的企业487家。

年末全市共有地面气象观测站点172个，其中国家基本气象站2个、国家气象观测站7个、省级气象观测站154个、应用气象观测站（海洋）1个、应用气象观测站（回南天）4个、应用气象观测站（土壤湿度）1个、应用气象观测站（大气成分）1个、应用气象观测站（GNSS/MET水汽）2个；地震观测测震台3个，强震台5个，水位观测井2个。

十一、文化、卫生和体育

年末全市共有文化馆6个，县级以上公共图书馆6个，博物馆7个。广播综合人口覆盖率和电视综合人口覆盖率均为95%。年末有线广播电视用户53万户，比上年末下降3.6%；有线数字电视用户43万户，下降4.4%。

年末全市共有各类医疗卫生机构3196个（含村卫生室），其中，医院73个，卫生院66个，社区卫生服务机构26个，妇幼保健机构6个，专科疾病防治机构6个，疾病预防控制中心5个，村卫生室2639个。全市卫生机构卫生技术人员2.72万人，比上年增长2.92%；其中，执业医师和执业助理医师1.07万人，注册护士1.19万人；拥有医疗床位2.34万张，其中，医院1.70万张。全市66家乡镇卫生院拥有卫生技术人员7181人，床位4723张；5家疾病预防控制中心拥有卫生技术人员291人。乙类传染病15996例（全市无甲类传染病发生），死亡28人，发病率286.779/10万，死亡率为0.502/10万。

全市体育健儿在国内外重大比赛中，共获得奖牌8枚，其中金牌2枚，银牌2枚，铜牌4枚。

十二、资源、环境和安全生产

全年水资源总量28.27亿立方米，比上年减少38.6%。年平均降水量1403.4毫米，比2020年增加5.58%。

全年规模以上工业综合能源消费量468.10万吨标准煤，比上年增长12.1%。全社会用电量188.19亿千瓦时，增长12.7%。其中，工业用电量105.95亿千瓦时，增长11.3%。

全市5个地表水国考监测断面中，Ⅰ～Ⅱ类水质的断面比例20%，Ⅲ类水质的断面比例40%，Ⅳ类水质的断面比例20%，Ⅴ类水质的断面比例0%，劣Ⅴ类水质的断面比例20%。全市国控近岸海域6个监测点位海水质量均达到一类海水水质标准。

全市平均灰霾日数11天，比上年少9天；全年日照时数2334小时，比历年偏多22%（422小时）。

全市二氧化硫（SO_2）年均值、二氧化氮（NO_2）年均值、一氧化碳（CO）第95百分位数年均值均达到《环境空气质量标准》（GB 3095-2012）一级标准；细颗粒物（$PM_{2.5}$）、臭氧（O_3）、可吸入颗粒物（PM_{10}）年均值均达到《环境空气质量标准》（GB 3095-2012）二级标准。全市空气质量达到优良天数比例为96.2%。

截至2021年底，全市累计建成污水处理设施80座，城镇污水日处理能力达到93.51万吨，比上年增长24.25%。城市生活垃圾无害化处理率达100%。城市人均公园绿地面积15.1平方米，增加0.06平方米。

全年完成人工造林644公顷，当年新封山育林2935公顷，退化林修复1372公顷，中幼林抚育5958公顷。全市森林覆盖率达50.89%（归档数据）。全市共有省级自然保护区1个，省级自然保护区面积6809.1公顷。

全年共发生各类生产安全事故100起，同比减少20起、下降16.67%；死亡68人，同比增加6人、上升9.68%；受伤53人，同比减少39人、下降42.39%；直接经济损失896.8万元，同比增加55.16万元、上升6.55%。其中，发生较大生产安全事故1起、死亡3人。全年发生适用一般程序处理的道路交通事故2499起，比上年下降21.74%。死亡259人，比上年下降13.38%。受伤2671人，比上年下降25.72%。直接经济损失815.4万元，比上年下降1.01%。道路交通万车事故死亡人数为1.39人。

注：

1.本公报中2021年数据为初步统计数。

2.地区生产总值、三次产业及相关行业增加值绝对数按当年价格计算，增长速度按不变价格计算；地方一般公共预算收入增长速度按可比口径计算。

3. 规模以上工业统计口径为年主营业务收入2000万元及以上的工业企业。

4. 固定资产投资项目统计起点由计划总投资50万元提高到500万元，增速为可比口径。

5. 限额以上批发和零售业统计标准为：批发业年主营业务收入2000万元及以上；零售业年主营业务收入500万元及以上。

6. 规模以上服务业范围是：（1）年营业收入2000万元及以上服务业法人单位。包括：交通运输、仓储和邮政业，信息传输、软件和信息技术服务业，水利、环境和公共设施管理业三个门类和卫生行业大类；（2）年营业收入1000万元及以上服务业法人单位。包括：租赁和商务服务业，科学研究和技术服务业，教育三个门类，以及物业管理、房地产中介服务、房地产租赁经营和其他房地产业四个行业小类；（3）年营业收入500万元及以上服务业法人单位。包括：居民服务、修理和其他服务业，文化、体育和娱乐业两个门类，以及社会工作行业大类。

7. 2012年四季度，国家统计局实施了城乡一体化住户调查改革。2013年起按照新的调查口径对外发布城乡一体的居民人均可支配收入和分城镇、农村居民人均可支配收入数据。由于新老调查方案在调查范围、调查对象、城乡划分标准、样本抽选、计算和汇总方式、指标口径等方面变化较大，改革后新口径数据和旧口径数据存在不可比的差异。

8. 2015年起，“地方公共财政预算收入”更名为“地方一般公共预算收入”；各项金融机构存款余额中，“单位存款”更名为“非金融企业存款”、“储蓄存款”更名为“住户存款”。

9. 先进制造业包括高端电子信息制造业，先进装备制造业，石油化工产业，先进轻纺制造业，新材料制造业，生物医药及高性能医疗器械。装备制造业包括金属制品业，通用设备制造业，专用设备制造业，汽车制造业，铁路、船舶、航空航天和其他运输设备制造业，电气机械和器材制造业，计算机、通信和其他电子设备制造业，仪器仪表制造业。

10. 高技术制造业包括医药制造业，航空、航天器及设备制造业，电子及通信设备制造业，计算机及办公设备制造业，医疗仪器设备及仪器仪表制造业，信息化学品制造业。六大高耗能行业包括石油、煤炭及其他燃料加工业，化学原料及化学制品制造业，非金属矿物制品业，黑色金属冶炼及压延加工业，有色金属冶炼及压延加工业，电力热力的生产和供应业。

11. 基础设施投资包括电力、热力、燃气及水生产和供应业，交通运输、邮政业，电信、广播电视和卫星传输服务业，互联网和相关服务业，水利、环境和公共设施管理业投资。

12. 软件和信息技术服务业包括软件开发、集成电路设计、信息系统集成和物联网技术服务、运行维护服务、信息处理和存储支持服务、信息技术咨询服务、数字内容服务和其他信息技术服务等行业。

13. 互联网和相关服务业包括互联网接入及相关服务、互联网信息服务、互联网平台、互联网安全服务、互联网数据服务和其他互联网服务等行业。

14. 货物贸易、吸收外资采用人民币计价。

15. 近岸海域海洋观测站点的观测要素包括波浪、表层海流、表层水温、盐度、潮位等海洋观测要素。

文献

市委六届十一次全会工作报告

（2021年1月29日）

市委书记 蔡朝林

现在，我受市委常委会委托，向全会作工作报告。

2020年是全面建成小康社会和“十三五”收官之年，也是揭阳历史上极不平凡的一年。面对突如其来的新冠疫情，面对错综复杂的国际国内形势，市委坚持以习近平新时代中国特色社会主义思想为指导，在省委的坚强领导下，全面贯彻落实习近平总书记系列重要讲话和重要指示批示精神，认真落实省委“1+1+9”工作部署和省委对揭阳发展的定位要求，全力以赴严防控、啃骨头、打基础、谋发展、强党建，各项工作取得新进展。去年9月，省委书记李希莅揭调研，充分肯定揭阳改革发展各项事业取得的新进步，指出我们的工作思路清晰、措施有力，迈出高质量发展新步伐。

这一年，我们坚持“严防控”，全力推进“双统筹”。时刻绷紧疫情防控这根弦，抓实抓细“外防输入、内防扩散”系列举措，严格落实“四早”“四集中”防控要求，筑牢交通检疫、核酸检测、疫情流调、重点人群监测、医疗救治、社区防控、物资保障、舆论引导“八道防线”，全市自去年4月4日以来没有新增确诊病例。同时，统筹推进经济社会发展各项任务，扎实做好“六稳”“六保”工作，出台28项具体措施帮助中小企业降成本、减压力、渡难关，精准有序推动复工复产，第三季度GDP增长转负为正，全年GDP总量2102.14亿元、增长0.2%。

这一年，我们坚持“啃骨头”，切实解决历史遗留问题。治理违建面积218.96万平方米，超额完成年度119万平方米治理任务。打好三大攻坚战，全市36998户、105844名相对贫困人口，162个相对贫困村全部出列；7个河流国省考断面5个达到优良水平，榕江龙石国考断面稳定Ⅴ类，练江青洋山桥省考断面除氨氮外其余指标均已达到或优于Ⅴ类；积极做好上市公司风险处置，坚决打击涉农合机构“逃废债”，清收压降不良贷款77.15亿元，惠来农信社改制农商行并正式揭牌开业，引进顺德农商行帮扶化解揭阳、揭东农商行风险。理顺揭阳产业转移工业园、大南山侨区、普侨区管理体制。重组市属国有企业，组建揭阳市投资控股集团有限公司，与粤海集团合作改革涉水业务。化解69宗重大社会矛盾、67件信访积案和重难点信访件。

这一年，我们坚持“打基础”，大力优化发展环境。树立“乙方思维”，制订出台《揭阳市全面优化营商环境三年行动计划》，深化“放管服”改革，实现“商事登记、税务登记、银行开户”等6个环节“一窗一次一网一日”办妥，营商环境逐步优化。持续开展创文创卫，成功创建国家卫生城市，再次获得全国文明城市提名城市，引进中铁建整体规划改造榕城区新河社区，人居环境明显提升。与广州港集团合作开发惠来港区、整合优化榕江内河港区，开工建设揭惠铁路，谋划推进陆惠高速、揭普惠快速通道，汕湛高速汕头至普宁占陇段建成通车，揭惠高速市区连接线揭阳大道即将开通，交通环境不断改善。打掉涉黑组织3个、恶势力集团12个、涉恶团伙61个，查处涉案资产16.9亿元，“打财断血”“三书一函”等指标排全省前列；坚决打击各类违法犯罪，在全省地市中唯一实现各项打击效能指标全面上升，全市刑事治安警情同比下降13.4%，惠来毒品问题重点整治成功“摘帽”，社会环境和谐稳定。

这一年，我们坚持“谋发展”，加快建设产业强市。加强招商引资，开展政企常态化交流活动，全年共招引重点项目110个，计划总投资2011.42亿元。狠抓项目建设，省、市重点项目分别完成投资324.25亿元、663.54亿元，投资完成率125%、114.51%。优化产业布局，制订促进产业发展“1+1+12”政策体系，推动传统产业加快转型升级，谋划构建先进制造业、现代服务业、文化旅游业和现代农业协同发展的产业体系，积极发展战略性新兴产业。加快揭阳滨海新区“一城两园”建设，中石油广东石化炼化一体化项目全速推进，大南海石化工业区产业链规划顺利完成。积极创建国家级高新区，调整优化中德金属生态城发展思路和管理机制。

这一年，我们坚持“强党建”，狠抓干部队伍建设。加强理论学习，深化“大学习、深调研、真落实”工作，持之以恒开展“学习新思想，实现新作为”第一议题主题学习活动，持续深入学习贯彻习近平新时代中国特色社会主义思想。狠抓政治建设，制定市委坚决落实“两个维护”十项机制，累计梳理187项政治要件纳入台账管理，查处违反政治纪律32人，教育党员干部自觉增强“四个意识”、坚定“四个自信”、做到“两个维护”。认真落实新时代党的组织路线，实施“整镇推进、整县提升”创建行动，完成84个软弱涣散基层党组织整顿，打造22个镇街、180个村（社区）党建先行点、新建重建199个村级党群服务中心，扎实推进村级换届工作。制订出台“为官不为负面清单”和“容错纠错正面清单”，推动各级干部担当作为、狠抓落实。坚定不移正风肃纪反腐，全市纪检监察机关共受理信访举报5045件次，立案2725人，处分2676人，移送司法机关71人。

在过去的一年里，我们坚定不移发展社会主义民主政治，加强和改善党委对人大、政协工作的领导，积极支持人大、政协依法依章履职，持续巩固壮大爱国统一战线，扎实做好民族宗教工作，进一步发挥工会、共青团、妇联等人民团体作用，推动党管武装、国防教育、军民融合发展取得新成效。全市广大干部群众再创业的精气神不断激发，形成了齐心协力、团结奋进的良好局面。

回顾2020年，征途充满艰辛，成绩来之不易。这些成绩的取得，是总书记定向领航、党中央统揽全局的结果，我们要不断增强“四个意识”、坚定“四个自信”、做到“两个维护”，坚决遵循总书记、党中央决策部署，坚定不移地朝着总书记、党中央指明的道路奋勇前进。这些成绩的取得，是省委、省政府坚强领导，中直、省直单位大力支持，全市上下共同奋斗，社会各界鼎力相助的结果，我们要倍加珍惜，更加自觉地践行以人民为中心的发展思想，更加坚决地贯彻落实省委对揭阳发展的定位要求，加快建设宜居宜业宜游的活力古城、滨海新城，打造沿海经济带上的产业强市，坚定不移以发展解决历史问题、保障改善民生、创造美好未来，全力以赴实现人民群众对美好生活的向往。

2021年是中国共产党成立100周年，是“十四五”开局之年。去年底召开的市委六届十次全会，谋划了我市“十四五”时期发展和2035年远景发展蓝图，提出要在“十四五”时期实现“前两年强基础、后三年快发展”，力争经过“十四五”固本强基、“十五五”攻坚突破、“十六五”决战决胜，揭阳高质量发展取得历史性突破。我们要清醒地认识到，当前揭阳还存在发展动能不足、发展环境不优、治理水平不高、民生短板明显、高层次人才短缺等问题，高质量发展基础还不牢固。要紧扣总书记对广东的总定位总目标，按照“新发展阶段、新发展理念、新发展格局”的要求，围绕省委对揭阳的发展定位，进一步提振再创业的精气神，将2021年作为“攻坚强基年”，强化党建引领，实施“八大攻坚行动”，确保“十四五”开好局起好步，在建党100周年之际，向省委、省政府和全市人民交出一份优异的“成绩单”。

一、实施思想能力作风攻坚行动，为“十四五”开好局提供坚强保障

事业成败，关键在党，关键在人。要深入贯彻落实新时代党的建设总要求和党的组织路线，充分发挥全面从严治党的引领保障作用，实施思想能力作风攻坚行动，持续净化基层政治生态，提振党员干部再创业的精气神，为“十四五”开好局提供坚强保障。

（一）深入学习党的创新理论。要坚持把学习贯彻习近平新时代中国特色社会主义思想作为头等大事和首要政治任务，推动理论武装常态化制度化，认真落实“第一议题”制度，及时跟进学习总书记重要讲话重要论述，教育广大党员干部下真功夫学深悟透，不断提高理论素养、政治素养。要持续巩固深化“不忘初心、牢记使命”主题教育成果，围绕庆祝中国共产党成立100周年，深入进行理想信念教育、爱国主义教育，广泛开展党史、新中国史、改革开放史、社会主义发展史教育，引导广大党员干部更加自觉坚定理想信念、践行初心使命。

（二）旗帜鲜明讲政治抓政治。要坚持把党的政治建设摆在首位，严格执行省委市委坚决落实“两个维护”制度机制，进一步增强“四个意识”、坚定“四个自信”、做到“两个维护”。要深入贯彻实施“一把手”政治能力提升计划，不断提高领导干部特别是“一把手”的政治判断力、政治领悟力、政治执行力。要严格执行新形势下党内政治生活若干准则，推动党员干部自觉接受党内政治生活锻炼。要严明政治纪律和政治规矩，加强政治体检和政治监督，巩固深化肃清李嘉、万庆良恶劣影响成果，教育党员干部严守“五个必须”，杜绝“七个有之”，做到“三个决不允许”。要压

实各级党委政治责任，抓好党管武装、意识形态、基层党建、党风廉政等工作。

（三）全面加强基层组织建设。要谋划落实好新一轮加强党的基层组织建设三年行动计划，强引领、补短板、打基础、创品牌，一体推进全市各层级各领域党组织建设，不断提升基层党组织建设制度化、规范化、科学化水平。要深化农村基层党建“整镇推进、整县提升”创建行动，突出亮点、串珠成链，打造好乡镇（街道）、村（社区）先行点并发挥示范引领作用。要认真谋划做好市县镇领导班子换届工作，严明换届纪律和组织人事纪律，确保选出好干部、配出好班子、树立好导向、形成好气象。要强化基层基础保障，建好村级组织活动阵地，提高村级党群服务中心服务水平。要扎实推进城市基层党建，推动“两新”党建扩面提质，整顿软弱涣散村（社区）党组织，夯实基层党组织战斗堡垒。要结合庆祝建党100周年，着力创新工作方式，丰富活动载体，加强软硬件建设，构建推动基层党建创新提质的工作机制，进一步保护和用好红色资源，倾力打造一批过得硬、叫得响、推得开的基层党建“揭阳品牌”。

（四）大力加强干部和人才队伍建设。要加强干部教育培养，精准实施专业化培训，切实增强“八种本领”，提高“啃骨头、打基础、促发展”的能力。要坚持知事识人、依事择人、人岗相适，以正确用人导向引领干事创业导向，让想干事、肯干事、能干成事的干部有更好用武之地。要深化运用“四种形态”，做到“三个区分开来”，用好监督执纪“七个看”和问责“六字诀”，落实好正负面“两张清单”，坚持严管与厚爱结合、激励与约束并重，支持保护敢担当、善作为的干部，形成组织为干部担当、干部为事业担当的良好氛围。要牢固树立人才“第一资源”理念，以实现高质量发展为导向，加强人才引育、平台、服务和品牌建设工作，着力打造产业强市人才高地。

（五）持之以恒正风肃纪反腐。要以政治监督为首要任务，锲而不舍落实中央八项规定精神，持续纠治“四风”特别是形式主义、官僚主义，深入整治“怕慢假庸散”等懒政怠政、损害营商环境的突出问题。要强化监督执纪问责，主动延伸监督触角，重点加强对项目建设、“放管服”改革、社会治理等领域的监督，从严治理“为官不为”“为官乱为”。要坚持反腐败无禁区、全覆盖、零容忍，坚决查处领导干部违纪违法案件，深入整治发生在群众身边的不正之风和腐败问题，加强社会主义廉洁文化建设，一体推进不敢腐、不能腐、不想腐，以党风政风的“山清水秀”，影响带动发展环境持续好转，助推经济社会高质量发展。

二、实施改革开放攻坚行动，增强发展动力活力

改革开放是广东最大的优势和最鲜明的特质，是揭阳实现高质量发展的必由之路。要实施改革开放攻坚行动，以更坚定的信心、更有力的措施把改革开放不断推向深入，坚决破除体制机制障碍，加快形成全面扩大开放新格局。

（一）全面深化改革。要按照系统集成、协同高效的要求，围绕人民群众、市场主体反映强烈的突出问题，深化体制机制改革，提高改革综合效能，推动改革与发展深度融合、高效联动。要坚持扩大内需战略基点，把实施扩大内需战略同深化供给侧结构性改革、注重需求侧管理结合起来，打通生产到消费的堵点。要突出市属国有资本的基础性和引领性作用，支持市投资控股集团发展壮大，增强国有资本盈利能力和综合实力。要深化功能区体制机制改革，深化园区统筹组团发展，推动功能区、开发区集中精力抓好开发建设、经济发展和投资服务。要巩固镇街体制改革成果，推动更多力量和资源向基层倾斜，强化镇街管理服务职能。要深化事业单位改革，推进事业单位组织形式和编制管理创新，优化事业单位布局结构。

（二）积极扩大开放。要把握构建新发展格局要求，畅通国内大循环和联通国内国际双循环的功能，加强与“一带一路”沿线国家和地区务实合作，办好中德中小企业合作交流会，深化对德对欧合作，密切与内地和沿海城市联系交流，拓展“朋友圈”，开辟新空间。要学习推广国家自由贸易试验区改革试点经验，推动揭阳港惠来港区、榕江港区加快建设，促进口岸扩大开放，做大揭阳跨境电商进出口份额，推动外贸高质量发展。要抓紧规划建设B型保税物流中心，搭建扩大对外开放新平台。要深入贯彻落实“一核一带一区”区域发展战略，主动对接粤港澳大湾区资源要素，主动接受经济特区辐射带动，携手汕头、潮州共同建设汕潮揭都市圈。要携手汕尾，共同规划建设绿色石化工业园区，打造海上风电产业集聚区。要加强对接，加快推进与周边城市医保、社保系统互联互通。要大力实施“回家行动”，服务推动在外乡亲“回家学习、回家就业、回家兴业”。

（三）大力推进创新。要坚持创新在现代化建设全局中的核心地位，深入实施创新驱动战略。要把科技创新作为第一动力，聚焦揭阳产业发展需求，优化科技创新体制机制，支持企业与高校、科研院所开展产学研合作，推动榕江实验室技术成果转化，引进或设立科研机

构、科技企业孵化器、众创空间、技术转移中心和科技金融服务机构，着力建设揭阳科创中心、化学化工领域研究和成果转化基地。要实施全市高新技术企业数量和规模“双倍增”计划，围绕支柱产业链延伸、高新技术应用引进培育创新型企业，力争今年全市高新技术企业数量达到240家。要设立市创新创业投资基金，积极推动高新技术企业上市。要依托重大产业项目、重大发展平台，大力引进高层次创新人才，培育更多本土创新人才，完善技能人才培训培养体系。

三、实施营商环境攻坚行动，构筑城市竞争新优势

打造良好的营商环境，是促进高质量发展的重要基础。要实施营商环境攻坚行动，以市场化、法治化、国际化为目标，对标国内先进地区，深入分析存在问题，刀刃向内、自我革命，推动“乙方思维”深入人心，努力构筑城市竞争的新优势。

（一）持续深化审批体制改革。要按照“最多跑一次”的标准，全力推进审批提速，实现审批事项、申请材料、办理环节、各类证照和审批时间“五减少”，推动“审批型政府”向“服务型政府”转变。要开展审批事项“回头看”，对行政审批事项进行全面梳理，凡是上级明确取消或没有设定依据的必须一律取消，凡是上级下放的事项都必须全部承接到位。要强化政务信息数据跨层级、跨部门按需共享、交换、互认，推动实体大厅和网上大厅数据实现同步共享，坚决打通信息孤岛，切实提升行政服务效率。

（二）深入推进法治政府建设。要把法治政府建设作为优化营商环境的重点任务，用法治给行政权力定规矩、划界限，切实解决监管越位、服务缺位、执法错位等问题。要坚决查处向企业乱检查、乱摊派、乱伸手行为，在全社会树立保护创业者、尊重纳税人、服务企业家的鲜明导向。要引导和督促市场主体诚信经营、按期履约，对企业因客观原因造成的失信行为，在法律法规允许范围内，积极支持企业采取补救措施。要严厉打击各类破坏市场秩序和营商环境的违法犯罪行为，依法保护市场主体合法权益，为全市优化营商环境保驾护航。

（三）全面营造亲商重商环境。要学习借鉴先进地区的经验做法，制定政商交往行为指引等规范性文件，以制度和规矩推动形成亲清政商关系。党员干部特别是领导干部要对企业家高看一眼、厚爱三分，真诚坦荡同企业打交道、同企业家交朋友，在企业遇到困难时敢于主动服务、善于纾困解难。要对企业和群众提出的要求多一些理解、少一些质疑，不能找借口搪塞，更不能轻易说“不”。要认真落实好国家和省纾困惠企政策，加大送政策、送服务上门力度，及时帮助企业解决实际困难。要教育引导广大群众树立“主人意识”，像保护自己的财产一样保护企业，从每个人做起，从每件事做起，真诚友好对待企业家，让外来客商真切感受到“人人都是营商环境”。

四、实施产业强市攻坚行动，做强做优实体经济

产业是经济社会发展的重要基石。实施产业强市建设攻坚行动，既是落实省委对揭阳发展定位要求的具体举措，也是揭阳实现高质量发展的必然要求。要深入贯彻新发展理念，加快构建先进制造业、现代服务业、文化旅游业和现代农业协同发展的产业体系，积极发展战略性新兴产业，以产业体系优化升级为核心，以招商引资为主要抓手，狠抓项目建设，建好用好产业园区，加快调整产业结构，更好集聚能量、激活动能，把实体经济做强做优。

（一）加强招商引资。要把招商引资作为“一把手”工程，实施“双3000亿”计划，从第一季度开始，每个季度签约一批项目、开工一批项目，确保全年新签约项目、新开工项目均不少于3000亿元。要坚持精准招商，围绕构建现代产业体系，聚焦重点产业链条，充分发挥龙头项目、空铁港交通、产业基础、市场容量等比较优势，开展定向招商、龙头项目产业链招商、园区产业集群化招商，精准引进一批技术含量高、带动力强的项目。要积极搭建招商平台，谋划举办绿色石化、新能源产业发展等专业性论坛。要大力引进PE、VC、融资租赁、商业保理等“类金融”业态，服务实体经济发展。要完善工作机制，落实产业发展“1+1+12”政策体系，做实做强市招商办公室，理顺招商工作机制，强化人员、资源保障，发挥驻外机构“窗口”“桥梁”作用，设立重点城市招商小分队，引入招商中介服务机构，建立以政府为主、市场为辅、各方面共同参与的招商引资工作机制。

（二）狠抓项目建设。要全面推进53项省重点建设项目、265项市重点建设项目，确保重点项目年度投资取得新的突破。要强化“乙方思维”，落实一名领导负责、一个专班服务、一张时间表推进的“三个一”重点项目服务制度，推动意向项目早签约、签约项目早开工、开工项目早投产、投产项目早达产。要确保中石油炼化一体化项目今年底炼油部分投料试生产，全力服务国商储油库、吉林石化ABS、揭阳LNG、国电投、中广核、明阳和GE海上风电等项目加快建设。要加强与广物、泛亚、中国化学集团以及中石化广州工程公司的协调对接，完善项目选址方案和用地规划，推动项目在上半年开工建设。要大力

发展现代服务业，推进建设一批生产性、生活性服务业重点优质项目。要加快发展文化旅游业，加大文旅资源挖掘整合力度，打造文旅特色产品和精品线路，扎实推进神泉湾文旅项目等开发建设，盘活揭西优质文旅资源。要加快玉文化产业转型升级，做好产业总体规划，完善产业链条，加强玉雕人才培训，提高玉文化品位，擦亮“中国玉都”名片。

（三）提升产业园区。要完善园区发展规划，编制重点园区基础设施建设项目、招商引资项目及重点企业等工作清单，建立园区目标管理、动态监测、年度评价工作机制，做大做强全市十大重点产业园区，支持条件成熟的园区扩容发展，以产业园区的提质增效支撑县域经济高质量发展，把基础扎实、优势突出的县（市、区）培育成为具有较强带动力和影响力的“经济强县”。要以榕城区为先行点，积极推进村级工业园改造升级，促进产业集聚发展、土地高效利用和城市品质提升。要加强与合作方的沟通对接，积极向上争取政策支持，加快大南海石化产业园拓展区和海上风电产业基地规划建设步伐。要着力推进惠来临港产业园建设，打造新能源绿色发展示范区。要加快创建国家级高新区，力争今年通过考评，理顺机构体制机制，实现“一区多园”有效管理。要积极创建国家级经济技术开发区，联动中德金属生态城打造中欧合作平台。要依托重点园区，实施传统产业提升计划，谋划培育绿色石化、海上风电与海工装备、现代轻工纺织、生物医药与健康、现代农业与食品、注塑日用品、高端装备制造、智能机器人、新能源等特色产业集群，推动绿色石化、风电装备等产业与纺织服装、医药、塑胶、五金等传统产业紧密对接，形成配套关联，延伸产业链条，促进传统产业转型升级，加快构建现代化产业体系。

五、实施城市建设攻坚行动，不断提升城市品质

当前，揭阳已进入城市带动经济社会综合转型的新阶段。要紧扣“建设宜居宜业宜游的活力古城、滨海新城”，实施城市建设攻坚行动，坚决整治城市突出问题，加快完善城市功能，提升城市形象和品质内涵，不断提高城镇化水平。

（一）坚决整治违法建设。要保持高压态势，深入开展违建拆除集中攻坚，确保全年拆除违建366万平方米，推动触碰生态红线、占用基本农田等恶劣违建全面清零，年内基本完成市普查在册在建违法建设分类处置工作，坚决完成违法建设治理三年行动计划。要全面落实“零报告”制度，完善日常巡查、常态化核查和动态监管制度，对应拆未拆、控停期间偷建抢建加建、群众反映强烈的违法建设，坚决一拆到底，确保新增违法建设“零增长”。要坚持打击违建、依法疏导、规范管理相结合，多措并举促进房地产市场健康发展。

（二）有序推进城市更新。要坚持老城蝶变、新城崛起两手抓，以“绣花”功夫实施古城保护性改造，以“产城”联动推进各地新城开发建设。要有力有序推动城市更新改造，加快新河社区改造步伐，打造全市首个连片改造的旧村示范样板。各地要科学划定更新单元，谋划启动一批“三旧”改造连片开发项目和城中村改造项目，加大老旧小区、老旧管网、城中村改造和社区建设力度。要盘活用好揭阳楼及广场、市文化中心，优化功能布局，修缮改造提升，抓好管理运营，充分发挥其文化设施的价值作用，更好地展示城市形象、服务人民群众。

（三）完善重要基础设施。要坚持交通先行，加快揭阳潮汕国际机场扩容，加快惠来港区建设，推动榕江港区升级，全面推进汕汕高铁及惠来站一体化工程、揭惠铁路、陆惠高速、进贤门大桥等重大交通基础设施，开工建设粤东城际铁路、揭普惠快速通道、京灶大桥、榕江新城过江通道，实施国道、省道升级改造，全面提升市际、市内交通互联互通水平。要推动中心城区5G网络全覆盖，加强人工智能、物联网等新型基础设施建设，加快补齐教育、医疗、养老、文体、停车等城市公共服务设施短板。

（四）提高城市管理水平。要把全周期管理理念贯穿城市规划、建设、管理全过程各方面，全方位拓展优化市区、各地城区和粤东新城的城市生产、生活和生态空间，合理布局城市产业空间，促进城市有序建设，提升城市管理水平和效能。要严格落实控规单元规范土地管理，发挥规划引领作用，划定控规单元，整治零散、低效、闲置等用地。要以“创文巩卫”为引领，抓住镇街执法体制改革的契机，推进城市管理精细化、网格化、数字化，建立城市管理长效机制。要开展市区园林绿化现状调查摸底，启动创建国家园林城市工作。要启动创建全国双拥模范城，推动军民融合深度发展。

六、实施乡村振兴攻坚行动，促进农业强农民富农村美

加快实施乡村振兴战略步伐，是解决揭阳发展不平衡不充分问题的重要途径。今年，中央把解决好“三农”问题作为全党工作重中之重，举全党全社会之力推动乡村振兴，我们要牢牢把握这一重大机遇，突出重点，科学谋划，加快推进农业农村现代化，努力促进农业高质高效、乡村宜居宜业、农民富裕富足。

（一）促进产业兴旺。紧紧扭住

产业建设，落实针对性举措，着力破除发展障碍，激发农村发展动能。要围绕发展现代农业，大力推行农业产业链“链长制”，打造第一批10条市级农业产业链，积极创建一批省级现代农业产业园和“跨县集群、一县一园、一镇一业、一村一品”，发展农产品产地初加工和精深加工，增强农业科技含量和品牌带动能力，实现规模种养、精深加工、冷链物流、互联网销售等一、二、三产业融合发展。要充分发挥各地镇街资源优势，坚持产业兴镇，增强中心镇的集聚能力和辐射功能，建立各具特色的新型城镇发展格局，推动镇域经济发展壮大。要认真做好省级城乡融合发展示范区试点工作，作为市县、中心镇试点的揭东区和空港区砲台镇、普宁市占陇镇，要围绕特色化、品质化、高质量发展的要求，积极探索建立城乡融合发展体制机制，尽快取得试点任务的阶段性成果，形成可复制可推广的经验。要落实最严格的耕地保护制度，稳定粮食种植面积，创新生产经营模式和利益联结机制，强化农业科技和装备支撑，大力扶持农业龙头企业和新型农业经营主体，提高科技成果转化率，提升农业综合生产能力。要大力推进土地承包经营权流转，全面实施“灭荒”三年行动计划，解决农村承包地碎片化、收益低、流转难和土地撂荒问题。要做好巩固拓展脱贫攻坚成果同乡村振兴有效衔接，谋划落实好新一轮帮扶镇村工作，全力提升村级集体经济发展能力，消除年经营性收入5万元以下的集体经济薄弱村。

（二）**建设美丽乡村**。注重示范引领，体现揭阳特色，谋划打造一批生态宜居美丽乡村示范村，带动全域美丽乡村建设。要巩固“三清三拆三整治”成效，建立清拆整治和长效治理机制、卫生保洁和基础设施管护机制，让农村人居环境从“一时美”变成“持久美”。要完善农村基础设施投入机制，抓深抓细村巷道硬化、集中供水、“厕所革命”等工作，充分发挥“农民工匠法”优势作用，推进城乡基本公共服务标准统一、制度并轨，补齐农村基础设施和公共服务短板。要抓好传统古村落保护活化利用，深化文明村镇创建活动，开展风貌提升示范带（片）试点建设，鼓励村民因地制宜打造“四小园”，开展第二届揭阳“十大美丽乡村”评选活动。

（三）**强化人才支撑**。以组织振兴、人才振兴为引领，全面加强农村人才队伍建设，为推进农业农村现代化提供坚实支撑。要用好农村干部队伍建设、发展党员工作等专题调研成果，完善村级“两委”后备队伍“选、育、管”机制，制定和落实好党员发展计划，建立全市村级后备干部人才库，加强对村（社区）一把手的监督指导，切实提高“两委”干部的能力素质。要深入推进“粤菜师傅”“广东技工”“南粤家政”三项工程建设，培育更多高素质技能人才。要深入实施在外乡亲“回家行动”和人才“上山下乡”工程，完善吸引人才返乡留乡政策，推动人才资源向农村基层一线流动。要实施高素质农民培育工程，加强农村劳动力培训，把培训送到田间地头、千家万户，着力培育爱农业、懂技术、善经营的高素质农民，更好推动产业发展、助力乡村振兴。

七、实施生态环境攻坚行动，加快建设美丽新揭阳

当前，我市生态环境治理依然任重道远。要牢固树立、积极践行绿水青山就是金山银山的理念，实施生态环境攻坚行动，以水污染防治为重点，坚持“狠治、快建、善管”，着力解决水、气、土突出环境问题，加快建设人与自然和谐共生的美丽新揭阳。

（一）**全力加强水污染防治**。要把国考、省考断面水质达标作为今年生态环境攻坚行动的“一号工程”，充分发挥河湖长制作用，落实好“一河一策一专班”“一厂一网一专班”制度，聚焦龙石、青洋山桥断面水质达标，开展精准治污，系统推进榕江和练江重点河涌污染整治，确保龙石国考断面水质稳定达到Ⅳ类、青洋山桥断面消除劣Ⅴ类，全面消除建成区劣Ⅴ类水体。要补齐污水处理能力短板，普宁市年底前要完成21万吨新建污水处理厂的建设、运营。要加快推进全市管网、污水处理站技改项目和箱涵等建设工作，确保年内完成，形成处理能力。要深入开展网格化清查排查，研究建立污水处理设施运维管理机制，做到厂、管、网有效衔接、同步运行，确保污水截得住、收得进、处理得好。要强化重点流域食品、印染、金属等涉水企业执法监管，坚决清理“散乱污”企业和各类面源污染，严厉打击涉环境违法行为。

（二）**持续改善大气环境质量**。要围绕大气环境指标提升改善，加强联合执法，综合治理工业、车船、扬尘和露天焚烧、餐饮油烟等污染源，严格成品油使用监管，强化对氮氧化物和挥发性有机物的管控，做好污染天气应急应对工作。要充分发挥技术支撑作用，用好技术监测手段，持续做好监测台账，加强数据分析和结果运用，精准施策开展整治。

（三）**全面推进系统治污**。要统筹抓好山水林湖田草系统治理，高质量推进万里碧道建设，加强桑浦山、黄岐山、大北山等生态屏障保护，加快“三江连通”工程建设，抓好中小河流治理和堤岸生态修复，同步推进河道清淤、沿河清拆、河面清理。要全面推行林长

制，建立市、县、镇、村各级林长体系，实现“山有人管、树有人护、责有人担”。要抓好土壤污染和固体废物污染防治，推进生活垃圾分类，加快普宁市焚烧发电厂二期、绿源焚烧发电厂二期、揭西县焚烧发电厂一期等项目建设。要推进建筑垃圾循环利用，努力把中德金属生态城打造成为清洁生产及循环经济发展示范区。要强化节能减排约束性指标管理，加强环境保护宣传力度，实施环境违法行为有奖举报。要全面压实生态环境保护责任，优化考核指标、考核内容、考核方式，强化约谈督办机制，构建横向到边、纵向到底的生态环境工作网络。

八、实施社会治理攻坚行动，深入推进平安揭阳建设

统筹发展和安全，是实现“十四五”开好局的重要前提和保障。要实施社会治理攻坚行动，防范化解涉稳风险隐患，夯实社会治理基础，全力维护社会大局和谐稳定，建设更高水平的平安揭阳。

（一）**防范化解重大风险**。要坚持以大概率思维应对小概率事件，把打好建党100周年安保维稳主动仗作为全年防风险工作的主线，落细落小防风险、保安全、护稳定各项措施，坚决守住不发生系统性风险底线。要持续深入开展维护国家政治安全专项行动，守牢“意识形态”阵地，坚决防范敌对势力渗透颠覆破坏活动。要倒排工期、加快推进信息创新（国产化）工程，确保年底前全面完成替代任务。要坚持疫情防控和维护稳定两手抓，密切关注企业债务违约、非法集资、工资拖欠等经济运行突出风险，扎实做好上市公司、农商行等金融风险防控和处置工作，坚决打击“逃废债”行为。要严格落实安全生产、食品安全责任和管理制度，深入开展隐患排查整治，坚决防范遏制重特大安全事故发生。

（二）**积极创新社会治理**。要全面落实重大突发事件“四个一”应急处置和全国全省“一盘棋”应急响应机制，强化完善维稳工作机制，提高应急处置的针对性和实效性。要加快建设市级综治创新平台、综治中心，抓好全国市域治理现代化试点地区建设，推动社会治理重心下移，完善以乡镇（街道）为主体、以村（社区）网格单元为依托的“多网合一”网格化治理体系。要聚焦疫情防控暴露出来的短板，提升市县医院医疗服务能力，加强基层医疗卫生保障，加快完善疾病预防控制、疫情监测预警、应急物资保障等体系，织密织牢公共卫生防护网。

（三）**严厉打击违法犯罪**。要建立健全长效常治机制，常态化推进扫黑除恶专项斗争，持续抓好全国扫黑办特派督导组反馈问题整改落实，继续加大行业整治力度。要加强公安基层基础工作，建好建强公安派出所，持续开展社会治安综合治理，保持对突出刑事犯罪的高压打击态势，严厉打击盗抢骗、黄赌毒、食药环等违法犯罪，深入开展涉烟违法犯罪专项打击行动，深化电信诈骗问题整治，巩固涉毒整治成果。要针对盗窃、诈骗高发态势，试点推行“破小案”机制，不断增强群众安全感。

（四）**切实保障改善民生**。要围绕民生领域短板，加大政府统筹和投入力度，让人人享有更高水平的公共服务。要坚持教育优先发展，建好办好广东工业大学揭阳校区，加快创建技师学院、卫生健康学院，科学统筹全市普通高中学校布局，扎实推进“麻雀”学校撤并和职业学校整合，规范民办教育办学秩序。要坚持“以人民健康为中心”，全面加强广州高水平医院与我市各地医疗机构的帮扶合作，推动高水平医院和区域医疗中心建设，采取医联体、医共体、合作办医等形式整合统筹医疗资源，提高基层医疗卫生服务能力，切实解决“看病难、看病贵”问题。要加快引韩、引龙供水工程建设，推进全市城乡供水一体化建设、水资源能力一张网建设管理，切实保障用水安全。要健全社会保险统筹机制，完善覆盖全民的社会保障体系。

“八大攻坚行动”是系统工程，需要各方各级的共同努力。全市各级人大、政府、政协、法院、检察院、各人民团体、中央和省驻揭单位以及驻揭部队要在党委的领导下，凝心聚力、真抓实干，围绕中心、服务大局，以新担当新作为奋力推动“十四五”开好局起好步。

同志们，征途漫漫，惟有奋斗！让我们高举习近平新时代中国特色社会主义思想伟大旗帜，更加紧密地团结在以习近平同志为核心的党中央周围，不忘初心、牢记使命、接续奋斗，以一往无前的奋斗姿态、风雨无阻的精神状态，加快建设宜居宜业宜游的活力古城、滨海新城，努力打造沿海经济带上的产业强市，以优异成绩庆祝建党100周年！

推动高质量发展 创造高品质生活
加快建设活力古城滨海新城产业强市

——在中国共产党揭阳市第七次代表大会上的报告

（2021年12月28日）

市委书记 王 胜

现在，我代表中共揭阳市第六届委员会向大会作报告。

在“两个一百年”奋斗目标历史交汇的关键节点、加快推动揭阳高质量发展的关键时期，召开中国共产党揭阳市第七次代表大会，意义重大而深远。大会的主题是：高举习近平新时代中国特色社会主义思想伟大旗帜，深入贯彻落实习近平总书记重要讲话和重要指示批示精神，动员全市上下从百年党史中汲取奋进力量，凝心聚力、砥砺前行，推动高质量发展，创造高品质生活，加快建设宜居宜业宜游的活力古城、滨海新城和沿海经济带上的产业强市，奋力谱写揭阳现代化建设新篇章。

一、如期全面建成小康社会，为开启揭阳现代化建设新征程奠定坚实基础

市第六次党代会以来，我们坚持以习近平新时代中国特色社会主义思想为引领，全面贯彻落实习近平总书记重要讲话和重要指示批示精神，在省委的坚强领导下，团结带领全市干部群众，认真落实省委“1+1+9”工作部署和省委对揭阳发展的定位要求，积极抢抓机遇、应对挑战，推动各项事业取得新进步。

这是党的建设全面加强的五年。我们坚持把抓好党建作为最大政绩，不断提升党建科学化水平。持续深入学习贯彻习近平新时代中国特色社会主义思想，制定实施市委落实“两个维护”十项机制的若干措施，建立完善政治要件闭环落实机制，严肃政治纪律和政治规矩，教育党员干部增强“四个意识”、坚定“四个自信”、做到“两个维护”。精心组织开展“两学一做”学习教育、“不忘初心、牢记使命”主题教育和党史学习教育。实施基层党建三年行动计划，构建基层党建“1+1+6”工作体系，推动基层党组织全面进步。优化干部选育管用，坚持正确用人导向，高标准高质量完成县镇两级领导班子集中换届，干部整体素质大幅提升，精神面貌焕然一新，选人用人风清气正。全面落实省委巡视反馈意见整改，完成六届市委任期内巡察全覆盖。完成市县两级政法队伍教育整顿。严格落实中央八项规定及其实施细则精神，坚决查办大案要案，大力整治群众身边腐败问题，党风廉政建设和反腐败斗争深入推进。

这是经济发展稳中有进的五年。我们坚持稳中求进工作总基调，着力推动经济平稳健康发展。聚焦“一城两园”加快揭阳滨海新区开发建设，粤东新城发展框架全面拉开；大南海石化工业园产业链规划顺利完成，中石油炼化一体化等项目建设加快推进；临港产业园吸引国家电投、美国通用等企业先后落户，海上风电全产业链集群蔚然成型。大力发展特色产业，形成纺织服装、金属、化工、医药制造、电气机械以及设备制造等支柱产业。成立重点项目、工业稳增长、外贸高质量发展、财税和招商选资5个专班，及时解决经济工作遇到的问题。明确“三贡献一高一强”招商选资标准，推动重点产业园区建设提质增效，揭东经济开发区升级为国家级开发区。

这是城乡面貌深刻改变的五年。我们坚持统筹城乡发展，多措并举推动城乡面貌实现大变化。全市高速公路总里程居粤东第一，4E级揭阳潮汕国际机场通航68个境内外城市，粤东交通枢纽地位进一步巩固。完成群众期盼10多年的S234线浦东平交至霖磐高速口拆改建工程，打通市区20多年的“断头路”天福东路，建成揭阳大桥和环岛路。榕江新城开发建设全面推进。成功创建国家卫生城市、省文明城市，实现省县级文明城市、卫生县城全覆盖。扎实推进“千村示范、万村整治”工程，实现“干净整洁村”全覆盖。揭西县入选首批广东省全域旅游示范区，揭东区埔田镇获评全国特色小镇，揭西山湖村获评省十大美丽乡村。在全省率先试点农业产业链“链长制”，推进涉农资金统筹整合改革，创新农村建设“农民工匠”模式，得到中央和省的

肯定和推广。

这是治理能力显著提升的五年。我们扎实推进治理体系和治理能力现代化，全面提升治理效能。优化功能区发展体制，完成市县党政机构、纪检监察、乡镇（街道）体制改革。系统性改革重组国有企业，成立市投控集团。全面推进农村雨污分流工程、城镇环保基础设施建设，练江青洋山桥断面主要污染物指标连续下降，榕江龙石断面水质稳定达标Ⅴ类，龙江水质持续保持优良，市区6条黑臭水体治理工程完成。大气环境质量六项指标连续四年全面达标，揭西县荣获“中国天然氧吧”称号。大力清理闲置低效土地，分类处置违法建设。全面完成农信社改制任务，成功处置化解惠来农信社、揭阳农商行、揭东农商行及有关上市公司风险。圆满完成中国共产党成立100周年、新中国成立70周年大庆等维稳安保任务。扎实开展扫黑除恶专项斗争，榕城区荣获全国社会治安综合治理最高奖项“长安杯”，并获评“平安中国建设示范县”，惠来毒品问题重点整治实现“摘帽”。全面落实新冠肺炎疫情防控常态化各项措施，2020年4月份以来，全市无新增确诊病例。

这是民生福祉持续改善的五年。我们坚持以人民为中心的发展思想，统筹做好各项保障和改善民生工作。在全市干群的共同努力和帮扶单位的大力支持下，脱贫攻坚战取得全面胜利，全市10.58万相对贫困人口全部脱贫，162条相对贫困村全部出列。五年来共支出约1366亿元用于改善民生，占一般公共预算支出比重超80%，基本养老、基本医疗、城乡低保等保障水平逐年提高。创新院地合作模式，两家三甲医院纳入省高水平医院重点建设医院，健全市县镇村四级医疗服务网络，实现县域医共体建设全覆盖。优质高效建成广东工业大学揭阳校区，填补揭阳本科院校空白。推进“麻雀”学校撤并和职业学校整合，新（改、扩）建普惠性幼儿园323所、中小学校860所，新增优质学位16.5万个。实现市县镇村四级公共文化设施全覆盖。加快“四好农村路”建设，全市行政村实现村村通客车。强化群众饮水安全保障，揭阳引韩供水工程通水试运行，全市1446个行政村自来水供水到村实现全覆盖。完善“我为群众办实事”工作机制，做好全市各类政务服务便民热线整合归并工作，开通“急难愁盼我来办”领导留言板平台，切实解决群众操心事烦心事揪心事。

五年的奋斗，不仅收获了丰硕成果，也深化了我们对如何做好揭阳工作的认识。我们深刻体会到：必须旗帜鲜明讲政治，坚定不移以习近平新时代中国特色社会主义思想凝心铸魂，不断提高政治判断力、政治领悟力、政治执行力，坚决以贯彻落实总书记重要讲话、重要指示批示精神和党中央决策部署为前提谋划推进工作，确保揭阳各项事业始终沿着正确方向前进。必须不忘初心为人民，坚定不移把群众利益放在第一位，坚持人民至上，用心用情用功办好民生实事，加快补上民生短板，让全市人民群众获得感更足、幸福感更可持续、安全感更有保障。必须笃定心志抓发展，坚定不移贯彻落实新发展理念，不断做优做大经济存量和增量，全面加强和创新社会治理，以经济社会的高质量发展解决问题、改善民生、创造未来。必须固本培元强党建，坚定不移推进全面从严治党，全面加强党的各项建设，推动政治生态持续好转，以党风政风的“山清水秀”带动营商环境和发展环境持续改善。

同志们，五年的实践极不平凡，五年的成绩来之不易。这是习近平新时代中国特色社会主义思想引领下取得的成果，是党中央和省委坚强领导下取得的成果，是历届市委领导班子带领全市干部群众拼搏奋斗的成果，是社会各界共同努力的成果。在此，我代表中共揭阳市第六届委员会，向所有为揭阳改革发展做出贡献的同志们、朋友们，致以崇高的敬意和衷心的感谢！

在肯定成绩的同时，我们还要清醒认识到：底子薄、财力弱，发展速度和质量不高，仍然是揭阳的最大实际；城市发展水平不高、环境不优、影响力偏弱，对高层次人才吸引力不足，创新驱动能力不强，仍然是制约揭阳发展的最大短板；传统产业转型升级滞后，生态环保任务繁重，民生事业欠账较多，城乡发展不够均衡，仍然是揭阳亟须解决的现实问题。此外，党风廉政建设和反腐败斗争形势依然严峻复杂，一些干部的思想、能力和作风还不适应新时代要求，等等。对这些问题，我们必须勇于直面、敢于斗争，采取有力措施切实予以解决。

二、立足新起点，锚定揭阳现代化建设新目标

2020年10月，习近平总书记再次亲临广东视察，要求广东以更大魄力、在更高起点上推进改革开放，努力在全面建设社会主义现代化国家新征程中走在全国前列、创造新的辉煌。2017和2020年，省委书记李希两次专程莅揭调研，为新时代揭阳高质量发展明确了定位。我们要深入学习贯彻总书记对广东重要讲话和重要指示批示精神，紧扣省委对揭阳发展的定位要求，把握形势，抓住机遇，锚定目标，奋力推动揭阳在现代化建设新征程上行稳致远。

（一）面向未来，我们必须认清

大局大势。当前，国际环境不稳定性不确定性明显增加，新冠肺炎疫情影响广泛深远，经济全球化遭遇逆流。我们要胸怀“两个大局”，牢记“国之大者”，努力在危机中育新机、于变局中开新局。一方面，在新经济加快发展和全球产业分工格局持续调整的背景下，揭阳完全可以凭借产业基础主动作为、跻身进位，在特定领域打入全球供应链，在国内外市场占据一席之地，形成后发赶超之势；另一方面，国际形势错综复杂，我们要做好打持久战的准备，特别是要着力破解科技创新能力不强、人才供给相对落后等问题，在突破瓶颈的同时加快发展，为全国全省发展大局作出揭阳贡献。

（二）**面向未来，我们必须抓住历史机遇**。未来五年，一大批政策红利将集中释放，为揭阳发展提供强劲动力。从中央和国家层面看，在构建国内大循环为主、国内国际双循环相互促进的新发展格局下，生产、分配、流通、消费将进一步打通，为揭阳经济发展带来新的增长点。从全省层面看，“双区”建设、“双城”联动、“一核一带一区”区域发展格局和两个合作区建设的政策叠加利好将全面兑现，所释放的强劲发展动能必将源源不断传导至揭阳。此外，省对揭阳滨海新区建设等一系列扶持政策也将进一步落地见效。未来五年，我们必须倍加珍惜重要机遇，积极争取各方支持，大力加强对外合作，创造发展条件，优化发展环境，吸引更多优质外部要素资源，努力在全国和全省新一轮大发展中赢得先机、赢得未来。

（三）**面向未来，我们必须把握自身定位**。揭阳是千年古邑，历史文化底蕴深厚，又地处广东沿海经济带东翼，交通区位、资源禀赋优越。经过建市30年特别是党的十八大以来的发展，积累了良好的产业基础、发展基础。省委李希书记要求我们聚焦高质量发展，建设宜居宜业宜游的活力古城、滨海新城，努力打造沿海经济带上的产业强市。这一发展定位，为我们在全国、全省大局大势中、在“一核一带一区”区域发展格局中找准了坐标，在揭阳发展历史进程中找准了方位。我们要深刻领会这一定位的丰富内涵，准确把握这一定位的实现路径，自觉肩负起推动沿海经济带东翼迅速崛起的历史使命，坚持一张蓝图干到底，把省委对揭阳的发展定位变成美好现实。

今后五年全市工作的总体要求是：坚持以习近平新时代中国特色社会主义思想为指导，全面贯彻党的十九大和十九届历次全会精神，深入学习贯彻习近平总书记对广东重要讲话和重要指示批示精神，把握新发展阶段，贯彻新发展理念，服务构建新发展格局，坚持稳中求进工作总基调，深化落实省委“1+1+9”工作部署，深度融入“一核一带一区”区域发展格局，坚决落实省委对揭阳发展的定位要求，推动高质量发展、创造高品质生活，加快建设宜居宜业宜游的活力古城、滨海新城和沿海经济带上的产业强市。

今后五年揭阳经济社会发展的主要目标是：

经济实力迈上新台阶。经济质量、经济结构更加优化，主要经济指标增速高于全省平均水平。创新能力显著增强，发展动能更加强劲，世界级绿色石化产业基地初具规模，全国重要的海上风电全产业链生产基地基本建成，传统优势产业提质增效，县域经济彰显活力。到2026年，基本形成以揭阳滨海新区为主引擎，中心城区为支撑，各县区协调发展的格局，建设成为广东沿海经济带上的产业强市。

城乡建设展现新面貌。成功创建全国文明城市，巩固国家卫生城市创建成效，城市功能设施不断完善，城乡融合发展取得新进展，到2026年，常住人口城镇化率达到56%。全市老城区保护更新加快，揭阳古城历史风貌得到修复，文化遗产保护利用成效明显，成功创建国家历史文化名城；揭阳滨海新区“一城两园”布局更加优化，陆海统筹、港产城联动的发展态势更加稳固，到2026年，一座初具规模的宜居宜业宜游活力古城、滨海新城屹立于南海之滨。

改革开放迈出新步伐。重点领域改革取得突破性进展，要素市场化配置改革、民生领域改革等全面推进，市场化、法治化、国际化营商环境基本形成，市场主体活力得到充分激发。警务综合改革等试点改革顺利完成，形成一批可复制可推广的揭阳经验。对外开放水平进一步提升，对外贸易结构不断优化，外商投资质量和管理服务水平不断提升，外贸新业态新模式加快发展，“一带一路”重要节点城市地位不断提升。

民生福祉再上新水平。社会事业全面进步，公共服务均等化优质化水平不断提高，建成技师学院、卫生健康职业学院，市民享有更优质的教育、更完善的医疗、更公平的保障；生态环境全面改善；居民就业质量进一步提升，居民收入水平和经济发展同步增长，共同富裕取得明显的实质性进展；脱贫攻坚成果巩固拓展，乡村振兴全面推进，人民群众获得感更足、幸福感更可持续。

治理能力实现新跨越。全面从严治党向纵深推进，干部队伍思想能力作风更加过硬，基层党组织战斗堡垒作用和党员先锋模范作用充分发挥，正气充盈、政治清明的良好政治生态进一步巩固发展。法治政府建设成效明显，政府治理体系不断完善。市域治理体系和治理能力现代化水平显著提升，防范化解重大风险机制更加完善，社会大局和谐稳定，人民群众安全感更有保障。

蓝图催人奋进，责任呼唤担当。揭阳今后五年的发展目标，绝不是敲锣打鼓、轻轻松松就能实现的。我们必须切实加强思想能力作风建设，保持“越是艰险越向前”的英雄气概，保持“敢教日月换新天”的昂扬斗志，担当实干、攻坚克难，努力创造无愧于时代、无愧于人民、无愧于历史的业绩！

三、加快建设活力古城滨海新城产业强市，在高质量发展中创造高品质生活

奋斗创造历史，实干成就未来。我们要把建设宜居宜业宜游的活力古城、滨海新城，打造沿海经济带上的产业强市作为统领揭阳全局的发展目标，保持平稳健康的经济环境、国泰民安的社会环境、风清气正的政治环境，埋头苦干、勇毅前行，全力推动高质量发展、创造高品质生活，在现代化建设新征程上跑出加速度、干出新气象。

（一）着力壮大实体经济，加快打造产业强市。打造产业强市，既是落实省委对揭阳发展定位要求的具体举措，也是揭阳实现高质量发展的必然要求。要以招商选资为主要抓手，充分发挥揭阳的资源禀赋和比较优势，主动对接“双区”和两个合作区的产业建设，优化产业布局，完善产业体系，提升产业园区，强化我市产业发展整体优势，加大金融服务实体经济力度，夯实经济高质量发展根基。

一要以“三贡献一高一强”为标准大力加强招商选资。揭阳经济高质量发展，必须加大招商力度；面对越来越紧缺的土地、海洋等资源，越来越严格的环保、能耗等约束指标，必须强化选资意识。为此，市委、市政府提出以“三贡献一高一强”为主要评估标准，围绕产业链加强招商选资。“三贡献”，强调的是单位土地产值贡献和财税贡献、单位能耗产值贡献和财税贡献、单位环保容量产值贡献和财税贡献；“一高”，强调的是科技含量；“一强”，强调的是产业带动能力。要坚持把该评估标准落实到招商选资工作全过程，依托中石油炼化一体化、海上风电等重大产业项目，全面梳理产业链招商图谱，力争引进一批“强链”“补链”“延链”项目，同时要坚决遏制“两高”项目盲目发展。要打造招商平台，建好招商队伍，创新招商方式，紧盯重点地区、重点对象和龙头企业开展精准招商，加强对招商项目的评估和后续监管工作，确保每年都实实在在引进一批优质项目。

二要以重点园区为载体推动产业集聚集约发展。园区是解决我市工业企业小、散、乱问题，创造规模效应、腾出发展空间的重要平台。要力争2022年成功创建国家级高新区，在“一核三区”的基础上构建“一区多园”协调发展模式，推动形成以国家级高新区和国家级经济技术开发区两个“国字头”园区为龙头、特色和专业产业园区为主体、镇村工业集聚区为补充的发展格局。大南海石化工业区要优化园区规划，招引不同产业链头部企业落户，满足中下游企业原料多元化需求，形成以石油化工为龙头，精细化工、新材料、生物医药等产业集聚发展的全产业链布局，加快建设石油化工万亿级产业园区；惠来临港产业园要以国电投为龙头，以海上风电母港为核心竞争力，以GE、明阳、远景等一批企业为骨干，持续谋划和引进建设一批产业项目，形成集开发、科研、总装、制造、运维为一体的海上风电全链条产业，加快建设海上风电万亿级产业园区。要全面实施园区提质升级工程，狠抓项目建设和产业引进，有效推进“工改工”，推动揭阳高新区、揭东国家经开区及其他各县（市、区）产业园、工业园不断做大做强，为企业发展、产业联动、创新链培育提供高质量平台支撑。

三要以产业集群为抓手构建揭阳特色的现代产业体系。现代产业体系是揭阳产业转型升级、增强竞争力的重中之重。要围绕广东沿海经济带建设产业分工，充分发挥揭阳资源禀赋和产业基础，打造一批集聚度高、竞争力强的产业集群。要加快建设绿色石化、海上风电两大战略性产业，推动服装、医药、金属等传统优势产业数字化转型升级，全力打造先进制造业。要坚持服务实体经济、满足人民需求，积极培育科技研发、创意设计、健康养老等生产生活性服务业，大力发展“总部经济”“会展经济”“平台经济”，打造以人为本、体系完善、效益多元的现代服务业。要把握文旅消费新趋势，充分发掘历史文化资源、红色资源和乡村资源，建设一批旅游景区、红色景点、特色小镇，打造彰显千年古邑、滨海城市魅力的文化旅游业。要深入实施创新驱动战略，以推进科技创新为重点，以创建国家级高新区为契机，深入实施高新技术企业数量和规模“双倍增”行动，打造一批制造业“单项冠军”“隐形冠军”。

四要以重点企业和重点项目为龙头强化经济发展支撑。加快揭阳经济高质量发展，关键要把重点企业和重点项目的重要引擎作用发挥出来。要实行全方位“保姆式”服务，更加精准、有力地扶持重点企业，实打实帮助企业增加订单、扩大生产、提升质量，推动民营企业

加快转型升级，向“专精特新”方向不断发展壮大。要实施市场主体培育行动，规范市场主体管理，大力弘扬企业家精神，全面落实惠企政策，促进“个转企、小升规、规进高、高上市、创品牌、提存量”，培育有竞争力的优秀企业。要全力服务中石油2000万吨炼化一体化+年产260万吨芳烃+120万吨乙烯、国电投90万千瓦海上风电、中石油吉化年60万吨ABS、辽阳石化芳烃产业链基地化项目等重大产业项目建成投产，更好发挥重点项目的拉动作用，确保投资实现有效增长，为揭阳经济持续健康发展提供坚实支撑。

（二）着力提升城市品质，加快老城蝶变新城崛起。城市品质反映城市的精神面貌，决定城市未来发展的竞争力。要紧扣“宜居宜业宜游”，坚持高起点规划、高标准建设、高水平管理，推动老城蝶变、新城崛起，加快建设活力古城、滨海新城，全面提升揭阳城市品质。

一要激发千年古城的现代活力文化魅力。人们为了生活来到城市，为了生活得更好留在城市。我们要大力提升建设和管理水平，把揭阳这座千年古城的魅力和活力充分激发出来，让更多的人愿意来、来了不想走。要以创建国家历史文化名城为目标，以榕城区为主阵地，坚持原真性保护与创新性发展相结合，完善古城保护活化规划设计，切实保护好市区“三山两水一古城”的城市空间形态，重点保护揭阳学宫等历史建筑群及古村落等文化文物设施，延续历史文化脉络。要充分发掘和弘扬优秀文化资源，讲好揭阳故事、传播揭阳声音，擦亮揭阳城市名片。要下足“绣花”功夫，精细做好功能完善、旧城改造、违建整治、文旅融合、产业赋能、水系修复等文章，盘活利用国有企业和公房，积极推进新河社区“三旧”改造、缅商玉文化基地等项目，规划打造中心城区现代服务核心区、潮汕特色宜居示范区和“活力古城”城市客厅，示范带动全市各地积极实施老城区保护性开发，加快向“新城市、新产业、新社区”转变。

二要发挥滨海城市的区位优势资源优势。以揭阳滨海新区为主阵地，用足用好用活省的扶持政策，坚持陆海统筹、港产城联动，加快建设宜居宜业宜游的滨海新城。要全面推进粤东新城、大南海石化工业园、惠来临港产业园“一城两园”港口、码头、道路、物流、文旅等项目建设，加快改造提升惠来老城，形成“港、产、城”联动融合发展格局。要丰富活化城市文化和自然生态景观，将其转化为文化旅游优势，增强滨海新城发展活力。要坚持以人为本，推动滨海新区产业协调发展，繁荣城市经济，完善服务功能，吸引人才向城市集聚，实现“以人兴城，产城共荣”，示范带动全市各地有序推进新城区开发建设。

三要完善城市基础设施基本功能。进一步推动揭阳潮汕国际机场扩容，全面推进汕汕高铁揭阳段、揭惠铁路、粤东城际铁路揭阳段等重大交通基础设施建设，提升揭阳港货运能力，推动形成布局合理、功能完善、衔接顺畅、运作高效的现代化快速立体交通网络。要推进206国道改造，优化中心城区、县城、中心镇的城市路网，建设高速公路快速连接线。要加快补齐教育、医疗、养老、文体、公交、停车等城市公共服务设施短板，优化能源系统布局，推进供水、排水、防灾等设施一体化建设，加快5G网络、云计算、工业互联网等新型信息基础设施建设。

四要推动各地各展所长各美其美。建设宜居宜业宜游的活力古城、滨海新城，是对揭阳全市全域的要求。要进一步发挥各县（市、区）的自身优势，实现错位发展、互补发展，形成布局合理、主题突出、优势互补的新型区域发展格局。要优化中心城区发展体制，加快榕城区、揭东区、高新区、产业园一体化步伐，加强古城保护性开发，推进榕江新城建设，打造空铁港综合枢纽、临空产业集聚区；推动揭阳滨海新区加快提升产业、人口、综合服务集聚功能，建设临海特色产业战略高地；普宁市要全面推进东部创新城开发建设，放大商贸优势，强化工业支撑，努力建成繁荣开放的“商贸名城”、多元融合的“创新之城”；揭西县要发挥生态和人文历史优势，加快建成生态发展示范区、国家级全域生态旅游目的地。

（三）着力推进乡村振兴，加快农业农村现代化建设。揭阳是农业大市。要坚持农业农村优先发展，以开展驻镇帮镇扶村工作为契机，以创建美丽圩镇为抓手，统筹推进乡村“五大振兴”，实现巩固拓展脱贫攻坚成果同乡村振兴有效衔接，加快建设农业高质高效、乡村宜居宜业、农民富裕富足的农业强市。

一要大力提升农业产业化水平。深化农业产业链“链长制”试点工作，全力打造好10条市级农业产业链和10条县级农业产业链。推动揭东炒茶、惠来鲍鱼、普宁油柑等特色优势产业申报省级现代农业产业园，全力推动普宁青梅产业园创建国家级产业园，构建“跨县集群、一县一园、一镇一业、一村一品”的现代农业产业体系。要在做好保障粮食安全工作的基础上，大力实施农产品品牌培育、农业产业链龙头企业培育工程，发展绿色食品、有机农产品和地理标志产品，推动规模种养、精深加工、冷链物流、互联网销售等一、二、三产业融合发展。

二要全力建设富有内涵的美丽圩镇。创建美丽圩镇，是巩固脱贫攻坚成果、全面推进乡村振兴的重要抓手。要坚持内涵式发展，强化圩镇对农村的辐射带动力、对镇域和县域经济的支撑力，提升农村基本公共服务水平，推动农业产业集聚发展，更好促进农业就近就地产业化、农村居民就近就地城镇化、公共服务就近就地均等化，努力把乡镇建成服务农民的区域中心。要坚持差异化建设，按照“宜商则商、宜工则工、宜农则农、宜游则游”的原则，分类分批推进美丽圩镇创建，完善乡镇卫生院、中小学、幼儿园、养老等公共服务配套，建好路网、供水、排水、排污等基础设施，优化产业发展布局，开展文明创建活动，实施美丽圩镇“挂摘牌”动态管理制度，在增强圩镇“内在美”的同时实现“持久美”，确保到2022年底，全面完成镇域环境基础整治，所有圩镇达到“宜居美丽圩镇标准”，每个县（市、区）20%以上的圩镇达到“示范美丽圩镇标准”。

三要全面提升农民素质和农村人居环境。实施高素质农民培育工程，培养更多爱农业、有文化、懂技术、会管理、善经营的新型职业农民，促进农民全面发展。深化文明村镇创建活动，深入推进移风易俗，提升乡风文明水平。要加快补齐农村人居环境基础设施短板，扎实推进农村道路建设攻坚行动，确保行政村公路实现“单改双”提升、自然村内道路基本实现路面硬底化。要持续推进美丽宜居村建设，大力实施农村“四小园”建设，打造一批乡村风貌提升示范带，确保到2022年60%以上行政村达到美丽宜居标准。要继续全面推行“农民工匠”模式；加强农房管控，规范农村宅基地管理，持续整治农村违法建设，滚动开展农房安全隐患排查和危房改造，切实保障农村村民住宅建设合理需求和农村房屋安全。

（四）着力深化改革开放，激发高质量发展动力活力。要大力弘扬敢闯敢试、敢为人先的改革精神，持续深入推进改革开放，充分激发发展新活力、释放发展新潜能、开拓发展新空间。

一要推动全面深化改革不断取得突破。认真落实中央和省委改革部署，聚焦发展所需、问题所在、民心所向，谋划实施一批重要改革事项，把改革推动发展的作用充分发挥出来。要在“1+1+N”警务综合改革取得初步成效的基础上，进一步在公安队伍管理体制改革、派出所综合改革、科技强警、民力助警和便民服务等方面下功夫，推动警务综合改革试点工作取得更大成效。要积极开展改革探索，高质量完成农业产业链“链长制”、新型农村集体经济发展、城乡融合发展等改革试点工作，打造更多具有揭阳特色的改革品牌，提供可复制、可推广的改革经验。

二要持续推进更高水平的对外开放。积极探索对外深度合作、协同发展新模式，加强与“一带一路”畅议沿线国家和地区务实合作，办好中德中小企业合作交流会，深化对德对欧合作。要推动揭阳港惠来港区、榕江港区扩大开放，加大外贸生产企业和综合服务企业培育力度，推动外贸高质量发展。要发挥揭阳快递业务量在全国排名靠前、连续两届获得“中国快递示范城市”称号的优势，大力发展跨境电商、物流，建设跨境电子商务综合试验区。要主动对接“双区”和两个合作区的资源要素，携手汕头市、潮州市共同建设汕潮揭都市圈，壮大沿海经济带东翼实力。

三要全面优化营商环境。实现高质量发展，必须把优化营商环境作为一项重要工作，对标国内先进地区，努力打造市场化、法治化、国际化的营商环境。要深化“放管服”改革，推进“数字政府”改革建设，大力实施“减证便民”行动，聚焦与群众和企业联系最密切的重点领域和办件量最多的高频事项，通过群众最容易理解的沟通方式，采取群众最容易接受的办理方式，全力打造政务服务揭阳模式。要全面实施市场准入负面清单制度，支持民营企业更好参与市场合作和竞争。要大力优化金融生态环境，加大打击逃废债力度。要畅通政企沟通渠道，着力构建亲清政商关系，推动服务理念、机制和作风全方位深层次变革，为企业提供精准、周到的服务，营造重商安商亲商的市场环境。

（五）着力加强和改善民生，努力创造高品质生活。“高品质生活”是“高质量发展”的价值取向。要始终坚持人民至上，在加快发展中同步解决民生问题、增进民生福祉，千方百计实现揭阳人民对美好生活的向往。

一要稳步提高居民收入水平。强化就业创业公共服务，深入实施“粤菜师傅”“广东技工”“南粤家政”工程，统筹做好高校毕业生、退役军人、农村劳动力、就业困难人员等重点群体就业创业。实施城乡居民增收计划，健全企业工资决定和正常增长机制，多渠道增加城乡居民财产性收入，扩大中等收入群体比重，着力提高低收入群体收入，缩小收入差距。大力提升村集体收入水平，促进农民增收致富。健全完善脱贫村脱贫户增收机制，严格落实“四个不摘”要求，抓实抓细防止返贫动态监测和各项帮扶工作，坚决守住不发生规模性返贫的底线。

二要切实提升社会保障水平。

完善基本养老保险制度、城乡居民基本医疗保险制度和大病保险制度，实现医保参保全覆盖。统筹健全社会救助、福利慈善、优抚安置等制度，加强困难群众和特殊群体关爱帮扶，稳步提高低保、特困人员、孤儿基本生活补贴和残疾人补贴保障水平。构建人才住房、公共租赁住房、安居型商品房等多渠道多形式住房保障制度，健全城镇住房保障体系。落实三孩生育养育配套支持政策，发展普惠托育服务，建设多层次多样化养老服务体系。

三要努力提升公共服务品质。坚持教育优先发展，办好广东工业大学揭阳校区、揭阳职业技术学院、揭阳技师学院；实施揭阳教育高质量发展三年行动方案，筛选一批基础较好的学校进行升级改造，规划新建一批学校，提供更多学位，促进教育公平，让全市学生能够“读好书”。实施揭阳市医疗服务高质量发展三年行动计划，完善医疗卫生软硬件和人才引进、服务配套，打造一批特色鲜明的重点专科，努力建设高水平医院；采用医联体、医共体、合作办医等形式，提高镇街卫生院、乡村卫生站的服务水平，更好满足群众医好病、服务好、负担轻就近就医需求。加快规划建设一批功能性多样化文化体育设施，增加和改善群众身边的文体活动空间，丰富公共文体产品服务供给。坚守饮水安全底线，协助推进粤东水资源优化配置工程，加快实施龙颈水库应急备用水源引水工程，完善全市城乡供水一体化建设、水资源能力“一张网”建设管理，让群众喝上“稳定水、放心水、优质水”。

四要全面打造绿色美丽揭阳。积极践行习近平生态文明思想，围绕实现“碳达峰、碳中和”目标，大力推动绿色低碳发展，精准落实能耗双控。压实生态环境保护责任，全面推行林长制、落实河湖长制，构建齐抓共管的“大环保”工作格局。深入打好污染防治攻坚战，彻底解决“水、气、土”突出环境问题，努力打造生态环境优美、山江城海交融、人与自然和谐共处的绿色揭阳、美丽揭阳。深化水环境治理，全面完成污水收集处理设施建设，坚决完成国考、省考断面水质达标任务。提升历史文化素养，坚持以人民为中心，以“绣花”功夫提升城市品质，特别是在城市更新中要最大限度避让古树名木、防止大拆大建。加快建立生活垃圾分类收集、转运、处理体系，加强危险废物管控处理，推进大气污染联防联控，高质量打造碧道绿道等生态网络，让群众享有更多“绿色福利”。

（六）着力创新社会治理，建设更高水平的平安揭阳。坚持统筹发展和安全，发挥法治的引领和规范作用，积极创新社会治理，努力建设更安全稳定、更公平公正的社会环境。

一要突出良法善治全面推进依法治市。深入学习贯彻习近平法治思想，制定实施法治揭阳建设五年行动方案，深入实施《揭阳古城保护条例》《揭阳市重点流域水环境保护条例》《揭阳市市容管理条例》等法规，提升依法行政能力，全面建设法治政府。制定实施“八五”普法规划，提高全民法治意识和法治素养。

二要完善治理体系切实提高治理能力。强化市域社会治理创新平台建设，深化乡镇街道综合行政执法改革，构建“村居为基础，镇街为主体，区级抓统筹，市级保重点”的城市管理运行体系。用好“急难愁盼我来办”领导留言板工作平台，坚持“留言必认、有办必果”原则，抓好“受理审核、网下办理、网上回复、意见收集”等关键环节，高质量、高效率做好群众留言回复办理工作。

三要强化底线思维坚决维护安全稳定。坚决维护国家政治安全，守牢意识形态阵地，维护网络信息安全，防范化解经济运行突出风险，扎实做好上市公司、农商行等金融风险防控处置。毫不松懈持续抓好疫情防控，加强社会治安综合治理，常态化开展扫黑除恶专项斗争、禁毒斗争，深入排查化解各种矛盾，严厉打击网络电信诈骗等违法犯罪行为。严格落实安全生产责任制，抓好城镇燃气、建筑施工、危化品等专项整治，做好防灾减灾抗灾救灾以及消防、交通、食品安全等工作，严防重特大事故发生。全面落实重大突发事件“四个一”应急处置和全国全省“一盘棋”应急响应机制，提高应急处置针对性和实效性。

各位代表、同志们，今后五年，揭阳改革发展稳定任务十分繁重。全市各级党组织和广大党员干部要坚持发展第一要务不动摇，开拓进取、艰苦奋斗，把各项举措精细精准落到实处，推动揭阳不断实现更高质量、更有效率、更加公平、更可持续、更为安全的发展。

四、坚定不移加强党的全面领导和党的建设，为揭阳现代化建设新征程提供根本保证

新征程上，我们要弘扬伟大建党精神，坚决落实新时代党的建设总要求，持之以恒加强党的全面领导和党的建设，把全市各级党组织和党员干部队伍锻造得更加坚强有力，为揭阳加快建设活力古城滨海新城产业强市提供根本保证。

（一）持续深入学习贯彻习近平新时代中国特色社会主义思想。要认真落实“第一议题”制度，坚持“大学习、深调研、真落实”工作方法，及时跟进学习习近平总书记重要讲话和重要指

示批示精神。深刻理解党百年奋斗的伟大成就、伟大意义和伟大经验，从百年党史中汲取智慧和力量，弘扬以伟大建党精神为源头的精神谱系，进一步筑牢信仰之基、补足精神之钙、把稳思想之舵。

（二）把党的政治建设摆在首要位置抓实抓好。要深入学习贯彻党的十九届六中全会精神，深刻领悟“两个确立”，坚决做到“两个维护”，始终在政治立场、政治方向、政治原则、政治道路上同以习近平同志为核心的党中央保持高度一致。要严肃党内政治生活，严明政治纪律和政治规矩，严格执行省委关于坚决落实“两个维护”十项制度机制，突出办好政治要件，强化政治监督，切实做到党中央提倡的坚决响应、党中央决定的坚决执行、党中央禁止的坚决不做。要牢牢掌握意识形态工作领导权管理权主动权，扎实做好风险防范各项工作，守住守好意识形态主阵地。

（三）完善上下贯通、执行有力的严密组织体系。深入实施加强基层党建三年行动计划，以构建揭阳基层党建“1+1+6”工作体系为重点，加快织密上下贯通、执行有力的严密组织体系。要强化农村党组织对各类组织和各项工作的全面领导，持续推动抓党建促乡村振兴各项任务有效落实。要完善街道“大工委”、社区“大党委”领导工作机制，推进各领域党建互联互动。要进一步深化模范机关创建，推动机关党建和业务工作有机融合。要扎实抓好“两新”领域党建工作，在有形覆盖基础上扎实推进有效覆盖。要坚持抓党建促重大任务落实，在加快推动揭阳老城蝶变、新城崛起、产业振兴中充分发挥基层党组织和党员作用，努力以高质量党建推动高质量发展。

（四）建设德才兼备的高素质干部人才队伍。要强化各级领导班子建设，锻造忠实践行习近平新时代中国特色社会主义思想的坚强领导集体。要落实新时期好干部标准，统筹推进素质培养、知事识人、选拔任用、从严管理、正向激励“五大体系”建设，着力打造适应揭阳高质量发展的高素质专业化干部队伍。要坚持老中青梯次配备，用好各年龄段干部。要加快推进榕江实验室、广工揭阳校区等人才平台的建设，鼓励企事业单位创建博士后、博士科研工作站，积极引进创新创业团队和产业领军人才。要深入实施《揭阳中长期青年发展规划（2020－2025年）》，促进青年全面发展，着力培养可堪大用、能担重任的时代新人。

（五）持之以恒正风肃纪反腐。要加强政治纪律执行情况监督检查，深化巡视和巡察成果运用，坚决查处政令不通、变相落实、虚假整改等问题。要巩固拓展落实中央八项规定及其实施细则精神成果，大力整治“四风”特别是形式主义、官僚主义，深入整治“庸懒散浮拖”等突出问题。要用好执纪监督手段，重点加强对项目建设、“放管服”改革、社会治理等领域的监督，坚决鞭策慢作为、惩处不作为和乱作为。要坚持严管和厚爱结合、激励和约束并重，运用好“三个区分开来”，理直气壮地支持敢闯敢干、锐意进取的干部，为担当者担当、为负责者负责、为干事者撑腰。要坚持反腐败无禁区、全覆盖、零容忍，一体推进不敢腐、不能腐、不想腐，推动全面从严治党向基层一线、向群众身边延伸，实现正气充盈、政治清明。

办好揭阳的事情，必须广泛凝聚各方智慧力量。要发挥党总揽全局、协调各方作用，支持人大、政府、政协、监察机关、审判机关、检察机关依法行使职权。要巩固和发展军政军民团结；认真做好老干部和关心下一代工作；更好发挥工会、共青团、妇联等群团作用。要完善大统战工作格局，做好民族和宗教工作，充分发挥民主党派、工商联和无党派人士、新的社会阶层人士作用，凝聚港澳台同胞和海外侨胞力量，巩固和发展大团结大联合局面。

各位代表、同志们，揭阳建市至今已经走过三十个春秋。三十而立正当时，扬帆奋楫启新程。让我们更加紧密地团结在以习近平同志为核心的党中央周围，在省委的坚强领导下，以一往无前的奋斗姿态、风雨无阻的精神状态，推动高质量发展、创造高品质生活，全力建设宜居宜业宜游的活力古城、滨海新城，努力打造沿海经济带上的产业强市，奋力谱写揭阳现代化建设新篇章！

在中国共产党揭阳市第七届委员会第一次全体会议上的讲话

（2021年12月31日）

市委书记 王 胜

刚刚胜利闭幕的市第七次党代会，选举产生了新一届市委、市纪委。刚才，市委七届一次全会选举产生了新一届市委常委和书记、副书记，通过了市纪委七届一次全会的选举结果，圆满完成各项任务。在此，我代表新一届市委对各位同志的当选表示热烈的祝贺！也代表新当选的同志，对同志们的信任和支持，表示衷心的感谢！

选举我继续担任揭阳市委书记，是省委对我的充分信任，是同志们对我的大力支持，我深感责任重大、使命光荣。我一定始终坚持以习近平新时代中国特色社会主义思想为指引，坚决贯彻落实党中央决策部署，在省委的坚强领导下，和大家一起，履职尽责、担当作为，努力把市第七次党代会描绘的发展蓝图变成美好现实。

新一届市委肩负着团结带领全市人民推动高质量发展、创造高品质生活，加快建设活力古城滨海新城产业强市的千钧重任。我们必须倍加珍惜时代的眷顾，倍加珍惜组织的厚爱，倍加珍惜全市广大干部群众的信任，以一往无前的奋斗姿态、风雨无阻的精神状态，奋力谱写揭阳现代化建设新篇章。下面，我讲4点意见，与同志们共勉。

第一，要旗帜鲜明讲政治，始终对党绝对忠诚。讲政治是共产党人的立身之本。我们必须时刻牢记自己的第一身份是共产党员、第一职责是为党工作，旗帜鲜明讲政治，把对党绝对忠诚融入血脉、注入灵魂、践于行动，为党分忧、为国尽责、为民奉献。

一是要坚定政治信仰。深刻领悟“两个确立”的决定性意义，学深悟透习近平新时代中国特色社会主义思想，自觉做总书记思想的坚定信仰者和忠实实践者，不断增强“四个意识”、坚定“四个自信”、做到“两个维护”，始终在思想上政治上行动上同以习近平同志为核心的党中央保持高度一致。

二是要提高政治能力。不断提高政治判断力、政治领悟力、政治执行力，胸怀“两个大局”、心系“国之大者”，在大是大非面前旗帜鲜明，在风浪考验面前无所畏惧，在各种诱惑面前立场坚定，在关键时刻让党信得过、靠得住、能放心。

三是要严守政治规矩。严格执行省委坚决落实“两个维护”制度机制，认真办好政治要件，坚决落实习近平总书记对广东重要讲话和重要指示批示精神，深入落实省委对揭阳发展的定位要求，推动党中央决策部署和省委工作要求在揭阳落地生根。

第二，要不忘初心为人民，不断增进民生福祉。为人民谋幸福，是中国共产党始终坚守的初心。要深刻领悟总书记“我将无我，不负人民”的为民情怀，自觉践行以人民为中心的发展思想，始终把人民利益放在最高位置，让改革发展成果惠及揭阳人民。

一是要始终站稳人民立场。揭阳人民对美好生活的向往是我们矢志不渝的奋斗目标。我们要坚定不移地站在群众的立场想问题、作决策、办事情，用心用情用功把好事实事办到群众的心坎上。

二是要提升民生保障水平。要把保就业、保民生、保市场主体摆在优先位置抓实抓好。保市场主体，就是保就业；保就业，就是保民生。要把培育和保护市场主体、不断壮大市场主体作为重要工作，全面落实助企纾困、减税降费政策，做好“保姆式”服务，当好企业“贴心人”，留得青山，赢得未来。

三是要持续办好民生实事。发挥好“急难愁盼我来办”领导留言板平台作用，把事关群众切身利益的问题一个个研究深、研究透、解决实，把群众关心的就业、医疗、教育、社保等工作一件一件解决好。

第三，要真抓实干善作为，做到能干事干成事。迈上新征程、再创新业绩，我们要敢于担当、善于作为，带头狠抓落实，带动全市党员干部，共同把市第七次党代会确定的各项目标任务完成好。

一是要坚持务实干事。市第七次党代会提出了今后五年揭阳发展的指导思想和主要目标，系统部署了各项工作举措。我们要围绕党代会确定的目标任务，深入开展“大学习、深调研、真落实”工作，以抓铁有痕、踏石留印的作风抓好落实。要牢固树立正确政绩观，坚决反对不接地气、假大虚空，决不搞劳民伤财的“形象工程”“政绩工程”。要坚持“实”字当头，确保每年真正干成几件实实在在的大事、群众密切关注的实事，让务实干事成为新一届市委班子的鲜明特质。

二是要敢于攻坚克难。未来五年，揭阳改革发展稳定各项任务十分繁重。作为新一届市委班子成员，我们决不能有当“太平官”的念头，必须杜绝“庸懒散拖浮”的不良习气，拿出事不避难的勇气，迎着困难上、奔着问题去，该拍板的工作果断拍板，该管的事情坚决管好，把揭阳产业建设、生态环保、社会治理等领域的存在问题解决到位，把发展实体经济、提升城市品质、创建美丽圩镇、加快乡村振兴等重点工作落实到位。

三是要转变思想观念。揭阳要实现高质量发展，干部队伍尤其是领导干部必须认真学习发达地区的先进经验做法，进一步解放思想、转变观念。要完整准确全面贯彻新发展理念，深入领会“三贡献一高一强”招商选资标准等工作理念的内涵和要求，开拓创新、锐意进取，带领全市干部群众，以思想破冰推动揭阳在新征程上赶超进位。

第四，要严守纪律作表率，永葆清正廉洁本色。清正廉洁是中国共产党人的政治本色。丧失本色就会走向堕落，去年以来，我市查处的一批领导干部，就是丧失本色、走向堕落的活生生的反面教材。我们要深刻汲取教训、引以为戒，做到自身正、自身净、自身硬，确保既干成事、又不出事。

一是要严于律己。要坚持不懈锤炼党性、修身立德，摒弃各种私心杂念，主动接受法律监督、组织监督、舆论监督和群众监督，自觉净化社交圈、生活圈和休闲圈，保持优良节操，挺起脊梁，做一名对党忠诚、个人干净、敢于担当的新时代好干部。

二是要用好权力。牢固树立正确的权力观，坚持公正用权、依法用权、廉洁用权，严防一念之差、一时糊涂，做到不谋私利、不徇私情、不搞特权，真正把权力全部用在为揭阳谋发展、为群众谋幸福上。

三是要敢抓敢管。坚决扛起管党治党政治责任，带头落实“两个责任”和“一岗双责”，切实管好分管领域、带出清廉队伍、培育清正家风，带动全市上下形成清清爽爽的同志关系，人淡如菊、品清似泉，共同营造风清气正的政治生态。

同志们，新班子要有新气象，新征程要有新作为。让我们更加紧密地团结在以习近平同志为核心的党中央周围，在省委的坚强领导下，不忘初心、牢记使命，埋头苦干、勇毅前行，加快建设宜居宜业宜游的活力古城、滨海新城，努力打造沿海经济带上的产业强市，不辜负省委的信任重托和全市干部群众的殷切期盼!

政府工作报告

——2022年1月7日在揭阳市第七届人民代表大会第一次会议上

揭阳市市长　支光南

各位代表：

现在，我代表市人民政府向大会作工作报告，请予审议，并请市政协委员和其他列席人员提出意见。

过去五年工作回顾和2021年主要工作

过去五年是极不平凡的五年，面对复杂多变的宏观经济形势，面对突如其来的新冠肺炎疫情，我们在省委、省政府和市委的坚强领导下，在市人大及其常委会、市政协的监督支持下，坚持以习近平新时代中国特色社会主义思想为指导，全面贯彻习近平总书记视察广东重要讲话和重要指示批示精神，认真落实省委“1+1+9”工作部署和省委对揭阳发展的定位要求，抢抓机遇，应对挑战，总体完成了“十三五”规划目标任务，实现了“十四五”发展良好开局，活力古城、滨海新城、产业强市建设迈出了坚实步伐。

五年来，经济发展稳中有进。2021年，全市地区生产总值预计（下同）2228亿元，比2020年增长6.0%，五年年均（下同）增长3.9%；固定资产投资1075亿元，年均增长6.0%；规模以上工业增加值530亿元，年均增长1.2%；农林牧渔业总产值330亿元，年均增长4.2%；社会消费品零售总额1055亿元，年均增长4.9%；地方一般公共预算收入79.31亿元，年均增长1.45%。

五年来，产业建设取得新进展。聚焦“一城两园”，聚力打造绿色石化、海上风电两大产业，中石油炼化一体化项目累计完成投资493.44亿元、国电投海上风电项目累计完成投资125.15亿元，同步引进吉林石化ABS、中石油揭阳LNG、广物巨正源、GE等产业链重点项目。大力培育电商、直播、快递等新兴业态，快递业务量从全国城市排名第15位跃升到第6位，蝉联中国快递示范城市。注册市场主体净增14.8万多户，高新技术企业净增134家，新增注册商标8.27万件、专利授权3.6万件。在全省率先试点农业产业链“链长制”，揭东区被列为全国农村集体产权改革试点，普宁市被列为全国农村一、二、三产业融合发展先导区创建单位，揭西县获评国家农产品质量安全县，惠来县获评全国农村创业创新典型县。

*五年来，城乡面貌焕发新颜。*争取省政府出台《揭阳滨海新区发展总体规划》和《关于支持揭阳滨海新区粤东新城加快开发建设的若干意见》，五年投资1811.09亿元，建成省道S234线、天福东路、滨江大道等一批重要基础设施，揭阳潮汕国际机场跃升4E等级，梅汕客专建成通车，揭阳港获准扩大开放，汕湛、揭惠等5条高速公路建成通车，新建、改造国省道374.1公里，空铁港综合交通格局基本形成，成功创建国家卫生城市、广东省文明城市、广东省双拥模范城市，实现省县级文明城市、卫生县城全覆盖。扎实推进“千村示范、万村整治”工程，实现干净整洁村全覆盖，揭东区埔田镇获评全国特色小镇，普宁市善德村获评中国美丽休闲乡村，揭西县山湖村获评全国乡村旅游重点村和广东省十大美丽乡村。

五年来，一批突出问题得到治理。“三大攻坚战”成果显著，投入12.58亿元财政资金，实施931个扶贫开发项目，10.58万相对贫困人口全部脱贫，162条相对贫困村全部出列，实现市域全面建成小康社会；推进河长制联动警长制，累计建成污水处理设施183座、建成城镇污水管网3140千米，新增污水处理能力104.72万吨/日，全市3503个自然村完成雨污分流工程建设，普宁纺织印染环保综合处理中心全面投产，水环境主要污染物指数较2016年下降35%，“水、气、土”环境质量明显提升，揭西县荣获“中国天然氧吧”称号；3家农合机构改革化险，有效稳控有关上市公司风险。打好“两违”整治攻坚仗，分类处置违法建设1.7万多宗、整治违法用地2296宗。扫黑除恶专项斗争取得决定性胜利，惠来涉毒和普宁涉村霸、涉电信诈骗问题整治“摘帽”，榕城区再次获评平安中国建设示范县，揭东区获评全国法治县（市、区）创建活动先进单位，普宁市什石洋村、揭西县鲤鱼沟村获评全国乡村治理示范村。

*五年来，民生福祉持续改善。*防控新冠疫情取得重大成果，2020年4月以来无新增确诊病例。新（改、扩）建四级医疗卫生项目1300多个，全面取消药品、医用耗材加成。新（改、扩）建中小学校860所、公办及普惠性幼儿园323所，新增优质学位16.5万个。成功举办庆祝中华人民共和国成立70周年、中国共产党成立100周年系列活动，建成社会足球场地66块，市县镇村四级公共文化设施实现全覆盖。加快“四好农村公路”建设，全市行政村实现村村通客车。统筹全市水资源优化配置，1446个行政村自来水供水到村实现全覆盖。组织实施“粤菜师傅”“广东技工”“南粤家政”工程，累计开展各类技能培训13.88万人次，城镇新增就业15.17万人。改造棚户区住房1.13万套，建设公租房4863套。为12.5万名80岁以上老人发放高龄生活津贴，低保、特困人员、孤儿、残疾人等特殊人群保障水平逐年提高。

同时，顺利完成市县党政机构改革、乡镇（街道）体制改革，普宁和大南山两个侨区改制设立为普侨镇、侨园镇；系统性改革重组国有企业，成立市投资控股集团；完成第二次污染源普查、第三次国土普查、第四次经济普查、第三次农业普查、第七次人口普查。对外交流合作、地方志、档案、社科、文联、残联、新闻出版、广播电视、工青妇、台港澳、民族宗教、军民融合、强边固防、国防动员、人防、民兵预备役、气象、地震、红十字会等工作也取得新进展。

各位代表！2021年是“十四五”的开局之年，我们与全国一道，热烈庆祝党的百年华诞，深入学习贯彻习近平总书记“七一”重要讲话精神，从党的百年奋斗重大成就和历史经验中汲取奋进力量，统筹疫情防控和经济社会发展，扎实做好“六稳”“六保”工作，顺利开启我市全面建设社会主义现代化新征程。

这一年，产业发展捷报频传。加快培育发展绿色石化、新能源等战略性产业集群，大南海石化工业区产业链规划编制完成，中石油炼化一体化项目总体形象进度达到89.1%；吉林石化ABS项目总投资完成过半，总体设计和物资采购全部完成；中石油商业储备库项目进展顺利；广物巨正源等绿色石化产业链项目注册落地，计划总投资289.25亿元。国电投315兆瓦海上风电项目、广东能源葵潭农场光伏复合项目并网发电，GE海上风电机组总装基地竣工投产，天惠冷链物流中心等项目抓紧建设。推进产业园区优化升级，揭东经济开发区升级为国家级经济技术开发区，揭阳高新区进入国家级高新区考察名单。出台“三贡献一高一强”招商选资标准，组织赴深圳等地开展招商选资，新引进落地产业项目64个。建成运营跨境电商产业园，普宁市获评国家电子商务进农村综合示范县优秀等次，“普宁内衣”获认定为国家外贸转型升级基地。全市快递业务量突破35亿件，稳居全国城市第6位。

这一年，基础设施建设加快推进。揭阳机场航站区扩建工程进展顺利；汕汕高铁、揭惠铁路建设有序推进，粤东城际铁路开工建设；中石油原油码头和成品油码头中期交工，前詹通用码头基本成型，大南海公共码头开工建设；揭惠高速公路市区连接线、揭阳大桥建成通车，进贤门大桥进入主拱施工，京灶大桥开工建设。引韩供水、半洋隧洞引水、揭东供水应急保障、揭阳学院供水工程建成通水，“三江连通”榕江关埠引水、普宁乌石水厂应急供水工程基本完工，揭东东部水厂厂区建成试通水，基本解决了长期制约我市发展的水源性、水质性缺水问题。粤东LNG配套管线工程揭阳段建成通气，新建市政燃气管道26.41千米。

这一年，一批民生实事有效落地。全年民生支出305.6亿元，占全市公共预算支出的82.79%。办好省市十件民生实事，新增保障农村集中供水17.98万人。揭阳首所本科院校广东工业大学揭阳校区建成开学，成功创建揭阳技师学院，揭阳市第二实验小学竣工开学，全市总体实现学前教育“5080”目标。市文化中心配套升级，市文化馆新馆建成开馆。织密筑牢“外防输入、内防反弹”防线，累计完成新冠疫苗接种超950万剂次，免疫覆盖人群465万人，全程接种率达到77%以上。揭阳市人民医院、普宁市人民医院入选省高水平重点建设医院，改革市复退军人医院管理体制，基本医疗保险参保率达到98%。全市乡镇（街道）社会工作站实现全覆盖，设立村（居）社会工作服务点138个。

这一年，乡村振兴战略深入实施。全面巩固脱贫攻坚成果，建立防止返贫监测帮扶工作机制，组织91个工作队驻镇帮镇扶村，为全市1.83万户有劳动力脱贫户购买返贫救助责任保险。探索建立“G+5+N”农业产业链“链长制”，建设首批10条市级、10条县级农业产业链，举办“惠来五宝”网络节+云展会等农产品产销对接活动，新增惠来凤梨、揭西苦笋2个省级现代农业产业园，普宁青梅产业园入选国家级现代农业产业园认定名单，揭东区坪上村获评“全国一村一品示范村”。认真落实省乡村振兴“九大攻坚”行动，复耕复种撂荒地8.6万亩，垦造水田5064亩，建设高标准农田1.18万亩，“米袋子”“菜篮子”稳定保供。启动美丽圩镇创建工程，惠来县推行“农民工匠”建设模式被列为全国农村公共服务典型案例，揭东区和普宁市占陇镇、空港经济区砲台镇城乡融合发展省级试点工作扎实推进。顺利完成村（居）“两委”换届，落实村（居）基本经费保障。

这一年，重点工作攻坚取得新突破。坚决打好化解金融风险攻坚战，引资65亿元，实现康美药业重整重生；2家地方法人金融机构化险方案获省批准实施。深入开展水质达标攻坚，练江青洋山桥断面水质156天达到或优于Ⅴ类，实现根本好转，得到中央生态环境保护督察组肯定。保持“两违”整治攻坚仗高压态势，整改违法图斑797宗7031.8亩，拆除违法建设407.44万平方米，稳妥处置有关问题楼盘，城乡建设秩序进一步规范。推出“急难愁盼我来办”领导留言板，办结群众留言问题1872项，化解信访积案467宗，信访矛盾化解攻坚战取得扎实成效。深入开展安全生产隐患排查整治，全市安全生产形势总体稳定。

这一年，政府治理能力得到新提升。坚持党对政府工作的领导，深入开展党史学习教育，严格落实意识形态工作责任制。办理市人大代表建议和政协委员提案122件，满意率100%.组建经济稳增长“五个工作专班”，切实改进政府服务企业工作。持续深化“放管服”改革，基本实现高频事项全域通办、网上办结。加强法治政府建设，完善乡镇（街道）综合行政执法体系。调整理顺揭阳产业园管理体制，理顺玉滘镇划归揭东区管辖问题，完成渔湖镇撤镇设街工作。推进警务综合改革，榕城区蝉联全国社会综合治理最高奖项“长安杯”。持续正风肃纪反腐，严格执行中央八项规定及其实施细则精神，深入推进审计监督全覆盖，坚决整治形式主义、官僚主义，切实加强政府服务工作，持续减轻基层负担。

各位代表！奋斗充满艰辛，成绩来之不易。本届政府工作成绩的取得，是习近平新时代中国特色社会主义思想的科学指引，是省委、省政府和市委的坚强领导，市人大、市政协和社会各界大力支持，全市上下共同努力的结果。在此，我谨代表市人民政府，向全市人民，向各位代表、各位委员，向各民主党派、各人民团体和各界人士，向中央、省驻揭单位和人民解放军、武警官兵、公安民警、消防救援队伍指战员，致以崇高敬意！向关心支持揭阳现代化建设的各级领导、台港澳同胞、海外侨胞、国际友人，表示衷心感谢！

同时，我们也清醒看到，我市经济社会发展仍存在一些不足和挑战，主要表现在：经济发展质量偏低，人均水平与全国、全省还有一定差距；污染防治攻坚成果仍需巩固提升，违法用地违法建设存量较大；有关领域风险隐患还未根本化解；民生事业仍有较多短板；政府治理体系和治理能力还未能完全适应新时代要求。对于这些问题，我们将采取有力措施，切实加以解决。

今后五年发展目标任务

今后五年是实施“十四五”规划、展望2035年远景目标，实现揭阳跨越崛起、迈向高质量发展的关键五年。我们要增强发展紧迫感，坚持以经济建设为中心，接续努力，踔厉奋发，笃行不怠，奋力谱写揭阳现代化建设新篇章。

今后五年，我市经济社会发展的总体要求是：坚持以习近平新时代中国特色社会主义思想为指导，全面贯彻党的十九大和十九届历次全会精神，深入学习贯彻习近平总书记对广东重要讲话和重要指示批示精神，把握新发展阶段，贯彻新发展理念，服务构建新发展格局，坚持稳中求进工作总基调，深化落实省委“1+1+9”工作部署，深度融入“一核一带一区”区域发展格局，坚决落实省委对揭阳发展的定位要求，按照市第七次党代会的决策部署，推动高质量发展、创造高品质生活，加快建设宜居宜业宜游的活力古城、滨海新城和沿海经济带上的产业强市。

——**坚持创新驱动，推动经济实力大提升**。以高质量发展为主题，以供给侧结构性改革为主线，推动经济实现质的稳步提升和量的合理增长，确保经济质量、经济结构持续优化，主要经济指标增速高于全省平均水平，建设成为广东沿海经济带上的产业强市。以“三贡献一高一强”为标准，以重点产业园区为载体，大力开展招商选资，加快培育发展战略性产业集群，推动世界级绿色石化产业基地初具规模、全国重要的海上风电全产业链生产基地基本建成，全力打造先进制造业、现代服务业、文化旅游业，加快构建具有揭阳特色的现代产业体系。深化农业产业链“链长制”试点工作，加大力度推进国家级和省级现代农业产业园创建，构建“跨县集群、一县一园、一镇一业、一村一品”的现代农业产业体系。实施市场主体培育行动、高新技术企业数量和规模“双倍增”行动，弘扬企业家精神和工匠精神，培育有一定数量、有较强竞争力的优秀企业队伍。

——**坚持统筹协调，推动城乡品质大提升**。紧扣“宜居宜业宜游”，统筹推进古城修复和新城开发，到2026年常住人口城镇化率达到56%，创建国家历史文化名城、全国文明城市、全国双拥模范城市。以美丽圩镇建设为统领，深入实施乡村振兴“九大攻坚”行动，全面推进乡村“五大振兴”，努力把乡镇建成服务农民的区域中心。加快“空、铁、港”“路、桥、隧”等重要交通基础设施规划建设，抓紧补齐教育医疗、文化体育、养老托幼等城市公共服务设施短板，加强5G、新能源等现代化基础设施建设，完善城市“宜居宜业宜游”功能配套。优化经济功能区和行政区管理体制，推进中心城区一体化，推动揭阳滨海新区港产城融合发展，支持普宁建设商贸名城、创新之城，支持揭西县建设生态发展示范区、国家级全域生态旅游目的地。

——**坚持绿色发展，推动生态文明大提升**。深入贯彻习近平生态文明思想，全面推行林长制，落实河长制联动警长制，深入打好污染防治攻坚战，彻底解决“水、气、土”突出环境问题，推动生态文明建设实现新进步，全面建设美丽揭阳。深化水环境治理，加快污水收集处理设施建设，加强清淤疏浚和生态修复工作，坚决完成国考、省考断面水质达标任务，推进打造“万里碧道”“美丽港湾”。加快实施粤东水资源优化配置工程，科学做好引水、蓄水、供水、调水、节水，确保饮水安全。围绕“碳达峰、碳中和”目标，大力推动绿色低碳发展，加强能耗管理，推进大气污染联防联控。巩固国家卫生城市创建成效，深入开展新时代爱国卫生运动，推进城乡雨污分流和厕所革命，健全城乡生活垃圾分类收集、转运、处理体系。开展绿色生活创建活动，坚决制止餐饮浪费。

——**坚持改革开放，推动治理能力大提升**。协同推进法治政府、法治社会建设，深化“放管服”改革，强化政府服务意识，改进经济管理方式方法，大力破除市场准入壁垒，打造稳定公平透明、可预期的营商环境，提升市场主体政务服务体验，推进政府治理体系和治理能力现代化。积极开展改革探索，高质量完成警务、国土空间规划、城乡融合发展、新型农村集体经济发展等改革试点工作。做实做强做优国有资本和资产，建立健全现代企业制度。优化金融生态环境，全面完成地方法人金融机构和有关上市公司改革化险。积极参与“一带一路”建设，加强与京津冀、长三角、粤港澳大湾区等区域的对接合作，提升对外开放水平。统筹发展和安全，扎实抓好疫情防控、社会治安、矛盾化解、安全生产、防灾减灾、意识形态等工作，确保社会和谐稳定。

——**坚持共建共享，推动民生福祉大提升**。积极践行以人民为中心的发展思想，常态化推进解决人民群众“急难愁盼”问题。强化就业优先导向，依托揭阳技师学院，大力实施知识更新工程、技能提升行动，支持创业带动就业，巩固拓展脱贫攻坚成果，扩大中等收入群体，扎实推进共同富裕，确保居民收入水平与经济发展同步增长。加快教育现代化建设，办好广东工业大学揭阳校区、揭阳职业技术学院，促进学前教育普惠安全发展、义务教育均衡优质发展、高中教育普及特色发展，大力发展现代职业教育。深化“三医联动”改革，建成高水平医院，做强市级专科医院，做实县域医共体，完善公共卫生服务体系，健全中医药管理体系，建成揭阳卫生健康职业学院，推进健康揭阳行动。健全基本养老、基本医疗保险筹资和待遇调整机制，努力推动全民参保、应保尽保。分层分类做好社会救助，坚决兜住兜牢民生底线。

2022年工作安排

2022年，我们将迎来党的二十大。做好新一年各项工作，意义非凡，责任重大。我们要以“赶考”的姿态，埋头苦干，勇毅前行，努力考出好成绩、展现新作为，确保新一届政府工作开好局、起好步。

新一年，我们要在省委、省政府和市委的坚强领导下，稳字当头、稳中求进，保持平稳健康的经济环境、国泰民安的社会环境、风清气正的政治环境，统筹疫情防控和经济社会发展，继续做好“六稳”“六保”工作，持续改善民生，力促经济社会发展再上新台阶。全年主要预期目标是：地区生产总值增长6%；地方一般公共预算收入增长5%；固定资产投资总额增长8%；规模以上工业增加值增长6%；社会消费品零售总额增长7%；外贸进出口总额增长6%；居民消费价格涨幅控制在3%以内；城乡居民人均可支配收入增长6%；城镇登记失业率控制在3.5%以内；单位生产总值能耗、主要污染物排放总量控制在省下达年度指标以内。

实现以上目标，必须重点抓好以下几方面工作：

一、坚定发展实体经济，聚力建设产业强市

做大绿色石化产业。推动中石油炼化一体化项目如期全面投产，同步建成吉林石化ABS项目、中石油商业储备库项目，打造清洁油品、化工原料供给新基地。围绕绿色石化产业链，统筹发展先进材料、精细化工等石化产业，精准引进一批高性能高分子材料、功能复合材料及高端精细化学品项目，推动广物巨正源、辽阳石化、中石油揭阳LNG等项目落地建设。完善大南海石化工业区功能配套，抓紧建成绿色循环中心、固体废物综合处理中心、公共应急水池、消防警务应急中心等环保和应急设施，加快供电、供热、供水项目建设，继续推进大南海公共码头、滨海产业大道、赤吟水闸等项目。强化绿色石化产业集群创新支撑，加快建设榕江实验室，开工建设揭阳大南海特种设备综合检验检测基地。

做优战略性新兴产业。大力发展新能源产业，以新一轮近海深水区海上风电规划调整为契机，争取粤东千万千瓦级海上风电项目布局落户，同步推进GE二期、远景等风机装备项目，加快打造全国重要的海上风电全产业链生产基地；抓好“光伏+农业”、渔光互补等太阳能发电项目，推广屋顶分布式光伏开发项目；推进揭西大洋等抽水蓄能项目。围绕LNG冷能应用，延伸天然气产业链条，引进建设一批冷能空分、冷链中心、低温粉碎等项目。积极发展高端装备制造业，加快宁水、亨通等海洋装备制造项目建设，谋划引进新能源汽车全产业链项目。

做强特色传统产业。以传统产业转型升级为抓手，加快培育现代轻工纺织、生物医药与健康、现代农业与食品、智能家电等战略性支柱产业集群。探索推广“中央工厂”等模式，引导推动中小企业实施数字化改造，加大科技服务和工业设计支持力度，提升五金、注塑、服装、小家电等传统产业附加值，积极培育发展数字经济。大力发展融资租赁和合同能源管理，支持企业加快设备更新，扩大技改投资。深入实施质量强市战略，推进企业贯标工作，加大品牌培育力度。实施“转企”“升规”“育新”工程，制定差异化扶持措施，大力培育效益型骨干企业和专精特新企业。集中用地、用能、科技、金融、人才等要素资源，支持有市场前景的企业增资扩产。

做实重点产业园区。坚持以创促建，力争2022年成功创建国家级高新区，推动国家级经济技术开发区与揭东区一体化运作，形成“国字头”园区双引擎。狠抓园区土地整备、基础设施建设和产业项目引进，推动揭阳产业转移工业园、中德金属生态城、普宁产业转移工业园、普宁纺织印染环保综合处理中心、惠来临港产业园、揭西产业园提质升级。以榕城工业园为试点，以“工改工”为主攻方向，推动村镇工业集聚区升级改造。支持园区建设通用厂房，发展工业地产，推动小微企业向园区集聚配套。按照“三贡献一高一强”标准，围绕园区主导产业，落实园区招商选资任务，促进园区强链、补链、延链。

二、实施城市更新行动，促进老城蝶变新城崛起

优化城市空间格局。加快完成市、县国土空间总体规划修编工作，形成全市国土空间“一张图”。统筹用地规模和指标，加强土地征收整合储备，分类保障用地需求，提高土地使用效益。加强城市景观和立面设计，强化地方特色，塑造城市风貌。坚持“留改拆”并举，稳步推进新河社区等“三旧”改造项目，下足“绣花”功夫，让城市留住记忆，让人们记住乡愁。有序推进粤东新城、榕江新城等新城开发，科学划定优先开发组团，确保建一片、成一片。

完善城市功能配套。加强交通基础设施建设，加快完成机场航站区扩建工程，推进建设汕汕高铁、揭惠铁路、粤东城际铁路，启动建设汕梅高速埔田连接线、揭普惠高速公路南延线、国道G238线普宁益岭至惠来段，谋划推进国道G206改线，抓紧建设进贤门大桥、京灶大桥，加强榕江港码头整合开发，提高内外联通水平。抓好500千伏盘龙、220千伏滨海等输变电工程，加强天然气支线管道和终端城镇燃气管网建设，保障城市能源需求。推进粤东水资源优化配置工程规划建设，加快普宁北部中心水厂、惠来中心水厂等项目建设，提升城市抗旱保供水能力。加强老旧小区配套基础设施提质改造，推进揭阳古城水系连通等防涝体系整治工程，加大力度支持既有住宅增设电梯。推广智慧灯杆，推进5G基站建设，打造数字社区。推进新能源汽车充电桩建设，加强住宅小区电动车停放充电管理，倡导绿色低碳消费。

发展城市服务业。打造新型消费载体，强化城市综合体聚合效应，推进冰雪世界、天文馆等项目，规划建设缅商玉文化产业基地、汽车产业城等项目。提升做强电商、直播等新业态，推动服装城、玉器城、商品城等专业市场电商化转型，支持军埔等电商村打造新业态“双创”孵化基地，继续办好云展会、网络节等新型节会。加快冷链物流体系建设，抓好圆通、申通等智慧仓储物流项目，推动快递行业提质增效。推进“引金入揭”工程，加快建设粤东现金处理中心。以改造提升传统商业街区为抓手，积极发展“夜间经济”。

提升城市管理水平。坚决打好“两违”整治攻坚仗，分类处置存量违法建设，对新增违法建设一律拆除。坚持房子是用来住的、不是用来炒的，加强保障性住房建设分配，妥善化解问题楼盘，促进房地产市场健康发展。积极理顺公交运营体制，加强共享交通规范管理。推进城市综合智能停车场示范项目，着力解决城市“停车难”问题。用好“数字城管”，加强社区网格化管理。持续抓好“创文巩卫”，推进实施集贸市场标准化改造，完成全市道路命名工作。科学做好城市绿化，加强古树名木管护，推进城市绿道建设。

三、全面推进乡村振兴，加快农业农村现代化

大力发展现代农业。拓展“G+5+N”农业产业链“链长制”建设模式，积极申报揭东炒茶、惠来鲍鱼、普宁油甘等省级现代农业产业园，高标准建设普宁青梅国家级现代农业产业园，高标准打造“一村一品、一镇一业”示范村镇。以供港蔬菜、生态茶园、鲍鱼养殖等项目为示范，以土地集中流转为抓手，提升优势农产品种养规模，培育壮大各类新型经营主体，打造一批农业产业强镇、农业龙头企业。结合“万企兴万村”行动，引进发展一批农业深加工、观光农业、智慧农业示范项目，打造一批田园综合体、农业公园，推动一、二、三产业融合发展。推进农业标准化，推广良种良法，加强农产品质量控制，培育创建农产品地理标志等公共品牌。深入实施灭荒三年行动，落实撂荒耕地复耕复种，坚决遏制耕地“非农化”、防止“非粮化”。加强水田垦造和高标准农田建设，推进粮储仓库建设和改造，确保粮食安全。

提升乡村治理水平。强化党对各类村级组织的领导，全面落实“四议两公开”等制度。落实村（居）基本经费保障，完善村（居）“两委”绩效考核奖励政策。加强村（居）干部培训，对符合条件人员参加学历教育给予补助。全面推广农村集体产权流转管理服务平台，推进“互联网+阳光村务”，积极创建全国村级议事协商创新实验试点。用好“一村（社区）一法律顾问”制度，提升乡村法治水平。扶持壮大村集体经济，全面消除年收入10万元以下的集体经济薄弱村。严格落实“四个不摘”要求，加强防止返贫动态监测帮扶，做好扶贫产业项目后续管理运营，实现“双百工程”村（居）社会工作服务点全覆盖。建好用好村级新时代文明实践站，深化农村殡葬改革，促进移风易俗。

建设美丽镇村。用好驻镇帮镇扶村机制，全面开展美丽圩镇和美丽乡村建设，完善提升“农民工匠”建设模式，实施一批镇村风貌提升、基础设施、公共配套工程，确保到2022年底，所有圩镇达到“宜居美丽圩镇标准”，每个县（市、区）20%以上的圩镇达到“示范美丽圩镇标准”、60%以上行政村达到美丽宜居标准，打造若干乡村风貌提升示范带和特色精品村。扎实推进农村道路建设攻坚行动，加快行政村公路“单改双”提升、自然村内道路基本实现路面硬底化。规范农村宅基地和村民建房行为，滚动开展农房安全隐患排查和危房改造，切实保障困难群众住房需求。

四、坚持不懈为民造福，不断提升人民群众获得感

解决好群众身边事。按照“留言必认、有办必果”的原则，办好“急难愁盼我来办”领导留言板，切实解决群众操心事、烦心事、揪心事。健全信访工作制度，落实信访工作领导包案制，全力化解信访积

案，依法解决群众合理诉求，确保“案结事了、事心双解”，提高信访群众满意度。深入推进“百项疏堵行动”，动态排查整治群众办事堵点痛点，落实简政放权、减证便民，努力让老百姓办事不求人、轻松办成事。坚持尽力而为、量力而行，扎实办好省市十件民生实事，让人民群众从中得实惠、感受到生活带来的新变化。

办好人民满意教育。坚持立德树人根本导向，实施教育高质量发展三年行动，推动学校办好学，让孩子读好书。支持办好广东工业大学揭阳校区，联动帮扶揭阳职业技术学院、揭阳技师学院提升办学水平。巩固提升学前教育“5080”攻坚成果，落实新建小区配建幼儿园要求，探索建立“托幼一体化”新模式。加强义务教育学位建设，扩大公办优质学位供给。实施特色普通高中创建工程，打造“一校一品牌”。推进中职学校整合提质增效，完善市卫生学校办学条件，积极创建揭阳卫生健康职业学院。严格落实“双减”政策，全面规范课后服务和校外培训，加强校园安全管理，促进学生全面健康发展。加快理顺义务教育阶段“公参民”学校办学体制，规范民办学校办学行为。完善教育经费保障机制，统筹盘活教师编制资源，持续改善教师待遇。加强师德师风建设，强化对教师行为的监督、评价、管理。

繁荣文旅体育事业。大力弘扬社会主义核心价值观，支持主旋律文艺创作和文化活动，保护传承潮剧等传统文化精粹。推动揭阳古城保护开发实质“破题”，重点推进南浦渔歌、中山路立面改造等示范节点项目，激发千年古城现代活力、文化魅力，积极创建国家历史文化名城。推进神泉湾、长美等文旅项目规划建设，创建提升一批A级景区，继续办好玉文化节、梅花节等特色节会。加强文化场馆建设，改造提升揭阳楼广场，推动市博物馆新馆开馆，启动建设市国防教育图书馆。支持全民健身，推进社区体育公园建设，启动黄岐山健身步道、西湖体育公园等项目。全面贯彻党的民族宗教政策，加强地方志和档案工作，做好社科、文联工作。

努力建设健康揭阳。实施医疗服务高质量发展三年行动，深化与中山大学附属第一医院、广州妇女儿童医疗中心、省第二人民医院等的合作，全面提升医疗服务水平。推进揭阳市人民医院、普宁市人民医院建设省高水平医院，理顺有关医疗卫生机构体制机制，抓好基层医疗卫生补短板项目。加快市县中医院和基层中医馆建设，规范做强中药材市场和南药种植基地，推动中医药传承创新发展。加强县域医共体建设，推动镇村医疗卫生机构一体化管理，推动优质资源下沉，完善分级诊疗制度。推进“互联网+”基本公共卫生服务，将村卫生站纳入镇卫生院医保门诊报销，探索建立长期护理保险制度。落实三孩生育养育配套支持政策，全面推进生育保险与职工基本医疗保险合并实施，继续为孕产妇和新生儿提供免费出生缺陷筛查服务。弘扬伟大抗疫精神，培育精诚大医，评选名中医。

健全社会保障体系。推动“粤菜师傅”“广东技工”“南粤家政”三项工程提质增效，做强揭阳“名厨”“能匠”“巧手”品牌，促进技能成才、技能就业。加强劳动保障监察治理，推进欠薪案件排查整治和动态清零，保障工资支付。推进实施全民参保计划，扩大基本养老保险覆盖面，稳定基本医疗保险参保率，健全灵活就业人员社保制度，保障社保资金按时足额发放。抓好市福利中心二期等项目建设，推动养老事业和养老产业协同发展。加大社会救助力度，稳步提高低保、特困人员、孤儿、残疾人等特殊群体补贴保障标准。认真实施中长期青年发展规划，支持青年创业创新、成长成才。发展慈善公益事业，推动第三次分配，做好红十字会工作。

五、提高行政服务效能，进一步优化营商环境

持续优化法治环境。发挥法治政府建设引领作用，着力提高干部队伍法治素质，增强运用法治思维和法治方式的能力。严格落实政府权责清单制度，加强对各级政府部门的法治监督，切实做到法无授权不可为、法定职责必须为。深入实施“八五”普法，落实“谁执法、谁普法”责任制，以严格规范公正文明执法，促进全民尊法守法用法。落实行政执法三项制度，推行部门联合“双随机、一公开”监管，对中小微企业实行包容审慎监管，坚决杜绝扰企行为。加强知识产权保护，严厉打击制假售假等违法行为，维护市场公平竞争。加大力度打击逃废债，重塑金融生态，倡导契约精神，健全社会信用体系。坚持政府与企业打开前门沟通、摆上台面解决问题，构建亲清新型政商关系。

强化便企暖企惠企。完善重点企业“首席服务官”制度，全面落实重点项目审批代办制，让企业少操心、多投资、快发展。坚持“多审合一”“多证合一”，全面推行并联审批，进一步压缩工程投资项目审批时限。完善“标准地”供地制度，落实工业项目“出让即报建”，建立产业用地履约评价和退出机制。加强经济运行监测调度，合理保障企业用电用能用水需求。建立健全政银企常态化对接机制，加大金融支持实体经济力度。探索推行惠企政策“免申即享”服务，确保政策资金直达企业。坚决落实减税降费政策，依法规范税收征管，营造利企惠民、公平竞争的税收环境。加大产业引才留才力度，全面兑现人才优惠政策，着力解决人才及其家属入托、就学、就医、安居、出行等问题，努力营造拴心留人的招才引智环境。

建设有为有效政府。用好“五个工作专班”，建立健全“一抓到底”的工作机制，构建“纵向到乡镇街道、横向到企业项目”的工作体系，全面提升政府执行力。坚持“一线工作法”，实行重点工作“一镇一档”精准调度、奖优罚懒，营造“比学赶超”工作氛围。强化审计监督和政务督查联动，突出结果导向，加大暗查暗访，严肃问效问责。弘扬伟大建党精神，激发干部队伍干事创业热情。实施公务员本领提升工程，深入整治“庸懒散浮拖”和“吃拿卡要”等不良作风。完善干部绩效考核评价体系，探索建立与待遇挂钩的奖惩机制。推进“数字政府”建设，推动政府效率变革。

六、协同推动减污降碳，提升生态环境质量

强化生态环境问题整治。坚决抓好第二轮中央生态环境保护督察反馈问题整改，对中央督察交办案件全面开展“回头看”，调整榕江饮用水源保护区范围，加快机场噪声敏感区治理。巩固拓展练江、榕江达标攻坚成果，推动“三江连通”工程通水运行，实施榕江南北河干流（市管河段）清淤工程、枫江干流（非界河段）清淤工程、练江干流生态修复工程，推动黑臭水体排查整治向县、镇、村延伸，加快完成87条省重点支流消劣任务。推进重点行业超低排放改造，强化道路扬尘、露天焚烧、餐饮油烟等面源管控治理，确保“蓝天常在”。扩大生活垃圾分类试点，推进垃圾压缩站标准化改造，规范垃圾收集转运作业。

推进环保基础设施建设。加强普宁市政污水、雨污分流、巷口截污管网建设，加快实现干支管网全覆盖，满足练江流域雨季污水处理需求。大力推进市区污水处理厂三期、市区西区污水处理厂二期扩容和中心城区管网、箱涵清淤检测修复等工程，全面提升榕江流域污水处理能力。完善枫江流域污水干支管网，提高污水收集率、处理率。加快建设普宁北部生活垃圾环保处理中心，开工建设市区垃圾处理与资源利用厂二期、揭西环保能源产业园、惠来生活垃圾焚烧发电项目一期，启动建设市区垃圾应急填埋场、污泥处理中心一期、餐厨垃圾处理中心一期和普宁循环经济生态园，推进垃圾减量化、资源化、无害化处理。

完善节能减排监管机制。实施“三线一单”生态环境分区管控，加强水环境、大气环境质量监测考核和海洋生态修复。强化土壤污染重点监管单位规范管理，落实新扩建项目土壤环境影响评价。深入推进河长制、林长制和警长制，常态化开展环保巡查检查，铁腕打击生态环境违法行为。系统谋划“碳达峰、碳中和”行动方案，强化能耗监测管理，统筹新能源消纳指标，坚决遏制“两高”项目盲目发展，支持清洁生产和资源循环利用。实施绿美揭阳大行动，推进高质量水源林工程、沿海基干林带建设。

七、深化改革开放，激发高质量发展活力

深化管理体制改革。推进经济功能区体制机制改革，推动经济功能区与行政区畅顺体系、协同职能、高效运转。巩固拓展事业单位改革成果，统筹盘活编制资源，重点保障民生领域公益服务需求。完善乡镇（街道）综合行政执法改革，理顺规范执法机制，加强执法队伍建设。突出公安体系、警务机制、科技强警、民力助警、便民服务等重点领域和关键环节，稳妥推进警务综合改革。深化农村公路管理养护体制改革，全面实行农村公路“路长制”。

推进财政和国资改革。深化财政预算管理改革，强化预算约束和绩效管理，落实全域无隐性债务试点工作。加强涉农资金统筹和专项债管理，抓实项目前期谋划，加快支出进度，提升资金效益。加强尽职调查和风险管控，提升招商选资项目和国有资本参股合资项目管理绩效。做实做强市投资控股集团，拓展与大型企业战略合作，抓好“转企”改革单位划转管理，提升国有资本投资经营效益。深化国有企业薪酬制度改革，调动国有企业干部职工积极性、主动性、创造性。

强化对外交流合作。准确把握构建新发展格局的新要求，支持企业扩内需、拓外贸，推动“优进优出”转型。复制推广自贸区、自由港创新经验，推动惠来港区、榕江港区扩容提质，建设国家跨境电商综合试验区和B型保税物流中心，积极培育外贸新业态和新型外贸经营主体。发挥国家级经济技术开发区枢纽平台作用，扩大吸引外资。围绕“所需”“所能”“所得”，主动对接“双城”“双区”和两个合作区要素资源。携手汕头、潮州共建汕潮揭都市圈，强化与大兴安岭地区对口合作，密切与国际友好城市对接交流。

八、统筹发展和安全，建设更高水平的平安揭阳

守牢疫情防控底线。坚持用大概率思维应对小概率事件，毫不放松抓好常态化疫情防控。坚持“人”“物”“环境”同防，全链条落实入境人员闭环管理，全方位加强进口冷链食品等源头管理。强化重点场所管控，严格规范隔离点设置

和运行，严格落实医院感染防控措施。坚持“四早”“四集中”，强化发热门诊、药店等监测“哨点”作用，持续抓好重点风险人群大数据排查和健康管理。扎实推进新冠疫苗接种，提高全人群全程接种率。加强疫情防控实战演练和物资储备，重点提升流调溯源和医疗救治能力。

全力强化安全保障。深入实施安全生产专项整治三年行动，紧盯建筑施工、道路交通、城镇燃气、危化品等重点领域，压实压紧安全生产责任制，坚决遏制重特大安全事故发生。持续开展“三合一”场所排查整治，推进“拆窗、砌墙、扫街”专项行动，全力降低火灾事故发生率和亡人率。完善森林防灭火基础设施和队伍建设，提升森林火灾综合防控和处置能力。加强食品药品、特种设备安全监管，保障公众健康和生命安全。完善基层应急管理体系建设，做好气象、地震等防灾减灾工作。

坚决维护社会稳定。深入贯彻总体国家安全观，守牢意识形态阵地，维护网络信息安全。常态化开展扫黑除恶专项斗争、禁毒斗争，持续推进“全民反诈”行动，加强社会治安综合治理。加强社会心理服务体系建设，探索建立社会心理服务疏导和危机干预管理机制。继续做好地方法人金融机构、有关上市公司等风险防控处置工作，坚决守住不发生区域性、系统性风险底线。抓好军民融合、强边固防、国防动员、人民防空等工作，推进创建全国双拥模范城市。

各位代表！新一年，我们要在市委的坚强领导下，自觉接受人大法律监督、政协民主监督、社会舆论监督，高质量办理人大代表建议和政协委员提案，坚持开门问政、开门行政、开门验政，加强政务公开，提高科学、民主、依法决策水平，深入推进政府系统党风廉政建设，严格落实中央八项规定及其实施细则精神，驰而不息纠治“四风”，切实加强政府治理体系和治理能力现代化建设，推动政府各项工作开创新局面、迈上新台阶。

各位代表！奋进新征程，一起向未来！让我们更加紧密地团结在以习近平同志为核心的党中央周围，弘扬伟大建党精神，牢记“国之大者”，勿忘昨天的苦难辉煌，无愧今天的使命担当，不负明天的伟大梦想，以一往无前的奋斗姿态、风雨无阻的精神状态，加快建设宜居宜业宜游的活力古城、滨海新城，努力打造沿海经济带上的产业强市，以优异成绩迎接党的二十大胜利召开！

附件：

名词解释

1.“1+1+9”工作部署：第一个“1”是指加强党的全面领导和党的建设；第二个“1”是指以更大魄力、在更高起点上推进改革开放；“9”是指举全省之力推进粤港澳大湾区建设和支持深圳建设中国特色社会主义先行示范区，扎实推进高质量发展打造新发展格局的战略支点，加快建设科技创新强省，加快建设现代化经济体系，全面实施乡村振兴战略，高质量加快构建“一核一带一区”区域发展格局，深入推进文化强省建设，营造共建共治共享社会治理格局，统筹发展和安全建设更高水平的平安广东等9项重点工作任务。

2.省委对揭阳发展的定位要求：聚焦高质量发展，建设宜居宜业宜游的活力古城、滨海新城，努力打造沿海经济带上的产业强市。

3.4E等级：属飞行区等级指标。目前国内民航机场分为3C、4C、4D、4E、4F五个等级，4E级机场最大可起降波音747、空客A340等四发远程宽体客机和波音777、空客A330等大型双发客机。

4.“两违”整治攻坚仗：违法用地、违法建设整治攻坚仗。

5.“四好农村公路”：建好、管好、护好、运营好农村公路。

6.“六稳”“六保”：“六稳”指稳就业、稳金融、稳外贸、稳外资、稳投资、稳预期；“六保”指保居民就业、保基本民生、保市场主体、保粮食能源安全、保产业链供应链稳定、保基层运转。

7.“三贡献一高一强”：“三贡献”指单位土地产值贡献和财税贡献、单位能耗产值贡献和财税贡献、单位环境容量产值贡献和财税贡献大；“一高”指科技含量高；“一强”指产业带动能力强。

8.“三江连通”工程：指韩江、榕江、练江水系连通工程，以韩江作为主要水源，以榕江作为水系连通通道及第二水源，通过河道、隧洞和管道等方式将三江水系相连，包括鹿湖隧洞引水工程和榕江关埠引水工程，乌石拦河闸引水工程和潮水溪疏浚工程挖潜4个子工程（即“2+2”方案）。

9.学前教育“5080”目标：公办幼儿园在园幼儿数占比达到50%以上，公办幼儿园和普惠性民办幼儿园占比达到80%以上。

10.“G+5+N”：“G”指党政主导的工作机制（Government）；“5”指促进政策措施向“链长制”集中，将产业园与产业链整体推进，引导扶贫资产运营与产业链建设有机结合，统筹整合省级涉农资金、市级资金优先用于“链长制”，解决农村人才培养等5方面机制创新；“N”指搭建现代农科服务、金融投资服务、数字农业赋能、产品流通销售、土地综合利用、农业保险服务、金融信贷服务、“传媒+”品牌服务、电子商务服务等N个农业产业服务平台。

11.10条市级、10条县级农业产业链：10条由市级牵头打造的农业产业链，包括揭东竹笋、炒茶、油茶，揭西茶叶、生猪，普宁青梅、蕉柑，惠来凤梨、家禽、鲍鱼；10条由各县（市、区）自行创建的农业产业链，包括揭东蛋鸡，普宁青榄、油甘、蛋鸡，揭西南药、苦笋、橄榄、蔬菜，惠来南药、荔枝。

12.“惠来五宝”：荔枝、凤梨、鲍鱼、隆江猪脚、鱼丸。

13.乡村振兴“九大攻坚”行动：农村违法乱占耕地建房整治攻坚行动，高标准农田建设攻坚行动，种业翻身仗攻坚行动，农村生活污水治理攻坚行动，农村供水保障攻坚行动，村内道路建设攻坚行动，美丽圩镇建设攻坚行动，渔港建设攻坚行动，金融支持乡村振兴攻坚行动。

14.“农民工匠”建设模式：是一套简化农村小型工程项目建设流程的工作模式，对技术含量不高、建设资金不大（100万元以下）的农村工程项目，按照“村为主、镇审批、县备案”的工作机制，一般采用标准、出图、估价、表决、申报、公示、竞标、管理、验收、结算10步法（各县〈市、区〉流程不同），推行由村组织和农民工匠带头人承接的村民自建方式，组织实施农村项目建设。

15.“五个工作专班”：重点项目工作专班、工业稳增长工作专班、外贸高质量发展工作专班、财税工作专班、招商选资工作专班。

16.“一核一带一区”区域发展格局：“一核”即珠三角9市，是引领全省发展的核心区和主引擎；“一带”即沿海经济带，是新时代全省发展的主战场，包括珠三角沿海7市和东西两翼地区7市；“一区”即北部生态发展区5市，是全省重要的生态屏障。

17.乡村“五大振兴”：产业振兴、人才振兴、文化振兴、生态振兴、组织振兴。

18.“三医联动”改革：医疗卫生体制、医疗保险制度和药品生产流通体制三个方面的联动和互动改革。

19.“工改工”：指在旧工业厂房用地上进行的新建、改建、扩建工业厂房项目。

20.“引金入揭”：引进银行、证券、保险、融资租赁、商业保理基金等金融机构在揭阳设立总部或分支机构。

21.“四议两公开”：党支部会提议、“两委”会商议、党员大会审议、村民代表会议或村民会议决议；决议公开、实施结果公开。

22.“四个不摘”：摘帽不摘责任、摘帽不摘政策、摘帽不摘帮扶、摘帽不摘监管。

23.“双百工程”：乡镇（街道）社会工作服务站和村（居）社会工作服务点100%覆盖，困难群众和特殊群体社会工作服务100%覆盖。

24.“单改双”：单行道改成双行道。

25.“双减”政策：减轻义务教育阶段学生过重作业负担和校外培训负担。

26.“公参民”：指公办学校举办或者参与举办民办义务教育学校。

27.行政执法三项制度：行政执法公示制度、执法全过程记录制度、重大执法决定法制审核制度。

28.“双随机、一公开”：随机抽取检查对象、随机选派执法检查人员，抽查情况及查处结果及时向社会公开。

29.“三线一单”：生态保护红线、环境质量底线、资源利用上线和生态环境准入清单。

30.B型保税物流中心：指经海关批准，由中国境内一家企业法人经营，多家企业进入并从事保税仓储物流业务的海关集中监管场所。

31.“双城”“双区”和两个合作区：“双城”指广州、深圳；“双区”指粤港澳大湾区、深圳“中国特色社会主义先行示范区”；两个合作区指前海深港现代服务业合作区、横琴粤澳深度合作区。

32.“四早”“四集中”：早发现、早报告、早隔离、早治疗；集中患者、集中专家、集中资源、集中救治。

重要媒体涉揭报道选目

揭阳建设宜居宜业宜游活力古城滨海新城

产业强市　阔步前行

《南方日报记者》　韩安东　唐楚生

这里汇集了广东石化炼化一体化、海上风电等千亿级产业集群，是发展的沃土；这里还是粤东交通重要枢纽，海陆空立体交通大格局已初具规模。

夏风拂煦，南海潮急。粤东沿岸，古邑揭阳正迎来新一轮机遇与发展。

在大南海石化工业区，中石油广东石化年产2000万吨炼油+260万吨芳烃+120万吨乙烯炼化一体化项目建设全面提速；在巨轮智能装备股份有限公司生产车间，以工业机器人为助力的自动化生产线已陆续铺开；在惠来县，鲍鱼养殖户正为即将到来的新一届展会做准备，希望用优质产品吸引更多国内外客户，打造“粤字号”农业知名品牌。

▶▷城市蝶变　古邑风韵融入发展血脉

在揭阳主城区榕城区，出生于20世纪50年代的孙汉明指着榕华街道老城区的高楼大厦，向年轻一辈说起家乡的故事，在他的描述中，这片街道过去到处都是金黄的稻田。“看得见的变化，就是最有力的变化。”孙汉明说。

在揭西县，有1400多年历史的三山祖庙，自20世纪80年代以来，迎来了泰国、马来西亚、印尼等国及国内各地成千上万的信士及旅游者。在当地人眼中，若不是疫情，庙里每年都是“人山人海”。

古邑揭阳，一方面见诸史载已有2200余年，历史悠久、文化深厚，是广东历史文化名城；另一方面，建市仅有30年，是广东地级市中的“小鲜肉”。

三十而立，风华正茂。如今的揭阳，坚持老城蝶变、新城崛起两手抓，推动主城区旧城改造提升，全力建设揭阳滨海新区和空港经济区，全方位拓展优化城市生产、生活和生态空间，合理布局城市产业空间，提升市民幸福感、获得感。

放眼如今的揭阳，榕城区全面推进古城保护活化，传承古城历史文脉和民俗文化，融合发展文化旅游产业，着力推进万达广场、中骏·世界城、新河社区“三旧”改造项目等；揭东区推动新城区、阳美玉都规划建设，打造城乡融合发展示范区；普宁市全面提升城市管理水平和发展品质，推动实现高质量发展，打造“商贸名城、创新之城”；惠来县依托中石油广东石化炼化一体化项目等一批重大项目建设，揭阳至惠来铁路、粤东新城城市社区人才安居项目等交通、市政、民生项目迅速推进，滨海新区粤东新城加快崛起；揭西县以创建国家全域旅游示范区为抓手，打造生态发展示范区、粤东城市群后花园；空港经济区着力打造宜居宜业宜游新城区和临空临港产业集聚区。

朝向未来，揭阳人深知路在何方——建设宜居宜业宜游的活力古城、滨海新城，努力打造沿海经济带上的产业强市——这是省委对揭阳的发展定位。

方向既明，行动必疾。近期在榕城区举行的活力揭阳古城建设项目签约仪式，拉开了揭阳古城保护

揭阳市区新貌　　（郑楚藩　摄）

建设新序幕。在不远处的粤东海岸，滨海新区中的广东工业大学揭阳校区今年9月将建成招生，为揭阳高质量发展提供人才与智力支撑。

▶▷产业兴市

“串珠成链”打造特色产业体系

在进贤门，往来游人拾级而上，尽览揭阳前贤遗风。

回首历史长河，揭阳人拼搏、能吃苦。作为广东重要的制造业基地，建市以来，揭阳依托自身资源和现有产业基础，形成了金属、纺织服装、制鞋、玉器、特色农产品等优势产业集群。

产业是发展的根基，打造产业强市，是揭阳实现高质量发展的必由之路。

在制造业方面，中海油LNG项目、国电投风电项目、明阳新能源综合基地、GE海上风电机组总装基地、泛亚等重大项目高度集聚。揭阳滨海新区初步形成以炼油、石化、天然气、风电为主导的能源产业格局，先进制造业蓄势进发；以巨轮智能装备股份有限公司、聚鲶工业科技有限公司为代表的传统产业，以工业机器人助力打造智能化、自动化生产线，推动“注塑日用品产业集群”转型升级。

农业方面，在农业产业链“链长制”机制创新上先行先试，培育做强首批10大市级现代农业产业链，带动发展10个县级农业产业链。市委、市政府携手6个省级单位共建现代农科服务、数字农业赋能、土地综合利用、产业投资服务、农业保险服务、金融信贷服务“六大平台”，通过加强省地合作、院地合作，共同探索推进农业产业发展的创新路径。

现代服务业方面，截至2020年，全市服务业增加值达到1122.97亿元，占生产总值的比重达到53.4%；现代服务业增加值达到371.55亿元，体量大、增长快成为揭阳服务业的最显著特征。现在，揭阳市电商经营主体超过20万家，已建成首个跨境电商产业园，快递业务量23.5亿件，总量跃居全国城市第7位。此外，电子商务、金融业、房地产业等服务业正逐步成为揭阳市新兴主导产业。

今年一季度，揭阳地区生产总值为464.72亿元，同比增长13.2%。其中，第一产业增加值为41.70亿元，同比增长3.2%；第二产业增加值为142.67亿元，同比增长13.4%；第三产业增加值为280.35亿元，同比增长14.8%。

▶▷红色传承

锻造队伍助力振兴发展

“1、2、3，开机！”近日，《情系火炬村》电影开机仪式在揭西县南山镇火炬村红色研学基地举行，吸引了多位国内影视大咖参与。揭西县委、县政府相关负责人介绍，该电影属于南山镇火炬村党建示范“五个一工程”项目的一部分。“五个一工程”，即一本好书、一部电影、一出大戏、一套纪录片、一个红色基因数据库等主要建设内容，均已全面进入加速提升的阶段。

如今，莲花山脉南麓大北山下，原本落后和贫穷的红色村，通过党建引领，打造了一支为人民服务的村“两委”队伍，积极打造“红色村”党建示范工程，成为远近闻名的红色村，吸引游人如织，也让当地老百姓走上致富道路。

今年5月22日，揭阳市委书记、市人大常委会党组书记王胜在全市加强基层党组织建设工作会议上指出，全市各部门要突出抓好“六大攻坚工程”，以实施“组织兴村”工程为抓手推进农村基层党建，以实施“提神振气”工程为抓手推进机关党建，以实施“互联共建”工程为抓手推进城市党建，以实施“先锋服务”工程为抓手推进事业单位党建，以实施“强根铸魂”工程为抓手推进国企党建，以实施“双有双培”工程为抓手推进“两新”组织党建，一体推进全市各层级各领域基层党组织建设，将党建融入城市治理的各项工作当中。

面对城市基层治理难题，揭阳把加强和改进城市基层党建工作摆在突出位置，推进市、县、街道、社区四级联动。在街道，以“中心+网格化+信息化”的模式打造社会治理网格化智能指挥中心；在商圈，积极开展“党员进市场”“党员进社区”活动，实现党建工作从“有形覆盖”到“有效覆盖”迈进；在企业，揭阳持续提升企业“两新”组织党组织党建质量，将党组织生活贯穿于日常工作和生产经营活动中；在乡村，基层党组织升级改造党群服务中心建设，扎实开展基层党课，不断强化党组织的领导核心地位。

■一线见闻

找准定位　奋力发展

盛夏来临，虽然暑气逼人，但揭阳大地处处可见奋斗者身影，处处涌动着生机活力。

日前，坐落于揭阳滨海新区的中石油广东石化炼化一体化项目220千伏总变电站顺利完成中间交接，成为首个中交项目。该项目负责人介绍，该变电站于2020年3月30日开工，包含25个单位工程、120个分部工程、1427个分项工程，共历时14个月。该项目执行过程中，项目参建单位克服疫情和高温酷暑带来的影响，提前15天完成桩基工程；在打基础及主体结构施工阶段，排除工期紧等困难，如期完成主体结构封顶；在设备安装阶段，在业主和监理方的大力支持下，参建人员放弃春节假期休息时间，连续作战，28天完成了全部96个间隔的室内部分安装工作和电缆敷设任务。

走访揭阳，各地加快产业发

展，集聚效应不断凸显，尤其是一批重大产业项目建设取得突破，有力发挥炼化、风电“双龙”起舞带动作用，丰富了加快打造沿海经济带上的产业强市的路径和抓手。

揭阳将2021年视为各项工作的“攻坚强基年”，紧抓世界级石化基地、海上风电产业链以及滨海新区“一城两园”规划建设等工作，加快驶入经济社会发展快车道。

■记者手记

用产业的发展撬动对城市未来的想象

省委对揭阳提出“建设宜居宜业宜游的活力古城、滨海新城，努力打造沿海经济带上的产业强市”的发展定位，为揭阳在全国大局大势中、在“一核一带一区”区域发展格局中找准了坐标，在粤东振兴发展中找准了角色，在揭阳加快发展的历史进程中找准了方位。

产业是发展的根基，打造产业强市，是揭阳实现高质量发展的必由之路。

揭阳市第六届委员会第九次全体会议审议并通过《中共揭阳市委关于建设宜居宜业宜游活力古城滨海新城打造沿海经济带上产业强市的决定》，提出要充分发挥揭阳的产业基础优势，以重点产业园区为依托，引导产业集聚发展，推动产业转型升级、协同发展，构建先进制造业、现代服务业、文化旅游业和现代农业“四位一体”的产业发展体系，加快建设产业强市。

贯彻新发展理念，让揭阳产业发展有了清晰的方向和路径，那就是生态优先、绿色发展，加快传统工业走向智能制造，以科技创新引领产业发展，以产业园区凸显集聚效应，以产业升级解决经济社会发展“卡脖子”的现状，努力在高质量转型发展上迈出更大步伐。

与此同时，揭阳也在树立“乙方思维”，把深化“放管服”改革作为优化营商环境的突破口，推进简政放权，加强市场监管，优化政府服务，不断激发市场活力和社会创造力，增强经济发展的内生动力。

一幅宜居宜业宜游的美丽新画卷正在徐徐展开。

（《南方日报》2021年6月16日第八版登载）

法 规

揭阳市红色资源保护传承条例

（2021年5月28日揭阳市第六届人民代表大会常务委员会第四十七次会议通过 2021年7月30日广东省第十三届人民代表大会常务委员会第三十三次会议批准）

第一条 为了加强对红色资源的保护，弘扬革命文化，传承红色基因，培育和践行社会主义核心价值观，根据《中华人民共和国文物保护法》《中华人民共和国英雄烈士保护法》等法律、法规，结合本市实际，制定本条例。

第二条 本条例适用于本市行政区域内红色资源的保护、管理、传承和利用。

红色资源中的文物、革命遗址、烈士纪念设施、历史建筑等的保护和管理，相关法律、法规已有规定的，从其规定。

第三条 本条例所称的红色资源，是指新民主主义革命时期以来，中国共产党团结带领人民在揭阳地区进行革命斗争和社会主义建设实践中所形成的，具有重要历史价值、教育意义、纪念意义的物质资源和精神资源。包括：

（一）重要机构、重要会议旧址；

（二）重要人物故居、旧居、活动地、墓地以及遗物；

（三）重要事件、重要战斗的遗址、遗迹；

（四）具有重要影响的烈士事迹发生地或者烈士墓地；

（五）反映革命历史、革命精神的纪念碑（塔、堂）等纪念建（构）筑物，以及重要档案、文献、手稿、声像资料和其他代表性可移动实物；

（六）见证社会主义建设和改革开放发展历程的重要历史事件标志地、展览馆、纪念设施等；

（七）法律、法规规定需要保护的其他红色资源。

第四条 县级以上人民政府应当加强本行政区域内红色资源保护传承工作的组织和领导，将红色资源保护纳入本级国民经济和社会发展规划、国土空间规划、历史文化保护规划以及其他相关专项规划，建立与经济社会发展相适应的经费保障机制，并将所需经费纳入本级财政预算。

乡镇人民政府、街道办事处负责本辖区内红色资源的日常巡查和现场保护等工作。

村民委员会、居民委员会应当协助人民政府和有关部门做好本区域内红色资源保护传承相关工作，及时掌握和报告红色资源相关情况，并指导村民、居民按照保护要求合理使用红色资源。

第五条 县级以上人民政府文化和旅游主管部门负责本行政区域内红色资源的保护、管理、传承和利用等工作。

县级以上人民政府退役军人事务主管部门负责本行政区域内涉及烈士纪念设施的红色资源的保护、管理、传承和利用等工作。

县级以上人民政府住房和城乡建设主管部门负责本行政区域内涉及历史建筑的红色资源的保护、管理、传承和利用等工作。

档案、发展和改革、财政、公安、教育、自然资源、生态环境、城市管理和综合执法、应急管理、消防救援、人力资源社会保障等部门和党史研究机构，按照各自职责做好红色资源的保护、管理、传承和利用等相关工作。

第六条 本市建立市、县两级红色资源保护传承联席会议机制，协调、指导、推动红色资源保护、管理、传承和利用等工作，研究决定红色资源的保护、管理、传承和利用政策等重大事项。

联席会议由文化和旅游、退役军人事务、住房和城乡建设、发展和改革、财政等部门以及党史研究机构参加。

第七条 市人民政府应当设立红色资源保护专家咨询委员会，对红色资源认定、保护、管理、传承和利用等事项提供咨询、论证、评审服务和专业指导。

红色资源保护专家咨询委员会由党史研究、文物保护、城乡规划、建筑、教育、文化传播、档案、经济和法律等领域的专家组成，具体人选由市人民政府聘任，日常工作由市人民政府文化和旅游主管部门负责。

第八条 县级以上人民政府应当设立红色资源保护专项资金，用于红色资源普查建档、排除评估、理论研究、修缮补助以及保护标志制作等方面的支出。专项资金的来源包括：上级补助、本级财政预算安排、社会捐赠等渠道依法筹集的资金。专项资金应当专款专用，并接受财政、审计、监察部门和社会的监督。

红色资源保护专项资金的具体使用管理办法，由县级以上人民政府制定。

第九条 鼓励单位和个人以捐赠、资助、志愿服务、技术支持等方式，参与红色资源的保护、传承和利用。

对在红色资源保护、传承、利用方面做出突出贡献的单位和个人，县级以上人民政府应当依法给予表彰、奖励。

第十条 县级人民政府文化和旅游主管部门应当会同同级退役军人事务、住房和城乡建设等部门以及党史研究机构，定期组织开展本行政区域内红色资源的普查工作，及时掌握红色资源保存状况和保护需求，并收集整理文字、数据、图片、视频等有关资料，建立红色资源普查档案。

鼓励单位和个人向有关部门提供红色资源线索。

第十一条 红色资源的认定，应当按照下列程序进行：

（一）根据红色资源普查实际情况，由县级人民政府文化和旅游主管部门会同同级有关部门以及党史研究机构，征求有关所有权人、使用人或者实际管理人，以及其他利害关系人的意见后，提出申报名单，经本级人民政府同意后报市人民政府文化和旅游主管部门；

（二）市人民政府文化和旅游主管部门会同同级有关部门以及党史研究机构，组织专家咨询委员会相关领域专家进行论证，提出评审意见，拟定红色资源初步建议名单；建议名单应当向社会公示，征求公众意见，公示时间不得少于三十日；

（三）市人民政府文化和旅游主管部门会同同级有关部门以及党史研究机构，根据专家评审意见和公示结果，向市人民政府提出红色资源建议名单，由市人民政府予以核定。

第十二条 市人民政府应当建立红色资源保护名录，将经核定的红色资源列入保护名录并向社会公布。

红色资源保护名录应当载明红色资源的名称、类别、文化内涵、历史价值、保护责任人等内容；列入保护名录的不可移动红色资源还应当载明地理坐标、保护对象本体等信息。

市人民政府应当建立红色资源保护名录信息数据库，实行动态管理，并推进信息共享。

第十三条 对列入保护名录的不可移动红色资源，县级人民政府应当在保护名录公布后及时设立红色资源保护标志。

红色资源保护标志的制作标准由市人民政府文化和旅游主管部门会同同级退役军人事务、住房和城乡建设等部门统一设定，内容应当包括不可移动红色资源的名称、史实简介、公布机关和公布日期等。

第十四条 红色资源保护实行保护责任人制度，按照下列规定确定保护责任人：

（一）属于国家所有的，其使用人或者实际管理人为保护责任人；

（二）属于集体所有的，本集体经济组织或者村民委员会为保护责任人；

（三）属于私人所有的，其所有权人为保护责任人；

（四）权属不明确的，红色资源所在地的乡镇人民政府或者街道办事处为保护责任人。

县级以上人民政府文化和旅游、退役军人事务、住房和城乡建设等主管部门应当根据各自职责分工，与相关红色资源保护责任人签订保护协议。保护协议应当明确保护责任人的责任和权利等内容。

第十五条 红色资源保护责任人应当履行下列责任：

（一）进行日常保养、维护；

（二）落实防火、防盗、防毁损等安全措施，发现重大安全隐患或者发生重大险情时，立即采取相应的抢救保护措施，并及时向有关部门或者乡镇人民政府、街道办事处报告；

（三）保持不可移动红色资源环境整洁，不得损毁或者擅自改建、拆除其所依存的建（构）筑物及其附属设施；

（四）配合有关部门开展监督检查、保养维护、宣传教育、保护利用和档案管理等工作；

（五）法律、法规规定或者保护协议约定的其他保护责任。

红色资源保护责任人享有参与制定保护方案、获得指导、接受培训、获得合法使用收益、申请修缮补助等权利。

第十六条 建设工程选址，应当尽可能避开不可移动红色资源；因特殊情况不能避开的，应当尽可能实施原址保护。

无法实施原址保护，确需迁移异地保护或者拆除的，应当依照有关法律、法规执行。

第十七条 对不可移动红色资源进行维护修缮，应当遵循尊重原貌、不破坏历史风貌、最小干预的原则，不得损毁或者擅自改变主体结构及其附属设施；依照有关法律、法规规定应当履行批准手续的，报有关部门审批。

县级以上人民政府文化和旅游、退役军人事务、住房和城乡建设等主管部门应当对不可移动红色资源的维护修缮工作进行技术指导和管理监督。

不可移动红色资源的维护修缮工作由保护责任人负责，保护协议另有约定的，从其约定。

红色资源的修缮、修复费用由保护责任人承担或者筹集。保护责任人不具备修缮经济能力的，可以向县级以上人民政府文化和旅游等有关部门申请修缮补助。有关部门应当根据红色资源的类别、内容、规模和保护需要等情况给予适当补助，或者与保护责任人在公平、自愿基础上达成协议，通过产权置换、购买、长期托管等方式予以保护。

第十八条 县级以上人民政府应当定期组织文化和旅游、退役军人事务、住房和城乡建设等主管部门对列入保护名录的红色资源进行全面排查，发现存在坍塌、损毁、灭失等重大安全隐患的，应当及时组织开展抢救性保护和修复。

第十九条 在不可移动红色资源本体及其保护范围内，禁止下列行为：

（一）刻画、涂污、损坏红色资源；

（二）刻画、涂污、损毁或者擅自移动、拆除红色资源保护标志；

（三）生产、存储或者经营危害红色资源安全的爆炸性、易燃性、腐蚀性物品等；

（四）开展与红色资源环境氛围不相协调的经营、娱乐等活动；

（五）翻爬、骑坐等亵渎、损害红色资源形象的行为；

（六）法律、法规规定的其他可能破坏红色资源环境和危害红色资源安全的行为。

第二十条 鼓励单位和个人将收藏的红色文献资料、代表性可移动实物捐赠给档案馆、博物馆、纪念馆等收藏单位。接受捐赠的收藏单位应当妥善做好收藏、保管、研究和展示工作。

对单位和个人所有的文献资料、代表性可移动实物等可移动红色资源，档案馆、博物馆、纪念馆等收藏单位可以提供免费寄存、修复等便利服务，相关费用在红色资源保护专项资金中予以补助。

档案馆、博物馆、纪念馆等收藏单位应当提升保护利用水平，加强可移动红色资源的预防性保护和数字化保护利用。

第二十一条 鼓励对红色资源进行合理利用。红色资源的利用应当与其历史真实性、风貌完整性和文化延续性相适应，防止危及或者破坏红色资源，杜绝任何庸俗化和娱乐化倾向。

禁止以歪曲、亵渎、丑化、否定等不当方式利用红色资源。

第二十二条 县级以上人民政府应当组织开展“潮汕七日红”等红色文化理论研究，加强档案整理利用研究，挖掘揭阳红色资源的历史价值和精神内涵，推出优秀研究成果，为传承弘扬红色文化提供理论支撑。

第二十三条 各级人民政府和相关部门应当加强对红色资源保护的宣传，组织开展形式多样的红色文化主题宣传教育活动，引导公众参与红色资源保护，传承红色基因。

广播、电视、报刊、互联网等大众传播媒介应当坚持正确舆论导向，通过新闻报道、开设专栏、发布公益广告、播放或者刊登红色文化题材作品等方式，弘扬红色文化，并充分发挥新兴媒体优势，创新传播方式，提升传播效果。

第二十四条 国家机关、企业事业单位和社会组织应当利用红色资源，组织开展爱国主义、革命传统以及党史教育活动。

干部教育培训机构应当将红色文化教育纳入教学必修课程，充分利用红色资源开展现场教学，组织学员到红色文化旧址、遗址等开展学习培训和志愿服务。

教育主管部门应当推动红色文化进校园，将红色文化融入思想道德、文化知识、社会实践等教育教学内容，鼓励学校组织学生到红色文化旧址、遗址、主题展览馆、纪念馆等开展爱国主义教育和社会实践活动。

第二十五条 县级以上人民政府文化和旅游主管部门应当鼓励、支持各类文艺团体、文艺工作者，充分利用本市“潮剧”“铁枝木偶戏”“潮汕讲古”等非物质文化遗产和其他民间文化艺术形式多样的优势，创作具有本区域红色文化特色的艺术作品。

第二十六条 县级以上人民政府应当将红色资源的传承利用纳入本区域旅游发展规划，以“揭阳学宫”“八一南昌起义南下部队指挥部军事决策会议旧址”等红色资源为支撑，培育红色旅游景区，设计精品旅游路线，打造具有地方特色的红色旅游品牌，推动本市红色旅游持续健康发展。

第二十七条 县级以上人民政府应当加强与周边地区的合作，推动粤东地区“两次东征主战场发生地”“南昌起义部队南下广东转战地”等红色资源保护、传承和利用的协同发展，通过开展红色资源理论研究、馆际交流、文艺创作、红色旅游等活动，加强区域间红色资源的共享共用，提升弘扬革命文化、传承红色基因的整体水平。

第二十八条 违反本条例第十九条第一项规定，刻画、涂污、损坏除文物、烈士纪念设施、历史建筑以外的红色资源的，由县级以上人民政府文化和旅游主管部门给予警告，责令恢复原状或者采取其他补救措施，可以并处二百元以下的罚款；构成违反治安管理行为的，由公安机关依法给予治安管理处罚；造成损失的，依法承担赔偿责任。

违反本条例第十九条第二项规定，刻画、涂污、损毁或者擅自移动、拆除红色资源保护标志的，由县级以上人民政府文化和旅游、退役军人事务、城市管理和综合执法等部门按照职责给予警告，责令恢复原状或者采取其他补救措施，可以并处二百元以下的罚款。

第二十九条 相关部门及其工作人员，未按照本条例规定履行相应职责或者存在其他玩忽职守、滥用职权、徇私舞弊行为的，对直接负责的主管人员和其他直接责任人员依法给予处分；构成犯罪的，依法追究刑事责任。

第三十条 违反本条例有关规定的其他行为，法律、法规已规定法律责任的，从其规定。

第三十一条 本条例自2021年10月1日起施行。

揭阳市潮剧保护传承条例

（2021年9月29日揭阳市第六届人民代表大会常务委员会第五十一次会议通过 2021年12月1日广东省第十三届人民代表大会常务委员会第三十七次会议批准）

第一条 为了加强对潮剧的保护与传承，根据《中华人民共和国非物质文化遗产法》等法律、法规，结合本市实际，制定本条例。

第二条 本条例适用于本市行政区域内潮剧的保护、传承、传播与发展。

第三条 本条例保护传承的对象，包括下列具有历史、文学、艺术价值的潮剧表现形式以及相关的实物和场所：

（一）潮剧的代表性剧目、剧本、唱腔、语言、音乐、曲谱、传统表演艺术、舞台美术等；

（二）与潮剧密切相关的化妆技艺以及乐器、服装、道具、布景、盔头、头饰等制作技艺；

（三）与潮剧密切相关的历史档案、文献资料、器具实物、场所设施；

（四）潮剧特有的传统习俗；

（五）与潮剧密切相关的其他保护传承对象。

第四条 潮剧保护传承应当弘扬社会主义核心价值观，坚持政府主导、社会参与，保护、传承、传播与发展并重的原则。

第五条 县级以上人民政府应当加强对潮剧保护传承工作的组织领导，将其纳入本级国民经济和社会发展相关规划，并加大财政投入，在年度财政预算中统筹安排落实潮剧保护传承经费。

县级以上人民政府应当建立潮剧保护传承工作联席会议机制，研究决定、协调解决潮剧保护、传承、传播与发展等工作中的重大事项。

第六条 县级以上人民政府文化和旅游主管部门负责本行政区域内潮剧的保护、传承、传播与发展等工作。

发展改革、财政、人力资源社会保障、教育、自然资源、住房和城乡建设、市场监督管理等有关部门，在各自职责范围内做好潮剧的保护、传承、传播与发展等工作。

第七条 县级以上人民政府文化和旅游主管部门应当结合本地实际情况，组织有关部门编制潮剧保护专项规划，报本级人民政府批准后组织实施。

第八条 县级以上人民政府文化和旅游主管部门应当组织对本行政区域内的潮剧资源状况进行调查，建立潮剧资料档案和相关数据库。除依法应当保密的外，潮剧资料档案以及相关数据信息应当公开，便于公众查阅。

调查潮剧资源，应当搜集、整理相关的历史档案、文献资料和代表性实物，并及时归档妥善保存，防止损毁、流失。对濒危潮剧资源应当综合运用图片、文字、录音、录像等方式，进行抢救性记录和保护。

鼓励公民、法人和其他组织向县级以上人民政府文化和旅游主管部门提供潮剧资源信息。

第九条 根据潮剧资源调查情况和实际工作需要，市人民政府可以建立潮剧资源保护清单，将能够体现潮剧优秀传统文化并具有较高历史、文学、艺术价值的项目，列入清单加强保护。

第十条 县级以上人民政府文化和旅游主管部门应当将符合条件的潮剧资源项目依法列入本级非物质文化遗产代表性项目名录予以保护。

第十一条 县级以上人民政府文化和旅游主管部门应当依法认定潮剧代表性传承人，建立传承人档案，并将名单向社会公布。

支持潮剧代表性传承人和名家设立潮剧传习所、工作室，开展带徒授艺等传习活动。

第十二条 县级以上人民政府应当建立和完善潮剧表演团体多元化发展机制，激发国有潮剧表演团体活力，加强对民营潮剧表演团体的指导和扶持。

民营潮剧表演团体与国有潮剧表演团体的潮剧从业人员，在专业技术职称评定等方面享有同等待遇。

第十三条 县级以上人民政府及其文化和旅游主管部门应当加强潮剧保护传承工作队伍的建设，通过培养、培训、引进等多种方式，完善潮剧保护、研究、传承等各类专业人才的培养和保障机制。

在公开招聘具有特殊专长的潮剧专业人员时，应当结合潮剧行业的实际情况，公平合理确定招聘的条件、要求和方式，满足潮剧专业技术人才引进的需要。

第十四条 县级以上人民政府及其教育主管部门应当鼓励和支持中小学校，通过成立潮剧社团、潮剧兴趣小组以及与本地潮剧表演团体合作开展优秀潮剧进校园等方式，宣传和普及潮剧知识。

鼓励和支持有条件的高等院校、职业学校开设戏曲表演等相关专业和开展潮剧教育培训，探索建立校团合作办学、人才定向培养等办学机制。

第十五条 县级以上人民政府应当加强潮剧展示、展演、传习等场所和设施的建设与管理，改善潮剧创作生产和展示展演条件。

鼓励和支持镇（街）、村（居）利用传统村落、历史建筑、文化公园等建设潮剧展示、展演场所，开发具有吸引力的潮剧文化旅游产品，推动潮剧文化和旅游产业融合发展。

任何单位和个人不得破坏、非法侵占与潮剧保护传承相关的场所和设施。

第十六条 潮剧创作应当弘扬社会主义核心价值观，挖掘优秀传统文化，体现新时代新生活主题。

县级以上人民政府文化和旅游主管部门应当指导、支持潮剧表演团体和创作、研究机构以及相关人员加强潮剧剧本的创作，打造潮剧艺术精品，提高潮剧表演的欣赏性和吸引力。

县级以上人民政府文化和旅游主管部门应当加大对优秀潮剧剧本创作的扶持力度，可以通过公开征集等方式，扶持整理改编和新编原创的优秀潮剧剧本。

第十七条 县级以上人民政府应当将潮剧演出纳入基本公共文化服务目录，通过政府购买服务等方式，支持潮剧表演团体到基层开展公益性演出服务活动，丰富基层精神文化生活。

第十八条 县级以上人民政府文化和旅游、市场监督管理、知识产权保护等主管部门应当依法保障潮剧表演团体、传承研究机构、代表性传承人等的合法权益，指导支持有关单位和个人依法维护其著作权、商标权、专利权等知识产权。

第十九条 潮剧表演团体应当按照法律、法规有关规定，及时足额为潮剧从业人员办理社会保险，保障相关人员的合法权益。

鼓励社会团体、社会资本等对在潮剧排练和展演过程中出现的伤残或者患职业病等的特殊人员进行帮扶救助。

第二十条 鼓励和支持公民、法人和其他组织通过依法设立潮剧表演团体、建设展示和传承场所等方式，开展潮剧保护传承。

鼓励和支持公民、法人和其他组织通过捐赠、捐助等方式参与潮剧保护传承。

第二十一条 县级以上人民政府及其文化和旅游主管部门应当加强潮剧宣传，创新潮剧传播方式，通过报刊、广播电视、互联网等媒体，以动漫小视频、微电影、专题专栏等方式，普及、宣传、推广潮剧艺术。

县级以上人民政府及其文化和旅游主管部门可以结合节庆文化活动、当地民俗活动等，组织在剧院、乡镇（街道）文化站、文化服务中心、旅游景区（点）、特色街区（乡镇）等集中展示展演潮剧艺术。

第二十二条 县级以上人民政府文化和旅游等主管部门应当加强对经营性潮剧演出活动的管理，依法查处各类违法违规演出活动，并发挥行业协会作用，加强行业自律和协作，培育健康良好的潮剧演艺市场环境。

第二十三条 市人民政府应当加强与汕头市、潮州市等地缘相近、文脉相承区域的市人民政府的沟通协调，并就下列事项建立完善潮剧保护传承区域合作机制：

（一）共同设立潮剧艺术节；

（二）协同开展剧本创作、学术交流、艺术研究；

（三）协同组织对外艺术表演交流、展示；

（四）建立区域名家收徒传艺机制；

（五）发挥戏曲院校作用，协作开展区域潮剧人才培养；

（六）推动三市潮剧表演团体开展交流合作，保障其跨区域的合法演出活动；

（七）共同创建潮剧保护传承研究基地；

（八）共同推进潮剧申报列入人类非物质文化遗产代表作名录；

（九）其他依法可以开展区域合作的事项。

市人民政府文化和旅游主管部门应当加强与汕头市、潮州市相关部门之间的沟通协作，通过区域会商、信息共享、联动执法等方式，提高区域潮剧保护传承水平。

第二十四条 县级以上人民政府文化和旅游主管部门、其他有关部门及其工作人员违反本条例规定，有下列情形之一的，对直接负责的主管人员和其他直接责任人员依法给予处分；构成犯罪的，依法追究刑事责任：

（一）未依法履行保护传承管理职责的；

（二）截留、挪用、挤占保护传承经费的；

（三）在评审认定过程中存在徇私舞弊、弄虚作假的；

（四）其他滥用职权、玩忽职守、徇私舞弊的行为。

第二十五条 本条例自2022年1月1日起施行。

2021年揭阳市人民政府规章

揭阳市人民政府令

第74号

《揭阳市城市绿化管理办法》已经2021年5月11日揭阳市人民政府第六届96次常务会议通过，现予公布，自2021年7月1日起施行。

市长　张　科

2021年5月31日

揭阳市城市绿化管理办法

第一章　总　则

第一条　为了发展城市绿化事业，保护和改善生态环境，建设宜居城市，促进生态文明建设，根据《城市绿化条例》《广东省城市绿化条例》和有关法律、法规，结合本市实际，制定本办法。

第二条　本办法适用于本市城市规划区内的城市绿化规划、建设、保护及其相关的管理活动。

第三条　市、县（市、区）人民政府应当把城市绿化建设和维护纳入国民经济和社会发展计划，保障城市绿化建设和养护所需经费。

乡镇人民政府（街道办事处）依照本办法规定做好本辖区内的城市绿化建设、保护和管理工作。

第四条　市城市管理和综合执法局负责全市的城市绿化工作并组织实施本办法。县级人民政府城市绿化行政主管部门负责本行政区域内的城市绿化工作。

发展和改革、住房和城乡建设、自然资源、财政、生态环境、农业农村、水利、交通运输、公安、市场监督管理、电力、通信等管理部门依照各自职责，协同城市绿化行政主管部门实施本办法。

在城市规划区内，有关法律、法规规定由林业行政主管部门等管理的绿化工作，依照有关法律、法规执行。

第五条　任何单位和个人都应当爱护城市绿化及其设施，有权劝阻、制止和投诉举报损害城市绿化、破坏生态环境的行为。

城市中的单位和有劳动能力的公民，应当按照国家有关规定履行植树或者其他绿化义务。

鼓励单位和个人通过投资、捐资、认种、认养等形式参与城市绿化建设，根据有关规定可以享有绿地、苗木一定期限的冠名权。

第二章　规划和建设

第六条　市城市绿化规划，由市城市管理和综合执法局牵头组织编制，报市人民政府批准，纳入国土空间总体规划。

各县（市）人民政府城市绿化行政主管部门组织编制本辖区的城市绿化规划，经县（市）人民政府审批，报市城市管理和综合执法局备案。

第七条　城市建成区绿化覆盖率不得低于35%，绿地率不得低于30%，人均公园绿地面积不得低于8平方米。城市绿地的建设指标应当符合下列标准：

（一）居住用地附属绿地和单位附属绿地的绿化种植面积，不低于其绿地总面积的75%；

（二）城市生产绿地的规划应当适应城市绿化建设和发展的需要，其用地面积不得低于城市建成区面积的2%；

（三）城市江河两岸、铁路沿线两侧的防护绿化带宽度每侧不小于30米；饮用水源地水体防护林带宽度各不小于100米；道路沿线是耕地的，两侧用地范围以外绿化带宽度不得超过5米，其中县乡道路不得超过3米；

（四）城市公园绿地建设用地指标应当符合国家标准，其中绿化种植面积应当占总用地面积70%以上，游览、休憩、服务性的建筑面积不得超过总用地面积5%；

（五）城市道路绿化及其绿带的设计、建设应当符合国家规定。对于道路平交路口、商业区域人行道所进行的道路绿化，应当尽量采用低矮灌木丛进行机动车道和非机动车道、车行道与人行道之间的分离，减少视野盲区对道路交通的负面影响；

（六）高压输电线走廊下安全隔离绿化带宽度应当符合国家规定。

第八条 建设工程项目应当配套绿化用地，绿化用地面积占建设工程总用地面积的比例按照省的有关标准执行。

改建、扩建工程项目的配套绿化用地面积达不到前款规定标准的，由县级以上人民政府城市绿化行政主管部门依照《广东省城市绿化条例》的规定予以处理。

第九条 城市绿化工程的设计，应当委托持有相应资格证书的设计单位承担。

第十条 城市各类绿地的工程设计方案应当符合国家有关技术标准和规范。

工程建设项目的附属绿化工程设计方案，按照基本建设程序审批时，应当有城市绿化行政主管部门参加审查。

建设单位应当按照批准的设计方案进行施工，不得擅自变更。设计方案确需改变时，须经原批准机关审批。

第十一条 公园绿地、居住用地附属绿地、公共管理与公共服务设施用地附属绿地的建设，应当以植物造景为主，适当配置园林建筑和园林小品。植物配置应当以乔木为主，灌木、花、草合理配置；城市绿化应当以乡土植物为主，并注重植物群落多样性，科学培育、引进和应用适应本地生长发育的植物品种。

新建、扩建道路应当种植行道树，同一道路的行道树应当有统一的景观风格，补植道路行道树应当选择原来同样品种的乔木。

城市绿地设计方案中使用的苗木规格应当依据相关规定予以严格控制，禁止移植天然大树进城。

第十二条 建设工程项目的配套绿化工程应当与主体工程同时设计、同时施工、同时验收交付使用。

暂时不能开工的建设用地，建设单位应当对裸露地面进行覆盖；超过3个月不能开工的，应当进行绿化、铺装或者遮盖。

第十三条 政府投资建设的绿化工程、市政道路附属绿地和以景观效果为主的河涌附属绿地建设工程竣工后，所在地县级人民政府城市绿化行政主管部门应当参与建设单位组织的验收。

建设工程配套绿化工程应当纳入建设工程竣工验收范围，建设单位应当对绿化工程是否符合建设方案组织验收。

第十四条 各级人民政府应当加强城市水系建设，积极推进城市河道生态化、自然化建设与修复，营造滨水区生态景观。依托水系、公园绿地等资源，统筹规划建设以林荫道为主的绿道网络，为公众提供舒适的休闲空间。

第十五条 鼓励发展包括桥体、坡壁、屋顶、公交站点、停车场及其他建筑立面等多种形式的立体绿化。

鼓励建设下沉式绿地、城市湿地公园，增加透水铺装、路面雨水引流等设施，增强雨洪调控能力，提升城市绿地汇聚雨水、补充地下水、净化生态等功能。

第三章 保护和管理

第十六条 城市绿地的保护和管理，按下列规定分工负责：

（一）政府投资建设的城市绿地，由所在地县级人民政府城市绿化行政主管部门按照职责权限负责；

（二）单位或者个人投资建设的城市绿地，由投资建设的单位或者个人负责；

（三）单位或者个人捐资、认建的城市绿地，由所在地县级人民政府城市绿化行政主管部门落实养护工作；

（四）居住区、居住小区、住宅组团绿地，由物业所有权人出资，委托物业服务人或者所在地县级人民政府城市绿化行政主管部门组织专业队伍负责；

（五）生产绿地、经营性园林由其经营单位或个人负责；

（六）沿街单位和个人有保护门前绿化的责任；

（七）铁路、公路沿线两侧、江河两岸、水库周围等城市绿地，由法律、法规规定的主管部门负责。

前款规定以外的城市绿地养护主体不明确的，由所在地县级人民政府城市绿化行政主管部门确定养护主体。

所在地县级人民政府城市绿化行政主管部门对各管理责任单位和个人的绿地保护和管理工作进行检查、监督和指导。

第十七条 任何单位和个人不得擅自改变城市绿化规划用地性质或者破坏绿化规划用地的地形、地貌、水体和植被。

第十八条 任何单位和个人不得擅自占用城市绿地，已占用的应当限期归还，并恢复城市绿地的使用功能。

因公益性市政建设确需占用城市绿地的，应当征得有管辖权的县级以上人民政府城市绿化行政主管部门同意，依法办理相关审批手续，并由县级以上人民政府自然资源主管部门按照调整城市规划的原则，补偿同等面积和质量的绿地。

因建设或者其他特殊需要临时占用城市绿化用地，须经县级以上人民政府城市绿化行政主管部门同意，按照有关规定办理临时用地手续，并按恢复绿地实际费用交纳恢复绿化补偿费。占用期满后，由县级以上人民政府城市绿化行政主管部门组织恢复绿地。临时占用绿地损坏相关设施或者损坏超过批准施工范围的花木的，占用者应当承担赔偿责任。

临时占用城市绿地的期限一般不超过1年。因特殊原因需延期的，应当在期满前申请延期，申请延期最多不超过2次，每次不超过6个月。

第十九条 任何单位和个人不得擅自在城市绿地内设置与绿化无关的设施。

在城市的公园绿地、广场用地、附属绿地、区域绿地内开设商业、服务摊点的，应当持市场监督管理部门批准的营业执照，在绿地管理单位指定的地点从事经营活动，并遵守城市绿地和相关部门的规定。

城市基础设施建设和维修影响城市绿化的，建设单位应当在设计和施工前制定保护措施，报所在地县级人民政府城市绿化行政主管部门批准后，方可进行施工。完工后由所在地县级人民政府城市绿化行政主管部门组织恢复绿化，所需费用由申请单位支付。损坏相关设施的，申请单位应当承担赔偿责任。

单位和个人不得擅自在城市干道绿化带开设机动车出入口；确需开设的，应当经所在地县级人民政府城市绿化行政主管部门同意后，方可向所在地县级人民政府城市规划行政主管部门申请审批。

第二十条 任何单位和个人不得损坏城市树木花草和绿化设施。

同一建设工程项目因公益性市政建设需要，砍伐、迁移城市树木的，依照《广东省城市绿化条例》的规定执行。

第二十一条 电力、市政、交通和通信等部门，因安全需要而修剪、迁移、砍伐城市树木的，应当向所在地县级人民政府城市绿化行政主管部门报告，并由其组织实施。所需费用由申请单位支付。有关法律、法规另有规定的，从其规定。

因紧急抢险救灾确需修剪、砍伐或者迁移城市树木的，有关单位经本单位领导同意可以先行实施，并及时报告所在地县级人民政府城市绿化行政主管部门和绿地管理单位。

因保证建筑物安全、通风、采光、通行等需要修剪城市树木的，单位和个人可以向所在地县级人民政府城市绿化行政主管部门反映，城市绿化行政主管部门应当落实绿化养护单位进行勘验检查后予以处理。单位和个人不得私自修剪城市树木。

第二十二条 城市绿地的各管理单位，应当建立健全管理制度，按照绿化养护标准和规范进行养护，保持绿地整洁美观、树木花草繁茂、绿化设施完好。

对影响交通、管线、房屋和人身安全的树木应当按照有关技术规范及时修剪、扶正。确需砍伐、迁移的，按照本办法第二十一条第一款规定办理手续。

第二十三条 在城市绿地内，禁止下列行为：

（一）倾倒、排放有毒有害物质，堆放、焚烧物料；

（二）在树木和公共设施上涂、写、刻、画和悬挂重物；

（三）攀、折、钉、栓树木，采摘花草果实，践踏地被，丢弃废弃物；

（四）损坏绿化的娱乐活动；

（五）以树承重、就树搭建；

（六）采石取土、建坟；

（七）破坏树木支架、栏杆、花基、座椅、庭院灯、建筑小品、水景设施和绿地供排水设施等绿化设施；

（八）其他破坏城市绿化及其设施的行为。

第二十四条 在城市绿地下进行地下空间开发利用的，应当符合国家和地方相关技术规范和规定，确保树木正常生长和绿地正常使用，尽量减少对地面的影响，不得妨碍地表的规划功能。建设单位在向自然资源主管部门申请办理选址意见书和建设工程规划许可证时，应当征求所在地县级人民政府城市绿化行政主管部门的意见。

第二十五条 各级人民政府城市绿化行政主管部门按照规定收取的绿化补偿费、恢复绿化补偿费等费用，实行收支两条线，列入城市绿化专项资金，专款专用，并接受财政审计部门的监督。绿化补偿费、恢复绿化补偿费收费标准按照国家和省有关规定执行。

第二十六条 县级人民政府城市绿化行政主管部门应当会同有关部门和质量监督机构建立园林绿化企业的守法和诚信档案，将企业守法和诚信情况作为行业管理的重要依据，定期发布城市园林绿化工程设计、施工、养护、监理单位遵守法律法规、工程质量、诚信等情况，及时公布违法违规企业名单及降低资质等级、吊销资质证书等处罚结果，促进城市园林绿化事业健康发展。

第四章　法律责任

第二十七条 违反本办法第十条第三款规定，工程建设项目的附属绿化工程设计方案，未经批准或者未按照批准的设计方案施工的，由县级以上人民政府城市绿化行政主管部门责令停止施工、限期改正或者采取其他补救措施。

第二十八条 违反本办法第十七条规定，擅自改变规划绿地性质的，由县级以上人民政府城市绿化行政主管部门责令停止侵害、恢复原状，并按照每平方米处以100元以上200元以下罚款；造成损失的，由责任单位和责任人承担赔偿责任；应当给予治安管理处罚的，由公安机关给予处罚；构成犯罪的，依法追究刑事责任。

第二十九条 违反本办法第十八条第一款规定，擅自占用城市绿地的，由县级以上人民政府城市绿化行政主管部门责令限期退出，恢复绿化，并按照每平方米处以300元以上600元以下罚款。

违反本办法第十八条第三款规定，损坏相关设施、不缴纳恢复绿化补偿费的，由县级以上人民政府城市绿化行政主管部门责令限期缴纳和赔偿；超过占用期限的，责令限期归还，并按照所占面积处以绿地占用费的2倍罚款。

第三十条 违反本办法第十九条规定，对不服从公共绿地管理单位管理的商业、服务摊点，由县级以上人民政府城市绿化行政主管部门给予警告，处以50元以上200元以下罚款；情节严重的，可以提请市场监督管理部门吊销营业执照。

第三十一条 违反本办法第二十条规定，擅自砍伐、迁移树木的，由县级以上人民政府城市绿化行政主管部门责令停止侵害、恢复原状，并按照树木赔偿费的5倍处以罚款；造成损失的，由责任单位和责任人承担赔偿责任；应当给予治安管理处罚的，由公安机关给予处罚；构成犯罪的，依法追究刑事责任。

第三十二条 违反本办法第二十三条规定，实施损坏城市绿化及其设施的行为的，由县级以上人民政府城市绿化行政主管部门责令停止侵害、恢复原状，并按照下列规定予以罚款；造成损失的，由责任单位和责任人承担赔偿责任；应当给予治安管理处罚的，由公安机关给予处罚；构成犯罪的，依法追究刑事责任：

（一）违反第（二）、（三）项规定的，处以100元以上500元以下罚款。

（二）违反第（一）、（五）、（六）项规定的，处以500元以上1000元以下罚款。

（三）违反第（四）项规定的，对组织者处以2000元以上5000元以下罚款。

（四）违反第（七）项规定的，按照设施造价的2倍处以罚款。

第三十三条 违反本办法第二十四条规定，施工绿地地下空间项目不符合国家和地方有关规范，影响树木正常生长和绿地使用功能的，由县级以上人民政府城市绿化行政主管部门责令限期改正，并处以500元以上1000元以下罚款。造成绿化损害或者树木死亡的，应当承担赔偿责任，并承担恢复绿地使用功能的相关费用。

第三十四条 各级人民政府城市绿化行政主管部门和绿化管理单位的工作人员滥用职权，玩忽职守，徇私舞弊的，由其所在单位或者上级主管机关给予行政处分；造成损失的，应当予赔偿；构成犯罪的，依法追究刑事责任。

第三十五条 违反本办法有关规定的其他行为，法律、法规已规定法律责任的，从其规定。

符合条件的乡镇人民政府（街道办事处）可以依照省人民政府的决定和市人民政府的公告，在实行乡镇街道综合行政执法的领域，行使本办法规定由县级行政执法部门行使的行政处罚权以及相关的行政强制措施。

第五章 附 则

第三十六条 本办法所称城市绿地，是指已建成和在建的绿地以及规划确定的绿地，包括：

（一）公园绿地，是指向公众开放，以游憩为主要功能，兼具生态、景观、文教和应急避险等功能，有一定游憩和服务设施的绿地。包括综合性公园、社区公园、专类公园、游园；

（二）防护绿地，是指用地独立，具有卫生、隔离、安全、生态防护功能，游人不宜进入的绿地。主要包括卫生隔离防护绿地、道路及铁路防护绿地、高压走廊防护绿地、公用设施防护绿地等；

（三）广场用地，是指以游憩、纪念、集会和避险等功能为主的城市公共活动场地；

（四）附属绿地，是指附属于各类城市建设用地（除“绿地与广场用地”）的绿化用地。包括居住用地、公共管理与公共服务设施用地、商业服务业设施用地、工业用地、物流仓储用地、道路与交通设施用地、公用设施用地等用地中的绿地；

（五）区域绿地，是指位于城市建设用地之外，具有城乡生态环境及自然资源和文化资源保护、游憩健身、安全防护隔离、物种保护、园林苗木生产等功能的绿地。包括风景游憩绿地、生态保育绿地、区域设施防护绿地和生产绿地。

本办法所称绿化覆盖率，是指在一定区域范围内绿化覆盖面积占区域总面积的比例。

本办法所称绿地率，是指在一定区域范围内园林绿地面积占区域总面积的比例。

第三十七条 本办法所称的“以上”包括本数，“以下”不包括本数。

本办法规定按照“米”“平方米”计算罚款或者赔偿责任的，不足一米的按一米计算；不足一平方米的按一平方米计算。

第三十八条 本办法自2021年7月1日起施行。

揭阳市人民政府令

第75号

《揭阳市户外广告和招牌设置管理办法》已经2021年7月23日揭阳市人民政府六届100次常务会议通过，现予公布，自2021年10月1日起施行。

市长　支光南

2021年7月29日

揭阳市户外广告和招牌设置管理办法

第一章　总　则

第一条　为了加强户外广告和招牌设置管理，创造整洁优美的市容环境，保障公共安全，根据《中华人民共和国广告法》《城市市容和环境卫生管理条例》等法律法规的规定，结合本市实际，制定本办法。

第二条　本办法适用于本市行政区域内的城市建成区以及其他实行城市化管理区域的户外广告和招牌设置及其监督管理活动。

第三条　本办法所称户外广告设置，是指以发布商业性或者公益性广告内容为目的，利用公共、自有或者他人所有的建（构）筑物、户外场地、空间、设施等载体，以符合《城市容貌标准》的各种形式设置户外广告设施以及绘制、张挂、张贴广告的行为。

本办法所称招牌设置，是指设置人在办公或者经营场所的建（构）筑物及其附属设施上，设置表明单位名称、字号、标志的标牌、电子显示屏、灯箱、霓虹灯、文字符号等的行为。

本办法中的大型户外广告，是指任一边长大于4米或者单面面积大于10平方米的户外广告。以特定区域、路段为单位，申请批量设置的户外广告，以该批量的总面积计算设置面积。

第四条　市容环境卫生主管部门负责本行政区域内户外广告和招牌设置的监督管理工作，市城市管理和综合执法局负责组织实施本办法。

自然资源、住房和城乡建设、市场监督管理、交通运输、公安、生态环境、财政、气象等管理部门应当按照各自职责，做好户外广告和招牌设置管理相关工作。

乡镇人民政府、街道办事处负责本辖区户外广告和招牌设置的日常管理和监督检查。

第五条　设置户外广告和招牌应当符合城市总体发展要求，合理布局，规范设置，内容真实合法，与市容景观要求相一致，与建（构）筑物风格和周边环境相协调。

户外广告和招牌应当安全、牢固，不得影响交通和消防安全以及所附着建（构）筑物的结构安全。

户外广告和招牌应当符合节能和环保要求，提倡采用新技术、新材料、新工艺。

第二章　专项规划与设置规范

第六条　户外广告设置专项规划、户外广告和招牌设置规范（以下分别简称专项规划、设置规范）是户外广告和招牌设置管理的依据，应当按照以下要求编制：

（一）专项规划应当符合城市国土空间总体规划和《城市容貌标准》等技术规范要求，明确户外广告集中展示区、一般控制区、严格控制区和禁止设置区的空间布局以及分类控制要求，并规划适量的公益广告点位。

（二）设置规范应当明确户外广告和招牌的设置位置、规格、照明等设置要素，以及设计、施工、验收、维护等管理要求。

第七条　揭阳市区的专项规划、设置规范由市人民政府市容环境卫生主管部门组织编制，报市人民政府批准后公布实施。其他县（市）的专项规划、设置规范由市容环境卫生主管部门负责组织编制，报各县（市）人民政府批准后公布实施。

市容环境卫生主管部门编制专项规划和设置规范，应当征求同级相关部门意见，并采取论证会、座谈会等形式听取专家、行业协会等的意见。

专项规划、设置规范在报送审批前，市容环境卫生主管部门应当在部门门户网站上公开专项规划、设置规范草案，征求社会公众意见。专项规划草案的公示时间不得少于30日，设置规范的公示时间不得少于10日。

经批准的专项规划、设置规范应当自批准之日起30日内在市容环境卫生主管部门门户网站公布，并以方便公众查阅的形式长期公开。经批准的专项规划、设置规范不得随意更改；确需调整的，应当按照原审批程序组织修订。

第八条 有下列情形之一的，不得设置户外广告和招牌：

（一）在国家机关、学校、医院、文物保护单位和名胜风景区等的建筑控制地带内，但设置招牌除外；

（二）利用交通安全设施、交通标志的；

（三）影响市政公共设施、交通安全设施、交通标志、消防设施、消防安全标志使用的；

（四）利用危房、违章建筑的；

（五）危及建（构）筑物及其附属设施安全的；

（六）超出建（构）筑物外轮廓线及顶部凌空部分的，但大型城市交通枢纽已设置的招牌除外；

（七）延伸扩展至道路上方或者跨越道路等影响道路交通安全区域的；

（八）妨碍市政公共设施、无障碍设施使用的；

（九）利用行道树、绿化带或者侵占、损毁绿地的；

（十）妨碍生产或者人民生活，损害城市容貌或者建（构）筑物形象的；

（十一）法律、法规规定和县级以上人民政府禁止设置户外广告的区域设置的其他情形。

第九条 以电子显示装置形式设置的户外广告设施或者招牌应当符合下列规定：

（一）科学控制其亮度，避免对周边环境造成光污染；

（二）禁止在朝向道路与来车方向成垂直视角的方向设置；

（三）不得在每日零时至六时开启。

第三章 户外广告和招牌设置

第十条 利用公共建（构）筑物、公共设施、公共场所等载体设置户外广告的，应当依法采取招标、拍卖、挂牌或者其他公平竞争方式取得户外广告位置使用权。

市容环境卫生主管部门按管理权属负责组织户外广告位置使用权出让相关工作，与设置人签订户外广告位置使用权出让合同，出让所得收入按有关规定上缴财政。

利用私有的场地、载体设置户外广告，设置人应当对设置场地、载体具有合法使用权。

第十一条 设置大型户外广告以及在城市建（构）筑物、设施上悬挂、张贴宣传品的，设置人应当向县（市、区）市容环境卫生主管部门申请办理《户外广告设置许可证》。

户外广告应当符合专项规划、设置规范的要求进行规范设置，不得擅自变更；确需变更的，应当按照原审批程序办理设置变更手续。

第十二条 申请办理《户外广告设置许可证》，应当向县（市、区）市容环境卫生主管部门提交下列材料：

（一）户外广告设置申请表；

（二）设置户外广告的建（构）筑物、场地的所有权或者使用权相关资料；

（三）户外广告设置地点实景现状图、实景效果图；

（四）具备相应资质设计单位出具的户外广告设施结构施工图及其资质证明。

利用建（构）筑物、设施上悬挂、张贴宣传品的，只需要提交前款规定的第一项、第三项材料。

第十三条 县（市、区）人民政府市容环境卫生主管部门统一受理大型户外广告的设置申请，并对设置人提交的申请材料进行审查。

申请材料不齐全或者不符合法定形式的，县（市、区）市容环境卫生主管部门应当当场或者在3个工作日内一次性告知设置人以及需要补正的全部材料。设置人应当在5个工作日内补正，逾期未补正的，视同撤回申请；仍需设置户外广告的，应当重新提出申请。

申请材料齐全的，县（市、区）市容环境卫生主管部门应当出具受理通知书。涉及交通运输等其他部门职责的，县（市、区）市容环境卫生主管部门应当自收到设置申请之日起5个工作日内，将有关材料分别转交有关部门，有关部门应当自收到材料之日起5个工作日内，将审查意见告知县（市、区）市容环境卫生主管部门；提出不同意设置审查意见的，应当说明理由。

县（市、区）市容环境卫生主管部门应当自受理之日起15个工作日内作出是否批准的决定，征求部门意见时间不纳入审批办理期限。对符合许可条件的，颁发《户外广告设置许可证》，并予以公示；对不符合许可条件的，不予批准，并书面说明理由。

第十四条 县（市、区）市容环境卫生主管部门在作出大型户外广告设置审批决定前，应当通过部门门户网站公示、现场公示或者书面征求等形式征求利害关系人的意见。在网站公示或者现场公示的时间不得少于15日，公示时间不计入受理审批时限。

对利害关系人提出的异议，县（市、区）市容环境卫生主管部门应当及时处理，并回复处理结果。必要时可以采取听证会或者论证会等方式听取各方意见。举行听证会或者论证会的时间不计入受理审批时限。

第十五条 举办商品交易会、展销会、节日庆典或者大型文化、旅游、体育、公益等活动，需要设置临时大型户外广告以及在城市建（构）筑物、设施上临时悬挂、张贴广告的，设置人应当提前5个工作日向县（市、区）市容环境卫生主管部门申请办理《户外广告设置许可证（临时）》。

申请办理《户外广告设置许可证（临时）》，应当提交下列材料：

（一）临时户外广告设置申请表；

（二）临时户外广告设置形式、范围和期限的书面说明。

第十六条 县（市、区）市容环境卫生主管部门应当对设置人提交的申请材料进行审查。申请材料不齐全或者不符合法定形式的，县（市、区）市容环境卫生主管部门应当当场一次性书面告知设置人需要补正的全部材料。设置人自书面通知之日起2个工作日内未补充的，视同撤回申请。

申请材料齐全的，县（市、区）市容环境卫生主管部门应当受理，并自受理之日起5个工作日内依法作出是否批准的决定。对符合设置要求的，颁发《户外广告设置许可证（临时）》；对不符合设置要求的，书面告知不予批准并说明理由。

第十七条 利用工地围墙绘制公益广告免予办理《户外广告设置许可证》，由该建设工程管理单位按照专项规划、设置规范的要求进行设置和管理。

利用工地围墙绘制大型商业广告的，应当按照本办法第十二条规定，向县（市、区）市容环境卫生主管部门申请办理大型户外广告设置审批手续。

第十八条 设置人不得提交虚假材料骗取《户外广告设置许可证》和《户外广告设置许可证（临时）》，不得涂改、出租、出借、倒卖或者以其他形式非法转让《户外广告设置许可证》和《户外广告设置许可证（临时）》。

《户外广告设置许可证》和《户外广告设置许可证（临时）》应当载明户外广告设置人，户外广告设置的位置、形式、规格、期限等事项。

户外广告设置人名称变更的，设置人应当自名称变更之日起15个工作日内到原发证部门办理变更手续；逾期未办理的，由原发证部门予以注销。

第十九条 户外广告设置期限原则上不超过5年。设置在工地围墙和在建工地楼体的户外广告设置期限不得超过所在工地的建筑工程许可证载明的竣工日期。

户外广告设置期满，可以申请延期。设置人应当于期限届满前30日内向原审批机关申请延期，审批机关应当在届满前作出是否准予延续的决定；逾期未予决定的，视为准予延续。

通过招标、拍卖、挂牌或者其他公平竞争方式取得的户外广告位置使用权在期满前90日，应当重新招标、拍卖或者以其他公平竞争方式出让。

临时户外广告设置期限最长不得超过90日，但经县级以上人民政府批准的重大活动除外。

第二十条 利用公共用地设置户外广告的，应当保证一定的时间或者版面用于公益宣传。户外公益广告专用设施，不得转为商用。

户外广告设施空置期间，设置人应当组织发布公益广告。

在举办重大活动期间，设置人应当按照全市统一部署发布公益广告。

第二十一条 设置招牌应当符合设置规范的要求。

禁止利用招牌发布广告或者变相发布广告。

第二十二条 招牌内容超出本单位名称、字号、标志，含有经营范围、服务项目、商品名称、图片等广告内容，或者设置地点不在本单位办公或者经营场所的建（构）筑物及其附属设施上的，视为户外广告，达到大型户外广告的标准设置人应当按照本办法第十二条规定办理审批手续。

第二十三条 除临街底层经营性用房外，多个单位共用同一建筑物且需要设置招牌的，应当由该建筑物的所有人或者管理人在建筑物及其附属设施或者建筑用地范围内的场地上，统一规划、规范设置。

第四章　维护和监管

第二十四条 户外广告设施产权人或者使用权人是户外广告设施维护、安全管理的责任人。

招牌设置人是招牌设施维护、管理责任人。

第二十五条 大型户外广告责任人应当履行下列安全维护管理责任：

（一）建立大型户外广告的维护管养、隐患排查和应急处置制度并组织落实，做好台账记录和管理；

（二）　每月组织重点隐患安全排查不少于一次，每季度组织隐患全面排查不少于一次；遇台风、暴雨等极端异常天气及时开展排查；

（三）发现安全隐患的，应当及时采取加固或者拆除、设置安全警示标志、启动应急预案、配备应急人员等安全防范措施；

（四）钢结构设施或者电子显示装置设置时间超过两年的，应当每年委托具备相应资质的机构进行安全检测；安全检测不合格的，应当及时采取安全防范措施，消除安全隐患。

大型户外广告在安装、整修或者拆除期间，应当采取安全保障措施并在现场明显位置设置警示标志。

第二十六条 户外广告和招牌责任人应当确保户外广告和招牌安全、整洁和美观，加强日常检修与维护管理。户外广告、招牌出现画面污损、显示不全、严重褪色、字体残缺等影响市容市貌情形的，应当及时更新维护；配置夜间照明设施的，应当保证画面显示完整；出现断亮、残损情形的，应当及时维修、更换或者拆除，并在更新修复前暂停使用。

第二十七条 户外广告设置期限届满后不再设置的，户外广告设置人应当在7个工作日内自行拆除；临时户外广告在设置期限届满后，设置人应当在3个工作日内自行拆除。

招牌设置人搬迁、变更、歇业、解散或者被注销的，应当在搬迁、变更、歇业、解散或者被注销之日起7个工作日内自行拆除原设置的招牌。

第二十八条 市容环境卫生主管部门应当会同同级市场监督管理、交通运输、城乡规划、住房建设等部门，加强资源整合、信息共享、业务协同，建立户外广告和招牌设置管理信息互通机制。

第二十九条 市容环境卫生主管部门应当会同同级市场监督管理、交通运输、应急管理、住房和城乡建设等部门开展大型户外广告和招牌设施的安全监督检查，建立双随机抽查机制，每年抽检数量不得低于许可数量的3%或者不低于总量的3%。

第三十条 乡镇人民政府、街道办事处应当建立日常巡查机制，对户外广告和招牌设置实行网格化管理，督促户外广告和招牌设置人履行维护管理责任。

第三十一条 市容环境卫生、市场监督管理等部门应当建立健全户外广告和招牌设置信用管理制度，将户外广告和招牌设置人、广告主、广告经营者、广告发布者的信用信息纳入公共信用信息管理，依法实行守信联合激励和失信联合惩戒措施。

户外广告设置人的信用状况作为其参加户外广告位置使用权公开出让活动的重要参考。

第五章 法律责任

第三十二条 违反本办法第八条规定设置户外广告和招牌的，由有关部门依照《中华人民共和国消防法》《中华人民共和国道路交通安全法》《城市市容和环境卫生管理条例》《城市道路管理条例》《广东省物业管理条例》等法律、法规的规定予以处罚。

第三十三条 违反本办法第十一条规定，未经批准在城市建（构）筑物及其设施上张挂、张贴宣传品等的，由市容环境卫生主管部门责令限期改正、采取补救措施，可以处100元以上500元以下罚款。

第三十四条 有下列情形之一的，由市容环境卫生主管部门责令停止违法行为，限期清理、拆除或者采取其他补救措施；逾期不改正的，按下列规定执行：

（一）违反本办法第十一条、第十五条规定，未取得《户外广告设置许可证》或者《户外广告设置许可证（临时）》擅自设置大型户外广告，影响市容的，处5000元以上30000元以下罚款；

（二）违反本办法第二十五条、第二十六条规定，户外广告设置人未履行对户外广告设施的安全监管和维护义务，影响市容的，处5000元以上30000元以下罚款；招牌、标识设施设置人未履行对招牌、标识设施的安全监管和维护义务，影响市容的，处2000元以下罚款。

第三十五条 本办法规定由县级行政执法部门行使的行政处罚权以及相关的行政检查权、行政强制措施权，实行乡镇街道综合行政执法的，由县级行政执法部门、乡镇人民政府（街道办事处）依据县级以上人民政府关于乡镇街道综合行政执法的公告的具体要求依法行使。

第六章 附 则

第三十六条 禁止在机场净空保护区域内利用系留气球、无人驾驶自由气球、飞艇等进行户外广告宣传；在净空保护区域外，利用系留气球、无人驾驶自由气球、飞艇等进行户外广告宣传的，申请人应当依据《升放气球管理办法》和《通用航空飞行管制条例》的规定，向气象部门、中国民用航空汕头空中交通管理站申请办理许可手续。

第三十七条 本办法自2021年10月1日起施行，2018年12月18日市政府公布的《揭阳市户外广告和招牌设置管理办法》（揭阳市人民政府令第71号）同时废止。

2021年揭阳市人民政府规范性文件选登

揭阳市人民政府关于印发揭阳市普查在册在建违法建设分类处置实施方案的通知

揭府规〔2021〕1号

各县（市、区）人民政府（管委会），市政府各部门：

《揭阳市普查在册在建违法建设分类处置实施方案》已经市政府六届88次常务会议审议通过，现印发给你们，请认真组织实施。实施过程中遇到的问题，请径向市城市管理和综合执法局反映。

揭阳市人民政府

2021年1月20日

揭阳市普查在册在建违法建设分类处置实施方案

为加强土地和城乡规划管理，妥善处理在建违法建设问题，切实加大违法建设整治力度，根据《广东省人民政府关于打好违法建设治理攻坚仗的指导意见》（粤府函〔2019〕320号）和《揭阳市人民政府关于打好违法建设治理攻坚仗的实施意见》（揭府函〔2019〕134号），结合我市实际，特制订本实施方案。

第一条 按照“管住现在、规范未来，遏制增量、消化存量”的总原则，根据《揭阳市在建违法建设分类处置指导意见》分类分批进行消化，实现“减存量”。对新增违法建设零容忍，做到“早发现、早报告、早处理、早办结”，第一时间快速拆除，实现“零增长”。

第二条 按照“党政同责、属地管理、部门联动、分类处置、控新治旧、司法保障”的工作原则，坚持“该拆除的坚决拆除、该没收的坚决没收、可以完善或补办相关手续的予以完善或补办相关手续、涉嫌‘小产权房’和村民公寓的‘一案一策’解决”的工作思路，在全市深入开展已普查在册的在建违法建设分类处置行动，争取2021年底前，消化80%以上在建违法建设，确保2022年底前，基本完成消化。

第三条 综合考虑在建违法建设的性质、年限、用途、位置等因素，结合土地管理、城乡规划等法律法规的实施时间节点，依法依规处置在建违法建设。

第四条 坚持党建引领、政府监管、行业约束与基层自治相结合，聚焦源头治理、系统治理、信用管理、监督问责、广泛宣传等环节，制定及完善配套规章制度，建立长效管控机制，推动形成共建共治共享的良好局面。

第五条 村民在册在建违法建设按以下方式处理：

（一）村集体经济组织成员利用村集体土地建设6层（含6层）以下且高度27米以下自住房屋，符合农村村民宅基地管理规定且可通过调整土地利用总体规划、城乡规划进行整改的，按照我市农村宅基地审批管理制度进行申报建设。镇、村要积极发挥好服务作用，对符合规划要求的农户申请要及时予以审批，落实村庄规划、申请条件、审批程序、审批结果、投诉举报方式“五公开”制度，做到申请审查到场、批准后丈量批准放线到场、住宅建成后核查到场“三到场”。其中，不符合“一户一宅”要求的，可以根据《广东省人民政府关于全面推进农房管控和乡村风貌提升的指导意见》（粤府〔2020〕43号）“鼓励宅基地使用权人经本集体经济组织同意后，向集体经济组织内部符合条件的村民转让宅基地使用权。”

（二）村集体经济组织成员利用村分配的“厝地”建设6层（含6层）以下且高度27米以下的自住房屋，无邻里纠纷，不符合农村村民宅基地管理规定或不可通过调整土地利用总体规划、城乡规划进行整改的，由本人承诺配合城乡规划的实施后，村出具证明材料，镇

（街）建立台账，按照建设现状进行完善并落实消防措施后，予以暂时保留；若政府规划建设需要，“厝地”由村集体收回。〔“厝地”是指村集体组织将本村集体土地（宅基地除外）分配给村民建房的土地。〕

（三）村集体经济组织成员利用村集体土地建设6层以上或高度27米以上的自住房屋，控停后违法建设当事人承诺配合城乡规划实施，在落实消防措施并自行委托有资质第三方机构检测（鉴定）质量合格后，维持现有层高暂时予以保留使用。对此类违法建设，政府在实施城市规划需改造或拆迁时，由村集体予以收回。

（四）村民建设中属占用耕地的，要与揭阳市农村乱占耕地建房问题摸排整治工作结合起来，以揭阳市农村乱占耕地建房问题整治工作领导小组最终确定的措施进行分类处置。

（五）村民建设中属占用河道管理范围的，要与揭阳市推进河湖“清四乱”常态化规范化工作结合起来，以广东省水利厅制定的《河湖“四乱”问题分类清理整治指引》进行分类处置。

（六）因历史分“厝地”等遗留问题，连片建设的村民建房，在国土空间规划编制时，若不违反规划强制性要求，根据城乡发展需要，予以调整。

第六条 使用农村集体土地，由村集体（经联社组织）建设连片、多栋的村民住房，80%以上用于解决本村（经联社）村民生活所需的村民公寓，不存在严重违反土地利用总体规划和城乡规划，不存在重大安全隐患的，可采取部分拆除或部分没收、消除对规划实施影响和消防安全影响的村民公寓和已大部分入住的村民公寓，按照以下方式分类处理：

（一）已取得合法用地手续的，城市、镇规划区内的需以村集体名义向自然资源部门申请核发《建设工程规划许可证》，村庄规划区内需向属地乡镇人民政府（街道办事处）申请核发《乡村建设规划许可证》。

（二）符合土地利用总体规划但未取得合法用地手续的，经依法处罚后，需以村集体名义按程序申请办理用地审批手续和规划许可手续。本类型村民公寓只能登记为村集体财产。

（三）使用已批准的留用地建设村民公寓的，在通过安全鉴定且不违反规划强制性内容的前提下，经依法处罚后，可依法按程序规划为商业用地后进行供地。村民公寓取得合法建设用地手续后应依法申办建设工程规划许可手续。本类型村民公寓为商业公寓，只能登记为村集体财产。

（四）对于一些已经出售给农村集体经济组织外人员的村民公寓，出售的部分，村集体经济组织可回购，原买受人有居住需求的同等条件下优先出租给原买受人，租期不超过20年；也可引导向本集体经济组织内部符合条件的村民转让。

第七条 对涉嫌“小产权房”要落实相关职能部门组织建筑质量检测（鉴定）、消防安全检查、用地规划校核，依据检测检查校核报告，对已入住的涉嫌‘小产权房’要依法依规征收有关税费，暂时保留使用；对未入住的，可采取措施使其符合建筑质量、消防安全要求的，研究提出具体处理意见，落实相应措施进行处置：符合条件整改的，按照问题楼盘处置办法处置；对存在重大安全隐患且无法整改消除，以及严重影响规划实施且无法改正等情形的违法建设，要依法坚决予以拆除。

第八条 属重大基础设施工程项目、重大民生工程项目拆迁安置用地的在册在建违法建设，可由县（市、区）建立台账进行管理，暂时保留，不予拆除，逐步完善用地手续和规划许可手续。若政府建设需要，应由村集体负责收回、妥善解决。

第九条 各县（市、区）、各镇（街）党政作为违法建设分类处置责任主体，负责组织城管执法、自然资源、住房和城乡建设、农业农村、水利、林业、公安等部门和相关村（社区）做好分类处置工作。

第十条 市、县、镇三级要成立由政府主要负责人任组长，分管负责人任副组长，自然资源、住房和城乡建设、农业农村、水利、林业、城管执法、公安等部门主要负责人为成员的违法建设治理领导小组，领导小组下设办公室，办公室设在城管执法部门，并成立工作专班，从有关成员单位抽调业务骨干脱产集中办公，重点处理普查在册在建违法建设分类处置工作，同步对历史存量违法建设逐步消化。

第十一条 各县（市、区）要落实宅基地管理政策，统一审批标准，简化审批程序，畅通宅基地申请和农房报建渠道；要尽快成立镇（街）综合执法队，坚持严查严管，全力推进违法建设综合整治，做到整改到位、处罚到位、拆除到位，坚决刹住违建之风。

第十二条 历史存量违法建设参照本方案处置。

第十三条 各县（市、区）应结合本地区实际，根据本方案制定出台具体实施方案。

第十四条 本方案自印发之日起实施，有效期5年。

揭阳市人民政府关于印发揭阳市农村宅基地和住房建设管理办法的通知

揭府规〔2021〕2号

各县（市、区）人民政府（管委会），市政府各部门、各直属单位：

《揭阳市农村宅基地和住房建设管理办法》已经市人民政府六届90次常务会议审议通过，现印发给你们，请认真贯彻执行。执行过程中遇到的问题，请径向市农业农村局反映。

揭阳市人民政府

2021年2月7日

揭阳市农村宅基地和住房建设管理办法

第一章　总　则

第一条　为了规范本市农村宅基地和住房建设管理，促进节约集约用地，保障村民的居住权益，推进乡村振兴战略实施，根据《中华人民共和国民法典》《中华人民共和国土地管理法》《中华人民共和国城乡规划法》《中华人民共和国建筑法》等法律法规的规定，结合本市实际情况，制定本办法。

第二条　本办法适用于本市行政区域范围内农村宅基地和村民住房建设活动管理。

第三条　农村宅基地和村民住房建设管理，应当合法合规，尊重民意，遵循规划先行、一户一宅、节约集约、安全环保，体现历史文化、地域特色和乡村风貌。在尊重村民意愿的基础上，因势利导，鼓励村民集体建房。

第四条　本办法中下列用语的含义：

（一）农村宅基地，是指农村村民用于建造住宅及其附属设施的集体建设用地，包括住房、附属用房和庭院等用地。不包括与宅基地相连的农业生产性用地、农村村民超出宅基地范围占用的空闲地等土地。农村宅基地的所有权属于农村集体经济组织。

（二）农村村民，是指具有本农村集体经济组织成员资格的人员。

（三）村民建房，是指由村民以户为单位，自行申请宅基地建造住房（含原址翻建、改扩建、新建等）的活动。

（四）集体建房，是指村级组织（指村民委员会或者农村集体经济组织，下同）受村民委托，在村域或者镇域范围内，利用宅基地统一规划、统一设计、集中建造住房的活动。

第五条　县（市、区）人民政府要加强对本行政区域内农村宅基地和村民住房建设管理的组织领导，统筹组织协调相关部门、镇街（含乡镇人民政府和街道办事处，下同）、村级组织依法履行职责。

第六条　镇街负责本辖区内农村宅基地和村民住房建设的具体管理工作，履行以下职责：

（一）负责组织编制村庄规划；

（二）依法办理村民住房建设用地的审批或者审核手续，核发农村宅基地批准书；

（三）负责审批村民住房建设规划许可、工程放线验线和规划条件核实；

（四）对村民建房安全质量进行现场指导和检查；

（五）对村民住房建设进行开工查验和竣工验收；

（六）建立宅基地用地建房审批管理台账，有关资料归档留存，及时将审批情况报县级农业农村、自然资源、住房和城乡建设等部门备案；

（七）对村民住房建设违法用地和违法建设的认定和查处工作；

（八）对村民住房建设情况进行日常巡查、监督管理，通过开展动态巡查，及时发现并制止违法建设；

（九）指导村民委员会做好村民用地建房自治管理；

（十）相关法律法规规定的其他职责。

第七条　村级组织应当建立健全宅基地和村民住房建设管理制度，将宅基地和村民住房建设管理内容纳入村规民约，引导村民遵守村规民约、依法依规用地建房，及时发现和劝阻违法建设行为，并向镇街报告。

第八条 农业农村部门负责建立健全宅基地分配、使用、流转和宅基地违法用地查处等管理制度，完善宅基地用地标准，指导宅基地合理布局、闲置宅基地和闲置农房利用；组织开展宅基地现状和需求情况统计调查，及时将村民建房新增宅基地需求通报同级自然资源部门；参与编制国土空间规划和村庄规划。

自然资源部门负责国土空间规划、土地利用计划和规划许可等工作，在国土空间规划中统筹安排宅基地用地规模和布局，依法办理农用地转用审批和规划许可等相关手续，依法办理宅基地及其地上房屋的不动产确权登记。

住房和城乡建设部门负责农村住房设计、施工和工程质量的管理，引导村民住房建设风貌的提升。

发展改革、公安、民政、生态环境、交通运输、水利、文化旅游、城市管理执法、林业、电力等有关部门按照各自职责，协同实施本办法。

第九条 镇街应当设立宅基地和村民住房建设管理服务窗口，统一受理宅基地和村民建房申请，简化审批流程，实行一站式办理审批或审核事项。

第十条 县（市、区）人民政府应当结合本地实际情况，采取有力措施，鼓励、引导有条件的地区，推广村民集体建房，提高农村建设用地的使用效率。

第十一条 各级人民政府以及农业农村、自然资源、住房和城乡建设等有关部门和村级组织应当加强规划、土地、建设管理相关法律法规知识的宣传教育，提高村民依法用地建房的意识。

第二章 规划和用地

第十二条 市、县（市、区）人民政府和镇街根据村庄发展需求，可在国土空间规划和村庄规划中预留不超过5%的建设用地机动指标，用于保障村民居住、农村公共公益设施、乡村文旅设施及农村新产业新业态建设需求。对一时难以明确具体用途的建设用地，可以暂时不明确规划用地性质。各地可在村庄规划中划定不超过现状建设用地规模20%的有条件建设区（不得占用永久基本农田和生态保护红线），作为村庄未来发展的备用地，并与上级国土空间规划做好统筹衔接。

市、县（市、区）人民政府应当根据村庄规划建设用地需求，加强新增用地指标保障。

第十三条 镇街应当根据有关法律法规的规定组织编制和完善国土空间规划、村庄规划。村庄规划应当从农村实际出发，尊重村民意愿，体现地域、乡村特色，注重保护和传承传统文化，合理安排农村住房用地布局和建设用地规模。经批准的村庄规划应当予以公示。

第十四条 村庄规划应统筹兼顾当地经济社会现状和发展需要，坚持简明扼要、规范严谨的原则，以村民住房建设管理要求和村庄整治为重点，落实县域乡村建设规划确定的主要内容。村庄规划应根据农村人口数量和增长趋势、宅基地现状和使用标准等情况，划定村庄规划区和居民点管控边界，确定用地规模和管控要求。尊重村民意愿，鼓励适度集中建设村民住宅，统筹农村公益事业、基础设施、生态和生产生活用地需求，改善村民居住环境和条件，并体现乡土特色风貌。

禁止在地质灾害危险区内规划和建设农房。

第十五条 农村村民一户只能拥有一处宅基地或拥有多处宅基地但累计占地总面积必须符合标准。面积按照如下标准执行：平原地区和城市郊区每户不得超过80平方米，丘陵地区每户不得超过120平方米，山区每户不得超过150平方米。

村民建房应统一规划、统一管控，原则上建筑总层数不超过6层，高度不超过27米，建筑面积由各县（市、区）结合当地实际确定。

现有宅基地面积在规定标准之内，且符合规划要求的村民建房，经过审批，可以在原址新建、改扩建或者重建。

第十六条 村民经批准易地建房的，应当在房屋竣工后6个月内将原宅基地退还原宅基地所属的农村集体经济组织。

第十七条 位于城镇开发边界外的村庄，镇街依据村庄规划审批村民住房申请，依法核发农村宅基地批准书和乡村建设规划许可证。鼓励建设联排式住宅。

位于城镇开发边界内的村庄，原则上采取集体建房方式建设住房，充分利用现有存量建设用地，满足人多地少地区的村民居住需求，一般不再安排独户分散的宅基地，根据土地和规划情况，可以建设住宅小区，也可单栋建设。存量住房允许按照宅基地建房标准及村规民约进行原址翻建或者改建。

第十八条 村民建设住房应当符合国土空间规划、村庄规划、林地保护利用规划（涉及林地的），尽量使用原有的宅基地和村内空闲地，不得占用生态保护红线、永久基本农田、高标准农田、自然保护地，不得在地质灾害隐患点和河道行洪区等危险区域选址建房，避开公路建筑控制区、铁路线路安全保护区、电力线路保护区、饮用水水源一级保护区、列入省级以上保护名录的野生动植物自然栖息地、重要旅游景区景点、风景名胜区、历史文物保护单位等重点区域范围建房。

第十九条 住房和城乡建设部门负责编制县级乡村农房风貌外观设计样式，供农村建房参照执行。镇街应当根据本地乡村风貌导则，结合地区自然肌理、传统文化和建筑风貌元素等，将风貌管控要求纳入村规民约，并通过专业设计引导村民建房。

农村住房结构设计要符合抗震、抗风和结构安全的要求，建筑设计要符合适用、安全、经济、协调、美观原则，外立面装饰材料和色彩选择符合村庄规划风貌要求，鼓励体现地方建筑风貌和特色，防止采取简单照搬外地建筑风格等做法。

第二十条 村民建房实行土地利用计划管理。

各县（市、区）自然资源部门会同农业农村部门，每年要以县（市、区）域为单位，提出需要保障的村民住房建设用地计划指标需求，按规定程序申报，计划指标实行单列安排。

市自然资源部门根据省每年新增建设用地计划指标安排情况，结合各县（市、区）提出的村民住房建设用地计划指标需求等因素，合理安排村民住房建设用地计划指标，保障村民住房建设用地。当年保障不足的，下一年度优先保障。

各县（市、区）自然资源部门要统筹新增建设用地计划指标、建设用地增减挂钩指标、存量建设用地、批而未供土地等各类土地资源要素，合理保障村民住房建设用地。涉及林地的，需依法办理征占用林地手续。

第三章 村民建房

第二十一条 村级组织应当建立宅基地分配资格登记台账制度，按照村民申请、村级组织审核、公示公开的程序确定符合资格的申请人，并纳入资格名录库，实行一年一次动态管理。纳入资格名录库的，才能取得或者受让宅基地使用权。资格名录库应当定期上报镇街备案。

（一）“一户”的认定。符合以下5种情形之一的可认定为“一户”：

1.夫妻与未成年子女同住的为一户；

2.有兄弟姐妹的，提倡其中一人与其父母为一户，其余兄弟姐妹达到成年确有分户需要的，可申请分户；

3.是独生子女的，结婚后可以继续与父母为一户，也可单独立户；

4.离异后无房一方或者无房一方再婚且配偶无房的可为一户；

5.法律法规规定或者经县级以上人民政府认定的其他情形。

（二）“一宅”的认定。由村民向村级组织申报，经村级组织审核公示后无异议的，村级组织出具意见，并报镇街审核确认。按照“以成员认定、以户取得”的原则，以“一户”为单位认定规则，不以户籍分户登记作为宅基地分配的前置条件。

（三）其他情形。符合分户建房条件，但未分开居住的，其实际使用的宅基地没有超过分户后建房用地合计面积标准，在符合村庄整体风貌及村规民约，且整治后与周边整体环境相协调的情况下，视为多户合并建房，每户可认定为“一户一宅”。

第二十二条 符合下列条件之一的村民，需要申请宅基地建房的，可以以户为单位提出申请：

（一）符合“一户”认定情形条件的户；

（二）外来人口落户成为本集体经济组织成员，在本集体内没有宅基地，经过本集体经济组织民主程序同意的；

（三）因发生或者防御自然灾害、实施村庄和集镇规划及进行镇村公共设施和公益事业建设，需要搬迁安置的；

（四）法律法规规定或者经县级以上人民政府认定的其他情形。

第二十三条 村民申请宅基地或者认购村民公寓式住房，有下列情形之一的，不予批准：

（一）不符合一户一宅条件的；

（二）不符合国土空间规划或者村庄规划的；

（三）申请新建住房，但拒绝提交退出原宅基地承诺书的；

（四）所申请的宅基地存在权属争议的；

（五）将原有宅基地或者住房出卖、出租、赠予或者改为经营场所等非生活居住用途后，再次申请宅基地的；

（六）原有住房被依法征收已得到住房安置的；

（七）已参与集体建房，住房权益已得到保障的；

（八）有违法用地或者有违法住房建设行为未经处理的；

（九）法律法规规定或者经县级以上人民政府认定的其他情形。

第二十四条 村民申请用地建房，应当持下列资料向村级组织提出申请：

（一）按照要求填写的村民用地建房申请表；

（二）申请人的身份证及户口簿；

（三）申请易地新建住房的，需提交同意退出原宅基地承诺书，分户居住或者其他不需拆除原宅基地上建筑物的情形除外。

村民用地建房申请表格式，由市农业农村部门会同自然资源、住房和城乡建设部门制定。各县（市、区）可进一步优化和细化。

第二十五条 农村集体经济组织接到村民宅基地和建房申请后，应当召开农村集体经济组织成员（代表）会议讨论并将申请理由、拟用地位置和面积、拟建房层高和面积等情况在本集体经济组织范围内公示，公示期不少于5个工作日。

公示无异议或者异议不成立的，所在农村集体经济组织将村民申请、农村集体经济组织成员（代表）会议记录等材料交村民委员会审查。审查通过的，由村民委员会签署意见，报送镇街。

第二十六条 镇街应当在接到村民委员会报送材料后，组织农业农村、自然资源等有关部门进行实地审核。

农业农村部门负责审查申请人是否符合条件、拟用地是否符合宅基地合理布局要求和面积标准、宅基地和建房（规划许可）申请是否经过村组审核公示等，并综合各有关部门意见提出审批建议。自然资源部门负责审查用地建房是否符合国土空间规划、村庄规划、用途管制要求，其中涉及占用农用地的，应办理农用地转用审批手续。涉及林业、水利、电力等部门的要及时征求意见。

镇街根据各部门联审结果，对村民宅基地和建房申请进行审批。审批应当在20个工作日内完成。

村民宅基地和建房批准后，由镇街核发农村宅基地批准书和建设规划许可证。

第二十七条 经批准建房的村民应当在开工前向镇街申请划定宅基地范围。

镇街应当在10个工作日内，到实地丈量划定宅基地，并派员到现场进行开工查验，实地确认宅基地内拟建住房的平面位置和规划设计层数、高度、风貌等。

村民建房应当严格按照用地批准文件、规划许可内容和施工图纸的要求进行施工。

第二十八条 村民建房完工后，应当申请镇街进行竣工验收。镇街应当在接到申请后，组织相关人员到现场进行勘查，20个工作日内出具验收结果。

镇街应当到实地检查村民建房是否按照农村宅基地批准书、规划许可内容以及农房风貌管控标准的规定要求进行建设。

经验收符合规定的，镇街应当出具农村宅基地和建房（规划许可）验收表，并将验收结果报送县（市、区）农业农村、自然资源、住房和城乡建设等部门备案。通过验收的，村民可以向不动产登记部门申请办理不动产登记。

第二十九条 村民应当自取得农村宅基地批准书和建设规划许可证之日起1年内开工建设。逾期未开工建设且未办理延期手续或者申请延期未获批准的，农村宅基地批准书和建设规划许可证失效。

需要延长期限的，应当在期限届满30日前向镇街提出申请办理延期手续，经批准延期的，延期不得超过6个月。

农村宅基地批准书和建设规划许可证失效后可以重新申请。

第三十条 村民建造两层或者两层以上住房的，应当使用具备资质的设计单位设计或经其审核的施工图纸，或者免费使用市、县（市、区）住房和城乡建设部门推荐的通用图集。

施工图纸应当符合相应技术规范、设计标准以及乡村风貌导则。

市、县（市、区）住房和城乡建设部门应当组织落实向村民推荐通用图集的实施工作。

市、县（市、区）住房和城乡建设部门应当建立农村建筑工匠名单。

第三十一条 村民建房应当选择具有相应资质的建筑施工企业或者相应技能的农村建筑工匠施工，使用合格建筑材料和建筑配件、设备，在施工中要采取安全施工措施。

第三十二条 村民应当与施工队伍签订建房协议，并约定质量和安全责任。

镇街应当协助配合住房和城乡建设部门做好村民建房实施质量和安全监督。村民建房的质量和安全监督也可以委托符合条件的第三方质量安全管理机构实施。

第四章 集体建房

第三十三条 县（市、区）人民政府应当按照经批准的村镇规划，结合实际，组织制定集体建房实施计划。有条件的村级组织可以按照有关规定实施集体建房。

第三十四条 村级组织为集体建房的建设主体，并负责集体建房的资金筹措、方案设计、住房分配方案制定、土地整理（含拆迁）、原宅基地退出（收回）、项目施工、基础设施配套、建成后的小区管理等。

第三十五条 符合下列情形之一的村民，可以申请分配集体建房：

（一）未分配宅基地，且符合“一户一宅”宅基地申请政策的本集体经济组织成员；

（二）与村集体协商一致，由村集体收回宅基地使用权，并注销原宅基地使用证及其房屋所有权证，凭宅基地“以地换房”的村民；

（三）原住房不符合规划或者因国家、集体建设需要搬迁的，或者因自然灾害等原因，需要安置的；

（四）经县级人民政府批准纳入的其他情形。

第三十六条 集体建房应符合下列要求：

（一）符合城乡规划法等法律法规及国家有关技术规范要求；

（二）以城市居住区规范要求进行高起点设计，为多层或高层单元式住宅楼，应按实际需要建设多种户型，以满足不同村民家庭的住房需求；

（三）建房规模以“户”的实际需求为基准，可按不高于实际需求上浮20%进行建设和预留。

第三十七条 集体建房应按下列程序申报：

（一）编制方案。编制集体建房方案（包括资金筹措、成本核算、房屋分配、建设计划等内容），方案需符合国土空间规划、村庄规划、林地保护利用规划（涉及林地的），选址需避让自然保护地，并予以公示和征求意见。

（二）方案表决。建房方案须经过具有土地所有权的农村集体经济组织成员（代表）会议表决通过。

（三）结果公示。表决结果及相关材料应当予以公示，公示期不少于5个工作日。

（四）镇级审核。经表决通过的申报材料报镇街审核。镇街严格审查把关材料的真实性、是否符合国土空间规划、村庄规划、林地保护利用规划（涉及林地的），是否经过民主表决及公示程序、房屋分配对象是否适格等，审核通过后将方案报县级人民政府审批。

（五）县级审批。县级人民政府收到材料后应当组织农业农村、自然资源、住房和城乡建设等有关部门进行复审，复审通过的，准予办理建设用地规划许可和用地批准手续。

（六）项目报建。方案通过县级人民政府审批的，以村级组织为主体申请办理用地、建设用地规划许可证、建设工程规划许可证、施工许可证和竣工验收等手续。集体建房项目免收城市基础设施配套费。

第三十八条 经合法批准的在集体建设用地上建设的村民公寓或者住宅小区，经首次登记后，确权登记给符合住房分配条件的村民，给予颁发不动产权证书。

第五章 宅基地使用权流转

第三十九条 进城落户的村民依法保留其原来合法取得的宅基地使用权，也可以依法自愿有偿退出宅基地。鼓励农村集体经济组织及其成员盘活利用闲置宅基地和闲置住宅。

农村宅基地只能在本集体经济组织内流转，不允许转让给本集体经济组织以外的人员或者组织。

第四十条 转让、赠与、互换的宅基地应符合以下条件：

（一）符合市县镇国土空间总体规划和村庄规划；

（二）宅基地使用权及地上房屋所有权无权属争议；

（三）转让人转让、赠与宅基地后，能够保障基本居住需要的；

（四）受让人、受赠人、互换人应为在本集体经济组织内部符合宅基地申请条件的人员；转让行为的，受让人须符合本办法第二十一条宅基地申请条件；

（五）法律法规规定或者经县级以上人民政府认定的其他情形。

第四十一条 转让、赠与、互换宅基地应按下列程序申报：

（一）申请。转让、赠与、互换宅基地的双方当事人应当同时向所在农村集体经济组织申请，经成员（代表）会议同意后，由所在农村集体经济组织将双方的相关信息公示，公示期不少于5个工作日，公示无异议或者异议不成立的，报送村民委员会审核。

（二）审核。村民委员会审核通过的，报送镇街审批。

（三）审批。镇街派员调查，符合条件的，采取集中审批，审批结果予以公告。

（四）签订协议。经镇街批准后双方签订协议。

（五）转移登记。以转让、赠与、互换方式流转的，当事人应当按照相关要求办理不动产转移登记。

第四十二条 县（市、区）、镇街和村级组织可以采取多种形式，鼓励村民依法自愿有偿退出宅基地。

第六章 监督管理

第四十三条 镇街应当依法对宅基地和村民建房进行监督检查，建立健全动态巡查制度，依法组织开展农村用地建房动态巡查，切实做到对涉及宅基地使用、建房规划、建设施工、违法占地建房等违法违规行为早发现、早制止、早报告、早查处。

县级人民政府及其农业农村、自然资源、住房和城乡建设等部门依据法定职责加强指导和监督检查。

第四十四条 未依法取得规划许可或者未按照规划许可的规定进行建设的，依据《中华人民共和国城乡规划法》第六十五条规定，由镇街责令停止建设、限期改正；逾期不改正的可以拆除。

第四十五条 村民未经批准或者采取欺骗手段骗取批准，非法占用土地建住宅的，依据《中华人民共和国土地管理法》第七十八条和《广东省人民政府关于农村村民非法占用土地建住宅行政执法权的公告》（粤府函〔2020〕84号）的规定，由镇街责令退还非法占用的土地，限期拆除在非法占用的土地上新建的房屋。

跨行政区域的案件和县级以上人民政府及其行政主管部门认为影响较大的案件，由县级以上人民政府农业农村主管部门依照前款的规定处理。

超过县（市、区）人民政府规定的标准，多占的土地以非法占用土地处理。异地新建房屋竣工后，不按规定退还宅基地的，按照非法占用土地处理。

第四十六条 实施村民住房建设的主体和参与村民住房建设的勘察、设计、施工、监理单位依法对住房建设工程的质量和施工安全承担相应法律责任。

村民住房建设的工程质量和施工安全不符合有关法律、法规和规章规定的，由镇街或者城市管理执法部门依法予以处罚。

第四十七条 有关单位相关工作人员在宅基地和村民建房管理工作中玩忽职守、滥用职权、徇私舞弊的，依纪依法追究责任；构成犯罪的，依法追究刑事责任。

第四十八条 非法买卖或者以其他形式非法转让宅基地的，依据《中华人民共和国土地管理法》第七十四条的规定处理。非法转让宅基地用于非农业建设的，依据《中华人民共和国土地管理法》第八十二条的规定处理。

第七章 附 则

第四十九条 各县（市、区）人民政府依照本办法，结合本行政区域实际制定实施细则。相关职能部门要依据各自职责制定出台相关配套文件。

揭阳空港经济区管委会参照建制县（市、区）执行。农场参照镇街执行。涉农社区参照行政村执行。

第五十条 本办法2021年3月15日起实施，有效期5年。

揭阳市人民政府关于印发揭阳市网络预约出租汽车经营服务管理实施细则的通知

揭府规〔2021〕4号

各县（市、区）人民政府（管委会），市政府各部门、各直属单位：

《揭阳市网络预约出租汽车经营服务管理实施细则》已经市人民政府六届95次常务会议审议同意，现印发给你们，请认真组织实施。实施过程中遇到问题，请径向市交通运输局反映。

揭阳市人民政府

2021年5月17日

揭阳市网络预约出租汽车经营服务管理实施细则

第一章 总 则

第一条 为规范网络预约出租汽车经营服务行为，更好地满足社会公众多样化出行需求，根据《国务院办公厅关于深化改革推进出租汽车行业健康发展的指导意见》（国办发〔2016〕58号）、《网络预约出租汽车经营服务管理暂行办法》（交通运输部令2019年第46号）、《广东省出租汽车经营管理办法》（省政府令第247号）和《广东省交通运输厅关于进一步加强网约出租汽车管理的指导意见》（粤交〔2020〕4号）等有关规定，结合本市实际，制定本实施细则。

第二条 本实施细则适用于本市行政区域内的网络预约出租汽车（以下简称“网约车”）的经营服务和管理。

本实施细则所称网约车经营服务，是指以互联网技术为依托构建服务平台、整合供需信息，使用符合规定条件的车辆和驾驶员，按照约定的时间、地点，提供非巡游的预约出租汽车服务的经营活动。

本实施细则所称网约车经营者（以下简称网约车平台公司），是指构建网络服务平台，从事网约车经营服务的企业法人。

第三条 坚持优先发展城市公共交通、适度发展出租车，按优质服务、差异化经营的原则，有序发展网约车。支持鼓励网约车和巡游车新老业态融合发展，巡游车实行线上网约、线下巡游模式。

第四条 网约车经营应当依法经营、诚实经营、公平竞争、优质服务，实行网约车经营服务质量信誉考核制度。

网约车运价实行市场调节价，必要时根据有关规定实行政府指导价。

第五条 市交通运输主管部门

在市人民政府领导下，负责实施本市网约车管理工作。

县级交通运输主管部门负责本行政区域内网约车经营日常管理和监督检查。

公安、人力资源社会保障、工业和信息化、住房和城乡建设、市场监管、税务、人民银行、网信等部门和工会组织，按照各自职责做好网约车管理相关工作。

第二章 网约车平台公司

第六条 从事网约车经营，应当依法取得《网络预约出租汽车经营许可证》。

第七条 申请从事网约车经营的，应当具有企业法人资格并符合交通运输部令2019年第46号第五条、第六条有关规定，同时具备投诉处理、驾驶员培训、网络监控等本地化线下服务能力。

申请人非本市企业法人的，应当提供在本市设立的分支机构营业执照。外商投资网约车经营的，除符合上述条件外，还应当符合外商投资相关法律法规的规定。

第八条 申请从事网约车经营的，应当按照国家和省规定向市交通运输主管部门提出申请、提交材料。

首次申请从事网约车经营的，应当按照国家和省的有关规定，向市交通运输主管部门提交线上服务能力认定材料，由省交通运输主管部门出具线上服务能力认定结果。

第九条 市交通运输主管部门对网约车经营申请作出行政许可决定的，应当发放《网络预约出租汽车经营许可证》。

《网络预约出租汽车经营许可证》经营范围为“网络预约出租汽车”，经营区域为“本市行政区域”，有效期为4年，自许可决定作出之日起计算。

网约车平台公司经营期限届满，需要延续网约车经营的，应当在许可有效期届满30日前向原许可部门申请延续许可有效期，原许可部门应当在有效期届满前作出是否准予延续的决定。

第十条 网约车平台公司暂停或者终止运营的，应当提前30日向原许可部门书面报告，说明有关情况，通知提供服务的车辆所有人和驾驶员，并向社会公告。

网约车平台公司终止经营的，应当将相应《网络预约出租汽车经营许可证》交回原许可部门。

第十一条 网约车平台公司应当按国家和省有关规定推广应用新能源汽车从事网约车经营，鼓励优先使用新能源汽车。

第十二条 鼓励网约车平台公司发展自有车辆从事网约车营运。

允许网约车平台公司与第三方法人企业合作开展网约车租赁经营服务（以下简称平台租赁企业），采取平台租赁企业投入车辆，驾驶员通过承租、承包、聘用制等合作模式从事网约车营运。网约车平台公司与平台租赁企业应当遵守下列规定：

（一）网约车平台公司应与驾驶员签订劳动合同或协议，明确平台、平台租赁企业、驾驶员的法律关系，并提前将合作方案和运营模式、规模及相关制度等报原许可部门备案；

（二）网约车平台公司应当科学合理评估平台内租赁企业运力投放规模，加强对平台内租赁企业的审核和管理；

（三）平台租赁企业应当优先投入新能源汽车从事网约车营运，每年更新或新增接入平台的网约车中新能源汽车占比应不低于80%且逐年提高10个百分点；

（四）平台租赁企业应当实行规模化、集约化经营；

（五）平台租赁企业不得通过以租代购，收取高额风险抵押金、保证金等方式转嫁经营风险，阻挠驾驶员依法自由退出市场。

第三章 网约车车辆和驾驶员

第十三条 从事网约车经营服务的车辆和驾驶员，应当取得《网络预约出租汽车运输证》（以下简称营运证）、《网络预约出租汽车驾驶员证》。

第十四条 从事网约车经营服务的车辆，应当符合以下条件：

（一）本市登记注册的7座及以下乘用车；

（二）车辆行驶证载明的初次注册日期至申请之日未满3年；

（三）车辆排气量不小于1.6L或1.2T，新能源汽车轴距不小于2600毫米；

（四）车辆综合性能检测合格；

（五）车辆已安装应急报警装置和具有行驶记录功能的车辆卫星定位装置；

（六）车辆应当设置统一易识别标志，不得喷涂巡游车专用图案、标识或者安装顶灯、空载灯等巡游车专用设施设备；

（七）车辆技术性能符合运营安全相关标准要求。

第十五条 网约车平台公司或车辆所有人对拟从事网约车经营服务的车辆，应当持网约车经营许可手续，向车辆所在地县级交通运输主管部门申办营运证。

县级交通运输主管部门依网约车平台公司或车辆所有人的申请，对在公安机关交通管理部门登记、拟从事网约车经营的车辆，按本实施细则第十四条规定的条件进行审核，5个工作日内将审核结果告知申请人。

经审核符合条件的车辆，网约车平台公司或车辆所有人应到车辆登记地公安机关交通管理部门办理车辆使用性质登记或变更为“预约出租客运”手续。自车辆使用性质登记为“预约出租客运”之日起5个工作日内，由县级交通运输主管部门核发营运证。

注册登记为个人所有的车辆申请营运证的，车辆所有人应当事先取得《网络预约出租汽车驾驶员证》，并承诺由本人驾驶该申请车辆提供网约车服务。

注册登记为企业所有的车辆申请营运证的，应当提交经办人身份证及复印件、企业法人营业执照及复印件。企业申办营运证时须同时办理驾驶员注册手续。

第十六条 网约车平台公司应当加强安全管理，承担承运人责任，保证营运安全，保障乘客合法权益。

网约车应投保交强险、第三者责任险、承运人责任险等相关保险，保险费率适用于营运客车类保险费率。

第十七条 网约车平台公司应按规定建立完善的车辆档案，保证营运过程中设施设备完好。

营运证应进行年度审验，审验有效期月份与车辆行驶证审验有效期月份同步。车辆所有人应在车辆行驶证审验后一个月内，到原营运证核发部门申请审验。

第十八条 网约车行驶里程达到60万千米时须强制报废。行驶里程未达到60万千米但使用年限达到8年的，须退出网约车经营。

对达到退出年限或报废标准的车辆，网约车平台公司应立即停止派发营运任务，并办理有关退出手续，由原许可部门依法注销其营运证，并通过信息交换向公安机关反馈相关车辆信息，供公安机关在车辆所有人申请车辆使用性质变更时核验。

对中途退出经营的网约车，网约车平台公司应办理有关退出手续，原许可部门依法注销营运证，并通过信息交换向公安机关反馈相关车辆信息，供公安机关在车辆所有人申请车辆使用性质变更时核验。

第十九条 从事网约车服务的驾驶员，除应符合交通运输部令2019年第46号第十四条规定外，还应通过出租汽车驾驶员从业资格考试并取得市级交通运输主管部门发放的《网络预约出租汽车驾驶员证》。

第二十条 《网络预约出租汽车驾驶员证》的核发与管理按照《出租汽车驾驶员从业资格管理规定》执行。对揭阳行政区域内巡游车和网约车实行驾驶员资格互认，打破巡游车与网约车驾驶员间人员流动障碍。

第四章　经营服务管理

第二十一条 网约车平台公司应当加强驾驶员管理，按规定建立驾驶员管理档案，做好驾驶员从业资格注册，定期组织驾驶员开展业务培训和安全教育。

第二十二条 网约车平台公司应按交通运输部令2019年第46号、省政府令第247号和粤交〔2020〕4号文等有关规定，履行企业安全生产主体责任，落实经营管理责任、数据保障责任、安全服务责任、企业社会责任。

网约车平台公司应当加强在本市的线下服务能力，配备与经营规模相适应的管理机构和管理人员，承担网约车经营管理服务具体工作。

第二十三条 网约车平台公司及其驾驶员应当遵守交通运输部令2019年第46号和省政府令第247号等有关规定，按照国家相关标准进行营运，规范经营服务行为，不得以兼职、分类管理等名义从事非法营运。

第二十四条　网约车平台公司应当建立重大规则调整公开机制和对话机制，在运价结构、派单算法、分摊比例等涉及驾驶员利益的规则调整前应充分征求驾驶员等利益主体意见。

第五章　监督检查

第二十五条 市、县（市、区）交通运输主管部门应当加强网约车市场监管，加强对网约车平台公司、车辆和驾驶员的资质审查与证件核发管理。

第二十六条 网约车平台公司不再具备线上线下服务能力或者有严重违法行为的，由县级以上出租汽车行政主管部门依据有关规定责令停业整顿、吊销相关许可证件。

第二十七条 交通运输、工业和信息化、公安、人力资源社会保障、商务、市场监管、网信、人民银行、税务等部门按照各自职责，对网约车经营行为实施相关监督检查，并对违法行为依法查处。

网约车平台公司及其驾驶员应当支持配合有关部门开展相关工作。

第二十八条 各有关部门应当按照职责建立网约车平台公司和驾驶员信用记录，并纳入全市信用信息共享平台。同时将网约车平台公司行政许可和行政处罚等信息通过国家企业信用信息公示系统（广东）及“信用揭阳网”进行公示。

第二十九条 市、县（市、区）出租汽车行业协会应当建立网约车平台公司和驾驶员不良记录名单制度，加强行业自律。

第六章　附　则

第三十条 私人小客车合乘（也称为拼车、顺风车），是由合乘服务提供者事先发布出行信息，出行线路相同人员选择乘坐合乘服务提供者的小客车并分摊部分出行成本或免费互助的共享出行方式。

私人小客车合乘作为不以营利为目的共享出行方式，属于民事互助行为，不属于道路运输经营活动范畴，相关权利、义务和责任由合乘各方自行约定并承担。

第三十一条 本实施细则所称的新能源汽车，是指符合中华人民共和国工业和信息化部新能源汽车推广应用推荐车型目录的乘用车。

第三十二条 本实施细则未有规定的其他事项，相关法律、法规、规章有规定的，从其规定。

第三十三条 本实施细则解释权属市人民政府，具体解释工作由市交通运输局负责。

第三十四条 本实施细则自印发之日起施行，有效期五年。

揭阳市人民政府关于印发揭阳市招商项目引荐专项奖励办法的通知

揭府规〔2021〕3号

各县（市、区）人民政府（管委会），市政府各部门：

《揭阳市招商项目引荐专项奖励办法》已经市政府六届93次常务会议审议通过，现印发给你们，请认真组织实施。实施过程中遇到问题，请径向市招商办反映。

揭阳市人民政府

2021年4月20日

揭阳市招商项目引荐专项奖励办法

为充分调动社会力量参与揭阳市招商工作，拓展市场化、社会化、专业化招商渠道，引进一批标志性、控制性、骨干性重大项目，推动揭阳加快构建先进制造业、现代服务业、文化旅游业、现代农业协调发展的现代产业体系，大力发展战略性新兴产业，特制定本办法。

第一条 奖励对象

（一）本办法的奖励对象为引荐揭阳市域外投资商到揭阳投资，并在项目落户过程中起到实质性推动作用，且符合以下条件的国内外投资咨询机构：

1.具有独立法人资格；

2.具有成功引进招商项目的案例。

公务员和参照公务员管理的机关或事业单位工作人员（含政府雇员）、项目投资方和合资方不属于本办法奖励对象。

（二）获得奖励的投资咨询机构需与揭阳市招商主管部门申请办理机构备案，经认定后成为揭阳市招商项目引荐方，同时需对引荐行为合法性、材料真实性、与工作人员无违法违规行为作出承诺。

（三）引荐项目的投资人、企业（机构）和资金需来自揭阳市域外，并由投资主体提供委托证明，经相关备案程序进行项目备案认定。每个项目只认定一个引荐方，引荐方需在引荐项目注册前完成项目备案。

第二条 奖励条件及标准

（一）对同时符合以下条件的招商项目，本办法给予引荐方一定奖励：

1.符合揭阳主导产业方向；

2.本办法发布之日起在揭阳新设立；

3.在揭阳市域内购买或租赁土地、厂房、写字楼等用于项目建设或办公，并为揭阳带来财政贡献。

（二）招商项目类别及奖励标准：

1.对所引荐项目为先进制造业、文化旅游业、现代农业等生产性项目，且固定资产投资额2亿元以上（含2亿元，外资按实际到位时的汇率折算，下同）的，在项目动工或正式投产一年内（由项目所在地行业主管部门出具有关证明，下同），引荐机构可根据项目固定资产投资的情况一次性申请奖励。符合本办法第一条规定，引荐项目实际固定资产投资额2亿元以上（含2亿元）、5亿元以下（含5亿元）的，按照实际固定资产投资额的1‰给予奖励；实际固定资产投资额5亿元以上的，按照实际固定资产投资额的

1.5‰给予奖励。单个项目最高奖励不超过200万元。

固定资产投资种类及金额以项目所在地统计部门出具的《固定资产投资项目情况表》为准。

2.对所引荐项目为战略性新兴产业生产性项目，且固定资产投资额1亿元以上（含1亿元）的，在项目动工或正式投产一年内，引荐机构可根据项目固定资产投资的情况一次性申请奖励。符合本办法第一条规定，引荐项目实际固定资产投资额1亿元以上（含1亿元）、3亿元以下（含3亿元）的，按照实际固定资产投资额的1.5‰给予奖励；实际固定资产投资额3亿元以上的，按照实际固定资产投资额的2‰给予奖励。单个项目最高奖励不超过200万元。

固定资产投资种类及金额以项目所在地统计部门出具的《固定资产投资项目情况表》为准。

3.对所引荐项目为现代服务业、总部经济、高端商贸等新经济项目，按项目开业后对所在地（功能区）第一年或第一个完整年度的财政贡献的30%给予引荐机构一次性奖励，奖励金额不得超过项目落地后项目投资方的实际财政贡献（同一申报计算年度，项目主体财政贡献减去项目主体获得的财政资金奖补额）。

第三条 奖励金的来源及兑付

（一）第一、二类招商项目。项目所在地为财政直管县的，奖励资金由其自行负担；项目所在地为其他区（功能区）的，奖励资金根据市与区（功能区）财政收入分享比例分担，区级负担部分当年度通过结算上解。

（二）第三类招商项目。奖励资金由项目所在区（功能区）财政安排。

第四条 奖励金申请

（一）引荐方须在符合本办法第二条要求的前提下于次年申报奖励资金。

（二）引荐方取得的引荐资金，应按规定开具发票并依法申报缴纳相关税费。

第五条 为揭阳引进带动性强、经济贡献突出的重大项目的其他社会机构，其项目引荐奖励另按有关程序申报，根据具体情况研究确定。

第六条 引荐方引荐的项目若出现严重经营异常或重大违法行为的，一经查实，终止该项目的引荐奖励。

第七条 对于恶意包装项目、采取虚假手段套取引荐奖励、与项目引进相关工作人员违规套取引荐奖励或有其他重大违法行为的引荐方，一经发现，引荐机构及法人代表将被列入黑名单，取消备案资格，且不予奖励；已给予奖励资金的，予以收回。情节严重，构成犯罪的，由司法部门依法追究相关单位和人员的法律责任。

第八条 对引荐方备案资格实行年审管理，若引荐方在备案成功两年内无实际开展任何项目引荐工作的，自动取消其备案资格。

第九条 本办法自印发之日起施行，有效期至2025年12月31日。本办法有效期内如遇法律、法规或有关政策调整变化的，从其规定。本办法有效期届满，将根据实施情况依法予以评估修订。

揭阳市人民政府关于印发促进揭阳高新技术产业开发区科技创新若干措施的通知

揭府规〔2021〕5号

各县（市、区）人民政府（管委会），市政府各部门：

《关于促进揭阳高新技术产业开发区科技创新的若干措施》已经市政府六届106次常务会议审议通过，现印发给你们，请认真贯彻执行。执行过程中遇到的问题，请向市科技局反映。

揭阳市人民政府

2021年12月1日

关于促进揭阳高新技术产业开发区科技创新的若干措施

为培育高新技术企业发展，促进高新技术产业发展壮大，推动揭阳高新技术产业开发区（以下简称高新区）产业结构优化和转型升级，根据《国务院关于促进国家高新技术产业开发区高质量发展的若干意见》《广东省人民政府关于促进高新技术产业开发区高质量发展的意见》等文件精神，结合我市实际，特制定如下措施。

第一条 加强政策资源统筹支持。积极争取国家、省对我市高新区科技创新工作的支持。通过统筹利用国家、省专项资金，对高新区建设、产业发展、科技创新等方面给予倾斜支持。

第二条 支持高新区科技创新载体建设。鼓励众创空间、科技企业孵化器、科技企业加速器等科技创新载体建设，对引进的国家级科技企业孵化器、众创空间分别给予80万元、60万元的补助。对认定的国家级科技企业加速器给予400万元的补助，对认定的省级科技企业加速器给予200万元的补助。

第三条 强化高新区科技服务体系建设。建设一站式创新服务平台，对入驻高新区核心区科技创新服务平台（高新区孵化中心），注册后正常运营一年以上的服务机构每家一次性奖励10万元。

第四条 强化高新区创新用地供给。优先安排高新区内众创空间、科技企业孵化器、科技企业加速器和科创中心的用地，优先安排创新型企业引进和增资扩产用地。

第五条 加强高新技术企业培育。建立高新区高新技术企业培育库，实施台账管理培育。进入培育库且最近一年通过科技型中小企业评价的企业，给予一次性10万元培育扶持资金。

第六条 推动高新技术企业树标提质。培育发展创新型龙头企业，对高新区内的高新技术企业，以上一年度研发费用加计扣除额为基数，年度投入500万元及以上的，给予50万元的奖励。

第七条 鼓励重点项目科研和成果转化。围绕高新区科技发展重点方向和优势特色产业，实施产业科技项目“揭榜挂帅”制，征集形成一批“揭榜制”项目，根据产业技术的先进性、关联性和带动性，分别给予500万元、300万元、100万元资金支持。

第八条 推动高新区科技金融融合发展。鼓励在高新区设立创投基金，按“一事一议”原则，由市级财政给予适当的奖励、资金配比、资助等形式的支持。

第九条 对我市科技创新和产业发展有重大影响，具有重要带动作用或功能的企业和项目，可采取“一事一议”方式报市政府批准给予奖励。

第十条 本措施中竞争性项目支出由市级财政承担，后补助类项目由市、区各承担50%。

第十一条 申请本措施各类扶持资金的企事业单位及机构应当同时满足以下条件：工商注册地、税务征管关系在高新区范围内，具有独立法人资格、有健全的财务制度、经营无重大违法违规记录、实行独立核算。

第十二条 揭阳高新区（一核三区）范围内企业和机构除享受《揭阳市促进产业发展“1+1+12”政策体系》中科技创新扶持政策外，同时享受本措施。

第十三条 本措施自2021年12月1日起施行，有效期至2026年12月1日止。如遇法律、法规或有关政策调整变化的，从其规定。本措施有效期届满，将根据实施情况依法予以评估修订。

揭阳市人民政府关于印发揭阳市职工生育保险规定的通知

揭府规〔2021〕6号

各县（市、区）人民政府（管委会），市政府各部门、各直属单位：

《揭阳市职工生育保险规定》已经市人民政府同意，现印发给你们，请认真组织实施。实施过程中遇到的问题，请径向市医疗保障局反映。

揭阳市人民政府

2021年12月10日

揭阳市职工生育保险规定

第一章 总 则

第一条 为了维护职工的合法权益，保障职工在生育和实施计划生育手术期间获得基本的医疗和生活保障，均衡用人单位生育费用负担，促进公平就业，根据《中华人民共和国社会保险法》《广东省职工生育保险规定》（广东省人民政府令第287号）等的相关规定，结合揭阳实际，制定本规定。

第二条 本规定适用于本市行政区域内的生育保险工作。法律、法规以及国家、省有关规定对生育保险另有规定的，从其规定。

第三条 本市行政区域内的下列单位和人员应当参加生育保险：

（一）国家机关、企业、事业单位、社会团体、民办非企业单位、基金会、律师事务所、会计师事务所等组织及其在职职工；

（二）有非军籍职工的军队、武警部队所属用人单位及其非军籍职工；

（三）有雇工的个体工商户及其雇工；

（四）法律、法规、规章规定的其他单位和人员。

前款所列单位，以下统称用人单位；前款所列人员，以下统称职工。

第四条 生育保险和职工基本医疗保险合并实施，用人单位及其职工同步参加生育保险和职工基本医疗保险。

第五条 县级以上人民政府医疗保障行政部门负责本行政区域的生育保险管理工作，其他有关部门在各自的职责范围内负责生育保险相关工作。

医疗保障经办机构具体承办生育保险登记、个人权益记录、生育保险待遇支付等生育保险经办事务，负责提供生育保险业务咨询、查询等服务。

第六条 任何组织或者个人对违反生育保险规定的行为，有权向医疗保障行政部门或者其他有关部门、机构举报。医疗保障行政部门或者其他有关部门、机构应当及时依法处理。

对涉嫌欺诈骗取医疗保障基金的行为进行举报的，按照规定给予奖励。

第二章 征缴管理

第七条 生育保险费和职工基本医疗保险费合并缴纳，由税务部门统一征收管理。用人单位缴费基数为本单位职工基本医疗保险缴费基数，缴费比例为参加生育保险和职工基本医疗保险的缴费比例之和，按职工工资总额的7%（含生育保险费率1%）缴纳。

建立职工基本医疗保险（含生育保险）缴费比例动态调整机制。根据我市经济发展、医疗费用水平变化和基金实际运行情况，需对我市职工基本医疗保险（含生育保险）缴费比例作出调整的，由市医疗保障行政部门会同市财政部门提出调整意见，报市人民政府批准和省医疗保障行政部门备案后执行。

职工基本医疗保险统筹基金待遇支出中应当设置生育待遇支出项目，生育保险基金不单列。

第八条 用人单位应当按月缴纳职工基本医疗保险费（含生育保险费）。职工个人应当按月缴纳职工基本医疗保险费，不另外缴纳生育保险费。

第九条 下列人员或者其用人单位无须缴纳生育保险费，应当缴纳的职工基本医疗保险费按照相关规定执行：

（一）无雇工的个体工商户、未在用人单位参加职工基本医疗保险的非全日制从业人员以及其他灵活就业人员（以下统称灵活就业人员）；

（二）领取失业保险金期间的失业人员；

（三）因工致残被鉴定为一级至四级伤残并办理伤残退休手续的职工；

（四）到达法定退休年龄时未达到规定职工基本医疗保险缴费年限的职工。

第十条 职工在本省行政区域内跨地级以上市参加生育保险的，其缴费时间累计计算。医疗保障经办机构应当为有需要的职工出具缴费凭证。

第三章 待遇保障

第十一条 生育保险待遇包括生育医疗费用和生育津贴，所需资金从职工基本医疗保险统筹基金中支付。符合国家生育政策的，按照规定享受相应的生育保险待遇。

第十二条 用人单位已经按时足额缴费的，自缴费次月起，其职工享受生育医疗费用和生育津贴待遇；职工未就业配偶按照规定享受生育医疗费用待遇，不享受生育津贴。用人单位停止缴费的，其职工和职工未就业配偶自次月起停止享受相应的待遇。

参加职工基本医疗保险的灵活就业人员，按照规定享受生育医疗费用待遇，不享受生育津贴，其享受生育医疗费用待遇的起止时间与享受职工基本医疗保险待遇的时间一致。

领取失业保险金期间的失业人员、因工致残被鉴定为一级至四级伤残并办理伤残退休手续的职工、享受职工基本医疗保险待遇的退休人员按照规定享受生育医疗费用待遇，不享受生育津贴。

第十三条 生育医疗费用包括下列各项费用：

（一）生育的医疗费用。包括符合国家和省规定的产前检查、终止妊娠（含宫外孕终止妊娠）、分娩住院期间的费用，终止妊娠、分娩住院期间诊治妊娠合并症、并发症的费用。

（二）计划生育的医疗费用。包括放置或者取出宫内节育器、施行输卵管、输精管结扎或者复通手术、人工流产、引产术等发生的医疗费用，施行计划生育手术期间诊治合并症、并发症的费用。

（三）法律、法规、规章以及国家和省规定纳入生育保险支付范围的其他费用。

第十四条 职工发生符合国家和省规定的药品、诊疗项目和医用耗材支付范围的生育医疗费用，不设起付线，由职工基本医疗保险统筹基金支付。其他医疗费用按照基本医疗保险有关规定执行。

（一）职工在本市（含常住异地参保人在备案统筹区）定点医疗机构发生符合规定的产前检查、生育或施行计划生育手术的医疗费用，由职工基本医疗保险统筹基金按实支付。

职工因急诊、抢救等原因在本市非定点医疗机构生育或施行计划生育手术发生的符合规定的医疗费用，参照在本市定点医疗机构就医的待遇标准支付。

（二）职工因急诊、抢救在异地医疗机构或已办妥生育异地就医备案手续至异地定点医疗机构生育或施行计划生育手术发生符合规定的生育医疗费用，按照职工医保异地就医住院的报销比例支付。

（三）统筹基金支付产前检查费用设定支付限额，职工每孕次支付为1000元。

（四）职工基本医疗保险统筹基金支付生育保险待遇不计入职工基本医疗保险年度最高支付限额。

第十五条 下列医疗费用不纳入生育保险支付范围：

（一）应当从工伤保险基金中支付的；

（二）应当由第三人负担的；

（三）应当由公共卫生或计划生育技术服务项目负担的；

（四）在境外就医的；

（五）法律、法规、规章规定不纳入的。

依法应当由第三人负担的生育医疗费用，第三人不支付或者无法确定第三人的，由职工基本医疗保险统筹基金先行支付；职工基本医疗保险统筹基金先行支付后，有权向第三人追偿。

第十六条 职工应当享受的生育津贴，按照职工生育或者施行计划生育手术时用人单位上年度职工月平均工资除以30再乘以规定的假期天数计发。

用人单位上年度职工月平均工资按照本单位上一自然年度参保职工各月缴费工资之和，除以其各月参保职工数之和确定。

本年度新参保的用人单位，生育津贴以该单位本年度参保职工月平均工资为基数计算。

第十七条 职工享受生育津贴的假期天数，按照下列规定计算：

（一）女职工生育享受产假：顺产的，计98天；难产的，增加30天；生育多胞胎的，每多生育1个婴儿，增加15天。

（二）女职工终止妊娠享受产假：怀孕未满4个月终止妊娠的，根据医疗机构的意见，计15天至30天；怀孕4个月以上7个月以下终止妊娠的，计42天；怀孕满7个月终止妊娠的，计75天。

（三）职工享受计划生育手术休假：取出宫内节育器的，计1天；放置宫内节育器的，计2天；施行输卵管结扎的，计21天；施行输精管结扎的，计7天；施行输卵管或者输精管复通手术的，计14天。

同时存在两种以上计划生育手术情形，或者同时存在生育和计划生育手术情形的，合并计算享受生育津贴的假期天数。

第十八条 职工按照规定享受的生育津贴，由用人单位按照职工原工资标准先行垫付，再由医疗保障经办机构按照规定拨付给用人单位。有条件的医疗保障经办机构可以委托金融机构将生育津贴直接发放给职工。

职工已经享受生育津贴的，视同用人单位已经支付相应数额的工资。生育津贴高于职工原工资标准的，用人单位应当将生育津贴余额支付给职工；生育津贴低于职工原工资标准的，差额部分由用人单位补足。

职工依法享受的生育津贴，按照规定免征个人所得税。

本条所称职工原工资标准，是指职工依法享受产假或者计划生育手术休假前12个月的月平均工资。职工依法享受假期前参加工作未满12个月的，按其实际参加工作的月份数计算。

第十九条 职工未就业配偶享受的生育医疗费用待遇，参照我市城乡居民基本医疗保险待遇标准执行，从职工基本医疗保险统筹基金中支付。

职工未就业配偶已参加职工基本医疗保险或者城乡居民基本医疗保险并享受相关待遇的，不再享受生育医疗费用待遇。

第四章 经办管理与监督

第二十条 生育保险与职工基本医疗保险实行统一定点医疗服务管理。医疗保障经办机构应当与符合规定的医疗机构签订定点医疗服务协议，并向社会公布提供生育或者计划生育服务的定点医疗机构名单。

第二十一条 职工在参保地定点医疗机构就医或者经备案后在省内异地联网医疗机构就医发生的生育医疗费用，由医疗保障经办机构按照规定与定点医疗机构直接结算。

医疗保障行政部门应按有关规定将生育医疗费用纳入医保支付方式改革，住院医疗费用实行按病种（分值）付费，门诊实行按人头、按病种等多元复合式医保支付方式。

第二十二条 职工生育医疗费用不能直接结算的，其生育医疗费用先由职工个人支付，并在分娩、终止妊娠或者施行计划生育手术次日起3年内，向参保地医疗保障经办机构申请报销。具体报销标准按职工发生生育医疗费用当年度生育保险政策执行。

第二十三条 用人单位已经垫付生育津贴的，可以在职工分娩、终止妊娠或者施行计划生育手术次日起3年内，向医疗保障经办机构申请拨付生育津贴。医疗保障经办机构可委托金融机构直接发放生育津贴。

第二十四条 职工按照规定享受产假或者计划生育手术休假期间，用人单位因被吊销营业执照、责令关闭、撤销等客观原因或者无正当理由未垫付生育津贴的，职工本人可以在产假或者计划生育手术休假结束后3年内，直接向参保地医疗保障经办机构申请拨付生育津贴。

第二十五条 用人单位和个人申请享受生育医疗费用或者生育津贴待遇所需提供的材料，按照国家和省统一规范的医疗保障经办政务服务事项清单制度执行。

第二十六条 职工在生育或者施行计划生育手术时的参保地按照规定享受相应的生育保险待遇。

第二十七条 有关单位和个人应当如实反映与生育保险有关的情况，并对所提供材料的真实性负责。

职工、用人单位、医疗机构及其他有关单位、人员隐瞒事实真相、出具伪证或者以其他不正当手段参加生育保险、骗取生育保险待遇的，医疗保障行政部门、医疗保障经办机构、税务部门应当记录在案，按照规定将有关人员或者单位的违法信息及时纳入相关信用信息共享平台，并通过新闻媒体或者本单位门户网站予以公开。对欺诈骗保情节严重的定点医药机构和个人，按照规定纳入失信联合惩戒对象名单，实施联合惩戒。

第二十八条 医疗保障行政部门、财政部门、审计机关应当按照各自职责，对职工基本医疗保险基金的收支、管理、服务和投资运营情况实施监督。

税务部门应当及时核查用人单位申报、缴纳职工基本医疗保险费的信息。

对申请享受生育保险待遇的有关材料，医疗保障经办机构应当依法审核，必要时还应当对有关情况进行实地核查。发现有违法情形的，应当及时移送医疗保障行政部门依法处理。

第二十九条 用人单位应当按月将缴纳职工基本医疗保险费的明细情况告知职工本人，接受职工监督。

医疗保障经办机构应当定期向社会公布参加生育保险情况以及职工基本医疗保险基金的收入、支出、结余和收益情况，接受社会监督。

用人单位或者个人对医疗保障经办机构的经办服务行为有异议的，可以向医疗保障行政部门或者其他有关部门、机构投诉、举报，有关部门、机构应当及时处理。

第五章 法律责任

第三十条 用人单位未按照规定为职工办理生育保险登记或者未

按时足额缴费的，依照《中华人民共和国社会保险法》等法律法规的规定处理；造成职工或者职工未就业配偶不能享受生育保险待遇的，由用人单位按照本规定的生育保险待遇标准支付相关费用。

用人单位未按时足额申报缴纳本单位职工基本医疗保险费造成职工生育津贴损失的，由用人单位补足。

第三十一条 用人单位未按照本规定第十八条第二款规定将生育津贴足额支付给职工的，由医疗保障行政部门责令限期改正；逾期不改正的，可以对用人单位处2000元以上2万元以下罚款。

第三十二条 以欺诈、伪造证明材料或者其他手段骗取职工基本医疗保险基金支出或者骗取生育保险待遇的，依照《中华人民共和国社会保险法》等法律法规的规定处理。

第三十三条 有关行政机关、医疗保障经办机构及其工作人员未依法履行生育保险工作职责或者在生育保险工作中有违法行为的，依照《中华人民共和国社会保险法》等法律法规的规定处理。

第三十四条 用人单位或者个人认为医疗保障行政部门、税务部门、医疗保障经办机构的行为侵害其生育保险权益的，可以依法申请行政复议或者提起行政诉讼。

个人与用人单位发生生育保险待遇及损失赔偿等方面争议的，按照劳动人事争议处理的有关规定处理。

第六章 附 则

第三十五条 生育保险涉及的相关药品、诊疗项目和医用耗材支付范围，医疗保障经办政务服务事项清单、办事指南和受理表格统一按省规定和规范执行。省级统筹后，省对生育保险缴费比例有规定的，从其规定。

第三十六条 境外人员参加生育保险、享受生育保险待遇， 按照国家有关规定执行。

第三十七条 本规定自2022年1月1日起施行，有效期至2026年12月31日止。此前规定与本规定不一致的，以本规定为准。

揭阳市人民政府关于印发揭阳市消防救援队伍职业保障实施细则的通知

揭府规〔2021〕7号

各县（市、区）人民政府（管委会），市政府各部门、各直属单位：

《揭阳市消防救援队伍职业保障实施细则》已经市人民政府六届109次常务会议审议同意，现印发给你们，请认真组织实施。实施过程中遇到问题，请径向市消防救援支队反映。

揭阳市人民政府

2021年12月30日

揭阳市消防救援队伍职业保障实施细则

第一条 为加强消防救援队伍职业保障工作，增强消防救援人员职业认同感和荣誉感，激励消防救援人员许党报国、献身使命，根据《关于做好国家综合性消防救援队伍人员有关优待工作的通知》《广东省消防救援队伍职业保障办法（试行）》《关于推动新时代消防救援工作高质量发展的意见》等规定，结合我市实际，制定本细则。

第二条 本细则所称消防救援抚恤优待对象，是指本市行政区域内在职、退休消防救援人员和烈士遗属、因公牺牲消防救援人员遗属、病故消防救援人员遗属、在职消防救援人员家属。随队家属是指经消防救援总队级单位批准随队的在职消防救援人员的配偶、子女。

本市行政区域内的消防救援抚恤优待对象，依照有关法律法规、规章和本细则的规定享受抚恤优待，抚恤优待对象不在本市的，按所在省、市相关规定执行。

第三条 消防救援队伍职业保障所需经费除中央、省财政负担部分外，由市、县级人民政府分别负担，列入各级财政预算，专款专用，并接受财政、审计部门监督。

第四条 各级人民政府和本市行政区域内的国家机关、社会团体、企业事业单位应当依照国家综合性消防救援队伍相关职业保障办法和本细则的规定，履行消防救援队伍职业保障职责和义务。

表彰奖励、走访慰问、抚恤优待、职业风险保障、伤残人员退出保障及消防救助等职业荣誉保障规定，由宣传部门、民政部门、财政部门、人力资源社会保障部门、住房和城乡建设部门、卫生健康部门、退役军人事务部门、医疗保障部门、工会、妇联、消防救援机构、税务部门等按职责分工落实。

车辆通行、交通出行、参观游览、看病就医、住房保障、就业创业、家属随调随迁、随队家属就业安置、消防救援人员及子女教育等社会优待保障规定，由教育部门、公安机关、财政部门、人力资源社会保障部门、住房和城乡建设部门、交通运输部门、文化旅游部门、卫生健康部门、退役军人事务部门、市场监管部门、医疗保障部门、林业部门、消防救援机构、税务部门、银保监部门等按职责分工落实。

经费预算、继续教育、科研等经费和其他保障规定，由教育部门、科技部门、财政部门、消防救援机构等按职责分工落实。

第五条 各级人民政府应当采取有效措施保护消防救援人员荣誉，将消防救援队伍（集体、个人）表彰奖励纳入地方表彰奖励体系，在重大节日期间组织走访慰问当地消防救援队伍和消防救援抚恤优待对象，举办有关重大庆典活动时可邀请消防英模代表参加。

第六条 在职消防救援人员受到消防救援支队级以上单位或县级以上人民政府和对应业务部门表彰奖励时，由各级消防救援机构及时通报其入职前户籍所在地的乡（镇）人民政府、街道办事处等。其入职前户籍所在地属于本市的，相关乡（镇）人民政府、街道办事处等应当组织人员到其家中走访慰问祝贺，并根据授予荣誉称号、立功或受奖等级情况可以给予一定的物质奖励。

第七条 消防救援人员被批准为烈士、被确认为因公牺牲或病故的，县级退役军人事务部门应当自收到消防救援队伍发出的死亡通知书之日起20日内，向烈士遗属、因公牺牲消防救援人员遗属、病故消防救援人员遗属发给相应证明书和一次性抚恤金。

第八条 在职消防救援人员死亡被批准为烈士的，依照《烈士褒扬条例》的规定发给烈士褒扬金。在职消防救援人员死亡的，根据其死亡性质和死亡时月工资标准，由县级退役军人事务部门参照《军人抚恤优待条例》等法规政策规定的标准发给其遗属一次性抚恤金，对符合条件的遗属发放定期抚恤金。对获得荣誉称号或者立功的烈士、因公牺牲和病故消防救援人员，县级退役军人事务部门还应当按规定为其遗属增发一次性抚恤金。

第九条 消防救援人员所在单位应当按规定为消防救援人员办理基本养老、职工基本医疗、失业、工伤、生育等社会保险，并按规定为其购买人身意外伤害保险。消防救援人员被批准为烈士、被确认为因公牺牲或病故、被认定为因公（因战）伤残的，按规定发放人身意外伤害保险金，保费具体标准和支付办法按上级规定执行。

第十条 烈士、因公牺牲、病故消防救援人员的子女、兄弟姐妹，本人自愿并且符合国家综合性消防救援队伍消防员、政府专职消防员招录条件的，在同等条件下优先招录。

第十一条 享受国家抚恤和补助的烈士、因公牺牲、病故消防救援人员遗属，以及退出国家综合性消防救援队伍的残疾消防救援人员，参照《优抚对象医疗保障办法》有关规定享受医疗保障优待；其中，享受国家定期抚恤补助的，参照《优抚对象住房优待办法》有关规定享受住房优待。

第十二条 从国家综合性消防救援队伍退出的1级至4级残疾消防救援人员，由国家供养终身。对需要长年医疗或者独身一人不便分散安置的，经省级对应业务部门批准后可安排集中供养。

退出国家综合性消防救援队伍的残疾消防救援人员护理费，由其户籍所在地县级以上退役军人事务部门负责发放。

第十三条 鼓励基金会等组织和个人对消防救援人员抚恤优待事业提供捐助。向消防救助事业进行的公益性捐赠符合国家税收法律法规规定的，依法享受相关税收政策。

第十四条 正在执行公务并设有固定装置的消防救援车辆通行本市行政区域内的公路、桥梁、隧道、渡口等，免交车辆通行费。鼓励本市行政区域内的医院、银行等相关单位为消防救援队伍提供优先服务。

第十五条 在职、退休、残疾消防救援人员和消防救援院校学员，凭有效证件乘坐境内运行的轮船、客运班车时，享受优先购票、安检、候车（船）、乘车（船）待遇，可使用优先通道（窗口），随同出行的家属（原则上不超过2人，不需要出具与消防救援人员本人的关系证明）可一同享受优先服务；乘坐市内公共汽车等交通工具时，享受当地现役军人同等优待政策。

残疾消防救援人员凭有效证件乘坐境内运行的轮船、客运班车时，享受减收公布票价50%的优待；乘坐市内公共汽车等交通工具时享受免费优待。残疾消防救援人员享受减免优待政策所需经费，参照当地残疾军人享受减免优待政策经费保障办法落实。

在职、退休、残疾消防救援人员和消防救援院校学员，凭有效证件乘坐境内运行的火车（高铁）、民航班机等交通工具时，根据国家、省有关政策享受优待。

第十六条 在职、退休、残疾消防救援人员和消防救援院校学员，凭有效证件参观游览公园、风景名胜区、面向公众开放的文物和博物单位、国家历史文化名城等景区时，享受当地对现役军人的同等优待。

第十七条 患急危重症的消防救援人员在市内各医院看病就医享受优待。

各级消防救援队伍应与当地医疗条件较好的医院建立急危重症消防救援人员看病就医优待机制。各定点医院结合实际有效整合医疗资源，在挂号就诊、专家会诊、缴费取药、住院治疗等方面给予优先优惠待遇。

各级卫生健康部门和消防救援队伍要联合协调指定当地三甲医院或有较好医疗设施、较高医疗水平和较强医疗救治能力的医院为本级定点救治医院，并与各级消防救援队伍签订合作框架协议。定点医院建立因公负伤消防救援人员紧急救治“绿色通道”，制定完善应急救治预案，按照“先救治、后办手续”的救治原则，优先安排初诊和抢救治疗，优先安排医疗技术水平较高的专家参加会诊和救治，优先安排住院床位，优先保障紧急抢救临床用血和药品。医疗费用按照“先诊疗、后结算”原则进行。

第十八条 各级人民政府应当为改善当地住房困难消防救援人员居住条件提供政策支持和相应保障，在制定城镇住房保障规划和年度实施计划时，统筹考虑当地住房困难消防救援队伍的住房需求。消防救援人员符合条件的，同等条件下优先享受住房保障政策。

第十九条 预备消防士在职期间（2年），其家庭由当地退役军人事务部门按规定发放优待金或者给予其他优待。

预备消防士和三、四级消防士入职前是国家机关、社会团体、企业事业单位职工（含合同制人员）的，退出（不含辞退、开除）后，符合相关法律规定的，允许复工复职，并享受不低于本单位同岗位（工种）、同工龄职工的各项待遇。预备消防士和三、四级消防士入职前的承包地（山、林）等，应当保留；在国家综合性消防救援队伍工作期间，除依照国家有关规定和承包合同的约定缴纳有关税费外，免除其他负担费用。

第二十条 退出国家综合性消防救援队伍的消防救援人员，凭国家综合性消防救援队伍人员退出证明，可享受对现有的退役军人就业培训扶持、自主创业税费优惠等优待政策。

经组织批准退出（不含辞退、开除）国家综合性消防救援队伍的消防员，工作不满12年的，参照转制前政策给予补助；工作12年以上、不满退休年龄的参照以往做法由政府安排工作，由退役军人事务部门牵头负责，根据本人意愿也可选择领取补助自主就业。

国家机关、社会团体、企业事业单位在招用、录用、聘用工作人员或职工时，对退出国家综合性消防救援队伍的消防救援人员的年龄和学历条件可适当放宽，同等条件下优先招录聘用。三级、四级消防士退出国家综合性消防救援队伍后，报考国家公务员，同等条件下优先录取。退出国家综合性消防救援队伍的消防员报考公务员、应聘事业单位职位的，在国家综合性消防救援队伍工作经历视为基层工作经历。接收安置退出国家综合性消防救援队伍消防员的单位，按照国家规定享受优惠政策。

县级以上地方人民政府对应业务部门应当组织自主就业的退出国家综合性消防救援队伍消防员参加职业教育和技能培训。经考试考核合格的，发给相应的学历证书、职业资格证书并推荐就业。参加职业教育和技能培训的费用按照国家相关政策执行。各级人民政府举办的公共就业人才服务机构，应当免费为退出国家综合性消防救援队伍消防员提供档案管理、职业介绍和职业指导服务。鼓励其他人力资源服务机构为自主就业的退出国家综合性消防救援队伍消防员提供免费服务。

县级以上人民政府应当明确对应业务部门和主管单位，对从事个体经营的退出国家综合性消防救援队伍消防员，可按规定享受现有自主创业税收优惠政策和小额担保贷款扶持。除国家限制行业外，自退出国家综合性消防救援队伍消防员首次注册登记之日起3年内，免收管理类、登记类和证照类的省定行政事业性收费。

第二十一条 残疾消防救援人员退出国家综合性消防救援队伍后，在国家机关、社会团体、企业事业单位工作的，享受与所在单位工伤人员同等的生活福利和医疗待遇。所在单位不得因其残疾将其辞退、解除劳动关系或聘用关系。

第二十二条 经批准随队的在职消防救援人员的配偶、子女，由驻地公安机关优先办理落户手续。在职消防救援人员在本市行政区域内因工作调动需办理落户的，可选择工作地、原籍、家庭生活基础所在地或配偶、父母、配偶父母、本人子女常住户口所在地落户，入户地公安机关应当优先办理。

第二十三条 烈士、因公牺牲、一级至四级因公伤残消防救援人员、平时荣获二等功以上或者战时荣获三等功以上奖励的英雄模范（含转制前获得的相应奖励，以下简称英雄模范）的子女，在职消防救援人员的子女及消防救援队伍人员在接受教育时享受相关优待。

烈士、英雄模范和因公牺牲、一级至四级因公伤残消防救援人员子女和在职消防救援人员子女接受学前教育的，可以在其父母、其他法定监护人户籍所在地，就近就便进入公办幼儿园就读。

烈士、英雄模范和因公牺牲、一级至四级因公伤残消防救援人员子女和在职消防救援人员子女接受义务教育的，可在其父母、其他法定监护人户籍所在地，就近优先安排到小学和初中就读。

烈士子女报考普通高级中学的，原则上按照揭阳市当年各类普通高级中学最低录取分数线降低30分（含）以上录取，英雄模范和因公牺牲、一级至四级因公伤残消防救援人员子女原则上降低20分（含）以上录取。

消防救援人员因工作调动、生活基础所在地变更等，其子女需要转学的，属义务教育阶段的按照就近入学的原则优先安排；属普通高中的结合学生个人学习情况、个人意愿和家庭实际，以学校等级相同、年级相衔接为原则，安排转入适合的普通高中，教育行政部门和相关学校应及时按规定为其办理相关手续，高一上学期和高三年级不接收转学学生。

消防救援人员子女需要入读中等职业学校的，由教育行政部门根据学生学习情况和消防救援人员意愿，安排到本市教育质量较好的中等职业学校就读。学生毕业时，优先向用人单位推荐就业。

高等学校新生和在校学生入职消防救援队伍期间保留学籍，退出国家综合性消防救援队伍后允许入学或复学。在学费补偿、助学贷款代偿等方面参照高校学生应征入伍服义务兵役国家资助相关办法享受优待。

第二十四条 国家综合性消防救援队伍人员随队家属就业安置纳入揭阳市随军家属就业安置工作同步进行，财政部门、人力资源社会保障部门、消防救援机构等应按职责分工抓好落实。随队前是国家机关、社会团体、企业事业单位职工的消防救援人员家属，参照随军家属安置有关政策进行安置。烈士遗属、因公牺牲消防救援人员遗属和英雄模范家属需要安置就业的，由当地人民政府根据随队家属的学历层次、专业特长及个人意愿优先安置。

各级人民政府根据当地经济社会发展水平和财政收入状况，对未就业的消防救援人员随队家属（已安置因本人原因未就业的除外）给予基本生活补贴，原则上按不低于当年当地最低生活保障于每月初发放，资金承担主体根据中央地方责任划分情况确定。未就业的消防救援人员随队家属，按照有关规定给予养老、医疗保险个人账户补贴。消防救援人员离职、退休或调离本市后，其未就业随队家属不再享受以上基本生活补贴和社会保险补贴待遇。

第二十五条 维持消防救援队伍保障管理模式，地方消防经费继续实行财政预算单列，落实公用经费最低保障标准。各级人民政府应当按照财政部有关地方消防经费管理办法，提高保障标准，加大消防投入，确保与当地经济社会发展水平和财力状况相适应。建立与消防救援职业高风险、高强度和24小时驻勤备战相适应的职业保障机制。

第二十六条 各级人民政府和对应业务部门应当支持消防救援队伍的培训工作，可结合实际将消防救援人员纳入本地、本部门组织的相关培训。消防救援队伍可根据人才培养需求与省内知名高校合作，采取独立办班等方式培养在职学历人才，有条件的高校应予以支持。消防救援人员参加各级组织的研究生学习班、函授、自学考试等在职继续教育的，各院校和培训机构在同等条件下优先录取。

第二十七条 各级人民政府和科技等对应业务部门应加强对消防救援科研项目的支持，鼓励相关高校、科研院所、企业为消防救援工作提供先进技术、人才、产品等。落实公务员转岗有关政策，对长期在消防救援一线工作，达到规定年龄的干部，可在应急管理系统转岗或由组织人事部门有计划地交流到其他系统工作。

第二十八条 将政府专职消防队建设、人员等公用经费纳入预算保障。全面落实专职消防员工资待遇有关规定，加强政府专职消防员执勤补助经费保障，确保专职消防员工资待遇与国家综合性消防救援队伍工资待遇标准相适应。

第二十九条 政府专职消防员在看病就医、交通出行、住房保障、子女入学入托、参观景区等方面，参照国家综合性消防救援人员享受优待政策。因参加消防救援导致伤残、牺牲的，依照法律法规及相关规定进行抚恤优待或者予以褒扬。

第三十条 本细则未明确的消防救援队伍职业保障事项，仍按国家综合性消防救援队伍转制前有关规定执行。

第三十一条 各县级人民政府可依据本细则，制定具体的贯彻实施细则。

第三十二条 本细则内容与国家、省后续相关政策不一致的，以国家和省政策为准。本细则自2022年1月1日起施行，有效期至2023年6月30日。

调研报告

揭阳市红色文化资源保护利用

市委政研室

揭阳市红色文化资源具有形态多样、内容丰富、区域特色鲜明等特征。保护利用好红色文化资源，有着重要的政治价值、文化价值和经济价值。为进一步用好全市红色文化资源，深化党史学习教育，近期市委政研室开展了专题调研，情况如下。

一、基本情况

揭阳市具有悠久的革命历史，红色革命遗址遍布全市各地。从土地革命、抗日战争到解放战争时期，著名的无产阶级革命家周恩来、彭湃、徐向前、古大存、方方等曾在此指导过革命斗争。全市有老区行政村903个、老区村庄2106个。在全省公布的7个一类老区，普宁市和揭西县名列其中。根据2019年底普查数据，目前全市革命遗址遗迹（文物）593个，经省委党史研究室认定216个，其中榕城区11个、揭东区27个（含原产业园5个）、普宁市52个、揭西县61个、惠来县59个、揭阳空港经济区6个。其中重要历史事件和重要机构旧址96个，重要历史事件发生地和人物活动纪念地32个，革命领导人旧居、故居19个，烈士墓48个，纪念设施21个。拥有国家级文物保护单位、广东省爱国主义教育示范基地周恩来同志革命活动旧址（揭阳学宫），全国爱国主义教育示范基地、广东省中共党史教育基地普宁“八一”南昌起义南下部队指挥部军事决策会议旧址（普宁“八一”纪念馆），大北山革命历史纪念馆、汾水战役烈士陵园、方方纪念馆、黄旭华故居、锡场镇潭王村蓝康中心学校革命史教育基地和广东省“红色村”党建示范村火炬村、五福田村、什石洋村等一批红色资源。

二、保护利用现状及主要做法

红色文化资源是揭阳市重要资源，其保护利用情况关系到揭阳特色文化和揭阳文化品牌的发展，为此，揭阳市委、市政府高度重视，把红色资源保护利用摆上重要议事日程。

（一）加强顶层设计，做好统筹规划。委托广州智景规划公司编制《揭阳市红色资源传承保护与发展规划暨红色文化视觉识别系统设计》，提出揭阳市红色资源的发展定位、发展思路，围绕红色产业融合、红色乡村扶贫、红色文艺创作、红色文化传播，提出揭阳市红色资源的保护利用规划，高水平推动红色文化有效保护和传承弘扬。印发《揭阳市红色革命资源保护利用提升工作方案（2019-2021年）》，通过实施红色革命文化研究等8大工程，着力提升全市红色革命资源保护利用水平。全面铺开《揭阳市红色资源保护条例》起草工作，目前已形成《揭阳市红色资源保护条例（征求意见稿）》。

（二）摸清遗址底数，抓好修缮保护。自2019年8月至今，组织在揭阳市开展新一轮革命遗址大普查，摸清全市红色资源的分布情况，为城市革命遗址保护、开发、利用，发挥好革命遗址的经济效益和社会效益，提供了珍贵历史资料。在普查的基础上，采取各种措施对红色文化遗址进行修缮与保护。如普宁市实施红色教育基地修缮提升工程，选取9个重点项目进行打造提升，目前各项目的责任单位正深入实地调研，委托有资质的设计机构制定提升具体方案。揭东区实施红色革命遗址修缮保护工程，加快推进玉湖镇汾水战役纪念公园修缮项目、锡场镇潭王村蓝康中心学校革命史教育基地修缮项目、白塔镇瑞联村南侨二校旧址修缮项目。惠来县积极做好县级以上文物保护单位的革命遗址保护修缮工作，目前已完成林樟村三山祠（潮普惠三县暴动会议旧址）一期修缮工程和许玉磐卧室、彭湃同志革命旧址、潮普惠南行委旧址等革命遗址修缮，并已通过验收。

（三）强化经费保障，提升修建水平。贯彻落实《广东省红色革命遗址保护利用行动实施方案》要求，推动大北山革命历史纪念馆、“八一”南昌起义南下部队指挥部军事决策会议旧址、大南山革命根据地遗址群等项目成功获批约4000万元的扶持资金。加强文保单位修缮维护，多渠道争取文保资金，对文保单位实施保护修缮，共争取资金5000万元修缮周恩来革命活动旧址（揭阳学宫）工程及陈列布展、委托省文物考古研究所编制“八一南昌起义南下部队指挥部军事决策会议旧址”文物保护规划、对“八一南昌起义南下部队指挥部军事决策会议旧址”陈列展览进行升级建设；争取130万元对棉湖战役东征军指挥部旧址兴道书院、普宁红宫、许玉馨同志卧室、彭湃卧室、大南山石刻革命标语等5处革命文物进行抢险加固；争取15万元对5处革命文物（省保）进行日常维护保养。争取资金700万元支持中组部红色村组织振兴建设红色美丽乡村试点村（揭东区玉湖镇汾水村、揭西县南山镇火炬村）建设。深入推进火炬村、什石洋村、五福田村“红色村”红色村党建示范工程建设，在省委组织部扶持经费1500万元的基础上，市县镇配套投入项目资金2500多万元，合计投入4000多万元。

（四）发展红色旅游，传播红色文化。印发《揭阳市红色旅游发展分工方案》，提出强化红色旅游景区社会教育工程，统筹红色旅游景区与红色教育培训基地建设，把红色旅游景区建设成为重要的爱国主义教育基地、党员教育基地、青少年研学旅行与社会实践基地的要求。结合“不忘初心、牢记使命”主题教育，设计推出了“周恩来在揭阳”红色旅游精品线路，推动广东望天湖生态旅游度假区开发了“重走长征路”2.5KM微缩体验段、强渡大渡河三维爆破特效水上演出剧场、运用光电科技表现经典地道战剧场表演等一批体验性强的红色研学旅游产品。各县（市、区）也因地制宜设计了本地红色旅游线路，积极开展革命传统和党性教育等活动，发挥了红色旅游的社会教育功能。如普宁市设计“寻访红色足迹，慢享康养休闲”乡村旅游推荐线路参评广东省乡村第二批旅游精品线路，该线路串联了百二坵田、陂沟村、什石洋村、康美中药城4个景区景点，涵盖乡村旅游、红色旅游、康养休闲、民俗文化等类型旅游产品。揭西县推出棉湖古镇（兴道书院）、大北山革命历史纪念馆、知青楼、良田旅游小镇（茅凹战役纪念馆）红色旅游线路，并把红色旅游线路作为重要旅游线路加强宣传推介，提高揭西红色旅游的知名度和美誉度。

（五）深挖红色内涵，打造红色精品。依托丰富的红色文化资源，深度挖掘红色文化内涵，精心推出红色文化精品，切实增强红色文化的吸引力、感染力和可持续发展能力。如普宁市制作《大南山下党旗红》红色影片，让红色故事的传播有了实质的“翅膀”和更广的“角度”；开展“普宁红色故事大讲堂”，以普宁本地红色文化题材为主要内容，讲述普宁本地革命故事。惠来县在《揭阳日报》专版开辟“红色记忆”栏目，持续宣传惠来丰富的红色文化；推出《惠风徐来，欢迎您来》宣传片和《惠来·回来·会来》旅游歌曲，向外推介惠来红色文化和“坚韧进取、敢于胜利”的大南山精神；组织拍摄10集惠来红色革命题材纪录片，出版《中国红色文化记忆·惠来》《惠来县革命老区发展史》《铸魂大南山》等红色文化研究文章，讲好惠来红色故事。揭东区以揭阳乡贤、“中国核潜艇之父”黄旭华院士为原型，创作大型现代潮剧《大国赤子》，运用潮剧艺术表现形式演绎红色经典，让红色文艺成为新时期红色文旅融合创新的重要探索；制作《清明祭英烈 共铸中华魂》“网上祭英烈”活动视频和《激扬英雄精神 砥砺家国情怀——从抗美援朝老兵的英雄故事说起》专题片，广泛传播红色精神；召开“红色百年·揭东印记”揭东区红色文化资源保护传承座谈会，围绕红色文化资源保护传承工作和《中国红色文化记忆·揭东》作品编撰工作和编写方式建言献策。

三、存在问题

虽然揭阳市在红色资源保护利用方面做了大量工作，但仍存在一些不容忽视的问题。

（一）红色文化资源开发利用力度不够。一是保护意识需进一步加强。全市红色革命遗址只有少数保存得较好，不少已严重损毁或灭失。除了少数列为文物保护单位的，其他大部分革命遗址没有设立保护标志或遗址标志，不利于引起有关部门、社会群众的注意和保护。二是硬件设施较落后。大部分革命遗址由于年代久远，存留的革命遗址遗物数量少、陈旧、分散，且内容、场地、线路等存在较大局限性。已开辟为展陈空间的红色遗址，在规划设计、建设规模、展厅设置、文物展览等方面不同程度存在史料不全、质量不高等问题。部分红色景区景点的基础、配套、服务建设滞后，停车场、旅游厕所、游客服务中心等配套设施还未建成。三是资金投入不足。红色资源保护经费投入总体不足，无专门配套资金，由于各地财政状况不一致，除上级专项资金外，地方配套资金严重不足，造成工作的滞后。

（二）各区域红色资源整合力度不够。一是革命遗址保护利用的体制机制不健全。目前揭阳市尚未出台红色资源保护条例，对红色文化资源的管理也未实行分级分类管理。在保护管理的过程中，一些遗址存在多头管理现象，责任主体不明确。二是各区域红色资源未形成集聚效应。大部分红色革命遗址资源小而分散，缺乏更高层次的整合开发，不能形成聚集效应。三是各区域红色文化未与其他文化有机融合。揭阳市除红色文化之外，还具有丰富的传统文化、民俗文化、生态文化等其他文化，但在开发利用红色文化的过程中，展示内容单薄，表现手段单一，并未与其他文化进行有机结合，实现多元文化的融合性发展。四是红色资源品牌创新性不够。部分县区停留在维护遗址现状，在革命遗址的进一步活化利用和品牌创建方面主动性不足。

（三）红色资源的开发和利用人才匮乏。一是缺乏党史研究人员。由于历史原因，红色资源没有明确的管理机构，缺少相关的部门进行指导、协调，各级党史部门专职研究人员也不足，对现存红色资源价值的重新挖掘和史料考证存在很大局限。二是缺乏红色革命遗址管理人员。个别县区红色革命遗址遗迹的日常维护、管理、解说工作由镇分管领导、文化站工作人员、村干部或志愿者等负责，缺乏红色文化资源保护开发的专业知识。三是缺乏专业技术人才。从事红色文化产业的专业人才匮乏，红色文化史研究人员、教学人员、讲解员数量不足，红色文化项目建设急需有专业人才做保障。

四、意见建议

抓好红色文化资源，凸显揭阳文化特色，必须在规划建设管理、内涵挖掘、品牌塑造等方面下精功夫。

（一）全面系统谋划，完善管理机制。加快把红色文化资源保护开发利用工作纳入政府的经济与社会发展规划，研究出台《揭阳市红色资源保护条例》，厘清管理机制，切实改变主管部门权责不清情况，促使红色文化资源保护开发利用逐步进入规范化、制度化、常态化轨道。探索建立红色文化保护开发利用激励机制，吸引更多高层次有经验的科技人才、管理人才加入红色文化资源的保护开发利用工作中；有计划、有系统、有步骤地提高现有专业人员队伍的业务素质，培养一支政治导向正确、业务技术娴熟、文化底蕴深厚、富有创新精神的红色文化资源专业研究人员和管理人才队伍。

（二）加强保护利用，提升红色效应。加快对红色文化资源的级别认定工作，并在级别认定、价值评估的基础上，根据文化资源的外部环境，采用“分级管理”的方式，对不同级别、不同价值的红色文化资源实行不同的管理方式，以此达到红色资源的最合理化保护、开发和利用。结合革命遗址保存现状和特点，总结已有保护利用成果经验，着眼全局，有针对性地推进重要革命遗址的抢救保护和申报工作，争取革命遗址连片开发利用。切实加大财政对红色文化发展经费投入，探索建立红色文化资源保护开发利用专项基金，实现专款专用；进一步落实中央、省对老区苏区的一系列支持政策，继续积极主动向上级争取红色革命遗址保护利用项目资金；广泛吸引社会资本参与红色文化建设。

（三）深挖文化内涵，激活红色基因。整合研究力量，对红色文献资料、可移动实物进行征集、收购，深入研究阐释，深度挖掘其政治、经济、文化、教育等价值，努力提炼红色文化的精髓和内涵，着力推出一批有深度、有影响的红色文化研究成果。以革命遗址普查为契机，充分结合建党100周年重大节点和党史教育活动，深入挖掘红色资源，加大宣传力度，丰富创新宣传形式方法，全面提高广大党员干部、人民群众对革命遗址、红色资源的知晓度，进一步珍惜本地红色资源，形成广泛的革命遗址保护开发共识。

（四）优化资源配置，促进文旅融合。串联分散在各地的红色旅游资源，着力打造红色旅游精品线路，跨区域共建粤东地区红色文化品牌。将传统的红色旅游线路与旅游资源进行有机重组，强化红色旅游与文化创意、生态旅游、乡村旅游、滨海旅游、工业旅游、民俗文化旅游、古驿道旅游等相关产业融合发展，开发旅游综合产品。开展红色旅游系列宣传推广活动，组织广大党员干部走进爱国主义教育基地、党史教育基地和红色革命遗址，接受爱国主义和革命传统教育。

五、深化党史学习教育考虑与设想

将红色文化资源保护利用作为深化党史学习教育的一大抓手，让党史学习教育有平台、有载体、有灵魂、有特色，更好地传承红色基因，弘扬革命精神。

（一）丰富展现红色文化精神内涵。鼓励广大文艺工作者结合党史学习教育，充分利用好红色文化资源，主动创作一批具有时代特征、反映时代精神风貌的红色经典作品，打造独具特色的红色文化品牌，不断提高红色文化作品的吸引力、表现力，使得广大人民群众自愿接受红色文化教育，实现红色血脉生生不息。

（二）创新红色文化宣传讲解内容和形式。深入挖掘中国共产党的百年成长史料和经典实例，利用文献档案展现历史事实，不断丰富革命纪念馆等展馆陈列布展、讲解解说内容和形式，讲好革命故事。采取邀请老党员、老革命者等来讲好党史故事，让革命历史故事更有深度、更有温度，并利用好3D影像或VR技术等再现历史场景，让党员干部身临其境感受革命先烈的艰苦奋斗历史，从而提升学习的生动性与趣味性。

（三）依托红色资源加强党史党性教育。大力加强红色革命遗址保护和修缮，打造红色矩阵精品线路。将红色革命遗址、历史展览馆等作为党史学习教育现场教学的场地，重点用好周恩来同志革命活动旧址“揭阳学宫”、八一南昌起义南下部队指挥部军事决策会议旧址"普宁流沙教堂"、潮汕人民抗征队诞生地"火炬村"以及汾水战役纪念馆等红色资源开展教学，组织党员干部参观瞻仰，发挥先进典型的教育引导作用。通过红色熏陶和党史教育相结合，增强党史学习教育和红色文化传承的实效性和感染力。同时，要充分利用中央红色村组织振兴建设红色美丽乡村试点汾水村、火炬村的红色资源优势，打造美丽宜居红色旅游示范村，推动以基层党建促乡村振兴，不断丰富红色村品牌载体和内涵，通过树立红色村典型，示范带动全市农村基层党组织建设迈上新台阶。

揭阳市文物保护单位名录

揭阳市文物保护单位名录

全市现有文物保护单位339处，其中全国重点文物保护单位4处，省级文物保护单位37处，市级文物保护单位109处，县（市）级文物保护单位189处。分布情况如下：

榕城区78处（国家重点文物保护单位4处，省级12，市级62处）；空港经济区31处（省级1处，市级12处，县级18处）；普宁市72处（省级10[1处与惠来共有]，市级1处，县级61处）；揭东区52处（省级2，市级24处，县级26处）；揭西县65处（省级7，市级9处，县级49处）；惠来县42处（省级6[1处与普宁共有]，市级1处，县级35处）。

说明：省级文物保护单位大南山石刻革命标语由普宁市与惠来县共有。

单位：（处）

序号	文物保护单位名称	公布文号（公布日期）	市	县（市、区）	详细地点	年代	级别
1	揭阳学宫（周恩来同志革命活动旧址）	第七批国保单位 国发〔2013〕13号 2013-3-5	揭阳市	榕城区	韩祠路口东侧	宋—清	全国重点
2	丁氏光禄公祠（丁日昌旧居）	第七批国保单位 国发〔2013〕13号 2013-3-5	揭阳市	榕城区	元鼎路	清同治—光绪	全国重点
3	古榕武庙（关帝庙）	第七批国保单位 国发〔2013〕13号 2013-3-5	揭阳市	榕城区	天福路	明	全国重点
4	城隍庙	第三批省保单位 粤府〔1989〕92号 1989-6-29 第八批国保单位 国发〔2019〕22号 2019-10-7	揭阳市	榕城区	城隍路	宋—明洪武二年	全国重点
5	陈氏家庙	第四批省保单位 粤府办〔2002〕56号 2002-7-17	揭阳市	榕城区	仙桥办事处涂库村	清	省
6	甲东里	第六批省保单位 粤府〔2010〕53号 2010-5-10	揭阳市	榕城区	新兴街道东郊村	清	省
7	揭阳县署围墙	第七批省保单位 粤府〔2012〕123号 2012-10-20	揭阳市	榕城区	韩祠路口	元至正十二	省
8	太史第建筑群	第七批省保单位 粤府〔2012〕123号 2012-10-20	揭阳市	榕城区	东门直街	明代	省
9	榕城进贤门	第八批省保单位 粤府函〔2015〕343号 2015-12-10	揭阳市	榕城区	环城路	清	省
10	彭延年墓	第八批省保单位 粤府函〔2015〕343号 2015-12-10	揭阳市	榕城区	梅云紫峰北麓	宋	省

续上表

序号	文物保护单位名称	公布文号（公布日期）	市	县（市、区）	详细地点	年代	级别
11	王氏辅祖祠	第八批省保单位 粤府函〔2015〕343号 2015-12-10	揭阳市	榕城区	元鼎路名丰埕	清代	省
12	直正公祠	第八批省保单位 粤府函〔2015〕343号 2015-12-10	揭阳市	榕城区	仙桥街道西岐村东头联社	清	省
13	西门许氏宗祠	第九批省保单位 粤府函〔2019〕96号 2019-4-19	揭阳市	榕城区	西马路东段	清	省
14	旧寨陈氏家庙	第九批省保单位 粤府函〔2019〕96号 2019-4-19	揭阳市	榕城区	榕东旧寨	明代	省
15	百兰山馆	第九批省保单位 粤府函〔2019〕96号 2019-4-19	揭阳市	榕城区	中山街道东门社区	清同治十年（1871）	省
16	宋厝围宋氏宗祠	第九批省保单位 粤府函〔2019〕96号 2019-4-19	揭阳市	榕城区	新兴街道东郊村凤围宋厝	明-清	省
17	邹堂郑氏宗祠与牌坊	第九批省保单位 粤府函〔2019〕96号 2019-4-19	揭阳市	空港经济区	地都镇	清代	省
18	锡场林氏宗祠	第七批省保单位 粤府〔2012〕123号 2012-10-20	揭阳市	揭东区	锡场镇锡东村	明代	省
19	郑大进府	第八批省保单位 粤府函〔2015〕343号 2015-12-10	揭阳市	揭东区	玉滘镇	清代	省
20	“八一”南昌起义南下部队指挥部军事决策会议旧址	第二批省保单位 粤府函〔1979〕1830号 1979-12-19	揭阳市	普宁市	流沙新河东路1号	1890年	省
21	培风塔	第三批省保单位 粤府〔1989〕92号 1989-6-29	揭阳市	普宁市	洪阳镇后坑村	清乾隆7年（1742年）	省
22	德安里民居群	第五批省保单位 粤府办〔2008〕68号 2008-11-18	揭阳市	普宁市	洪阳镇南村	清同治—光绪	省
23	虎头埔古窑址	第六批省保单位 粤府〔2010〕53号 2010-5-10	揭阳市	普宁市	广太镇绵远村	新石器时代	省
24	普宁学宫	第八批省保单位 粤府函〔2015〕343号 2015-12-10	揭阳市	普宁市	洪阳镇西村	明	省
25	下尾王村节孝坊	第八批省保单位 粤府函〔2015〕343号 2015-12-10	揭阳市	普宁市	南溪镇下尾王村	清·康熙年间	省
26	郑大进墓（含郑大进墓神道石刻）	第八批省保单位 粤府函〔2015〕343号 2015-12-10	揭阳市	普宁市	广太镇多年埔村、后山村	清·乾隆四十八年（1783）	省

续上表

序号	文物保护单位名称	公布文号（公布日期）	市	县（市、区）	详细地点	年代	级别
27	武略第（杨石魂故居）	第八批省保单位 粤府函〔2015〕343号 2015-12-10	揭阳市	普宁市	南溪镇钟堂村	清光绪	省
28	赖长墓	第九批省保单位 粤府函〔2019〕96号 2019-4-19	揭阳市	普宁市	麒麟镇樟岗村	清	省
29	大南山石刻革命标语	第二批省保单位 粤府函〔1979〕1830号 1979-12-19	揭阳市	普宁、惠来	大南山潮普惠三地交界处	1931-1932	省
30	靖海古城墙	第六批省保单位 粤府〔2010〕53号 2010-5-10	揭阳市	惠来县	靖海镇东光村、北星村、西丰村	明	省
31	澳角炮台	第七批省保单位 粤府〔2012〕123号 2012-10-20	揭阳市	惠来县	神泉镇澳角村	清	省
32	赤山古院	第八批省保单位 粤府函〔2015〕343号 2015-12-10	揭阳市	惠来县	华湖镇东福村	元代	省
33	堡内古寨	第八批省保单位 粤府函〔2015〕343号 2015-12-10	揭阳市	惠来县	华湖镇堡内村	清	省
34	海角甘泉	第九批省保单位 粤府函〔2019〕96号 2019-4-19	揭阳市	惠来县	神泉镇南华居委	明	省
35	打铁街作坊群	第四批省保单位 粤府办〔2002〕56号 2002-7-17	揭阳市	揭西县	棉湖镇解放路北侧	清	省
36	郭氏大夫第	第六批省保单位 粤府〔2010〕53号 2010-5-10	揭阳市	揭西县	棉湖镇永昌古庙后左侧	清	省
37	三山祖庙遗址	第六批省保单位 粤府〔2010〕53号 2010-5-10	揭阳市	揭西县	河婆镇庙角村	清	省
38	植丰园	第七批省保单位 粤府〔2012〕123号 2012-10-20	揭阳市	揭西县	金和镇	中华民国	省
39	乐善处	第八批省保单位 粤府函〔2015〕343号 2015-12-10	揭阳市	揭西县	灰寨镇	清	省
40	棉湖战役东征军指挥部旧址（兴道书院）	第九批省保单位 粤府函〔2019〕96号 2019-4-19	揭阳市	揭西县	棉湖镇南隅	清同治十一年（1872年）	省
41	顶联大夫祖祠	第九批省保单位 粤府函〔2019〕96号 2019-4-19	揭阳市	揭西县	钱坑镇顶联湖眉村	清	省
42	革命烈士纪念碑	揭府布〔1993〕1号 1993-3-5	揭阳市	榕城区	榕江公园	1958年	市
43	天后宫	揭府布〔1993〕1号 1993-3-5	揭阳市	榕城区	北门妈前	清	市
44	岐山塔	揭府布〔1993〕1号 1993-3-5	揭阳市	榕城区	黄岐山主峰顶	明	市

续上表

序号	文物保护单位名称	公布文号（公布日期）	市	县（市、区）	详细地点	年代	级别
45	崇光岩	揭府布〔1993〕1号 1993-3-5	揭阳市	榕城区	黄岐山西侧	明	市
46	竺岗岩	揭府布〔1993〕1号 1993-3-5	揭阳市	榕城区	黄岐山南麓	宋	市
47	侣云寺	揭府布〔1993〕1号 1993-3-5	揭阳市	榕城区	黄岐山南麓	明-1985年	市
48	双峰寺	揭府布〔1993〕1号 1993-3-5	揭阳市	榕城区	马山窖	明-1987年	市
49	商民协会旧址	揭府布〔1993〕1号 1993-3-5	揭阳市	榕城区	思贤路25号	1924年	市
50	丁日昌墓	揭府布〔1993〕1号 1993-3-5	揭阳市	榕城区	仙桥紫峰山	1882年	市
51	黄岐山烈士墓群	揭府〔1996〕21号 1996-4-14	揭阳市	榕城区	黄岐山南麓“枕头地”	1937-1949年	市
52	马士纯烈士墓	揭府〔1996〕21号 1996-4-14	揭阳市	榕城区	榕城仙桥紫陌山南麓	1941年	市
53	彭氏宗祠	揭府〔1996〕21号 1996-4-14	揭阳市	榕城区	榕城梅云厚洋桥头村	清	市
54	黄岐山摩崖石刻	揭府〔1996〕21号 1996-4-14	揭阳市	榕城区	黄岐山	宋-中华民国	市
55	陈泰初墓	揭府〔1996〕21号 1996-4-14	揭阳市	榕城区	黄岐山"油麻埔"	宋	市
56	黄焕国墓	揭府〔1996〕21号 1996-4-14	揭阳市	榕城区	仙桥山前村“雄鸡拍翼”山	宋	市
57	许守愚、许国佐墓	揭府〔1996〕21号 1996-4-14	揭阳市	榕城区	黄岐山"走马陵"	明	市
58	黄月容墓	揭府〔1996〕21号 1996-4-14	揭阳市	榕城区	黄岐山南麓	明	市
59	杨绘墓及祠堂	揭府〔2005〕66号 2005-7-5	揭阳市	榕城区	仙桥钱岗山、槎桥村	宋	市
60	黄稹墓	揭府〔2005〕66号 2005-7-5	揭阳市	榕城区	黄岐山南坡“尖石仔”	宋	市
61	黄詹墓及永思堂	揭府〔2005〕66号 2005-7-5	揭阳市	榕城区	黄岐山南坡“黄龙出洞”、新河村	宋	市
62	卢侗夫人薛氏墓园（潮州八贤纪念馆）	揭府〔2005〕66号 2005-7-5	揭阳市	榕城区	黄岐山凤内水库北侧	宋	市
63	二圣古庙	揭府〔2005〕66号 2005-7-5	揭阳市	榕城区	南窖西侧	明-清	市
64	祐记祠堂	揭府〔2005〕66号 2005-7-5	揭阳市	榕城区	北环城路	近代	市
65	孙氏家庙	揭府〔2007〕130号 2007-12-7	揭阳市	榕城区	火烧地街中段	清代	市
66	吉贝浦桥	揭府〔2007〕130号 2007-12-7	揭阳市	榕城区	榕东钟厝洋	清代	市
67	邢氏宗祠	揭府〔2007〕130号 2007-12-7	揭阳市	榕城区	东郊下围	明代	市
68	黄氏宗祠	揭府〔2007〕130号 2007-12-7	揭阳市	榕城区	仙桥美西村田东	明-清	市

续上表

序号	文物保护单位名称	公布文号（公布日期）	市	县（市、区）	详细地点	年代	级别
69	黄仁华祠墓	揭府〔2007〕130号 2007-12-7	揭阳市	榕城区	东山东兴玉浦、黄岐山打鼓岭	明	市
70	揭阳县人民政府旧址（含红砖楼、考院、中山公园旧址）	揭府〔2007〕130号 2007-12-7	揭阳市	榕城区	揭阳县衙旧址	清、现代	市
71	孝子周则义故居	揭府〔2009〕70号 2009-8-18	揭阳市	榕城区	义河村周厝围	明-清	市
72	玉浦古建筑群（含朴易公祠、纯祖公祠、哲人公祠、嘉祖公祠）	揭府〔2009〕70号 2009-8-18	揭阳市	榕城区	玉浦村	明-清	市
73	石湖古庙	揭府〔2009〕70号 2009-8-18	揭阳市	榕城区	新河村桥头	明-清	市
74	榕西蔡氏宗祠	揭府〔2009〕70号 2009-8-18	揭阳市	榕城区	榕城西门三五厂巷头	清嘉庆	市
75	李氏宗祠	揭府〔2009〕70号 2009-8-18	揭阳市	榕城区	中山路介公宫巷中段北侧	清雍正	市
76	黄致政夫妇墓	揭府〔2009〕70号 2009-8-18	揭阳市	榕城区	仙桥街道高湖村紫峰山猪山及旗地	北宋	市
77	篮兜郑氏家庙（含御史家庙）	揭府〔2009〕70号 2009-8-18	揭阳市	榕城区	仙桥篮兜村	明-清	市
78	名贤公祠	揭府〔2009〕70号 2009-8-18	揭阳市	榕城区	永革曲头	清末	市
79	石头村许氏宗祠	揭府〔2009〕70号 2009-8-18	揭阳市	榕城区	梅云石头村	清光绪	市
80	林厝祠	揭府〔2009〕70号 2009-8-18	揭阳市	榕城区	西马街道办事处“市尾”	清末	市
81	许氏祖祠	揭府〔2009〕70号 2009-8-18	揭阳市	榕城区	永革居委禁城后下池许厝	清	市
82	梅兜水乡古建群（含魏氏家庙、志远轩和魏氏家庙前古榕）	揭府〔2009〕70号 2009-8-18	揭阳市	榕城区	榕东梅兜村	清末	市
83	埔上里大门楼内	揭府〔2014〕9号 2014-1-28	揭阳市	榕城区	北环城路中段	明	市
84	破门楼郑	揭府〔2014〕9号 2014-1-28	揭阳市	榕城区	北环城路中段	明	市
85	盛祖家塾	揭府〔2014〕9号 2014-1-28	揭阳市	榕城区	新兴街道新兴南社区黄厝围	中华民国	市
86	景南里	揭府〔2014〕9号 2014-1-28	揭阳市	榕城区	仙桥街道美西田东村	清	市
87	新民村三壁联	揭府〔2014〕9号 2014-1-28	揭阳市	榕城区	仙桥街道美西田东村	中华民国	市
88	徐氏祖祠	揭府〔2014〕9号 2014-1-28	揭阳市	榕城区	仙桥街道顶六口徐村	清	市
89	林氏祖祠	揭府〔2014〕9号 2014-1-28	揭阳市	榕城区	仙桥街道顶六河曲村	清	市
90	秀峯公厅	揭府〔2014〕9号 2014-1-28	揭阳市	榕城区	仙桥街道顶六河曲村	明	市

续上表

序号	文物保护单位名称	公布文号（公布日期）	市	县（市、区）	详细地点	年代	级别
91	陈泰兴陈氏家庙	揭府〔2014〕9号 2014-1-28	揭阳市	榕城区	中山街道东门社区	清	市
92	西斋	揭府〔2014〕9号 2014-1-28	揭阳市	榕城区	北环城路38号	中华民国	市
93	凤潮林氏祖祠	揭府〔2014〕9号 2014-1-28	揭阳市	榕城区	东兴街道凤潮村凤鸣围古厝巷	清	市
94	池内里李氏家庙	揭府〔2019〕15号 2019-3-30	揭阳市	榕城区	榕城区西马街道滘墘社区池内里	清	市
95	郑厝池郑氏家庙	揭府〔2019〕15号 2019-3-30	揭阳市	榕城区	榕城区西马街道北市社区郑厝池	清	市
96	望龙头古建筑群	揭府〔2019〕15号 2019-3-30	揭阳市	榕城区	榕城区东升街道望龙头村内黄岐山南麓	清	市
97	东泮村王氏家庙	揭府〔2019〕15号 2019-3-30	揭阳市	榕城区	榕城区东升街道东泮村东侧	清	市
98	沟尾春万公厅	揭府〔2019〕15号 2019-3-30	揭阳市	榕城区	榕城区东兴街道沟尾社区	明	市
99	山前古建筑群（含和乐公祠、省薇公祠、宗虞公厅）	揭府〔2019〕15号 2019-3-30	揭阳市	榕城区	榕城区仙桥街道山前村	清	市
100	古溪国王庙	揭府〔2019〕15号 2019-3-30	揭阳市	榕城区	榕城区仙桥街道河内村中心	清	市
101	陈泰兴星辉里	揭府〔2019〕15号 2019-3-30	揭阳市	榕城区	榕城区中山街道东门社区陈泰兴陈氏家庙东侧	中华民国	市
102	谢翱纪念堂（含谢廉静墓）	揭府〔2019〕15号 2019-3-30	揭阳市	榕城区	榕城区龙石村黄岐山南麓岐泽湖（磨内水库）北面	近现代	市
103	黄林翁夫妇合葬墓	揭府〔2019〕15号 2019-3-30	揭阳市	榕城区	榕城区东阳街道山东围村崇光岩东侧	明	市
104	吴福源墓	揭府〔2007〕130号 2007-12-7	揭阳市	揭东区	曲溪上围村	南宋	市
105	港畔村江氏家庙	揭府〔2007〕130号 2007-12-7	揭阳市	揭东区	曲溪港畔村	清代	市
106	汾水战役烈士陵园	揭府〔2009〕70号 2009-8-18	揭阳市	揭东区	玉湖镇汾水村	1999	市
107	港畔大夫第	揭府〔2009〕70号 2009-8-18	揭阳市	揭东区	曲溪镇港畔村	清代	市
108	陇埔村古建筑群（含赐进士第、太史第、梅陇古庙）	揭府〔2014〕9号 2014-1-28	揭阳市	揭东区	曲溪街道陇埔社区	明、清	市
109	继玉公祠	揭府〔2019〕15号 2019-3-30	揭阳市	揭东区	揭东区玉湖镇浮山社区主村	清	市
110	吴履逊故居建筑群	揭府〔2019〕15号 2019-3-30	揭阳市	揭东区	揭东区曲溪街道路篦社区	中华民国	市
111	精臣公祠三壁连	揭府〔2019〕15号 2019-3-30	揭阳市	揭东区	揭东区曲溪街道路篦社区	中华民国	市
112	陇埔永业公厅	揭府〔2019〕15号 2019-3-30	揭阳市	揭东区	揭东区曲溪街道陇埔社区	中华民国	市

续上表

序号	文物保护单位名称	公布文号（公布日期）	市	县（市、区）	详细地点	年代	级别
113	锡西村修陛公祠	揭府〔2019〕15号 2019-3-30	揭阳市	揭东区	揭东区锡场镇锡西村	中华民国	市
114	军屯砖瓦窑	揭府〔2019〕15号 2019-3-30	揭阳市	揭东区	揭东区玉湖镇浮山村军屯	清	市
115	云路江氏家庙	揭府〔2014〕9号 2014-1-28	揭阳市	揭东区	云路镇田东村	明、清	市
116	魁勋公祠	揭府布〔1993〕1号 1993-3-5	揭阳市	揭东区	磐东乔南社区居委	清	市
117	双忠庙和二圣书院	揭府〔1996〕21号 1996-4-14	揭阳市	揭东区	磐东街道乔林乡	明	市
118	天褒节妇坊	揭府〔1996〕21号 1996-4-14	揭阳市	揭东区	磐东街道棉浦村	清	市
119	望山墓园	揭府〔2009〕70号 2009-8-18	揭阳市	揭东区	白塔镇陈侯村北侧望山	宋-明-清	市
120	丰化寺	揭府〔2009〕70号 2009-8-18	揭阳市	揭东区	白塔镇元联村啼鸡岭山	清代	市
121	乔林古代建筑群（含乔林祖祠、石埕祖厅、乔林祖墓、天后古庙）	揭府〔2014〕9号 2014-1-28	揭阳市	揭东区	磐东街道乔林乡	宋—明	市
122	守笃公祠	揭府〔2014〕9号 2014-1-28	揭阳市	揭东区	磐东镇富经桥村后音37号	中华民国	市
123	桂东村刘氏大宗祠	揭府〔2014〕9号 2014-1-28	揭阳市	揭东区	霖磐镇桂东村	明	市
124	潮临古庙（含心月园）	揭府〔2019〕15号 2019-3-30	揭阳市	揭东区	产业园磐东街道潭角社区	清	市
125	传有公祠	揭府〔2019〕15号 2019-3-30	揭阳市	揭东区	产业园白塔镇狗母岭	中华民国	市
126	乔东大夫第（含兰香楼）	揭府〔2019〕15号 2019-3-30	揭阳市	揭东区	产业园霖磐镇西龙（三洲）村	中华民国	市
127	白塔洪安定墓	揭府〔2019〕15号 2019-3-30	揭阳市	揭东区	产业园磐东街道乔东社区仁美里	宋	市
128	登瀛五马坊	揭府布〔1993〕1号 1993-3-5	揭阳市	空港经济区	渔湖京冈	明正德14年	市
129	翰林府	揭府〔1996〕21号 1996-4-14	揭阳市	空港经济区	渔湖镇京南村	清	市
130	袁氏家庙	揭府〔2007〕130号 2007-12-7	揭阳市	空港经济区	渔湖镇长美村	明-清	市
131	黄奇遇故居	揭府〔2009〕70号 2009-8-18	揭阳市	空港经济区	渔湖镇广美村	明	市
132	莲果庵北宋元摩崖石刻	揭府〔2009〕70号 2009-8-18	揭阳市	空港经济区	砲台镇桑浦莲果庵山	宋代	市
133	枫美村沙池尾古民居群（含纯笃公祠、郑文海读书处、郑文海故居）	揭府〔2009〕70号 2009-8-18	揭阳市	空港经济区	地都镇枫美村沙池尾	清代	市
134	炮台“三日红”旧址	揭府〔2009〕70号 2009-8-18	揭阳市	空港经济区	砲台镇	清代	市

续上表

序号	文物保护单位名称	公布文号（公布日期）	市	县（市、区）	详细地点	年代	级别
135	京冈大人府	揭府〔2014〕9号 2014-1-28	揭阳市	空港经济区	京冈街道京北社区宫后围	清	市
136	怀隐公厅、士耸公祠	揭府〔2014〕9号 2014-1-28	揭阳市	空港经济区	渔湖镇港口村寨前围	清	市
137	东岭村陆氏家庙	揭府〔2014〕9号 2014-1-28	揭阳市	空港经济区	砲台镇东岭村	明、清	市
138	圣者古庙	揭府〔2019〕15号 2019-3-30	揭阳市	空港经济区	空港经济区登岗镇登岗村孙畔村	清	市
139	塘埔官渡遗址（含鸾波庵）	揭府〔2019〕15号 2019-3-30	揭阳市	空港经济区	空港经济区凤美街道塘埔社区 空港经济区砲台镇塘埔村	宋 清	市
140	花鼓岩	揭府〔2009〕70号 2009-8-18	揭阳市	普宁市（原普侨区）	后寮村麒麟山	春秋时代	市
141	大溪李氏宗祠	揭府〔2007〕130号 2007-12-7	揭阳市	揭西县	大溪镇井美村	清	市
142	南山墓园	揭府〔2007〕130号 2007-12-7	揭阳市	揭西县	钱坑镇钱东	明	市
143	赤岩村寺庙群	揭府〔2009〕70号 2009-8-18	揭阳市	揭西县	东园镇赤岩村	清	市
144	大溪李氏墓	揭府〔2009〕70号 2009-8-18	揭阳市	揭西县	石鸟山、南洋山揭西钱坑	明-清	市
145	五云彭氏宗祠	揭府〔2014〕9号 2014-1-28	揭阳市	揭西县	五云镇京埔村	清	市
146	上砂庄氏宗祠	揭府〔2014〕9号 2014-1-28	揭阳市	揭西县	上砂镇上联村	清	市
147	李天生大楼	揭府〔2014〕9号 2014-1-28	揭阳市	揭西县	大溪镇井美村	清	市
148	井新古寨	揭府〔2014〕9号 2014-1-28	揭阳市	揭西县	大溪镇井新村	清	市
149	凤南舜祖祠	揭府〔2014〕9号 2014-1-28	揭阳市	揭西县	凤江镇凤南村	清	市
150	文昌阁	揭府〔2009〕70号 2009-8-18	揭阳市	惠来县	惠城镇墩高社区	清	市
151	广安寺	揭东府布〔1994〕第1号 1994-8-30	揭阳市	揭东区	锡场镇	中华民国	县
152	凤山寺	揭东府布〔1994〕第1号 1994-8-30	揭阳市	揭东区	新亨镇	清代	县
153	潮揭丰边人民委员会旧址	揭东府布〔1994〕第1号 1994-8-30	揭阳市	揭东区	新亨镇五房村	中华民国	县
154	徐及锋（含徐孝亮、徐孝田）墓	揭东府函〔2006〕36号 2006-4-18	揭阳市	揭东区	揭东新亨镇	清代	县
155	跃龙桥	揭东府〔2009〕26号 2009-10-22	揭阳市	揭东区	曲溪街道寨二村	宋代	县
156	炽昌祠	揭东府〔2010〕11号 2010-6-3	揭阳市	揭东区	玉湖镇玉联村草蜢埔经联社	清代	县

续上表

序号	文物保护单位名称	公布文号（公布日期）	市	县（市、区）	详细地点	年代	级别
157	茂贤公祠	揭东府函〔2011〕2号 2011-1-4	揭阳市	揭东区	新亨镇仙美村	清代	县
158	克文家塾	揭东府函〔2011〕82号 2011-7-5	揭阳市	揭东区	新亨镇硕和村	近现代	县
159	倪氏宗祠	揭东府函〔2011〕82号 2011-7-5	揭阳市	揭东区	新亨镇硕和村	清代	县
160	林南陇墓	揭东府函〔2011〕82号 2011-7-5	揭阳市	揭东区	锡场镇锡东村	宋代	县
161	蟠龙桥	揭东府函〔2011〕82号 2011-7-5	揭阳市	揭东区	曲溪街道	宋代	县
162	谢氏五座厅	揭东府函〔2011〕82号 2011-7-5	揭阳市	揭东区	玉窖镇大窖村	明代	县
163	李氏宗祠	揭东府函〔2011〕82号 2011-7-5	揭阳市	揭东区	玉窖镇东面村	清代	县
164	锡场镇溪头“侃菴公祠”	揭东府函〔2012〕205号 2012-11-9	揭阳市	揭东区	锡场镇溪头村	清代	县
165	霖磐桂林烈士纪念碑	揭东府布〔1994〕第1号 1994-8-30	揭阳市	揭东区	霖磐镇桂东村	中华人民共和国	县
166	南侨二校旧址	揭东府布〔1994〕第1号 1994-8-30	揭阳市	揭东区	白塔镇瑞联村	中华民国	县
167	九军将军府	揭东府布〔1994〕第1号 1994-8-30	揭阳市	揭东区	龙尾镇	明代	县
168	双峰古寺	揭东府〔2009〕26号 2009-10-22	揭阳市	揭东区	桂岭镇岭丰村	近现代	县
169	一德堂	揭东府〔2009〕26号 2009-10-22	揭阳市	揭东区	月城镇篮头村	中华民国	县
170	华祖王公祠	揭东府函〔2011〕82号 2011-7-5	揭阳市	揭东区	龙尾镇高明村	清代	县
171	围龙屋	揭东府函〔2011〕82号 2011-7-5	揭阳市	揭东区	白塔镇元联村	清代	县
172	张氏祖祠	揭东府函〔2011〕82号 2011-7-5	揭阳市	揭东区	白塔镇广和村	近现代	县
173	将军第	揭东府函〔2011〕82号 2011-7-5	揭阳市	揭东区	霖磐镇西龙村	清代	县
174	张氏宗祠	揭东府函〔2011〕82号 2011-7-5	揭阳市	揭东区	霖磐镇联西村	清代	县
175	陈氏宗祠	揭东府函〔2011〕82号 2011-7-5	揭阳市	揭东区	桂岭镇福岗村	清代	县
176	万合、诚合二砖瓦窑	揭东府函〔2011〕82号 2011-7-5	揭阳市	揭东区	桂岭镇福岗村	清代	县
177	跃禹门坊	揭东府布〔1994〕第1号 1994-8-30	揭阳市	空港经济区	砲台镇桃山村	明代	县
178	百岁坊	揭东府布〔1994〕第1号 1994-8-30	揭阳市	空港经济区	砲台镇桃山村	清代	县

续上表

序号	文物保护单位名称	公布文号（公布日期）	市	县（市、区）	详细地点	年代	级别
179	翁梅斋墓	揭东府布〔1994〕第1号 1994-8-30	揭阳市	空港经济区	地都镇	明代	县
180	青屿汛城	揭东府布〔1994〕第1号 1994-8-30	揭阳市	空港经济区	地都镇	清代	县
181	苏六娘故居	揭东府函〔2011〕2号 2011-1-4	揭阳市	空港经济区	砲台镇	明代	县
182	古炮台（铳城）遗址	揭东府函〔2011〕2号 2011-1-4	揭阳市	空港经济区	砲台镇	清代	县
183	黄氏宗祠	揭东府函〔2011〕82号 2011-7-5	揭阳市	空港经济区	登岗镇黄西村	明代	县
184	黄氏家庙	揭东府函〔2011〕82号 2011-7-5	揭阳市	空港经济区	登岗镇溪边村	清代	县
185	吴氏家庙	揭东府函〔2011〕82号 2011-7-5	揭阳市	空港经济区	砲台镇南潮村	清代	县
186	古寨墙	揭东府函〔2011〕82号 2011-7-5	揭阳市	空港经济区	砲台镇石牌村	明代	县
187	谢氏家庙	揭东府函〔2011〕82号 2011-7-5	揭阳市	空港经济区	砲台镇桃山村	明代	县
188	进士第	揭东府函〔2011〕82号 2011-7-5	揭阳市	空港经济区	地都镇埔尾村	清代	县
189	黄壮猷（及夫人）墓	揭东府函〔2011〕82号 2011-7-5	揭阳市	空港经济区	地都镇埔尾村	清代	县
190	大夫第	揭东府函〔2011〕82号 2011-7-5	揭阳市	空港经济区	地都镇埔尾村	清代	县
191	朴菴郑公墓	揭东府函〔2011〕82号 2011-7-5	揭阳市	空港经济区	地都镇乌美村	明代	县
192	曾祖妣夫人贞淑高氏墓	揭东府函〔2011〕82号 2011-7-5	揭阳市	空港经济区	地都镇南龙村	清代	县
193	庠生纯笃郑公墓	揭东府函〔2011〕82号 2011-7-5	揭阳市	空港经济区	地都镇仙埔村	明代	县
194	地都镇军民村“狮山舍人陈公墓陵”	揭东府函〔2012〕205号 2012-11-9	揭阳市	空港经济区	地都镇军民村	元代	县
195	革命烈士陵园	1961年10月10日 普宁县人民委员会公布	揭阳市	普宁市	流沙人民公园内	1958年	市（县）
196	陂沟小学（振声学校）	1961年10月10日 普宁县人民委员会公布	揭阳市	普宁市	大南山镇陂沟村	1928年	市（县）
197	什石洋辉祖祠	1961年10月10日 普宁县人民委员会公布	揭阳市	普宁市	大南山镇什石洋村	1928年	市（县）
198	白马仔村遗址	1961年10月10日 普宁县人民委员会公布	揭阳市	普宁市	大南山镇白马仔村	1928年	市（县）
199	红军野战医院	1961年10月10日 普宁县人民委员会公布	揭阳市	普宁市	大南山镇锡坑村	1928年	市（县）
200	锡坑西祠堂	1961年10月10日 普宁县人民委员会公布	揭阳市	普宁市	大南山镇锡坑村	1929年	市（县）
201	九江陈氏祖祠	1961年10月10日 普宁县人民委员会公布	揭阳市	普宁市	大坝镇九江村	1927年	市（县）
202	梅峰公学	1961年10月10日 普宁县人民委员会公布	揭阳市	普宁市	梅塘镇区梅峰中学内	抗战初期	市（县）

续上表

序号	文物保护单位名称	公布文号（公布日期）	市	县（市、区）	详细地点	年代	级别
203	白暮洋杨氏祖祠	1961年10月10日普宁县人民委员会公布	揭阳市	普宁市	南径镇白暮洋村	1945年	市（县）
204	发坑致祥祠	1961年10月10日普宁县人民委员会公布	揭阳市	普宁市	麒麟镇发坑村	1945年	市（县）
205	竹林书斋	1961年10月10日普宁县人民委员会公布	揭阳市	普宁市	里湖镇竹林村	解放战争时期	市（县）
206	铁峰寺	1961年10月10日普宁县人民委员会公布	揭阳市	普宁市	流沙东街道北山村	1854—1855	市（县）
207	十八烈士纪念碑	1961年10月10日普宁县人民委员会公布	揭阳市	普宁市	池尾街道多年山村	1956年建	市（县）
208	南岩古寺	1961年10月10日普宁县人民委员会公布	揭阳市	普宁市	南溪镇旧厝斗村	明	市（县）
209	昆岗书院	1961年10月10日普宁县人民委员会公布	揭阳市	普宁市	洪阳镇昆安村	清	市（县）
210	华岩寺	1961年10月10日普宁县人民委员会公布	揭阳市	普宁市	洪阳镇洪山顶	清	市（县）
211	云石岩	1961年10月10日普宁县人民委员会公布	揭阳市	普宁市	大坝镇月窟村	明	市（县）
212	盘龙阁	1961年10月10日普宁县人民委员会公布	揭阳市	普宁市	梅林镇龙师岗	清	市（县）
213	白水岩	1961年10月10日普宁县人民委员会公布	揭阳市	普宁市	梅塘镇泗坑村	清	市（县）
214	社山岩	1961年10月10日普宁县人民委员会公布	揭阳市	普宁市	梅塘镇社山村	清	市（县）
215	清泉洞	1961年10月10日普宁县人民委员会公布	揭阳市	普宁市	里湖镇宅营村	清	市（县）
216	马嘶岩	1961年10月10日普宁县人民委员会公布	揭阳市	普宁市	池尾街道马山（西陇山林场）	唐创建，清重建	市（县）
217	樟岗岩	1961年10月10日普宁县人民委员会公布	揭阳市	普宁市	麒麟镇樟岗村	清初，1981年修建	市（县）
218	湖山岩	1961年10月10日普宁县人民委员会公布	揭阳市	普宁市	燎原镇夏地村	清	市（县）
219	文昌阁（林则徐病逝旧址）	1988.10.20 普宁县人民政府公布	揭阳市	普宁市	洪阳镇	清道光三十年（1850）	市（县）
220	三都书院	1988.10.20 普宁县人民政府公布	揭阳市	普宁市	占陇镇下村	清道光十年（1830年）	市（县）
221	圆通庵	1988.10.20 普宁县人民政府公布	揭阳市	普宁市	后溪乡圆明村	南宋创建，明嘉靖迁建	市（县）
222	百岁坊	1988.10.20 普宁县人民政府公布	揭阳市	普宁市	里湖镇乌石村	清·乾隆五十一年（1786）	市（县）
223	兴文中学钟楼	1988.10.20 普宁县人民政府公布	揭阳市	普宁市	占陇兴文中学内	1937-1938	市（县）
224	李存穆烈士墓	1988.10.20 普宁县人民政府公布	揭阳市	普宁市	里湖镇富美村大架山	1931年	市（县）
225	邓宝珍烈士墓	1988.10.20 普宁县人民政府公布	揭阳市	普宁市	大南山镇陂沟村	1928年建	市（县）
226	许阿梅墓	1988.10.20 普宁县人民政府公布	揭阳市	普宁市	流沙东街道北山村	清末	市（县）

续上表

序号	文物保护单位名称	公布文号（公布日期）	市	县（市、区）	详细地点	年代	级别
227	革命烈士纪念碑（赤水）	1988.10.20 普宁县人民政府公布	揭阳市	普宁市	流沙西街道赤水村松仔岭山	1958年建	市（县）
228	十九烈士墓（梅林）	1988.10.20 普宁县人民政府公布	揭阳市	普宁市	梅林镇埔顶下	1950年建	市（县）
229	革命烈士纪念碑（大长陇）	1988.10.20 普宁县人民政府公布	揭阳市	普宁市	军埔镇	1958年建，1986年重建	市（县）
230	中国工农红军烈士纪念碑	1988.10.20 普宁县人民政府公布	揭阳市	普宁市	里湖镇汤头	1957年建	市（县）
231	王武烈士墓	1988.10.20 普宁县人民政府公布	揭阳市	普宁市	燎原镇泥沟村鹅地山	1958年建	市（县）
232	潮普惠三县军事委员会旧址	普府〔2008〕52号 2008-6-29	揭阳市	普宁市	洪阳镇林惠山村	1927年	市（县）
233	群众学校旧址	普府〔2008〕52号 2008-6-29	揭阳市	普宁市	燎原镇泥沟村	1937年	市（县）
234	敬爱学校旧址	普府〔2008〕52号 2008-6-29	揭阳市	普宁市	流沙西街道赵厝寮村	1937年	市（县）
235	普宁城隍庙	普府〔2008〕52号 2008-6-29	揭阳市	普宁市	洪阳镇东村	明万历	市（县）
236	隐陀寺伏虎井	普府〔2008〕52号 2008-6-29	揭阳市	普宁市	里湖镇新池内村	明崇祯	市（县）
237	侍御家庙（察院祠）	普府〔2008〕52号 2008-6-29	揭阳市	普宁市	里湖镇新埔村	明末	市（县）
238	西林古寺	普府〔2008〕52号 2008-6-29	揭阳市	普宁市	梅林镇南阳村	清·康熙	市（县）
239	苏澹泊墓	普府〔2008〕52号 2008-6-29	揭阳市	普宁市	南径镇青洋山村	明·嘉靖	市（县）
240	萧端蒙墓	普府〔2011〕32号 2011-5-29	揭阳市	普宁市	大南山镇灰寨村	明·嘉靖	市（县）
241	卢明阳墓	普府〔2011〕32号 2011-5-29	揭阳市	普宁市	池尾街道贵政山村	明·正德	市（县）
242	蔡渔隐墓	普府〔2011〕32号 2011-5-29	揭阳市	普宁市	南溪镇沂湖村	明·弘治	市（县）
243	陈凤瑞墓	普府〔2011〕32号 2011-5-29	揭阳市	普宁市	流沙西街道赤水村	清·康熙	市（县）
244	龙门宗祠	普府〔2011〕32号 2011-5-29	揭阳市	普宁市	南径镇龙门村	明	市（县）
245	赤水陈氏祖祠	普府〔2011〕32号 2011-5-29	揭阳市	普宁市	流沙西街道赤水村	清	市（县）
246	升平人瑞坊	普府〔2011〕32号 2011-5-29	揭阳市	普宁市	燎原镇泥沟村	清·康熙	市（县）
247	松阳古庙	普府〔2011〕32号 2011-5-29	揭阳市	普宁市	梅林镇松阳村	清·乾隆	市（县）
248	里湖关帝庙	普府〔2011〕32号 2011-5-29	揭阳市	普宁市	里湖镇河头村棋盘	明·天启	市（县）
249	方勋纪游石刻	普府〔2011〕32号 2011-5-29	揭阳市	普宁市	洪阳镇水吼村	清·光绪	市（县）
250	吴氏懋祖祠	普府〔2011〕32号 2011-5-29	揭阳市	普宁市	占陇镇陂头村	1938年	市（县）

续上表

序号	文物保护单位名称	公布文号 (公布日期)	市	县 (市、区)	详细地点	年代	级别
251	陈氏家祠	普府〔2018〕56号 2018-12-12	揭阳市	普宁市	占陇镇四德村	清·光绪	市(县)
252	桥柱老寨南寨门	普府〔2018〕56号 2018-12-12	揭阳市	普宁市	占陇镇桥柱西楼村	明	市(县)
253	陈氏宗祠(思源堂)	普府〔2018〕56号 2018-12-12	揭阳市	普宁市	南溪镇竹浦前寨村	明	市(县)
254	赖氏家庙	普府〔2018〕56号 2018-12-12	揭阳市	普宁市	麒麟镇奇美村	清·光绪	市(县)
255	莲花寺	普府〔2018〕56号 2018-12-12	揭阳市	普宁市	流沙新河东侧	清	市(县)
256	中华医院	揭府布〔1978〕10号 1978-8-1	揭阳市	揭西县	河婆街道排灌站旁	大革命时期	县
257	大同医院	揭府布〔1978〕10号 1978-8-1	揭阳市	揭西县	河婆街道内	大革命时期	县
258	大光学校	揭府布〔1978〕10号 1978-8-1	揭阳市	揭西县	河婆街道内	大革命时期	县
259	湖西祠堂	揭府布〔1978〕10号 1978-8-1	揭阳市	揭西县	棉湖镇	土地革命时期	县
260	义享公祠	揭府布〔1978〕10号 1978-8-1	揭阳市	揭西县	金和镇	清末	县
261	潮汕人民抗征队诞生地旧址——天宝堂	揭府字(84)第158号 1984-8-21	揭阳市	揭西县	南山镇	解放战争时期	县
262	河婆塔	揭府字(84)第158号 1984-8-21	揭阳市	揭西县	河婆街道西北1公里处横江河旁	清	县
263	广德庵	揭府字(84)第158号 1984-8-21	揭阳市	揭西县	河婆街道老虎岽山腰	明	县
264	天竺岩	揭府字(84)第158号 1984-8-21	揭阳市	揭西县	河婆街道明山山腰	南宋	县
265	潮梅人民行政委员会旧址——道南小学	揭府布〔1989〕1号 1989-1-19	揭阳市	揭西县	南山镇	解放战争时期	县
266	潮揭丰人民行政委员会旧址——三德堂	揭府布〔1989〕1号 1989-1-19	揭阳市	揭西县	南山镇田心村	解放战争时期	县
267	过路塘风景区	揭西府布〔1990〕2号 1990-5-24	揭阳市	揭西县	坪上镇尖田村	明-清	县
268	花果寺	揭西府布〔1990〕2号 1990-5-24	揭阳市	揭西县	棉湖镇竹园内居委	明	县
269	上山仔教堂	揭西府布〔1990〕2号 1990-5-24	揭阳市	揭西县	上砂镇上山仔村	清	县
270	永昌古庙暨云湖庵	揭西府布〔1994〕2号 1994-5-25	揭阳市	揭西县	棉湖镇北爷门	明-清	县
271	慈济古庙暨古戏台	揭西府布〔1994〕2号 1994-5-25	揭阳市	揭西县	棉湖镇米街居委	明-清	县
272	天后圣庙	揭西府布〔1999〕1号 1999-1-12	揭阳市	揭西县	棉湖镇沙坝尾	明-清	县
273	李氏花园	揭西府布〔1999〕1号 1999-1-12	揭阳市	揭西县	棉湖镇新寨	清咸丰八年(1858年)	县
274	黄奇遇墓	揭西府布〔1999〕1号 1999-1-12	揭阳市	揭西县	棉湖镇贡山鸡心岭	清康熙五年	县

续上表

序号	文物保护单位名称	公布文号（公布日期）	市	县（市、区）	详细地点	年代	级别
275	宇祖古庙	揭西府布〔2003〕1号 2003-8-20	揭阳市	揭西县	棉湖镇湖东大路口	清	县
276	棉善古庵暨城隍庙	揭西府布〔2003〕1号 2003-8-20	揭阳市	揭西县	棉湖镇方围居委三角埕	明–清	县
277	帝君古庙	揭西府布〔2003〕1号 2003-8-20	揭阳市	揭西县	棉湖镇新寨南门埕	清	县
278	三官寺祠庙群	揭西府布〔2005〕1号 2005-1-24	揭阳市	揭西县	凤江镇鸿江乡	清	县
279	小溪陈氏宗祠	揭西府〔2011〕39号 2011-12-19	揭阳市	揭西县	五经富镇小溪村	明	县
280	林广业墓	揭西府〔2011〕39号 2011-12-19	揭阳市	揭西县	钱坑镇钱南村白石山	明	县
281	林惠叟墓	揭西府〔2011〕39号 2011-12-19	揭阳市	揭西县	钱坑镇钱东村月地岭	明	县
282	彭如干观察第	揭西府〔2011〕39号 2011-12-19	揭阳市	揭西县	五云镇龙江村下江寨	清	县
283	凤湖杨氏祖祠	揭西府〔2011〕39号 2011-12-19	揭阳市	揭西县	凤江镇凤南村	清	县
284	阔口园吴氏家庙	揭西府〔2011〕39号 2011-12-19	揭阳市	揭西县	塔头镇阔口园村	清	县
285	林先锋墓	揭西府〔2011〕39号 2011-12-19	揭阳市	揭西县	灰寨镇金星村峡仔山	明	县
286	吴氏宏祖祠	揭西府〔2011〕39号 2011-12-19	揭阳市	揭西县	东园镇赤岩村	清	县
287	登云轩	揭西府〔2011〕39号 2011-12-19	揭阳市	揭西县	五云镇岭仔村	清	县
288	聚祖公祠	揭西府〔2011〕39号 2011-12-19	揭阳市	揭西县	凤江镇东丰村仙堀	清	县
289	允庄楼	揭西府〔2011〕39号 2011-12-19	揭阳市	揭西县	良田乡龙岭村领下村	清	县
290	二楼吴民居	揭西府〔2015〕34号 2015-12-1	揭阳市	揭西县	棉湖镇方围社区兴道书院后	清乾隆二十三年（1758年）	县
291	阳夏敬义祖祠	揭西府〔2015〕34号 2015-12-1	揭阳市	揭西县	凤江镇东光村委会阳夏市场	明末清初	县
292	林敬义墓	揭西府〔2015〕34号 2015-12-1	揭阳市	揭西县	钱坑镇钱西村仙径山圣石左侧山	明嘉靖二年（1523年）	县
293	钱西大寨祠堂群	揭西府〔2015〕34号 2015-12-1	揭阳市	揭西县	钱坑镇钱西村	清	县
294	钱西古庙	揭西府〔2015〕34号 2015-12-1	揭阳市	揭西县	钱坑镇钱西村	清	县
295	钱坑林氏八世祖妣温仁慈墓	揭西府〔2021〕3号 2021/5/6	揭阳市	揭西县	钱坑镇钱南村大山母山	明	县
296	宋朝诰命夫人杨氏墓	揭西府〔2021〕3号 2021/5/6	揭阳市	揭西县	上砂镇龙门村	宋	县
297	杨氏樸裕公祠	揭西府〔2021〕3号 2021/5/6	揭阳市	揭西县	棉湖镇方围社区	明	县
298	杨氏广祖祠	揭西府〔2021〕3号 2021/5/6	揭阳市	揭西县	棉湖镇桥头社区	清	县

续上表

序号	文物保护单位名称	公布文号（公布日期）	市	县（市、区）	详细地点	年代	级别
299	郭氏耀合祠	揭西府〔2021〕3号 2021/5/6	揭阳市	揭西县	棉湖镇米街社区	清	县
300	九世祖祠	揭西府〔2021〕3号 2021/5/6	揭阳市	揭西县	凤江镇东光村	明	县
301	起龙围	揭西府〔2021〕3号 2021/5/6	揭阳市	揭西县	龙潭镇团结村	明	县
302	西山公祠	揭西府〔2021〕3号 2021/5/6	揭阳市	揭西县	河婆街道军田社区	民国	县
303	建猷祠堂群	揭西府〔2021〕3号 2021/5/6	揭阳市	揭西县	钱坑镇钱南村	清	县
304	长远公祠	揭西府〔2021〕3号 2021/5/6	揭阳市	揭西县	钱坑镇钱东村	清	县
305	镇江寺	惠府布〔1989〕1号 1989-1-10	揭阳市	惠来县	隆江镇新容居委	明	县
306	普惠岩	惠府布〔1995〕8号 1995-8-20	揭阳市	惠来县	靖海镇葛山村	明	县
307	榕石庵	惠府〔1983〕75号 1983-10-20	揭阳市	惠来县	惠城镇英内社区	明	县
308	资深炮台	惠府〔1983〕75号 1983-10-30	揭阳市	惠来县	靖海镇资深村	清	县
309	溪东炮台	惠府〔1983〕75号 1983-10-30	揭阳市	惠来县	神泉镇溪东村	清	县
310	靖海炮台	惠府〔1983〕75号 1983-10-30	揭阳市	惠来县	靖海镇驿后村	清	县
311	庄严禅寺	惠府〔1983〕75号 1983-10-30	揭阳市	惠来县	周田镇仙家村	清	县
312	仙井古岩	惠府〔1983〕75号 1983-10-30	揭阳市	惠来县	东陇镇苗海村	清	县
313	铭湖岩	惠府布〔1989〕1号 1989-1-20	揭阳市	惠来县	前詹镇铭西村	明	县
314	惠来城隍庙	惠府布〔1995〕8号 1995-8-20	揭阳市	惠来县	惠城镇西一社区	明	县
315	苏福墓	惠府布〔1991〕3号 1991-12-10	揭阳市	惠来县	神泉镇赤山村	明	县
316	葵阳关遗址	惠府〔1983〕75号 1983-10-30	揭阳市	惠来县	周田镇头径村	明	县
317	红四师旧址	惠府〔1985〕10号 1985-2-8	揭阳市	惠来县	东陇镇苗海村	中华民国	县
318	彭湃卧室旧址	惠革发〔1979〕18号 1979-4-5	揭阳市	惠来县	华湖镇美园村	中华民国	县
319	潮普惠暴动会议旧址	惠府〔1983〕75号 1983-10-30	揭阳市	惠来县	惠城镇林樟村	中华民国	县
320	惠来县苏维埃政府遗址	惠革发〔1979〕18号 1979-4-29	揭阳市	惠来县	惠城镇盐岭村	中华民国	县
321	中共潮普惠县委旧址	惠府〔1985〕10号 1979-4-10	揭阳市	惠来县	惠城镇上林村	中华民国	县
322	潮普惠南行委旧址	惠革发〔1979〕18号 1985-2-10	揭阳市	惠来县	惠城镇林樟村	中华民国	县

续上表

序号	文物保护单位名称	公布文号（公布日期）	市	县（市、区）	详细地点	年代	级别
323	苏区革命烈士碑	惠革发〔1979〕18号 1979-4-29	揭阳市	惠来县	葵潭镇圆墩村	中华人民共和国	县
324	惠来革命烈士纪念碑	惠革发〔1979〕18号 1979-4-29	揭阳市	惠来县	惠城镇英内社区	中华人民共和国	县
325	许玉磬卧室	1984.11	揭阳市	惠来县	惠城镇林樟村	中华民国	县
326	五福田彭湃活动旧址	惠革发〔1979〕18号 1979-4-29	揭阳市	惠来县	惠城镇五福田村	中华民国	县
327	石壁寮庵	惠革发〔2007〕32号 2007-12-26	揭阳市	惠来县	神泉镇角林村	清	县
328	关帝庙（又称关夫子庙）	惠府函〔2012〕21号 2012-7-2	揭阳市	惠来县	隆江镇关镇社区	明	县
329	锡溪村革命活动旧址	惠府函〔2012〕21号 2012-7-2	揭阳市	惠来县	仙庵镇锡溪村	近现代	县
330	翁照垣将军第	惠府函〔2013〕18号 2013-4-27	揭阳市	惠来县	葵潭镇玄武社区	近现代	县
331	普陀岩寺	惠府函〔2013〕18号 2013-4-27	揭阳市	惠来县	东陇镇龙泉山庄	唐	县
332	惠来一中连登楼	惠府函〔2017〕3号 2017-1-11	揭阳市	惠来县	惠城镇英内社区	中华民国	县
333	华英古寨	惠府函〔2017〕3号 2017-1-11	揭阳市	惠来县	华湖镇华陇村	宋	县
334	隆江清溪祖祠（含辅臣公祠）	惠府函〔2017〕75号 2017-9-20	揭阳市	惠来县	隆江镇孔美村	清	县
335	西来寺	惠府布〔1991〕3号 1991-12-10	揭阳市	惠来县	溪西镇溪二村	清	县
336	玄德古寺	惠府〔1985〕10号 1985-2-10	揭阳市	惠来县	溪西镇曲溪村	清	县
337	林武略旧居	惠府函〔2021〕25号 2021/4/3	揭阳市	惠来县	隆江镇江城社区	清	县
338	鳌头塔	惠府函〔2021〕25号 2021/4/3	揭阳市	惠来县	神泉镇鳌头村委会	明	县
339	贺龙纪念亭	惠府函〔2021〕25号 2021/4/3	揭阳市	惠来县	溪西镇西湖村村委会	中华人民共和国	县

（市文广旅游体育局）

揭阳市非物质文化遗产保护项目名录

揭阳市非物质文化遗产项目名录

国家级9项，省级49项，市级83项，共141项。

序号	项目名称	批次	批准时间	保护单位
		国家级		
1	英歌（普宁英歌）	1	2006年5月20日	普宁市文化馆
2	潮剧	2	2008年6月7日	揭阳市潮剧传承保护中心
3	潮州木雕	2	2008年6月7日	揭阳市群众艺术馆
4	玉雕（阳美翡翠玉雕）	2	2008年6月7日	揭阳市东山区磐东镇阳美社区居民委员会
5	龙舞（乔林烟花火龙）	2	2008年6月7日	揭阳市磐东乔林公益协会
6	镶嵌（嵌瓷）	2	2008年6月7日	普宁市文化馆
7	狮舞（青狮）	3	2011年5月23日	揭阳市孙淑强狮艺武术馆
8	木偶戏（揭阳铁枝木偶戏）	3	2011年5月23日	揭阳市群众艺术馆
9	祭祖习俗（灯杆彩凤习俗）	3	2011年5月23日	揭东区文化馆
		省级		
1	春节习俗（揭阳春节习俗）	2	2007年6月18日	揭阳市群众艺术馆
2	行彩桥	2	2007年6月18日	揭阳市榕城区文化馆
3	三山国王祭典	2	2007年6月18日	揭西县文化馆
4	大溪宗祠祭典	2	2007年6月18日	揭西县大溪镇大溪福利会
5	锣鼓标旗巡游（揭西）	2	2007年6月18日	揭西县文化馆
6	鹤舞	2	2007年6月18日	惠来县文化馆
7	惠来九鳄舞	2	2007年6月18日	惠来县文化馆

续上表

序号	项目名称	批次	批准时间	保护单位
8	赛龙舟（揭阳赛龙舟）	3	2009年10月16日	揭阳市群众艺术馆
9	酱油酿造技艺（揭阳酱油酿造技艺）	3	2009年10月16日	揭阳市群众艺术馆
10	潮州音乐	3	2009年10月16日	揭阳市榕城区文化馆
11	茶艺（揭阳工夫茶艺）	3	2009年10月16日	揭阳市榕城区文化馆
12	南枝拳	3	2009年10月16日	揭阳市榕城区文化馆
13	广东汉乐	3	2009年10月16日	普宁市文化馆
14	贵政山茶叶陶罐制作技艺	3	2009年10月16日	普宁市文化馆
15	普宁豆酱制作技艺	3	2009年10月16日	普宁市文化馆
16	摆猪羊习俗	3	2009年10月16日	揭东区文化馆
17	锣鼓标旗巡游》（揭东）	3	2009年10月16日	揭东区文化馆
18	狮舞（高跷虎狮）	3	2009年10月16日	惠来县文化馆
19	飘色（靖海景屏）	3	2009年10月16日	惠来县文化馆
20	老香橼（佛手瓜）制作技艺	3	2009年10月16日	揭阳市普侨区富德园果蔬种植有限公司
21	乒乓粿制作技艺	4	2012年2月21日	揭阳市陈氏食品工业有限公司
22	苏六娘传说	4	2012年2月21日	揭阳市群众艺术馆
23	绿茶制作技艺（玉湖炒茶制作技艺）	4	2012年2月21日	揭东县玉湖坪香茶厂
24	木偶戏（揭西提线木偶戏）	4	2012年2月21日	揭西县文化馆
25	酿造酒传统酿造技艺 （揭西客家红酒酿造技艺）	4	2012年2月21日	揭西县美成酿酒厂
26	抛锣	4	2012年2月21日	惠来县文化馆
27	英歌（神泉英歌）	4	2012年2月21日	惠来县文化馆
28	浦东牛皮鼓制作技艺	4	2012年2月21日	揭阳市东山区磐东街道办事处 浦东居民委员会
29	彩画	5	2013年11月22日	揭阳市群众艺术馆

续上表

序号	项目名称	批次	批准时间	保护单位
30	揭阳陶塑制作技艺	5	2013年11月22日	揭阳市艺源雕塑院有限公司
31	狮舞（揭阳狮舞）	5	2013年11月22日	揭阳市榕城区狮舞文化研究中心
32	揭阳风筝制作技艺	5	2013年11月22日	揭阳市榕城区文化馆
33	谜语（揭西方言灯谜）	5	2013年11月22日	揭西县文化馆
34	竹编（揭东竹丝编织画）	5	2013年11月22日	揭东县夏荣居竹丝编织艺术工作室
35	盆景技艺（榕城盆景技艺）	5	2013年11月22日	揭阳市榕城区盆景根雕作者协会
36	中医正骨疗法（黄氏中医正骨）	5	2013年11月22日	揭阳市岭南中医骨伤科研究院
37	中医正骨疗法（康宁堂骨伤疗法）	5	2013年11月22日	惠来县惠城镇梅一村第四卫生站
38	竹溪楼日历	5	2013年11月22日	惠来县文化馆
39	剪纸（揭阳剪纸）	6	2015年11月30日	揭阳市群众艺术馆
40	榕城破门楼郑翁仔灯习俗	6	2015年11月30日	揭阳市区破门楼郑翁仔灯文化研究会
41	糕点制作技艺（隆江绿豆饼制作技艺）	6	2015年11月30日	惠来县文化馆
42	中医正骨疗法（蔡氏中医正骨）	6	2015年11月30日	惠来坑仔绩顺中医骨伤医院
43	潮汕讲古	7	2018年5月12日	揭阳市群众艺术馆
44	《龙舞（横溪龙）》	7	2018年5月12日	普宁市文化馆
45	李家教拳（普宁李家教拳）	7	2018年5月12日	普宁市文化馆
46	漆器髹饰技艺（榕城漆艺）	7	2018年5月12日	揭阳市榕城区榕城漆艺传承保护中心
47	传统香制作技艺（大龙香制作技艺）	7	2018年5月12日	揭西县钱坑镇传统香制作技艺（大龙香制作技艺）研究会
48	民间信俗（打火醮）	7	2018年5月12日	惠来县文化馆
49	祭祖习俗（南潮吴氏宗祠祭典）	7	2018年5月12日	丁日昌纪念馆（揭阳民俗博物馆）
		市级		
1	潮州歌谣	1	2007年4月11日	揭阳市榕城区文化馆

续上表

序号	项目名称	批次	批准时间	保护单位
2	惠来渔歌	1	2007年4月11日	惠来县文化馆
3	歌册（潮州歌册）	1	2007年4月11日	揭阳市榕城区文化馆
4	大路拳	1	2007年4月11日	普宁市文化馆
5	剪纸（榕城剪纸）（普宁剪纸）	1	2007年4月11日	揭阳市榕城区文化馆
6	石雕	1	2007年4月11日	揭阳市群众艺术馆
7	贝雕工艺	1	2007年4月11日	惠来县文化馆
8	揭西擂茶制作技艺	1	2007年4月11日	揭西县文化馆
9	半洋扫帚制作技艺	1	2007年4月11日	揭阳市榕城区文化馆
10	西陇灯笼制作技艺	1	2007年4月11日	普宁市文化馆
11	中医传统制剂方法（振高跌打膏药制作技艺）	1	2007年4月11日	揭阳民俗博物馆
12	榕城“出花园”	1	2007年4月11日	揭阳市榕城区文化馆
13	伴娘歌做四句	1	2007年4月11日	揭阳市榕城区文化馆
14	踏青习俗	1	2007年4月11日	揭阳市榕城区文化馆
15	庙会（揭阳城隍庙会）	1	2007年4月11日	揭阳城隍庙理事会
16	榕城故事传说	2	2009年3月24日	揭阳市榕城区文化馆
17	谜语（揭阳方言灯谜）	2	2009年3月24日	揭阳市榕城区文化馆
18	客家山歌（揭西客家山歌）	2	2009年3月24日	揭西县文化馆
19	盆景技艺（洪阳盆景技艺）	2	2009年3月24日	普宁市文化馆
20	普宁豆干制作技艺	2	2009年3月24日	普宁市文化馆
21	洪阳酥糖制作技艺	2	2009年3月24日	普宁市文化馆
22	城西打铁技艺	2	2009年3月24日	揭阳市磐东镇城西村委会
23	凉茶（泰和堂凉茶）	2	2009年3月24日	揭阳市群众艺术馆

续上表

序号	项目名称	批次	批准时间	保护单位
24	菜脯制作技艺	2	2009年3月24日	揭东、惠来县文化馆
25	咸菜制作技艺	2	2009年3月24日	揭阳市群众艺术馆
26	绿茶制作技艺（揭西炒茶制作技艺）	2	2009年3月24日	揭西县文化馆
27	火把节（阳美火把节）	2	2009年3月24日	揭阳市磐东街道阳美社区居民委员会
28	锣鼓标旗巡游	2	2009年3月24日	普宁市文化馆
29	谜语（淡浦灯谜）	3	2011年6月20日	淡浦社区居民委员会
30	舞鱼	3	2011年6月20日	惠来县文化馆
31	龙舞（田东舞龙）	3	2011年6月20日	揭阳市榕城区文化馆
32	普宁李家教拳	3	2011年6月20日	普宁市文化馆
33	南糖制作技艺	3	2011年6月20日	揭东区文化馆
34	糕点制作技艺（靖海豆辑制作技艺）	3	2011年6月20日	惠来县文化馆
35	普宁面线制作技艺	3	2011年6月20日	普宁市文化馆
36	配制酒传统酿造技艺 （福生堂药酒制作技艺）	3	2011年6月20日	惠来县文化馆
37	婚俗（揭阳传统婚俗）	3	2011年6月20日	揭阳市群众艺术馆
38	民间信俗（风雨圣者信俗）	3	2011年6月20日	揭东区文化馆
39	摆社习俗	3	2011年6月20日	普宁市文化馆
40	《宁“出花园”	3	2011年6月20日	普宁市文化馆
41	庙会（普宁城隍公出巡）	3	2011年6月20日	普宁市文化馆
42	行头桥习俗	3	2011年6月20日	普宁市文化馆
43	粤绣（揭阳珠绣）	4	2013年6月28日	揭阳市逢月服饰有限公司
44	揭阳许宝泉大白扇制作技艺	4	2013年6月28日	揭阳市榕城区文化馆
45	黄麻布织造技艺	4	2013年6月28日	揭西县文化馆

续上表

序号	项目名称	批次	批准时间	保护单位
46	配制酒传统酿造技艺（普宁梅酒制作技艺）	4	2013年6月28日	普宁市文化馆
47	赛龙舟（普宁赛龙舟）	4	2013年6月28日	普宁市文化馆
48	英歌（厚埔英歌）	5	2017年2月28日	揭西县棉湖镇厚埔村民委员会
49	狮舞（刘厝寨金狮）	5	2017年2月28日	揭西县棉湖刘厝寨龙狮文化传播有限公司
50	龙舞（榕城许氏舞龙）	5	2017年2月28日	揭阳市尚派礼仪庆典有限公司
51	朱家教拳（鸿江侯氏）	5	2017年2月28日	凤江镇鸿江村民委员会
52	虎桩棍术	5	2017年2月28日	霖磐镇文化站
53	神曲茶制作技艺	5	2017年2月28日	揭阳市沟口正康农副产品有限公司
54	凉果制作技艺（普宁佛手老香橼制作技艺）	5	2017年2月28日	普宁市文化馆
55	祭祖习俗（上砂庄氏祭典）	5	2017年2月28日	揭西县上砂镇耀德慈善会
56	祭祖习俗（南山墓园祭典）	5	2017年2月28日	揭西县钱坑老人福利会
57	榕城滘墘鲤鱼舞	6	2020年4月3日	揭阳市榕城区滘墘鲤鱼舞传承保护中心
58	木偶戏（揭西上林提线木偶戏）	6	2020年4月3日	广东省揭阳市揭西县上砂镇上林村民委员会
59	江灏五行八卦棍	6	2020年4月3日	揭阳产业园磐东街道河中社区居民委员会
60	塑彩（普宁金身妆彩）	6	2020年4月3日	普宁市文化馆
61	漆画（普宁铁笔金漆画）	6	2020年4月3日	普宁市文化馆
62	根雕（普宁根雕）	6	2020年4月3日	普宁市文化馆
63	三角插塑纸艺	6	2020年4月3日	惠来县文化馆
64	灰塑	6	2020年4月3日	揭阳产业园磐东街道南河社区居委会
65	乌龙茶制作技艺（景福乌龙茶制作技艺）	6	2020年4月3日	揭阳市群众艺术馆
66	凉果制作技艺（罗氏老香黄制作技艺）	6	2020年4月3日	揭阳市群众艺术馆
67	凉果制作技艺（陈皮梅和嘉应子制作技艺）	6	2020年4月3日	普宁市文化馆

续上表

序号	项目名称	批次	批准时间	保护单位
68	绿茶制作技艺（白水磜炒茶制作技艺）	6	2020年4月3日	普宁市文化馆
69	廿四味草（凉）茶制作技艺	6	2020年4月3日	普宁市文化馆
70	普宁黑糖制作技艺	6	2020年4月3日	普宁市文化馆
71	塘田卷煎制作技艺	6	2020年4月3日	揭阳市双发食品有限公司
72	铁草堂大膏药制作技艺	6	2020年4月3日	惠来县文化馆
73	德俊束砂制作技艺	6	2020年4月3日	月城镇德俊食品厂
74	金桔油制作技艺	6	2020年4月3日	揭阳市揭东区池都顺平食品有限公司
75	潮汕冬菜制作技艺	6	2020年4月3日	揭阳市揭东区池都顺平食品有限公司
76	凉果制作技艺（林十三蜜果制作技艺）	6	2020年4月3日	广东凉果世家农副产品有限公司
77	中医诊疗法（恒芝堂胎病中医疗法）	6	2020年4月3日	惠来县文化馆
78	祭祖习俗（榕城郑氏家庙祭典）	6	2020年4月3日	丁日昌纪念馆（揭阳民俗博物馆）
79	祭祖习俗（士竿公祠祭典）	6	2020年4月3日	丁日昌纪念馆（揭阳民俗博物馆）
80	大长陇贺灯习俗	6	2020年4月3日	普宁市文化馆
81	茶艺（普宁工夫茶艺）	6	2020年4月3日	普宁市文化馆
82	祭祖习俗（黄氏勖斋祖祭典）	6	2020年4月3日	揭阳市黄氏勖斋文化有限公司
83	祭祖习俗（古乔林氏家庙祭典）	6	2020年4月3日	揭阳市磐东乔林公益协会

主题索引

说 明

一、本索引采用主题分析方法，款目按汉语拼音字母（同音字按声调）顺序排列。

二、文中的篇目题、类目题、分目题用黑体字说明，其余用宋体字排印。

三、索引款目后的数字表示内容所在的页码，数字后的英文字母（a、b、c）表示栏别（即版面的1、2、3栏）。

四、同一主题的内容在文中多处出现的，在其款目后用不同的页码标明。

五、本索引对《揭阳大事记2021》等篇不作内容主题分析。